기독교문서선교회(Christian Literature Center: 약칭 CLC)는 1941년 영국 콜체스터에서 켄 아담스에 의해 시작되었으며 국제 본부는 미국 필라델피아에 있습니다. 국제 CLC는 59개 나라에서 180개의 본부를 두고, 약 650여 명의 선교사들이 이동 도서차량 40대를 이용하여 문서 보급에 힘쓰고 있으며 이메일 주문을 통해 130여 국으로 책을 공급하고 있습니다. 한국 CLC는 청교도적 복음주의 신학과 신앙 서적을 출판하는 문서선교기관으로서, 한 영혼이라도 구원되길 소망하면서 주님이 오시는 그날까지 최선을 다할 것입니다.

추천사 1

정창균 박사
합동신학대학원대학교 전 총장
설교자하우스 대표

본서 『본문의 특권!』(Privilege the Text!)을 번역한 이승진 교수는 내가 가장 신뢰하고 자랑스러워하는 설교학자이다. 그는 현재 한국 신학계의 독보적인 설교학자이다. 또한, 이미 학문적 전문성과 실천적 적실성을 갖춘 여러 권의 책을 저술하여 설교학도와 설교자들에게 탄탄한 길잡이 역할을 해 오고 있다.

본서는 이승진 교수가 그동안 번역한 20여 권의 설교 관련 서적 가운데 압권이라고 할 만큼 중요한 주제를 다루고 있다. 고대에 주어진 본문과 오늘의 청중을 하나로 잇는, 해석과 설교의 문제를 신선하고도 심도 있게 다루고 있기 때문이다.

자신이 낭독한 고대의 본문을 강단 아래 청중의 세계로 가져오지 않고, 청중을 본문의 세계로 끌어들이지도 않는 설교는 명백하게 반성경적 설교이다. 왜냐하면, 성경의 명백한 의도와 목적은 그때 그 사람들에게 말할 뿐만 아니라, 오고 오는 독자들에게도 말하려는 것이기 때문이다.

그때, 거기서, 그 사람들에게 주신 본문 말씀이 어떻게 지금, 여기서, 이 사람들에게 주시는 말씀이 될 수 있는가?

그들에게는 그 말씀이, 이들에게는 무슨 말씀인 것인가?

이것에 답하는 것이 설교자가 본문과 자기의 청중으로부터 부여받은 중대한 사명이며 완수해야 할 지상의 책임이다. 그것을 주해와 적용이라고 하든, 해석과 전달이라고 하든, '상황성'과 '초상황성'이라고 하든, 설교자는 고대의 본문과 오늘의 청중을 잇고 통합하는 중간 어디엔가 서 있는 사람이다.

본서는 본문과 청중의 통합이라는 설교 본연의 문제로 늘 고민하면서 가장 적실한 이론과 방법을 찾는 설교자들에게 큰 격려와 구체적인 길잡가 될 수 있을 것이다.

본서가 제시하는 철학과 대안을 잘 흡수하고 활용한다면, 본문은 청중의 삶에서 작동하고 청중은 본문의 세계에 반응하는 본문과 청중의 통합을 목격하게 될 것이다. 더 나아가 설교의 이러한 다이내믹함을 성취하는 현장의 당사자로서, 설교자의 희열과 보람을 누리게 될 것이다.

추천사 2

김상구 박사
백석대학교 신학대학원 실천신학 교수

설교는 일반적으로 설교가 생성되는 세 지점(설교자가 본문을 연구하는 책상, 실제 설교가 이루어지는 설교단, 설교를 듣는 회중석)에서 이루어진다. 설교자는 먼저 설교를 작업하는 첫 지점에서 하나님의 말씀인 성경 본문을 읽고 묵상하며 해석하는 작업을 한다. 왜냐하면, 설교 사건은 하나님과 관련해서 신학과 성경 해석 작업을 요구하기 때문이다.

설교 작업은 여기에 머무르지 않고 또 다른 측면을 고려해야 한다. 왜냐하면, 설교는 결국 인간과 관련되기에, 설교 작업을 위해서는 인간 이해를 위한 인문학과 효과적 전달을 위한 수사학이 요청되기 때문이다. 이처럼 설교에는 신학, 성경해석학, 인문학, 수사학이 서로 결합하여 있으므로 설교자에게는 이상의 네 영역에 관한 기본적 이해가 필요하다.

무엇보다 설교자에게 요청되는 것은 어떻게 성경 본문을 해석할 것인가이다. 이러한 논의에서 본서의 저자 아브라함 쿠루빌라(Abraham Kuruvilla)는 성경신학이나 조직신학의 전통적, 신학적 해석학이 아니라 설교에 중점을 둔 '문단신학'(pericopal theology)을 피력한다.

설교자가 설교를 위하여 선택한 특정 본문에서 저자는 그가 텍스트를 통하여 말하는 것으로 무엇을 실행하고 있는가?

설교를 위한 단위 본문에서 저자는 하나님의 영광을 위해 청중들의 삶의 무엇을 변화시키려고 의도하는가?

이처럼 쿠루빌라는 하나님의 이상적 세계(본문의 세계)와 청중의 현실적 세계(청중의 세계) 사이를 연결하는 절실한 설교 메시지를 생성하기 위해서 성경 본문의 '문단'(pericope)에 관심이 있다.

쿠루빌라는 이러한 그의 해석학적 성찰을 적용하여 아케다 본문(창 22장)을 분석하면서, 그리스도 형상적(Christoiconic) 해석 모델을 제시한다. 이 모델에 따르면, 성경의 문단이 해석되고 각 문단의 신학이 바르게 적용될 때, 비로소 하나님의 백성들은 그리스도의 형상으로 점차 세워져 간다.

성경 문단을 고려하지 않고 본문을 해석하는 설교자들에게 문단에 관심을 두고 본문을 해석하는 그리스도 형상적 해석 모델을 제시하여 새로운 설교학적 통찰을 열어 주었다는 점에서 설교자들과 신학생들에게 일독을 적극 권한다.

추천사 3

권 호 박사
합동신학대학원대학교 설교학 교수
'본문이 살아 있는 설교' 공동대표

아브라함 쿠루빌라의 『본문의 특권!』은 창의적이고 흥미롭다. 그는 성경 해석과 설교에 대해 직선적으로 도전하며 깊은 통찰을 던진다. 쿠루빌라의 모든 제안에 동의하지는 않지만, 많은 부분에 뜻을 같이한다. 그래서 강의에서 늘 그의 책을 학생들에게 소개하고, 그가 제시한 중요 주제들을 토의한다.

쿠루빌라의 『본문의 특권!』은 왜 우리가 읽어야 할 중요한 책인가? 무엇보다 본서는 설교자가 본문의 원래 의미에 집중하게 해서, 그리스도 일원적(Christomonic preaching) 설교라는 위험에 빠지는 것을 막아 준다. 최근 한국 설교학과 강단에서 그리스도 중심적 설교(Christocentric preaching)에 관한 관심이 다시 높아지고 있다.

문제는 그리스도 중심적 설교를 지나치게 강조하다가 설교자의 의도와는 달리 그리스도 일원적 설교의 위험성에 빠질 수 있다는 것이다. 이런 위험은 '모든' 성경의 본문을 반드시 그리스도와 연결해서 설교해야 한다고 주장할 때 종종 일어난다. 그리스도 중심적 설교를 추구하자는 주장은 궁극적으로 당연하고 바람직해 보인다.

그러나 모든 본문을 반드시 그리스도와 연결해서 설교해야 한다는 주장에 대한 비판의 목소리가 약 10년 전부터 북미 설교에서 나타나기 시작했다. 이 목소리에 가장 큰 영향을 준 사람 중 한 명이 쿠루빌라다.

쿠루빌라의 핵심 사상 중 하나는 '문단신학'(pericopal theology)이다. '문단'이라고 번역된 '페리코프'(pericope)는 하나님께서 성경 저자를 통해 전하고자 하시는 의미가 담겨 있는 성경 본문의 최소 단위 혹은 구분이다. 이 문단은 각각 독특한 저술 방식으로, 고유의 신학적 메시지를 담고 있다. 그렇기에 설교자는 자신이 가진 신학적 틀이나 고정된 성경신학적 입장을 내려놓고 문단이 전하고 있는 고유의 메시지가 무엇인지를 정직하게 연구하고 그것을 발견해야 한다는 것이다.

쿠루빌라의 '문단신학'은 본문에서 성급하고 획일적으로 명제적 원리를 뽑아내는 설교자들의 행동에 제동을 건다. 또한, 모든 본문을 무조건 그리스도와 연결시키며 성경 본문의 원 의미를 약화시키는 그리스도 일원적 설교에 대해 반기를 든다.

실제로 구약을 그리스도와 연결하려는 시도에서 본문의 역사적 문맥을 무시하거나 간략하게만 다루고, 너무 급히 그리스도와 연결하려 할 때 역사적 문맥과 본래의 의미는 축소되거나 소실된다. 이런 위험을 예방하고 균형 잡힌 그리스도 중심적 설교를 하려고 할 때 귀 기울여야 할 것이 바로 쿠루빌라의 '문단신학'이다.

쿠루빌라의 책이 결정적으로 도움이 되는 또 다른 영역은 바로 적용이다. 그는 기존의 딱딱하고 단선적인 적용의 경향을 시각적이고 다양한 적용으로 바꿀 수 있는 길을 제시한다. 쿠루빌라의 주장에 따르면 설교자는 문단을 통해 **텍스트 앞에 펼쳐진 세계**(the world in front of the text)를 청중에게 투영해 주어야 하는데, 이는 하나님이 청중에게 걸어가길 원하는 이상적 삶의 방향이며 존재의 세계이다.

그리고 문단은 필연적으로 청중이 본문 앞의 세계에 속하기 위해 요청되는 것들을 실천할 것을 요구한다. 우리는 여기서 쿠루빌라가 폴 리쾨르(Paul Ricoeur)의 사상과 '화행론'(pragmatics)을 조합해 어떻게 자신의 방식으로 풀어내는지를 잘 볼 수 있다.

쿠루빌라의 이런 제안은 탁월하다. 실제로 설교자는 '이것을 하라'는 명령조의 적용이 아니라 먼저 그들이 왜 그것을 해야 하는지에 대한 선명하고도 풍요로운 새 차원의 세계를 보여 주는 것이 필요하다. 더 아름답고 놀라운 세계를 볼 때 사람들은 그곳으로 자연스럽게 발걸음을 옮기기 때문이다.

한편, 쿠루빌라는 텍스트 앞에 펼쳐진 세계를 향한 성도의 구체적 실천을 위해 그리스도 형상적(Christoiconic) 해석과 적용을 제안한다. 그리스도 형상적 해석은 성경에 그리스도의 이미지(εἰκών[에이콘, '형상'])를 투영해, 각각의 문단에서 그리스도와 같다는 것이 어떤 의미인지를 보여 주는 것이다. 그 후 설교자는 청중에게 그리스도를 닮아 가기 위해 무엇을 해야 할지를 적용으로 제시한다.

이런 과정을 거치기 때문에 쿠루빌라는 문맥을 벗어나 모든 본문을 그리스도로 연결하지는 않는다. 그 본문을 통해 어떻게 그리스도를 닮아 갈 것인지에 대한 적용적 입장에서 고민하고 실천 방향을 제안한다. 그의 이런 방법론은 그리스도 일원적 설교의 문제를 극복하면서 이렇게 해석뿐만 아니라 적용의 영역에서도 그리스도 중심적 접근이 가능한지를 잘 보여 주고 있다.

좋은 생선에도 뼈가 있는 것처럼 쿠루빌라의 책을 읽을 때 기억해야 할 주의점도 있다. 그의 '문단신학'에 대한 과도한 강조는 한 문단을 이해할 때 필요한 구속사적 시각에 대한 무용론으로 흐를 수 있다. 각 본문의 독특성이 안전하게 해석되고 깊은 의미로 발견되기 위해서는 구속사적 틀의 바탕 위에 서야 한다.

또 한 가지의 주의점은 '원리화'(principlizing)에 대한 지나친 비판적 입장이다. 텍스트 앞에 펼쳐진 세계와 그에 대한 실천적 제안은 전반적으로 옳은 듯 보인다. 그러나 텍스트 앞에 펼쳐진 세계와 그 세계를 향한 실천이 어떻게 구체적으로 이어질 수 있는지에 대한 부분이 모호하다. 그가 등을 돌렸던 '원리화'를 통한 적용점 발견에 대한 정직한 재고와 세밀한 방법 제시가 필요해 보인다. 이런 두 가지 점에 주의하면서 쿠루빌라의 책을 읽는다면 생각보다 큰 유익을 얻을 수 있을 것이다.

마지막으로 본서를 번역해 주신 이승진 교수님에게 감사드린다. 이승진 교수님의 사랑과 격려를 받으며 함께 한국 교회 설교를 발전시킬 수 있는 일은 기쁘고도 영광스러운 일이다. 본서를 통해 하나님의 말씀이 더욱 선명하게 선포되길 기대한다.

본문이 말하게 하라!(Let the Text Speak!).

추천사 4

김대혁 박사
총신대학교 신학대학원 설교학 교수

　기독교 설교의 독특성은 '성경 본문에 관해' 설교하는 것이 아니라 '성경 본문을' 설교하는 데 있다. 성령의 감동으로 기록된 성경을 통해 하나님은 지금도 우리에게 말씀하시기에, 기독교 설교의 권위와 능력은 항상 성경 본문에서 나와야 한다.
　이런 점에서 성경적 설교는 설교신학과 설교 작성의 전체 과정에서 본문의 우선성을 유지하며, 설교 실천에서도 본문이 지닌 유효성과 효과성을 확인히 드러내는 실교라고 할 수 있다. 그래서 강단 위에서 확신에 찬 설교의 핵심 비결은 강단 아래에서 설교자가 얼마나 본문에 푹 젖어 들었는가에 달려 있다고 해도 과언이 아니다.
　그러나 성경을 하나님의 말씀으로 믿고 존중한다고 고백하지만 자신의 설교가 어떤 의미에서 '성경적'이라는 수식어가 붙을 만한지 깊이 생각해 보는 설교자는 생각보다 많지 않다. 스스로 질문해 보라.
　'내 설교는 어떤 측면에서 성경적이라고 말할 수 있는가?'
　오래된 전통에 기댄 자기 신념, 매주 설교 근육으로 다져온 설교 습관, 혹은 설교자 자신의 은사나 직관이 아닌, 건실한 본문에 대한 해석학과 설교학 이론을 가지고 스스로 납득하고 타인을 설득하는 일은 전혀 쉽지 않다.
　『본문의 특권!』은 아브라함 쿠루빌라가 이 쉽지 않은 일을 수준 있게 해낸 책이다. 본서는 해석학과 설교학 박사 학위를 받은(더불어 의학박사 학위도 지닌) 쿠루빌라가 자신의 설교학 박사 논문을 신학생들과 설교자들이 이해하기 쉽도록 수위 조절하여 펴낸 책이다.

특별히 본서에서 쿠루빌라는 '본문과 청중 사이의 다리 놓기'라는 기존의 익숙한 개념 안에서 다소 모호하거나 두루뭉술했던 설교 작성의 과정을 집중적으로 조망하고 파헤친다.

또한, 왜 그리고 어떻게 해야 본문이 설교 작성과 실제에 최고의 권위를 지니는지 설득력 있고 세밀하게 설명해 낸다. 달리 말해, 성경적 설교를 위해 본문 해석과 설교가 마치 일란성 쌍둥이처럼 되어야 하는 이유와 함께, 설교가 수사적 작업이라기보다는 엄밀한 해석학적, 신학적 작업임을 탄탄한 이론과 구체적 실례를 통해 제안하고 검증한다.

본서가 지닌 뛰어난 점은 현대 언어학과 철학적 해석학의 이론을 가지고 기독교 설교가 굳건히 견지해 온 본문의 우선성과 본문의 권위를 더욱 확고히 하는 데 있다. 동시에 기존의 성경적 설교라는 포괄적 개념 안에서 설교자가 정확하게 본문을 가지고 무엇을 바르게 해석하며 설교에 적용해야 하는지를 구체화하는 데 있다.

이를 위해 쿠루빌라는 기존의 본문 중심의 설교를 증진하는 대안적 방안들로 텍스트에 대한 화용론적 접근(pragmatic approach), '문단신학'에 기초한 적용, 그리고 그리스도 형상적(Christoiconic) 설교라는 생경하지만 매우 생산적인 방안을 제공하고 있다.

첫째, 저자는 텍스트를 하나님의 소통 행위로 이해하여 텍스트에 대한 화용론적 접근을 강조한다. 철학적 해석학자인 폴 리쾨르(Paul Ricoeur)의 **텍스트 앞에 펼쳐진 세계**라는 개념을 통해 저자는 제한적인 원래 상황에서 벗어나 있는(소격화) 성경 본문이지만 지금도 여전히 성경 저자의 초역사적 의도를 실행하고 있다는(미래성) 점을 설득력 있게 설명한다. 따라서 본문을 진지하게 다루는 설교자라면 본문에서 저자가 말하는 바와 그것을 가지고 무엇을 실행하고 있는지를 설교에 반영할 것을 강조한다.

둘째, 쿠루빌라는 매주 설교할 본문, 즉 특정의 '문단신학'을 강조한다. 쿠루빌라는 '문단신학'이 과거 본문에서 현대 청중을 향해 가는 올바른 경첩 역할을 하는 것으로 본다. 쿠루빌라에 따르면, '문단신학'을 제대로 파악하는 길이 특정 본문의 신학적 의도와 수사적 추동력을 경험함과 동시에 오늘날 청중을 향한 적용의 타당성을 확정하는 방도가 될 수 있다고 주장한다.

셋째, 쿠루빌라는 기존의 구속사적 혹은 그리스도 중심적 설교와는 달리 그리스도 형상적 설교를 제안한다. 쿠루빌라는 이를 설명 위주의 적용 부재 현상을 보이는 기존의 구속사적 설교의 약점들을 극복하는 한 방안으로 이해한다. 특히, 본문 중심의 적용을 하면서 청중이 궁극적으로 그리스도를 닮아 가도록 하는 성화론적 복음 설교의 길을 보여 준다.

쿠루빌라가 주장하는 이 세 가지 개념과 강조점에 익숙해진다면, 설교자가 매주 설교 작성의 전체 과정에서 자신이 본문을 가지고 무엇을 하고 있는지를 가늠할 수 있는 유용한 해석학/설교학직 틀을 가지게 될 것이다.

쿠루빌라의 『본문의 특권!』은 분명 본문과 청중을 잇는 다리 잇기 작업에서 그간 부족한 이론적 설명을 메우고 교정하며 아쉬웠던 부분을 긁어 주기에 매우 훌륭한 책이다. 물론, 그의 주장에 같은 수준의 강도를 가지고 동의해야 하는 것은 아니다(화행론의 과도한 강조가 본문의 의미론적 기초를 등한시할 우려나 그리스도 중심적 설교와 그리스도 형상적 설교에 대한 엄격한 분리 등에 관해서는 논쟁의 여지가 있다).

하지만 앞으로 본문에 충실한 성경적 설교를 설명하는 데 본서를 피해 갈 수는 없을 것으로 확신한다. 무엇보다 전통적 강해설교의 기반 위에, '본문의 특권'을 더욱 존중하여 본문의 힘을 자신의 설교에 담아내기를 원하는 설교자라면, 본서를 읽는 특권을 절대 놓치지 않기를 바란다.

추천사 5

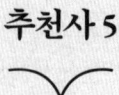

케빈 밴후저(Kevin Vanhoozer) 박사
Trinity Evangelical Divinity School 성경신학·조직신학 연구교수

아브라함 쿠루빌라(Abraham Kuruvilla)의 역작을 추천한다. 『본문의 특권!』(*Privilege the Text!*)은 해석학과 설교학을 어떻게 더 잘 통합시킬지에 대한 흥미로운 대안을 제시한다. 이전의 그의 책을 읽고 유익을 얻었지만, 본서는 그 이상이다.

이 새로운 작업은 골치가 아픈데도 쿠루빌라는 성경 해석에 독창적인 기여를 했다. 쿠루빌라의 설교학은 텍스트의 신학과 청중의 반응의 중요성을 올바로 강조한다. 그의 초점은 올바르게도 교회를 교화시키는 데 있다. 본서는 의사소통 기술보다는 신학에 뿌리를 내린 설교에 관한 책인데, 이에 대해 매우 감사하게 생각한다.

* * *

토마스 G. 롱(Thomas G. Long) 박사
Candler School of Theology 설교학 석좌교수

아브라함 쿠루빌라의 『본문의 특권!』만큼 성경신학적 해석학의 목표와 방법에 대해 분명하고 주의 깊고 종합적으로 묘사하는 책을 발견하기는 쉽지 않을 것이다. 그의 논의가 설교라는 긴급한 책무와의 접촉을 결코 놓치지 않는 점은 자극이 될 뿐만 아니라 이 분야에서 사실 독특하다.

프란시스 B. 왓슨(Francis B. Watson) 박사
University of Durham 성경해석학 주임교수

오리겐으로부터 어거스틴과 마틴 루터를 걸쳐 칼 바르트에 이르기까지, 고전적 해석자들은 설교를 성경 해석 작업의 중심에 놓았다.

하지만 텍스트로부터 설교로의 움직임은 그저 개인의 영감과 성령 하나님께 맡겨질 수 있는 간단한 일이 아니다. 이 작업은 신학적으로 그리고 해석학적으로 충분한 성찰을 필요로 한다. 이 점은 설교학과 성경에 대한 신학적 해석, 두 분야의 최근의 책들 대부분에서 부족한 부분이다.

바로 이 부족한 부분을 아브라함 쿠루빌라는 『본문의 특권!』에서 매우 독창적으로 다룬다. 본서는 출발점으로 '문단'(pericope, 청중에게 봉독하는 성경의 한 부분으로 설교의 기초가 된다)이 성경적 세계를 마주칠 수 있는 주요 형태임을 받아들인다.

* * *

스탠리 E. 포터(Stanley E. Porter) 박사
McMaster Divinity College 신약학 교수, 학장

설교자를 위한 신학적 해석학은 진즉에 다루어져야 했다. 『본문의 특권!』이 이 중요한 주제에 접근 가능한 진입점을 제공하고 있어 기쁘게 생각한다. 그 자신의 독특함과 근거를 지니는 성경으로부터 신학적 진리로의 움직임은 깊이 있는 해석학적 정교함을 요구하는데, 이 정교함은 진지한 연구와 관심 그리고 본서와 같은 책에 숙달됨을 통해서 얻을 수 있다.

아주 오랫동안 설교의 역학(mechanics)은 제시하지만 신학적 이해와 설교학적 이해를 제공하여 강단에서 하나님의 말씀이 살아 숨 쉬게 하는 일에 소홀히 하는 이들 때문에 좌절감을 느꼈다. 아브라함 쿠루빌라는 이 당황스러운 문제가 반복되는 것을 해결하는 훌륭한 접근법을 제시해 준다.

R. 월터 모벌리(R. Walter Moberly) 박사
University of Durham 신학/종교학과 교수

이 정교하고 명료한 연구인 『본문의 특권!』에서 아브라함 쿠루빌라는 해석학과 성경 해석의 최근 연구에 기대어 성경적 설교의 본질에 새로운 빛을 비추어 준다.

쿠루빌라는 설교의 맥락에서 성경을 사용할 때 나타나는 구체적 문제들에 주의 깊은 관심을 기울이며 성경해석학에 대한 건설적 설명을 제시한다. 그의 설명은 구약성경에 의해 제기되는 도전들을 진지하게 받아들이며, 충실한 성경적 설교에 관련된 모두를 위한 귀중한 자료를 제공한다.

* * *

다니엘 I. 블록(Daniel I. Block) 박사
Wheaton College 구약학 교수

마침내 성경 텍스트를 진지하게 받아들이는 구약성경의 설교에 대한 설교해석학 책이 나왔다. 많은 접근법이 구약성경 텍스트 저자들의 의도에 대해 입에 발린 말을 한다. 그러나 아브라함 쿠루빌라는 『본문의 특권!』을 통해 텍스트에 모형론적 의미와 그리스도 중심적 의미를 부여하는 상황에서, 저자들이 그들의 말로 무엇을 하고 있었는지를 진지하게 묻는다.

쿠루빌라는 인내와 대단한 솜씨로 먼저 의도된 의미를 찾기 위한 성경 텍스트의 해석 방법으로 우리를 이끌어 간다. 그다음 그 텍스트의 메시지가 그리스도인 독자들에게 어떻게 권위를 갖게 되는지를 설명한다. 본서는 오랜 시간 동안 구약성경 설교에 관한 최고의 책으로 남을 것이다.

도날드 R. 수누키얀(Donald R. Sunukijian) 박사
Talbot School of Theology 설교학 교수

『본문의 특권!』은 텍스트의 '그때'로부터 청중의 '지금'으로 움직이는 비결을 알려 주는 참으로 훌륭한 책이다. 아브라함 쿠루빌라는 텍스트의 세부 내용에 대해 주의하는 것이 어떻게 모든 세대에 걸치는 근본적 진리에 도달하게 하는지를 반복하여 보여 준다.

율법의 모든 부분(시민법, 도덕법, 의식법)이 어떻게 오늘날 적용될 수 있는가에 대한 논의만으로도 본서를 구입할 가치가 있다. 독자들은 이전에는 깨닫지 못했던 설교자의 역할을 이해하게 될 것이고 그 때문에 다시 흥분을 느끼게 될 것이다.

* * *

케네스 A. 매튜스(Kenneth A. Mathews) 박사
Beeson Divinity School 구약학 교수

자신의 해석학을 개발하면서 성경신학의 필요성에 대해 이론적으로 말하는 것과 설교자가 교회의 배경에서 실제로 매 구절마다 그것을 행하는 것은 완전히 다른 일이다.

아브라함 쿠루빌라의 『본문의 특권!』은 현대의 논의에서 빠져 있는 이 주제를 다루며, 어떻게 성경신학, 해석, 그리고 설교가 서로 맞물려 지역 교회의 교화를 위해 사용될 수 있는지를 보여 줌으로써 그 빈 공간을 채운다. 본서는 해석학과 설교학 분야 사이의 계속되는 대화에 중요한 공헌을 했다.

마이클 퀵(Michael Quicke) 박사
Northern Seminary 설교학 교수

 매우 빈번히 설교자들은 설교를 준비할 때 신학과 해석학에 주의하지 않는다. 그들은 이론에 들일 시간이 없다고 말한다. 그러나 잘 연구된 이 『본문의 특권!』은 설교 사역에 필수적일 뿐만 아니라 대단히 실용적인 신학적 해석학을 개발하라고 설교자들에게 도전한다.
 성경을 구성하는 부분인 '문단'에 초점을 맞추는 이 새로운 접근법은 그리스도인의 순종에 대해 중대한 주장을 하는 하나님의 미래 계획을 보라고 설교자들을 초대한다.

본문의 특권!

설교를 위한 신학적 해석학

Privilege the Text!: A Theological Hermeneutic for Preaching
Written by Abraham Kuruvilla
Translated by Seung Jin Lee

This book was first published in the United States
by Moody Publishers,
820 N. LaSalle Blvd., Chicago, IL 60610.
with the title *Privilege the Text!*
copyright © 2013 by Abraham Kuruvilla.
Translated by permission.
All rights reserved.

Korean Edition Copyright © 2023 by Christian Literature Center, Seoul, Korea.

본문의 특권!
설교를 위한 신학적 해석학

2023년 4월 20일 초판 발행

지 은 이 | 아브라함 쿠루빌라
옮 긴 이 | 이승진

편　　집 | 전희정
디 자 인 | 서민정
펴 낸 곳 | (사)기독교문서선교회
등　　록 | 제16-25호(1980.1.18.)
주　　소 | 서울특별시 서초구 방배로 68
전　　화 | 02-586-8761~3(본사) 031-942-8761(영업부)
팩　　스 | 02-523-0131(본사) 031-942-8763(영업부)
이 메 일 | clckor@gmail.com
홈페이지 | www.clcbook.com
송금계좌 | 기업은행 073-000308-04-020 (사)기독교문서선교회
일련번호 | 2023-33

ISBN 978-89-341-2540-2 (93230)

이 한국어판 저작권은 Moody Publishers와(과) 독점 계약한 (사)기독교문서선교회가 소유합니다.
신저작권법에 의하여 한국 내에서 보호를 받는 저작물이므로 무단 전재와 무단 복제를 금합니다.

PRIVILEGE *the* TEXT!
A Theological Hermeneutic for Preaching

설교를 위한 신학적 해석학

본문의 특권!

아브라함 쿠루빌라 지음 | 이승진 옮김

CLC

차례

추천사 1 **정창균 박사** 합동신학대학원대학교 전 총장, 설교자하우스 대표   1
추천사 2 **김상구 박사** 백석대학교 신학대학원 실천신학 교수   3
추천사 3 **권 호 박사** 합동신학대학원대학교 설교학 교수   5
추천사 4 **김대혁 박사** 총신대학교 신학대학원 설교학 교수   9
추천사 5 **케빈 밴후저**(Kevin Vanhoozer) **박사** 외 8인   12

약어표   22
감사의 말   28
역자 서문   30

서론   36
  1. 체계화와 세분화   39
  2. 신학적 해석학   44
  3. 장별 요약   49

제1장 일반 해석학과 특수 해석학   55
  미리보기   56
  1. 일반 해석학   59
  2. 특수 해석학   109

제2장 문단, 신학, 그리고 적용   144
  미리보기   145
  1. 문단   147
  2. 문단신학   164
  3. 적용   223

제3장 하나님의 계명과 신실한 순종　　　　　　　　248
　　미리보기　　　　　　　　　　　　　　　　　　250
　　1. 하나님의 계명　　　　　　　　　　　　　　252
　　2. 신실한 순종　　　　　　　　　　　　　　　321

제4장 아케다와 그리스도 형상적 해석　　　　　　346
　　미리보기　　　　　　　　　　　　　　　　　　347
　　1. 아케다(창 22장)　　　　　　　　　　　　　348
　　2. 그리스도 형상적(Christconic) 해석　　　　　395

결론　　　　　　　　　　　　　　　　　　　　　　450
　　1. 각 장의 요약　　　　　　　　　　　　　　　451
　　2. 역사적 후기　　　　　　　　　　　　　　　455

참고 문헌　　　　　　　　　　　　　　　　　　　　467

약어표

Ancient Texts

1 Apol.	Justin Martyr, *First Apology*
1 Clem.	Clement of Rome, *First Clement*
2 Clem.	Clement of Rome, *Second Clement*
Adv. Jud.	Tertullian, *Adversus Judaeos*
Ag. Ap.	Josephus, *Against Apion*
Ant.	Josephus, *Antiquities*
Apol.	Tertullian, *Apologeticus*
Barn.	Barnabas
Comm. Rom	Origen, *Commentary on Romans*
Conf.	Augustine, *Confessions*
Congr.	Philo, *De congressu eruditionis gratia*
Corrept.	Augustine, *De correptione et gratia*
Deit.	Gregory of Nyssa, *De deitate Filii et Spiritus Sancti*
Dem. ev.	Eusebius, *Demonstratio evangelica*
Did.	Didache
Doctr. chr.	Augustine, *De doctrina christiana*
Ennarat. Ps.	Augustine, *Ennarationes in Psalmos*
Ep. 138 to Jerome	Augustine, *Epistle 138* to Jerome
Ep. ad Hedybiam	Jerome, *Epistula ad Hedybiam*
Ep. ad Pammachium	Jerome, *Epistula ad Pammachium*
Ep. ad Theodorum medicum	Gregory the Great, *Epistula ad Theodorum medicum*
Ep. mort. Ar.	Athanasius, *Epistula ad Serapionem de morte Arii*
Faust.	Augustine, *Contra Faustum Manichaeum*
Grat.	Augustine, *De gratia et libero arbitrio*
Haer.	Ireneaus, *Adversus haereses*
Hist. eccl.	Eusebius, *Historia ecclesiastica*
Hom. 1 Cor.	Chrysostom, *Homilies on 1 Corinthians*
Hom. Col.	Chrysostom, *Homilies on Colossians*

Hom. Gen.	Chrysostom, *Homilies on Genesis*
Hypoth.	Philo, *Hypothetica*
Inst.	Quintilian, *Institutio oratoria*
Institutes	Calvin, *Institutes of the Christian Religion*
J.W.	Josephus, *Jewish War*
L.A.B.	Pseudo-Philo, *Liber antiquitatum biblicarum*
Marc.	Tertullian, *Adversus Marcionem*
Opif.	Philo, *De opificio mundi*
Or. Brut.	Cicero, *Orator ad M. Brutum*
Paed.	Clement of Alexandria, *Paedagogus*
Pan.	Epiphanius, *Panarion*
Phaedr.	Plato, *Phaedrus*
Phil.	Polycarp, *Epistle to the Philippians*
PL	Patrologia Latina
Poet.	Aristotle, *Poetics*
Praescr.	Tertullian, *De praescriptione haereticorum*
Princ.	Origen, *De principiis*
Res.	Tertullian, *De resurrectione carnis*
Rhet. Alex.	Anaximenes, *Rhetorica ad Alexandrum*
Serm.	Augustine, *Sermon*
Spec. Laws	Philo, *On the Special Laws*
Spir. et litt.	Augustine, *De spiritu et littera*
Strom.	Clement of Alexandria, *Stromata*
Summa	Aquinas, *Summa theologica*
Test.	Cyprian, *Ad Quirinum testimonia adversus Judaeos*
Tract. Ev. Jo.	Augustine, *In Evangelium Johannis tractatus*
Ver. rel.	Augustine, *De vera religione*

Rabbinic and Targumic Literature

ʾAbot R. Nat.	ʾAbot de Rabbi Nathan
B. Bat.	Baba Batra
Ber.	Berakot
CD	Cairo Genizah copy of the *Damascus Document*
Gen. Rab.	Genesis Rabbah
Giṭ.	Giṭṭin

Lev. Rab.	Leviticus Rabbah
Mak.	Makkot
Meg.	Megillah
Mek.	Mekilta
Menaḥ.	Menaḥot
Mo'ed Qaṭ.	Mo'ed Qaṭan
Ned.	Nedarim
Neg.	Negaʿim
Neof.	Neofiti
Pesaḥ.	Pesaḥim
Pesiq. Rab.	Pesiqta Rabbati
Pesiq. Rab Kah.	Pesiqta de Rab Kahana
Ps.-J.	Pseudo-Jonathan
Qidd.	Qiddušin
Sanh.	Sanhedrin
Šab.	Šabbat
Soṭ.	Soṭah
Taʿan.	Taʿanit
Tg.	Targum
Yebam.	Yebamot

OLD TESTAMENT APOCRYPHA AND PSEUDEPIGRAPHA

2, 4 Macc	2, 4 Maccabees
1 En.	*1 Enoch* (Ethiopic Apocalypse)
2 Bar.	*2 Baruch* (Syriac Apocalypse)
3 Bar.	*3 Baruch* (Greek Apocalypse)
As. Mos.	*Assumption of Moses*
Bar	Baruch
Jub.	*Jubilees*
Pss. Sol.	*Psalms of Solomon*
Sir	Sirach/Ecclesiasticus
Tob	Tobit

DEAD SEA SCROLLS

1QHª	*Hodayot* (*Thanksgiving*) *Hymns* from Qumran Cave 1
1QM	*Milḥamah* or *War Scroll* from Qumran Cave 1

1QS	*Serek hayyahad (Rule of the Community)* from Qumran Cave 1
4Q225	psJub^a from Qumran Cave 4
4Q286	Ber^a from Qumran Cave 4
4Q385, 386, 388	psEzek from Qumran Cave 4
4Q387, 390	apocrJer from Qumran Cave 4
4QD^a	Damascus Document from Qumran Cave 4
11QMelch	Melchizedek from Qumran Cave 11
11QT^a	Temple Scroll from Qumran Cave 11

OTHER ABBREVIATIONS

ABC	Anchor Bible Commentary
ABR	*Australian Biblical Review*
AUSS	*Andrews University Seminary Studies*
BBR	*Bulletin for Biblical Research*
BECNT	Baker Exegetical Commentary on the New Testament
Bib	*Biblica*
BSac	*Bibliotheca Sacra*
BTB	*Biblical Theology Bulletin*
BZAW	Beihefte zur Zeitschrift für die alttestamentliche Wissenschaft
Cardozo L. Rev.	*Cardozo Law Review*
CBQ	Catholic Bible Quarterly
CI	Critical Inquiry
Columbia L. Rev.	*Columbia Law Review*
CTQ	Concordia Theological Quarterly
CTR	Criswell Theological Review
Ess. Crit	*Essays in Criticism*
EvJ	*Evangelical Journal*
ExAud	*Ex Auditu*
ExpTim	*Expository Times*
Fordham L. Rev.	*Fordham Law Review*
FOTL	Forms of the Old Testament Literature
GOTR	Greek Orthodox Theological Review
GTJ	Grace Theological Journal
HAR	Hebrew Annual Review
HorBT	Horizons in Biblical Theology

HorBT	*Horizons in Biblical Theology*
HTR	*Harvard Theological Review*
HUCA	*Hebrew Union College Annual*
IJST	*International Journal of Systematic Theology*
Int	*Interpretation*
Iowa Rev.	*Iowa Review*
J. Aes. Art Crit.	*Journal of Aesthetics and Art Criticism*
JAAR	*Journal of the American Academy of Religion*
JBL	*Journal of Biblical Literature*
JEHS	*Journal of the Evangelical Homiletics Society*
JETS	*Journal of the Evangelical Theological Society*
JR	*Journal of Religion*
JRE	*Journal of Religious Ethics*
JSNT	*Journal for the Study of the New Testament*
JSNTSup	Journal for the Study of the New Testament: Supplement Series
JSOT	*Journal for the Study of the Old Testament*
JSOTSup	Journal for the Study of the Old Testament: Supplement Series
JSSR	*Journal for the Scientific Study of Religion*
JTI	*Journal of Theological Interpretation*
LNTS	Library of New Testament Studies
LTQ	*Lexington Theological Quarterly*
NAC	New American Commentary
Neot	*Neotestamentica*
NICNT	New International Commentary on the New Testament
NICOT	New International Commentary on the Old Testament
NIGTC	New International Greek Testament Commentary
NLH	*New Literary History*
NPP	New Perspective on Paul
OBT	Overtures to Biblical Theology
PEQ	*Palestine Exploration Quarterly*
Phil. Rev.	*The Philosophical Review*
Phil. Sci.	*Philosophy of Science*

Pol. Sci. Q.	*Political Science Quarterly*
ResQ	*Restoration Quarterly*
RevQ	*Revue de Qumran*
RH	Redemptive-historical
RRR	*Reformation and Renaissance Review*
SBET	*Scottish Bulletin of Evangelical Theology*
SBJT	*Southern Baptist Journal of Theology*
SJT	*Scottish Journal of Theology*
Spec	*Speculum*
Texas L. Rev.	*Texas Law Review*
TJT	*Toronto Journal of Theology*
TrinJ	*Trinity Journal*
TS	*Theological Studies*
TSF Bull.	*Theological Students' Fellowship Bulletin*
TynBul	*Tyndale Bulletin*
USQR	*Union Seminary Quarterly Review*
VE	*Vox Evangelica*
VT	*Vetus Testamentum*
VTSup	Vetus Testamentum Supplement
WBC	Word Biblical Commentary
WTJ	*Westminster Theological Journal*
WUNT	Wissenschaftliche Untersuchungen zum Neuen Testament
WW	*Word and World*
ZAW	*Zeitschrift für die alttestamentliche Wissenschaft*
ZNW	*Zeitschrift für die neutestamentliche Wissenschaft*

감사의 말

아브라함 쿠루빌라(Abraham Kuruvilla) 박사
Southern Baptist Theological Seminary 설교학 교수

 필자는 많은 이에게 빚을 졌다.

 언제나 내 곁에 계시며, 당당하고 충성스럽고 사랑이 많으신 아버지, 필자의 삶과 일에 대해 조용히 확신하는 형과 그의 가족, 이제 더 좋은 곳에 계시며 의심할 바 없이 여전히 필자를 격려하시는 어머니, 필자가 무엇을 설교하든 자리를 지키는 모건(Morgans) 씨네, 달라스신학교(Dallas Theological Seminary)의 필자의 선생님들과 동료들, 그리고 에버딘대학교(University of Aberdeen)의 필자의 박사 학위 지도 교수님이신 프란시스 왓슨(Francis Watson), 이 모든 이가 부지런한 분석, 동료를 대하는 방식, 그리고 거룩한 성품을 가르쳐 주었다. 필자는 여전히 이것들을 배우고 있다.

 학계에서 필자의 우호적인 스파링 파트너들, 특별히 티모시 워런(Timothy Warren), 존 힐버(John Hilber)와 케빈 밴후저(Kevin Vanhoozer) 이들은 그들의 글, 이 연구의 여러 장에 대한 면밀한 검토, 깊이 있는 언급, 그리고 지속적 격려로 필자의 사고를 날카롭게 다듬어 주었다.

 달라스의 노스웨스트성경교회(Northwest Bible Church)의 하나님의 백성들은 매 여름 여러 주 동안 필자의 설교를 참을성 있게 들어 주며 필자를 늘 지지해 주었다.

 그리고 필자의 학생들, 설교자를 꿈꾸는 이들 한 사람 한 사람이 없었더라면, 이 연구의 어느 하나도 존재하지 못했을 것이다. 그들에게 감사함을 담아 본서를 헌정한다.

이 연구를 통해 필자는 설교의 기술과 설교학에 대한 열정으로 새로워졌다. 그리고 하나님의 영광을 위해 말씀을 연구하고, 가르치고, 선포해야겠다는 긴급함에 이 연구를 수행했다. 그러므로 이 연구를 기도와 더불어 내놓는다.

성령 하나님이 모든 곳의 설교자들에게 능력을 공급하셔서 청중의 삶이 변화되는 일을 통해 강단에서의 그들의 노력이 열매 맺기를!

그리고 용감무쌍한 하나님의 백성들이 '믿음으로 가득한'(faith-full) 순종을 통해 성자 하나님의 형상을 더욱 더, 날마다 닮아 가기를!

당신의 나라가 임하시옵소서!

텍사스 달라스
2011년 성령강림절에

역자 서문

이 승 진 박사
합동신학대학원대학교 설교학 교수

2천 년의 교회 역사에서 성경 해석은 항상 '적용적 독법'으로 간주되어 왔다. 성경 해석 작업은 항상 해석자가 성경 본문이 증언하는 그리스도의 모범적 교훈을 자신의 삶에 적용하는 최고의 경배 행위로 여겨졌다.

하지만 근대의 인간 이성 중심의 패러다임이 성경 해석에 도입된 이후로, 성경 해석 작업에서 인격적 적용 그리고 그리스도 닮기(Imitation of Christ)와 아무런 관계가 없는 주해 중심의 성경 해석이 대세를 형성하기에 이르렀다. 그 결과 가장 심각한 폐해가 뒤따르는 영역 중의 하나가 설교를 위한 성경 해석과 설교 사역이다.

설교자들은 당연히 신자들의 삶 속에서 말씀 선포를 통한 언약 갱신의 목적으로 특정한 성경 본문을 해석한다. 하지만 이를 위하여 성경해석학 학자들이 제시하는 주석서는 해석 과정에서 본문의 교훈을 해석자 자신의 삶에 적용하는 것을 배제하고, 본문의 역사적 자료들이나 문학적 또는 수사적 형식에 관한 해설이 큰 비중을 차지하게 되었다.

최근 포스트모던 시대를 거치면서 일단의 성경해석학 학자들은 이러한 전통적 성경해석학의 한계를 직시하고 그 대안을 제시하기 시작했다. 예를 들어, 먼저 번 S. 포이트레스(Vern S. Poythress)는 『하나님 중심의 성경해석학』(*God-Centered Biblical Interpretation*, 1999)에서 성경 해석 원리를 성부 하나님과 성자 하나님, 그리고 성령 하나님의 삼위일체신학의 기초 위에 정립시켰다.

그에 따르면 하나님의 말씀은 성부 하나님의 원형적 차원과 성자 하나님의 아들을 통한 말씀의 현시 차원, 그리고 성령 하나님을 통한 말씀의 동시 발생성의 세 차원을 입체적으로 고려해야 한다는 것이다. 이렇게 포이트레스는 성경 해석의 세 차원을 삼위일체 하나님의 원형적 차원과 현시의 차원, 그리고 동시 발생성의 차원이라는 삼위일체 신학에 정초할 수 있는 신학적 프레임을 제공했다.

포이트레스는 여기에서 한 걸음 더 나아가 삼위일체 성경해석학을 '의사소통의 삼각대'에 대입시켜서 성부 하나님의 차원은 의사소통의 의사표현에 대응하고, 성자 하나님의 차원은 정보 내용에 대응하며, 마지막 성령 하나님의 차원은 의사소통을 통한 효과 산출에 대응할 수 있는 삼위일체에 근거한 의사소통의 삼각대 프레임을 제시했다.

케빈 밴후저(Kevin Vanhoozer)도 『이 텍스트에 의미가 있는가?』(*Is There a Meaning in This Text?*, 1998)에서 하나님 나라의 실재를 위한 성경 해석에서 저자와 텍스트 그리고 독자에 대한 균형 잡힌 성경해석학의 패러다임을 제시했다.

밴후저에 의하면 성경 해석 작업에서 해석자는 성경 저자이신 하나님의 뜻의 선행성을 인정하는 해석학적 실재론과 텍스트에 대한 정당한 해석 작업을 통하여 필연적으로 확보할 수 있는 본문의 의미에 관한 해석학적 합리성, 그리고 독자를 향한 하나님의 뜻의 실현 의지에 관한 해석학적 책임성의 세 차원을 동시에 존중해야 한다는 것이다. 이는 성경 해석의 세 차원의 필연성을 균형 있게 강조한 것이다.

이렇게 성경해석학자들이 삼위일체에 근거하면서도 저자와 텍스트 그리고 독자의 해석학적 프레임을 균형 있게 고려하는 성경해석학 모델을 발전시키는 동안에 실천신학과 설교학의 영역에서도 전통적 주해 중심의 성경해석학의 한계를 탈피하고 균형 잡힌 설교 지향적 성경해석학 모델을 발전시켰다.

예를 들어, 티모시 워렌(Timothy Warren)은 설교 메시지 작성을 염두에 두고 성경을 해석하며 설교의 적용점을 도출하는 과정에서 주해의 중심 사상(exegetical main idea, 성자 하나님/텍스트/해석학적 합리성)과 신학적 중심 사상(theological main idea, 성부 하나님/저자/해석학적 실재성), 그리고 설교의 중심 사상(homiletical main idea, 성령 하나님/독자/해석학적 책임성)의 세 차원을 종합적으로 확보해야 할 것을 제안했다.

『본문의 특권!』(Privilege the Text!)의 저자인 아브라함 쿠루빌라(Abraham Kuruvilla)는 이러한 주해 중심의 성경해석학과 설교학의 문제점에 대한 대안을 모색했다.

저자는 비교적 균형 잡힌 성경 해석의 이론을 정립한 폴 리쾨르(Paul Ricoeur)의 **텍스트 앞에 펼쳐진 세계**(the world in front of the text)의 테제를 성경 해석학에 적용하여 설교를 목적으로 설교자가 선택한 특정한 성경 본문의 '문단'(pericope)이 해석자 앞에 펼쳐 보여 주는 하나님 나라에 관한 세계의 일부분에 주목할 것을 주장했다. 쿠루빌라는 성경 본문의 문단이 투영하는 세계의 중요성을 강조하려고 맑은 투명 유리창과 불투명 유리창, 그리고 스테인드 글라스창의 유비를 사용한다.

그에 의하면 전통적 성경 해석 전략은 성경 텍스트의 고유한 수사적 전략이나 구조, 또는 독특한 신학적 강조점을 모조리 무시하고 항상 천편일률적인 교훈이나 교리만을 추출하려 한다. 이러한 해석 방법은 성경 본문을 창문으로 비유하면, 마치 투명한 유리창을 통해서 창문 바깥의 풍경에 집중하는 것에 비유될 수 있다.

또한, 역사비평적 관점의 성경 해석자들은 성경 본문 배후에 합리적 차원에서 실제로 발생한 과거 역사적 사건을 재구성하려는 데 집중한다. 이는 본문 자체의 권위도 무시하고, 또 본문 배후에 실제로 발생한 과거의 구속 사건도 무시하기 때문에 마치 불투명 유리창에 비견될 수 있다.

이렇게 쿠루빌라는 전통적 해석과 비평적 해석을 모두 비판한 다음, 화용론적 관점의 성경 해석 전략을 제안한다. 성경 해석의 목표는 성경 저자가 독자에게 의도한 의미(intended meaning)에 제대로 반응하는 것이다.

이를 위하여 저자는 자신이 의도한 신학적 의미를 본문의 특정한 문단의 수사적 형식이나 특정한 문학 구조를 통하여 명시적으로나 암시적으로 담아 놓았다. 따라서 이러한 기록 과정을 주도한 성령 하나님은 해석자가 특정 문단의 독특한 수사적 전략과 형식을 따라서 저자가 독자에게 의도한 신학적 의미의 목표에 도달할 수 있도록 해석자의 해석 과정을 지도할 것이다.

쿠루빌라에 의하면 성경 본문의 특정한 문단은 저자의 역사적이고 문화적인 시대의 한계를 초월한 초역사적 의도를 후대의 잠정적인 모든 독자에게 실행하려는 의도를 담고 있다. 그는 이를 가리켜서 '문단신학'(pericopal theology)으로 명명했다.

그에 의하면 성경 해석의 초점은 그러한 저자의 의도, 또는 본문 문단의 초역사적 의도인 '문단신학'을 파악하는 것이다. 그리고 특정한 본문의 문단이 독자에게 투영하는 텍스트 앞에 펼쳐진 하나님 나라의 일부분을 확인하는 것이다. 그리고 그렇게 투영된 세계의 일부분이 독자에게 제시하는 하나님 나라에 관한 교훈과 우선순위 그리고 실천적 적용점들을 강단 아래에 모인 청중들에게 선포하는 것이다.

그럴 때 비로소 교회 회중은 하나님과 맺은 영원한 언약 관계에 합당한 하나님의 계명에 순종의 반응을 보일 수 있으며, 그렇게 신자 개인과 교회 공동체 전체가 선포된 하나님의 계명에 온전히 순종하는 삶을 살아냄으로 하나님 나라의 영광과 권능이 이 땅에 실현될 것이다.

앞서 살펴본 세 차원의 성경해석학 모델에 비추어 볼 때 쿠루빌라의 '문단신학'은 성경 본문으로부터 본문에 담긴 저자의 신학적 의미('문단신학')로의 1단계 해석학의 움직임과 다시 '문단신학'으로부터 설교 메시지의 적용으로 진행되는 2단계 설교학의 움직임을 서로 연결하는 중간의 연결고리를 제공한다.

그뿐만 아니라 쿠루빌라가 제안하는 '문단신학'은 티모시 워렌이 제안했던 '주해의 중심 사상'과 '신학적 중심 사상'을 결합한 개념으로 특정 문단의 수사적 독특성과 이를 통하여 저자가 의도하는 신학적 의미를 통합한 설교학적 개념으로 이해할 수 있다.

한편, 쿠루빌라는 자신이 제안하는 '문단신학'과 전통적 그리스도 중심의 모형론 해석과의 차별성을 분명히 하기 위해서, 제4장의 아케다(Aqedah) 내러티브(창 22장)에서 이삭을 번제로 바치라는 하나님의 끔찍한 명령에 순종했던 아브라함의 교훈에 관한 '문단신학'에 집중했다.

본문의 문단을 통해서 해석자가 먼저 확보해야 하는 '문단신학', 또는 본문 앞에 펼쳐진 하나님 나라의 일부분에 관한 교훈과 우선순위, 그리고 실천은 '하나님이 요구하신다면 가장 소중한 것도 아끼지 않는 순종이며 하나님 자신이 약속한 미래라도 하나님께 맡기는 것'을 배워야 한다는 것이다. 아브라함은 하나님이 허락하신 자기 생명보다 더 소중한 이삭 대신에 하나님의 계명에 그대로 순종하는 편을 선택했다.

쿠루빌라는 아케다 내러티브에 관한 마카비4서 13:12의 교훈을 그대로 인용하면서 독자들 역시 이 문단을 통하여 다음과 같이 울림이 있는 교훈에 먼저 집중할 것을 제안하고 있다.

> 네가 어디에서 왔는지 기억하라. 그리고 하나님께 헌신하려고 자신의 손으로 자기 아들 이삭을 죽도록 내어 준 아버지를 기억하라.

아브라함은 최후 결단의 순간에 하늘 아버지와 그 마음이 통했던 것 같다. 자녀들의 행복과 영생을 위하여 계획한 작정과 선택 그리고 약속을 온전히 이루시기 위해서 결국은 자기 아들을 희생하실 하늘 아버지의 마음 한 조각을 읽었던 것 같다(요 8:56).

성경을 해석하고 설교하는 모든 이가 쿠루빌라의 제안을 따라서 각 성경 본문의 문단에 담긴 고유한 신학적인 의미와 초역사적 의도 그리고 본문 앞에 펼쳐진 하나님 나라의 일부분을 체험하고(추체험[追體驗]) 그러한 체험을 신자들과 설교를 듣는 청중도 동일한 수준으로 경험하도록 설교 메시지를 준비하여 효과적으로 전달할 수 있기를 기대한다.

서론

> *Tribu, ergo nobis verborum signficationem,*
> *intelligentiae lumen, dictorum honorem, veritatis fidem*
> (트리부, 에르고 노비스 베르보룸 시그니피카티오넴,
> 인텔리겐티아에 루멘, 딕토룸 호노렘, 베리타티스 피뎀).
> 우리에게 단어의 의미, 이해의 빛, 말투의 고결함, 진리에 대한 믿음을 주시옵소서.
> 푸아티에의 힐라리우스(Hillary of Poitiers, ca. 300–ca. 368.)[1]

매주 강단을 섬기는 설교자들은 믿기 어려운 억측을 다룬다. 그 억측은 아마도 수천 년 전에 작성된 성경 본문이 오늘날 21세기에도 여전히 진리의 빛을 비춘다는 것이다.[2] 설교자의 임무는 쉽지 않다. 매주 신자들에게 주어진 성경 본문을 권위 있고 적실성 있게 설명하기 위하여 이해하기 어려운 고대 본문을 현대 청중에 충실하게 옮겨야 한다.[3]

본서의 목표는 해석학과 신학의 영역에서 발전된 여러 개념을 사용하여 그 두 바다를 연결하는 다리를 만드는 것이다.[4]

성경은 단언한다.

---

1 *De Trinitatis*, 1.38.13-14.
2 Christoph Schwöbel, "The Preacher's Art: Preaching Theologically," In Colin Gunton, *Theology through Preaching* (Edinburgh: T.&T. Clark, 2001), 7.
3 James D. Smart, *The Strange Silence of the Bible in the Church: A study in Hermeneutics* (London: SCM, 1970), 33-34는 이를 "위험한 길"(a perilous road)이라 칭했다.
4 본서는 설교의 상황을 염두에 두고 있으나, 본서가 찾고자 하는 질문의 답은 적용에 중점을 둔 성경 해석의 모든 상황에 해당이 된다(예를 들어, 성경 공부 모임, 주일 학교 분반, 또는 개인 성경 읽기).

> 무엇이든지 전에 기록된 바는 우리의 교훈을 위해 기록된 것이니(롬 15:4).

하지만 어떻게 과거 성경의 본문이 오늘날 우리의 교훈으로 성취되느냐 하는 질문은 아직 만족스러운 해답을 얻지 못했다. 문화적 한계가 있는 두 영역, 즉 고대의 본문과 현대의 청중 사이의 간격을 연결하는 문제는 매우 힘든 일이다. 이 간격의 한쪽에는 본문의 역사적 상황이 있고, 다른 쪽에는 강단에서부터 선포되는 말씀을 듣는 신앙 공동체의 실존적 상황이 있다.

샌드라 슈나이더스(Sandra Schneiders)는 이 두 가지가 본문의 해석 과정에서 어떻게 하나로 연결되느냐는 질문은 참으로 당혹스러운 질문임을 인정한다.[5] 스탠리 포터(Stanley Porter)도 이에 동의하며 시간 제약적인 모든 특징을 가진 원문으로부터 오늘날의 삶의 신학적 진리까지로의 이동은 상정할 만한 지성 작업 중 가장 힘든 일이며, 설교자는 성경을 해석할 때마다 그 난제와 직면한다고 말한다.[6]

이 일의 중차대한 성질에 대해서는 아무도 부정할 수 없다. 왜냐하면, 그 성경의 가르침과 인내와 위로를 통해서 그리스도인들은 소망을 가지게 되기 때문이다. 해석학적 문제의 핵심은 바로 본문의 그때로부터 청중의 지금으로의 횡단이다. 이전 시대에 언어는 어떤 방식으로든 간격을 건너 나중 시대의 언어로 바뀌어야 한다. 설교자는 이 간극을 잇는 일에 최전방에 있으며, 본서는 그 중대한 사안을 논리적으로 설명하고자 한다.

---

5 Sandra M. Schneiders, "The Paschal Imagination: Objectivity and Subjectivity in New Testament Interpretation," *TS* 46 (1982): 65.
6 Stanley E. Porter, "Hermeneutics, Biblical Interpretation, and Theology: Hunch, Holy Spirit, or Hard Work?" in I. Howard Marshall, *Beyond the Bible: Moving from Scripture to Theology* (Grand Rapids: Baker, 2004), 121. "누구든지 이 일이 쉽다고 말하는 사람은 아마도 거짓말을 하고 있는 것이거나, 아주 이 일을 못하거나, 혹은 이 일을 너무 오랫동안 해 와서 이 일이 지적이고 영적인 것임을 잊은 사람일 것이다"(ibid.).

설교는 권위 있는 성경 본문의 해석일 뿐만 아니라 하나님이 주신 메시지의 실제적 필요를 가지고 실제 삶을 살아가는 실제 사람들을 향해 그 메시지를 적실성 있게 의사소통(communication)하는 것이다. 그 권위 있는 본문은 적실성 있는 실천으로 성취되어야 한다. 그리하여 하나님의 계시된 진리가 성경으로부터 흘러나와 오늘날의 사람들의 삶으로 흘러갈 수 있도록 한다.[7]

16세기에 윌리엄 틴데일(William Tyndale)은 적용의 필요성, 즉 성경이 사람들의 삶으로 흘러 들어감(flowing out)에 대해 다음과 같이 탁월하게 언급했다.

> 누군가 귀중한 보석을 가졌고 부자라고 할지라도, 만일 그가 거기에 있는 가치를 모르거나 그것을 어디에 사용해야 할지 모른다면, 그는 지푸라기보다 낫지 않고 그보다 더 부유하지도 않다. 마찬가지로 우리가 성경을 읽은 다음에 뭐라고 많이 떠들어댈지라도, 그것의 용도와 그것이 주어진 목적을 모른다면, 그리고 그것에서 무엇을 찾아야 하는지 모른다면 그것은 우리에게 전혀 유익이 없다. 성경을 그저 읽고 말하는 것만으로는 충분하지 않다. 우리는 하나님을 또한 밤낮으로 갈망해야 하며, 즉시 우리의 눈을 열고 성경이 무엇을 위해 주어졌는지 이해하고 깨달아야 한다. 그리고 우리는 성경의 약을 고통 중에 있는 환자의 환부에 적절하게 발라 주어야 한다. 그렇게 하지 못한다면 우리는 격렬히 외치지만 그 속의 달콤한 핵심은 맛보지 못하는 나태한 논쟁꾼, 그리고 무의미한 말싸움꾼이나 마찬가지이다.[8]

만일 설교자의 주된 기술이 그의 청중의 가슴으로 그의 주제를 분명히 이해시키는 것이라면, 이 기술은 어떻게 발휘해야 하는가?[9]

---

7 John R. W. Stott, *Between Two Worlds: The Art of Preaching in the Twentieth Century* (Grand Rapids: Eerdmans, 1982), 138.

8 William Tyndale, "A Prologue by William Tyndale Shewing the Use of the Scripture, which He Wrote before the Five books of Moses," in *The Works of the English Reformers* (3 vols.; ed. Thomas Russell; London: Ebenezer Palmer, 1828-1831), 1:6.

9 John Claude, *An Essay on the Composition of a Sermon* (3rd ed.; 2 vols.; trans. Robert Rob-

설교자들이 적용을 위해서 성경을 해석하는 방식은 기본적으로 두 개의 큰 범주, 체계화와 세분화로 나뉜다.[10]

1. 체계화와 세분화

체계화(systematization)란 성경 해석자가 주어진 성경 본문의 문단(pericope)[11]에서 발견된 교훈들을 조직적으로 정리하여 조직신학의 적절한 개념적 구획 안에 정렬하려는 시도이다. 예를 들어, 예수께서 마가복음 8장에서 장님을 치료하는 장면은, 반드시 하나님/예수님의 전능함이라는 신학적 주제와 연결되어야 한다. 이삭을 바치는 아브라함의 이야기는 대속(구원론) 개념을 설명해야 하고, 아마도 그의 유일한 독생자를 주신다는 점에서 하나님의 사랑도 설명해야 한다.

사무엘하 11-12장(다윗과 밧세바의 이야기)은 인간의 타락(인죄론)과 완벽한 구세주로서의 왕(기독론)을 상기시켜야만 한다. 계시록과 예언서는 우리들을 마지막 때인 재림, 그리고 하나님의 마지막 심판(종말론)으로 이끈다. 이 모든 것에 대한 선험적(a priori) 인식의 요소가 있다. 왜냐하면, 신학의 체계는 이미 우리가 어떻게 그리고 무엇을 들어야 하는지 알려 주기 때문이다. 그래서 해석이라는 작업은 주어진 성경 본문 문단이 깔끔한 조직신학의 의미 체계 속에 어디에 꼭 들어맞을지를 발견하는 해석 행위이다.

---

inson; London: T. Scollick, 1782-1788), 2: 325 n 1.

10 이 광범위한 분류는 설명을 돕기 위해 만들어졌기에 인위적일 수밖에 없다. 의심할 여지 없이 두 가지 예시는 극단적인 경우다. 실제로 설교자가 그 양극단에 속해 있다고 볼 수는 없을 것이다. 그러나 양극단으로 치닫는 경향은 존재한다.

11 '문단'(pericope)이라는 용어가 복음서의 일부를 가리키는데 더 많이 사용되지만, 여기에서 문단은 장르나 길이와는 상관없이 설교 본문의 기반을 제공하는 성경 문단의 경계를 나누기 위하여 사용된다.

그런 점에서 체계화 과정은 주어진 성경 본문의 견고한 세계를 훨씬 벗어나는 일반화의 과정이다. 이러한 일반화 과정은 논리적 체계를 위한 보편적 규칙을 우선시하는 과정에서 자칫 본문의 독특성을 잃어버릴 수 있다. 이렇게 성경 문단의 모든 메시지를 조직신학의 규범 안으로 획일화하는 것은 자칫 본문의 독특성을 교리적 규범 원칙으로 축소하는 셈이다.[12] 그리고 성경의 전체 장르와 각 문단은 단지 조직신학의 표현을 위한 수단으로 귀결되고 만다.

설교자의 정직성을 고려하여 생각해 볼 때, 어떤 본문 안에 들어 있는 수사적 추동력이 결국 조직신학의 교리적 집합체의 일부분으로 축소되는 것이라면, 설교자들은 그토록 다양한 성경 본문의 문학적 문단들을 획일화하지 않고 어떻게 해석해야 하는가?

예를 들어, 예수님은 (비록 두 단계를 거치지만) 한 번이 아니라 마가복음 8:22-26과 마가복음 10:46-52에서 두 차례에 걸쳐 장님을 치료하시는 것으로 나타난다.

이 두 번의 치료 사역은 사람의 시각 기관과 후두피질신경, 혈관, 조직, 세포 전반에 대한 세부적 차이점을 모두 무시하고 획일적으로 하나님/예수님의 전지전능이라는 한 가지 의미만을 전달하는 것일까?

그렇지 않다면 각각의 문단을 통해 다른 문단과 차별화될 정도로 독특하게 다른 의미가 전달되고 있는가?

필자는 서로 다른 본문 속에는 다른 의미와 다른 의도가 들어 있다고 확신한다. 저자는 그들이 말하고 있는 것(saying)으로 무언가 독특한 의도를 수행하고(doing) 있다. 다시 말해, 마가는 마가복음 10장에서는 마가복음 8

12　다시 말하면, 필자는 설교자의 관점에서 말한다. 물론, 교회의 삶에는 조직신학이 해야 할 그만의 역할이 있지만 필자는 그저 그것이 설교 강단에서 문단을 가지고 시행되는 조직신학 강좌가 매주 반복되어야 하는 것은 아니라고 주장한다(이 문제는 제2장에서 더 깊게 논의되어 있다).

장에서 수행하는 것과는 전혀 다른 무언가를 수행하고 있다.[13]

이어서 고려할 것이 세분화(atomization)이다. 세분화는 주로 체계화를 충분히 이해하면서도 그 한계를 고민하여 성경의 특정 문단을 그에 맞는 조직신학의 교리적 범주 안에 획일적으로 끼워맞추는 것은, 해당 문단을 신자들의 실생활에 적실하게 적용하려 할 때 실제로 필요한 많은 유익을 놓칠 수 있음을 이해한 사람들의 대안적 방책이다.

따라서 세분화 작업을 감당하는 사람들은 체계화의 한계와 문제점에 대응하는 것이다. 그래서 그들은 본문 자료의 모든 조각에서 현대적 적용점을 찾아내려 한다. 이는 마치 사냥꾼이 모든 굴 안에 있는 토끼를 단 한 방의 산탄총으로 해결하려는 것과 흡사하다. 어찌 보면 쉽게 무시하거나 자주 다루지 않는 작은 구절이나 단어를 놓칠 일이 전혀 없을 지경이다.

본문의 모든 작은 구절과 단어에서 작용점을 끄집어내려 한다. 그것이 바울의 깊은 밤의 탈출 사건(우리는 우리의 적들을 피하기 위해 바울처럼 지혜로워야 한다, 행 9:25)이건, 그가 멜리데섬에서 나무를 줍는 것(우리는 바울처럼 섬기는 자세로 종의 일을 떠맡을 만큼 겸손해야 한다. 그는 나무 묶음 속에 숨어 있던 뱀을 적절히 무시한 채 일했다, 행 28:1-5)이건, 또는 다윗이 골리앗과의 전투에서 집어든 돌(우리는 그 돌과 같이 시간이라는 하나님의 물로 꾸준히 다듬어져서 그가 우리를 사용하실 때까지 되어야 한다, 삼상 17:40)이건 관계없다.

표면적으로 실천 가능한 지혜를 얻기 위하여 성경 본문의 모든 사소한 요소들까지 파고든다. 그러다 보면 어느 정도 본문의 세부사항들은 잘 파고들어 가는 것처럼 보이지만, 문제는 저자와 본문이 궁극적으로 말하려는 핵심 주제에는 충분한 관심을 쏟지 못한다는 것이다.

이때 해석자의 관심은 "저자는 그가 말하는 것을 통해서 궁극적으로 무엇을 실행하는가"(제1장을 보라)라는 질문에서 아주 멀리 떨어져 있다. 대

---

[13] 마가복음에서 모든 '문단'(pericope)에 이 접근 방식이 적용된 것을 참고하기 위해서는 Abraham Kuruvilla, *Mark: A Theological Commentary for Preachers* (Eugene, Oreg.: Cascade, 2012)를 보라.

신에 그 해석학적 탐구는 청중의 상황으로 바로 옮겨갈 수 있는 사소한 소모품 같은 적용점을 위하여 본문의 사소한 조각들을 그럴싸하게 사용하는 것이다. 결국, 체계화하는 사람이나 세분화하는 사람들과 같이 저자의 주제에 무감각한 태도는 좋게 말하면 선의의 무시이고 나쁘게 말하면 과실이 있는 잘못된 해석이다.

필자는 어느 정도의 일반화는 필수적이라는 측면에서 체계화에 동의한다. 그렇게 해야 성경 문단이 가진 특성이 시공간상으로 멀리 떨어진 청중들에게 그 진리를 재상황화하는 노력을 무효로 만들지 않는다.

예를 들어, 고대의 "술(포도주) 취하지 말라"(엡 5:18)는 명령문에 언급된 포도주는 보편적 술의 의미로 일반화시켜야만 현대의 보드카 또는 위스키 중독을 차단할 수 있다(이를 위해서는 제1장을 보라).

동일하게 중요한 것은 성경을 읽는 데 필요한 믿음의 규칙을 제정하는 데 있어서 조직적으로 체계화된 신학의 역할이다. 이 규칙은 침범될 수 없는 해석의 영역을 형성한다.

예를 들어, 성경의 어떤 문단들에서 나타나는 여호와의 천사를 하나님의 네 번째 위격으로 해석해서는 안 된다. 조직화된 신학(믿음의 법칙)은 그러한 간섭을 배제한다(제1장의 이 체계화된 수호자의 역할을 하는 읽기의 법칙을 보라).

필자는 또한 세부화가 가진 부담인 모든 설교에서 적용점이 만들어져야 한다는 주장에도 동의한다. 삶은 매주 성경의 모든 문단에 반응하여 반드시 변화한다. 그러나 체계화나 세분화 모두 다루고 있는 특정 본문의 궤적(저자는 그가 말하는 것으로 무엇을 하고 있는가)에 올바른 주의를 기울이지 않는다.

한 쪽 편(체계화)에는 과도한 일반화에서 오는 오류가 있고 그에 따라서 본문의 특성을 무시하게 된다. 다른 한 쪽(세분화)이 닥치는 대로 성경을 뒤져서 쓸 만한 조각을 꼭 찾아내려 하는 것도 문제가 된다.

두 측면 모두 저자가 좀 더 포괄적 차원에서 그가 말하는 것으로 무엇을 하고 있는지를 무시한다. 그리고 두 경우 모두 설교자에게 그리고 청중에게는 말할 것도 없이 무엇인가 부족하다는 느낌을 준다.

토마스 롱(Thomas Long)은 이 병폐의 징후에 대해 다음과 같이 정확하게 서술했다.

> 주의 깊은 강해설교가들은 고전적 설교 작성 과정에는 일종의 요술방망이 같은 속임수가 들어 있음을 눈치채고 있다. 예를 들어, 설교자는 먼저 설교할 본문을 선택해서 성실한 주해 과정을 밟기 시작한다. 본문의 문법을 분석하고 성실한 단어 연구를 수행한다. 본문의 저변에 깔린 삶의 정황(Sitz im Leben)도 고려한다. 자동차 핸들이 돌려졌고 바퀴가 돌아가기 시작한다. 엔진 기어들도 적절하게 맞물리면서, 결국 본문의 역사적 정황 속에서 저자가 본문을 통해서 무엇을 의미했었는지에 관한 타당성 있어 보이는 확실한 견해가 떠오른다. …
> 이제, 그래서 어떻단 말인가?
> 주해가 산출해 내는 정보는 바울이 이런 저런 방식으로 우상에게 바쳐진 고기에 대한 고린도의 질문에 대답했다는 정보이다. 그런데 그런 질문은 테네시 킹스포트(Kingsport, Tennessee)나 캘리포니아 프레스노(Fresno, California)와는 결코 무관한 질문이다.
> 그래서 어떻단 말인가? …
> 설교자는 본문의 역사와 오늘날 상황의 급박함 사이의 간격을 연결해야 한다는 말만 들었을 뿐이다. 이런 지침은 마치 어린 아이에게 물웅덩이 위를 뛰어 보라는 식으로 쉽게 제시될런지 모르지만, 솔직한 설교자라면 본문이 과거에 의미했던 것과 본문이 지금 의미하는 것 사이의 간극이 아주 크게 벌어져 있고, 그 도약은 참으로 어렵다는 것을 인정할 수밖에 없을 것이다.[14]

그렇다면 치료법은 무엇인가?
설교자가 처한 이 상황의 해결책은 무엇인가?

---

[14] Thomas G. Long, "The Use of Scripture in Contemporary Preaching," *Int* 44 (1990): 344.

본서는 체계화와 세분화의 두 극단 사이의 중용의 길(via media)을 제안한다. 그 길은 본문에서 적용으로 이동하는 작업 과정을 위한 신학적 해석학이다. 그리고 바라기는 이것이야말로 설교적 도약을 상당히 덜 어렵게 하고 설교학적 병충해에 최고 치료제로 밝혀질 것이다.

2. 신학적 해석학

성경해석학계에 신학적 해석이 다시 부흥하고 있음에는 의문을 제기할 필요가 없다. 『성경신학 해석 사전』(Dictionary for the Theological Interpretation of the Bible)이 있으며, 수많은 비슷한 종류의 제목을 가진 책들이 있고, 베이커출판사에서 출판된 시리즈인 '신학적 해석에 관한 연구'(Studies in Theological Interpretation), 「신학 해석 저널」(Journal of Theological Interpretation), 「조직신학 국제 저널」(International Journal of Systematic Theology) 전체, 그리고 이 주제에 몰두하고 있는 「남침례 신학 저널」(Southern Baptist Journal of Theology) 등이 포함된다.[15]

---

15 출판물중 내용이 풍부한 것들: Fancis Watson, *Text, Church and World: Biblical Interpretation in Theological Perspective* (Grand Rapids: Eerdmans, 1994); Stephen E. Fowl, *Engaging Scripture: A Model for Theological Interpretation* (Oxford: Blackwell, 1998); A. K M. Adm, Stephen E. Fowl, Kevin J. Vanhoozer, and Francis Watson, *Reading Scripture with the Church: Toward a Hermeneutic for Theological Interpretation* (Grand Rapids: Baker, 2006); D. Christopher Spinks, *The Bible and the Crisis of Meaning: Debates on the Theological Interpretation of Scripture* (London: T. & T. Clark, 2007); Daniel J. Treier, *Introducing Theological Interpretation of Scripture: Recovering a Christian Practice* (Grand Rapids: Baker, 2008); Stephen E. Fowl, *Theological Interpretation of Scripture* (Eugene, Oreg.: Cascade, 2009); J. Todd Billings, *The Word of God for the People of God: An Entryway to the Theological Interpretation of Scripture* (Grand Rapids: Eerdmans, 2010) 등. 저널의 특별판은 *IJST* 12 (2010)와 *SBJT* 14 (2010)를 보라. 추가적으로, 신학적 해석학(theological hermeneutics)이라는 라벨(label)을 사용한 책들이 있다. Werner Jeanrond, *Theological Hermeneutics: Development and Significance* (London: SCM, 1994); Jens Zimmerman, *Recovering Theological Hermeneutics: An Incarnational-Trinitarian Theory of Interpretation* (Grand Rapids: Baker,

'성경에 대한 신학적 해석'(theological interpretation of Scripture)은 새롭게 생겨난 분야로서(혹은 적어도 새로운 라벨로서) 아직 제대로 정의되지 않았지만, 이 중요한 해석 작업에 대한 수많은 다양한 접근 방법이 있다. 그러나 본서는 신학적 해석학에 대한 특별한 접근법을 시도한다.

본서의 유익한 점은 설교 강단에 있는데, 말하면, 성경 학자의 책상이나 조직신학자의 서재를 위한 것이 아니다. 다시 말해, 이 신학적 해석학에서 신학은 성경신학이나 조직신학이 아니다. 오히려 필자가 설교에 중점을 두면서 사용될 만한 신학으로 제안하려는 신학은 '문단신학'(pericopal theology)이다(제2장을 보라).

설교자가 설교를 위하여 선택한 특정 본문에서 저자는 그가 텍스트를 통하여 말하는 것으로 무엇을 실행하고 있는가?

설교를 위한 단위 본문에서 저자는 하나님의 영광을 위해 청중들의 삶의 무엇을 변화시키려고 의도하는가?

두 세계를 연결하는 적실한 설교 메시지를 생성하기 위하여 집중해야 하는 성경 본문의 '문단'(pericope)에 대한 관심이 이토록 빈약하다는 것은 참으로 유감이다. 게다가 더 안타까운 점은 2천 년 교회 역사 내내 기독교는 항상 설교 메시지의 선포가 참으로 중요하다고 강조해 왔음에도, 두 세계의 연결이라는 해석의 핵심적 난제를 해결하는 데는 소홀했다는 것이다.

아퀴나스(Aquinas)는 하나님의 말씀을 설교하는 것은 교회의 기능 중에 가장 고귀한 것이라고 말했다.[16] 천사 같은 박사(Thomas Aquinas의 경칭-역자주)의 증언에도 불구하고, 내가 말할 수 있는 것은, 설교를 위한 신학적 해석학이 부족하다는 것이다. 본서는 그 누락 부분을 메우려는 첫 번째 시도이다.

2004); Mark Alan Bowald, *Rendering the Word in Theological Hermeneutics: Mapping Divine and Human Agency* (Aldershot, U.K.: Ashgate 2007); Alexander S. Jensen, *Theological Hermeneutics* (London: SCM, 2007) 등. Fowl이 고백하듯, 크고 다소 혼란스러운 파티이다(*Theological Interpretation of Scripture*, x).

16 *Liber contra impugnantes Dei cultum et religionem*, 2.6.

모든 성경 해석은 다음 두 가지 "이해되어야 하는 것을 발견하는 방법(modus inveniendi: 해석학)과 이해한 것을 설명하는 방법(modus proferndi: 수사학)"(Augustine, *Doctr. Chr.* 1.1.1; 4.1.1)의 성공 여부에 달려 있다. 사실 어거스틴(Augustine)의 저서, 『기독교 교양』(*De doctrina christiana*)은 이 체계를 따랐다. 1-3 권은 해석(modus inveniendi)을 다루고 4권은 전달(modus proferendi)을 다뤘다.[17]

해석학과 수사학의 이런 이원성은 본서의 남은 부분의 기초가 될 것이다. 어떤 설교에서건 필수적인 것은 과거의 본문을 존중하는 것과 동시에 오늘날 청중에 대한 연관성이다. 해석자가 성경 본문의 고유한 특권을 존중해야 하는 이유는, 성경에 대한 맹목적 생각 때문이 아니라 이 말씀으로 하나님의 백성의 경건을 촉진해야 하기 때문이다.

고대 수사학의 깊이를 깊게 연구한 키케로(Cicero)로부터 조언을 구한 어거스틴의 말을 빌려 롱(Long)은, 설교의 목적인 가르치고 즐거움을 주며 행동하게 하는 동력을 제공하는 것이 북미권 설교의 부흥기를 특징짓는다고 했다.[18]

그에 의하면, 1970년대까지는 가르침이 주된 비중을 차지했다. 이어서 크래독(Craddock), 로우리(Lowery), 버트릭(Buttrick) 등의 저명한 설교학자들의 등장과 함께, 즐거움을 주는 것이 설교의 주된 목표로 부상했다.[19]

---

[17] James Andrews, "Why Theological Hermeneutics Needs Rhetoric: Augustine's *De doctrina christina*," *IJST* 12 (2010): 185에서 번역.
[18] Thomas G. Long, *Preaching from Memory to Hope* (Louisville: Westminster John Knox, 2009), 1-5.
[19] 설교자들은 안목 있게 신설교학(new homiletic)에 익숙해지면 좋을 것이다. 신설교학은 Fred B. Craddock, *Preaching* (Nashville: Abingdon, 1985); *As One Without Authority* (St. Louis, Mo.: Chalice, 2001), Eugene L. Lowry, *The Homiletical Plot: The Sermon as Narrative Art Form* (rev. ed.; Louisville: Westminster John Knox, 2001); 그리고 David G. Buttrick, *Homiletic: Moves and Structures* (Philadelphia: Fortress, 1987)에 의해 주창되었다.

필자는 이 이야기를 더 이어 나가고 싶으며 그래서 독자들에게 제안하려는 주장은, 지금 우리가 해야 하는 (그리고 항상 해야 하는) 것은 가르치는 것과 즐거움을 주는 것을 전혀 무시하지 않은 채, 사람들을 행동하도록 설교해야 한다는 것이다. 즉, 하나님의 말씀으로 하나님의 영광을 위해 사람들의 삶을 변화시켜야 한다.

그래서 필자는 모벌리(Moberly)의 신학적 해석학의 정의에 아주 깊이 동의한다. 신학적 해석학은 하나님을 닮도록 인간의 변화를 이끌어 내는 관점으로 성경을 해석하는 것이다(하나님을 닮는 것[*imitatio Dei*]에 대한 논의는 제4장을 보라).[20]

게다가 본서는 웹스터(Webster)의 권면과 요청에 깊게 주의를 기울일 것이다.

> 성경의 신학적 해석에 참여하는 가장 풍성한 방법은 그것을 자신의 삶으로 실행하는 것이다. … 우리는 더 이상 주해에 대한 서론적 설명이 더 필요한 것이 아니다. 우리는 당장 더 많은 주해 작업을 감낭해야 한다.[21]

모벌리(Moberly)도 말했듯이 문학의 일부에서 이론과 실천의 상대적 비율에 다소 불편함이 있다. 성경 본문을 설득력 있고 인상적으로 읽는 독법에 대한 논증보다 신학적 해석의 본질과 신학적 해석학에 대한 논의를 하려는 더 많은 경향이 있다. 필자는 웹스터(Webster)의 비평을 가슴 깊이 받아들이고, 모벌리의 근심을 더 악화시키지 않는 것을 시도할 것이다.

---

20 R. W. L. Moberly, "What is Theological Interpretation of Scripture?," *JTI* 3 (2009): 163. 또는 Miroslav Volf가 말하듯, 모든 좋은 신학의 중심에는 단순히 설득력 있는 지성적 통찰만 있는 것이 아니라 더 중요한 것은 삶의 방식에 대한 통찰력 있는 이야기가 놓여 있다(*Captive to the Word of God: Engaging the Scriptures for Contemporary Theological Reflection* [Grand Rapids: Eerdmans, 2010], 43).

21 John Webster, "Editorial," *IJST* 12 (2010): 116-117.

달리 말하면, 한스 프라이(Hans Frei)의 연구에 대한 다음과 같은 씁쓸한 고백을 심각하게 다룰 것이다.

> 이 에세이는 성경 해석 방법론에 대한 탐구에 편중되었을 뿐, 단 하나의 성경 문단이나 구절도 제대로 검토하지 않았고, 단 한 번의 성실한 주해 작업도 실행하지 않았다.[22]

따라서 필자는 본서의 대부분의 장들(chapters)에서 성경 본문에 대한 엄밀한 주해에 집중할 것인데, 이는 본서에서 필자가 주장하는 신학적 해석학의 근거를 성경 구절에 관한 주해로 제시하기 위함이다. 또한, 본서는 교회와 예배당 모두에서 성스러운 경전으로 읽히고 있는 성경 본문의 풍부하고 일관된 해석을 보여 줄 것이다.[23]

---

22 Moberly, "What is Theological Interpretation of Scripture?," 169; Hans W. Frei, *The Eclipse of Biblical Narrative: A Study in Eighteenth and Nineteenth Century Hermeneutics* (New Haven: Yale University Press, 1974), vii의 서론.

23 Brevard Childs, *Isaiah* (OTL; Louisville: Westminster John Knox, 2001), xi. 설교를 위해서 성경의 한 권의 책을 문단을 따라 순차적으로 해석하는 데 어떻게 이 신학적 해석학이 사용되는지를 보여 주는 더 많은 양의 주해의 예들을 학습하고자 한다면 Kuruvilla, *Mark: A theological Commentary for Preachers*를 보라.

3. 장별 요약[24]

1) 제1장

제1장은 미래에 상당한 영향력을 행사할 수 있는 성경 텍스트에 관한 일반 해석학(general hermeneutics)의 중요한 측면을 다룬다. 필자는 자신의 말로 무엇을 실행하는가로 대변되는 언어의 화용론적(pragmatic) 작용에서는 텍스트의 실행력이 미래의 독자들에게 영향을 미치는 것이 특별히 중요하다는 점을 강조할 것이다. 저자가 실행하는 것은 저자와 저작물의 특별한 배경을 초월하는 초역사적 의도를 지닌 것으로 **텍스트 앞에 펼쳐진 세계**(the world in front of the text)를 투영하는(project) 것이다.

예를 들어, 텍스트에는 미래의 방향성(orientation)이 주어지고 그 방향성은 텍스트가 기록된 시공간과 멀리 동떨어져 있는 시공간에 존재하는 독자에게 유효한 적용이 가능하도록 한다.

이러한 방식으로 기능하는 텍스트는 '고전 작품'(classics)으로 그 가치가 분명히 인식되어 왔고 아주 특별한 성격을 갖는다. 고전 작품은 향후 사용이 가능한 잠재력이 내포되어 있어서 그 가치가 영속적이다. 또한, 그것은 폭넓은 적용을 만들어 내는 다양성을 지녔다. 그리고 그것은 서술적인(prescriptive) 동시에 규범적이기까지 하다.

성경은 그 문학 장르가 독특하긴 하지만 마찬가지로 영속적이고 다양하고 규범적인 특성을 지닌 고전 작품의 일종이다. 따라서 이 독특한 텍스트의 해석을 다룰 때에는 일반 해석학에 더하여서 특수 해석학(special hermeneutic)을 적용해야 한다. 정경으로서 그리고 하나님의 담화로서의 성경 해석은 이 특별한 책을 읽는 데 특수 해석학이 반드시 존재해야 함을 인정한

---

[24] 제1장과 제2장의 내용의 일부는 본질적으로 Abraham Kuruvilla, *Text to Praxis: Hermeneutics and Homiletics in Dialogue* (LNTS 393; London: T. & T. Clark, 2009)에서 개정된 내용이다.

다. 그러한 해석은 성경책을 "교훈과 책망과 바르게 함과 의로 교육하기에 유익하니 이는 하나님의 사람으로 온전하게 하며 모든 선한 일을 행할 능력을 갖추게"(딤후 3:16-17) 하는 책으로 온전히 존중하는 해석이다.

제1장은 특별한 책인 성경을 해석할 때 지난 2천 년 동안 교회에서 널리 사용된 여섯 가지 해석 법칙을 제시하며 결론짓는다. 이 법칙은 해석자가 본문에 충실하다면, 그가 넘어서는 안 되는 해석학적 경계선을 유지하도록 하는 성경 해석의 지킴이 역할을 한다. 이 한계만 잘 지킨다면, 설교자는 설교를 위하여 선택한 특정 본문인 '문단'(pericope)을 제대로 해석할 수 있다.

2) 제2장

성경은 사람들의 변화를 위하여 연주하는 하나님의 악기이다. 그래서 인간은 예수 그리스도 안에서 성령 하나님의 능력으로 하나님의 성품을 따를 수 있다.

> 내가 거룩하니 너희도 거룩할지어다(레 11:45).[25]

설교자들이 설교를 실행함 있어서 매주 중점을 두고 선택하는 성경의 일부 부분이 '문단'이다. 이 텍스트 한 조각의 놀라운 가치는 불행하게도 성경 학자들의 관심을 제대로 끌지 못했다. 그래서 지난 세기 동안 어떻게 문단이 신학적으로 기능하는지에 대한 해석학적 논의가 제대로 진척되지 않았다. 제2장은 하나님과 인간 사이의 언약 갱신, 즉 신자들이 하나님의 요구에 순종하도록 함에 있어서 성경 문단의 유용성에 중점을 두고 이러한 사안을 연구할 것이다.

---

[25] 레 11:44, 45; 19:2; 20:6; 21:8; 벧전 1:16.

전체로서의 정경은 하나님의 이상적 세계에 관한 교훈과 우선순위, 그리고 실천의 윤곽을 그리며 완전한 **텍스트 앞에 펼쳐진 세계**를 제시한다. 필자가 '문단신학'(pericopal theology)으로 정의하는 이 투영된 세계의 일부는 고대의 본문에서 현대의 청중으로의 설교 전개에 있어서 결정적 중재자이다.

사무엘하 11-12장의 주해 사례 연구는 어떻게 그 본문에서 '문단신학'을 도출할 수 있는지의 해석 과정을 보여 줄 것이다. 따라서 설교는 본문에서 신학으로, 그리고 신학에서 적용으로 진행되는 두 단계의 해석 작업이다. 필자는 이 두 단계 해석 과정을 설명하고자 신학적 해석학과 법률 해석학(법률의 고전인 미국 헌법의 해석과 적용)을 동원할 것이다. 그래서 제2장은 이 두 단계가 어떻게 시행되는지 보여 주는 사례로 마무리될 것이다.

3) 제3장

'문단신학'은 본질적으로 하나님의 이상적 세계를 다스리는 교훈과 우선순위, 그리고 실천(관례)에 따라 하나님의 백성들이 살아가도록 부르시는 하나님의 요구를 다룬다. 이 사실은 구약의 율법과 같이 명시적으로 하나님이 명령하시는 성경의 장르를 어떻게 해석해야 하는지에 관한 질문을 떠올리게 한다.

구약의 율법 장르에 포함된 '문단'은 오늘날 기독교인들에게도 여전히 적용 가능한가?

이 질문에 대하여 개혁주의, 루터주의, 세대주의적 접근법, 그리고 바울에 대한 새관점(NPP)의 접근법에서 이루어진 광범위한 연구는 이 고대의 율법에서 도덕적 측면을 제외하고는 현대 사회에 적용이 불가능하다는 입장에 대체로 동의한다.

하지만 본서에서 필자는 율법 장르로부터 법률과 도덕 규범에 관한 목록을 만들어 내는 대신에 율법을 포함하여 하나님의 모든 계명은 신학적으로 항상 어디에서나 누구에게나 적용될 수 있다는 입장을 취한다. 제3장에서 필자는 '문단신학'을 동원하여 구약의 율법 장르에서 어떻게 이러한 해석 작업이 실행될 수 있는지를 논증할 것이다. 즉, 율법적 내용을 담고 있는 '문단신학'에서 본질적으로 중요한 것은 율법의 원리이며, 그 원리가 하나님의 모든 백성에게 적용되어야 한다는 것이다.

물론, 그러한 하나님의 계명에 문자적으로 순종해야 하는 이유가 신자가 구원을 얻으려는 목적 때문인 것은 아니다. 오히려 그 순종의 이유는 하나님의 자녀 된 도리다. 다시 말하면, 하나님과 사람의 영원한 언약 관계가 사람의 하나님에 대한 의무, 즉 믿음의 순종(을 배제 하지도 않지만)보다 반드시 선행한다. 관계가 첫째이고 책임은 그다음이다.

율법에 대한 이러한 신학적 해석학은 (그리고 모든 다른 장르에 있는 하나님의 명령은) 문단의 역할을 하나님 자신의 거룩하심대로 인간이 거룩해져야 하는 책임을 실현할 수 있도록 하나님의 자녀들을 권면하는 문학적 수단으로 이해한다.

만약 이것이 사실이라면, 이 해석학의 요구대로 설교를 위해 선택한 문단의 특정 요지를 존중하는 사람은 구약 본문에서 그리스도를 어떻게 바라보아야 하는가?

구약 문단의 특정 요지가 구약의 기독론적 해석을 불필요하게 만들지 않는가?

4) 제4장

제4장은 아케다(*Aqedah*, 창 22장에서 아브라함이 이삭을 결박한 내러티브) 본문을 분석하며 시작할 것이다. 이 본문은 전통적으로 그리스도 중심적 해석과 설교의 증빙 구절로 자주 다뤄져 왔다. 이 문단을 분석하는 것은 본서에서 제시된 신학적 해석학이 어떻게 실행되고 '문단신학'이 어떻게 기능하는지에 대한 전형적 예시를 보여 줄 것이다.

짧게 말하면, 그리스도 중심적 해석만으로는 성경과 청중의 두 세계를 통합하기 위한 해석학으로서 부족하다. 더욱 견고한 해석학, 즉 아브라함처럼 자식된 도리로서 하나님께 순종하는 가치를 존중하면서도 그러한 순종을 뛰어넘는 포상(보상/하나님의 축복)을 고려하는 해석학이 대안으로 제시될 것이다.

이 장과 본서는 기독론적 성경 해석의 새로운 모델을 제시하며 결론을 맺을 것이다. 그리스도 형상적(christiconic) 해석은 각 성경의 문단이 독자들과 현대의 청중에게 그리스도의 정경적 이미지의 한 측면을 묘사하는 것으로 이해하는 해석이다.

이런 해석에서 염두에 둬야 할 것은, 자신의 자녀들을 향한 하나님의 목적은 그들이 그의 아들 예수 그리스도의 형상(εἰκών[에이콘])을 따르게 하는 것이다(롬 8:29). 그런 관점으로 성경의 문단이 해석되고 각 문단의 신학이 적용될 때, 비로소 하나님의 백성들은 점진적으로 그리스도의 형상으로 세워져 갈 것이다. 물론, 이 과정은 종말의 때에 이르러야만 완성될 것이다.

이런 의미에서 그리스도 형상적 해석은 설교를 위한 삼위일체적인(Trinitarian) 신학적 해석학이다. 성령 하나님의 감동으로 기록되었고, 성자 하나님을 묘사하는 성경 본문은 하나님의 백성들에게 읽혀지고 적용됨으로써 그들의 생명이 될 것이다. 그래서 성부 하나님의 뜻이 이루어지며, 하나님 나라가 완성되고, 그분의 이름이 영광을 얻을 것이다.

14세기의 바스보른의 로베르트(Robert de Basevorn)에 의하면, 설교는 대중이 가치 있는 행위를 하도록 설득하는 연설이다.[26] 이것은 그대로 설교의 목적이기도 하다. 설교의 목적은 하나님의 백성의 가치 있는 행위, 혹은 본서에서 제안하듯 설교된 문단에 나타난 하나님의 요구에 그들이 순

26　Rebert de Basevorn, *Forma praedicandi*, in Th.-M. Charland, *Artes Praedicandi: Contribution a L'histoire de la Rhétorique au Moyen Age* (Paris: Libr. Philosophique J. Vrin, 1936), 238.

종하도록 이끄려는 것이다. 즉, 하나님의 백성들로 하여금 하나님의 이상적 세계인 **텍스트 앞에 펼쳐진 세계**의 교훈과 우선순위, 그리고 실천에 따라서 거주하도록 하는 것이 설교의 목적이다.

이 세계는 어떤 의미에서는 그리스도의 정경적 형상(εἰκών[에이콘])이다. 정경 안에 있는 각 문단은 그리스도의 형상을 조명한다. 그 성경 본문을 읽는 독자들로 하여금 **텍스트 앞에 펼쳐진 세계**를 살아가도록 하는 것, 그리고 성경의 교훈과 우선순위, 그리고 실천을 따르도록 하는 것이 곧 그리스도를 닮아(Christlike) 가게 하는 것이다.

따라서 본서에 제시된 신학적 해석학(성경해석학의 그리스도 형상적 방식)의 목적은 신자들로 하여금 그리스도를 닮아 가는 행동을 반복적으로 학습시키는 것이다. 그리고 그것은 성령 하나님의 능력과 성경이라는 수단을 통하여 각 문단마다 그리고 매 주 설교 시간마다 이루어진다. 시작부터 끝까지 진행되는 이 전체 과정은 모두 다 하나님의 사역이다.

본문의 영감으로부터 시작하여 명령의 기록, 완벽한 형상과 순종의 능력 부여, 그리고 적절한 보상의 수여 이 모두가 다 하나님의 영광을 위한 것이다!

신학은 하나님이 가르쳐 주시고, 하나님을 가르치고, 하나님께로 인도한다(Aquinas, *Summa* 1.1.7).

제1장

일반 해석학과 특수 해석학

> 우리의 시선은 현재에 가두지 말고 먼 미래를 바라봐야 한다.
> – 알렉산더 해밀턴(Alexander Hamilton), 1788[1] –

설교자가 어떻게 성경에서 설교로, 고대의 본문에서 현재의 기독교 청중의 삶과 실천으로 이동할 것인가 하는 문제가 이번 제1장의 초점이다. 모든 문학 작품이 그 시대의 사람들로부터 외면당하는 시련을 견디고 살아남은 것처럼, 성경도 당대의 독자들만을 위하여 기록된 것이 아니라 원래 본문의 의도에서 멀리 떨어진 장소와 시기를 살아가는 하나님의 백성들과 소통할 목적으로 기록되었다.

물론, 성경에 대한 하나님의 목적은 단순히 소통하는 것만이 아니라 자기 백성들을 그의 아들 예수 그리스도의 형상대로 새롭게 창조하려는 것이다. 그러므로 이 고대의 문서는 하나님의 영광을 위하여 그 백성들의 삶을 변화시키는 실천적 적용점을 제시하는 방식으로 현대의 청중들에게 적실성 있게 선포되어야 한다.

그렇다면 이 전체 과정을 추적하려고 할 때 설교자들은 어느 단계부터 살펴보아야 할까?

---

[1] "The Federalist No. 34: Concerning the General Power of Taxation (continued)," *Independent Journal* (January 5, 1788), no pages.

이 모든 과정은 성경 본문으로부터 시작된다. 하나님이 사람들과 소통하는 최고의 수단인 성경은, 기본적으로 문학 작품으로 우리 독자들 앞에 펼쳐져 있다. 그래서 성경 본문에 대한 그 어떤 해석 작업도 반드시 성경 본문의 정수인 언어(language)로부터 시작해야 한다.

참으로 언어는 모든 의사소통의 핵심 원리이며, 모든 의사소통의 가장 기본적 매체이다. 우리는 날 때부터 죽을 때까지 언어의 바다에서 결코 벗어날 수 없다. 이런 이유로 텍스트를 해석하는 기본 학문인 일반 해석학은 성경해석학에서 아주 중요한 비중을 차지한다.

그러나 기독교는 성경책을 자신들을 향한 하나님의 말씀으로 존중하여 읽는다. 달리 말하면, 성경은 여타의 다른 텍스트와 결코 비교할 수 없을 정도로 아주 특별한 가치와 권위를 지닌다. 그러므로 이 독특한 성경 본문에 관한 해석 이론인 특수 해석학 역시 성경 해석 과정에서 결정적 비중을 차지한다.

제1장은 설교자들이 성경을 올바로 해석할 수 있도록 안내하는 일반 해석학과 특수 해석학의 핵심 사항들을 다룰 것이다.[2]

미리보기: 일반 해석학과 특수 해석학의 윤곽[3]

교회가 성경이라고 부르는 책의 독특성인 다음 세 가지 특징에 주목할 필요가 있다.

---

[2] 이 단계와 본서 전체에 걸쳐서 논의의 초점은 주로 설교 강단에서의 성경의 기능에 집중하겠지만, 여기에서 제시하는 해석의 패러다임은 하나님의 말씀을 신자의 삶에 적용하여 삶의 변화를 가져오기를 기대하는 그 어떤 형태의 성경 읽기 작업에도 매우 중요하다.

[3] 이 장(chapter)은 다음 저서의 일부분을 수정 보완한 것이다. Abraham Kuruvilla, *Text to Praxis: Hermeneutics and Homiletics in Dialogue* (LNTS 393; London: T & T Clark, 2009).

첫째, 궁극적 저자이다.
둘째, 성경의 지시 대상의 단일한 본성, 즉 하나님이 그 피조물과 맺은 영원한 언약 관계이다.
셋째, 성경으로 말미암은 영적 변화의 능력이다.[4]

달리 말하면, 성경 저자의 궁극적 의도를 연구하고, 그 본문이 지시하는 현실 세계의 지시 대상(referent)을 파악하는 것, 그리고 그 말씀에 올바로 반응하고 적용하는 것이 성경 해석의 핵심 사항이다.

사실 이 세 가지 사항은 성경 이외에 다른 어떤 텍스트를 해석하더라도 반드시 고려해야 한다. 누군가는 심지어 이렇게도 말할 수 있을 것이다. 우리가 모든 문서를 올바로 해석하려고 할 때 본문의 저자, 현실 세계의 지시 대상, 그리고 그 문서의 의도에 대한 합당한 반응을 생각하는 근본 이유는 성경을 그런 방식으로 읽어야 하기 때문이다.

조지 스타이너(George Steiner)에 의하면, "언어의 본질이나 언어가 사람들에게 발휘하는 수행력에 관한 설득력 있는 이해(달리 말하면, 일반 해석학)의 저변에는 ⋯ 그리고 사람들끼리 의미를 소통하고 감정을 전달하는 인간의 언어 능력에 관한 설득력 있는 설명의 행간에는 하나님의 임재에 관한 전제(달리 말하면, 특수 해석학)가 깔려 있다."[5]

왜냐하면, 성령 하나님이야말로 성경의 궁극적 저자로서 인간 저자들의 저술 활동이 가능하도록 그들을 감화감동하셨기 때문이다. 또한, 그분이야말로 최종적 의미로서 본문의 현실적 지시 대상에 관한 여타의 다른 의미가 있는 담화가 가능하도록 하신다. 또한, 그분은 최종 권위자로서 우리

---

4   Paul Ricoeur, "Philosophical Hermeneutics and Theological Hermeneutics: Ideology, Utopia, and Faith," in *Protocal of the Seventeenth Colloquy, 4 November 1975* (ed. W. Wuellner: Berkeley: The Center for Hermenuetical Studies in Hellenistic and Modern Culture, 1976), 2-4.

5   George Steiner, *Real Presences* (Chicago: The University of Chicago Press, 1989), 3.

가 말씀에 응답하도록 하는 여타의 다른 모든 권위적 가르침의 근거를 제공하신다. 그래서 모든 책을 올바로 읽으려면 마치 성경처럼 읽어야 한다. 즉, 다음과 같이 읽어야 한다.

첫째, 저자의 의도를 탐구해야 한다.
둘째, 본문의 현실적 지시 대상을 파악하려고 노력해야 한다.
셋째, 본문의 의도에 책임 있는 응답을 추구해야 한다.

이렇게 성경 해석은 성경 이외의 다른 모든 문서를 제대로 읽는 모범을 제시한다. 즉, 문서의 저자를 존중하고, 독자로서 그 문서의 내용이 가리키는 지시 대상을 파악하며, 문서의 의미에 책임 있는 반응을 보이는 것이다. 달리 말하면, 성경을 "살아 있는 하나님의 음성"(*viva vox Dei*[비바 복스 데이])으로 해석하는 특수 해석학 때문에 일반 해석학도 성립될 수 있다.[6]

그래서 성경해석학에 관한 특수 해석학은 더 광범위한 일반 해석학 안에서 어느 작은 범주를 차지하는 특이한 해석학 정도가 아니다. 그보다 '일반 해석학은 필연적으로 신학적'이라고 봐야 할 것이다.[7]

그러나 이렇게 일반 해석학의 가치가 특수 해석학에 비하여 종속적이라고 해서, 특수 해석학이 일반 해석학 없이도 성립될 수 있다는 뜻은 아니다. 무엇보다도 성경은 일종의 텍스트이고 해석자 앞에서 여전히 문서로 존재한다. 따라서 성경 해석자는 성경 본문을 해석할 때 일반 해석학의 규칙을 준수해야 한다.

그래서 이번 제1장에서는 먼저 일반 해석학의 규칙들을 다루고, 성경에 대한 특수 해석학 원리를 구성하는 독서의 규칙들을 점검함으로써 결론을

---

[6] John Webster, *Word and Church* (Edinburgh: T & T, Clark, 2001), 47, 58.
[7] Kevin J. Vanhoozer, *First Theology: God, Scripture and Hermeneutics* (Downers Grove: InterVarsity, 2002), 213. "따라서 성경이나 그 밖의 다른 어떤 문서든 이해는 윤리의 문제이며, 영성의 문제다"(ibid., 231).

맺을 것이다. 그 독특하고도 특수한 규칙은, 그 규칙 그대로 독특하고 특수한 문서를 해석하는 원리들을 지배할 것이다.

이러한 독서 지침들은 해석자가 성경 본문에 대하여 그리고 그 본문의 궁극적 저자와 인간 저자의 숨은 의도에 대하여 책임 있는 입장을 유지하도록 울타리가 되어 줄 것이다.[8] 이러한 해석 원칙들이 확보될 때 비로소 해석자는 설교를 위한 성경 본문과 문단의 의미를 탐구할 수 있다.

이어서 제2장에서는 본문 해석 이후 적용을 제시하는 설교문 작성에 대해서 다룰 것이다.

1. 일반 해석학

담화(discourse)는 마음과 세계 사이를 연결하는 교량이다. 마음속에서 생각한 것들이 이 세계에서 담화로 표현된다. 폴 리쾨르(Paul Ricoeur)에 의하면, 담화는 마음속에서 제대로 표현하지 못한 것들을 대신 희생하여 이 세계에서 무한대로 뻗어나가는 전선(battlefront)과 같다.[9]

우리 인간은 발성과 기록을 통해서 마음속의 국경선을 무한대로 확장할 수 있다. 문서 작성은 수행력과 그 파급 효과 면에서 발성을 통한 설명과 분명 다르다. 문서 작성은 아주 독특한 방식의 말하기(saying)이다.[10] 그런데 문

---

[8] 이 작업의 목적을 고려하여 필자는 신적 저자의 의도와 인간 저자의 의도 사이를 분명하게 구분하지 않을 것이다. 성경 해석의 경우에 어느 한 쪽을 언급할 때 다른 쪽도 암시적으로 고려할 것이다.

[9] Paul Ricour, "Word, Polysemy, Mataphor: Creativity in Language," in *A Ricour Reader: Reflection and Imagination* (ed. Mario J. Valdes; Hertfordshire, U.K.: Harvester Hweatrsheaf, 1991), 69. 또는 T. S. Eliot은 그것을 "불분명한 것에 대한 습격"이라고 말한다(*Four Quartets*, "East Coker," V).

[10] 이러한 작업은 성경 문단(biblical pericopes)을 포함하여 화행이론(speech act)을 수행하는 것으로서 텍스트를 본다. 다음을 보라. Mary Louise Pratt, *Toward a Speech Act Theory of Literary Discourse* (Bloomington, Ind., Indiana University Press, 1977), 79-200; 그리고 화행이론으로써 글쓰기에 관한 격렬한 옹호에 대해 Sandy Petrey, *Speech Act and Liter-*

서성(textuality)은 구술성(orality)과 유사하지만 양자 사이에 분명 차이도 존재한다. 이러한 차이점은 문서 해석 과정에도 상당한 차이를 가져온다. 특히, 성경 본문 해석 과정과 설교를 위한 성경 해석 과정에 큰 차이를 가져온다.

1) 문서성과 그 함의

성경이 기록되기 전에 먼저 율법 수여자와 스토리텔러, 선견자, 작곡가, 교사, 그리고 그 자체로 하나님의 말씀이신 예수 그리스도의 복음 전도와 같은 말씀의 선포가 선행했다. 그러나 기독교 공동체가 자신들의 신앙과 실천에 가장 탁월하게 일치하는 하나님의 말씀으로 인정하고 수납했던 것은 성경으로 기록된 말씀이었다.[11]

기독교 교회가 성경에 그토록 숭고한 가치를 부여했던 이유는 이런 종류의 담화는 일반적 담화로는 결코 담아낼 수도 없고, 전할 수도 없는 무언가 독특하고도 신비로운 의미가 그 안에 들어 있어서 그 의미를 캐내기를 기다리고 있다는 판단 때문이었다. 그 의미는 하나님과 그의 피조물과의 독특한 언약 관계에 관한 포괄적 주제에 관한 것이다.[12]

그래서 이토록 특별한 종류의 성경 담화를 올바로 해석하려면, 특수 해석학(special hermeneutic)이 요청된다. 하지만 이토록 특별한 텍스트를 해석하는 과정에서도 그 문서에는 여전히 일반 해석학이 함께 요청된다.

구어적 소통이든 문서를 통한 소통이든 모든 담화의 가장 우선적이고 근본적 속성은 발신자가 수신자에게 특정 소통 방식으로 메시지를 '말하는' 소통 행위(an act of communication)라는 것이다. 이런 점에서 기록을 통한 담화(inscribed discourse)는 구어적 담화와 다르지 않으며 둘 다 기본적으로

---

ary Theory (New York: Routledge, 1990), 71-85를 보라.
[11] 기록된 성경의 우선성을 인정하여, 꾸란은 기독교인들과 유대인들을 "책의 사람들"이라고 부른다. 또 유대교에서도 같은 방식으로 유대인들을 "책의 사람들"이라고 부른다.
[12] Paul Ricoeur, "Philosophy and Religious Language," *JR* 54 (1974): 71.

소통 행위이다.

그러나 문서를 통한 담화는 발성을 통한 담화와 달리 기록을 통해서 그 의미가 문서 안에 고정되고 보존되며 문서를 통해서 그 뜻이 유포되고 확산된다.[13] 그래서 문서를 통한 담화는 의미 전달을 위한 견고한 틀거리를 제공하지만 문제는 발화 사건을 문서로 기록하는 과정에서 심각한 변화의 과정을 거친다는 것이다.

구어적 발화 행위와 비교해 보면, 문서를 기록하는 단계는 의미의 차원에서 매우 중요한 일이 발생한다. 모든 형태의 담화에는 발성 사건(말하는 행위)과 그 말한 내용 사이에 변증법적 긴장 관계가 있다.

구어적 담화에서는 발성 사건과 그 말한 내용의 두 축이 각자 적절한 비중을 확보하면서도 양자 사이에 긴밀한 상호 작용이 존재한다. 즉, 발성 사건을 통해서 충분히 의미 있는 내용이 함께 전달된다.

그러나 어떤 내용이 문서로 기록되는 순간, 소통 사건과 소통 내용 사이에 또는 무언가를 말하는 행동과 그 내용이 급격하게 분리된다. 문서에서는 발화 사건과 발화 내용이 서로 분리되고 발화 내용은 마치 얼음처럼 굳어버린 문서 안에 기록으로 고정된다. 발화 사건을 문서로 기록하는 과정에서 발생하는 변화는 소통 사건이 고정되는 것이 아니라 소통 내용이 고정(fixation)된다는 것이다.

이런 의미에서 폴 리쾨르의 관찰은 정확하다.

> [문서에서는] 인간의 소통 행위(그리고 발화자의 얼굴)가 사라진다. 이제 문서 위에 남긴 물질적 흔적이 메시지를 전달한다.[14]

---

13 Paul Ricoeur, *Hermeneutics and the Human Sciences: Essays on Language, Action and Interpretation* (ed. and trans. John B. Thompson; Cambridge: Cambridge University Press, 1981), 145, 147.
14 Ibid., 134, 139-140.

더 이상 발화자의 폐와 발성 기관, 그리고 혀놀림은 없고 문서의 텍스트를 기록한 잉크와 펜, 그리고 종이가 단단히 고정된 메시지를 보관한다. 이렇게 문서 작성을 통하여 발화 내용은 발화자와 발화 사건으로부터 독립하여 자율적 지위를 획득하고, 심지어 발화자를 잃어버린 고아와 같다. 기본적으로 문서는 한 번 작성되면, 본래 작성자와 본래 작성 상황 그리고 최초 청중으로부터 분리된다.[15]

이런 현상을 전문용어로 소격화(distanciation[거리두기])라고 한다. 발화 사건과 발화 내용 사이에 거리가 발생한 것이다. 그래서 소격화(또는 거리두기)는 기록을 통한 언어적 전환의 핵심적 요소이며, 모든 문서의 필수적 특징이기도 하다.[16]

발언으로 메시지가 발성되고 누구에게 들려지는 구어의 세계로부터 문서 기록을 통해서 담화가 기록되고 읽히는 시각적 문서의 세계로 언어적 전환이 발생한다. 문서 기록을 통해서 텍스트와 원래 저자, 원래 청자, 그리고 기록된 담화가 가리키는 현실 세계의 지시 대상 사이의 긴밀한 협력 관계가 사라지고, 문서가 이들을 함께 묶었던 구어적 담화의 특수 상황에서 해방되는 결과가 발생한다.

---

15 물론, 텍스트가 원래 저자로부터 멀어짐은 최초의 텍스트를 작성하는 데 관여했던 인간 저자로부터의 거리를 의미한다. 하지만 신적 저자인 성령 하나님이 신실한 해석자의 성경 해석 과정에서 계속 임재하심에도 불구하고 인간 저자로부터 멀리 분리된 문제 때문에 성경 본문을 정확하게 해석하는 작업이 중요해졌다. 이를 위해서 해석자는 성경의 언어뿐만 아니라 역사적 배경에 대한 연구 그리고 본문의 문학적이고 수사적인 특징들에 대한 조사 작업을 진행해야 한다. 게다가 설교 준비와 전달 역시 성경 본문이 원래 저자로부터 분리된 결과 필연적으로 요청되는 일이다. 오늘날의 청중이 사도 바울이나 다른 저자들을 직접 만날 수 있다면, 교회는 더 이상 설교자가 필요 없을 것이다.

16 오늘날에도 멀리 떨어진 곳에 유포할 목적으로 특정 연설을 오디오 장치나 비디오 화면에 기록할 때에도 어느 정도의 소격화(distanciation)는 발생하기 마련이다. 하지만 그런 경우에도 의사소통 사건과 그 내용 자체가 오디오 장치나 비디오 화면 속으로 포획되고 응결될 수밖에 없다. 그렇더라도 이러한 기술적 진보는 훨씬 나중에 이뤄졌다.

(1) 텍스트와 저자

앞에서 살펴본 바와 같이, 문서가 기록되자 소통 사건과 소통 내용이 서로 분리되며, 텍스트의 역동성이 그 저자의 제한적 지평에서 풀려난다. 그렇다고 해서 저자가 원래 의도했던 의미의 한계가 전부 사라지는 것도 아니며, 독자가 독서 과정에서 본문의 의미를 제대로 이해할 수 없어서 해석 작업을 포기해야 한다는 의미도 아니다. 비록 문서가 작성되는 과정에서 텍스트는 저자의 획일적 통제로부터 어느 정도 벗어날 여지가 있지만, 문서 해석 과정에서 저자가 독자를 안내할 가능성이 통째로 사라지는 것은 아니다.[17]

문서 작성 이후의 소격화는 텍스트를 완벽하게 혼자서 자율적으로 떠도는 문서로 변질시키는 것은 아니다. 왜냐하면, 텍스트는 기록 과정에서 그 문서 안에 여러 정보적 내용과 논리적 배열, 문학 장르와 같은 여러 언어적 수단을 통해서 저자의 의도에 관한 언어적 흔적을 담고 있기 때문이다.[18]

예를 들어, 독자가 텍스트를 읽을 때 활용하는 언어는 문서를 작성할 때 이미 저자가 의도했던 언어와 그 문법적 규칙을 따라야 한다. '거짓 유사어'(또는 나쁜 친구들[false friends]) 현상은 이런 점을 잘 예증한다.

'g-i-f-t'(영어로는 선물을, 독일어로는 독[毒]을 의미함)라는 단어를 영어로 읽어야 할까, 아니면 독일어로 읽어야 할까?

---

17 Francis Watson은 기록에서 인간 저자의 역할을 강조한다. "연설처럼 기록 작업도 인간의 소통 안에서 그 텍스트의 본질적 지시 대상을 분명히 담고 있다. 그 지시 대상 없이는 텍스트는 결코 이해될 수 없다"(*Text and Truth: Redefining Biblical Theology* [Grand Rapids; Eerdmans, 1997], 98). Northrop Frye가 주목한 바와 같이, "필수적 통찰의 규범으로서 모든 문학 작품은 그 기록물 속에 저자의 의도를 분명히 확보하고 있음을 인정해야 한다"(*Anatomy of Criticism: Four Essays* [Princeton University Press, 1957], 87).

18 현대의 저작물에서 이러한 인위적 흔적으로는 교정교열의 편집과 인쇄, 출판에 관한 관련 서지 사항들과 저자의 관련 정보, 감사의 말, 헌정사, 서문 등이 포함된다.

그 결정은 항상 저자가 전후 텍스트를 기록할 때 선택했던 언어에 근거해야 하고, 그 최소한의 선택 가능성은 텍스트 안에 들어 있다.[19] 서간문이나 유언서는 그 문서를 작성한 저자나 유언자의 문서 작성 의도가 존재함을 보여 주는 탁월한 사례이다. 따라서 어느 텍스트든 저자의 존재를 외면하고 무시하거나, 그 저자의 흔적을 지워가면서 읽는 독서 행위는 반드시 피해야 한다.[20]

달리 말하면, 소격화에도 불구하고 저자의 지문은 기록물에 반드시 남아 있기 마련이고, 그러한 흔적을 통해서 저자가 독자에게 전하려는 의도적 잔류물들은 성공적 해석 작업에 꼭 필요하며 독자가 본문의 의미를 확정하는 데 충분한 근거를 제공한다.

(2) 텍스트와 청자

텍스트가 주로 시각적 방식으로 수용되는 세계에서 텍스트 담화의 수신자는 예전과 달리 더 이상 청취자들이 아니고 독자들로 바뀌었다. 왜냐하면, 기록된 텍스트가 저자의 손에서 벗어났을 뿐만 아니라 그 텍스트는 예전처럼 본문을 낭독하는 상황과도 무관해졌다. 오늘날에 텍스트는 오히려 어느 때나 어떤 장소에서든 눈으로 읽어 가는 독자들의 손에 맡겨졌다.[21]

---

19 Steven Knapp and Walter Benn Michael, "Against Theory 2: Hermeneutics and Deconstruction," *CI* 14 (1987): 55-57.
20 여기에서 우리는 반대로 텍스트를 저자의 마음을 읽을 수 있는 창문 정도로 간주하는 오류도 조심해야 한다. 텍스트를 통해서 재구성할 수 있는 역사적 사건뿐만 아니라 저자 내면의 심리와 텍스트의 이전 자료들에 대한 추론적 재구성 작업 역시 본문 배후의 세계를 형성하는 요소들이다(제2장을 보라). 하지만 설교 메시지가 일차적 목적인 경우에는 텍스트 배후의 세계가 아니라 텍스트 그 자체가 우선적으로 집중해야 할 대상이다.
21 기록 행위에서 독자의 부재와 함께 독서 행위에서 저자의 부재의 결합을 가리켜서 Paul Ricoeur는 "이중 일식"(double eclipse)이라고 한다(*Hermeneutics and the Human Science*, 146-47). 이렇게 텍스트에서 저자와 독자 사이의 직접적 대화 부재 때문에 텍스트는 태생적으로 독자 입장에서 볼 때 의미를 순순히 허락하지 않고 반항적일 수밖에 없다. 텍스트 해석 과정에서 독자는 저자를 직접 불러낼 방법이 없으며, 이전에 기록된 내용을 되풀이하여 언급할 뿐이다. 이러한 비대칭성은 기록에 의한 의사소통을 마치 저자

그 결과 문서 기록의 독특성이 원래 저자가 의도했던 청중들과는 전혀 다른 수용자들에게 특화된 방식으로 발전했다. 레시그(Lessig)가 비꼬듯이 이렇게 관찰한 바와 같다.

> 텍스트는 편하게 가지고 다닐 수 있다. 문서로 기록되었기 때문에 쉽게 들고 다닐 수 있다. 그렇게 쉽게 가지고 다닐 수 있어서 아무 때나 아무 장소에서 자주 읽힌다. 이러한 기호학적 유희는 아무것도 막을 수 없다. 누군가 기록하면, 그 텍스트는 이리 저리 유포될 것이다.[22]

이렇게 자유롭게 유포되는 의사소통의 문서 조각들은 그 문서적 특성과 그 안에 의미의 동결성 덕분에 잠재적으로는 전 세계 모든 독자의 손으로 흘러 들어갈 수 있다.

비록 기록물은 특정 독자를 대상으로 작성되지만, 이러한 제한성은 구어적 의사소통에 비하여 덜하다. 특정 문서를 읽을 독자의 존재는 그 문서를 작성한 특정 저자의 육체적 현존성과는 비교할 수 없을 정도로 널리 개방되었으며, 누가 그 문서의 독자가 될 것인지는 작성 단계에서는 전혀 알 수 없다.

특정 텍스트를 누가 읽을 것인가?

그 문서의 수신자 역할을 감당하려는 자발성은 전적으로 그 문서를 읽는 행위자에 달렸다. 이렇게 수신자의 보편적 확대 가능성은 기록을 통한 의사소통에 내포된 엄청난 잠재력이다. 하지만 아직 독자의 정체가 특정되지 않았고, 무차별적 독자들의 손에 도달할 잠재적 가능성이 있더라도,

---

의 독백처럼 보이게 만든다. 후대의 독자가 처음 저자와 텍스트 의미에 관하여 토론할 여지가 없다. 종종 도서가 독자들에게 외면당하고 심지어 불태워지는 이유도 이 때문일 것이다(Walter J. Ong, *Orality and Literacy: The Technologizing of the World* [London: Routledge, 1982],79).

22 Lawrence Lessig, "The Limits of Lieber," *Cardozo L. Rev.* 16 (1995): 22-49.

저자의 손에서 텍스트가 기록될 때에는 특정한 공동체에 속했거나 또는 저자가 어떤 기록 장소에서 텍스트 작품을 작성하도록 저자를 자극한 관심사를 함께 공유할 잠재적 수신자들을 지향할 것이다.[23]

이러한 점은 물론, 그 기록물을 수천 년 전에 하나님의 감동으로 기록된 그분의 말씀으로 인정하는 신앙 공동체 안에서 진행되는 해석 작업에도 해당된다. 간단히 말하면, 이러한 문서성과 소격화의 결과로 어느 시대든 하나님의 백성들이 성경을 통해서 하나님과 의사소통할 수 있는 길이 열리게 되었다.

(3) 텍스트와 지시 대상

그리고 이 점이 아마도 더 주목할 만한 결과일텐데, 기록된 문서가 처음 기록된 저자의 상황으로부터 분리된 소격화(distanciation) 현상은 구어에 의한 의사소통과 비교하여 텍스트의 명시적 지시 대상을 특정할 범위에 많은 영향을 준다.

예를 들어, 구어적 의사소통에서 화자와 청자는 특정한 시간과 장소에서 동반되는 지시 대상을 함께 바라보거나 또는 머릿 속으로 떠올리고 지시하며 대화를 이어 갈 수 있다. 이 사람, 저 집, 저 신발, 저 나무, 오늘 등의 지시 대상처럼 화자와 청자가 함께 공유하는 시간과 장소에서 서로의 발성을 통해서 특정 지시 대상을 확인하면서 대화를 이어 간다.

하지만 만일 화자가 지시 대상을 직접 명시적으로 언급하지 않거나 화자와 청자가 서로 같은 시간과 장소를 공유하지 않는 주제를 언급할 경우에 지시 대상은 쉽게 특정하기 어렵다. 이런 문제는 문서를 작성한 주체나 작성 배경 그리고 원래의 수신자들이 모호한 '고아 문서'(또는 정체불명 문서, orphaned text)에서도 발견된다. 이런 문서에서는 독자들이 텍스트의 명시적

---

23 Watson, *Text and Truth*, 99, 102; Paul Ricoeur, *Interpretation Theory: Discourse and the Surplus of Meaning* (Fort Worth, Tex.: Texas Christian University Press, 1976), 31.

지시 대상을 직접 그리고 쉽게 파악하기가 어렵다.[24]

서간문의 형태로 전해지는 다음의 유대 민담 이야기가 이러한 문제점을 잘 예증한다.[25]

> 친애하는 리우케 씨,
> 당신의 슬리퍼를 나에게 보내 주시면 감사하겠소. 물론, '당신 슬리퍼'가 아니라 '내 슬리퍼' 말이오. 하지만 당신이 '내 슬리퍼'란 말을 읽는다면 당신은 아마도 내가 당신의 슬리퍼를 원한다고 생각할 것이오. 하지만 내가 '당신의 슬리퍼를 나에게 보내시오'라고 쓴다면, 당신은 분명 당신의 슬리퍼란 말을 읽고서, 그것이 내가 '내 슬리퍼'를 말하는 것이라고 잘 이해할 것이오. 그러니 당신의 슬리퍼를 나에게 보내 주시오.

위의 편지 작성자가 리우케 씨에게 보낸 편지에서는 텍스트가 가리키는 지시 대상이 그 문서로부터 아주 심각하고도 통렬하게 분리되는 탈상황화(decontextualization)가 발생했다.

이 서신에서 저자는 누구의 슬리퍼를 요구하고 있을까?

문서성은 구술성이 동반하는 의사소통의 시간과 공간의 제약을 벗어나면서도 최소한의 지시 대상을 확보하기 위한 필수적 조건을 그 문서 안에 자체적으로 담고 있다. 텍스트는 시공의 한계를 벗어나 편하게 전달하여 자유롭게 다시 낭독함으로 의미를 재현할 수 있어서 구어로 당장 도달할 수 없는 원거리 수신자들을 염두에 두고 작성되었다.

텍스트를 다시 낭독하는 문화권에서 텍스트의 방대한 가치를 제대로 파악하기 위해서는 다만 적당한 문해력과 상상력만 필요할 뿐이다. 이렇게 탁월한 장점에도 불구하고 텍스트는 기록된 순간부터 저자의 손에서 벗어

24　Ricoeur, *Hermeneutics and the Human Science*, 134, 139-40,145.
25　Marina Yaguello, *Language through the Looking Glass: Exploring Language and Linguistics* (New York: Oxford University Press, 1998), 8.

나 의미의 지시 대상과 분리된 소격화가 발생했다. 텍스트와 지시 대상 사이의 소격화 거리를 좁히려면 올바른 해석 작업이 필수적이다.

그 과정에서 독자는 이 텍스트가 어떤 내용을 담고 있으며, 저자가 언급하는 지시 대상은 무엇이고, 그 지시 대상은 어디에, 언제, 그리고 왜 그러한가 하는 질문들을 풀어야 한다. 앞의 유대 민담의 경우에서, 리우케씨가 편지 작성자에게 제대로 응답하기 위해서 편지 발신자가 그 편지에서 누구의 슬리퍼를 의미하는지 정확하게 파악해야 한다.

성경의 문서적 특징 때문에 이와 동일한 소격화의 문제는 성경 해석자를 괴롭힌다. 독자는 지금 당장 구어적 방식으로 인간 저자와 상대할 수도 없으며, 후대 독자는 최초에 성경이 기록된 상황으로부터 시간과 공간적으로 아주 멀리 떨어져 있다. 그리고 성경 본문이 가리키는 명시적 지시 대상도 독서를 통해서 즉각적으로 파악하기 어렵다.

하지만 이 세계에서 아주 독특한 성경 본문은 처음 작성된 역사적 상황으로부터 멀리 떨어진 장소와 시대에서도 올바로 해석하여 하나님의 말씀으로 다시 선포되기를 기다리고 있다.[26]

이렇게 성경이 새로운 장소에서 다시 새롭게 읽히려면, 본문과 지시 대상 사이의 소격화의 간격을 극복하는 다리가 놓여야 하고, 본문이 가리키는 정확한 지시 대상이 분명하게 확정되어야 한다. 모든 해석 작업이 그러하지만 특히 특정 성경 본문에 대한 적실한 설교의 적용점을 추구하는 설교(학)자들이라면 언제든 특정한 지시 대상을 지향하는 텍스트의 추진력을 잘 이해해야 한다.

그렇다면 성경 본문에 대한 신실하면서도 적실한 해석과 적용 작업은 어떻게 진행될까?

---

[26] 신 4:10; 6:6-7,20-25; 29:14-15; 마 28:19-20; 롬 15:4; 고전 10:6,11; 딤후 3:16-17 등.

이 질문에 대하여 폴 리쾨르가 해석 이론에 기여한 가장 중요한 공헌으로 간주되는 **텍스트 앞에 펼쳐진 세계**(the world in front of the text)에 주목할 가치가 있다. 이 세계는 앞서 살펴본 텍스트의 소격화 문제를 충분히 극복하는 텍스트의 지시 대상이며 결국 본문이 다루고자 하는 세계이다.

폴 리쾨르의 이러한 통찰은 독자들이 시간적으로나 공간적으로 멀리 떨어져서 지시 대상을 파악하기 어려운 소격화의 문제를 충분히 극복할 해석 프레임을 제공한다. 특히, 저자로부터 멀리 떨어진 텍스트의 경우에 리쾨르의 통찰은 매우 유용하며 성경을 해석하고 설교하는 경우처럼 텍스트의 의미를 적용하는 단계까지 나아가려는 해석 작업에 더욱 유용하다.

그렇다면 폴 리쾨르가 말하는 **텍스트 앞에 펼쳐진 세계**는 정확히 무엇이며, 이 세계가 어떻게 적용에 유용할까?

2) 텍스트 앞에 펼쳐진 세계

텍스트는 기록됨으로 그 기능이 끝나는 것이 아니라, 리쾨르가 **텍스트 앞에 펼쳐진 세계**라고 정의했던 세계, 즉 텍스트를 넘어서는 전망을 새로운 독자들에게 투영하기 위하여 저자가 사용하는 언어적 도구(수단)이다.

이 점에 관하여 리쾨르는 이렇게 설명한다.

> 구어체 담화를 최종적으로 분석해 보면, 결국 대면의 의사소통에 참여하는 대화자들은 대화를 통하여 주변 세계에 관하여 언급하는 것을 함께 공유할 수 있다. 그러나 기록된 텍스트는 양상이 전혀 다르다. 텍스트는 대화 참여자들 사이에 공통으로 존재하지 않은 세계를 그 텍스트를 어떻게 읽어야 할지를 아는 독자들에게 투영한다. … 그 세계는 저자가 추정하는 텍스트의 배후 세계도 아니고, 텍스트 안에서 자체적으로 구성하는 문학

세계도 아니고, 텍스트 앞에서 펼쳐지는 세계이다.[27]

텍스트 앞에 펼쳐진 세계의 신학적 해석학에서의 역할과 아울러 기독교 신앙 공동체의 믿음과 실천을 위한 의의, 그리고 특히 설교 메시지의 적용을 위한 중요성은 이 작업의 주요한 고려이다.

리쾨르가 말하는 세계는 문학적 텍스트가 매우 독특한 방식으로 지시 대상을 내포하고 있다는 해석학적 이해에 근거한다. 예를 들어, 스코틀랜드의 역사에 관한 객관적 지식을 얻기 위해서 굳이 맥베스 공연을 관람할 필요는 없다. 그보다 그 공연에서 관객은 고대 왕국의 어떤 왕이 노년에 작은 실수로 큰 비극을 초래하는 과정을 볼 수 있다.[28]

아마 아리스토텔레스(Aristotle)도 그 내용이 아무리 역사적 실제(τὰ καθ' ἕκαστον[타 카트 헤카스톤], '구체적')라도 어떤 내러티브에서 실재처럼 묘사되는 것은 보편적인 사람들(τὰ καθόλου[타 카톨루], '일반적')에게서 항상 일어날 만한 것처럼 묘사된다는 점에 동의할 것이다(*Poet.* 9.1-4, 9-10). 그래서 맥베스 작품에서의 끔찍한 암살 사건은 사람들이 권력욕에 눈이 멀어질 때 인간 드라마에서 항상 발생하는 것처럼 묘사된다.

아무나 그런 끔찍한 살인자로 돌변하는 것은 아니지만, 양심이나 도덕 또는 그런 범죄로 말미암은 파국적 결말을 전혀 고려하지 않을 정도의 탐욕이라면 하나도 예외 없이 (일반적으로) 그러한 죄책감과 비극을 초래할 뿐이다. 그래서 내러티브 안에서 묘사되는 구체적 사건들(τὰ καθ' ἕκαστον[타 카트 헤카스톤])은 보편적 일반성(τὰ καθόλου[타 카톨루])을 효과적

---

27 Paul Ricoeur, "Naming God," *USQR* 34 (1979): 217(위의 강조는 첨가한 것이다).
28 Northrop Frye, *The Educated Imagination* (Bloomington, Ind., Indiana University Press, 1964), 63-64. Philip Wheelwright에 의하면 종교적이고 시문학적인 담화는 텍스트 내에서 발견되는 구체적 사항들 너머를 가리키는 '일종의 초-주관적 지시 대상'(a kind of trans-subjective reference)을 대화 참여자들에게 제공한다(Philip Wheelwright, *The Burning Foutain: A Study in the Language of Symbolism* [rev. ed.: Bloomington, Ind.: Indiana University Press, 1968], 4).

으로 묘사하여 재현한다.

그래서 모든 문학 작품은 이런 방식으로 각각의 고유한 지시 대상을 재현하며 독자들이 특정한 텍스트 세계가 가리키는 특정한 지시 대상의 장소를 자신의 인지 세계 안에 확보하고 그 세계를 경험하며 작품이 재현하는 세계를 느끼도록 초청한다. 저자는 그러한 문학 세계를 통해서 보편적인 사람들이면 응당 공통으로 경험할 세계를 독자들에게 펼쳐 보인다.[29]

이 모든 문학 세계는 독자 편에서 어떤 반응과 응답을 이끌어 내려는 의도를 담고 있다. 그래서 텍스트는 저자가 "언어와 문학 구조를 조작하여 좀 더 광범위하고 복잡한 전망, 즉 **텍스트 앞에 펼쳐진 세계**를 구성하기 위하여"[30] 사용하는 한 가지 수단이다. 바로 이렇게 투영된 세계, 즉 텍스트의 지시 대상이 곧 독자가 응답해야 할 세계이다.

발리섬의 투계(cockfight)에 관한 클리포드 기어츠(Clifford Geertz)의 연구는 비록 그 대상이 우리가 지금까지 논의하고 있는 텍스트가 아니라 특정 부족의 문화이긴 하지만 텍스트가 새로운 세계를 독자들에게 투영하는 효과적 수단임을 보여 주는 탁월한 유비를 제시한다. 클리포드 기어츠는 이를 가리켜서 "텍스트들의 집합체"(assemblage of texts)라고 불렀다.[31]

---

29 소설과 같은 문학 작품들은 독자들이 등장인물들을 동일시하도록 할 '가능성의 연결 고리'(links of possibility)를 담고 있다. 이 덕분에 독자들은 비록 소설 속의 어떤 특정한 (독특한) 사항들이 독자 자신들의 삶 속에 있는 것들과 크게 다름에도 불구하고, 그 이야기를 자신의 (일반적이고 보편적인) 이야기로 인식할 수 있다. Martha C. Nussbaum, *Poetic Justice: The Literary Imagination and Public Life* (Boston: Beacon, 1995), 5, 31을 보라.

30 Charles Altiere, "The Poem as Act: A Way to Reconcile Presentational and Mimetic Theories," *Iowa Rev.* 6, 3-4 (1975): 107-8. 다음도 보라. Paul Ricoeur, *Interpretation Theory*, 19-22. Ricoeur는 이러한 움직임이 모든 텍스트의 발성에서 작동하는 것으로 이해한다. 다음을 보라. Paul Ricoeur, *The Role of Metaphor: Multi-disciplinary Studies on the Creation of Meaning in Language* (trans. Robert Czerny, with Kathleen Mclaughlin and John Costello: London, Routledge & Kegan Paul, 1978), 256.

31 Clifford Geertz, *The Interpretation of Cultures* (London: Fontana, 1993), 448(자세한 설명은 412-53을 보라). 문화적 재현에 관한 연구는 문학적 텍스트를 대하듯이 진행해야 한다. 참으로 각각의 문화에는 고유한 문법이 들어 있다(Morton W. Bloomfield, "Alle-

(문화-텍스트에 해당하는) 투계는 그 놀이 이상의 또 다른 커다란 세계, 즉 '메타-세계'(meta-world)를 묘사한다. 투계를 구경하는 구경꾼은 단순히 두 마리의 닭싸움을 구경하는 것이 아니다.

> 평소에는 차분하고 초연하기까지 한 투계 주인은 자신의 소중한 닭이 상대 닭을 향하여 달려들고 공격하다가 상대 닭에게 물리고 살이 찢기는 과정을 함께하면서 주인도 닭과 함께 극도의 분노로 치닫기도 하고 또 통쾌한 승리감을 맛보기도 하는 전체 과정에 참여하는 것이다.[32]

그래서 발리섬의 투계는 닭이나 사육사, 투계에 걸린 판돈, 그리고 치열한 투계와 같은 문화-텍스트(culture-text)를 넘어서 새롭게 펼쳐진 거대한 세계를 투영한다. 그 **문화-텍스트 앞에 펼쳐진** 세계란 바로 투계 사육사의 남성적 자존감(machismo)이다. 그래서 발리섬에서 투계는 남자 사육사가 자신의 남성다움과 남성적 주도권을 마음껏 펼쳐 보이는 세계를 살고 있음을 보여 준다. 투계는 남성적 자존감을 증명하는 최고의 표본이 된다.

그래서 어떤 한 텍스트는 독자들에게 그 텍스트 배후에 있는 세계(예를 들어, 실제로 발생한 역사적 사건들의 데이터나 앞의 사례와 같은 투계에 관한 사항들)에 관한 것을 말해 줄 뿐만 아니라, 독자들이 공감하고 함께 거주하는 세계, 즉 텍스트 앞에 있는 이상적 세계(발리섬의 경우에는 남성적 자존감의 세계)를 투영하기도 한다.

그 세계는 문학 텍스트의 한계 너머에 있는 세계이며 독자의 인생에 관한 시야를 새롭게 확장하는 세계를 묘사하고 투영한다. 새로운 세계에 관하여 단순히 설명하는 수준이 아니라, 새로운 인생이 독자들 앞에 나타나 재현되고 그런 방식이 아니고서는 결코 경험할 수 없는 세계 속으로 독자

---

gory as Intrepretation," *NLH* 3 [1972]: 303).
32 Geertz, *The Interpretation of Cultures*, 450.

를 초청하고 그 새로운 세계에 반응할 것을 요구한다.[33]

우화(allegory), 비유(parable), 그리고 윤리적 동화와 같은 이야기 모두가 그렇게 독자들 앞에 새로운 세계를 재현하는 담화들이다. 이런 담화들은 재미있는 이야기를 들려줌으로써 요점을 명확하게 확정하고 새로운 세계를 투영한다.

이러한 사례는 이솝 우화에서도 쉽게 발견된다. 예를 들어, 이솝 우화에 길거리에서 뼈다귀를 발견한 어떤 개가 등장한다. 그 개는 뜻밖의 횡재를 입에 물고 집으로 돌아가고 있었다. 다리를 건너다 개울물을 내려다보니 또 다른 개 한 마리도 그 입에 뼈다귀를 물고 있는 것이 보였다. 여러분이 나머지 이야기를 잘 알고 있는 것처럼, 이 개는 남의 뼈다귀에 대한 욕심 때문에 물 속에 보이는 것이 실은 자신이 입에 물고 있는 뼈다귀의 반사체란 사실을 전혀 생각하지 못하고 물 속을 향하여 짖다가 결국 자기 뼈다귀까지 잃고 말았다.

이 우화는 어떤 개와 뼈다귀 그리고 개울물과 그 속에 비친 자기 모습에 관한 이야기다. 하지만 이 우화는 단순히 욕심을 부리지 말라는 교훈만을 전하는 것이 아니다. 그보다 이 우화의 저변에는 자족(contentment)하면 어리석은 손실을 예방할 수 있다는 통렬한 교훈이 담긴 세계를 재현하면서 독자들도 그러한 만족의 지혜를 따르도록 안내한다.

바로 이러한 세계가 텍스트의 지시 대상이고 텍스트의 추진력이며 결국 이솝이 자신의 우화를 전해 듣는 사람들이 이해하고 반응하기를 기대했던 세계이다. 그래서 리쾨르가 말한 **텍스트 앞에 펼쳐진 세계**는 텍스트의 의미를 이해할 뿐만 아니라 그 의미를 적용하는 단계로 나아가는 해석학적 진행의 개념적 프레임을 제공한다.

---

[33] Martha C. Nussbaum, *Love's Knowledge: Essays on Philosophy and Literature* (New York: Oxford University Press, 1990), 5.

그러한 진행은 단지 픽션 이야기에게만 해당하는 것이 아니다. 모든 문학 텍스트는 이런 방식으로 독자들에게 **텍스트 앞에 펼쳐진 세계**를 제시한다. 즉, 텍스트가 그러한 재현 효과를 만들어 내는 수단으로 기능하는 것이다.34 그러한 문학적 담화는 앞에서 살펴본 소격화의 약점에도 불구하고 이런 방식으로 미래를 위한 활력을 발휘하며 독자들의 삶에 상당한 영향을 미칠 수 있다.

성경도 처음 기록되던 제한적 상황으로부터 멀리 벗어나 상상할 수 없을 정도의 새로운 상황에 다시 활용되도록 만들어졌다. 즉, 성경을 하나님의 말씀으로 받아들이는 모든 신자와 교회의 신앙과 행위에 적용되도록 작성되었다. 그러므로 이토록 독특하고 가치 있는 담화에 내재한 소격화의 간격은 반드시 극복되어야 하며 그 텍스트를 경전으로 읽는 독자들에게 영적 지시 대상을 재현해야 한다. 오직 그럴 때 비로소 새 독자들에게 '정당한 적용'(valid application)이 성립될 수 있다.

앞으로 더 살펴보겠지만 리쾨르의 **텍스트 앞에 펼쳐진 세계**에 관한 관점은 이렇게 독자들에게 재현된 세계가 어떻게 정당한 적용을 산출하는지에 관한 이해를 위하여 유용한 틀거리를 제공한다.

텍스트 앞에 펼쳐진 세계는 저자가 텍스트를 이용하여 독자들에게 만들어 낸 세계이다. 또한, 이 세계는 독자들이 텍스트에 담긴 교훈과 우선순위, 그리고 그 텍스트의 세계가 제공하는 실천들을 독자들이 그대로 자신의 것으로 받아들이고 공감하며 그 안에 거주하도록 의도된 세계이다(투계의 경우에 실제 인간이 자기 현실 세계에서 어떻게 처신해야 하는가를 보여 주는 세계).

텍스트에 대한 정당한 적용은 **텍스트 앞에 펼쳐진 세계**가 독자들에게 암시적으로 제시하는 요청을 적절하게 공감하고 수용함으로 진행된다. 달

---

34 Nicholas Wolterstorff, *Art in Action: Toward a Christian Aesthetic* (Grand Rapdis: Eerdmans, 1980), 122, 124. Raymond W. Gibbs, "Nonliteral Speech Acts in Text and Discourse," in *The Handbook of Discourse Processes* (eds. Arthur C. Graesser, Morton Ann Gernsbacher, and Susan R. Goldman: Manhwah, N.J.:Erlbaum, 2003), 358-61.

리 말하면, 이 텍스트의 세계는 장래 독자들의 적용 방향을 지시한다.[35] 리쾨르에 의하면 텍스트 해석을 진행하는 전체 작업의 초점은 이렇게 **텍스트 앞에 펼쳐진** 세계를 올바로 분별하는 것이며, 해석의 목표는 그렇게 독자들에게 투영하는 세계를 올바로 파악하고 그에 따라 적절하게 적용하는 것이다.

저자가 원래 기록했던 역사적 상황에서 점차 분리되는 과정을 거친 텍스트는 미래 독자들에게도 적용되도록 하려는 의도 가운데 기록되었다. 그래서 (성경의 경우도 그러하듯이) 해석 작업을 위해서 독자는 텍스트의 언어와 문학적 구조에 관한 세부사항들(텍스트 안의 세계)을 자세히 파악해야 하고 그 내용이 언급하는 역사적 사건(텍스트 배후의 세계)을 이해하며, 더 나아가서 **텍스트 앞에 펼쳐진** 세계를 분별하는 단계, 즉 저자가 염두에 둔 지시 대상이며 텍스트가 독자를 이끄는 세계를 분별하는 단계로 나아가야 한다.

이렇게 독자들이 거주하도록 그들에게 투영하며 초청하는 세계는 텍스트와 적용 사이의 중간 과정을 형성하며, 텍스트의 요청에 적절한 반응이 가능하도록 독자들을 도와준다. 왜냐하면, 그 세계는 독자들에게 미래 행동의 방향을 암시적으로 제시하기 때문이다.[36] 결국 텍스트는 그러한 세계를 묘사하고 투영함으로 그 세계의 옹호자 노릇을 감당하며 독자들이 그 텍스트가 제공하는 교훈과 우선순위 그리고 실천 방안들을 따르도록 영향력을 행사한다.

---

35 그러한 세계는 그 텍스트만의 고유한 세계이며 그 텍스트의 독특하고도 유일한 내용으로부터 만들어진다. "왜냐하면, 모든 독특한 텍스트 안에는 그에 어울리는 고유한 세계가 있다"(Ricoeur, "Philosophical Hermeneutics and Theological Hermeneutics," 11-12; idem, *Hermeneutics and the Human Sciences*, 140-42). 그래서 **텍스트 앞에 펼쳐진** 세계가 재현되려면, 그 텍스트는 반드시 해석되는 특권을 누려야 한다. 그러한 해석 작업만이 원래 기록 환경을 잃어버린 처량한 기록 내용들이 새로운 독자들을 위하여 그 지시 대상으로 이루어진 세계를 재현하는 특권을 회복할 수 있다.

36 이론적으로 이 과정이 어떻게 진행되는지에 대해서는 설교에서 다룰 성경 문단과 관련하여 제2장에서 일부 설명했고 이번 장에서 더 다뤄질 것이다.

그렇다면 텍스트는 저자의 손에서 멀리 벗어난 미래 독자들에게 **텍스트 앞에 펼쳐진 세계**를 통해서 어떻게 그런 영향력을 행사할 수 있을까?

3) 텍스트의 미래성과 그 의미

어떤 텍스트든 한 번 기록되면 그 내용은 독서를 통해서 소비되며 파악되기 마련이다. 그런데 텍스트 내용이 전달하는 정보는 처음 기록 환경에서 멀리 떨어진 시공의 특정 독자에게 반드시 구체적 연관성을 가질 필요는 없다. 이런 점은 어느 도시에서 발간된 지방 신문이 멀리 떨어진 다른 도시의 독자가 읽거나 또는 발행 이후 한두 세대가 지난 다음에 읽어 보는 경우와 비슷하다.

달리 말하면, 정보 전달을 중시하는 '지식 전달의 문학'(literature of knowledge)은 나중에 읽어 본다면 시대에 뒤떨어진 낡은 정보로 전락하기 마련이다. 텍스트의 소격화는 의사소통 행위와 그 내용 사이의 분열을 초래한다. 독자에 대한 텍스트 내용의 연관성은 처음 작성의 시점과 상황에 대한 일치의 정도에 비례하여 멀어질수록 그 연관성도 감소하기 마련이다.

어떤 정보라도 작성 시점과 상황을 초월하여 미래에 지속적인 적용의 근거를 제공하는 경우는 거의 드물다. 한 번 기록된 정보는 과거의 사실이 어떠했는가 하는 것을 말해 줄 뿐이지, 미래 세계가 어떻게 될 것인지, 또는 어떻게 되어야 하는지에 대해서까지 구체적으로 지시해 줄 수는 없다.

그런데 이와 달리 독자들에게 **텍스트 앞에 펼쳐진 세계**를 투영하는 '권세 행사의 문학'(literature of power)은 시간이 지나도 결코 그 문학적 영향력이 줄어들지 않는다. 그런 텍스트는 자기 앞에 있는 세계를 훨씬 강하게 투영하고 재현함으로써 기록 시점의 시대와 환경을 초월하여 보편적으로 연관성이 있는 어떤 것(저자의 의도)을 전달하는 능력을 발휘한다.[37] 그렇게 보

---

37 물론, 모든 텍스트가 이러한 미래성을 갖고 있는 것은 아니다. 예를 들어, 시장에서 구

편적 연관성을 내포한 텍스트의 지시 대상들은 미래에도 계속 살아 남아서 독자들에게 연관성 있는 적용을 산출한다.[38]

그토록 탁월한 문학 작품을 저술하는 저자들은 자신들의 작품이 가리키는 미래-지향성(future-directedness)을 염두에 두고서 당장의 기록 시점과 환경을 뛰어넘는 보편적 의미를 의도했을 것이다. 그 결과 그런 작품들의 문학적 효과가 폐쇄적 시간과 공간의 한계를 넘어 모든 이의 공감을 얻는다. 이러한 지시 대상의 미래 지향성은 텍스트에 내재한 문학적 속성이며, 특히 성경과 같은 경전 문서들은 훨씬 광범위한 영향력을 발휘한다.[39]

그렇다면 이러한 텍스트는 미래 적용의 지향성을 어떻게 실행할까?

간단히 말하면, 이번 장에서 필자는 텍스트가 미래 독자들에게 실현할 초역사적 의도(transhistorical intention)를 세계를 투영(projection)함으로써 그런 일이 일어남을 보여 주고자 한다. 그래서 이렇게 투영된 세계를 올바로 분별하는 일이 해석자가 해석 과정에서 수행해야 할 본질적 과제이다. 이러한 해석 작업을 동해시 텍스트의 의미에 대한 정당한 적용이 성립되기 때문이다.

일반적 용례에 비추어 볼 때, '의미'(meaning)라는 단어는 '원래 텍스트의 뜻'(original textual sense)에 국한된다. 어떤 텍스트가 처음 작성될 때 저자가 일차적으로 분명히 염두에 두고 있었던 의미에 국한된다. E. D. 허쉬(E. D. Hirsch)는 상당한 통찰력으로 텍스트의 의미(meaning)는 '원래 텍스트의 뜻'의 한계를 넘어서 그 텍스트의 미래 적용의 범주까지 포함할 수 있는 넓은 개념으로 확장했다. 왜냐하면, 문학계에서 주로 작품들은 특정 시공의 한

입할 식료품 목록이나 은행 통장의 계좌 내역, 의미 없는 블로그, 이메일, 그저 편협한 관심사나 사소한 내용들, 그리고 개인적 가치만을 담고 있는 여러 인쇄물은 몇십 년이 지난 다음에 그저 몇몇의 특이한 역사학자들을 제외하고는 그 누구에게도 관심을 끌지 못한다. 필자가 설명하려는 미래성을 내포한 텍스트는 '힘의 문학'(literature of power)이라는 특정 장르에 어울리는 고전 문학 작품을 가리킨다는 것을 설명할 것이다.

38 E. D. Hirsch, "Past Intentions and Present Meanings," *Ess. Crit.* 33 (1983): 88.
39 시 102:18은 이 점을 분명히 언급한다. "이 일이 장래 세대를 위하여 기록되리니…."

계를 벗어나 광범위한 유포와 적용을 염두에 두기 때문이다.

이러한 미래-지향성의 관점에서 볼 때, 의미(meaning)는 초역사적 의도, 즉 문학 작품이 처음 기록된 시공간의 한계를 훨씬 뛰어넘어 그 영향력을 발휘할 개념적 속성 전체와, 미래의 구체적 적용(구체적 실례화, future exemplifications), 즉 그러한 초역사적 의도로부터 비롯되는 정당한 적용까지 모두 포함한다.[40] 그래서 허쉬의 해석학 모델에서 의미는 원래 텍스트의 뜻과 초역사적 의도, 그리고 정당한 적용을 위한 문학적 실례화의 세 차원으로 구성된다.

의미의 다면체		
원래 텍스트의 의미	초역사적 의도	(후대 적용을 위한) 실례화

의미의 다면체에 관한 한 가지 유비가 있다. 1839년에 제정된 런던의 광역 경찰법(Metropolitan Police Act)에 의하면 영국의 도로 위에서 마차(carriage)를 수리하는 일은 금지되었다.

> 광역 경찰 관할 내의 주요 도로나 공공 도로상에서는 거주민이나 승객들에게 불편을 주면서 마차나 그 어떤 형태의 수레의 전부나 일부를 수리하는 경우 벌금형에 처한다. 다만 사고가 발생한 현장에서 사고 수습을

---

[40] E. D. Hirsh, "Meaning and Significance Reinterpreted," *CI* 11 (1984): 209; idem, *Validity in Interpretation* (New Haven: Yale University Press, 1967), 51,63; idem, "Past Intentions and Present Meanings," 82; idem, "Transhistorical Intention and the Persistence of Allegory," *NLH* 25 (1994): 549-67. 거의 지난 30년 동안 해석학자 Hirsh는 그의 해석학 이론에 관한 잘 정돈된 프레임을 완성하고자 노력해 왔다. 하지만 그의 여러 해석학 이론 속에 내포된 해석학 개념들은 오랜 시간 속에서도 상당한 일관성을 유지하고 있다. 따라서 필자는 해석학에 관한 다양한 전문용어가 어떻게 역사적 발전 과정 속에서 순차적으로 발전했는가 하는 것을 논증하기보다, 학술용어의 일관성과 논리적 설명의 일관성을 유지하려고 한다. 이 과정에서 때로는 그 저자에게 시대착오적 오류를 전가하는 문제가 발생할 수 있음을 양지하기 바란다.

위하여 수리가 반드시 필요한 경우는 예외로 한다.⁴¹

관례적으로 보자면 이 법령의 의미는 '마차'(원래 텍스트의 뜻)에 국한될 것이다. 하지만 이 텍스트가 법률 문서 장르임을 고려한다면 '마차'라는 단어가 가리키는 지시 대상은 단순히 '말이 끄는 수레'에 국한하지 않을 것이다. 그래서 이 단어의 미래적 지시 대상의 의미로 이 법령이 의도하는 '마차'는 도로를 이용하는 모든 운송 차량을 가리킨다(초역사적 의도).

비록 이 법령은 아직 자동차가 보편화되기 전에 제정되었지만 초역사적 의도는 단순히 '말이 끄는 마차'(원래 텍스트의 뜻)만이 아니라, 트럭이나 자동차도 해당될 것이다(구체적 적용의 의미, 초역사적 의도로부터 파생되는 미래의 잠재적 모든 적용). 그래서 허쉬에 의하면 텍스트의 적절한 적용을 염두에 두고 해석한다면 이 모든 세 가지 의미, 즉 원래 텍스트의 뜻과 초역사적 의도, 그리고 미래의 실례화(적용적 사례)가 이 법률 텍스트의 의미를 구성한다는 것이다.

미래 구체적 적용은 텍스트의 초역사적 의도가 지향하는 의미의 경계선에 포함되기 때문에, 원래 텍스트가 요청하는 정당한 반응과 적용을 위해서 필수적으로 뒤따라야 한다. 그러므로 도로상에서 마차 수리를 금지했던 1839년의 광역 경찰법 조항은 그 안에 내포된 초역사적 의도 때문에 그 규범이 제정된 이후에 등장한 자동차나 트럭의 수리 금지에도 동일하게 적용될 수 있다(즉, 도로상에서 모든 자동차 수리 금지!).

---

41 *Metropolitan Police Act* 1839 (c. 47), s. 54 (1). Stephen Guest, *Ronald Dworkin* (Stanford, Calif.: Stanford University Press, 1991), 183-84를 보라.

의미의 다면체		
원래 법규의 뜻	초역사적 의도	후대 구체적 적용 사례
도로상 마차 수리 금지	도로상 고장 난 운송 수단 수리 금지	도로상 트럭이나 자동차 수리 일체 금지

달리 말하면, 텍스트의 초역사적 의도는 특정 시대의 한계(이 경우에 마차)에 얽매이지 않고, 오히려 그 시대의 규정을 초월할 수 있으며, 해당 텍스트가 처음 작성될 때 저자가 의식하고 있거나 명시적으로 연결된 특정 지시 대상의 범주를 뛰어넘어 잠재적 미래의 모든 구체적 실례화(exemplification, 또는 예시, 적용 사례)를 지향한다.[42]

1839년에 이 법을 제정했던 입법자들은 그 마음속에 앞으로 등장할 자동차나 그 밖의 어떤 엔진에 의한 운송 수단을 전혀 염두에 두지 않았다. 그보다는 그 입법자들은 먼 미래에 이 법규 조항에 해당하는 운송 수단들로서 어떤 것들이 등장할지 충분히 인식하지 못했더라도 ('마차'와 같은) 원래 법규의 뜻 이외에 미래의 모든 가능한 적용점을 포함하여 좀 더 폭넓고 광범위한 초역사적 의도를 염두에 두고서 작성했다. 즉, 도로상에서는 그 어떤 운송 수단의 수리를 금지한다는 것이다.

당시 입법자들이 법규를 제정할 당시에 그 시대를 뛰어넘는 초역사적 의도를 전혀 고려하지 않았다고 말할 수는 없겠지만, 설사 그렇더라도 그 적용 대상이 트럭이나 자동차, 오토바이, 또는 삼륜차와 같은 미래의 가능한 모든 적용으로 연결되리라는 것을 예측할 수는 없었을 것이다. 하지만 당시 입법자들은 정확히 예측을 못 했더라도 미래에 이 법규가 적용될 실

---

[42] 그가 말한 '의미'(meaning)의 개념 속에는 미래의 구체적 적용 사례들(그는 이를 가리켜서 '적용'[application] 또는 '전용'[appropriation]이라고 불렀다)이 포함된다. 그래서 Gadamer는 텍스트의 의미는 종종 그런 것이 아니라 항상 저자의 한계를 벗어나 독자들에게로 무한히 확장될 수 있다고 주장했다(Hans-Gerog Gadamer, *Truth and Method*, [2nd rev. ed.: trans. rev. Joel Weinsheimer and Donald G. Marshall; London: Continuum, 2004], 296).

례화는 텍스트에 내재한 초역사적 의도의 범주 안에 해당되는 조건을 충족하기만 한다면 (텍스트가 추구하는 의미의 일부분으로서) 그 적용 지향성은 정당하다.[43]

실제로 그러한 초역사적 법규 적용의 원리는 그로부터 1세기도 훨씬 더 지난 1972년에 이르러 1839년의 광역 경찰법 조항에 관한 수정 과정에 자동차를 포함시킴으로써 더욱 분명해졌다.[44]

처음 이 법규가 제정될 당시 입법자들은 런던 시내 도로상에서는 고장 난 자동차를 수리하는 문제로 인하여 시내 교통이 심각한 어려움에 직면하는 사태가 전혀 발생하지 않는 이상적 세계를 이 법규에 담아내려고 했다. 이런 의미에서 허쉬(Hirsch)의 초역사적 의도라는 개념은 리쾨르의 '**텍스트 앞에 펼쳐진 세계**'와 흡사하다.

광역 경찰법 규정이 기대하는 세계는 다음과 같다. 만일 방치된다면 교통 흐름을 방해할 고장 난 차량으로부터 런던 시내 교통을 편리하고 자유롭게 만드는 것. 이는 법규가 추구하는 초역사적 의도인 동시에 법규 조항이라는 텍스트 앞에 펼쳐진 이상적 세계이다.

이 법규가 적용되는 구체적 적용 사례들은 이 법규 조항이 투영하는 세계의 일부분이라면 모든 적용 사례가 해당될 것이고, 그 모든 사례는 이 조항의 초역사적 의도의 범주에 당연히 포함될 것이다. 결국, 이 법규 조항에 미래 지향성을 부여하는 것이 바로 이렇게 법규가 투영하는 세계/초역사적 의도이다.

이런 은유적 개념들은 성경 해석을 이해하는 데 큰 도움이 된다. 즉, 어떤 성경 본문에 내포된 미래 적용의 정당성 여부는, 그러한 적용이 텍스트의 초역사적 의도/**텍스트 앞에 펼쳐진 세계**의 경계 영역에 포함되는지의 여

---

43 Hirsch, "Past Intentions and Present Meaning," 82-83; idem, *Validity and Interpretation*, 48-51.

44 *Metropolitan Police Act* 1839의 수정안에 대해서는 다음을 보라. *Road Traffic Act 1972* (c. 20), s. 195.

부에 달렸다. 과거의 텍스트 기록 행위 단계에서 이미 미래를 위하여 확정된 것이 바로 텍스트의 초역사적 의도이며, 이 의도 속에는 미래의 수많은 특정 상황에도 불구하고 적용의 범주에 포함되는 모든 사례에 적용되는 정당성을 내포하고 있다.

그 내용이 법률 조항이건 아니면 종교적 경전이건 관계 없이, 고대에 작성된 텍스트는 처음 기록될 당시 저자의 기록 의도 속에 그 기록 당시의 제한적 상황(마차)을 벗어나는 초역사적 의도(운송 수단)를 담고 있다. 바꾸어 말하면, 이러한 초역사적 의도(운송 수단)는 이 텍스트의 적용 대상에 해당하는 모든 정당한 적용 사례들(자동차나 트럭)을 포함하는 훨씬 광범위한 범주로 작용한다. 이런 이유로 텍스트는 수많은 적용의 가능성을 내포한 새 세계를 독자들에게 투영한다.

루드비히 비트겐슈타인(Ludwig Wittgenstein)이 제시한 이러한 두 세계의 연결에 관한 해석학적 유비는 매우 탁월한 통찰을 담고 있다.[45]

그는 어떤 수학 교사로부터 '2씩 더하기'라는 규칙(=초역사적 의도)을 따라서 0부터 1000까지 순차적으로 숫자를 세어 보라는 지시를 받은 학생의 사례를 제시했다. 그 학생은 교사의 지시대로 (0, 2, 4, 6, 8, 10…1000 = 원래 지시의 의미) 일련의 숫자를 연속하여 제시했다. 그리고 1000 다음에는 다시 '2씩 더하여' 계속 세어 보라고 지시를 받았다.

이 단계에서 비트겐슈타인은 이 학생이 '2씩 더하기' 규칙을 1000까지만 적용하고, 그다음 2000까지는 다시 2를 잘못 추가하여 1000, 1004, 1008, 1012의 순서로 세고, 2천 이후 3천까지는 다시 6을 더하는 방식으로 오해하는 상황을 가정했다. 교사가 본래 이 학생에게 1000 이후에 의도했던 적용 사례는 1002, 1004, 1006의 순서로 진행하는 것이 분명해 보이지만, 이 교사가 학생에게 무언가를 '의도했다/기대했다'는 의미가 도대

---

45 *Philosophical Investigations* (2nd ed.; trans. G. E. M. Anscombe; London: Basil Blackwell, 1958), 185-87.

체 무슨 뜻인지를 질문해 볼 수 있을 것이다.

이 교사는 학생의 입에서 특정 숫자, 1002, 1004, 1006을 의도했다는 말인가?

분명 그렇다. 하지만 1000 이후에 계속 2씩 무한대로 이어지는 후속 과정까지 미리 생각하거나 기대/의도하지는 않았을 것이다. 비트겐슈타인의 설명에 따르면, 교사가 이 학생에게 일련의 숫자를 나열할 것을 기대/의도했을 때, 그렇게 의도/기대했던 최대치는 다음과 같은 생각일 것이다.

"만일 내(교사)가 1000 다음에 어떤 숫자가 이어질 것인지를 생각했다면, 나는 '1002'라고 대답했을 것이다."

이러한 '의도하기'(intending)라는 것이 교사의 머릿 속에서 1000 다음에 '1002, 1004, 1006, …'과 같은 특정한 숫자들의 나열을 실제로 생각하는 것이어야 할 필요는 없겠지만, '2씩 더하기'라는 규칙(=초역사적 의도)에 담긴 의도적 규칙에서 파생되는 일련의 구체적인 숫자들의 사례를 만들어 내는 능력을 의미한다. 그래서 교사가 실제로 학생에게 의도한 것은 '2씩 더하기'의 원리를 적용한 구체적이면서도 무한대의 수열(=구체적 적용 사례들)이 아니라 그 규칙을 잘 이해하고 적용하는 능력이다.

의미의 다면체		
원래 텍스트의 의미	초역사적 의도	구체적 적용 사례
0, 2, 4, 6, 8 … 1000.	2씩 더하기	1002, 1004, 10006 … 무한대

달리 말하면, 교사의 의도는 본질상 초역사적 의미, 즉 1000 이후에도 계속 2씩 더하여 무한대로 계속되는 수열에 관한 이상적 세계이다. 이러한 초역사적 의도에 관한 인식은 그 특정 규칙과 일치하는 적용 사례들 또는 실제 언급되지 않은 미래 가능한 되풀이의 생성을 가능하게 한다.

구체적 적용 사례들(1002, 1004, 1006 …)은 초역사적 의도(2씩 더하기)의 규칙을 그대로 따르며, 1000 이후에 둘씩 더함으로 형성된 수열 세계의 일부이기 때문에, 그러한 적용은 타당하다. 반면에 1004, 1008, 1012 …와 같은 수열이나 1005, 1007, 1009와 같은 개별 숫자들은 초역사적 의도에 부합하지도 않고 규칙 앞에 펼쳐진 세계의 일부라고 할 수도 없으므로 부당한 적용일 뿐이다.

결국, 어떤 텍스트의 미래 지향적인 초역사적 의도에 관한 인식에 의하여 그 텍스트 규범으로 파생되는 일련의 적용 사례들(타당한 적용)이 정당하게 만들어질 수 있다. 성경이나 법률 문서와 같은 텍스트의 소통 목적은 미래의 구체적 적용 사례를 지향한다. 이런 점에 비추어 볼 때 텍스트의 의미는 결국 원래 텍스트의 제한적 의미의 한계를 넘어서 초역사적 의도(투영된 세계)의 차원을 거쳐서 미래의 구체적 사례들의 적용까지 확장된다고 말할 수 있다.

원래 텍스트의 초역사적 의도의 범주(본문 앞에 펼쳐진 세계의 일부분) 안에 해당하는 한, 새롭게 나타난 독자들의 상황에서 만들어진 적용 사례들은 원래 텍스트의 의미에 부합한다고 말할 수 있다.[46] 그래서 초역사적 의도가 하나일지라도 여기에 해당하는 수많은 다른 미래의 적용 사례들은 동일한 의미 범주의 일부분에 해당된다.

지금까지 논의한 것들을 정리하자면 미래에 구체적 상황에서 적용되기를 의도했던 텍스트의 의미는 원래 텍스트의 의미와 초역사적 의도(**텍스트 앞에 펼쳐진 세계**), 그리고 적용적 실례화(examplification, 구체적 적용점)로 구성된다고 말할 수 있다.

텍스트 앞에 펼쳐진 세계에 관한 학문적 연구는 해당 텍스트와 그 구체적 적용점들과 긴밀하게 연결되어 있기는 하지만 그 세계는 결코 의미론적

---

[46] 어찌 보면, 이러한 구체적 적용 사례들은 원래 텍스트의 의미와 동일한 것으로 간주될 수도 있다. 이러한 동일성 개념에 대해서는 다음을 보라. Kuruvilla, *Text to Praxis*, 50-51.

특징에 국한하지 않고 언어철학의 영역에서 '화용론'(pragmatics)이라고 칭하는 연구 분야와 긴밀하게 연결된다. 다음 단계에서 우리는 텍스트가 투영한 세계와 초역사적 의도가 결합함으로 만들어 내는 독특한 영역에 관한 일반 해석학의 비평적 측면들을 좀 더 자세하게 파헤칠 것이다.

간단히 말하면, **텍스트 앞에 펼쳐진 세계**(초역사적 의도)는 본질상 저자가 자신의 언어를 통하여 독자들에게 어떤 것을 실행하고 있음을 살펴볼 것이다.

4) 화용론: 저자가 자신의 언어로 실행하는 것

텍스트 앞에 펼쳐진 세계에 관한 해석은 비록 텍스트에 대한 의미론(semantics, 어휘론, 문법론, 구문론)의 기초 위에 구축되었지만, 부분적으로는 화용론(pragmatics)의 영역에 포함되기도 한다.[47] 구어를 통한 의사소통이든 글을 통한 의사소통이든 사람들 사이의 의사소통에서 상당히 자주 의미론의 의미(semantic meaning)와 화용론의 의미(pragmatic meaning)가 일치하지 않고 분리된 경우가 많다. 이러한 대표적 분리 사례가 아이러니(irony)다.

예를 들어, 내가 근무하는 소아과 병동에서 손에 작은 사마귀가 있는 환자를 진찰 중인 상황을 생각해 보자.

"아이구 저런. 어떻게 해야 할까요?

절단할까요?"

내 질문의 의미를 제대로 이해하는 데 복잡한 어휘론이나 문법론, 그리고 구문론의 분석이 필요하지 않다. 정말 중요한 것은 내 말을 듣는 사람에게 내 의도를 이해시키려면, 진찰의 전체 진행 상황 속에서(환자와 의사 사이에 오랜 신뢰 관계, 사마귀의 사소한 문제, 소아과 의사가 절단 시술을 시행한다

---

[47] "말하는 사람은 행동하는 사람이다"(Kevin J. Vanhoozer, *Is there a Meaning in the Text? The Bible, the Reader, and The Morality of Literary Knowledge* [Grand Rapids: Zondervan, 1998], 209).

는 부적절함, 내가 소아과 의사로서 어린이 환자의 불안을 누그러뜨려 줄 드라마를 연기하려는 성향) 그 발언이 지향하는 화용론(pragmatics)이다.

텍스트의 화용론이 실현되는 과정에서 의미론의 요소들이 전혀 중요하지 않다는 뜻은 아니다. 그와 달리 화용론을 실현하는 과정에서 의미론의 요소들은 필수적이다. 의미론의 분석만으로는 화용론의 의미를 달성할 수 없지만, 화용론의 목적에 도달하려면 의미론의 분석이 반드시 선행해야 한다. 만일 '절단술'이란 단어의 의미론적 의미를 잘 이해하지 못한다면, 내 말이 추구하는 화용론적 목적지에 도달할 수 없다.

의미론은 어떤 말의 의미를 제대로 이해하는 데 필수적이지만, 그 의미의 목적지에 도달하려면 의미론만으로 충분치 않다.[48] 이 말은 저자가 실행하는 것에 대한 이해에는 저자가 말하는 것의 언어학적, 문법적, 그리고 의미론적 요소들을 그저 분해하는 것 이상의 것이 있다는 점을 강조하기 위한 것이다. 화용론에서 다루는 것은 저자가 실행하는 것의 비언어적 성질이다.[49]

앞에서 제시한 발리섬의 투계 사례에서, 의미론은 실제 행위를 다루었다. 화용론과 **텍스트 앞에 펼쳐진 세계**는 투계 극장 전체가 무엇에 관한 것인가를 가리켜서 투계 사육사의 남성적 자존감을 입증했다.

---

[48] 하지만 필자는 (소아과 병동에서 필자가 던진 한 마디 말과 달리) 상당한 분량의 텍스트, 예를 들면, 성경 문단(biblical pericope)과 같은 텍스트의 화용론은 그 텍스트 자체에 의하여 결정된다는 점을 논증하려고 한다.

[49] Stephen C. Levinson, *Pragmatics* (Cambridge: Cambridge University Press, 1983), 12, 17; Daniel Vanderveken, "Non-Literal Speech Acts and Conversational Maxims," in *John Searle and His Critics* (eds. Ernest Lepore and Robert Van Gulick; Cambridge: Basil Blackwell, 1991), 372. 화용론(pragmatics)과 의미론(semantics) 사이의 선을 구성하는 것이 무엇인지에 대한 논의가 지속되고 있다. 틀림없이 이 두 분야 사이에는 어느 정도의 중첩이 존재한다. 텍스트에 대한 의미론적 처리 과정과 비의미론적/화용론적 처리 과정은 결코 분리할 수 없지만, 이 둘은 분별할 수 있다. 저자가 말하는 것과 저자가 말하는 것으로 실행하는 것은 구분할 수 있다. 다음을 보라. Stephen C. Levinson, *Presumptive Meanings: The Theory of Generalized Conversational Implicature* (Cambridge, Mass.: The MIT Press, 2000), 9, 168; François Recanati, *Meaning and Force: The Pragmatics of Performative Utterances* (Cambridge: Cambridge University Press, 1987), 1-27.

마찬가지로 할리우드의 서부극 장르는 파노라마 같은 풍경, 말, 무법자, 보안관, 총, 그리고 이것들이 상호 작용하는 이야기에 의해 19세기 미국 서부의 특정한 사회를 묘사한다(의미론적 의미: 감독이 보여 주는 것). 이 영화들은 개인의 권리, 책임, 그리고 악에 직면했을 때의 명예규범의 주제들을 가지고 암시적으로 세계를 투영한다(화용론적 의미: 감독이 보여 주는 것으로 실행하는 것).

이와 같은 실용적 주제들은 언제나 암시된 윤리적 가치의 측면들이고, 그러므로 **텍스트 앞에 펼쳐진** 세계의 투영을 화용론적 분석의 핵심 목표로 삼고, 발화(utterance)의 화용론을 결정하는 일이 해석하는 일에서 필수적이다.[50]

허쉬의 '의미의 삼 요소' 관점에서, **텍스트 앞에 펼쳐진** 세계는 저자가 말하는 것으로 실행하고 있는 것이다. 이것은 화용론적 분석의 산물이며, 텍스트의 초역사적 의도를 낳는 것은 바로 이 세계이다.[51]

의미의 다면체		
원래 텍스트의 의미 혹은 저자의 말(발화의 의미론)	초역사적 의도 (텍스트 앞에 펼쳐진 세계) 혹은 저자의 실행(발화의 화용론)	구체적 적용 사례(실례화)

필자는 이 세계에 대한 화용론적 결정(초역사적 의도) 없이는 결코 타당한 적용이 불가능하다고 진술하는 바이다.

예를 들어, A가 B에게 "이봐요, 당신이 내 발을 밟고 있어요"라고 말할 때, 의미론적 의미(저자가 말하는 것)는 B가 공간적으로 A의 하지(下肢, 발)

---

50 Peter Steitel, "Theotizing Genres - Interpreting Works," *NLH* 34 (2003): 285-86.
51 실제적 목적을 위해, 필자는 다음의 것들을 유사한 것으로 다룬다. 초역사적 의도, **텍스트 앞에 펼쳐진** 세계, 저자가 말하는 것으로 실행하는 것, 그리고 발화(utterance)의 화용론(pragmatics)이다.

위에 서 있음을 단언하는 반면, 화용론적 의미(저자가 말하는 것으로 실행하고 있는 것)는 B가 A의 하지에 고통을 가한 충격적인 상황에서 B가 자신의 발을 최대한 빨리 치우도록 하려는 언어적 시도다.

비록 그와 같은 반응을 명백히 언어적으로 요청하고 있지 않더라도 말이다. 오히려 이 담화는 문자적 의미를 넘어선 잉여의 의미를 담고 있는데, 이것이 의미론적 의미 너머에 혹은 위에 있는 화용론적 의미이다.

A가 말한 것은 단지 B가 공간적으로 A의 하지에 위치하고 있다는 점(원래 텍스트의 의미와 동등함)을 가리키는 반면에 말한 것으로 A가 실행한 것은 어느 누구도 A의 하지에 위치하여 고통을 만들어 내려고 하지 않는 세계를 묘사하는 것이었다. 혹은 다른 말로 표현하면, 발언/텍스트의 초역사적 의도는 다음과 같다.

"나는 어느 누구도 어느 곳에서나 어느 때에나 내 발을 밟아 나에게 불편함을 야기하지 않기를 바란다!"

A가 바란 것은, B가 A의 발에 가해진 무거움을 가볍게 하여 A의 고통을 덜어 줌으로써(구체적 실례화, 적용 사례), 이와 같이 '어느 누구도 내 발을 밟아 나에게 고통을 주지 않는 이상적 세계'에 맞추는 것이었다. 그렇게 하면 B는 그 세계의 요구를 따르고, 그리하여 그 세계에 '거하게' 될 것이다. 이 세계의 투영 속에서 그리고 이 세계의 투영과 더불어, A는 실제로 현재 직접 그 말을 들은 B에게 적용된 것을 넘어서는 초역사적 의도를 표현하고 있었던 것이다.

투영된 이상적 세계를 통하여, 이 의도는 어디에서나 어느 누구에게 적용될 수 있을 것이다. 어느 누구도 A의 발을 밟아 A에게 고통을 가해서는 안 된다. 그러므로 B에게 구체적 적용을 하는 것이 **텍스트 앞에 펼쳐진 세계**의 필수적 요소이고 그것이 이 세계 안에 함축되어 있는 반면, 이 이상적 세계가 미래의 어느 때에 잠재적으로 A의 발을 밟을 것을 고려하고 있는 다른 모든 사람(아래 표에서는 X)에게 적용된다는 점은 명백하다.

다른 말로 해서, 앞에서 본 바와 같이, 이 투영된 세계/초역사적 의도는 미래의 적용을 위한 텍스트(혹은 발화)가 지시하는 것이다. 타당한 적용의 포착은 바로 이 지시 대상, 즉 텍스트가 투영한 세계를 인식함으로써 이루어진다. 그러므로 화용론적 분석에 의해 이 세계를 명확히 하는 것이 적용을 위해 텍스트를 해석할 때의 필수적 측면이다.

의미의 다면체		
원래 텍스트의 의미 혹은 저자의 말(발화의 의미론)	초역사적 의도 (텍스트 앞에 펼쳐진 세계) 혹은 저자의 실행(발화의 화용론)	구체적 적용 사례 (실례화)
B의 발의 위치	누구도 A에게 고통을 가하기 위해 그의 발을 밟지 않음	(X)의 발의 위치 전환

니콜라스 월터스토프(Nicholas Wolterstoff)는 전체로서의 성경 내러티브는 이 범주에 들어맞는다고 언급한다. 이 이야기들은 요점을 밝히기 위해 말해지고 있다. 단지 역사적 세부사항이나 문화적 정보를 전달하는 것만은 아니다.[52] 설교를 위한 해석에 관한 한, 텍스트의 요점, 즉 요지는 저자가 말하는 것으로 수행하는 것(발화의 화용론, 혹은 우리가 본 바와 같이 **텍스트 앞에 펼쳐진 세계**)이다. 이에 응하여 하나님의 백성은 저자가 수행한 것을 파악한 것으로부터 적용을 이끌어 낸다.

---

[52] *Divine Discourse: Philosophical Reflection on the Claim that God Speaks* (Cambridge: Cambridge University Press, 1995), 212-15. 내러티브이든 다른 것이든, 성경의 것이든 다른 것이든, 모든 의사소통 행위는 이런 식으로 작동된다고 필자는 믿는다. 화자(speakers)와 저자(authors)는 자신들이 말하는 것으로 무언가를 실행한다. 또 다른 예로서, 삼하 12장에서 나단 선지자가 한 비유의 이야기(그가 말하는 것)는 다윗왕을 정죄하는 것(그가 실행하는 것)임이 드러난다. 물론, 삼하의 저자 자신이 이것을 말한다는 사실이 또 다른 층(layering)을 만들어 낸다. 나단이 자신의 말로 행하는 것에 대해 말함으로써 저자는 무엇을 실행하고 있는가 하는 것이 그것이다. 독자를 위한 적용으로 나아가는 데 중요한 것은 성경 텍스트의 저자가 실제로 실행하는 것이고 이것에 특권을 부여해야 한다.

저자는 자신이 말하는 것으로 무언가를 수행한다. 그러므로 설교자가 청중 편에서 타당한 적용을 만들어 내려면, 텍스트의 해석자(설교자)는 성경 본문의 저자가 말하는 것으로 해석자 자신이 청중 편에서 무엇을 수행하고 있는지를 분별할 수 있어야 한다.

요컨대, 어떤 텍스트에서든 저자는 언제나 자신이 말하는 것으로 무언가를 수행한다. 이 개념은 삶의 변화를 이루기 위한 노력인 설교를 위한 성경 해석에서 특별히 중요하다. 이 목표를 위해서 우리는 성경 텍스트가 어떤 목적을 달성하기 위해 무언가를 말하고 있는 것으로 보아야 한다.

만일 앞에서 보았던 B의 발의 위치에 대한 A의 말이 영감된 발언이라고 한다면, 그 '텍스트'를 문자적으로 해설하려는 설교자는 상상컨대 '발'(foot)이라는 단어의 어원(그리스어 *pos*, 라틴어 *pes*, 고대 영어 fot)에 대해 자세히 설명할 것이다. 그는 발의 근골격 구조(26개의 뼈, 33개의 관절, 100개 이상의 근육, 힘줄, 그리고 인대), 맥관 구조, 그리고 신경공급에 대해 논술할 수도 있을 것이다. 틀림없이 그는 다양한 발의 이상 상태(만곡족, 평발, 무좀, 류머티즘에 걸린 발 등)에 대해 말할 수도 있을 것이다.

그는 최초의 발언에서 의도한 타당한 적용을 완전히 놓친 채로 기타 등등에 대해서 계속 말할 수 있을 것이다. 다른 말로 해서 만일 A가 자신이 말한 것으로 수행한 것(발화의 화용론과 초역사적 의도를 지닌 **텍스트 앞에 펼쳐진 세계**)을 제대로 포착하지 못한다면, A의 발언에 대한 타당한 적용은 불가능하다.

또 다른 경우에 A가 B에게 "문이 열려 있어"(The door is open!)라고 말한다면, A가 B에게 행하기를 의도한 결과는 A의 발화의 화용론을 제대로 이해하고 포착하는 B에게 전적으로 의존한다. 이 담화(discourse)는 사건이며, B가 A의 네 단어로 된 발언(The door is open!)을 어휘적으로, 문법적으로, 의미론적으로만 이해하는 것은 B를 어느 곳으로도 이끌어 가지 못할 것이다. 담화가 사건이라는 점이 고려되어야 한다. 만일 그들이 A의 집에서 방금 다투었다면, B에게 지금 당장 집을 떠나라고 협박한 것이다.

만일 그들이 함께 B의 집을 떠나고 있다면, B에게 문을 닫으라고 상기시켜 주는 것이다. 만일 B가 A의 사무실에 잠시 들렀을 때 B가 A에게 군침 도는 회사의 소문을 폭로하려고 한다면, B는 적어도 문이 열려 있는 상황이 바로잡히기 전까지는 비밀을 함부로 누설하는 것을 삼가라고 요청하는 것이다. A가 자신이 말하는 것으로 수행한 것은 A의 발언에 B가 적절히 반응하는 데 매우 중요하다.[53]

다른 말로 해서, 의미론적 의미를 지니는 의사소통 행위는 화용론적 의미 사건의 매개체이다. 일차적 의미론적 의미는 생성적이어서, 그다음의 이차적 화용론적 의미 사건의 토대가 된다.[54] 이 모든 것은 발화/텍스트에 대한 올바른 반응(즉, 타당한 적용)은 저자가 말하는 것으로 수행하고 있는 것, 발화의 화용론, 즉 **텍스트 앞에 펼쳐진 세계**, 초역사적 의도를 분별함으로써만 가능하다는 것을 말해 준다.

필자는 다음 제2장에서 이런 현상은 성경 해석, 특별히 설교를 돕도록 의도된 해석에 대해서도 매우 중요하다는 점을 설명할 것이다. 또한, 성경 텍스트의 많은 부분(문단, 즉 일정 크기의 설교의 텍스트)에 있어서, 텍스트 자체가 저자가 말하는 것으로 수행하는 것에 대해 충분한 단서를 제공해 준다는 점을 강조할 것이다.

리쾨르의 **텍스트 앞에 펼쳐진 세계**의 투영, 허쉬의 초역사적 의도, 그리고 저자들이 말하는 것으로 행하는 것이라는 화용론에서 차용한 개념(본 연구의 목적을 위해 이것들은 유사한 개념들이다)은 모두 담화에는 표면적으로 보이는 것 이상의 것이 들어 있다는 사실을 입증한다. 텍스트 속에는 텍스트의

---

53 문이 열린 상황에서의 '대화'(conversations)는 다음에서 가져왔다. Thomas G. Long, "The Preacher and the Beast: From Apocalyptic Text to Sermon," in *Intersection: Post-Critical Studies in Preaching* (ed. Richard L. Eslinger; Grand Rapids: Eerdmans, 2004), 7.
54 Nicholas Wolterstoff, *Works and Worlds of Art* (Oxford: Clarendon, 1980), x, 107을 보라; idem, *Divine Discourse*, 212-13. 또다시 이것은 저자에 의한 이와 같은 수행이 저자가 텍스트에서 말하는 것과 긴밀한 관계를 맺고 있다는 것을 의미한다.

문자적 의미론 이상의 것이 존재한다.[55]

텍스트가 지닌 화용론적 능력의 한 기능으로서, 텍스트도 초역사적 의도를 지닌 세계를 투영하여 미래의 승인과 적용을 안내한다. 그러므로 이런 세계를 명확히 하는 것이 해석학, 특별히 삶의 변화를 위한 적용에서 절정에 도달하기를 추구하는 설교를 위한 해석학의 필수 과정이 되어야 한다.

적용을 위한 잠재력을 발생시키는 것이 바로 이 '잉여의' 화용론적 의미이며, 투영된 세계에 대한 이런 해석의 과정 없이는 이와 같은 적용의 잠재력이 실현되지 않은 채로 남아 있게 된다. 그러므로 적용에서 절정에 도달하기를 의도하는 성경 해석에서 핵심적인 일은 이 세계의 다양한 함축 의미들과 초역사적 의도와 저자의 화용론적 수행(doing)을 풀어내는 것이다. 설교자가 이 일을 어떻게 달성할 것인가가 본 연구의 책무이다.

---

[55] 이와 같은 화용론적 의사소통의 간접적 특질은 독자에게 추가적 처리의 수고를 요구할 수 있다. 그러나 이것은 직접적으로는 달성할 수 없는 텍스트의 효과를 확보하는 것에 의해 상쇄될 수 있다. Levinson에 따르면 정보이론(information theory)은 담화 암호화가 상대적으로 느리다는 점을 보여 주었다. 그는 이 과정을 시스템 내의 '병목 현상'이라 불렀고, 음성 발화(phonetic articulation)와 알파벳을 쓰는 과정(alphabetic inscription)에 적용될 수 있다고 보았다. 이 의사소통의 장애물은 발화의 내용뿐만 아니라 발화의 초언어적(metalinguistic) 특질(발언의 형식, 장르, 스타일 등)이 화자의 의미의 일부를 담게 하여 의미 위에 추가적 의미의 길을 만들어 냄으로써 제거될 수 있다.
Levinson이 볼 때 이런 종류의 화용론적 개입을 만들어 내는 것이 장황한 담론에 의해서 오직 의미론적 방식으로 의미의 모든 '층들'(layers)을 암호화하려고 하는 것보다 더 효율적이다. 이에 상응하여 독자의 수신부에서는, 의미론적 암호들을 세심하고 질서정연하게 푸는 것보다는 화용론적 추론에 의해 이루어진다면 이런 이차적 의미들의 해독화가 더 효율적으로 이루어진다(*Presumptive Meanings*, 6, 29).
담화의 모든 뉘앙스에 대한 현학적이고 번거로운 암호화/해독화는 의사소통의 아름다움과 힘을 파괴하고 무력화시킬 것이다. "해석의 과정은 단순한 해독화의 과정이 아니다. ... 어휘 항목의 의미와 발언에서 발화자가 의사소통하고자 하는 의미 사이의 갭은 추론의 과정에 의해 연결될 수 있다"(Gene L. Green, "Lexical Peagmatics and Biblical Interpretation," *Jets* 50 [2007]: 806).
화용론이 담화의 맥락적, 추론적 면을 다루지만 앞으로 살펴볼 바와 같이, 텍스트 자체의 그리고 자체 내의 요소들로부터 상당 부분 텍스트의 요지를 식별하는 것도 전적으로 가능하다.

문서성은 시간과 공간에 의해 구두성에 가해진 제약을 극복하기 위해 고안되었다. 그러므로 텍스트의 바로 그 본질에 함축되어 있는 것은 두 사건, 즉 쓰는 사건과 읽는 사건을 분리시키는 일이다.

어떻게 과거의 글쓰기를 미래의 읽기로 가져올 수 있는가?

글쓰기 사건과 해석의 사건 사이의 유대는 초역사적 의도/**텍스트 앞에 펼쳐진 세계** 속에 확고히 자리 잡고 있다. 이 실체가 미래의 구체적 적용제시에 방향성을 제공해 준다. 과거의 쓰기 사건에서 미래를 위해 정해져 있는 것은 타당한 적용을 좌우하는 이 의도이다.

그러므로 '의미'는 원래 텍스트의 의미, 초역사적 의도, 구체적 실례화(타당한 적용의 예시)의 세 부분으로 이루어졌다. 이와 같은 개념과 해석은 특별히 성서의 정경에 중요하다. 타당한 적용은 초역사적 의도(**텍스트 앞에 펼쳐진 세계**)의 범위 안에 포함된다. 그러므로 설교학자가 성경에서 설교로 충실하게 항해할 수 있게 해 주는 것은 바로 초역사적 의도/투영된 세계이다.

어떤 종류의 텍스트가 이와 같은 세계를 투영하며 무엇이 이런 세계를 투영하는 텍스트를 특징지어 주는가?

그것은 '고전'이라는 범주에 속하는 텍스트들, 즉 시간과 공간을 초월하여 분산된 것을 견디어 낸 텍스트들이라는 것을 다음 단락에서 확인하게 될 것이다.

5) 고전과 그 특성들

화용론과 저자들이 수행하는 것(다음 도표의 가운데 세로단의 요소들)의 개념들뿐만 아니라 투영된 세계와 시간을 초월하는 의도의 중첩되는 개념들은 텍스트의 미래성을 증진시킨다.

의미의 다면체		
원래 텍스트의 의미 혹은 저자의 말(발화의 의미론)	초역사적 의도 (텍스트 앞에 펼쳐진 세계) 혹은 저자의 실행(발화의 화용론)	구체적 적용 사례(실례화)

기록된 텍스트 안에는 독서의 미래성이 내장되어 있다. 왜냐하면, 텍스트는 최초의 의사소통 사건으로부터 멀리 떨어진 시공간에서 읽히도록 의도되었기 때문이다. 그리고 초역사적 의도(화용론의 작동)를 지닌 투영된 세계는 텍스트에 대한 이 미래의 소비를 용이하게 한다. 미래의 효용이라는 이 독특한 특성을 구체화시키고 또 드러내는 것은 주로 '고전'이라고 여겨지는 텍스트들이라고 여기에서 제안하고자 한다. 성경도 이 범주에 해당하며 시간을 초월하는 고전의 특질을 지니고 있다.

물론, 우리는 당장 독서하려면 수많은 텍스트 중에서 어느 한 텍스트를 선택해야 한다. 모든 텍스트가 미래에 읽힐 가치가 있지는 않다. 모든 투영된 세계가 자리 잡을 가치가 있지는 않다. 모든 것이 설득력 있는 초역사적 의도를 갖는 것은 아니다. 저자들이 말하는 것으로 수행하는 모든 것이 주의를 기울일 가치가 있지는 않다. 사실 과거에 인쇄된 모든 책이 지금도 다시 재판으로 인쇄되는 것은 아니다. 재판되는 책이라는 것은 나중에 재미나게 읽을 가치가 있다는 것(혹은 그럴 가치가 부족하다는 것)을 암시한다.

평가하는 일 자체가 불가능해 보이지만, 구글은 지금까지 출간된 개별 책의 숫자를 계산하려고 했다. 2010년 8월 현재 약 129,864,880권이 출간된 것으로 측정되었다. 그리고 구글의 주장에 따르면 구글이 온라인에 보유하고 있는 책들의 약 56퍼센트가 절판된 서적들이다. 이 수치를 대략적 지침으로 삼으면, 지금까지 출간된 개별 책들 중 총 약 65백만 권이 절판인 셈이다.⁵⁶ 그러나 여기에서 살아남은 책들 중에도 돋보이는 책들이 있는데 그것은 고전 작품들이다.

산드라 슈나이더스(Sandra Schneiders)에 의하면 고전은 다음 두 가지 본질적 특성이 있다고 한다. 그것은 영원한 의의와 다원성의 특질, 즉 잉여의 적용 가능성이다.⁵⁷

필자는 이 두 가지 특징에 성경에 특유한 세 번째 요소를 추가하고자 한다. 그것은 규정성(prescriptivity)인데, 이 규정성은 성경이 그리스도인들의 거룩한 공식 문서로서의 해석이라는 점에서 생겨나는 특성으로, 성경에게 교회의 신앙과 실천을 규정하는 권위를 부여한다. 이런 의미에서 가다머(Gadamer)는 다음과 같이 선언했다.

> 고전의 개념과 관련하여 가장 중요한 것은 … 그것이 지니는 규범적 의미이다.⁵⁸

---

56 구글(Google)은 국회도서관과 'WorldCat' 등으로부터 원 데이터를 수집했다. Leonid Taycher, "Bokks of the World, Stand up and Be Counted! All 129, 864, 880 of You," n.p. (cited June 3, 2012)를 보라. Online: http://booksearch.blogspot.com/2010/08/ books-of-world-stand-up-and-be-counted.html. 또한, Electronic Frontier Foundation의 보고서들, 특별히 다음을 보라. Fred von Lohmann, "Google Book Search Settlement: Updateing the Numbers, Part 2," n.p. (cited June 3, 2012). Online: https://www.eff.org/deeplink/2010/02/ google-book-search-settlement- updating-numbers-0.

57 Sandra M. Schneiders, "The Paschal Imagination: Objectivity and Subjectivity in New Testament," *TS* 46 (1982): 64. Tracy도 고전 텍스트들은 "어떤 영원성과 잉여의 의미를 지닌다"라고 동일한 관찰을 한다(Dvid Tracy, "Creativity in the Interpretation of Religion: The Question of Radical Pluralism," *NLH* 15 [1984]: 296). 그의 다섯 가지 기준(철학적 특질, 원래의 내용, 사건들에 대한 영향, 특정 범주의 사고에 대한 최초의 예를 듦, 보편적 적용에 대한 판단을 제공하는 고전이 출간된 시기를 넘어 현재까지 이어지는 장기간의 연관성)을 참고하려면 다음을 보라. Michael Levin, "What Makes a Classic in Political Theory?" *Pol. Sci. Q.* 88 (1973): 463.

58 Gadamer, *Truth and Method*, 288.

(1) 영원성(perenniality)

고전 작품의 항구적 가치는 독자들에게 "영속적인 무언가와 잃어버릴 수 없고 모든 시간의 상황에 좌우되지 않는 의미에 대한 인식을 공급하는 고전 작품의 제한 없는 내구성을 암시한다. 이것은 모든 다른 현재와 동시대인 일종의 영원한 현재이다."[59] 고전에 시간의 범위가 없어서가 아니라 고전이 모든 시간의 경계 안에 해당하기 때문이다.

성경에 적용하여 다시 설명하면, 성경이 영원한 가치를 지닌 이유는 성경의 독특한 침투성에 있다. 성경의 초월적 지시 대상, 즉 **텍스트 앞에 펼쳐진 세계**는 소격화를 정복하고 모든 시대의 인류에게 매우 중요한 문제들을 다룬다. 그리하여 성경 텍스트는 시간을 가로질러 중요하고 강력한 상태로 남아 있게 된다.

고전은 각각의 새로운 세대에 자신이 영원하며 적절하며 필수적이라는 것을 보여 주었고, 현재가 자신의 유일한 청중 혹은 독자인 것처럼 현재에게 꼭 필요한 말을 건다. 그리고 성경이라는 이 정경적 고전은 신자들의 공동체 내에서 읽히고 적용되는 수천 년에 걸쳐 자신의 영원성을 충분히 입증했다.

앞에서 상세히 설명한 바와 같이 초역사적 의도/투영된 세계는 담화에 미래성을 제공하는 담화의 화용론적 특질이다. 그것은 독자에게 투영된 이상적 세계에서 독자에게 무엇이 기대되고 있는지, 그리고 저자가 어떤 종류의 반응을 추구하고 있는지에 대한 단서를 제공한다. 이는 최고의 고전인 성경의 경우 미래의 적용을 위한 가능성이 설교를 통하여 전달되고 있음을 함축한다.

따라서 설교자의 중요한 책무는 성경 텍스트의 초역사적 의도를 미래의 각각의 특정한 청중을 위해 그 청중에게 연관성 있는 구체적 적용점으로 바꾸어주는 것이다. 달리 표현하면, 설교자의 중요한 의무는 양 떼를 투영

---

[59] Ibid.

된 세계로 이끌어 가서 그곳에 거주하게 하고 그 세계의 교훈과 우선순위와 실제에 따르도록 하는 것이다.

요컨대, 고전의 항구적 특성이 그 고전 텍스트의 영원성을 인정하는데, 텍스트의 초역사적 의도/텍스트 앞에 펼쳐진 세계에 의해 그 영원성의 가치를 인정받는다. 그러나 그 텍스트의 초역사적 의도/세계는 다양한 상황에서 다양한 방식으로 실현될 수 있어서 다양한 적용을 만들어 낸다. 이 점이 고전의 두 번째 특성인 적용 가능성의 다양성으로 우리를 인도한다.

(2) 복수성(plurality)

고전은 의의(significance)가 영속적일 뿐만 아니라 그것이 투영하는 세계는 "이론적으로 제한이 없는 수의 실행(각각의 실행은 다소 독창적이며 서로 다를 수 있다)을 허용하는 이상적 의미의 풍요로움을 담고 있다."[60] 다시 말해, 초역사적 의도(저자들이 말하는 것으로 수행하는 것)는 구체적 적용 사례에 대한 다수의 가능성을 창출한다.

고전이 잉여의 의미를 전달하고(그 자신의 다양성 안에서) 그러면서도 시간을 가로지르는 영원한 의미를 지닌다(그 자신의 영속성 안에서)는 사실은 표면적으로는 역설적이다. 고전은 텍스트의 고정성과 영원한 동시대성(영속성) 속에서 안정적인 것처럼 보이나, 무한히 다양한 상황과 배경에 있는 독자들이 동일하게 다양한 방식으로 이 진리들을 적용하는 복수성 속에서는 불안정한 것처럼 보인다.[61]

영속성과 복수성이 동시에 존재하는 이와 같은 개념은 성경의 필수적 특징이다. 성경이 지니는 고전의 지위는 성경이 시간의 범위를 가로지르고 어느 한 세대의 성경 독자들의 필요를 넘어서는 잉여의 의미를 지니고 있다는 것을 반영한다. 이 점이 미래에서의 성경의 효용과 독특한 고전으

---

60 Schneiders, "The Pschal Imagination," 64.
61 David Tracy, *Plurality and Ambiguity: Hermeneutics, Religion, Hope* (San Francisco: Harper and Row, 1987), 12, 14.

로서의 성경의 지위를 확보해 준다.

위에서 논의된 바와 같이, 미래의 독자들에게 다양한 구체적 적용을 가능하게 하는 것은 이 폭넓은 초역사적 의도이다. 구체적 적용이 초역사적 의도에 의해 함축된다면, 이와 같은 구체적 적용은 텍스트의 '의미'에 충실할 것이다. '런던의 광역 경찰법'(Metropolitan Police Act)의 원래 텍스트의 의미(마차)는 변함없는 채로 남는다. 초역사적 의도(탈 것) 또한 그러하다. 그러나 초역사적 의도는 다양한 적용(차, 트럭, 오토바이 등)의 가능성을 만들어 낼 잠재력을 매번 새로운 상황에서 새롭게 발휘한다.

예를 들어, 에베소서 5:18의 "술 취하지 말라"라는 성경 구절을 생각해 보자. 이 텍스트가 술 취함만을 배타적으로 다루고 있지는 않지만, 의미의 복수성을 보여 주기 위해, 이 구절의 '술'(wine)이라는 단어에 초점을 맞추는 것은 유익하다.[62] 이 구절의 명령은 '술'에 취하지 말 것을 요구한다.

---

[62] '옛사람'과 '새사람' 사이의 일련의 대조 속에 내재된 생활 지침과 더불어서 공동체 관리가 에베소서 뒤 절반 부분에서 검토되고 있다. 엡 5:15-20 문단 자체가 세 가지 대조(μὴ … ἀλλά[메 … 알라]', 'not … but')를 포함하고 있다. 지혜 있는 자와 지혜 없는 자(엡 5:15-16), 어리석음과 주의 뜻을 이해함(엡 5:17), 그리고 술 취함과 성령으로 충만함(엡 5:18-20)이다. 그러므로 술 취함은 지혜 없이 행함과 어리석음과 병행하고, 명백하게 '아소티아'(ἀσωτία, '방탕함')란 표가 붙었다. 이 단어는 신약성경에서는 이외에 오직 딛 1:6(1:7은 술에 중독된 것을 언급하고 있다)과 벧전 4:4(4:3에 술취함이 나온다)에서만 사용되고 있다.
신약성경에서 정죄되고 있지는 않지만(딤전 5:23을 보라) 술은 분명히 남용되어서는 안 된다(딤전 3:3, 8; 딛 1:7; 2:3). 술 취함은 어리석은 짓이고 옛사람의 삶의 스타일로 살아가는 사람의 특징이다. 반면에 성령으로 충만함은 지혜로운 사람, 즉 새사람의 삶의 스타일을 보여 주는 사람의 특징이다. 에베소 교인들에게 술 취하기보다는 성령으로 충만하라고 권고하면서, 성경 기자는 본질적으로 그들에게 하나의 공동체로서 성령 하나님에 의해 하나님의 독특한 성전, 즉 그리스도 안에서 하나님이 거주하시는 곳이 되라고 명령하고 있는 것이다. 성전에서의 하나님의 영광을 묘사하는 구약의 '플레로마'(πλήρωμα, '충만함') 표현에 상응하여(70인역에서 사 6:1-4; 겔 10:4; 43:5; 44:4; 학 2:7 등) 에베소서에서 교회는 하나님의 임재의 역할을 하는 새로운 성전이며 이곳에는 그리스도의 충만함이 거한다(엡 1:23). 교회는 유대인과 이방인으로 구성된 새로운 몸이며, '주 안에서 성전'이고 '성령 안에서 하나님이 거하실 처소'(엡 2:19-22; 3:16-19)이다. Kuruvilla, *Text to Praxis*, 184-87을 보라.

텍스트에 술만 분명하게 언급되어 있기 때문에, 다른 알코올 음료, 예를 들면, 보드카에 취하는 것을 받아들일 수 있는가?

유일하게 알려져 있는 알코올 음료가 '오이노스'(*oinos*, wine, 포도주)였던 1세기의 상황과 문화로부터 텍스트가 소격화되어 있기 때문에, 타당한 적용을 하기 위해서는 독자들과 청자들의 새로운 상황에서 에베소서 5:18의 명령을 재맥락화할 필요가 있다. 이 텍스트의 초역사적 의도는 명백히 '모든 종류의 알코올 음료'이므로 보드카나, 맥주, 스카치, 혹은 그 어떤 알콜 음료(적용의 복수성)로 취하는 것을 금지하는 것이다.

이 복수성은 아직 생각되지 않고, 합성되지 않고, 소비되지 않은 미래의 모든 알코올 혼합물을 포함할 것이다. 적용의 귀결은 분명하다. 에탄올을 함유한 어떤 양조주에 취하는 것이 금지된 것이다. 이 초역사적 의도는 다수의 구체적 적용을 파생시키는 기초가 된다. 에베소서의 저자가 행하고 있는 것은 하나님의 백성이 모든 종류의 알코올 음료로 취하는 것을 삼가는 세계를 투영하는 것이다.[63]

의미의 다면체		
원래 텍스트의 의미 혹은 저자의 말(발화의 의미론)	초역사적 의도 (텍스트 앞에 펼쳐진 세계) 혹은 저자의 실행(발화의 화용론)	구체적 적용 사례(실례화)
술(wine)	모든 종류의 알코올 함유 음료	보드카, 맥주, 스카치…

---

[63] 우리는 가상적으로 이 초역사적 의도를 '사람을 도취하게 만들 수 있는 모든 약물'로 확대하여서 구체적 적용 사례로 섭취할 수 있고, 들이킬 수 있고, 주입될 수 있는 다른 중독성 물질을 포함할 수도 있다. 그러나 '채우는 것'(filling, 액체와 관련된 현상)에 대한 텍스트의 강조와 성령으로 충만한 결과들("화답하며 … 노래하며 … 찬송하며 …"; 아마도 알코올의 남용 시 흔히 나타나는 목소리의 표출에 상응하는 표현)과 함축적으로 드러나 있는 술로 채우는 것 사이의 대조에 대한 강조에 비추어 초역사적 의도를 '알코올'로만 한정하는 것이 현명할 것이다.

달리 말하면, 초역사적 의도/투영된 세계에 의한 타당한 적용(구체적 적용의 실례)은 고전 문학 작품의 필수적 특징이다. 이 점은 모든 고전 중에서 가장 위대한 성경의 경우에 더욱 특별히 그러하다. 초역사적 의도의 범위의 힘에 의한 고전의 복수성은, 텍스트를 기록하고 텍스트를 읽는 시간과 공간의 소격화에도 불구하고, 다양한 상황에서 다양한 방식으로 적용하는 것을 가능하게 하며 반드시 요청한다.[64]

(3) 규범성(prescriptivity)

어떤 진지한 작가, 작곡가, 화가도 결코, 심지어는 전략적 탐미주의의 순간에도, 자신의 작품이 선과 악, 인간과 도시에서의 인간성의 합의 증가 혹은 감소와 관련이 있다는 점을 의심하지 않는다. … 어떤 목적에 맞게 메시지가 보내지고 있다.

작품의 창조자가 윤리적으로 가치가 있다고 여기는 그런 작품들은 또한 나름대로 규범적이길 의도한 것이다.[65] 그 규범이 순응을 요구할 만큼의 충분한 권위도 함께 가지고 있는지는 별개의 문제다. 그러나 성경의 경우, 하나님의 백성 공동체는 기독교 정경인 이 신성한 담화가 다른 어떤

---

64 비록 다수이지만, 다양한 구체적 적용 사례들은 서로서로(each other)와 원래 텍스트의 의미와 연관이 있고, 초역사적 의도에 의해 묶여 있다. 이 같은 종류의 동일성(identity)을 보여 주는 다른 유추에 대해 생각해 볼 수 있다. 피부과 의사로서의 필자의 직업에서, 한 환자의 건선 사례는 동일한 질환을 앓고 있는 다른 환자들의 사례와는 다르다. 즉, 건선 사례들에는 공유되는 명백한 동일성이 없다. 이 질환의 개별 발현 증상들은 다양하고 질환의 강도, 병변의 분포, 환자에 대한 염려, 그리고 치료의 반응과 관련하여 각 환자마다 미묘한 차이가 있다. 그러나 모든 건선의 사례들에는 분명히 한 가지 동질성이 존재하는데, 이것들은 동일한 '초역사적' 병리생리학, 박물학, 증상의 복잡성, 그리고 변함없는 상태로 남아 있고 이 질환의 모든 경우를 포함하는 치료법에 의해 연결되어 있다.

65 Steiner, *Real Presence*, 145.

고전이 될 수 없는 방식으로 규범적이라고 생각한다.[66]

이 규범적 텍스트 전집, 즉 성경은 이 책을 거룩한 경전으로 인식하고 그렇게 읽는 공동체의 신앙과 실천에 상당한 구속력을 발휘한다. 정확하게 이런 이유로 성경의 적용을 강해하려는 목적으로 성경을 설교하는 일은 교회의 삶에 필수적이다.

이 말은 성경이 그리스도인들에게 개별적으로 그들이 어떤 장소와 어떤 시대에 마주칠 수 있는 모든 잠재적 문제에 대해 특정한 지침을 문자적으로 제공한다고 주장하는 것은 아니다. 미국의 대법원장 마샬(Marshall)은 또 다른 고전인 미국의 헌법에 대해 다음과 같이 말했다.

> 자신의 강력한 힘이 인정할 모든 하위 법과 이 법들이 실행될 모든 수단에 대한 정확한 세부사항을 포함하는 헌법은 법 규정의 장황함을 띠고, 인간의 지성으로는 쉽게 이해되지 않을 것이다. 헌법은 아마도 대중이 결코 이해할 수 없을 것이다. 그러므로 헌법의 특질은 오직 헌법의 큰 윤곽만을 표시하고, 중요한 목적들만을 명시하고, 이 목적들을 구성하는 사소한 요소들은 그 목적들 자체의 특질로부터 제거해야 한다.[67]

마찬가지로 성경이 모든 시대의 개인 그리스도인과 하나님의 공동체의 삶의 모든 가능한 굴곡을 구체적으로 전부 규정하는 것은 절대적으로 불가능한 일이다. 대신 정경의 **텍스트 앞에 펼쳐진 세계**가 투영된다. 이때 텍스트의 각각의 문단은 자신만의 초역사적 의도를 가지고 이 총체적 세계의 한 단면을 묘사한다.[68]

---

66 다음 단락(section)은 성경을 읽는 원칙들을 기술하면서, 이 텍스트에 대한 특별한 해석법의 개요를 서술하고 신적 담화로서의 특성을 포함하는 성경의 독특한 특질에 대해 숙고한다.
67 *McCulloch v. Maryland*, U. S. 17 (4 Wheat.) (1819): 316, 407.
68 '문단'(pericope)의 역할은 제2장에서 논의한다.

그러므로 이 의도들은 필연적으로 포괄적이며 다양한 상황에 적용될 수 있는 여지를 확보하고 있다(위에서 논의한 복수성). 그러므로 텍스트의 번역 과정이 과거의 구체적 내용을 보다 일반적인 초역사적 의도로 전환하는 과정을 포함한다는 점은 필연적으로 불가피하다(제2장을 보라). 이 과정을 거쳐야만 성경의 광범위한 의도가 현대 청중의 특별한 맥락에 적절하게 적용될 수 있다.

성경 텍스트의 적용을 현대에 맞게 구체화하는 일은 설교자의 중요한 책무이다. 미국의 헌법에 관해서는 그것은 판사의 책무다. 설교자와 판사는 둘 다 그들의 텍스트의 초역사적 의도를 가져와 그들이 다루는 삶의 구체적 상황과 관련을 맺게 해야 한다. 한 사람은 회중석에서, 또 한 사람은 법정 앞에서 그렇다. 원래 텍스트의 의미가 초역사적 의도를 발생시키고, 그다음에 초역사적 의도는 타당한 적용(구체적 적용 사례)을 만들어 내면서, 텍스트의 규범성은 유지된다.

요컨대, 성경의 규범적 특질은 성경의 독자들의 삶에 효과적으로 적용되도록 유익을 준다. 성경이 지니는 영속적 지위가 시간의 한계를 초월하여 연관성을 제공한다. 성경의 복수성이 미래의 광범위한 각각의 청중이 처해 있는 수많은 특수한 상황에서 광범위하고 다양하게 적용하는 것을 가능하게 한다.

고전이 지니는 이런 중요한 속성들은 성경의 경우에 미래 지향성이 성경의 문서성과 텍스트의 지시 대상(텍스트가 투영하는 세계/초역사적 의도/저자가 수행하는 것)의 본질적 특질이라는 점을 시사한다. 사실 성경이 그것이 기록되던 당장의 시간과 공간 너머까지 도달할 수 있는 능력을 부여받은 것은 바로 이 미래성에 의해서이다. 이와 같은 미래 지향성이 성경이 기록되던 최초의 맥락으로부터 멀리 떨어진, 그리고 그 맥락과는 다른 상황에서 독자들이 성경 텍스트를 적용할 수 있도록 해 준다.

우리가 어떤 고전을 읽을 때 … 우리의 현재 지평이 그 고전의 주장이 가한 힘에 의해 언제나 자극되고, 때때로 반대되고, 항상 변화된다는 것을 발견한다.[69]

그 특성상 영속적이며 복수적인 고전인 성경은 늘 독자의 새로운 상황에서 읽혀질 것을 요구한다. 성경은 규정적이다. 그리고 이 텍스트의 주장에 의해 도전받기를 자원하는 독자들의 삶에, 성경은 자신의 변혁적 특질을 가져와 관련을 맺는다. 그러므로 이 텍스트의 해석자의 주된 책무는 성경의 진리 주장을 이해하고 저자의 맥락과 그의 기록 사건의 맥락과는 다른, 그리고 모든 이전의 독자들과 그들의 독서 사건의 맥락과는 다른 맥락에서 그것이 적용될 수 있는 가능성을 밝혀 주는 것이다.[70]

요컨대, 설교학과 기독교 공동체의 삶에 강력한 영향을 끼치는 성경의 특성들은 규범적 성질, 영속적 지위, 그리고 의의(significance)의 복수성이다.

6) 부설: 의의에 관해

1839년의 '광역 경찰법'의 경우 투영된 세계는 영국 거리의 교통이 어떤 종류의 고장 난 차량에 의해서도 방해를 받지 않는 세계였다. 이 법은

---

69 David Tracy, *The Analogical Imagination: Christian Theology and the Culture of Pluralism* (New York: Crossroad, 1981), 134.
70 변화를 위해 읽고 청취하는 행위 속에서 성령 하나님의 역할이 과소평가되어서는 안 된다. 이 고전(classic)에 대한 적절하고 알맞은 읽기 행위는 "독자 안에서 기각하고 방향을 전환하는 성령 하나님의 활동을 강조하고 … 또한 독자 자신이 성령 하나님께 기도할 것을 강조한다." 독자는 이 "큰 노력을 요하는" 텍스트에 적절한 태도로 접근해야 한다. 신실한 청취는 "하나님의 앞선 행위와 존재에 대한 자기를 잊은 언급(self-forgetful reference)을 보여 준다. … 그리스도인의 읽기 행위는 일종의 항복이며, 사실상 하나님의 성령의 능력 속에서 하나님의 말씀의 권위에 대한 기도 속에서의 복종이다"(Wewbster, *Word and Church*, 43, 82-83). 유감스럽게도 해석에서 성령 하나님의 역할은 본 연구에서는 상세하게 논의되지 않을 것이다.

자신이 명령하기를 의도하는 이상적 세계를 암시적으로 투영했다. 그것은 런던 도로의 어떤 고장 난 차도 교통을 막지 않는 세계였다. 그러므로 투영된 세계/초역사적 의도의 결정은 텍스트로부터 실천(praxis)으로 운행해 나갈 때 매우 중요하다.

그러므로 라디에이터가 고장 난 필자의 혼다 시빅이 런던 도로에서 좌초한다면 필자가 앞에서 언급한 법을 위반하지 않기 위하여(법의 텍스트에 의해 투영된 세계에 거하지 못하는 것을 피하기 위하여) 길가에서 그 차를 장시간 동안 수리하려고 그대로 방치하려고 하지 않고 다른 차량의 교통을 방해하지 않도록 즉각적으로 도로에서 적당한 다른 장소로 옮겨야 할 것이다. '런던 도로에는 고장 난 차량이 없다'라는 이상적 세계(초역사적 의도/**텍스트 앞에 펼쳐진 세계**)에 적절하게 거하는 것은 필자의 고장 난 혼다를 그 도로에서 옮기는 것을 포함한다.[71]

만일 1839년의 광역 경찰법이 영감된 텍스트라고 하고 필자가 '차량' 문단을 설교한다면, 필자가 설교의 명령으로서 필자의 청중에게 텍스트에 반응하여, 런던 도로에서 고장 난 차량 안에서 멈추어 버린다면, 당장 그들의 고장 난 도요타, 포드, 사브, 푸조를 거리에서 즉각 옮겨야 한다고 권고하는 것은 아주 타당할 것이다.

양 떼의 좋은 목자이자 선견지명이 있고 지각이 있는 필자는 한 걸음 더 나아가 청중에게 그들의 고장 난 차량을 도로에서 옮기는 데 지나친 지연이 일어나는 것을 막기 위해 자동차보험(Automobile Association[AA], 미국의 American Automobile Association[AAA]에 해당하는 영국의 기관)에 가입하라고 권고할 수도 있다. 적용으로서 'AA에 가입하라는 것'은 단순히 고장 난 차

---

[71] 앞에서 주목한 바와 같이 미래에 이 텍스트(탈 것)의 초역사적 의도의 영역 안에 떨어지는 다른 적용들(트럭, 오토바이 등)은 이 텍스트(마차)의 미래 지향적 의미의 한 부분이며, 그러므로 타당한 적용으로 간주될 수 있다. Hirsch, "Meaning and Significance Reinterpreted," 207, 210을 보라. 또한, idem, *The Aims of Interpretation* (Chicago: The University of Chicago Press, 1976), 80을 보라.

량을 도로에서 치우기를 요구하는 초역사적의 의도의 범위 안에 직접 포함되지 않는다.

그러나 무한한 목회적 지혜로 필자는 필자의 양 떼에게 그들의 자동차가 런던 시내에서 고장 나 멈추었을 때, 런던의 주요 도로에서 법규를 위반한 차량을 신속히 치울 수 있도록 지원하는 AA에 가입하는 현명하고 지혜로운 조치를 취하라고 요청할 것이다. 다른 말로 해서, 'AA에 가입하라'라는 적용은 1839년의 법에 반응하는 타당한 적용이다. AA가 파견한 견인차는 법이 반포한 목적을 달성하는 데 도움을 줄 것이다.

초역사적 의도의 범위를 넘어서는 이와 같은 적용을 허쉬는 '의의'(significance)라고 명명했다. 이러한 현대적 적용은 텍스트의 의미의 일부분은 아니다. 위에서 본 경우에 'AA에 가입하는 것'은 광역 경찰법이 직접 지시하거나 규정한 규칙은 아니다. 그러나 운전자가 자신의 차량이 고장 났을 때 그 법을 준수하도록 돕는 간접적 보조 장치다. AA에 가입하는 행위는 의의(significance)의 범주에 속하고, 구체적 실례화(exemplification)는 아니다.

오히려 이것은 법의 구체적 적용 사례, 즉 고장 난 자동차를 런던의 도로에서 치우는 것을 달성하는 보조 수단이다. 법에 의해 직접적으로 명령받은 것은 아니지만, 이 선제적 가입이 '런던 도로에는 고장 난 차량이 없어야 한다'라는 세계에 조화를 이룰 수 있도록 도와준다.

법에 순응하는 목표는 가능한 한 빨리 그리고 전력을 다하여, '런던 도로 위에 고장 난 차가 없는' 세계에 거하는 것일 것이다. 이 경우 이 목표는 고장 난 차량을 영국 여왕의 아스팔트에서 신속하게 치우는 것에 의해 달성되는데 이것은 AA에 회원으로 가입함으로 도움을 받을 수 있다.

의미의 다면체			
원래 텍스트의 의미	초역사적 의도 (텍스트 앞에 펼쳐진 세계)	구체적 적용 사례 (실례화)	적용의 측면
차량 수리 금지	도로에는 고장 난 차가 없게 할 것	혼다 시빅을 수리하지 않음	AA에 가입함
			적용의 측면

이렇게 적용은 구체적 실례화(의미 내에서)와 의의(의미 바깥에서)로 구분된다. 설교에서 의의의 유용성은 설교자가 텍스트가 요구하는 정확한 구체적 적용 사례에 제약받을 필요가 없다는 것과 텍스트가 요구하는 구체적 적용 사례를 향해 나아가도록 도와주는 적용에 대한 의의를 제공해 준다는 점이다. 의의는 설교자가 **텍스트 앞에 펼쳐진 세계**의 교훈, 우선순위, 실제에 맞추어 그 세계 안에 거할 수 있게 해 준다.

또 다른 예를 들어보자. 앞에서 논의한 에베소서 5:18의 초역사적 의도는 알코올로 취하는 것을 금지하는데, 이는 하나님의 백성이 결코 물질에 의해 취하지 않는 이상적 세계이다.

필자가 설교하는 청중이 어떤 이상한 이유로 보드카에 취하는 경향이 있다면, 즉각적 적용은 그들에게 성경 텍스트는 그와 같은 취함을 금지한다는 점을 일깨워 주는 것이다. 보드카로 취하는 것을 삼가라는 이 적용은 역사적 의도 안에 속한다(왜냐하면, 보드카는 알코올이 함유된 음료이기 때문이다).

그러나 만일 필자가 많은 청중이 와인 「와인 스펙테이터」(*Wine Spectator*, 주류에 관한 잡지)의 열렬한 소비자이고 이 간행물을 읽는 것이 청중이 보드카에 취하도록 이끄는 주된 유혹거리라고 판단한다면, 필자는 설교자와 목회자의 권위를 가지고 그들이 위에 언급한 잡지의 구독을 취소해야 한다고 강력하게 권할 수 있을 것이다.

「와인 스펙테이터」의 구독을 중단하라'라는 적용은 물론, 초역사적 의도/**텍스트 앞에 펼쳐진 세계**의 명령은 아니다. 그러나 그것은 분명히 주의를 기울인다면 보드카로 취하지 말라는 타당한 적용/구체적 적용 사례를 달성하는 데 도움을 주는 사려 깊은 권고이다.

구체적 적용 사례를 달성하는 방향으로 움직이도록 도움을 주는 이런 적용이 의의이다. 의의는 엄격하게 볼 때 텍스트의 3중 의미의 한 부분에 해당하지는 않으나, 그럼에도 의의는 텍스트가 요구하는 상태(이 경우는 술이 취하지 않은 상태)에 도달하도록 돕기 때문에 적용의 일부분에 해당한다.[72]

의미의 다면체			
원래 텍스트의 의미	초역사적 의도 (텍스트 앞에 펼쳐진 세계)	구체적 적용 사례 (실례화)	적용의 측면
술(wine)에 취하지 않음	알코올에 취하지 않음	보드카에 취하지 않음	「와인 스펙테이터」의 구독을 끊음
			적용의 측면

그래서 텍스트에 대한 미래의 독서에서 적용의 타당성은, 그 적용이 초역사적 의도의 경계 안에(텍스트가 투영하는 세계의 요구 안에) 속하느냐의 여부에 달려 있다. 이 의도/세계는 미래의 다양한 독서의 상황에서 실현될 수 있는 구체적 적용 사례를 사실상 무한히 창출해 내는 텍스트의 변하지 않는 개념적 요소이다. 텍스트에 미래 지향성을 제공해 주는 것이 바로 이 초역사적 의도, 투영된 세계이다.

---

72 의의(significances)는 '타당한' 적용이 아닐지도 모르지만 텍스트가 요구하는 것을 달성하도록 돕는다면 분명히 적절한 적용이다. 그러므로 의의는 당연히 설교자의 설교학적 화살통 안에 속한다. 물론, 실제에서는 해석자가 의의에 대해 결정하기 전에 타당한 적용(application)을 먼저 결정해야 한다. 논리와 경험적 과정에서 타당한 적용이 먼저이다. 그러므로 필자는 본 연구의 나머지에서 타당한 적용에 초점을 맞출 것이다. 그러나 독자들은 설교에서 의의가 지니는 유용성을 기억해야 한다. 이 논의를 통해 또한 설교가 향하는 양 떼를 아는 일이 설교자에게 얼마나 중요한지 분명해졌다. 그러므로 필자의 견해로는 설교는 목양과 결코 분리될 수 없다.

본 연구에서는 성경 문단에 대해서도 초역사적 의도/**텍스트 앞에 펼쳐진 세계**가 미래의 구체적 적용 사례를 만들어 내고, 그것에 의해 성경으로부터 설교로 타당하게 진행하는 것을 매개해 주는 개념적 실체라는 것을 제안하고자 한다. 이러한 적용 과정이 성경 문단에서 어떻게 달성되느냐는 다음 제2장에서 자세히 살펴볼 것이다.

7) 단락 요약: 일반 해석학

텍스트는 시간과 공간의 경계를 초월하는 담화 도구다. 달리 말하면, 텍스트는 소격화를 겪는다. 그러한 소격화 때문에 텍스트의 미래 잠재력이 상실되거나 사라지는 것은 아니다. 다만 **텍스트 앞에 펼쳐진 세계**, 담화의 초월적 지시 대상이 멀리 떨어져 있는 독자들을 적용으로 이끌어 가는 초역사적 의도를 발휘하는 것이다. 이렇게 **텍스트 앞에 펼쳐진 세계**에 의하여 과거의 텍스트가 미래의 독자들과 연결된다.

성경에서는 이와 같은 연결 방식이 매우 중요하다. 설교자가 하나님의 백성을 위해 타당한 적용을 개발하게 해 주는 것이 바로 이 투영된 세계의 초역사적 의도(저자가 말하는 것으로 수행하는 것에 대한 화용론적 고려)이기 때문이다.

이와 같은 미래 지향성이 영속적 연관성, 다양한 적용의 복수적 가능성, 그리고 규범성 혹은 규범적 의미를 특징으로 하는 '고전'의 특징이다. 사실 성경도 이런 특성에 의해 고전의 범주 안에 속한다. 이 정경적 고전은 2천 년 이상 동안 교회에 의해 영원하며, 복수성을 지니며, 규범적인 것으로 이해되어 왔다.

텍스트 앞에 펼쳐진 세계의 투영은 모든 고전 텍스트에 적용될 수 있지만(일반 해석학의 특징), 성경 해석에서 이 개념에 탄력을 제공하는 것은 성경의 독특한 특색들이다(이 독특한 텍스트에만 적용될 수 있는 특수 해석학). 이 특색들에는 성경의 궁극적 저자, 신적 지시 대상이라는 독특한 특질, 성경이 지니는 영적 변화의 힘이 있다.

교회가 성경 텍스트를 자신의 경전으로 인식하고, 이 엄청난 문학 저작에 중대성을 부여하고, 그것을 모든 시대와 장소에서 모든 사람에게 설교할 가치가 있다고 선언하는 것도 바로 이 설교학적 특질 때문이다. 설교를 목적으로 하는 성경 해석을 위해 특수 해석학이 지니는 함축 의미들은 다음에서 더 자세히 다룰 것이다.

2. 특수 해석학

교회가 성경을 경전으로 그리고 하나님의 말씀(divine discourse, 실로 특별한 문서)으로 이해한 것은 이 고전이 설교를 목적으로 할 때의 해석 방식을 규정한다. 영원하고 복수적이고 규범적인 지위를 지닌 정경은 바로 '경전'으로서 그리고 이 성경이란 명칭이 함축하는 모든 텍스트에 적용된다. 전체 성경뿐만 아니라 개별 텍스트와 문단도 이러한 특성을 지닌다. 그리하여 이 정경적 고전은 엄청난 중요성을 지닌 텍스트이며 이 **텍스트 앞에 펼쳐진 세계**는 매우 중요한 준거틀이다.

성경은 결코 도외시되어서는 안 되고 반드시 읽혀야 하며, 성경이 투영한 세계는 반드시 독자의 상황에 적실하도록 전용(**轉用**)되어야 한다. 성경은 텍스트의 실질성과 하나님의 뜻에 굴복할 것을 요구한다. 이 굴복은 **텍스트 앞에 펼쳐진 세계**에 기꺼이 거하려는 것이다. 이 주장은 비할 데 없는 (그래서 특수 해석학이다) 이 고전의 특성(영원성, 복수성, 규범성)을 반영하는 독서의 원칙들을 담고 있으며 이에 관하여 자세히 설명할 것이다.

1) 규칙의 역할

이 단락은 교회의 역사에서 성경을 읽고 해석하는 것을 지배해 왔던 규칙들을 상세히 조사함으로써 성경 해석에서 특수 해석학을 활용하는 문제를 다룰 것이다. 여기서 다루는 원칙들(규칙들, rules)은 어길 수 없는 난공불락의 자연의 법칙이라기보다는 경험에 바탕을 둔 방법이라는 점을 주목해야 한다. 즉, 이 규칙들은 규정적이라기보다는 서술적이다.[73]

성경 해석을 위해 독서의 원칙을 만들어 내는 것은 새로운 시도가 아니다. 유대교의 랍비들은 힐렐의 7가지 원칙(middot)(t. Sanh. 7.11; 'Abot. R. Nat. 37)과 이스마엘(Ishmael)의 13개 원칙(Baraita de Rabbi Ishmael 1) 등 몇 개의 일련의 원칙들을 가지고 있다. 기독교인들도 이 작업을 태만히 하지는 않았다. 어거스틴이 수정한(Doctr. chr. 3.30-37) 티코니우스(Tyconius)의 7개 원칙과 마티아스 플라키우스 일리리쿠스(Matthias Flaccius Illyricus)의 '거룩한 성경에 익숙해질 수 있는 원칙'(The Rule for Becoming Acquainted with the Sacred Scriptures, Clavis Scripturæ Sacræ[17세기 후반])을 주목하라.

켈시(Kelsey)는 "일련의 글들을 '경전'이라 부르는 것은 이것들이 교회의 평상적 삶에서 어떤 규범적이고 지배적 방식으로 사용되어야만 한다고 말하는 것이다."[74] 필자는 이 특별한 텍스트를 올바로 읽고 해석하는 원칙들을 올바로 확정하고자 한다.

성경 전체의 언어 게임을 읽는(진행하는?) 이 규칙들은 무엇이고 이것들은 어떻게 설교를 돕는가?[75]

---

73 인류가 따라 사는 규칙들의 유형들에 대한 서술을 위해서는 다음을 보라. Frederick Schauer, *Playing by the Rules: A Philosophical Examination of Rule-Based Decision-Making in Law and Life* (Oxford: Claredon, 1991), 1-3.
74 David H. Kelsey, *The Uses of Scripture in Recent Theology* (Philadelphia: Fortress, 1975), 164.
75 어떤 텍스트의 놀이 실습(playing practices)을 서술하기 위해 원칙들을 사용하는 것은 적절하다. 텍스트는 Wittgenstein의 '언어 놀이'(language games)의 카테고리에 속하기 때문이다. Wittgenstein은 언어 놀이가 무언가를 수행하는 담화(discourses)라고 상정했

해석 원칙들은 본질적으로 이 특별한 텍스트의 해석을 지배하는 독서 습관들을 진술한 것이며, 특수 해석학의 활용을 반영한다. 기능의 관점에서 볼 때 이 규칙들의 광범위한 범위는 필연적으로 안내자의 역할로 제한한다. 해석자는 이 원칙들이 정한 한계를 넘지 말아야 한다. 오히려 이 원칙들 안에서 해석해야 한다. 다른 말로 해서 이 원칙들은 어떤 특정한 텍스트가 얼마나 정확하게 해석될 수 있는지를 규정하지 않고 해석의 과정을 감독하고 관리한다. 텍스트의 자세한 사항들은 이 원칙들의 적용에 의해 명확해지지 않는다.

예를 들어, 아래에 열거된 여섯 가지 원칙을 활용한다고 해도 해석자를 에베소서 5:18의 원래 텍스트의 의미, 투영된 세계에 담겨 있는 초역사적 의도, 혹은 타당한 적용으로 이끌지는 못할 것이다. 원칙들은 단지 에베소서를 사용하는 것의 타당성을 확인해 주고(배타성의 원칙), 해석자가 성경의 나머지 부분과 일관되기를 격려하고(특이성의 원칙), 우리가 현재 갖고 있는 에베소서 5:18의 텍스트 형식을 사용하는 것을 승인하며(최종성의 원칙), 이 텍스트로부터 적용을 발견하는 것을 허용하고(적용성의 원칙), 교회가 일관성 있게 가르쳐 온 것과 조화를 이루지 않는 해석에 대해 경고하고(교회성의 원칙), 텍스트의 요구는 그리스도를 닮는다는 의미의 한 면이라는 것(중심성의 원칙)을 일깨워 준다.[76] 다른 말로 해서, 원칙들은 단지 해석 과정의 범위를 정해주고 넓고 일반적인 관점에서 무엇이 타당하고 타당하지 않은지를 결정해 준다.

다. 왜냐하면, 언어 놀이는 발언한 단어, 절, 문장뿐만 아니라 이것들에 의해 성취되는 행위로도 구성되어 있기 때문이다. "우리는 어떤 것이 우리 인간의 삶에서 특별한 역할을 수행하면 그것을 언어 놀이라고 부른다"(Ludwig Wittegenstein, "Notes for Lectures on 'Private Experience' and 'Sense Data,'" ed. R. Rhees, *Phil. Rev.* 77 [1968]: 300; idem, *Philosophical Investigations*, ¶7). 또한, 이 주제를 강조하는 그의 다른 언급들에 주목하라. "언어는 도구이다," "말은 또한 행동이다"(ibid., ¶432, 546). 추가적 세부 내용을 위해서는 다음을 보라. Kuruvilla, *Text to Praxis*, 15-19.

[76] 이 원칙들에 대한 추가적 세부 내용을 위해서는 아래를 보라.

이 원칙들은 특정 텍스트가 의미하는 바와 이 텍스트가 어떻게 정확히 적용될 수 있는지를 명시하지는 않는다. 대신 이 원칙들은 성경을 특별한 문서로 존중하는 것을 촉진시키고 특수 해석학을 옹호한다. 왜냐하면, 다른 어떤 텍스트도 이런 식으로 읽히거나 해석되지 않기 때문이다.

보편적으로 적용되지는 않지만 이 원칙들은 교회 역사 전체에 걸쳐 널리 실행되어 왔고 기독교 신앙 공동체의 기초가 되는 텍스트를 보호하는 데 중요한 역할을 해 왔다. 그러나 기독교 세계 내에서 이 원칙들이 폭넓게 사용되어 온 사실이 이 원칙들이 예외 없이 보편적으로 적용되어야 한다는 것과 동일하지는 않다는 점을 기억해야 한다.

또한, 이 일련의 원칙들이 모 아니면 도 방식으로 적용되는 획일적 규정으로 여겨져서도 안 된다. 이 원칙들의 모음은 대개의 경우 결코 전체로서 엄격하게 적용되는 단 하나의 통합된 전 세계적 법령집으로 기능하지 않았다. 서로 다른 정도로 이 원칙들의 일부 혹은 전부를 사용하는 공동체 사이에 여러 변형판들이 풍부하게 존재했다. 이 변형판들은 다양한 범위까지 이 원칙들의 미묘한 차이들을 활용했고 이것들을 정경 내의 개별 텍스트에 다양하게 적용했다.

그리고 개별 원칙들을 무시하거나 부정하는 것을 보여 주는 사례들이 분명히 존재한다.[77] 그럼에도 불구하고, 대부분의 원칙은 역사적 인용들이 보여 주듯이 광범위하게 사용되어 왔다.

개신교와 복음주의 전통을 반영하는 서술상의 치우침이 성경의 해석에 대한 이 원칙들을 나열하는데 틀림없이 발견될 것이다. 분명히 이 원칙들은 성경에 대한 필자 자신의 독서 관행을 반영한다. 그러나 이것이 이 원

---

[77] 각각의 원칙에 대한 각주들은 이런 대조되는 자료로 대한 독자의 관심을 이끌어 간다. 본 연구는 기독교 전통을 넘어 그리고 많은 기독교 역사에 걸쳐 이 원칙들이 폭넓게 수용되어 왔다는 점을 인정한다. 하지만 여기서 주목한 단서들은 이 지침들에 대해 현실적 관점을 갖도록 해 주고, 그것들 중 많은 것이 지니는 제한된 범위를 인식하게 한다. 이와 같은 모든 원칙은 명령이라기보다는 조언과 주의의 특성을 지닌다는 점을 되풀이하여 말해야만 하겠다.

칙들을 간단히 무효화하는 것은 아니다. 개인적 관점의 서술을 했다고 해서 반드시 그 이유만으로 이 원칙들을 폐기시켜야만 하는 것은 아니다. 서술에 동기가 있다는 사실이 그것의 자격을 박탈하는 것은 아니다.

> 왜냐하면, 어떤 해석의 틀과 목적으로부터 자유로운 동기가 없는 서술은 상상할 수 없기 때문이다.[78]

사실 분명히 밝힌 준거의 틀은 "숙고하고 있는 사건들을 다르긴 하지만 반드시 부정확하지는 않으며 대개 보완적 묘사가 가능한 자신만의 관점으로 보는 것을 가능하게 한다."[79] 어떤 하나의 준거의 틀이 관찰되는 현상의 모든 면을 포착할 수는 없다. 그러므로 본 연구의 기여는 독특한 관점에서 나오는 것이며, 여기에서 제시하는 원칙들의 서술이 다양한 전통 출신의 다른 관찰자들에 의해 만들어진 원칙들을 보완하기를 바란다.

2) 읽기의 원칙들

교회 시대 전체에 걸쳐 폭넓게 수용된 것으로 판명된 여섯 가지 읽기의 원칙은 배타성의 원칙, 단일성의 원칙, 최종성의 원칙, 적용성의 원칙, 교회성의 원칙, 중심성의 원칙이다.

---

[78] Francis B. Watson, *Text, Church and World: Biblical Interpretation in Theological Perspective* (Grand Rapids: Eerdmans, 1994), 37. 완전 공개: 필자는 보수적 개신교 그리스도인으로서 공식적으로 정치에 소속되지 않은 인도계 미국인으로서 성경에 다가간다. 필자는 아시아, 북미, 유럽에서 교육받았고, 성적으로 이성애자이나 그리스도를 위해 독신이며, 교수이고, 설교자이고, 내과 의사이다.

[79] Sidney Ratner, "Presbyterial and Objectivity in History," *Phil. Sci.* 7 (1940): 504.

(1) 배타성의 원칙(Rule of Exclusivity)

> 배타성의 원칙은 적용 목적으로 유일하게 사용될 수 있는 이 정경에 속한 책들의 경계를 표시해 준다.

이 원칙은 정경에 포함될 만한 문서와 포함될 수 없는 문서를 구별한다. 사실 정경은 이 전집 전체를 왜곡과 변형으로부터 보호하는 고대 판(版) '저작권'이다.[80] 그러므로 해석의 목적을 위해, 배타성의 원칙은 어떤 텍스트의 담화가 기독교 공동체를 교화하는 데 역할을 수행할지 (혹은 그렇지 못할지) 경계를 표시한다. 이 원칙은 권위를 특정한 텍스트들에만 제한하고, 오직 이 선택된 글들만이 설교되고 적용될 것이다.[81]

정경은 공동체 전체의 삶과 그것을 구성하는 개인들의 삶이 하나님의 뜻에 맞추어지게 하기 위해 이 텍스트들이 반복하여 활용되도록 권한을 부여한다.

2세기의 초대 교회는 교회의 문학적 유산을 심사숙고하며 평가한 후에, 일련의 권위 있는 글들을 정경으로 받아들였다. 초대 교회는 글로 표현된 문서적 기준이 없다면 사도 시대로부터 물려 전달받은 지 너무 오래된 전통과 규범을 온전히 계승하는 것이 어렵다는 것을 깨달았다. 이 정경의 원칙은 사도들에게서 물려받은 신앙의 전통은 정경에 고정되어 있고 그 경계선이 분명하게 문서로 표시된 권위 있는 사도적 전통의 통제에 따를 것

---

80 George Aichele, *The Control of Biblical Meaning: Canon as Semiotic Mechanism* (Harrisburg, Penn.: Trinity, 2001), 20.
81 이 배타성의 원칙은 정경의 구체적 구성을 규제하지는 않는다. 정경 책들의 어떤 목록도 이 원칙에 의해 다른 목록들보다 선호지지는 않는다. 이 원칙은 진술된 대로 공동체의 적용의 관행은 공동체가 따르는 정경의 경계에 달려 있다는 것을 내포한다. 예를 들어, 연옥에 대한 믿음은 전통이 제2 정경인 마카비서들을 정경 내에 포함하느냐에 달려 있다. 연옥 교리는 부분적으로는 마카비2서 12:45에 근거하고 있다(*The Catechism of the Catholic Church* [2nd ed.; New York: Doubleday, 2003], ¶1032를 보라).

임을 신자들의 공동체가 인정한 것이다. 이와 같이 안정된 일단의 문헌은 교회의 가르치는 일을 규제하는 데 충분하고 적절한 기준으로 받아들여졌고, 가르치는 일은 이 문서의 기준에 의존했다.[82]

정경에 포함하기 위해 텍스트를 평가할 때 사용한 주요한 기준들은 전통적 관례(보편성을 포함함)와 후보가 되는 책들의 정통성이다.[83] 저자와 영감의 기준들은 정경으로 인정하는 데 보다 간접적인 역할을 했다.[84] 그러나 마르시온과 다른 이들이 정경을 공격하는 상황에 직면했을 때, 즉 어떤 책들은 정경으로 수용하고 어떤 책들을 수용하지 않은 것을 정당화하여야만 했을 때, 교회는 이 텍스트들을 정경에 포함시키는 조건으로 이 텍스트들에 대한 사도의 저작 여부를 활용했다.

터툴리안(Tertullian)은 다음과 같이 선언했다.

> 복음을 증거하는 성경의 저자들이 복음을 널리 알리는 이 일을 주님에 의해 위탁받은 사도들이라는 점은 매우 중요하다 (Marc. 4.2).[85]

로마의 클레멘트(Clement)는 바울이 "진정한 영감을 가지고" 썼다는 것을 인정했다(1 Clem. 47.3).[86] 영감을 받았다는 성경 자체의 주장(딤후 3:16)

---

82 Oscar Cullman, *The Early Church* (London: SCM, 1956), 90-91.
83 Bruce M. Metzger, *The Canon of the New Testament: Its Origin, Development, and Significance* (Oxford: Claredon, 1987), 254; Harry Y. Gamble, *The New Testament Canon: Its Making and Meaning* (Philadelphia: Fortress, 1985), 67-68.
84 F. F. Bruce는 "영감은 더 이상 정경성의 기준이 아니다. 영감은 정경성의 필연적 결과이다"라고 언급했다(*The Canon of Scripture* [Downers Grove: InterVarsity, 1988], 268).
85 마찬가지로 무라토리안 정경도 저자들의 증인(eyewitnesses) 혹은 사도로서의 개인적 자격을 신약성경의 몇몇 책의 성경성의 근거로 제시한다(translated in Metzger, *The Canon of the New Testament*, 305-7).
86 정경 텍스트의 저자들의 일부는 자신들의 글이 지니는 영감적 속성을 이해했다. 예를 들어, 계시록의 저자는 자신의 글을 "예언의 말씀"(계 22:19)이라고 나타냈다. 계 2-3장에서 일곱 편지들의 독자들은 각각의 편지에서 "성령이 교회들에게 하시는 말씀을 들을지어다"라는 명령을 받았는데, 이는 또다시 이 텍스트들이 신적 승인을 받았다는 것을 암시한다(또한, 딤후 3:16과 벧후 1:21을 보라).

은 존중되어야만 한다. 성경 자체의 방식과 주장에 따라 성경을 이해하기 위해 우리는 물론 영감을, 심지어는 문법의 규칙들을 믿을 필요는 없으나 이 둘을 사실로 가정해야만 한다.[87] 그러므로 이 특별한 문서의 해석자는 대대로 하나님의 백성 공동체의 창립자들이자 지도자들로 여겨지는 사도들에게 저자의 권위를 인정하는 일과 더불어 성령 하나님의 영감이라는 개념을 진지하게 받아들여야만 한다.

성경 텍스트가 처음 작성되고 유포되기 시작하던 처음 순간부터 그 문서를 하나님의 말씀으로 인정하고 사용한 전통(tradition)은 성경 텍스트의 정경성을 결정하는 가장 중요한 요소 중의 하나일 것이다. 정경에 포함된 텍스트들은 대부분 교회에서 기독교 공동체의 신앙의 양육과 유지와 증진에 매우 유용한 것으로 그 탁월함을 지속적으로 인정받은 것들이었다.[88]

이와 같이 인정받은 책들을 공식적으로 수용한 것은 초대 교회의 역사에서 아주 초기에 발생한 중요한 사건들이었다. 예를 들어, 바울은 데살로니가 교인들이 그의 말을 사람의 말이 아니라 하나님의 말씀으로 받은 것으로 인정한다(살전 2:13).

누가의 복음서를 '성경'으로 부른 것도 초기부터 교회에 의해 이 책이 정경으로 받아들여졌다는 것을 입증한다(딤전 5:18은 분명하게 누가복음을 성경이라 지칭하며 눅 10:7을 인용한다. 또한, 벧후 3:15-16). 성경 텍스트 활용에서 전통의 유용성은 또한 이 문서들의 보편성과 긴밀하게 연관되어 있다.

성경 문서가 하나님의 말씀으로 권위를 인정받으려면, 이 문서는 이를 하나님의 말씀으로 존중하는 신앙 공동체와 관련이 있어야 했다. 예를 들

---

[87] Meir Sternberg, *The Poetics of Biblical Narrative: Ideological Literature and the Drama of Reading* (Bloomington, Ind.: Indiana University Press, 1987), 81.
[88] Gamble, *The New Testament Canon*, 70-71. 그는 전통적 유용성의 기준을 충족시키는 일부 글들이 제외되었다고 말한다(*The Shepherd of Hermas, 1 Clement, Didache*). 반면에 아마도 다른 것만큼 널리 사용되지 않은 것들이 포함되었다(야고보서, 베드로후서, 요한2서, 요한3서). 어떤 책들의 지위에 대한 이런 모호성은 전통적 유용성을 증거로서 제시하는 배타성의 원칙의 적용에 대항하는 힘이다.

어, 어떤 서신서의 경우에 특정한 개인들과 청중에게 보내졌기에 지니는 그 문서의 특수성에도 불구하고, 초대 교회는 이 서신들이 특정 개인의 차원을 뛰어넘는 폭넓은 호소력과 유용성을 인식했다.[89] 그러므로 터툴리안은 다음과 같이 수사학적으로 질문할 수 있었다.

> 사도가 특정 서신을 특정 교회에게 작성하여 보내면서도 사실은 모든 신자들을 위하여 기록했다면 (서신들의) 제목에 무슨 중요성이 있는가? (*Marc*. 5.17).

성경 텍스트의 정경성을 확정할 때 전통의 유용성과 보편성이라는 기준을 고려하는 이유는 여타의 다른 제한된 관련성과 유용성을 지닌 특이하고 난해하고 고립된 문서가 정경의 범주 안으로 들어오려는 것을 막고자 함이었다.

반면에 검열을 통과한 것은 폭넓게 수용되고 훈육을 하는 데 영원한 중요성을 갖는 것으로 인정받은 텍스트들이었다(히 4:12; 딤후 3:17). 어거스틴(Augustine)은 그리스도인 성경 해석자는 '보편 교회가 받아들인' 텍스트들을 '누군가가 받아들이지 않는 텍스트들보다' 선호해야 한다고 주장했다(Doctr, chr. 2.8.12). 그리하여 전통적 유용성(그리고 보편성)은 최종적으로 정경에 포함된 문서들을 특징지었다.

문서들이 정경으로 공식적으로 인정되기 전에 먼저 사용되었다는 점을 기억해야 한다. 다른 말로 해서, 비평가들은 무엇이 감상되어야 하는

---

89 예를 들어, 골로새 교인들은 그들이 받은 서신을 다른 그리스도인 모임에 전해 줄 것을 요청받았다(골 4:16). 계 1:3도 요한이 편지를 보낸 일곱 교회보다 더 넓은 독자층을 가정하고 있다. 무라토리안 정경은 계시록에 대해 "계시록에서 요한은 비록 일곱 교회에 편지를 쓰지만, 그럼에도 불구하고, 모두를 위해 말한다"(다음에서 그것의 번역본을 보라. Metzger, *The Canon of the New Testament*, 305-7)라고 제시한다. 구약성경의 경우는 더 쉽게 정경화가 이루어졌다. 예수님과 사도들이 이미 형성된 유대교의 정경을 받아들였기 때문이다(마 23:35; 눅 24:44 등).

지 결정하지만 실제로 감상되는 것을 결정하는 것은 독자들이다.[90] 그러므로 어떤 책들을 정경으로 받아들인 것은 단지 이미 확립된 사실을 인정한 것일 뿐이다. 왜냐하면, 독자들의 결정이 비평가들의 결정에 선행했기 때문이다.

정경성에 대한 또 다른 기본적 기준은 사도들의 가르침, 즉 교회의 정통성(그리고 아마도 정당성)과의 일치와 조화였다. 정경이 궁극적으로 성령 하나님 저자의 산물이라면, 후보 문서에서 주장되고 있는 것은, 그것이 진정으로 정경적이라면, 사도들의 가르침과 일치해야 한다는 것이다. 교회 역사의 수십 년 그리고 수 세기에 걸쳐 '사도적 보증'은 신약성경의 권위 있는 문헌의 핵심이 되었고, 이 기준에 의해 정경에 포함되기 위해 경쟁하는 책들의 교리가 판단되었다.

논란이 되는 책들에 대해 유세비우스(Eusebius)는 다음과 같이 기록했다.

> 그것들의 문체의 특성이 사도적 용법과 상충하며, 그 안에서 말하는 것들의 사고와 목적이 너무도 완전히 진정한 정통과 일치하지 않아 그것들은 스스로가 분명하게 이교도의 허구라는 것을 보여 준다(*Hist. eccl.* 3.25.7).[91]

그러므로 정통성은 전통적 유용성/보편성과 더불어 정경의 지위를 수여받을 만한 가치가 있다고 여겨지는 텍스트들을 구별해 준다.

---

90 George Steiner는 다음과 같이 선언했다. "비평가는 강의의 전체 윤곽(syllabus)을 규정한다. 반면에 독자는 정경에 답할 수 있고 정경을 내면화한다"("'Critic'/'Reader,'" *NLH* 10 [1979]: 445).

91 어떤 책들에 대해 상반되는 주장들이 존재한다는 것이 배타성의 원칙이 보편적으로 적용되는 절대적 명령이 아니라는 것을 나타낸다. Eusebius가 '호몰로구메나'(*homologoumena*, '인정된'), '안틸레고메나'(*antilegomena*, '이의가 제기된'), '노타'(*notha*, '거짓된'), 이단적으로 구분한 것이 이 원칙에 의해 모든 것이 순조롭게 처리되지 않았다는 것을 제시한다(*Hist. eccl.* 3.5.5-7; 3.25.1-7을 보라). 그러나 논란이 되는 책들은 전체 정경 내용의 단지 일부분만을 차지한다는 것을 인정해야 한다. 그 나머지 부분을 구성하는 것에 대해서는 실질적 동의가 존재한다.

배타성의 원칙을 적용하면서 교회는 사실상 정경에 의해 투영되는 세계는 엄선된 한 무리의 텍스트들로 구성되어야 한다고 주장하고 있었던 것이었다. 이런 텍스트들만이 정경을 구성하고, 정경적 세계를 묘사하는 데 권위를 가져야 하고, 따라서 설교와 적용에 권위를 가져야만 한다는 것이었다.

(2) 단일성의 원칙(Rule of Singularity)

> 단일성의 원칙은 설교자가 정경 텍스트를 적용을 위한 하나의 단위, 즉 텍스트 일부분이 본질적으로 서로 관련되어 있는 의미의 완전체로 이해할 것을 요구한다.

성경은 다양한 저자와 그것을 구성하는 부분들이 적어도 2천 년 기간 동안 기록되었다는 사실에도 불구하고 전통적으로 전체 66권이 하나의 통일체로 인식되고 이해되어 왔다. 이 고전이 수많은 독자 마음속에 문학적 상상의 불을 지피우고 예술적 꿈을 일깨울 수 있었던 배경에는 통일체가 자리하고 있다. 교회가 성경을 자신의 신앙과 실천을 위한 기준으로 활용한 것도 바로 이 통일체다.[92]

이 단일성은 또한 "성경이 말하기를…"(The Bible says…)이라는 성경을 인용할 때 말문을 여는 일반적 관습에서도 입증되는데, 이것은 성경을 하나의 책, 통일된 자료로서 널리 이해하고 있음을 보여 준다.[93]

---

[92] Northrop Frye, *The Great Code: The Bible and Literature* (New York: Harcour Brace & Company, 1982), xiii.

[93] 기독교 정경의 편집에서 나타난 두루마리부터 필사본까지의 엄청난 이동이 또한 '단일한'(singular) 독서 기술을 가능하게 했다. 이제 독자는 아주 용이하게 성경의 책들 내에서 혹은 책들 사이에서 왔다 갔다 할 수 있다. 이것은 전체 자료를 하나의 단위로서 인식하고 활용하는 '투박한 형태의 하이퍼텍스트'라고 할 수 있다. Aichele, *The Control of Biblical Meaning*, 48-49를 보라.

동시에 여기서 입증된 단일성은 정경은 종합적 단일체(singularity)이지 분석할 수 없고 나눌 수 없고 혼합되지 않은 획일적 단순체(simplicity)가 아니라는 것을 확인해 준다. 오히려 성경은 분석할 수 있고(그리고 엄밀한 분석을 필요로 한다), 나눌 수 있고(성경의 인간 저자의 다양성을 입증해 준다), 복합체이다(성경의 구성 요소들은 상호의존적이고 완전체에 기여한다).

단일성은 또한 신약성경이 구약성경을 언급할 때에도 반영되어 있다. 이 인용들은 마태복음 26:24, 마가복음 9:13, 14:21(καθὼς γέγραπται [카토스 게그랖타이], '기록된 대로')과 누가복음 18:31, 21:22, 24:44(τὰ γεγραμμένα[타 게그람메나], '기록된 모든 것')에서 인용을 도입하는 공식에 나타난 것처럼 구약을 하나의 책으로 이해한다.

성경은 '하나님의 책'이라고 주장하는 것은 성경이 하나님이 지은 책들의 모음이라고 하는 것이 아니다. 이 말은 성경은 '하나님의 단일한 책'(단일성의 법칙이 작동되고 있다)이라는 선언이다.

> 전체 성경은 하나의 책이고 한 성령에 의해 계시되었다(Cyril of Alexandria, *Commentary on Isaiah*, on Isa 29:11-12).

이 단일성이 하나님의 의도적 행위를 반영하고 있다는 점이 정경 텍스트에 '신적 담화'라는 표현을 부여하는 것을 정당화한다.[94]

정경의 단일성이 정경 기능의 단일성도 낳는다. 이 글들의 통일된 목적은 하나님, 그리고 그분의 하나님의 백성과의 관계를 한결같이 그리고 한 목소리로 선포하는 것이다. 그러므로 텍스트가 전체로서 통일적이고 일관성 있

---

94 Wolterstorff, *Divine Discourse*, 53; idem, "The Importance of Hermeneutics for a Christian Worldview," in *Disciplining Hermeneutics: Interpretation in Christian Perspective* (ed. Roger Lundin; Grand Rapids: Eerdmans, 1997), 25-47을 보라. 요 10:35는 "하나님의 말씀"을 "성경"과 나란히 사용한다; 또한, 막 7:9-13을 보라. 여기서 "하나님의 계명", "모세가 말한" 것, 그리고 "하나님의 말씀"이 상호 교환 가능한 방식으로 사용되고 있는데, 이 모두는 전체 성경이 신적 담화로서 단일성을 지닌다는 것을 입증한다.

는 방법으로 투영하는 하나의 정경적 세계가 있다. 이 세계에 거하는 것이 신자들이 그리스도의 형상을 닮아 가는 수단이다(롬 8:29; 제4장을 보라).

모든 성경은 이 목적에 맞추어져 있고, 이것이 풍성하여져서 결국 하나님께 영광을 돌리게 된다. 이러한 성경의 통일성, 즉 각각의 부분들로 구성된 총체는 그 교리의 조화와 아울러 하나님께 영광을 돌리는 하나의 목적 속에서 분명하게 드러난다.

한 명의 인간 저자의 문학 작품에서 기대할 수 있는 통일성과 일관성을 그대로 성경에 기대할 수는 없음을 정해야 하지만 성경은 다른 문학 작품가 비교할 수 없는 차원에서 단일성을 시사하는 정경의 다양한 부분 간의 분명한 통일성을 확보하고 있다.[95]

정경의 개별 텍스트들과 단락들은 앞에 있는 부분들의 역사를 인식하고 점증적으로 이전의 본문들을 다양한 방식으로 가져와서 기록했다.

예를 들어, 창세기부터 열왕기하까지는 창조부터 유배까지의 이야기로 구성되어 있다. 그런데 역대상/하는 이전의 창세기로부터 열왕기하와 동일한 내용을 다루면서도 아담에서부터 다윗까지의 시기를 나타내기 위해 9장에 걸친 긴 족보를 활용한다. 에스라서의 시작 부분(1:1-3a)에서 역대하의 마지막 두 구절(36:22-23)을 그대로 반복한 것도 역사 내러티브가 계속된다는 것을 나타낸다.

신약에서 예수님과 사도들의 이야기는 이스라엘의 구약 이야기의 속편으로 여겨진다. 마태복음 1장의 족보는 구조적이고 정형화된 방식으로 그

---

95 겉으로 볼 때 이 원칙에 방해되는 교란 요인들은 전체 정경 내에서의 잠재적 모순들이다.
구약의 전쟁의 하나님(출 15:3)은 신약의 평화의 하나님(롬 15:33)과 동일한 분이신가?
사람은 믿음으로(롬 3:28) 의롭게 되는가?
아니면 행위로(약 2:24) 의롭게 되는가?
이스라엘 역사의 내러티브에서 400년의 갭, 즉 구약과 신약 사이의 신구약 중간기도 응집력과 결속력이 떨어지는 이야기를 가리키고 있다. 그럼에도 기독교 전통은 일반적으로 잠재적 모순과 겉으로 보이는 다양성보다는 통일성과 단일성에 특혜를 부여했다.

때까지의 성경의 이야기를 다시 들려주며, 주요한 이정표가 될 만한 인물과 사건, 즉 아브라함과 다윗과 유배 사이에는 이스라엘의 역사의 영역을 향한 하나님의 섭리적 계획이 들어 있음을 나타낸다. 신구약성경에 나타난 시대에 대한 요약이 정경 전체에서 발견되는 성경 내러티브의 통일성과 완전함을 입증한다.[96]

또한, 마태는 예수 그리스도께서 '아벨로부터 사가랴까지'(마 23:35)의 역사의 경계를 정했음을 밝히면서 첫 번째 책의 순교자로부터 마지막 책의 순교자까지(창세기에서 역대하, 유대교의 정경의 순서에 따라) 모든 구약의 순교자들을 암시적으로 포함한다.

사실 창세기부터 계시록까지 성경은 생명의 나무(창 2:8-17)가 있는 푸르른 동산(garden)에서 시작하여 역시 생명의 나무(계 22:1-2)가 있는 영광스러운 도성에서 끝나는 인간 역사의 특이한 궤적을 개괄적으로 보여 준다. 이야기의 시작에 나오는 에덴동산은 인간이 '경작'(abad[아바드])에 종사하고 있는 장소의 역할을 했다.

이 단어는 시간이 흐르면서 강력한 예전적 함축 의미를 획득했고 제사(worship)를 섬기는 일에 자주 사용되었는데(민 3:7-8; 8:25-26; 18:5-6 등에서처럼), 이러한 상황은 그 시원적 농사를 짓는 에덴동산의 천국에서 아담이 행했을 여러 활동을 암시한다. 그래서 어린양의 '종들'(douloi[둘로이])이 하늘의 도성인 회복된 동산에서 또한 '섬기는'(계 22:3; latreuō[라트류오]부터, 또한, 히 10:2; 13:10; 계 7:15 등에서처럼 예배[worship]에 대해 빈번히 사용됨) 일을

---

[96] 이 요약들은 다음에 나타나 있다. 신 6:20-24(출애굽에서 약속의 땅의 정복); 26:5-9(애굽에서의 정착에서 약속의 땅의 정복); 수 24:2-13(아브라함부터 약소의 땅의 정복); 느 9:6-37(창조; 아브라함부터 유배로부터의 귀환); 시 78편(출애굽에서 다윗); 시 105편(아브라함부터 약속의 땅의 정복); 시 106편(출애굽에서 유배); 시 135:8-12(출애굽에서 약속의 땅의 정복); 시 136편(창조; 출애굽에서 약속의 땅의 정복); 행 7:2-50(아브라함에서 솔로몬); 그리고 행 13:17-41(애굽에서의 족장들부터 그리스도의 부활). Richard Bauckham, "Reading Scripture as a Coherent Story," in *The Art of Reading Scripture* (eds. Ellen F. Davis and Richard B. Hays; Grand Rapids: Eerdmans, 2003), 40-42를 보라.

하게 될 것이라는 것은 결코 우연의 일치가 아니다.

에덴은 하나님의 임재를 그 중심에서 지배적 특징으로 나타내는 하나님의 동산이었다(사 51:3과 겔 28:13을 보라). 아주 적절하게도 성경은 "하나님과 어린양의 보좌"(계 22:3)가 있는 또 다른 하나님의 성역인 새 예루살렘에 관한 내러티브로 종결된다.[97]

이 반복되는 모티프들은 성경의 전체적 통일성과 전체 성경의 권위를 인정하고, 전체 성경을 하나의 메타 내러티브로 보는 것을 정당화한다. 달리 말하면, 하나의 정경적 세계가 성경 텍스트 앞에 투영된다. **텍스트 앞에 펼쳐진 세계가 완전한 형태를 띠는 것은 전체 정경의 거대한 수준에서 그러하다.**[98]

그러므로 정경의 통일성과 유일성을 주장하는 단일성의 원칙은 정경 텍스트 앞에 있는 단일한 전체 세계를 묘사하는 데 도움을 주는데, 이 세계의 면면들은 성경을 구성하는 개별 문단들에 의해 투영된다(문단의 역할에 대해 더 많은 것은 다음 제2장에서).

또한, 단일성의 원칙은 정경 내에 있는 다양한 텍스트 간에 광범위한 일관성이 깔려 있음을 인정할 것을 요구한다. 다른 말로 해서, 정경의 개별 부분들은 자신들이 주장하는 메시지의 차이점을 서로 보완한다. 정경을 하나의 통일된 담화로 이해하는 것은 정경의 각 텍스트 사이에 일치성이 존재한다는 관점의 토대를 형성한다.

이 원칙은 정경의 통일성을 반영하고 있을 뿐만 아니라 또한 어떤 텍스트에 대해서도 합리적으로 독서(charitable reading)할 때 적용되어야 할 기본 원칙이다. 이와 같은 일치성의 가정이 갖는 이점은 텍스트에 부여하는 독

---

[97] William J. Dumbrell, "Genesis 2:1-17: A Foreshadowing of the New Creation," in *Biblical Theology: Retrospect and Prospect* (ed. Scott J. Hafemann; Downers Grove: InterVarsity, 2002), 53-65.

[98] Vanhoozer, *First Theology*, 292를 보라.

자의 첫 번째 조건반사적 반응이기도 하다.[99]

대대로 교회는 성경에는 내적 일관성이 있다고 여겨 왔다. 따라서 이 독특한 담화의 어느 한 곳도 '다른 곳과 일치하지 않도록' 설명될 수는 없다 (Art. 20, The Thirty-Nine Articles, 1563).[100] 그러므로 정경은 성경에게 조직, 응집력, 통일성을 부여할 뿐만 아니라, 정경의 각 텍스트를 다른 모든 텍스트에 비추어 보완하는 방식으로 읽도록 자극한다.[101]

정경의 텍스트들 사이의 일치는 다니엘이 예레미야의 예언을 받아들인 것과(단 9:2는 70년간의 바빌로니아 포로기에 대해 렘 25:11-12를 인용하고 있다) 다니엘 자신의 계시적 환상을 "일흔 이레의 기한"(שָׁבֻעִים שִׁבְעִים[샤부임 쉬부임], 77주)에 근거하고 있는 실례화를 통해서 잘 알 수 있다.

또 다른 예는 요한계시록 12:9에서 언급된 '마귀와 사탄'(또한, 계 20:2를 보라)의 정체로 이는 전통적으로 이해되어 온 창세기 3:1-5의 뱀의 실체다. 이레니우스(Irenaeus)는 현명하게 다음과 같이 주를 달았다.

> 하나님이 우리에게 주신 모든 성경은 완전히 일관성 있다는 것을 발견하게 될 것이다. 그리고 비유들은 완전히 분명한 구절들과 조화를 이룰

---

[99] John Barton, *The Spirit and the Letter: Studies in the Biblical Canon* (London: SPCK, 1997), 139; Vanhoozer, *Is there a Meaning in This Text?*, 32. 이해는 출발 시의 가정, 즉 '처음의 신뢰, 믿음의 투자'를 포함한다. 이것은 저자와 텍스트를 향한 자선 행위이다. Booth는 의심으로 시작하는 것은 '자료'(해석의 자료와 대상)를 '파괴한다'고 경고한다 (Wayne C. Booth, *The Company We Keep: An Ethics of Fiction* [Berkeley, Calif.: University of California Press, 1988], 32). 다른 말로 해서, 동의와 항복의 일차적 행위는 텍스트(모든 텍스트)에 접근하는 중요한 첫 단계이다.

[100] In W. H. Griffith Thomas, *The Principles of Theology: An Introduction to the Thirty-Nine Articles* (London: Longman, 1930).

[101] Gamble, *The New Testament Canon*, 79. 상호 참고로 가득 차 있는 『스터디 바이블』의 다수의 판본이 존재한다는 점이 기독교 공동체를 위한 단일성의 원칙의 중요성을 입증한다. Frances Young은 교부들의 주해에서 저자들에 의해 의도된 의미를 분별하기 위해 상호 참고가 빈번히 이루어졌고, 텍스트에 대한 전체적 접근 방식이 성경은 통일체라는 잘 계산된 가정에 의해 형성되었다는 점을 발견했다("The 'Mind' of Scripture: Theological Readings of the Bible in the Fathers," *IJST* 7 [2005]: 133-34).

것이다. 그리고 의미가 분명한 진술들은 비유들을 설명하는 데 도움이 될 것이다. 그리고 (성경의) 매우 다양한 발언을 통해 하나의 조화로운 멜로디를 들을 수 있을 것인데, 이것은 모든 것을 창조하신 그 하나님을 찬미로 찬양하는 것이다.

『트리포와의 대화』(Dialogue with Trypho, 65.2)에서 저스틴(Justin)은 성경의 일관성에 대해 의심하려고 한 트리포를 꾸짖는다.

어떤 성경도 다른 성경과 모순되지 않는다는 것을 나는 전적으로 확신한다.

그러므로 단일성의 원칙은 정경을 구성하는 부분들의 상호보완성에 반영되어 있으며, 이것은 성경이 하나님의 담화라는 사실의 결과로서 생긴 일치이다.[102]

이 원칙은 성경의 다양한 텍스트들이 정경 앞에 있는 세계를 통일성 있고 조화로운 방식으로 투영하는 것을 가능케 한다. 각 문단의 기여는 다른 모든 문단의 기여를 보완하여서 완전한 형태의 정경적 세계를 산출한다. 개별 텍스트들에 의해 투영된 세계의 특정 요소들 혹은 측면들은 함께 정경 텍스트 앞에 있는 단일하고 완전한 세계를 구성한다.

---

[102] 상호보완성과 일치를 도가 지나치게 수용하는 한 가지 위험은 불가피하게 같은 관점으로 성경, 특히 복음서들을 읽는 것이다. 예를 들어, 겉으로 볼 때 다음과 같이 모순되는 텍스트들을 용감하게 조화시키려는 시도이다. 시몬 베드로가 예수님을 부인할 때 다수의 닭 울음소리, 마태와 누가의 예수 그리스도의 족보, 산상수훈(마 5-7장)과 평지설교(눅 6장), '성전 정결'의 기사들, 예수님이 하신 예루살렘 여행의 횟수 등. 그러나 네 개의 복음서가 존재한다는 사실은 교회가 대체적으로 복음서들이 어떤 일이 있어도 조화되어야만 해서 개별 저자들의 서로 다른 의제(agnda)를 제거해야 한다고 생각하지는 않았다는 것을 나타낸다. 제2장의 마가복음에 대한 논의를 보라.

(3) 최종성의 원칙(Rule of Finality)

> 최종성의 원칙은 정경 텍스트의 최종적 형태가 적용을 목적으로 하는 해석의 대상으로 여겨져야만 한다고 단언한다.

최종성의 원칙은 성경 텍스트의 최종적 정경 형태를 현대적 적용에 도달하는 전체 해석의 근거와 맥락으로 확정한다. 최종성의 원칙이 옹호하는 (성경 전체에 관한) 공시적 관점은 역사 비평 전통의 통시적 편향성에 반대된다.[103] 공시적 접근은 우리가 지금 가지고 있는 정경의 최종 형태를 가지고 해석하는 것의 중요성을 주장한다.

통시적 접근에 대해 프란시스 왓슨(Francis Watson)은 다음과 같이 비판했다.

> 텍스트 자체에 대한 관심을 분산시키는 데에만 도움이 될 뿐인 추측에 의한 (최초의 텍스트들의) 재구성에 해석적 노력의 에너지를 소모한다.

성경 해석에서 우선되어야 할 것은 (막연한 추측에 의한) 가상의 선행 문서들의 개별적 기능들이 아니라 비교적 안정된 최종 형태의 문서의 통합적 기능이다.[104]

특별히 설교자들은, 현재의 문서의 선행 문서를 찾기 위해 혹은 문서 발달의 자연사를 확인하기 위해 현재의 문서 뒤로 가려고 애쓰기보다는, 현재 상태의 최종 텍스트에 집중해야 한다. 해석자는 정경을 자신의 문서로 존중하는 신앙 공동체, 즉 정경 텍스트의 최종 형태를 계속하여 사용하는

---

103 Brevard S. Childs, *Introduction to the OLD Testament as Scripture* (London: SCM, 1979), 75.
104 Francis Watson, *Text, Church, and World: Biblical Interpretation in Theological Perspective* (Grand Rapids: Eerdmans, 1994), 16-17, 35.

신앙 공동체의 해석 방식을 따라 현재 상태의 텍스트에 순응하고, 이 형태의 텍스트만이 적용을 위해, 그래서 설교를 위해 유용성을 지닌다고 확신해야 한다.

정경으로 인정된 전체 시편에 포함된 개별 시들의 구조화 과정은 이 시들이 포함된 보다 큰 전체 시편의 최종적 형태의 중요성에 대한 증거를 제공한다.

예를 들어, 시편 1편과 시편 2편의 긴밀한 관련성은 이 시편들이 함께 전체 시편의 도입부 역할을 한다. 이러한 도입부 시편들을 통해서 우리는 그 삶이 토라에 의하여 형성되고, 그들의 길이 여호와께 알려지고, 그들의 충성이 여호와의 기름 부은 자를 향하는 '의인들'이 존재함을 알 수 있다.

그들의 행복한 운명이 시편 1:1과 2:12에 선언되어 있다(그들은 '복이 있다', אַשְׁרֵי[아쉐레이]). 다른 한편으로, '악인들', '죄인들', '오만한 자들'과 그 밖에 하나님께 반항하는 무리들이 있다. 그들의 운명이 시편 1:6과 2:11-12에서 분명히 선포된다(그들은 '망할' 것이다, אָבַד[아바드]).[105]

사실 시편 1편과 시편 2편을 함께 통합하는 도입부의 공봉된 특징은 사도행전 13:33의 이문(異文, Codex Bezae, D [5세기])에까지 울려 퍼지고 있다.

사도행전 13:33에서는 시편 2편의 일부가 "시편 둘째 편에 기록된 바와 같이"(ἐν τῷ ψαλμῷ γέγραπται[엔 토 프로토 프살모 게그라프타이])라는 표현으로 다시 인용되어 있다. 이렇게 주목할 만한 전체 시편의 도입부의 내용은 시편 149편에서 수정되고 갱신되어 다시 등장하는데, 여기에서는 불의한 자들에 대한 의인의 최종 승리가 달성된다. 시편 2:1-2의 반역자들로 나타나는 '나라들', '민족들', '왕들' 그리고 '귀인들'이 시편 149:7-9에서는 이제 여호와의 최종 보응의 대상이 된다.

그리고 왕에게 기름을 붓는 장소인 "여호와의 거룩한 산 시온"(시 2:6)이 부모로 발전하는데, 시온의 자녀들은 그들의 왕으로 말미암아 기뻐할 것

---

105 Joseph P. Brennan, "Psalms 1-8: Some Hidden Harmonies," *BTB* 10 (1980): 25-26.

이다(시 149:2). '철장'으로 반역자들을 정복하는 것(시 2:9)이 시 149:8에서 다시 등장한다. 여기서는 동일한 무리가 쇠사슬로 결박당한다.

이 모든 내용은 시편 전체를 조직화하려는 세심하고 체계적인 노력을 보여 준다. 이런 증거가 시편의 도입부와 종결부에서 어렵지 않게 발견된다. 결국, 이 시편의 최종적 형태는 성경 안에서 중요한 역할, 즉 정경의 세계를 투영하는 일을 수행하도록 신중하게 조직화된 것으로 보인다. 그러므로 현대적 적용을 목적으로 성경을 해석하는 것이라면, 역사 비평이 주장하듯 그렇게 선행 문서나 자료에 너무 많은 노력을 기울일 필요는 없다.[106]

유대교에서 텍스트의 선행 문서보다는 최종적 정경 형태를 신성하게 존중하는 전통은 '쓰기'(케티브[kethib])와 '읽기'(케레[qere])의 전통에서도 분명하게 확인된다. 구약성경 마소라 텍스트의 여백에 일부분 남아 있는 특정 단어의 독법(讀法)은, 히브리 텍스트에 대한 전통적 본문 기록 방식(kethib)을 전통적 본문 암송 방식(qere)과 구분했던 흔치 않은 몇 몇 사례들을 보여 준다.[107]

이런 사례에 대한 제임스 바(James Barr)의 설명에 따르면, 텍스트를 암송하는 사람은 보통 자신의 기억력에 의존하여 암송했을 것이기 때문에 대중 앞에서 공개적으로 읽을 목적으로라면 여백에 암송 본문에 대한 별도의 안내가 필요하지는 않았을 것이라고 한다.

이런 이중적 기록 체계가 방지하려고 했던 것은 필경사(나 서기관)가 본문을 새롭게 옮겨 적을 때 자신의 머릿 속에 강하게 남아 있는 암송 본문의 전통에 잘못 이끌려 전통적으로 기록되어 온 본문의 문서 전통에서 벗

---

106 이 말은 텍스트의 최초 형태에 도달(문서 비평의 목표)하려고 하는 학자들의 노력을 비난하는 것은 아니다. 오히려 이 원칙은 특별히 설교 작업에 있어서 현재의 텍스트의 형태에 주의하지 않고 최초의 문서에 대해 지나치게 추측하는 일을 막아 준다.
107 예를 들어, 룻 3:5의 경우 케레(qere)에서는 אלי(엘라이, '나에게')가 있는데(즉, 이 단어는 전통적으로 암송되었음), 케티브(kethib)에서는 없다(즉, 이 단어는 텍스트에는 기록되지 않았음). 그러나 많은 영어 번역은 이 표현을 포함하는 쪽을 선택했다.

어날 실수를 차단하려는 것이었다.

필경사는 자칫 자신이 기록하는 원고에 전통적 문서로 전승되어 온 본문 대신에 전통적으로 암송해 온 본문을 잘못 기록할 수 있었던 것이다. 그러므로 본문 암송 방식(qere)의 표기는 필경사들이 본문 읽기 전통대로 텍스트를 잘못 기록할 실수를 차단하려고 의도된 읽기 전통의 연출 방식이었다. 이것은 본문을 읽고 암송하고 듣는 전통 방식으로부터 차츰 분리되는 위험성이 있음에도 불구하고 텍스트의 최종 형태인 기록 본문(kethib)에 대한 존중을 보여 주는 분명한 사례이다.[108] 이렇게 특권을 부여받아야 하는 것은 최종 형태의 성경 본문이다.

최종성의 원칙은 정경화 진행 과정과 결정을 권위 있는 하나님의 말씀으로 인정하고 텍스트의 최종적 해석과 적용 단계에서 이 권위를 영구화할 근거를 제공한다.

또한, 최종성의 원칙은 정경을 해석할 때 수행하는 이 결정적 역할을 통하여 성경의 각 개별 텍스트의 단면을 확정하고 고정시킨다. 물론, 그렇다고 해서 최종적으로 정경으로 확정된 성경의 사본들 안에 일부분 부정확한 차이점이 존재한다는 사실까지 부정하는 것은 아니다.

앞에서 언급한 바와 같이 최종성의 원칙은 성경 본문을 인간의 말이 아니라 하나님의 말씀으로 존중하는 신앙 공동체가 그 문서로부터 하나님의 음성을 듣고자 할 때 가장 효과적인 도움을 준다는 점이다. 그렇다고 이 원칙만으로 어떤 신앙 공동체나 교회에게 전래된 사본의 전통 문서가 최종적으로는 어떤 형태를 갖추어야 하는지에 대해서 확정할 수는 없다.

최종성의 원칙을 문서 비평적 쟁점에 비추어 보자면 정경 문서 형태와 비정경 문서 형태의 경계가 모호하다는 비판이 제기될 수 있다. 그럼에도 불구하고, 최종성의 원칙은 최종적 정경의 형태가 신앙 공동체의 독법에

---

108 James Barr, "A New Look at *Kethibh-Qere*," in *Remembering all the Way*…(Oudtestamentische Studiën 21; ed. B. Albrektson; Leiden: Brill, 1981), 36-37; and Barton, *The Spirit and the Letter*, 123-24.

결정적으로 중요하다는 점을 역설한다. 불분명함(또는 '흐릿함', fuzziness) 때문에 정경 텍스트를 해석할 수 없다거나 사용할 수 없는 것은 아니다. 혹은 로렌스 레시그(Lawrence Lissig)가 선언했듯이, "천의 끝이 해어졌다고 반드시 쓸모가 없는 것은 아니다."[109]

성경의 많은 현대 번역본과 그것들의 광범위한 사용이 입증하듯이, 입수만 가능하다면 지난 2천 년 이상 동안 그러했던 것처럼 최종적 형태가 교회의 신앙과 실행에 충분하다.

예를 들어, 유세비우스(Quaestiones as Marinum 1)와 제롬(Ep. ad Hedybiam)은 둘 다 마가복음 사본들의 서로 다른 종결 방식에 대해 논의한 후, 그 불확실성에 기초하여 이 복음서의 유용성에 대해 의심하지 않고 배타적인 한 가지 이상의 선택을 그대로 수긍하여 받아들였다.[110]

정경과 비정경의 경계선이 부정확하다고 해서, 그 사본을 해석하고 적용하는 데 그 어떤 장애가 되는 것은 아니다. 어느 정도의 사소한 부정확함은 수용할 수 있으며, 성경 텍스트를 일상의 삶에 적용하는 것을 불가능하게 만들지는 않는다. 결국, 설교의 목적으로 해석한다면 정경 본문의 최종적 형태는 타당하게 적용으로 나아갈 수 있게 하는 데 충분한 정경적 세계를 효과적으로 투영한다.

---

109 "Fidelity and Constraint," *Fordham L. Rev.* 65 (1996-1997): 1417.
110 James A. Kelhoffer, "The Witness of Eusebius' *ad Marinum* and Other Christian Writings to Text-Critical Debates concerning the Original Conclusion to Mark's Gospel," *ZNW* 92 (2001): 78-112를 보라. 오늘날에도 막 16장이 어디서 종결되느냐는 동일한 이슈가 독특한 관행을 만들어 낸다. 비록 극단적이긴 하지만 미국 남동부의 특정 오순절 종파들에서 널리 퍼진 뱀을 다루는 사례는 상당한 정도로 막 16:18에 의존하고 있다. W. Paul Williamson and Howard R. Pollio, "The Phenomenology of Religious Serpent Handling: A Rationale and Thematic Study of Extemporaneous Sermons," *JSSR* 38 (1999): 203-8을 보라.

(4) 적용성의 원칙(Rule of Applicability)

> 적용성의 원칙은 보편적 교회가 정경에 있는 모든 텍스트를 적용의 목적으로 효과적으로 사용할 수 있다고 주장한다.

모든 성경 본문은 기독교 공동체의 삶에서 신앙을 결정하고 그 신앙을 조화롭고 적절하게 실행하는 데 효과적으로 사용될 수 있다. "왜냐하면, 왕이신 하나님의 통치의 힘이 은혜롭게 성경을 통해 인간의 정체성을 형성하고 새로운 형태의 삶을 살 능력을 사람들에게 공급하기 때문이다."

하나님의 말씀(the divine discourse)인 정경은 개인과 신앙 공동체가 효과적으로 하나님의 뜻을 행하는 방향으로 변화시킨다.[111] 또 정경은 그 안에 담긴 모든 메시지를 그대로 경청할 것을 주장한다. 모든 성경은 적용하기에 유익하여 하나님의 자녀를 모든 선한 일을 행하는 능력(ἄρτιος[아르티오스])을 준다(딤후 3:16-17).

바울은 로마서 15:4에서 주저하지 않고 전에 "기록된 바"는 현대 독자들의 교훈을 위해 기록된 것이라고 확언한다. 모든 성경 말씀에는 영적 효력이 있어서 독자들 삶에 적용할 것을 명령한다.

모든 성경은 하나님에 의해 권능이 부여되었기에 그런 효력이 있다. 그러므로 모든 성경의 적용 가능성을 선언하는 적용성의 원칙이 제시된다. 이 원칙은 정경에 포함된 어떤 텍스트도 적용의 목적을 위해 결코 간과되거나 무시되지 않을 것을 당연히 기대한다. 정경의 어느 부분도 가치가 없는 구절은 하나도 없다.

예를 들어, 고린도전서 9:9에서 바울은 구약에서 상대적으로 중요하지 않게 여겨져 왔던 신명기 25:4를 신약 시대 신자들의 공동체적 실천을 위하여 중요한 구절로 재해석했다.

---

[111] David H. Kelsey, "The Bible and Chrisitian Theology," *JAAR* 48 (1980): 395.

만일 정경이 자신 앞에 세계를 투영하고 개별 텍스트가 그 세계의 다양한 측면을 세부적으로 묘사한다면, 전체 세계를 분별하고 올바로 전용(轉用)하는 성경의 모든 텍스트가 활용되어야 한다. 하나님 백성의 전체 활동을 규정하고 안내하는 것은 성경의 일부 구절이 아니라 정경 패키지 전체(정경의 의사소통 행위의 다양한 형태들)다.[112]

그러나 "정경의 창조는 그 내용을 균일하게 하는 효과가 있다"라는 갬블(Gamble)의 주장은 역사적으로 강한 설득력을 발휘하지 못하는 것 같다. 모든 텍스트가 그렇게 기계적으로 동등하게 취급을 받은 것은 아니다.

대신 교회 역사의 초기 시절부터 교회의 관행은 정경의 어떤 책들을 다른 책들보다 더 활용했던 것으로 보인다. 예를 들어, 창세기, 시편, 그리고 이사야의 예언들이 다른 정경의 텍스트들보다 더 많이 사용되었다. 하나의 완전한 문학 작품은 그것을 구성하는 모든 세부 내용이 전체 주제와 문학 형식의 차원에서 관련이 있다고 가정한다.

그러나 그렇다고 하나의 문학 작품을 구성하는 모든 세부 내용이 어느 시점에나 항상 균일하게 적절하다는 뜻은 아니다. 오히려 "전체 작품의 구조를 통일성 있게 확정하는 것은 그 세부 내용 중에 어떤 요소는 다른 요소들에 비하여 더 중요하고 또 덜 중요한 것으로 이해하는 연관성의 위계 구조 때문이다. 그러나 그렇더라도 어떤 세부 내용도 완전히 부적절할 수는 없으며"[113] 혹은 최소한 영원히 부적절 할 수는 없다. 이렇게 텍스트 간의 적절성의 정도의 잠재적 차이에도 불구하고, 정경의 모든 부분은 그 자

---

112 Kevin J. Vanhoozer, *The Drama of Doctrine: A Canonical-Linguistic Approach to Christian Theology* (Louisville: Westminster John Knox, 2005), 149-50.

113 Gary Saul Morson, *The Boundaries of Genre: Dostoevsky's Diary of a Writer and the Tradition of Literature Utopia* (Austin: University of Texas Press, 1981), 42; Gamble, *The New Testament Canon*, 75. 이 적절성의 체계(hierarchy of relevance)는 실질적인 면에서 적용성의 원칙(Rule of Applicability)을 위반하는 것일 수 있다. 왜냐하면, 오랜 기간 동안 특정 책들을 다른 책들보다 더 자주 설교할 때, 덜 설교되는 책들은 어느 정도 중요하지 않고 소홀히 여겨도 되는 것으로 쉽게 강등될 수 있기 때문이다.

신만의 고유한 방식으로 텍스트 앞에 있는 정경의 세계의 투영에 기여하는 것으로 이해되어야 한다.

성경의 정경성은 그것을 구성하는 각 문단에게 독자들의 삶의 변화를 위한 동등한 중요성과 유효성, 그리고 규범성을 부여한다. 그러므로 각 문단은 독자들이 그리스도를 닮은 모습을 향하여 움직이게 하는 데 유익하다(제4장을 보라). 이렇게 적용성의 원칙은 정경을 모든 시대의 모든 신자의 모든 부분에서 잠재적으로 적절하도록 만든다.

크리소스톰(Chrysostom)은 성경에 쓰여진 것은 "우리를 위해 쓰여졌고" 따라서 세심한 주의를 기울일 가치가 있다고 분명히 말했다.[114] 출애굽기 13:8을 인용하는 탈무드도 모든 사람에 대한 성경의 적절성을 주장했다. "그러므로 마치 자신이 직접 애굽에서 탈출한 것처럼 이 구절을 이해하고 적용하는 것이 모든 시대의 모든 독자의 의무다"(*m. Pesah*. 10). 성경 텍스트의 보편적 연관성을 이처럼 인정하는 것은 적용성의 원칙의 중요성을 강조하는 것이다.[115]

---

114 Chrysostom, *Hom. Gen* 2:2. 성경 자체는 일관성 있게 미래 세대를 위한 자신의 메시지의 적절성을 주장한다. 예를 들어, 모세 율법의 말씀은 분명하게 1차 청중을 넘어서도록 의도되었다. 신 29:14-15에서 여호와는 분명히 그분의 언약을 현장의 이스라엘뿐만 아니라 "오늘 우리와 함께 여기 있지 아니한 자"들과도 맺으신다. 또한, 다음을 보라. 신 6:6-25; 31:9-13; 왕하 22-23장; 느 7:73b-8:18; 시 78:5-6; 마 28:19; 롬 15:4; 고전 9:10; 10:6, 11; 딤후 3:16-17 등.

115 적용성의 원칙에서 적절성의 보편성에 대한 강조가 원칙상 폭넓게 수용되고 있지만, 기독교의 많은 글이 정경의 모든 부분이 모든 곳의 모든 사람에게 적용된다는 점에 반드시 동의하는 것은 아니다. 겉보기에 모세의 율법이 새 언약의 사람들에게는 더 이상 효력이 없다고 신약성경이 선언하는 것처럼 보이는 사실(롬 6:14; 10:4; 엡 2:15)이 이 원칙이 너무 폭넓게 제시되지는 않았는가 하는 문제를 제기한다(이 이슈와 제안된 해결책은 제3장을 보라).
설교와 적용을 고려할 때 일부 텍스트들은 제외시켜야 하는 것일까?
기독교 재건주의자들은 이에 이의를 제기할 것이다. 성경의 율법은 오늘날 여전히 예전과 같이 적용 가능하다고 그들은 믿는다. William S. Barker and W. Robert Godfrey, eds., *Theonomy: A Reformed Critique* (Grand Rapids: Zondervan, 1990). 어느 경우든 모세의 율법은 기독교 성경에 확고하게 자리 잡은 채로 남아 있고, 성서일과표(lectionaries)는 모세오경이 다른 성경의 자료처럼 다룰 수 있다고 가정하고 계속해서 그것으로 정경의 재맥락화와 적용에 대한 관심은 아주 이른 시기부터 유대교와 기독교 공동체를 지배했다. 강해적 적용은 회당 예배 전통 때부터 확고한 지위를 인정받았다.

필로(Philo)는 모두가 배우는 날인 안식일에 성경을 읽고 "남을 가르칠 만한 학식이 있는 사람들 중 일부가 중요하고 유용한 것, 즉 삶을 향상시키는 가르침을 설명했다"[116]라고 말했다. 적용을 염두에 두고 정경을 읽고 해석하는 유대교의 성향은 교회의 해석학을 통해서 후대에 전승되었다.

2세기 로마의 예배에 대한 순교자 저스틴(Justin Martyr)의 서술은 복음서들을 읽은 후에 "인도자는 구두로 이 좋은 것들을 본받으라고 명령하고 권면했다"(1 Apol. 67)라고 설명하고 있다.

성경의 강해자와 관련하여 어거스틴은 강해자가 추구해야 할 목표는 "이해와 기쁨과 순종으로 경청하는 것"이라고 기록했다. 이 교부는 또한 키케로(Cicero)로부터 웅변가의 목표에 대해 다음과 같이 설명했다.

> 가르침은 필요한 일이고, 즐겁게 하는 것은 매력적인 일이고, 청중을 감동시키는 것은 청중을 정복하는 것이다.[117]

결국 성경의 적용은 해석의 절정이 되어야만 한다.

하나님의 백성이 하나님의 말씀인 성경에 부여한 존경의 가치와 지난 여러 세기 동안 성경의 강해가 맡아 온 중요한 책임은 정경의 적용성을 충분히 입증하고도 남는다. 지금까지 나온 주석들, 설교들, 그리고 책자들의 활발한 생산이 성경의 적용성이라는 현저한 가치를 잘 보여 준다.

부터 끌어오고 있다.
116 *Sped. Laws* 2.15.62.; *Hypoth*. 7.13.
117 *Doctr. chr.* 4.15.32; 4.12.27(from Cicero, *Or. Brut. 21*). Augustine은 배움의 과정이 행위를 낳지 않으면, 어조(style)로 진리를 듣는 청중을 설득하거나 즐겁게 하는 일은 무익하다고 비난했다(*Doctr. chr.* 4.13.29).

또한, 초대 교회는 이처럼 성경에 대한 해석을 담고 있는 책들을 확산하는 데 중요한 역할을 했다. 에피파니우스(Epipanius)의 설명에 따르면(*Pan.* 64.63.8), 오리겐의 엄청난 저작은 약 6,000편의 문서를 포함하는데, 여기에는 주석, 설교(거의 전체 성경에 대한, 200편 이상이 보존되고 있음), 그리고 스콜리아(*scholia*, 어려운 성경 본문에 관한 짤막한 주석)의 세 가지 범주로 구분된다.[118]

오리겐(Origen)만큼이나 엄청난 저술을 남긴 또 다른 교부는 크리소스톰이었다. 그는 900편 이상의 설교(현존하는)를 남겼는데 대부분은 성경 텍스트에 관한 설교였다(사도행전 55편, 히브리서 34편, 빌립보서 15편, 데살로니가전후서 16편 등).[119]

아이러니컬하게도 초대 교회 이후로 교회가 계속 발전하는 동안 교회를 괴롭혔던 많은 논쟁조차도 정경 적용성의 가치를 입증했다. 성경은 중요하다. 그런 만큼 해석도 중요하다. 해석은 힘차게 방어해야 할 만큼, 그리고 실제로 그랬듯이 때로는 격렬하게 밝혀야 할 만큼 중요한 것이다.[120]

적용성의 원칙(Rule of Applicability)은 교회의 신앙과 실행을 위해 성경이 규범적이고 영원하고 복수적인 의의를 지니고 있다는 점을 입증하며, 정경적으로 재맥락화된 이 종합 문서가 보편적 적절성을 지닌다는 것을 주장한다. 이것은 이 전체 문서를 성경으로 인정하는 사람들에 의해 적용되어야 할 텍스트이다.

---

[118] Jerome의 *Ep. ad Paula*에서 언급된 Origen의 저작의 정리된 목록을 보려거든, 다음을 보라. Henri Crouzel, *Origen* (trans. A. S. Worrall; Edinburgh: T. & T. Clark, 1989), 37-39.

[119] Wendy Mayer and Pauline Allen, *John Chrysostom* (London: Routledge, 2000), 7을 보라; J. N. D. Kelly, *Golden Mouth: The Story of John Chrysostom-Ascetic, Preacher, Bishop* (London: Duckworth, 1995), 132-33.

[120] 이 호전적 논쟁들과 종종 조화를 이룰 수 없는 반대들은, 정경 텍스트의 적용성에 대한 합의는 널리 퍼져 있었지만 얼마나 정확하게 텍스트가 적용될 수 있는지는 논의의 대상이었다는 것을 입증해 준다는 점을 또한 주장할 수도 있겠다. 도상(iconography), 교리적 구절(creedal clauses), 방언(glossolalia), 미래 사건의 시기, 세례, 대사(indulgences) 등은 모두 논쟁점이어서 교회 내에서 상당한 불화를 야기했다.

이러한 적용에서, 독자들은 자체의 교훈과 우선순위와 실제를 지니고 있는 **텍스트 앞에 펼쳐진 세계**에 들어가서 머무를 수 있으며, 그리하여 모든 시대 모든 장소에서 하나님의 공동체가 하나님의 뜻을 따라 순종할 수 있다.

(5) 공교회의 원칙(Rule of Ecclesiality)

> 공교회의 원칙은 적용을 목적으로 하는 성경 읽기가 성경의 정경성을 인식하는 공동체의 보호 아래 수행되어야 할 것을 의무화한다.

성경은 의심할 바 없이 교회의 책이며 그러므로 이 책에 경전의 특질을 부여하는 것은 이 책이 기독교 공동체의 맥락에서 사용될 때 교회와 개인의 삶을 형성하는 데 있어 정경으로서 지니는 탁월함을 인정하는 것이다.[121]

그러므로 성경을 읽고 적용하는 데 있어 행동의 장(場)은 모든 시대의 하나님의 백성인 신자들이다. 이 규범적이고 변함없는 종교 문헌의 전집은 그것을 경전으로 인정하고 그것이 삶에 적용될 수 있다는 것을 인정하는 신앙 공동체 내에서 해석되어야 한다.[122]

공교회의 원칙에 관한 해석학적 함의는 성경을 해석하는 독자들이 기독교 신앙 공동체와 긴밀한 해석학적 연대성을 유지해야 할 것을 요청한다. 이 원칙은 그리스도인들과 지역의 청중은, 하나의 거룩하고 보편적인 사도적 교회의 한 부분으로서, 자신들이 성경 해석에 착수한 유일한 존재들인 것처럼 성경을 해석하려고 해서는 안 된다고 주장한다. 성경해석학의 책무는 과거와 현재의 보편적 하나님의 공동체와 일치하여 수행되어야 한다.[123]

---

[121] Aichele, *The Control of Biblical Meaning*, 20.
[122] Brevard S. Childs, *Biblical Theology in Crisis* (Philadelphia: Westminster, 1970), 99; Kelsey, *The Uses of Scripture*, 91-93.
[123] Stephene E. Fowl, *Engaging Scripture: A Model for Theological Interpretation* (Malden,

사실 그리스도의 몸에 활기를 불어넣고 힘을 주시며, 성경 텍스트에 영감을 불어넣으신 동일한 성령 하나님이 계속하여 성경 텍스트의 독자들에게 빛을 비춰 주신다(고전 2:12-15). 적어도 2천 년의 이 조명의 증거가 오늘날의 독자들에게 이용 가능하다. '정경을 올바로 읽는 방법은 교회를 읽는 것'이라는 주장을 가능하게 한 것은 전 시대에 걸쳐 교회와 함께하신 성령 하나님의 존재였다. 교회는 결국 하나님의 말씀의 산물(the creatura verbi divini)이며 말씀의 지배 아래 있는 것이다.

오리겐은 다음과 같이 주장했다.

> 교회의 가르침은 … 교회와 사도적 전통과 조금도 다르지 않은 진리로 받아들여야 한다(*Princ.*, preface).

이 주장에는 살아 계신 하나님의 교회는 "진리의 기둥과 터"(딤전 3:15)라는 성경 자체의 주장이 울려 퍼지고 있다. 성경에 들어 있는 진리의 통로 역할을 하는 것이 성경의 보호 역할을 맡은 보편 교회의 책임이다.

이레니우스는 다음과 같이 선언했다.

> 사도들에게서 진리를 받고, 전 세계에서 홀로 온전한 상태로 그것들을 보존하며 그것들을 교회의 자녀들에게 전달하는 것이 교회이다(*Haer.*, preface).

Mass.: Blackwell, 1998), 205; Webster, *Word and Church*, 64. 이것은 물론 해석자의 독립을 부인하거나 개척적 학문을 비난하는 것은 아니다. 이것은 단지 성경을 기이한 방식으로 읽는 것에 대한 경고의 소리이다. 이 원칙이 또한 전통과 성경 사이에 인위적 양극성을 만들어 내는 것도 아니다. 교회성의 원칙은 해석자가 한 해석자를 다른 해석자와 겨루게 하는 입장을 선택할 것을 요구하지 않는다.

이와 같은 교회성의 원칙은 분명히 초대 교회의 관행에, 특별히 정통성을 보호하는 것에 영향을 끼쳤다. 3-4세기에 아타나시우스(Athanasius)가 아리우스(Arius)주의를 거부한 근거 중의 하나는 이 이단이 "교회와 친교를 나눌 만하지 않고", "비록 황제와 모든 사람의 지지를 받았지만 교회에 의해 정죄되었다"라는 것이었다(*Ep. mort. Ar.*4).

그러므로 교회성의 원칙은 교회가 출현한 시기부터 암암리에 작동했다.[124] 이 원칙은 해석을 보편 교회에 의해 일반적으로 정통으로 여겨져 온 것의 제약 안에 해석을 유지함으로써 해석을 규제한다. 다수의 해석을 지지하는 것처럼 보이는 텍스트들과 관련하여, 기독교 공동체는 적어도 모든 해석이 문맥적으로 정당한 것은 아니라는 점에 동의한다.[125]

정경을 인정한다면 교회의 신앙과 실행을 위해 그리스도의 몸에 의해 인정된 특별한 방식으로 이 일단의 텍스트들을 사용한다. 이와 같은 방식의 읽기와 설교의 주된 장소는 지역 교회와 보편 교회이다. 교회는 이런 방식의 읽기의 타당성을 판단하는 기준뿐만 아니라 해석의 방향성과 요지를 제공해 주는 장소이다. 요컨대, 정경과 그것을 소중히 여기는 교회 사이의 분리는 있을 수 없다.

밴후저(Vanhoozer)는 교훈적으로 말했다.

---

124 그러나 우리는 주의의 말을 추가해야 한다. '교회의'라는 것은 바라보는 사람의 눈에 의해 결정되며 권력을 갖고 있는 사람들에 의해 판결되는 일이다. 교회성의 원칙을 폭넓게 수용한 것이 일반적으로 정통으로 여겨지는 것의 길을 준비했지만, 지난 2천 년 동안 일어난 수많은 분열과 분리(그중 가장 중요한 것은 루터가 교회의 기존 질서로부터 분리해 나갔을 때인 16세기의 개신교 종교개혁이었다)는 이 원칙이 보편적 수락을 명령하는 것은 아니라는 점을 시사한다.
125 Umberto Eco는 주장한다. "어떤 해석자들의 공동체도 … (비록 비확정적이고 오류가 있긴 하지만) 명백히 근거 없는 자료는 배제함으로써 숙고 중인 텍스트에 대한 의견의 일치에 도달할 수 있다"(*The Limits of Interpretation* [Bloomington, Ind.: Indiana University Press, 1990], 41).

교회는 기독교 신학의 요람이라기보다는 기독교 신학의 도가니(crucible)이다. 이곳에서 기독교 공동체의 신앙에 대한 이해가 그 삶을 살고 시험되고 개혁된다.[126]

교회는 당연히 성경을 읽고 해석하기 위해 하나님이 인정하신 장소이다. 그러므로 정경 텍스트에 의해 투영된 세계의 묘사는 텍스트의 해석과 적용의 일차 주체인 교회의 해석학에 의해 좌우된다. 이와 같이 교회성의 원칙은 성경해석학의 보호자로서 기능하며, **텍스트 앞에 펼쳐진 세계의 형태와 영역에 공동체의 제약을 가한다**.[127]

(6) 중심성의 원칙(Rule of Centality)

> 중심성의 원칙은 적용을 목적으로 하는 정경 텍스트를 해석할 때 그리스도의 위격과 성령 하나님의 능력 안에서 성부의 뜻을 성취하는 그분의 구속 사역에 집중한다.

중심성의 원칙은 그리스도 안에서 그리고 그리스도를 통해서 하나님이 행하셨고 행하시고 계신 것에 해석자가 향하게 함으로써 정경의 방향성에 있어 기독론이 수행하는 중추적 성격을 강조한다. 사실 기독론은 인간에 대한 하나님의 전반적 목적에서 핵심적 역할을 한다.

하나님이 유일한 하나님이자 구원자로(롬 8:29) 삼위의 제2위에게 신뢰를 두고 있는 사람들이 닮아 가기를 원하는 것이 바로 하나님의 아들이신 그리스도의 형상이다. 그러므로 이 원칙은 정경의 모든 담화를 그 지도

---

[126] Vanhoozer, *The Drama of Doctrine*, 25; Childs, *Biblical Theology in Crisis*, 99를 보라.
[127] 동시에 이 원칙은 또한 지역 교회의 맥락 속에 자리 잡고 있는 설교자가 그 특정한 신자의 몸의 특수한 상황에 주의할 것을 일깨워 준다. 왜냐하면, 적용은 주어진 청중의 모임의 독특한 상황에 맞게 재단되어야 하기 때문이다.

아래 포함한다. 왜냐하면, 성경의 의사소통 행위는 인간의 '하나님의 형상'(*imago Dei*[이마고 데이])을 회복하는 것에 맞추어져 있기 때문이다.

사실 정경이 행하는 것은 예수 그리스도와 그리스도를 닮는다는 것의 신학적 묘사를 제공하는 것이다. 이것이 정경 텍스트 앞에 펼쳐진 세계의 내용, 즉 완전한 사람이신 예수 그리스도의 모습이다. 성경의 초점은 구속사(Heilsgeschichte)의 핵심 인물, 무엇보다 가장 중요한 예수 그리스도, 즉 이마고 데이(*imago Dei*) 자신이다(골 1:15; 고후 4:4; 히 1:3). 성경의 모든 해석은 이 기본 원리인 정경이 그리는 그리스도의 형상과 일치되어야만 한다.[128]

중심성의 원칙은 모든 원칙 중에서 아마도 그리스도인들 사이에 가장 폭넓게 수용된 원칙일 것이다. 그럼에도 불구하고, 이 원칙의 적용 방식은 보편적 인정을 얻지 못했다.

예를 들면, 구약 텍스트에서 그리스도를 보려면 해석자는 어떤 종류의 처리 과정을 수행해야 하는가?

이 이슈에 대한 서로 다른 접근법(풍유적, 모형론적, 구속사적, 약속의 성취의 접근법 등)은 이 중심성의 원칙을 적용하는 것을 다소 미묘한 일로 만들었다. 설교의 목적을 위해 본 연구에서 권고하는 전략은 독특하다. 그것은 그리스도 형상적(christiconic) 해석 방식이다(제4장을 보라).

문자로 새겨진 성육화된 말씀이신 그리스도는 계시의 최종 목적이다. 모든 인류는 이 '최고선'(*summum bonum*[숨마 보눔])을 따르고 그분의 형상을 닮도록 부름을 받았다. 그리스도를 선포하는 일은 당연히 해석학적 작업의 목표이며, 성경의 웅장한 이야기의 모든 부분에서 묘사된 이마고 데

---

[128] 의사소통의 거룩한 행위에서 예수 그리스도는 중앙 무대를 차지한다. 하나님으로서, 그리스도는 발신자이다. 성육화된 말씀으로서, 그분은 메시지이다. 하나님의 말씀을 성취하는 분으로서, 그분은 완전한 수신자이다. 그러므로 그리스도의 위격과 사역은 성경에 대한 모든 해석학적 작업의 핵심을 형성한다. Graeme Goldsworthy, *Gospel-Centered Hermeneutics: Biblical-Theological Foundations and Principles* (Nottingham, U.K.: Apollos, 2006), 56을 보라. 모든 성경 문단이 그리스도의 정경적 이미지의 한 면을 그린다는 개념은 설교의 노력에 있어 중심적인 것이며, 제4장에서 상세히 다루어질 것이다.

이(*imago Dei*)로서 그리스도를 선포하는 일이다. 삼위의 제2위이신 예수 그리스도는 하나님의 모든 요구를 완벽하게 그리고 남김없이 성취하신 분이다. 왜냐하면, 그분은 하나님의 능력이고 하나님의 지혜이시며 그분 안에는 신성이 충만하시기 때문이다.[129]

하나님의 형상이신 그리스도에 대한 총체적 묘사는 정경 전체와 그것이 투영하는 세계의 목적(*telos*[텔로스])이고, 하나님의 백성이 그분의 아들의 형상을 닮는 것이 하나님의 뜻이다(롬 8:29). 그러므로 중심성의 원칙은 적용에 맞추어진 성경 해석을 감독하며, 각 문단의 초점을 그리스도의 형상(*imago Christ*[이마고 크리스트])에 지속적으로 맞춤으로써 설교의 해석 과정을 보호하는 중요한 역할을 한다.

3) 단락 요약: 특수 해석학

폭넓게 수용되고 있지만 영향 혹은 적용 면에서 반드시 보편적인 것만은 아니라는 경고와 더불어 성경을 읽는 원칙들이 해석의 지침으로 제안되었다. 이 원칙들은 새로이 창조된 것이 아니다. 오히려 이 원칙들은 꽤 자명하고, 성경이 존재한 2천 년 동안 성경 읽기와 관련해 교회에서 이미 확립된 관행을 반영한다.

이 원칙들은 적용에 이르도록 의도된 이후의 모든 해석 활동의 토대 역할을 한다. 이 원칙들의 원칙 하나하나를 해석 과정에 적용한다면, 이 원칙들은 적용을 목적으로 하는 특수한 성경 문단을 해석하는 데 토대가 될 것이다.

---

[129] 마 5:17; 고전 1:30; 골 2:9.

제1장 요약: 일반 해석학과 특수 해석학

문서성은 모든 텍스트의 해석(그러므로 일반 해석학)에 대해 중대한 영향을 끼친다. 동결되고 고정된 담화로서, 텍스트의 소격화(distanciation)는 텍스트와 저자와 청자 사이의 관계에 영향을 준다. 특별히 본 연구의 주제와 밀접한 관련이 있는 소격화는 또한 담화의 지시 기능, 즉 텍스트가 무엇에 관한 것인가에 영향을 준다.

리쾨르로부터 빌린 본 연구는 세계가 텍스트 앞에 투영된다고 제안한다. 이것은 저자들이 말하는 것으로 수행하는 것, 담화의 화용론적 기능으로 달리 표현할 수 있다. 텍스트가 미래에게 말할 수 있도록 해 주는 것은, 그리고 텍스트가 기록된 최초의 상황에서 멀리 떨어진 독자들로부터 반응을 이끌어 낼 수 있게 해 주는 것은 바로 투영된 세계와 텍스트의 초역사적 의도이다.

시간과 공간의 경계를 넘어 독자들에게 영향을 끼치는 힘을 유지해 온 텍스트들이 '고전'이다. 이런 텍스트들은 영속적이며, 미래의 적용에 복수성(plurality)을 지니며, 규범적이어서 독자에게 텍스트가 투영한 세계에 거하라고 명한다.

그러므로 이 동일한 특성을 지닌 성경도 비록 특별한 종류의 것이고 특별한 접근을 요구하지만(그래서 특수 해석학) 여전히 고전의 한 종류이다. 교회가 성경을 경전으로 이해한 것이 이 특별한 텍스트를 해석하는 데 사용해야만 할 특별한 읽기 원칙들을 요구한다.

이러한 원칙들은 해석의 실질적 수호자였고, 이 폭넓게 인정된 명령을 지키는 것은 해석자에게 특정한 문단들이 오늘날의 교회에 어떤 의미가 있고 이것들이 정확히 어떻게 적용되어야 하는지에 대해 구체적 답변을 제공한다.

좀 더 정확히 말하면 이 원칙들은 전반적 과정을 좌우하여서 넘어서는 안 되는 경계의 역할을 한다. 이 경계 안에서 설교를 위해 특정한 문단들을 해석하는 문제는 다음 장에서 다룰 것이다.

그러므로 다음 장에서는 일반 해석학과 특수 해석학에 대한 개괄에서 벗어나 범위를 좁혀서 설교 작업에서 사용되는 설교 텍스트에 초점을 맞출 것이다. 다음 챕터에서 문단에 의해 투영된 세계는 그 문단의 신학으로서 규정되고 묘사될 것이다.

제2장

문단, 신학, 그리고 적용

> Πῶς ἀναγινώσκεις;(포스 아나기노스케이스?)
> 네가 어떻게 읽느냐?(눅 10:26)

제1장에서는 설교를 위한 성경 해석과 관련된 일반 해석학의 필수적 측면을 살펴보았다. 텍스트의 화용론은 저자가 자신의 **말하는** 것으로 독자들(또는 청중)에게 실제로 수행하는 **행동**의 차원에 관한 이론을 의미한다. 저자가 독자에게 수행하는 것을 폴 리쾨르(Paul Ricoeur)의 관점으로 다시 설명하자면 초역사적 의도(transhistorical intention)가 담긴 본문 텍스트는 독자에게 **텍스트 앞에 펼쳐진 세계**(the world in front of the text)를 투영한다.

텍스트가 독자에게 새로운 세계를 투영하는 것(World-projection)은 앞에서 살펴본 바와 같이 텍스트를 영속적이고, 복수적이고, 규범적이게 그려내어서 텍스트에 미래 지향성을 부여하고, 텍스트를 고전 작품으로 만든다. 성경도 마찬가지로 고전 작품이다.

그러나 이러한 일반적 특성에 덧붙여서 성경은 하나님의 말씀이라는 사실이 특별하다. 바로 이러한 성경의 특수성이 해석자로 하여금 제1장에 요약했던 특수 해석학을 요청한다. 그런 해석 원칙의 영역 안에서 성경을 해석해야 한다. 이런 법칙들을 잘 따를 때 비로소 해석자는 설교 본문의 중심인 성경 본문의 문단으로 나아갈 수 있다.

미리보기: 문단, 신학, 그리고 적용[1]

이번 장은 설교적 중점을 둔 텍스트, 즉 성경 문단을 다룬다. 성경 전편에 관한 좀 더 거시적인 차원은 신학자들에 의해 자주 다루어지는 반면, 성경에서 설교로 이어지는 연결 고리인 작은 문단들에 관한 신학적 분석은 좀처럼 자주 다루어지지 않는다.

하지만 설교학의 초점은 교회적 상황에서 성경 문단을 어떻게 다룰 것인가 하는 것이다. 필자는 설교의 패러다임으로서 언약 갱신의 개념 위에서 성경 본문의 문단을 사용하는 방식에 집중할 것이다.

필자가 제안하려는 것은 성경에서 적용으로 이어지는 과정은 성경이 펼쳐 보이는 하나님 주도적 세계의 일부분으로 받아들여져야 한다는 것이다. 그리고 성경 문단이 투영하는 정경의 세계는 그 본문 앞에 모여 있는 독자들이 따라가야 할 세계이다. 성경 66권 중에 특정한 본문의 문단은 성경 전체가 투영하는 하나님의 영원한 언약 관계에 관한 특정한 신학적 메시지다('문단신학'[pericopal theology]).

이 '문단신학'은 초역사적 의도를 지니면서도 본문의 권위와 청자의 상황을 모두 고려하여, 텍스트에서 프락시스로의 설교적 전환을 연결하는 결정적 연결 고리 역할을 한다. 앞으로 소개할 사무엘하 11-12장의 사례 연구는 성경 해석자가 그러한 '문단신학'을 발견하는 과정을 좀 더 자세히 설명할 것이다.

이러한 해석 작업은 해석자가 텍스트에 고유한 특권을 부여해서 자기 앞에 펼쳐진 세계의 형태와 방식을 결정하는 중요한 해석 작업이다. 이런 과정을 거침으로 성경 텍스트는 독자에게서 멀리 떨어져 있음에도 불구하고 문단의 화용론적 지시 대상을 결정하기 때문에 결국 독자의 상황에 적

---

[1] 이 장의 일부는 Abraham Kuruvilla, *Text to Praxis: Hermeneutics and Homiletics in Dialogue* (LNTS 393; London: T.&T. Clark, 2009)의 내용을 재구성한 것이다.

실한 적용이 가능해진다.

성경 해석과 적실한 적용으로 진행되는 설교의 과정은 다음 두 단계로 구분된다. 설교자가 성경 본문의 문단에서 신학적 의미를 발굴해 내는 과정과 신학적 의미를 현대의 청중에게 적실하게 적용하는 과정으로 나뉜다.

> 설교자가 신학을 배제하고 주해의 신비한 기술이나 설교학적 상상력의 도약을 통해서 본문에서 설교로 이동할 수 있다는 생각은 분명한 넌센스다. 성경 본문의 플롯 안에 병행한 여러 단어와 구절의 의미를 이해하고 또 그 본문의 심층 구조와 아울러 저자의 궁극적 목적을 이해하려면 반드시 주해 작업을 뛰어넘어 본문에 대한 신학화의 작업이 요구된다.
> 게다가 주해 작업의 초점이 성경 본문의 여러 의미와 이미지들 속에서 신학적 의미를 끄집어내는 과정이라면, 그러한 신학적 의미를 다시 오늘의 현실에 적합한 의미와 이미지들로 다시 바꿔 주는 과정인 셈이다.[2]

본서에서 필자는 설교자가 성경의 권위를 유지하면서도 청중에게도 적실한 효과적 적용점에 도달할 수 있게 하는 '문단신학'을 제안하고자 한다. 이번 장은 신학적 신학에서부터 유효한 적용(예증/공증)으로의 이동을 논의하며 결론을 마무리할 것이다.

이를 위해서 먼저 이러한 이동 과정은 일반적 성경해석학 뿐만 아니라 법률 해석학에서도 유사한 방식으로 진행된다는 점을 먼저 논증할 것이다. 결론적으로, 제2장은 성경 본문의 문단과 '문단신학'에 대해서 고찰하고, '문단신학'에서 적실한 적용점을 이끌어 내는 과정을 고찰할 것이다.

---

2   David G. Buttrick, "Interpretation and Preaching," *Int* 35 (1981): 57.

1. 문단

서론에서 언급했던 것처럼, '문단'(pericope = section, passage)은 성경 본문의 일부분을 가리키는데, 교회적 상황에서 설교나 예전을 위해 다룰 수 있을 만한 정도의 분량을 의미한다. 문단은 전통적으로는 복음서의 일부 본문을 가리키는 말이었지만, 본서에서는 문단이라는 용어는 장르를 불문하고 성경 텍스트의 일부를 가리킨다. 왜냐하면, '문단'(pericope)이라는 용어는 관습적으로 기독교 예배의 설교 시간에 다루는 설교 본문으로 사용되기 때문이다.

하나님의 공동체가 성경을 공적으로 마주하게 되는 것은 바로 성경 본문의 기본 단위로서 회중 안에서 읽혀지고 주해된 문단을 통해서 대면한다. 기독교 역사를 살펴볼 때, 그러한 성경의 문단을 읽고 해석하지 않는 신자들의 모임이란 상상조차 불가능하다.

먼저 문단을 사용하는 이유는 매우 단순해 보인다. 공예배의 한정된 시간 안에서 정경 전체의 긴 본문을 다 다룰 수 없다는 사실 때문에, 정해진 시간 안에 편리하게 읽고 적절하게 주해할 수 있는 작은 양의 본문을 사용할 수밖에 없다.

2세기에 순교자 저스틴은 기독교인들이 주일에 모여서 복음서와 선지서들을 시간이 허락하는 한(*1 Apol.* 66) 읽었다고 기록하고 있다. 이것은 교회의 주일 예배 모임 중에 성경 본문 읽기를 위하여 정기적으로 상당한 시간이 할당되어 있었음을 암시한다. 이러한 현실적 시간의 제약을 고려할 때, 문단은 상당히 유용하다.

논박의 여지가 없이 분명한 것은 어떤 한 편의 설교 메시지라 하더라도 성경의 모든 문단에 들어 있는 특정한 해석적 추동력의 전체를 온전히 포착하여 제대로 다룰 수도 없고, 어느 한 성경책의 좀 더 짧막한 단위 속의 주제라도 온전히 독자들에게 전부 가져와서 소진할 수 없다. 대신에 성경의 여러 부분을 교회가 현실적 수준에서 실제로 사용가능하게 하는 것이 바로 개별 문단들이다.

전체 성경의 무한대로 풍부하고 중차대한 특징 때문에, 현실적으로 예배의 상황에서 성경을 특정한 문단의 한계 안에서 성경을 효과적으로 사용하도록 유도하는 것이다.

그리고 중대함과 의미로 충만한 하나님의 말씀의 밀도는 성경의 작은 부분을 제한적으로 다루는 것을 가능하게 할 뿐만 아니라 오히려 이를 권장한다. 한 번에 하나씩 다룰 때, 문단은 그 본문의 깊이와 능력을 더 세밀하게 탐험하도록 자신을 개방한다. 그렇게 함으로 각 문단의 독특성과 효과를 이끌어 내어 회중에게 거룩한 영향력을 미치게 한다.

이런 과정을 통해서 문단 하나하나에 대한 수천 편의 설교 메시지 하나하나가 다양한 방식으로 기독교 삶의 다양한 측면을 효과적으로 다룸으로써 궁극적으로 신자 개인과 공동체를 향한 하나님의 뜻(예를 들어, 하나님의 이상적 세계와 그것의 교훈, 순서 그리고 실천; 아래를 보라)이 효과적으로 실현될 수 있다.

결국, 설교학적 노력의 목적은 단순히 선택된 문단의 내용을 논리적으로 설명하는 것에 머무르지 않고, 더 깊이 해석하고 오늘 청중의 삶에 적용함으로 그들에게 성경 본문의 의미가 분명한 확신 가운데 새겨지게 함으로 그들의 삶을 하나님의 영광을 위한 인생으로 변화하기 위함이다.[3]

삶의 변화란 단회적으로나 순간적으로 일어나는 현상이 아니다. 그 일은 **텍스트 앞에 펼쳐진 세계**의 요구에 맞추어 가는 평생에 걸친 진보의 과정이며, 점진적이고, 단계별로 이루어지는 재설정과 재조정의 과정이다.

---

3   Tertullian은 이렇게 말했다. "우리는 성경을 읽기 위해 모였다. 성경을 통해 우리는 우리의 믿음을 풍성하게 했고, 우리의 소망에 생명을 불어넣었으며, 우리의 확신을 더욱 굳건히 했다. 그리고 우리는 바로 하나님의 가르침을 반복하는 것을 통해서 좋은 습관을 확실히 했다"(*Apol.* 39). 그러한 적용을 위한 성경 읽기는 유대교 배경에서도 흔한 일이었다. Philo는 안식일에 사람들이 그들의 삶 전체가 개선되는 선행에 대한 강의를 듣는 것을 기록했다(*Spec. Laws* 2.15.62; 또한, *Creation* 128; Josephus, *Ag. Ap.* 2.18을 보라).

하나님의 백성을 교화하려는 이러한 해석학적 접근 과정은, 어떠한 설교에서건 적용 가능한 한 가지의 주제로 통일되는 성경의 문단 사이즈 단위를 취하여 그 단위 한계 안에서 해석하고 그 과정에서 얻어진 신학적 의미를 현실성 있게 적용하는 방식이 필수적이게 한다.

그러나 예배 상황에서 사용하는 성경 본문의 길이의 제한은 예배의 제한된 시간이나 성경 내용의 밀도 때문만은 아니다. 여기에 덧붙여 일관성 있는 의미 단위를 제시하는 성경 본문 문단의 기능도 함께 고려해야만 한다.

성경이 대부분 단일성과 일치성을 보여 주는 단수성을 가진 것으로 간주되지만, 성경은 쪼갤 수 없는 이어진 하나의 거대한 사상 덩어리로 구성된 것은 분명 아니다. 또 성경의 방대한 내용이 하나님과 그의 창조물에 대한 하나님의 관계에 궁극적으로 기초하고 있는 것은 사실이지만, 성경이 다양한 장르와 수 없이 많은 문단 속에서도 이 추상적 주제만을 반복적으로 제시하는 것은 아니다.

대신에 하나님과의 관계에 있어서 기독교인의 삶에 수반되는 수많은 특정 사안들이 세부적으로 나뉘는 여러 문단 별로 다양하게 다뤄진다. 하나님을 향한 공동체의 신앙과 실천에 관련된 여러 가지 특정 주제가 정경에 수도 없이 다양한 수준에서 기록되어 있다. 이러한 다양성은 모든 성경 문단이 끝없는 차별성으로 흩어지지 않고 일정한 유사성의 울타리 안으로 동화할 것을 필연적으로 요청한다.

달리 말하면, 성경 본문은 특정한 사안을 다루는 개별 문단으로 구성되었지만 그런 구별 가능한 조각들이 서로 모여서 하나의 단일하고 통일성을 갖춘 하나님 나라의 단일한 세계를 투영한다. 따라서 모든 문단은 본질적으로 온전한 의미 단위이다. 그리고 문단은 전체에 공헌하는 비교적 온전하고 완전한 사상을 지니고 있는 통일된 사상과 내용을 반영하는 성경의 한정된 일부분이다. 그래서 모든 성경 본문의 문단은 개별적 독특성과 전체적 일관성 안에서 공예배의 제한된 시간 안에 신학적 해설과 구체적 적용이 가능한 것이다.⁴ 이런 이유로 신자의 교훈과 성화를 목적으로 제한된 설교 시간에 특정한 성경 본문의 문단을 사용하는 것은 매우 중요한 사안이다.

1) 문단의 예전적 기능

성경은 교회와 같은 하나님의 공동체의 공적 활동에서 항상 필수적이었다. 예를 들어, 디모데전서 4:13에서 디모데는 성경을 공적으로 읽도록 지도를 받는다. 물론, 당시에 읽혀졌던 책은 구약성경이다. 시간이 지남에 따라 구약성경에 신약성경이 정경으로 추가되어서 정경의 모든 부분을 공적으로 사용할 수 있게 되었다.

그 전에 모세오경과 선지서가 초대 교회의 공적 모임에서 널리 사용되었다는 증거가 사도행전 13:15에서 분명히 나타난다. 안디옥에서의 바울의 설교는 구약성경의 두 문단을 읽고 난 뒤에 시작되었다.

순교자 저스틴(Justin Martyr)의 시대에는 로마에서 매번 주일 예배는 선지자들의 글과 함께 사도들의 회고록(ἀπομνημονεύματα[아포므네모뉴마타])을 읽었다(*1 Apol.* 67).⁵

2세기 중반 무렵에 적어도 복음서 일부가 교회 예배 시간에 공적으로 사용되는 권위를 얻은 것으로 밝혀졌다. 이와 더불어, 신약의 정경이 점차 완성되자 바울의 서신서들이 다른 성경책들과 함께 중요한 예전적 지위를 얻기 시작했다(벧후 3:15-16).⁶

---

4   본서의 목적을 위해서, 설교가 가능한 사상을 지닌 설교의 단위/본문으로서의 문단을 이론적으로 수용하는 것은 그것이 문단의 길이나 얼마나 한정하느냐에 상관없이 가능한 일이다. 물론, 길이와 한계를 정하는 것은 설교자의 몫이다.
5   *1 Apol.* 66에서 Justin은 이 회고록들이 '복음'(εὐαγγέλια[유앙겔리아])으로 불렸다고 말한다.
6   바울 자신은 자신의 글이 권위를 가질 것을 예상한 것으로 보인다. 살후 2:15; 3:14를 보라.

2세기 말경에 폴리캅은 다음과 같이 바울 서신의 교육학적 가치를 주장했다.

> 만일 성경을 세심하게 연구한다면, 주께서 여러분에게 주신 믿음 안에서 여러분을 올바로 세워 나갈 은혜의 방편을 발견할 것입니다(*Phil.* 3.2).

2세기 이후에는 바울의 서신서들이 전체 정경에 필수적인 책으로 포함되었다. 또 (4세기 경에 작성된) 『사도 규범』(Constitutions of the Holy Apostles)은 성경 읽기에 관한 규범을 제시했고, 그 안에 기록된 '클레멘타인 예식서'(Clementine Liturgy 8.5)는 예배 모임에서 모세오경과 선지서, 서신서, 그리고 복음서를 포함하여 여러 부분의 성경책 읽기를 권고했다.[7]

회당 예배에 관한 초기의 증언은 2세기 이후에 작성된 반면에 공예배에서의 정돈된 성경 읽기 관습은 상당히 이른 시기부터 정착된 성서정과(聖書程課, 또는 聖書日課[성서일과]. 정기적 성경 연속 읽기 관습[lectionary])에 따른 것이다.

이는 정기적 예배 시간에 적당하게 나뉜 성경 텍스트의 일부분(문단)을 '연속 독법'(*lectio continua*[렉티오 콘티누아])으로 읽는 것이다. 매주 예배 시간에 연속적으로 성경 본문을 읽는 관습은 이전에 읽은 성경 문단의 다음 문단을 계속 읽는 것이다. 이것은 성경 전체를 읽는 가장 오래된 방식이다. 이러한 연속 독법은 고대의 유대 회당에서 특정한 축제일이 아닌 매주 안식일에 시행되던 방식이다.[8]

---

7 『사도 규범』(Constitutions of the Holy Apostles)은 예배에 대한 다른 구절도 있다. 구역, 사도행전, 서신서, 그리고 복음서의 순서로 읽으라고 가르친다(2.57). 예수께서 설교를 위해 정해진 문단을 사용한 것(눅 4:16-30)에 대해서는 Kuruvilla, *Text to Praxis*, 145-50을 보라.

8 논문 *b. Meg.* 4를 보라. 토라의 구절들을 뛰어넘는 것은 혐오스럽게 여겨졌다. 또한, Harry Y. Gamble, *Books and Readers in the Early Church: A History of Early Christian Texts* (New Haven: Yale University Press, 1995), 208-11, 217을 보라.

'연속 독법'은 유대교가 기독교 교회에게 일부 유산으로 남겨 준 것처럼 보인다. 그래서 이런 방식으로 성경 전체를 읽어 가는 관습은 초대 교회 안에서 점차 일반적 관행으로 정착되었다.[9]

이렇게 성경 본문을 공예배 시간에 공적으로 경청하는 과정이 그 사이에 여러 날의 간격을 두고 진행되기 때문에, 공동체를 위하여 매주 그 성경의 문단을 주해하는 일은 텍스트의 작은 파편 구절을 성경 전체의 더 큰 문맥을 배제할 위험이 상존했다. 하지만 설교를 통해서 본문의 논리적 배경과 문맥에서 차지하는 위치를 올바로 설명하는 주해를 통해서 그런 문제가 충분히 해소되었다.

게다가 성경의 '연속 독법'은 매주 간격으로 다루는 성경 본문의 신학적 주제의 연속성을 유지하는 데도 효과적 성경 해석 전략이다. 그 이유는 '연속 독법'의 저변에는 다음과 같은 암묵적 가정이 들어 있기 때문이다. 성경의 각 문단은 자신의 최상의 적절한 신학적 맥락을 나머지 전체 정경의 문맥 속에서 확보한다는 것이다. 전체 정경은 결코 분리될 수 없는 전체로서의 통일성을 갖추고 있다.

크리소스톰(Chrysostom)은 설교 시간에 교회 신자들의 마음을 불편하게 할 가능성이 있는 성경 본문을 설교 본문으로 선택하는 경우에 관하여 다음과 같이 호소했다.

> 나는 설교 시간에 그런 불편한 주제를 억지로 다뤄서까지 의도적으로 청중의 품위를 침해하고 싶지는 않다. 하지만 성경 본문이 나를 그렇게 인도한다면 나는 여기에 저항할 수 없다.

---

[9] 그들 중에 Origen과 갑바도기아의 교부들, Cyril of Alexandria, John Chrysostom, Ambrose of Milan, 그리고 Augustine은 성경 구절에 관한 그들의 설교문으로 유추해 볼 때 연속 독법 설교의 관습(*lectio continua*)을 따랐던 것으로 보인다. Huges Oliphant Old, *The Reading and Preaching of the Scriptures in the Worship of the Christian Church* (7 vols.; Grand Rapids: Eerdmans, 1998-2010), 1:344,2:36,51-52, 83,105-6, 173-74, 327, 345-68.

크리소스톰은 이런 배경에서 하나님의 섭리에 이끌리어 그가 특별히 관심을 갖지 않았던 구절까지 포함하여서 성경의 모든 본문을 설교했다.[10]

그러나 5세기 무렵에 이르러 교회 달력에 여러 경축일 날짜가 추가됨에 따라 정기적 연속 독법은 점차 해당 경축일의 주제에 부합하는 특정한 성경 본문을 선별적으로 읽는 '선별적 독법'(lectio selecta[렉티오 셀렉타])으로 점차 바뀌었다.

특정 경축일에 읽도록 선택된 성경 본문의 배정은 경축할 성인이나 특별한 축일의 중요도에 의해 결정되었다. 점차 경축일 달력은 복잡할 정도로 늘어났고, 해당 경축일에 낭독할 성경 본문들을 미리 선택하여 공식적으로 기록할 목적으로 성구집(lectionaries)이 만들어지게 되었다.[11]

그 결과 대부분의 교회 역사 전통과는 다르게 중세 시대에는 연속 독법에 근거한 설교 관습이 눈에 띄게 사라졌다. 종교개혁자들이 그러한 설교를 교회에서 다시 시행하기 전까지 그런 현상은 지속되었다.

다행히 마틴 루터는 다음과 같이 조언했다.

> 한 권의 책을 선택하여서 한 장 혹은 두 장 또는 반 장을 그 책이 끝날 때까지 계속 읽어야 한다. 그리고 난 후에 다른 책을 선택하여 전체 성경을 완독할 때까지 이런 방식을 되풀이 해야 한다.

훌드리히 츠빙글리(Huldrych Zwingli)는 1522년에 콘스탄스의 어떤 감독에게 '연속 독법' 관습을 따라서 마태복음을 일 년 동안 읽었으며, 이어서 사도행전과 디모데전후서, 베드로전후서, 그리고 히브리서를 읽었다고

---

10 *Hom. Col.* 8 (on Col 3:5-7).
11 Old, *The Reading And Preaching of the Scriptures*, 3:85, 289; John Reumann, "A History of Lectionaries: Form the Synagogue and Nazareth to Post-Vatican II," *Int* 31 (1977): 124를 보라.

설명했다.¹²

마틴 부처(Martin Bucer) 역시 '연속 독법'의 열렬한 지지자였다. 그래서 모든 목사에게 고대 교회의 관습으로 돌아가 그것을 시행하자고 요청했다.¹³

요약하면, 연속 독법과 그에 따른 주해는 성경의 특정한 구절과 전체 성경의 상호 관계를 강조한다. 반면에 성경 문단은 교회 공동체가 예배의 상황에서 함께 모일 때 전체 회중이 함께 주목하여 경청하는 가장 작은 단위의 성경 본문이다. 특정 본문의 문단을 함께 읽고 경청하는 신앙 공동체는 이 과정에서 그 본문의 주변 다른 본문들과의 분해할 수 없는 통일성을 새롭게 확인할 수 있다.

성경에 대한 이러한 실제적 관점은 성경의 모든 구절은 교회의 적용을 위하여 반드시 주해할 가치가 있음을 전제한다. 예배 중에 이루어지는 연속 독법은 매 주일 해석자로 하여금 정경의 모든 문단에서 실제적 적용점을 찾도록 요청한다.

향후 또다시 논의되겠지만, 성경 문단은 정체 성경이 투영하는 더 큰 세계의 일부분을 회중으로 모인 신자들 앞에 그려낸다. 그리고 하나님의 백성들은 자신들에게 투영된 하나님 나라의 일부분을 자신들의 실제 신앙을 위하여 사용한다. 이렇게 성경 문단이 투영하는 하나님 나라를 온전히 이해할 목적으로 성경 문단을 연속적으로 읽고 경청하는 과정은 점차 시간

---

12 Martin Luther, "Concerning the Order of Public Worship (1523)," in *Liturgy and Hymns* (vol. 53 of *Luther's Works*; trans. Paul Zeller Strodach; rev. Ulrich S. Leupold; Philadelphia: Fortress, 1965), 12; Cottfried Locher, *Zwingli's Thought: New Perspectives* (Leiden: Brill, 1981), 27.

13 *Martin Bucers Deutsches Schriften* (ed. R. Stupperich; Gütersloh, Germany: Mohn, 1960-1975), 7:281. '스트라스부르그 예배서'(The Strasbourg Church Service, 1525)는 조각난 파편(*stuckwerk*)을 설교하는 것보다 연속적 읽기(*lectio continua*)를 권장한다(Friedrich Hubert, *Die Strassburger Liturgische Ordnungen im Zeitalter der Reformation* [Göttingen, Germany: Vandenhoeck and Ruprecht, 1900], 79). Calvin 또한 꼼꼼히 연속적 읽기(*lectio continua*)를 따르면서 천천히 그리고 착실하게 성경의 모든 책을 설교했다. T. H. L. Parker, *Calvin's Preaching* (Edinburgh: T.&T. Clark, 1992), 80을 보라.

이 지남에 따라 그 성경이 투영하는 하나님 나라의 전체를 온전한 넓이와 깊이로 누릴 수 있도록 인도한다.

지금 그리고 여기 이 자리에서 하나님 말씀을 경청하는 현재 청중 신자들의 환경과 상황에 맞추어 성경 본문의 의미를 적용하는 성경의 현실화(actualization) 혹은 성경의 실제화(realization)는 성경 문단에 관한 모든 주해의 최종 목표이다. 성경 말씀은 오고 오는 모든 세대에게 꼭 적실한 하나님의 말씀이라고 일관되게 주장하는 것은 결코 놀라운 일이 아니다.[14]

성경의 문단을 신앙 공동체의 예배 모임이라는 맥락에 맞추어 공적으로 사용하는 일은, 성경 말씀을 회중의 상황에 맞게 적용하려는 목표를 달성하는 과정에서 매우 중요한 신학적 역할을 감당한다. 성경 본문의 문단은 단지 편리하게 포장되어 매주 마음대로 사용하기에 편리하게끔 조각난 본문 단위가 아니다.

성경 문단에 내포된 고유한 말씀의 특징과 이를 정기적으로 계속 읽고 경청하는 연속 독법의 관습, 그 관습을 통해서 신앙 공동체에게 형성되는 하나님 나라의 잠재력의 모든 요소는 특정한 성경 문단을 아주 특별하고 중요한 영적 결실의 중재자로 격상시킨다. 이것이 바로 성경 문단이 신앙 공동체 안에서 감당하는 중요한 신학적 기능이다.

2) 문단의 신학적 기능

그동안 성경 문단과 문단의 강해가 교회의 예배에서 담당하는 신학적 역할은 그에 걸맞는 충분한 학문적 관심을 끌어내지 못했다. 성경의 개별 책들과 좀 더 포괄적인 신학적 주제들, 그리고 전체로서의 정경에 관한 신학은 많은 연구가 진행된 반면, 이렇게 예전적이고 설교적으로 중요한 성

---

[14] 신 4:10; 6:6-25; 29:14-15; 왕하22-23장 ; 느 7:73b-8:18; 마 28:19-20; 롬 15:4; 고전 10:6, 11; 딤후 3:16-17 등을 보라.

경의 일부분, 즉 매주 공식적 방식으로 하나님의 백성들을 대면하는 정경의 기능적 단위에 대한 연구는 제대로 조명을 받지 못했다.

그러한 무관심은 참 안타깝다. 왜냐하면, 신자들의 삶의 변화는 성경 본문의 특정 문단을 정기적으로 선택하여 낭독하고 그 본문 문단의 신학적 의미를 청중의 상황에 맞게 적용하는 과정에서 이루어지기 때문이다. 신자 개인이나 신앙 공동체의 성화는 이런 과정을 통해서 일어난다. 본서는 성경 문단의 신학적 기능은 언약 갱신 즉, 하나님과 그분의 백성들 사이의 올바른 관계 회복을 이끌어 내는 것이라고 제안한다.[15]

성경 문단은 예배 시간에 연속 독법을 통하여 순차적으로 설교되기 때문에, 그에 수반되는 삶의 변화는 하나님의 나라(그분의 세계)의 가치에 점진적으로 부응하는 방식으로 나타난다. 성경 문단의 이러한 역할에 대한 이해는 다음과 같이 느헤미야 7-8장의 언약 갱신의 원형적 사건에서 잘 나타난다.

(1) 언약 갱신(느 7:73b-8:12)

하나님이 자기 백성들의 죄값을 치루고 구원하시는 전형적 개념은 출애굽의 시원적 사건에서뿐만 아니라 자기 백성들을 위한 모든 구원 활동 중에서 특별히 유월절 어린양인 예수 그리스도를 통한 구속 사건에서 절정에 도달한다.[16]

모든 시대의 하나님의 구원받은 백성은 그 즉시 하나님의 나라의 시민으로 부름받는다. 하나님이 이들에게 베푸신 자유가 즉시 그들이 섬기는

---

[15] 필자는 언약 갱신(covenant renewal)이라는 용어의 사용에 있어서 성경의 어떤 특정 언약을 생각하지 않는다. 그것은 단순히 하나님의 백성들이 공적이고 공동체적인 상황 속에서 설교 말씀에 대한 반응으로 그들의 주권자를 지지하는 것을 묘사하기 위한 간편한 본보기(convenient template)의 역할을 한다.

[16] 모세와 미리암의 노래(출 15:1-21)는 분명히 하나님이 이스라엘 백성을 사서서 구원했다고 기록한다(출 15:16). 이 주제는 또한 신약성경 고전 6:20; 7:23; 딛 2:14; 벧전 1:18-19; 2:9; 계5:9 등에 반영되어 있다.

주인을 바꾸어놓기 때문이다. 괴롭고, 낯설고, 변덕스런 멍에의 길에서 올바른 권위 아래에서 누리는 만족과 구원의 보증으로 바뀐다.[17]

구속을 이루신 하나님과 구속받은 백성들 사이의 특별한 관계를 계속 유지하고 증진시키기 위해서는 하나님의 백성들에게 부과된 공동체적 삶에 대한 책임 있는 자세와 헌신이 요구된다. 이를 위하여 지속적으로 상호 언약 관계를 갱신하는 의식은 하나님을 향한 특별한 헌신과 아울러 언약 관계로 말미암은 특정한 책임을 신앙 공동체 전체가 함께 감당하도록 이 끈다.

언약 갱신 의식은 하나님의 백성들에게 부여된 특별한 지위와 권리, 그리고 그에 따른 책임을 상기시켜 주며 그들을 향한 하나님의 주권적 의지에 자신들을 복종하도록 안내한다. 예배 시간에 성경의 특정 문단을 주기적으로 반복하여 낭독하는 행위는 마치 고대 근동 조약에서 봉신과 종주의 관계를 보전하는 것처럼 이스라엘 백성들과 그들이 궁극적으로 충성해야 하는 대상인 여호와 사이의 언약 관계의 유지를 위하여 중요한 역할을 감당했다.[18]

그러나 이스라엘의 언약 갱신은 이런 종류의 모든 다른 세속적 계약에 관한 사업과 차원이 다르게 율법 중심적(Torah-centered)으로 거룩하신 삼위 하나님께 충성을 서약하고 맹세하는 데 집중했다. 이스라엘 국가는 이런 언약 갱신의 절차를 통하여 하나님의 절대적 의지에 순종하겠다는 의

---

17 David Daube, *The New Testament and Rabbinic Judaism* (London: Athlone, 1956), 273. 하나님 밑에 종이 되는 개념에 대해서는 레 25:55; 사 43:1; 롬 6:17-23; 고전 7:22; 골 4:7 등을 보라.
18 고대 근동 문서는 주군에 대한 봉신의 책임을 상기시키기 위해 조약 낭독과 언약 갱신의 집행이 정기적으로 이루어졌음을 증거한다. 그러한 관행이 이스라엘 근교에서 성행했던 것이 하나님과 이스라엘의 관계와 이스라엘이 하나님을 대하는 것에 영향을 주었을 가능성이 있다. Robert H. Pfeiffer, *One Hundred New Selected Nuzi Texts* (trans. E. A. Speiser; New Haven: American Schools of Oriental Research, 1936), 103을 보라. Gary Beckman, *Hittite Diplomatic Texts* (Atlanta: Scholars, 1996), 42, 47, 76, 86은 반복적 읽기를 강제하는 조약을 상술한다. 또한, Moshe Weinfeld, *Deuteronomy and the Deuteronomic School* (Winona Lake, Ind.: Eisenbrauns, 1992), 64-65를 보라.

무 아래 자신들을 묶었다.

이렇게 신앙 공동체 안에서의 성경 읽기는 역사적으로 언약 갱신의 원리와 밀접하게 관련을 맺고 있었다. 이러한 모습은 약 BC 444년에 반포된 에스라의 율법 선포에서 잘 나타난다.[19]

느헤미야 7:73b-8:12의 율법 읽기는 '말씀 예전'(liturgy of the Word)에 관한 가장 오래된 묘사 중의 하나이다.[20] 이 사건은 포로 후기 이스라엘 공동체의 삶을 지탱함에 있어서 아주 중요한 사건이었고, 에스라-느헤미야 전체의 흐름에 아주 중요한 클라이막스에 해당한다.

두 주인공 에스라와 느헤미야의 임무는 이 사건을 통해서 더욱 명확하게 드러나는데, (특히, 느 8:9에서) 최초로 두 사람이 함께 언급된다. 그리고 더 확장된 문맥(느 6:1-12:47) 안에서는 언약 갱신 사건이 교차 대구 구조의 중심부를 차지한다.

6:1-7:4	A 성벽의 완성
7:5-73a	B 선대 거주민의 목록
7:73b-10:39	C 언약 갱신
11:1-12:26	B' 예루살렘의 재건
12:27-47	A' 성벽 헌납

교차 대구 구조에서는 의미가 수렴하는 중심부(C)가 중요하다. 저자가 거룩한 도시를 회복하는 거대한 사역을 묘사하는 과정에서 그 중심부에 언약 갱신 사건을 위치한 배경에는, 이 사건이 하나님이 이스라엘 백성들을 새롭게 거듭나게 하신다는 유례없는 사건의 중요성을 암시한다. 언약 갱신 사건은 재건축 이야기의 중심축이며 동시에 포로생활의 비통했던 시

---

19 신 31:10-13은 모세 아래에서 비슷한 활동을 기록한다.
20 Old, *The Reading and Preaching of the Scriptures*, 1:95-96.

절 이후 국가의 성공적 재건에 반드시 필요한 전제 조건이다. 이 기념비적 사건을 통해, 국가의 정체성이 재발견되고, 하나님 앞에서의 그들의 신분이 재정립되었다.[21]

이 드라마를 서술함에 있어서 율법책은 당연히 그 중심부를 차지한다. 참으로 언약 갱신은 항상 성경 중심적 동시에 하나님의 의지에 대한 재조정의 근간을 형성한다. 이러한 관점에서 느헤미야에서 '토라'(תּוֹרָה)에 대한 언급이 21번 등장하는 것은 주목할 만하고, 두 번을 제외하면 모든 경우가 언약 갱신 사건에서 등장한다(느 7:73b-10:39).

이런 과정을 지켜보면 성경 중심적 삶을 통해서 하나님과의 언약 갱신이 뒤따르고, 그로부터 신앙 공동체에게 필요한 규범과 하나님 우선적 삶, 그리고 하나님의 나라에 합당한 실천들이 뒤따르는 것을 인정할 수밖에 없다. 예루살렘의 회복과 재건에 관한 자세한 설명과 긴밀하게 결부하여 느헤미야의 주도로 진행된 하나님과의 언약 갱신 사건은 당대 이스라엘 백성뿐만 아니라 이후 모든 세대의 하나님 나라 백성 공동체를 위한 더 광범위한 신학적 영향력을 제공한다.

신앙 공동체의 재건과 아울러 하나님의 뜻을 향한 재조정의 중심에 위치한 언약 갱신 사건은, 하나님 나라 백성들의 공동체적 삶의 배경 속에서 진행되는 성경 낭독과 강해를 위한 필수 기반으로 간주되어야 할 것이다.

이러한 일과 특별히 관련이 있는 것은 느헤미야 7:7-8에 등장하는 레위인들의 활동이다. 그들의 임무는 하나님이 이스라엘 공동체 구성원들에게 무엇을 기대하고 요구하시는지를 이해하도록 돕는 것이었다. 성경을 읽을 때마다 이스라엘 백성들은 방금 낭독한 내용을 이해했는지, 그리고 그 적용점도 충분히 깨달았는지를 분명히 확인해야만 했다. 이것은 레위인들의 중요한 책임이었다(그리고 오늘날 그 책임은 설교자에게 부과되었다). 레위인들

---

21 Michael W. Duggan, *The Covenant Renewal in Ezra-Nehemiah (Neh 7:72b-10:40): An Exegetical, Literary, and Theological Study* (Atlanta: SBL, 1996), 73. 더 자세한 내용은 Kuruvilla, *Text to Praxis*, 151-55를 보라.

은 방금 낭독한 토라의 의미를 이스라엘 백성들에게 '설명'(מְפֹרָשׁ[메포라쉬])했고, 그 결과로 이스라엘 백성들은 하나님이 토라를 통해서 자신들에게 말씀하시는 뜻을 이해할 수 있었다.[22]

'설명'의 어근에 해당하는 '빈'(בין, 이해하다)은 이 책에서 6번 사용되면서(느 8:2, 3, 7, 8, 9, 12) 공동체의 경건 형성을 위하여 말씀에 대한 이해가 결정적으로 중요하다는 점을 강조한다. 시편 119:34(나로 하여금 깨닫게[בין]하여 주소서 내가 주의 법을 준행하며 전심으로 지키리이다)는 그러한 이해의 도착점이 순종임을 교훈한다.[23]

느헤미야 8장에서 알 수 있듯이 레위인 중재자들의 노력은 이스라엘 사람들의 후속 반응을 통하여 그 열매를 맺었다. 회중의 이해는 성경을 그들의 삶에 적용하는 것을 포함했다. 그것은 예배에서 시작하여 하나님의 말씀을 경청하는 단계로 나아가며, 잠정적 이해에서 완전한 인식으로, 즉 말씀에 대한 정확한 적용으로서 장막절을 기념하는 단계(느 8:9-12, 16-28)로 진행되는 인식론의 변화 과정이다.

느헤미야 8장의 기본 주제는 설명을 동반한 성경 낭독은 말씀에 대한 온전한 이해와 순종을 유도한다는 것과 즐거운 순종(느 8:10-12, 17)을 촉발한다는 것이다.[24]

이것이 바로 언약 갱신의 핵심이다. 공동체적 교회의 상황에서 설교자에 의해 중재되는 말씀-사건인 성경 본문의 읽기와 강해는 실제적 적용에서 그 정점에 도달한다. 하나님의 백성들은 말씀을 자신의 삶에 적용함으

---

22 약 BC 428의 문서에 사용된 아람어 용어(מפרש)는 '쉽게', '정확하게', 또는 '구별하여 내놓는'을 의미한다(A. E. Cowley, *Aramaic Papyri of the Fifth Century BC* [Oxford: Clarendon, 1923], 51-52를 보라). 레 24:12와 민 15:34에 나타난 단어의 어근(פרש)은 해명이 필요한 법적 판단을 가리킨다.

23 느 8장에서 히필 형태로 사용된 단어 בין은 잠 28:7 "율법을 지키는 자는 지혜로운(understanding) 아들이요"에서 같은 어원을 사용하는 것과 상응한다. 이해에는 순종이 본질적으로 내재되어 있다.

24 H. G. M. Williamson, *Ezra, Nehemiah* (WBC 16; Dallas: Word, 1985), 286, 299를 보라.

로써 하나님과의 언약 관계를 회복할 수 있으며, 하나님이 죄값을 지불하고 구원한 자신들의 지위를 재확인할 수 있다.

(2) 언약 갱신을 위한 문학 장치로서의 문단

느헤미야 7-8장의 이야기는 하나님을 지향하고자 그분의 요구에 자신을 맞추려는 모든 신앙 공동체를 위한 표준을 제시한다. 주기적 언약 갱신의 도구로 기능하는 성경 문단의 역할에 대한 이러한 개념은 필연적으로 신앙 공동체로 하여금 본문 속에 담긴 하나님의 요구에 적절한 반응을 하도록 안내한다(적용). 말씀에 대한 올바른 적용 없이는, 하나님의 뜻에 올바로 반응하거나 그에 맞추어 자신을 재조정하는 것은 불가능하다.[25]

따라서 언약 갱신 사건은 모든 성경적 강해설교의 개념적 모델로 간주될 수 있다. 이는 하나님의 백성들로 하여금 자신의 절대 군주이신 분과 성경 말씀 중심의 인격적 신뢰 관계로 돌아와 이를 회복하라는 거룩한 소환이다.

달리 말하면, 매주 교회에서 설교가 지향하는 것은 신앙 공동체를 하나님의 뜻과 요청에 일치시키는 것이다. 설교에서 매주 다뤄지는 성경 본문의 문단을 가장 잘 설명해 본다면, 그것은 언약 갱신 사건이며 하나님의 요구에 다시 일치시키는 최적의 문학적 도구이다.

성경의 문단은 그 텍스트가 독자들 앞에 투영하는 하나님 나라의 일부분을 새롭게 그려 냄으로써 이 중요한 역할을 수행한다. 그러므로 매 설교 시간마다 설교자와 회중이 함께 코드를 맞춰야 할 것은 바로 이 문단 안에 있는 하나님의 요구이다. 그렇게 하면서 그들은 그 문단이 규정하는 하나님의 뜻의 특정 측면에 자신들의 생각과 언행을 조정해야 한다. 결국, 언

---

[25] 그러한 정기적 갱신에 대한 요구와 오늘날 매주 반복되는 설교의 특성은 하나님의 백성의 인간성과 그들의 경향이 하나님의 뜻에서 멀어지는 것임을 인정하는 것이다. 그리고 그들의 창조주와 함께하는 그들의 위치를 자주 상기해야 하며, 신적 요구에 새롭게 동조해야 한다는 것을 알려 주는 것이다.

약 갱신 사건은 교회에서 성경을 설교하는 모든 상황에 중요한 신학적 배경을 형성한다.

교회 모임에서 성경을 정기적으로 읽고 강해하는 목적은 성경 말씀을 신자들의 삶 속에 적용하기 위함이다. 그런 이유 때문에 설교자는 성경 문단의 의미를 신자들 개인과 신앙 공동체의 특정한 상황에 맞추어 설명하고 적절한 적용점을 제시한다. 이때 청중은 성경 텍스트 앞에 투영된 문단의 문학 세계 안으로 들어와 거주(inhabiting)하도록 초청을 받는다.

각 문단은 하나님의 요구와 관계된 삶의 특정한 측면을 담고 있으며, 그렇게 하나님의 요구를 담은 문단의 메시지가 언약 갱신 사건으로 선포됨으로 성경 문단의 의도가 특정 신앙 공동체의 상황에 맞게 실현된다. 설교가 한 문단 한 문단 설교됨에 따라 청중 편에서 삶의 여러 측면이 하나님의 요구와 맞추어진다.

이러한 교회 활동의 최고조는 정경에 의해 투영되는 하나님 나라 전체 세계에 교회가 방향을 재조정하는 것이다. 성경에 의해서 투영되는 하나님의 세계는 온 회중에게 그 존재의 양태를 제시한다. 그 세계 안에서 하나님의 교훈이 효과적으로 작용하고, 하나님의 우선순위가 가장 선명하게 부각되며 하나님의 행동이 실행으로 드러난다.

하나님의 교훈은 **텍스트 앞에 펼쳐진** 세계에서 왜 사건이 발생하는지를 설명하며, 우선순위는 **텍스트 앞에 펼쳐진** 세계에서 무엇이 중요한지를 보여 주고, 행동은 **텍스트 앞에 펼쳐진** 세계에서 사건이 어떻게 돌아가는지를 말해 준다.

이러한 하나님의 이상 세계는 그분의 교훈이 실천되는 곳이며, 그분의 우선순위가 분명하게 확인되고, 그분의 행동이 한치의 오차도 없이 그대로 준행되는 곳이다. 그러한 하나님의 세계는 생명으로 인도하는 길이고 성경에 순종함으로 그 세계의 요구에 자신들의 삶을 맞추어 나가며 하나님의 뜻에 따라 살기로 결단한 자들에게 열린 곳이다.

성경의 문단은 성경 독자와 청중의 삶에 그대로 적용이 되기 때문에, 그들 앞에 투영된 세계는 하나님의 백성들이 행복하게 누리는 세계이며, 이를 통해서 양자 사이의 언약 관계는 매주 새롭게 갱신된다. 그러므로 설교자의 중요한 책무는 성경 문단에 담긴 하나님의 요구에 맞추어 신자들의 삶을 재조정 하는 것이다.

설교자들에게는 성경 문단의 의미를 해석하고 그 의미를 하나님 나라 백성들의 삶에 맞추어 적용하는 임무가 맡겨졌다. 본문에서 실천으로 이동하는 선생인 셈이다. 하나님과 그의 백성 사이에, 또는 주군과 봉신 사이의 언약 갱신 사건에 관한 교훈은 설교자가 감당해야 할 엄숙한 책무로서 다음과 같은 엄중한 책무로 디모데에게 주어졌다.

> 하나님 앞과 살아 있는 자와 죽은 자를 심판하실 그리스도 예수 앞에서 그가 나타나실 것과 그의 나라를 두고 엄히 명하노니 너는 말씀을 전파하라 … (딤후 4:1-2).[26]

3) 절 요약: 문단

그동안 성경 문단은 하나님의 교회 안에서 어떠한 신학적 기능을 감당하는지에 관하여 충분히 연구되지 못했다. 기독교인들이 매 주일 일주일 간격으로 성경 말씀을 낭독하고 경청함에도 불구하고 이런 연구가 미진하다는 사실은 좋게 말하자면 참 놀라운 일이다.

이번 장에서는 문단의 예전적 기능과 '연속 독법', 즉 문단을 순서대로 읽고 소화하는 것을 다루었다. 필자는 이번 장에서 성경 문단은 하나님과 그 백성들 사이의 언약 갱신을 주도한다는 것과 그 백성들 하나님의 절대적 주권과 그분의 요구에 맞게 반응하고 순종할 것을 요청한다는 것을 강조했다.

---

26 이와 유사하게 에스라의 모세오경 낭독과 선포는 "모세의 율법에 익숙한 학자"(스 7:6, 10)에 의하여 수행된 매우 결정적 사건이었고, 아닥사스다왕이 "네 하나님의 율법"(스 7:25-26)을 가르치라는 명령에 따라 이루어졌다.

문단은 정경 **텍스트 앞에 펼쳐진** 세계의 일부분을 담고 있으며 하나님의 자녀들은 성경 낭독과 강해를 통해서 자신들에게 투영되는 세계의 일부분에 매주 일치시킬 것을 요청받는다. 우리가 각각의 성경 문단에 대하여 깊이 숙고해야 할 점은 '문단에 대한 신학'(the theology of the pericope)으로서, 성경 문단은 독자들에게 특정한 하나님 나라의 일부분에 관한 교훈과 우선순위 그리고 실천이 무엇인지를 제시하면서 그에 합당한 순종을 요구한다는 것이다.

2. 문단신학

성경 문단은 문학 작품일 뿐만 아니라 독자들에게 특정한 세계를 투영하여 그들의 행동과 순종을 유인하는 수단이다. 또 독자들이 자신들에게 투영된 성경 말씀의 세계 안에 거주함으로 그들의 주권자와 올바른 관계가 회복된다. 성경 텍스트는 창의적 문예 활동의 대상이므로 독자들은 그 텍스트 안에 그리고 그 배후에 있는 세계를 반드시 탐구해야 한다(예를 들어, 언어학적 사항들과 역사적 배경, 그리고 수사학적 상황 등).

하지만 텍스트 해석 활동은 이러한 기초적 요소들을 해명하는 차원에 머물러서는 안 된다. 오히려 텍스트를 독자들에 해당되는 행동의 수단으로 간주하면서 **텍스트 앞에 펼쳐진** 세계를 확정하는 단계까지 더 나아가야 한다. 그렇게 할 때 비로소 그 성경 본문에서 유효한 적용을 끌어내어 언약 갱신 사건을 성취할 수 있다.

이 단락에서는 다음과 같은 문단의 작용을 더 자세히 살펴볼 것이다. 저자는 그들이 말한 것으로 독자들에게 무엇을 실행한다. 문단은 부정 행위에 있는 성경적 세계(의 일부분[segment])를 독자들에게 투영하여 그들이 그 문단의 추동력에 반응하도록 하는 실행력을 발휘한다. 그래서 문단에 의해 투영되는 세계(의 일부분)는 텍스트 문단 안에 깔린 '문단신학'으로 기능한다. 본 단락에서는 이런 종류의 신학을 좀 더 자세히 설명하고 사무엘하 11-12장의 내러티브 본문에 관한 사례 연구를 통해서 '문단신학'이 어떻게 결정되는지를 소개하며 결론으로 마무리할 것이다.

1) 저자는 어떤 것을 실행한다

필자는 앞서 제1장에서 성경의 저자들은 그들이 말하는 것으로 독자들에게 무엇인가를 실행한다는 화행이론을 소개했다. 저자의 문학 작품은 단순한 정보 전달만을 위하여 작성된 것이 아니라 특정한 의제(agenda)의 추동력에 의하여 수사적 목적을 달성하고자 작성된 것이다.

예를 들어, 조지 래드(George Ladd)에 의하면 다음과 같다.

> 만일 '객관적'(object)이란 말의 의미가 역사 현실에서 완전히 초연할 정도로 분리된 저자를 염두에 두고 있다면, 복음서는 엄밀한 의미의 '객관적 역사'가 아니다. 복음서의 저자들은 특정한 신학적 목적과 교회를 향한 목회적 목적을 염두에 두고 관련 자료를 선택하고 선별하여 복음서를 기록했다.[27]

각각의 복음서 저자들이 수신자들에게 실행하려고 의도했던 것은 텍스트의 신학적 추동력을 수신자들에게 실행하는 것이고, 그러한 추동력이 본문 문단에 담겨 독자들에게 전달되었다. 그래서 "어떤 이야기가 독자들에게 전달되는 방식은 역사적 관심보다는 오히려 신학적이고 종교적 질문

---

27 George Eldon Ladd, *I Believe in the Resurrection of Jesus* (Grand Rapids: Eerdmans, 1975), 74. 또한, Daniel I. Block, "Tell Me the Old, Old Story: Preaching the Message of Old Testament Narrative," in *Giving the Sense: Understanding and Using Old Testament Historical Texts* (eds. David M. Howard and Michael A. Grisanti; Grand Rapids: Kregel, 2003), 411을 보라.

들에 의하여 결정되었다."²⁸

우리는 다음에 마가복음의 사례를 살펴보고자 한다. 마가복음의 저자는 독자들에게 의도한 신학적 목적을 달성하도록 작성된 내러티브에서 그 시간과 역사를 다룰 때 상당한 정도의 자유를 가지고 복음서를 작성했음을 볼 수 있다.²⁹

(1) 저자의 자유와 의제

저자가 내러티브를 작성하는 과정에서 발휘하는 문학적 요소 중에서 특별히 시간의 요소에 대해서 살펴보자.

저자는 내러티브의 시간을 진행시킬 때 다음과 같이 다양한 방식으로 시간의 진행을 통제한다.

- 미래를 예상하기(예를 들어, 예수님의 고난에 대한 예기적 예언, 막 8:31-32; 9:31-32; 10:33-34)
- 뒤돌아보기(예를 들어, 세례 요한의 죽음을 되돌아보는 이야기, 막 6:14-29)
- 요약하기(예를 들어, 예수님의 광야에서의 40일의 요약, 막 1:13)
- 생략하기(예를 들어, 예수님과 그의 제자들의 모임에서 유다가 떠난 것이 언급되지 않음, 막 14:17-26; 십자가 처형 다음날의 침묵, 막 16:1)
- 멈춤(예를 들어, 마가가 자신의 말을 설명을 삽입하기 위해 이야기의 흐름을 멈춤, 막 7:3-4)
- 확장(또는 슬로우 모션; 마가복음에서 자주 나타나지 않음, 마가가 자주 사용하는 단어는 '즉시'[εὐθύσ, 에우투스]로 40회나 등장)

---

28 Ronald E. Clements, "History and Theology in Biblical Narrative," *HorBT* 4-5 (1982-1983): 56.
29 전체 복음서를 이러한 방식으로 탐구하는 것 즉, 저자가 문단 별로 그가 말한 것으로 무엇을 실행하는가를 살펴보기 위해서는 Abraham Kuruvilla, *Mark: A Theological Commentary for Preachers* (Eugene, Oreg.: Cascade, 2012)를 보라.

- 반복(반복 혹은 헬라어 미완료 시상을 사용한 암시; 예를 들어, 1:22; 3:21, 22) 등

저자는 내러티브의 시간을 자유롭게 진행하려는 문학적 자유를 위하여 절대적 시간의 족쇄를 풀었다. 이 모든 것은 저자가 독자들에게 추구하는 수사적 의제를 달성하기 위함이다.

필립 스캇(Philip Scott)은 이에 관하여 다음과 같이 잘 설명했다.

> 채석공은 공사 현장으로 건축용 원석을 배달하겠지만, 건축가는 자신이 세우려는 건물에 맞게 잘 다듬어진 석재가 필요하다. 마찬가지로 마가는 채석공이 아니라 건축가였다. 그는 의도된 청사진을 염두에 두면서 과거에 발생한 사건들을 자르고 다듬어서 계획된 텍스트로서의 문학적 건축물을 완공한 것이다.[30]

텍스트 배후에 있는 실제 역사적 사건의 객관적 진행 과정은 내러티브 기록 과정에서 수사적 목적에 맞게 다듬어지고 재배치되며 어떤 사실들은 더욱 부각되거나 반대로 무시되고 일부분은 개괄적으로 요약되기도 하고 또 어떤 것은 자세히 묘사되기도 한다. 이와 관련하여 참고할 만한 유비로는 정교한 초상화와 캐리커처 만화일 것이다.

두 작품 모두 동일한 사람을 표현한다. 하지만 정교한 초상화는 앉아 있는 사람 얼굴의 모든 것을 캔버스의 실사 이미지로 옮겨 내려 하지만 캐리커처 만화는 그 사람의 매부리코나 작고 둥근 눈, 찌그러진 귀 또는 짙은 눈썹과 같은 특정한 요소를 우스울 정도로 크게 부각시킨다. 캐리커처 만화에서는 그 얼굴의 모든 요소가 동일한 비율로 다뤄지지 않는다. 어떤 요

---

[30] M. Philip Scott, "Chiastic Structure: A Key to the Interpretation of Marks Gospel," *BTB* 15 (1985): 18.

소들은 간단히 그리고 또 다른 요소들은 크게 강조되거나 확대된다.[31]

이와 마찬가지로 우리가 논의 중인 내러티브는 정교한 초상화보다는 캐리커처 만화에 가깝다. 내러티브에서는 과거의 역사적 사건들 중에 모든 것이 기계적으로 언급되는 것도 아니고 원본과 엄밀하고 꼼꼼하게 일치되지도 않는다. 의제가 이끄는 스토리텔링(agenda-driven storytelling)은 말 그대로 특정한 의제가 주도하는 수사력에 집중한다.

예를 들어, 마가는 예수 그리스도께서 갈릴리로부터 예루살렘까지 순례하는 하나의 긴 여정으로 그의 복음서를 구상한 반면에 요한은 예수님의 공생애 동안 예루살렘으로 올라간 여행을 적어도 세 차례 언급한다. 잘 알려진 바와 같이 마가는 16:8에서 그의 복음서를 갑자기 마무리한다.[32]

하지만 마가는 16:7에서 자신의 내러티브가 이 단계에서 급하게 끝나는 것은 아님을 강하게 암시한다. 실상 그들의 순례 여행은 다시 시작되고 있다. 그들의 스승께서는 제자들과의 다음 여행을 시작하려고 그들을 기다리는 선생님이 계신 갈릴리로 돌아올 것을 권면한다.

마가복음(16:7)에서 확인하는 이러한 수사적 구조는, 마가가 제자도의 실상을 순례 여정으로 묘사하려는 그의 수사적 목적으로 독자들을 인도한다. 저자가 인물을 묘사하는 방식 역시 저자가 과거 역사를 서술하는 독특한 신학적 의도를 담고 있다. 이런 이유로 주인공을 도와주는 조연들은 주로 긍정적으로 묘사된다.

---

31 Ben Austen, "What Caricatures Can Teach Us About Facial Recognition," WIRED Magazine, July 2011. Cited June 3, 2012. Online: http://www.wired.com/magazine/2011/07/ff_caricature/all/1/를 보라.
32 필자는 마가복음이 16:8에서 끝난다는 입장을 취한다(짧은 끝맺음). 대부분의 학자는 이 입장을 취한다. 마가의 끝맺음에 대한 종합적 요약은 주석서들과 함께 Daniel B. Wallace, "Mark 16:8 as the Conclusion to the Second Gospel," in *Perspectives on the Ending of Mark: 4 Views*, by David Alan Black, Darrell Bock, Keith Elliott, Maurice Robinson, and Daniel B. Wallace (Nashville: Broadman & Holman, 2008), 1-39; Aída Besançon Spencer, "The Denial of the Good News and the Ending of Mark," *BBR* 17 (2007): 269-83; Robert H. Stein, "The Ending of Mark," *BBR* 18 (2008): 79-98을 보라.

반면에 (때로는 제자들과) 유대의 종교 지도자들은 주로 부정적으로 묘사된다. 분명히 실제 생활 속에서는 그러지 않았을 것이다. 제자들과 종교 지도자들은 확실히 그들에 대한 문학적 평가보다 훨씬 더 많은 칭찬을 받을 만하게 행동했을 것이다(예를 들어, 막 12:34에서 예수님은 한 서기관의 지혜로운 행동을 칭찬하신다). 또 복음서에 등장하는 조연들이 항상 최선의 모범적 행동만을 하는 것은 아닐 것이다(예를 들어, 막 16장의 여인).

거듭 말하면, 마가복음의 경우 저자 마가는 각 문단에서 자신이 서술하는 작품을 통하여 독자들에게 의도하는 신학적 목적이 달성되도록 수사적 수행력을 실행하고 있다는 것이다.[33] 그는 문학 작품을 통하여 독자나 청중에게 수사적 수행력을 발휘하고 있으며, 복음서는 독자들을 계속 그 작품 세계로 끌어당기도록 그렇게 고안된 문학 작품이다.[34]

마가복음에서 마가의 목표는 성경의 또 다른 저자들의 목표와 마찬가지로 그들의 영감받은 말씀을 통해 독자나 청중의 삶에 특정한 영적 변화를 이끌어 내는 것이다.

츠베탄 토도로프(Tzvetan Todorov)는 다음과 같이 말했다.

> 고의성이 전혀 없는 내러티브란 존재하지 않는다. 내러티브 진행의 표면 배후에는 항상 내레이터(narrator)의 수사적 선택과 전체 구조가 깔려 있으며, 이러한 구조가 전체적으로 중심적 역할을 감당한다. 내러티브는 담화이지 과거 사건의 연속적 시리즈물이 아니다.[35]

---

33 개별 사건에 대한 확장된 예로 막 14:51-52에서 까메오가 무엇인가 수행하기 위해 도입된다. Abraham Kuruvilla, "The Naked Runaway and the Enrobed Reporter of Mark 14 and 16: What Is the Author *Doing* with What He Is Saying?," *JETS* 54 (2011): 527-45를 보라.

34 Robert M. Fowler, *Let the Reader Understand: Reader-Response Criticism and the Gospel of Mark* (Minneapolis: Fortress, 1991), 10.

35 Tzvetan Todorov, "Primitive Narrative" in *The Poetics of Prose* (trans. R. Howard; Oxford: Basil Blackwell, 1977), 55.

내러티브가 과거 역사를 기계적으로 옮기지 않았다고, 내레이터의 진실성에 의문이 제기되지는 않는다. 오히려 내레이터가 내러티브를 서술하는 과정에서 자신의 고유한 목적에 비추어 전혀 가공되지 않은 원래 자료들에 나름의 우선순위를 정하고 모든 자료를 체계화하고 통합하고, 정리할 수사적 자유가 있음을 주장하는 것이다.

역사가이자 역사의 대행자인 저자는 가공되지 않은 자료를 특정한 수사적 목적에 맞게 선별하고 절단하고 조각하여, 그렇게 가공하지 않았더라면 혼란에 빠질 무의미한 과거에 생명력을 불어넣는다. 그런 의미에서 역사는 공허한 과거의 역사가 아니라 미래의 무엇을 위한 역사(history-for)로 탈바꿈한다.

저자는 과거에 발생한 모든 사건을 빠짐없이 백과사전 형식으로 기록하는 것은 아니다. 저자의 손에서 기록되는 모든 내러티브는 태생적으로 부분적이거나 불완전할 수밖에 없고 그 자체로 부분적 형태를 취한다.[36]

성경 내러티브도 마찬가지다.

> 성경의 역사적 편집물들을 재구성하는 작업은 수사적 목적을 염두에 둔 작업이기 때문에, 필연적으로 특정 관념을 지향할 수밖에 없다. 저자가 내러티브 안에서 주장하려는 의미는 그렇게 서술된 사건 안에 있는 것이 아니라 저자가 과거 사건을 특정 관점으로 해석하여 문학 작품으로 옮기면서 가져온 것이다. 그 관점은 과거 사건의 배경과 원인, 성질, 그리고 결과에 대한 저자의 독특한 관점이다. 그러나 그 과거 사건에 대한 후대의 해석은 반드시 기록된 서술을 추론함으로 시작되어야 한다.

그래서 블록(Block)은 다음과 같이 주장한다.

36　Claude Lévi-Strauss, *The Savage Mind* (Chicago: University of Chicago Press, 1966), 257-58(강조는 추가됨).

독자는 텍스트를 해석할 때 과거 사건을 진술하기 위해 저자가 사용한 특정 단어와 구문론에 주의 깊은 관심을 기울여야 한다. 이와 아울러 본문의 행간 역시 세심하게 살펴야 한다. 왜냐하면, 저자가 직접 언급하지 않고 행간에 암시되는 것들도 저자의 독특한 이데올로기의 관점을 반영하기 때문이다.[37]

달리 말하면, 설교를 목적으로 성경 문단을 해석하여 저자가 본문의 수사적 추동력으로 독자들에게 실행하려는 것을 찾아내려고 한다면 무엇보다도 먼저 본문 그 자체에 집중해야 한다. 일차적으로 해석의 특권을 부여해야 할 곳은 바로 텍스트(본문)이다. 왜냐하면, 성령 하나님의 영감으로 기록된 것은 곧 텍스트뿐이기 때문이다.

텍스트로 기록되기 전에 일부 역사적 사건이 아무리 계시적 의미를 갖고 있더라도 그것들은 성령 하나님의 영감을 받은 것이 아니기 때문에, "교훈과 책망과 바르게 함과 의로 교육하기에 유익하도록"(딤후 3:16) 기록으로 옮겨지지 않았다.

여기에서 주의할 점은 성경에 기록되지 않아서 과거에 중요한 사건이 발생하지 않은 것이라고 주장하는 것도 아니고, 설령 기록되었더라도 그 목적이 과거 사건을 정확하게 복구하려거나 판독할 근거를 제공하기 위함이 아니라, 그 과거 사건을 기록하는 과정에서 영감을 주신 성령 하나님이 동일한 능력으로 독자들의 삶의 변화를 이끌어 내려는 목적에 맞도록 기록했다는 점이다.

다시 말하면, 기록된 텍스트는 단순히 후대의 독자가 그 텍스트를 통해서 그 배후의 이미지를 바라볼 수 있도록 안내하는 유리창 정도가 아니다. 그보다는 성경의 내러티브는 후대의 독자가 반드시 주의를 기울여 전체를

---

[37] Daniel I. Block, *Judges, Ruth* (NAC 6; Nashville: Broadman & Holman, 1999), 604-5.

살펴야 하는 스테인드글라스 창과 같은 것이다.[38]

일반 유리창에서는 창문 자체가 중요하지 않고 창문을 통해서 바라보는 바깥 풍경이 중요하다. 하지만 스테인드 글라스 창의 경우에 건축 기술자는 건물주의 요청으로부터 시작하여 유리창에 배치하는 특정 주제와 스타일, 건물 내의 위치, 크기와 창의 구조, 성질 그리고 유리의 가용성, 예술적 기술 등을 종합적으로 고려한다. 또 유리창 제작에 사용되는 유리, 착색, 납, 구리, 그리고 다른 부품들이 적절한 효과를 위하여 엄밀히 선별되고 세심한 계획에 따라 제작된다.

텍스트 형태를 취하든 아니든 관계없이 내러티브도 마찬가지다. 따라서 해석자는 텍스트 해석에 세심한 주의를 기울여야 한다. 그 본문 안에 단순히 무엇이 언급되었냐 뿐만 아니라 그것이 어떻게 언급되었고 왜 그런 수사적 방식으로 언급되었는지를 세심하게 살펴서 저자가 독자들에게 달성하려는 수사적 의제가 무엇인지를 파악해야 한다.

저자가 수사적 형식을 통하여 독자들에게 달성하려는 수사적 목적과 이를 위한 전략이 무엇인지를 화행이론의 관점에서 살펴야 한다. 하지만 무성의한 성경 해석의 경우에는 성경 본문 연구를 위한 에너지 대부분이 텍스트 뒤에 놓인 실제 과거의 복잡한 사건을 자세하게 파헤쳐 해부하려는 데 집중적으로 사용되었다.

텍스트 뒤에 발생한 과거 사건도 물론 중요하다. 기독교 신앙은 과거 사건들이 진술된 그대로 일어난 특정 사건들의 기초 위에 세워졌기 때문이다. 과거의 중요한 사건들을 시간적으로 다시 배열하고 조화시켜야 하는 경우도 있다.

---

[38] 이 비유는 Sidney Greidanus, *The Modern Preacher and the Ancient Text: Interpreting and Preaching Biblical Literature* (Grand Rapids: Eerdmans, 1989), 196에서 빌려왔다. "역사적 내러티브는 사실 너머를 보기 위한 투명한 창이 아니다. 역사적 내러티브는 특정 믿음의 측면의 중요한 특정 사실을 예술적으로 드러내는 스테인 글라스 창에 가깝다. 텍스트는 정당하게 다뤄져야 한다."
텍스트에 특권을 부여하라!

그러나 설교에 있어서 중요한 것은 텍스트 뒤에 있는 과거 사건(혹은 다른 것들, 저작 방법, 저작 자료 등. 이 주제에 대해서는 다음 제4장을 보라)이 아니라 오히려 특정 목적을 위하여 영감된 텍스트 그 자체다. 그렇게 성령 하나님으로 영감된 텍스트 자체가 해석의 조명을 받아야 한다. 이를 통해서 저자가 자신의 작품 속에 쏟아 놓은 신학적 의제인 **텍스트 앞에 펼쳐진 세계가** 선명하게 드러남으로 존중받아야 한다.

(2) 해석 방법의 범주

그렇다면 필자가 앞서 강조하는 바와 같이 저자가 독자들에게 수행하려는 의도를 올바로 찾아내려는 해석 방법은 기존의 성경 해석과 무엇이 다른가?[39]

이 질문에 대한 해답을 효과적으로 제시하기 위하여 필자는 성경의 내러티브 본문에 대한 비평적 해석과 전통적 해석, 그리고 화용론 해석을 구분하여 설명할 것이다(이 세 가지 해석 방법 중에 화용론 해석이 저자가 주장하는 입장이다).

① 비평적 해석

만일 A→B→C의 문학적 흐름이 과거에 실제로 발생한 세 가지 사건 A와 B, 그리고 C의 순서를 표시한다면, 성경 내러티브에 관한 비평적 해석 방식은 내러티브 본문을 마치 과거 역사적 사건의 순서를 다른 것으로 바꾸거나 변화시킨 것으로 이해한다. 즉, 편향적 관점을 가진 저자가 본문을 기록하는 과정에서 과거 사건들의 맥락이나 순서를 다른 일련의 순서로 (X→Y→Z) 바꾼 것으로 이해한다.

---

[39] 아래의 논의는 John H. Sailhamer, *Introduction to Old Testament Theology: A Canonical Approach* (Grand Rapids: Zondervan, 1995), 75-83에서 차용해 왔으나 많이 수정되었다.

이런 경우에 텍스트 본문은 마치 창문 바깥의 풍경을 사실과 다르게 왜곡하여 보여 주는 불투명 유리창과 같다. 텍스트 일부는 진짜도 들어 있지만 또 다른 일부는 명백한 조작품이다. 그래서 해석자의 중요한 임무는 객관적으로 신뢰할 수 없는 저자가 기록한 본문의 배후를 조사해서 과거에 실제로 무슨 일이 일어났는지(A→B→C)를 올바로 복원하는 것이다.

② 전통적 해석

성경 내러티브에 관한 전통적 해석 방법은 과거 사건을 문학 작품으로 옮긴 저자가 기록 과정에서 몇 가지 과거 사건을 약간 바꾸었음을 인정한다. 그러나 저자가 그렇게 한 이유는 독자들에게 사실을 속이기 위함이 아니라 이야기가 진술되는 흐름을 문학적으로나 수사적으로 매끄럽게 가다듬기 위함인 것이다.

이 과정에서 과거 사건의 연대기의 강조점이 약간 바뀌고 제한된 범위 안에서 순서가 일부 조정되기도 한다. 또는 과거의 실제 사건을 대하는 저자의 독특한 관점을 반영하는 수사적 특성이 가미되어 부차적 변형이 일어나기도 한다(그 결과 본문 배후에 있는 과거의 실제 일련의 사건 A→B→C가 본문에서는 a→b→c로 표현된다. 이런 경우 변화의 양은 그렇게 많지 않다).

일반적으로 이러한 해석 방법은 저자의 특정한 신학적 의제를 반영하는 수사적 독특성에 세심한 주의를 충분히 기울이지 않는다. 그러다 보니 해석자의 해석 목표는 비평적 해석 방법의 경우처럼 여전히 텍스트 배후에 있는 과거 역사적 사건의 순서를 정확하게 복구하는 것(A→B→C)에 집중될 뿐이다.

이런 방법에서도 성경 본문은 마치 투명한 유리창처럼 기능하는 것으로 간주하여, 본문 배후에 수사적 왜곡이 전혀 없는 과거의 사건을 복원하려는 데 집중된다. 이러한 해석 방법의 전형적 사례는 4복음서 안에서 발견되는 차이점을 조화하려는 시도에서 발견된다.

전통적 해석 방법론을 따르는 해석자는 4복음서 내러티브들이 과거 사건의 사소한 부분을 변형했음을 인정하여 네 가지 다른 기사들을 함께 섞어서 합리적으로 타당한 과거 사건을 재구성하려고 시도한다. 그리고 그렇게 재구성된 과거 사건을 설교단으로 가져오려 하기 때문에 각각의 복음서 저자가 문단에 담은 특정 의제는 설교에서 실종되고 만다.[40]

그렇다면 두 말할 필요도 없이, 앞서 제1장에서 살펴본 것처럼 해석자가 특정 문단에 담긴 저자의 의제에 도달하지 못한다면 설교단에서 유효한 적용은 불가능하다.

③ 화용론의 해석 전략

이러한 두 가지 해석 전략과 달리, 본서가 지지하는 화용론의 해석 전략은 적실한 설교의 목적을 위하여 텍스트에 고유한 특권을 부여할 것을 주장한다.[41]

저자의 의제는 그가 과거 사건을 어떻게 서술할지, 그리고 무엇을, 어떻게, 왜 말해야 하는지를 정하는 데 결정적 비중을 차지한다. 따라서 일부

---

40 역동적 번역가들은 특별히 텍스트 뒤의 사건에 집중하는 이런 해석의 방식을 사용하는 경향이 있다. 예를 들어, 필자가 아는 한에서 삼상 15:1의 שְׁמַע לְקוֹל דִּבְרֵי יְהוָה(쉐마 레콜 디브레이 아도나이)는 문자적으로 "여호와의 말씀의 소리를 들으라"라고 번역되는데 KJV과 NKJV만 그렇게 번역했다. 그 중복은 다른 주요 영어 번역에서 빠져 있다. 번역이 주장하는 저자가 원래 의미하고자 했던 것은 "여호와의 말씀을 들으라"(또는 다른 비슷한 것)이다. 그러나 실은 '소리'(קוֹל[콜])는 전체 이야기에서 중요한 요소이고 그 문단에서 저자가 무엇을 실행하고 있는지 결정하는 데 있어서 핵심이다. 마찬가지로 삼상 15:14에서 소리는 양울음과 소울음을 의미한다(또한, 삼상 15:19, 20, 22, 24를 보라 이 내러티브에서 소리의 중요성이 나타난다).
저자가 말하는 것으로 무엇을 실행하고 있는지는 텍스트 뒤에서 실제로 무슨 일이 일어났는지를 알아내려는 (그리고 아마도 그 사건들을 영어로 부드럽게 번역하기 위한) 잘못된 열심에 의해서 완전히 희석되었다. 이런 열심 대신, 적어도 설교를 위해서 해석자는 반드시 텍스트에 특권을 부여해야 한다. 왜냐하면, 오로지 그렇게 할 때에만 해석자가 텍스트 앞에서 투영된(projected) 것을 발견할 수 있기 때문이다.
41 다시 말해, 필자의 관점은 강단으로부터 나온다. 설교자가 실행해야만 하고, 설교는 그래야만 하는 것이다.

'수사적 변형'(누군가 그렇게 부르길 원한다면)은 어떤 내러티브에서든 존재할 수밖에 없다. 그 문학 작품이 성령 하나님의 영감을 받았던 받지 않았던 관계 없다(예를 들어, 특정 내러티브[a→B→c]는 실제 과거 사건[A→B→C]에 대한 의제 추동적 서술로 기록된 것이다).

성경 문단 안에서 발견되는 변화와 강조, 구조, 문체는 나름대로 저자의 의도가 반영된 것이고, 저자가 독특하게 말하는 것으로 독특하게 실행하는 것을 담고 있다.

화용론 해석 전략의 차이점은 해석의 목적이 역사적 사건과 실제로 무슨 일이 일어났는지에 있지 않고, 오히려 해석자가 본문의 고유한 문학적 독특성에 해석학적 특권을 부여하여 본문 앞에 펼쳐진 세계를 통하여 전달되는 저자의 의제에 집중하는 것이다.

은유적으로 설명하자면 성경 본문은 그 문학 작품 자체로 독자들에게 이야기를 말하는 스테인드 글라스 창이다. 해석자는 맑은 유리창이나 불투명 유리창의 본문으로 창 너머의 과거 사건을 바라봐야 하는 것이 아니라 그 유리창의 본문 자체에 집중해야 한다.

설교자는 그 문단의 수사적 추동력(thrust)(이번 장에서 필자가 '문단신학'이란 용어로 설명하는 개념, 또는 **텍스트 앞에 펼쳐진 세계**를 강단에서 설교해야 한다는 것이다[a→B→c]).

접근법	사건	텍스트	해석의 목적	모델
비평적	A→B→C	X→Y→Z	A→B→C	불투명 유리창
전통적	A→B→C	a→B→c	A→B→C	맑은 유리창
화용론적	A→B→C	a→B→c	a→B→c	스테인드 글라스창

헤이든 화이트(Hayden White)는 다음과 같이 말한다.

모든 역사적 내러티브는 그것이 다루는 과거 사건을 도덕화하려는 의도를 때로는 암시적으로 또 때로는 명시적으로 드러낸다.

결국, 역사적 드라마는 저자가 말하려는 것으로 독자들에게 독특한 무엇을 실행하는 '도덕적 드라마' 작품일 수밖에 없다는 것이다.[42]
도덕적 드라마라고 해서 과거 사실을 왜곡하거나 잘못 재현하는 것은 결코 아니다. 오히려 이것은 말 그대로 순수하고 단순한 내러티브일 뿐이다. 그 내러티브가 성령 하나님의 영감을 받았던 받지 않았던 관계 없이 과거에 발생한 역사적 사건을 서술하는 모든 스토리텔링의 전형적 특징으로서 과거 사건에 관한 저자의 독특한 의제를 담아서 그 의제를 후대의 독자들에게 실행하는 것이다.[43]
내러티브 안에서 풀려나는 이야기는 나름의 독특한 수사적 방식으로 들려진다. 이를 위하여 저자는 과거의 특정한 사건과 특정한 상호 인간 관계를 의도적으로 선택할 뿐만 아니라, 무수히 많은 다른 여러 수사적 방식 중에서 가장 효과적인 한 가지 수사적 전략을 선택한 것이다.

내레이터에 의하여 선택된 수사적 전략은 **텍스트 앞에 펼쳐진 세계**(저자는 자신이 말하는 것으로 독자들에게 독특하게 실행하는 것)를 효과적으로 투영할 수 있는 수단이다. 이 세계는 독자/청중을 위한 효과적 적용에서 그 정점에 도달한다. 따라서 성경은 하나님의 영광을 위해 삶을 변화시키도록 고안된 설득의 종합적 교육 과정을 대표한다.[44]

---

42 "The Value of Narrativity in the Representation of Reality," in *On Narrative* (ed. W. J. T. Mitchell; Chicago: The University of Chicago Press, 1981), 11, 14, 19-20. 그는 수사학적 질문을 던진다. "우리가 도덕화하지 않고 내러티브화 할 수 있는가?"(ibid., 23). 진실로 "내러티브는 도덕적 존재가 되는 것이 무엇을 의미하는지를 가르치는 힘이 있다"(idem, "The Narrativization of Real Events," in *On Narrative*, 253).

43 John A. Beck, *God as Storyteller: Seeking Meaning in Biblical Narrative* (St. Louis.: Chalice, 2008), 4-5.

44 Peter M. Candler, Jr., *Theology, Rhetoric, Manuduction, or Reading Scripture Together on the Path to God* (London: SCM, 2006), 60. 또는 Meir Sternberg가 말하듯, "성경의 스토리

설교학자 버트릭(Buttrick)은 다음과 같이 정확하게 지적했다.

> 진정한 '성경적 설교'는 성경 본문의 메시지에만 충실한 것이 아니라 저자의 의도에 충실해야 한다. 그러므로 여기에서 해석자/설교자가 되물어야 하는 해석학적 관견은 '본문(또는 저자)이 무엇을 하려 하는가'이다. 이런 질문은 해석자/설교자가 설교 준비의 출발점에 제대로 서 있음을 보여 주는 증거다.[45]

그렇다면 설교자는 어떻게 문단, 즉 설교에서 다룰 특정 본문에 이러한 순종을 이끌어 낼 수 있을까?

(3) 문단과 문단이 투영하는 세계

성경 문단은 저자가 독자에게 화행 사건을 실행하는 대상이고 도구라는 점에서, 그 안에는 두 차원의 추동력이 있으며 고전 작품의 진위 여부는 이 이중적 초점에 제대로 부합하는 능력에서 판가름난다. 고전의 진위 여부는 매우 구체적이고 특정한 대상을 묘사하면서도 동시에 매우 보편적이고 일반적인 사상을 담고 있다는 것이다. 고전 작품이 독자들의 심령에 깊이 각인시키는 것은 미래 지향적인 초역사적 의도를 담고서 **텍스트 앞에 펼쳐진 세계**이다.[46]

텔러는 설득가인데, 그 이유는 그가 반응을 만들어 내고 태도를 조절하는 담화를 휘두르기 때문이다"(*The Poetics of Biblical Narrative: Ideological Literature and the Drama of Reading* [Bloomington, Ind.: Indiana University Press, 1985], 482).

45 Buttrick, "Interpretation and Preaching," 58.
46 Coleridge에 의하면, Shakespeare의 천재성은 독특한 등장인물을 빌어서 보편적 원리를 파헤쳐 드러내는 문학성에서 빛이 났다("The Friend: Section the Second, Essay IV," in *The Collected Works of Samuel Taylor Coleridge* [ed. Barbara E. Rooke; London: Routledge & Kegan Paul, 1969], 457). Goethe는 다음과 같이 주장했다. "시인은 특정인(the Particular)의 마음을 사로잡아야 하고 ⋯ 그래서 보편성(the Universal)을 드러내야 한다"(- *Conversations with Eckermann (1823-1832)* [trans. John Oxenford; San Francisco: North Point, 1848], 95). Philip Sidney는 철학자는 추상적이고 보편적인 개념만을 제시할 뿐

그래서 고전 작품의 텍스트는 영원한 가치를 지니며 어디에서든 중요한 규범의 권위를 발휘한다. 그리하여 시간과 공간의 한계를 초월하여 어디에서든 다양한 적용이 가능하다.

독자 앞에 투영된 본문의 세계는 화용론적 지시 대상이며, 텍스트마다 고유한 세계로 그 텍스트 내용의 독특함으로부터 파생된 세계이다. 성경 본문이 독자들에게 제시하는 지시 대상은 독자들에게 하나님 나라의 가치와 요구를 보여 주고 그렇게 제시된 가치와 요구에 순종함으로써 그 세계 안으로 들어가 그 세계의 유익을 누릴 가능성을 제공한다.

새로운 삶의 방식인 하나님의 거룩한 삶이 성경에 의해서 투영된 세계를 통해 독자들에게 그려진다. 성경 텍스트가 언약 갱신의 사건에 영향을 미치는 방식은, 하나님의 백성들이 이 세계 안으로 들어와 거주하는 것이다.

이렇게 고대의 기록과 현대의 적용 사이에 놓여 있는 **텍스트 앞에 펼쳐진 세계**는 적용을 가능하게 하는 해석학적 매개를 형성한다. 전체로서의 성경 텍스트는 하나님의 백성들을 그 안으로 초청하는 세계, 즉 성경적 **텍스트 앞에 펼쳐진 세계**를 독자들에게 투영한다.

이런 측면에서 성경은 하나님의 교훈과 우선순위, 그리고 실천에 의해 운영되는 세계를 독자들에게 보여 줌으로써 어떻게 하나님이 그의 피조물들과 관계하시는지를 알려 준다. 또한, 성경은 신자들에게 이러한 사항들을 지지함으로써 그 투영된 세계에 거주할 가능성을 제공한다.

그러나 교회를 적용으로 이끄는 매주의 설교 사역에서, 언약 갱신 사건을 일으키는 가장 기본적인 텍스트 구성 요소는 '문단'(pericope)이다. 성경

이고, 역사학자는 반대로 과거의 구체적이고 특정한 사례만을 다룬다고 주장했다. 그 어느 것으로도 사람들을 선하게 변화시키는 데는 충분치 않으며, 오직 탁월한 시인만이 구체적 사례와 보편적 원리를 통하여 이를 실현할 수 있다("An Apology for Poetry," in *Criticism: The Major Statements* [2nd ed.; ed. Charles Kaplan; New York: St. Martin's, 1986], 118-19).

문단은 교회가 설교의 선포를 목적으로 사용하는 가장 기초적인 성경 본문의 의미 단위이며, 단일한 사상을 담고 있는 더 줄일 수 없는 텍스트 요소이다. 각 문단은 성경에 의해서 투영되는 더 큰 세계의 일부분을 독자들에게 투영한다.

성경적 세계의 특정한 부분이 독자들에게 투영되는 되는 수단은 바로 개별 문단 안에서, 그것과 함께 그리고 그것을 통해서다. 모든 성경의 개별 문단이 독자들에게 거듭 투영하는 축적된 세계는 독자들에게 전체적이고 통전적이면서도 단일한 세계이다.

하지만 매주 하나님의 백성들은 자신들에게 설교된 본문에 합당한 반응을 보일 것을 요구받는데, 그들이 나타내야 하는 순종의 반응은 보다 더 큰 성경적 세계의 일부분으로 그 주일 설교 본문을 통해서 독특하게 특정된 세계의 일부분에 집중하는 것이다.

따라서 적용을 제시할 목적으로 성경 문단을 해석하고 설교하는 설교자의 임무는, 성경 본문의 문단으로부터 **텍스트 앞에 펼쳐진 세계**라는 매개를 통하여 오늘 독자들의 현실로 이동하여 이들을 위한 적실한 적용점에 도달하는 것이다. 문단으로부터 투영된 세계의 비범함은 그 적용점에 있다. 왜냐하면, 화용론적 지시 대상인 적용점은 본문의 초역사적이고 미래 지향적인 의도가 실현된 것으로 최초의 발화나 담론으로부터 아주 멀리 떨어진 맥락에서도 여전히 유효한 적용을 가능하게 하기 때문이다(제1장을 보라).

텍스트에서 실천으로의 해석학적 이동이 정확히 실현되고 신앙 공동체가 말씀에 합당한 순종의 반응을 보이는 한, 그들에게는 하나님과 피조물 사이에 계속 진해 중인 역동적 관계, 즉 언약 갱신의 사건이 실현되고 있는 것이다.

2) 문단신학

필자가 본서에서 제안하려는 요점은 **텍스트 앞에 펼쳐진 세계**는 하나님이 그 백성을 향하여 추구하는 거룩한 의도를 그려내는 성경 문단의 신학(the theology of the pericope)이라는 것이다. 그 세계는 하나님의 교훈이 작동하고, 그분의 우선순위가 최고로 부상하며, 그분의 실천이 실행되는 곳이다. 이 세계는 하나님의 백성들이 텍스트에 올바른 반응하도록 이끄는 초역사적 의도를 담고 있다.

따라서 **텍스트 앞에 펼쳐진 세계**는 기독교인들이 성경과 하나님, 그리고 그들의 매일의 세계를 올바로 이해하도록 안내하는 하나님의 생각과 말씀이 흘러나오는 원천(또는 실타래, skein)인 '신학'(theology)이라 부를 수 있다.[47] **텍스트 앞에 펼쳐진 세계**는 하나님과 그분의 피조물과의 언약 관계에 관하여 증언하며 신자들의 삶의 변화와 방향성을 제시하기 때문에, 마땅히 성경 해석 과정에서는 마치 하나의 전문적 관심을 기울여야 할 신학 분과나 마찬가지다. 이와 관련하여 데일 랄프 데이비스(Dale Ralph Davis)는 다음과 같이 주장한다.

> 나는 성경 본문에 담긴 신학을 강조하고자 이 전문용어(신학)를 사용하고자 한다. 달리 말하면, 성경 본문이 하나님과 그분의 길, 그리고 그분의 사역에 관하여 무엇을 의미하는지를 설명하기 위하여, 또는 다르게 이야기하면, 성경 본문이 의도하는 메시지(intended message)를 설명하기 위하여 이 전문용어를 사용하고자 한다.[48]

---

47 Paul L. Holmer, *The Grammar of Faith* (New York: Harper and Row, 1978), 9. Kaufman이 언급한 것처럼 "신학은 항상 그래 왔듯이 하나님 아래에 있는 세계 속의 인간의 초상에 대한 완전하고 일관된 '상상력이 가미된 구조물'이다"(Gordon D. Kaufman, *An Essay on Theological Method* [3rd ed.; Atlanta: American Academy of Religion, 1995], ix).

48 Dale Ralph Davis, *The Word Became Fresh: How to Preach from Old Testament Narrative Texts* (RossShire, U.K.: Mentor, 2006), 32.

이 신학적 의도(theological intention)는 성경 본문의 인간 저자와 하나님의 거룩한 목적을 결합한 합작품이다. 성령 하나님의 목표는 우리 신자들 모두가 성자 예수 그리스도를 통해서 피조물들이 하나님의 영원한 목적에 순종하도록 하려는 하나님의 계획의 시각으로 모든 현실을 바라보도록 하려는 것이다. 이 거룩한 계획은 일부는 언어적으로 진행되지만, 그 계획에 참여하는 전체 과정은 신학적 작업이기 때문이다.[49]

문단으로부터 독자들에게 투영된 신학은 더 커다란 정경적 세계의 특정한 일부분이며, 그런 모든 부분이 함께 연합하여 하나님과 그의 백성 사이의 언약 관계에 관한 총체적 이해를 구성한다. 이렇게 통합된 정경적 세계는 성경적 믿음의 기초이고 언약 갱신의 기반이다.[50]

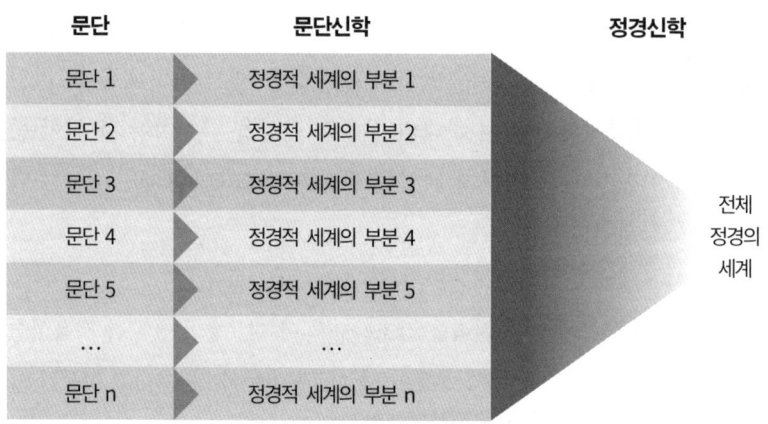

---

49 Stanley J. Grenz and John R. Franke, *Beyond Foundationalism: Shaping Theology in a Postmodern Context* (Louisville: Westminster John Knox, 2001), 53-54.
50 Mudge는 텍스트 앞에 펼쳐진 세계를 자연과학에 비유하여서 발견적 장치로서 기능한다고 말한다. 비슷한 방식으로, 현실을 재묘사(re-describes)하는 투영된 세계(projected world)는 독자들이 하나님에 의한 새로운 세계가 그들의 삶에서 어떻게 실현될 수 있는지 발견하는 것을 가능하게 한다(Lewis S. Mudge, "Paul Ricoeur on Biblical Interpretation," in *Essays on Biblical Interpretation*, by Paul Ricoeur [ed. Lewis S. Mudge; Philadelphia: Fortress, 1980], 25).

(1) 문단신학의 정의

'문단신학'(pericopal theology)을 정의하면, 성경 텍스트 앞에 펼쳐진 총체적 세계의 일부분을 나타내는 특정한 문단의 독특한 신학으로서, 하나님과 그분의 백성 사이의 언약 관계를 묘사하며 초역사적 의도를 담고 있어서, 성경 본문으로부터 텍스트의 권위와 청중의 상황을 둘 다 존중하는 실천(또는 정행, praxis)으로 나아가는 설교학적 이동(the homiletical move)에서 중요한 매개체 역할을 감당한다.

성경 문단이 청중에게 새로운 하나님의 세계를 투영함으로 추구하는 것은, 그들로 하여금 그 세계 안으로 들어와서 거주하도록 하는 것이고 그렇게 함으로 교회 공동체가 하나님과 맺은 언약 관계를 새롭게 갱신하고 그 관계가 동반하는 하나님의 요구에 순종하는 것이다. 성경 전체를 이루는 개별 문단에 담긴 신학적 추동력 하나하나는 독자들 앞에 펼쳐진 세계와 함께 하나님의 요구에 순종함으로 점진적 삶의 변화를 위한 영적 기반을 형성한다.

이렇게 신앙 공동체 안에서 진행되는 설교학적 변환의 목표는, 교회와 신자들이 총체적인 정경적 세계의 교훈과 우선순위, 그리고 실천에 점진적으로 연대를 이루도록 하려는 것이다. 이는 또한 성경에 순종하여 자신들의 삶을 그 세계로 향하게 함으로써 하나님의 뜻 안에서 살기로 선택한 모든 사람에게 열려 있는 하나님의 새로운 삶의 방식을 채택하는 것이다.

> 다시 한번 우리는 성경에서 시작되는 이 '다른' 신세계 앞에 서 있다. 이 세계에서 주로 생각해야 할 것은 사람의 행위가 아니라 하나님의 행위다. … 새로운 세계, 즉 하나님과 그분의 도덕률이 다스리는 세계를 확정하는 것과 그 안에서의 영적 성장이다.[51]

---

51 Karl Barth, "The Strange New World within the Bible," in *The Word of God and the Word of Man* (trans. Douglas Horton; London: Hodder and Stoughton, 1928), 39-40.

그래서 성경 문단은 하나님의 백성을 위하여 정경적 세계의 특정한 일부분을 그들에게 투영하는 문학적 도구로서, 하나님의 백성들이 그 문단에 계시된 정경적 세계의 독특한 가르침과 우선순위, 그리고 그 실제 실천을 따르도록 자신의 삶을 조직화하도록 초청한다.

설교자가 주일마다 청중에게 한 문단씩 해설하여 설교할 때마다, 그들 개인의 삶과 공동체적 삶의 여러 다양한 국면이 포괄적이면서도 점진적으로 하나님의 영광을 위한 하나님의 거룩한 뜻과 일치를 이루어 간다. 이것이 바로 설교의 목표이다.

그러므로 매 주일 강단 아래 모인 하나님의 거룩한 공동체 모임에서 성경 문단을 해석하고 설교할 때, 해석자/설교자는 반드시 그 성경 문단이 독자들에게 실행하려는 정경적 비전의 특정한 일부분을 제대로 분별해야 한다. 달리 말하면, 매번의 설교 작업은 다루려는 성경 문단에 담긴 고유한 신학적 의도를 상세히 밝혀냄으로써 그 특정한 텍스트가 하나님과 그분의 백성들 사이에 지속되는 역동적 언약 관계를 새롭게 구현해야 한다 (아래에 한 가지 사례가 제시됨).[52]

성경의 특정 문단이 강조하는 고유한 신학적 메시지는 그 이후에 적용으로 연결되는 후속적인 설교학적 움직임의 기반을 형성한다. 즉, '문단신학'은 해석자가 성경 본문의 문학 세계로부터 청중의 상황에 적실한 적용과 실천의 목적지로 이동하는 중간의 정류장이다.[53]

---

52 이 '신학적 해석'은 본질적으로 '문단신학'(pericopal theology)이라는 신학적 렌즈를 끼고 수행된 주해이다. 이와 같은 접근법은 '문단신학'에 '단서'(clues) 역할을 하는 그런 요소들을 표시해 놓고, 이 단서들을 문단의 신학적 핵심으로 통합한다. 아래의 삼하 11-12장(그리고 제4장의 창 22장)의 예를 보라. 또한, 마가복음서의 각 문단을 이러한 신학적 방식으로 분석한 Kurvilla, *Mark*를 보라.

53 신학은 "성경과 실제 교회 설교의 중간에 위치한다"(Heinrich Ott, *Theology and Preaching* [Philadelphia: Westminster, 1963], 17). 텍스트와 설교 사이의 다리로서의 신학의 개념이 과거에 종종 제안되어 왔다. 그러나 그것이 어떤 '종류'의 신학인지, 그것이 얼마나 정확히 이 역할을 수행하는지, 혹은 그것을 어떻게 분별할 수 있는지가 설명되지는 않았다. John Goldingay, *Approaches to Old Testament Interpretation* (Leicester, U.K.: InterVarsity, 1981), 43; John R. Stott, *Between Two Worlds* (Grand Rapids: Eerdmans, 1982),

그래서 '문단신학'은 해석자가 좋아하는 조직신학의 교리나 신앙 고백의 프레임을 원재료인 성경 본문에 부과하는 것도 아니고 본문에 일부 언급된 역사적, 사회적, 혹은 문화인류학적 요소에 과도한 초점을 맞춘 결과도 아니다.

오히려 해석자는 문단 텍스트를 통해서 후대 독자들에게 전달되는 신학적 추동력을 상세히 밝혀내서 특정한 성경 문단의 의미 단위가 하나님과의 올바른 언약 관계를 보여 주는 풍성한 정경적 세계를 제대로 구현하도록 해야 한다. 그래서 성경의 모든 문단을 통해서 누적적으로 형성된 독특한 신학 세계가, 곧 정경의 세계이며 성경 텍스트 앞에 펼쳐진 전체 정경의 세계를 구성한다.

그러나 최종적으로 신자들의 모임에서 성경이 청자들의 상황에 관련을 맺게 되는 것은 개별 '문단신학'의 매개에 의한 것이며, 이러한 개별 '문단신학'의 매개를 통해서 청중은 **텍스트 앞에 펼쳐진 세계** 안으로 초대받아 들어가서 거주할 수 있다. 지상의 모든 신앙 공동체는 매 주일 반복적으로 성경의 여러 문단을 다루는 설교 메시지를 경청함으로 점진적으로 하나님의 뜻을 지향하는 방법을 배우고 계속해서 하나님과의 언약을 갱신할 수 있다.

해석자/설교자는 그러한 해석학적 전환의 궤도를 따라서 성경 문단의 텍스트로부터 그 문단 안에 담긴 초역사적 의도를 깨닫고 그렇게 투영된 세계인 '문단신학'을 경유하여 최종적으로 메시지의 적용 단계(그 투영된 세계에 거하는 상태)에 도달한다.

그러므로 본문 강해의 목적지가 최종적으로 적용에 도달하도록 의도하더라도, 설교자는 해석의 초점은 먼저 설교할 본문인 특정 텍스트의 신학적 의도와 그 의도를 달성하려고 저자가 엄선한 수사적 추동력을 먼저 확인해야 한다. 그런 의미에서 설교자가 적용 단계로 가져가야 할 것은 설교에서 다루는 특정 '문단신학'이다. 정당한 적용점을 이끌어 내는 목적과 관련하여 중

137; and Timothy S. Warren, "A Paradigm for Preaching," *BSac* 148 (1991): 463-86.

요한 해석학적 매개체인 특정 '문단신학'을 제대로 다루지 않는 성경 해석은 사실상 불완전한 해석이다.[54]

(2) 문단신학의 식별

필자가 본서에서 제안하는 '문단신학'(pericopal theology)은 (최소한 일반적으로 정의하는) 기존의 조직신학이나 성경신학과는 다르다. 과거로부터 전승되어 누적된 교리에 관한 조직신학은 성경의 일부 텍스트로부터 연역적으로 교리적 사항을 끌어내고 또 다른 텍스트들에서 추론한 것들과 통합한 교리들을 다룬다(예를 들어, 다수의 개별 성경 구절들로부터 이끌어 낸 삼위일체의 신성과 위격들에 관한 교리).[55]

이렇게 기존의 조직신학은 특정 교리의 논리를 체계적으로 조직화하고 세부사항들의 상호 긴밀한 연관성을 강조함으로써 필자가 제시하는 '문단신학'이 문단에 집중하는 차원보다 더 광범위한 일반적 수준에서 작동한다. 반면에 '문단신학'의 논리는 성경 텍스트를 좀 더 귀납적으로 추론하

---

54 John Bright, *The Authority of the Old Testament* (Nashville: Abingdon, 1967), 147-48, 173.
55 "조직신학이라 함은 성경의 전체와 부분들을 설명하여 그것들의(단순히 역사적 연관성만이 아니라) 논리적 연관성을 보여 주려고 하는 신학의 분과를 가리킨다"(D. A. Carson, "Unity and Diversity in the New Testament: The Possibility of Systematic Theology," in *Hermeneutics, Authority and Canon* [eds. D. A. Carson and John D. Woodbridge; Grand Rapids: Baker, 1995], 69-70).
Wayne Grudem에 의하면, "조직신학은 다양한 주제에 대한 성경에 있는 모든 관련 있는 구절들을 수집하고, 이해하고, 그다음 그 주제에 대해 무엇을 믿을지 알 수 있도록 그것들의 가르침을 명확하게 요약하는 일을 포함한다"(*Systematic Theology: An Introduction to Biblical Doctrine* [Grand Rapids: Zondervan, 1994], 21, 23).
Ryrie에 의하면 "조직신학은 하나님의 자기-계시의 완전한 그림을 조직적으로 보여 주기 위하여 전체로서 성경 계시의 자료들의 상관관계를 제시한다"(Charles C. Ryrie, *Basic Theology: A Popular Systematic Guide to Understanding Biblical Truth* [Chicago: Moody, 1999], 15).
Erickson에게 신학이 '조직적'이라는 것은 "(성경의) 다양한 부분을 서로 관련시키고 다양한 가르침들을 조화롭거나 일치하는 전체의 유형으로 결합하는 것이다"(Millard J. Erickson, *Christian Theology* [Grand Rapids: Baker, 1985], 21).

며 특정한 문단의 수사적 궤적의 제한을 받는다.[56]

'문단신학'은 그 특정 문단이 제시하는 하나님과 그분의 피조물과의 관계에 관한 문제를 직접 다루며, 만일 하나님의 백성이 하나님의 정경적 세계에 거하기 원한다면 그들이 반드시 따르고 순종하도록 요청하는 하나님의 요구를 직접 다룬다.

성경신학의 논리 역시 '문단신학'보다 더 일반적 차원에서 작동하는 경향이 있다. 성경신학은 아브라함 언약과 같이 특정한 주제의 임시적 잠정성과 시간적 변화를 강조하면서도, 성경 전체에 걸쳐서 언약이란 광범위한 주제가 어떻게 점진적으로 발전하는지의 전체 과정을 다루기 때문이다.[57]

그래서 골즈워디(Goldsworthy)는, 매 주일에 성경 문단들이 다뤄질 때 성경신학적 통찰은 "성경 텍스트와 현대 독자 사이의 근본적 간격의 문제를 해결하는 중요한 방법"이라고 주장한다.[58] 그러나 정경의 보다 광범위한 구속역사적 맥락에서 성경의 특정한 텍스트를 해석하는 것(이 경우라면 성경신학이

---

[56] 물론, 이것은 연속되는 문단들 간의 주제의 발전이 있다는 것, 혹은 전체 책을 함께 구성하는 인접한 문단들이 강해되고 있는 특정한 문단에 영향을 끼친다는 점을 부인하는 것은 아니다.

[57] Geerhardus Vos를 보라. 그는 성경신학은 '연관된 과정의 역사적 점진성'이 그 특징이라고 주장했다. 성경신학에서의 원리는 역사적 구조의 원리이지만, 그것은 또한 논리적 구조의 원리이기도 하다(*Biblical Theology: Old and New Testament* [Grand Rapids: Eerdmans, 1948; repr. 1975], 5-9, 16). Clowney도 같은 입장이다. "성경신학은 계시의 과정의 특성과 내용을 표현한다"(Edmund P. Clowney, *Preaching and Biblical Theology* [Nutley, N.J.: Presbyterian and Reformed, 1977], 15-16).
Sydney Greidanus에 의하면, "구약성경으로부터 신약성경으로의 종적 주제들을 추적하도록 돕는 것이 특별히 성경신학 분과이다"(*Preaching Christ from the Old Testament: A Contemporary Hermeneutical Method* [Grand Rapids: Eerdmans, 1999], 267).
"내가 성경신학이라 함은 그 관심사가 그 자체로 성경의 각 자료(corpus)를, 특별히 하나님의 펼쳐지는 계시의 역사 속에서의 그 자료의 위치에 관하여 연구하는 것을 관심사로 하는 신학 분야이다. 강조가 역사와 개별 자료에 있다"(Carson, "Unity and Diversity in the New Testament," 69). "성경신학은 … 성경의 줄거리에 초점을 맞춘다"(Thomas R. Schreiner, "Preaching and Biblical Theology," *SBJT* 10 [2006]: 22).

[58] Graeme Goldsworthy, *Gospel-Centered Hermeneutics: Biblical-Theological Foundations and Principles* (Nottingham: Apollos, 2006), 263.

분명 도움이 된다)은, 특정한 문단이 어떻게 현대 독자에게 특정한 초역사적 요구를 제기하는지를 파악하는 것과 별개의 문제다.

> 복음주의 설교자의 관점에서 볼 때, 성경신학의 통찰은 성경에 보존된 하나님의 계시 전체의 큰 그림 또는 개요를 제대로 제공한다.[59]

그러나 그러한 광범위한 정경의 개요에 관한 그림은 작은 문단의 정교한 세밀화를 놓치는 한계가 있다. 매 주일 강단 아래 모인 신자들의 삶을 변화시키는 설교 사역에 필수적인 것은 바로 이 세밀화(즉, 개별 본문 '문단신학')이기 때문이다.

설교자가 설교 사역을 감당할 때 '문단신학'을 사용하면 여러 이로운 점이 따른다. 먼저 매주 특정한 문단을 연속적으로 다룰 경우에 보다 더 커다란 단락 안에서 한 문단으로부터 그다음 문단으로 쉽게 이동하며 연속설교를 용이하게 진행할 수 있다.

특정한 책을 선택한 경우에 설교자는 문단에 담긴 신학적 추동력을 좀 더 상세하게 해설할 수 있으며, 각각의 설교 메시지를 통해서 좀 더 구체적이고 독특한 적용점을 제시할 수 있다.

하지만 만일 설교자가 개별 본문의 '문단신학'에 대한 이해 없이 막연하게 조직신학이나 성경신학을 각각의 설교 메시지의 근간으로 삼는다면, 계속 이어지는 성경 문단에 저자가 담아 둔 신학적 추동력을 각각의 설교 메시지로 온전히 되살려 내기가 어려워진다. 설교자가 동원하는 해석학적 프레임이 조직신학이나 성경신학처럼 보편적 차원에서 작용하는 신학이라면, 본문 해석 작업은 텍스트의 세부적 직접성의 차원에서 다소 동떨어진 일반성의 수준에서 진행될 것이다.

---

59 Idem, *Preaching the Whole Bible as Christian Scripture: The Application of Biblical Theology to Expository Preaching* (Grand Rapids: Eerdmans, 2000), 22.

그렇다면 연속 이어지는 문단에 관한 연속 설교는 이전 설교에서 제시된 것과 유사한 수준의 요지와 적용점을 지루하게 반복할 것이고, 그러다 보면 '연속 독법'(*lectio continua*[렉티오 콘티누아])의 묘미를 제대로 살려 내기 어려울 것이다. 반면에 앞서 필자가 제시한 '문단신학'의 특성을 제대로 고려할 줄 안다면, 성경 문단들을 연속적으로 다루는 연속 설교는 분명 이런 장애물의 방해를 받을 일은 없을 것이다. 각 문단의 특정한 신학적 요지를 분명하게 찾아내서 전하기 때문에 청중은 이를 분명하게 경청할 수 있기 때문이다.[60]

그럼에도 불구하고, 본 연구가 특별한 종류의 기독교 선포, 즉 연속된 문단들의 설교에 집중하지만 이 특정한 설교의 노력에 조직신학과 성경신학은 귀중하다. '문단신학'에서 식별된 것은 정경의 나머지 부분에서 획득된 신학 정보의 조직화된 데이터(조직신학과 성경신학)와 일치해야 한다.

교회가 전체 성경을 하나의 작품, 즉 개별 부분들로 구성된 전체로 이해한 것(단일성의 원칙; 제1장을 보라)이 성경의 각 부분 사이의 일관성을 상정하는 읽기를 명한다. 게다가 이와 같은 조직화된 읽기는 작은 텍스트 조각(문단)이 정경의 보다 폭넓은 맥락에서 벗어날 위험성을 약화시킨다. 조직신학과 성경신학은 도식화된 성경 정보를 제공하며 성경 역사의 연대표를 따라 성경의 점진적 계시를 개괄적으로 보여 준다.

이러한 신학의 두 면을 종합적으로 이해하는 것은 중요하다. 왜냐하면, 이러한 신학적 통찰들은 해석자에게 안전한 해석의 울타리를 제공하기 때문이다. 해석자는 아무리 어떤 특정한 성경 본문에서 나름 독특한 의미를 끌어내려 하더라도 결코 조직신학과 성경신학의 울타리를 넘어서는 안 된다.

예를 들어, 앞서 잠깐 살펴본 바와 같이 창세기 22:11, 15에서 "여호와의 사자"라는 구절로부터 하나님은 네 위격(성부, 성자, 성령, 그리고 여호와의

---

[60] 이 문제는 제4장에서 더 다룰 것이다.

천사)으로 존재하신다고 결론을 내리려 한다면, 조직신학의 교리적 울타리를 벗어나는 셈이다. 그러면 해석학적 오류를 범하는 것임을 인정해야 한다.

달리 말하면, 어떤 성경 구절을 해석하는 중에 발견된 본문의 의미는 과거 교회 역사 속에서 정리된 조직신학의 교리와 성경신학의 일반적 전제로 인정된 의미의 범주를 위반해서는 안 된다. 조직신학의 교리와 성경신학의 전체 구조는 성경의 특정 구절을 해석하는 구체적 방법이나 의미를 직접 규정하지는 않더라도, 해석의 안내자 역할을 하며 해석자가 벗어나지 않도록 하는 안전한 울타리의 경계선을 표시한다.

이와 대조적으로 필자가 본서에서 강조하는 '문단신학'의 좀 더 구체적인 해석 전략은, 설교자가 해석 중인 본문 문단 안에 들어 있는 저자의 의도와 구체적 요구 사항을 분명하게 확인하고 그러한 독특한 적용점을 설교 메시지로 청중에게 효과적으로 전달할 수 있도록 하는 데 집중된다. 그래서 필자가 지적하려는 것은 '문단신학'은 기존의 조직신학이나 성경신학에서 배척할 만한 근거 없는 해석 전략이 아니라는 것이다.

'문단신학'은 조직신학이나 성경신학과 해석학적 일관성을 충분히 유지하면서도, 본문의 고유한 문맥을 좀 더 구체적으로 존중하며, 본문의 지시 대상을 좀 더 정밀하게 포착하고, 그 수사적 작동 방식이 좀 더 치밀하다(즉, 본문을 통한 하나님의 요구를 좀 더 미세한 수준에서 식별하려고 노력한다. 제4장을 보라). 이러한 '문단신학'의 목적은 곧 성경 문단을 가감 없이 설교함으로 청중의 삶의 변화를 이끌어 내 궁극적으로 하나님의 영광을 실현하려는 것이다.

이렇게 '문단신학'에 근거한 해석 방법은 기존의 조직신학이나 성경신학에 기반한 설교의 가치를 결코 무시하지 않는다. 이러한 해석 전략의 목적은, 매 주일에 하나의 특정한 성경 문단으로 설교 사역을 감당하는 설교자들로 하여금 정경이 독자들에게 투영하는 하나님의 세계를 온전하게 드러내는 설교를 전함으로 기존의 설교 방식을 보완하도록 하려는 것이다.

필자가 본 연구에서 제시하려는 '문단신학'의 목표는, 성경 텍스트의 특정한 추동력이 독자/청중의 실존 상황과 효과적으로 관련을 맺어서 그들의 삶이 하나님의 말씀에 따라 온전히 세워질 수 있도록 하려는 것이다.

매 주일 성경의 모든 문단이 이렇게 하나님의 공동체를 정경이 투영하는 하나님의 세계 안으로 효과적으로 초청할 때, 그들은 분명 하나님의 뜻을 더욱 분명하게 지향할 수 있을 것이다. 성경 문단이 이들의 삶에 그렇게 효과적으로 적용될 때, 독자들(또는 설교를 듣는 청중)은 성경 **텍스트 앞에 펼쳐진 세계**에 행복하게 거주하며, 그 세계가 제대로 빚어내는 거룩한 공동체로 변모함으로 어느 시대에서건 하나님의 뜻이 온전히 실현될 수 있다.

> 만일 성경 본문이 신학/신앙을 위한 생명의 원천이 되려면, 신학 작업을 감당하는 사람들은 성경책을 제작한 당시의 역사적 과거 세계에는 덜 몰두하고 오히려 성경이 펼쳐 보이는 하나님의 세계로 몰입하여 들어가서 그 세계를 살아내는 방법을 다시 배워야 한다.[61]

(3) 요약: 문단신학

'문단신학'은 성경 본문과 신자들의 실천(praxis)을 연결하고, 그 본문이 기록된 과거 상황과 그 본문을 읽는 현재 신앙 공동체를 연결하는 해석학적 다리(hermeneutical bridge)로 기능한다. 이렇게 '문단신학'은 과거에 기록된 정경으로부터 오늘 설교의 적실한 적용으로 이동하는 해석 과정에 도움을 준다.

즉, 과거 성경 본문에 기록된 과거의 역사적 사건이 오늘날 여기에 모인 현대의 독자들/청중에게 여전히 유효한 하나님 말씀으로 선포될 수 있도록 도와주는 것이다. 이것이 가능한 이유는 성경 **텍스트 앞에 펼쳐진 세계**는

---

[61] Luke Timothy Johnson, "Imagining the World Scripture Imagines," *Modern Theology* 14 (1998): 165.

하나님이 그분의 백성들로 하여금 그 안에 들어와 거주하라고 은혜로 초청하는 세계이기 때문이다. 이 세계가 실제 현실 세계가 존재하는 방식과 정확하게 일치할 필요는 없다.

오히려 이 세계의 관심사는, 보이지 않는 하나님이 살아 계시며, 그분이 피조물과 영원한 언약을 맺으시고 지금도 영원한 나라를 향하여 통치하고 계심을 있는 그대로 묘사하는 것이다. 이 세계는 하나님의 백성이 그분과의 영원한 언약에 따라 살려면 반드시 존재해야만 하고 그렇게 믿고 받아들여야 할 세계이다. 이 세계는 신자들로 하여금 하나님의 진리를 자신들의 특정한 상황에 새롭게 적용하여 누리도록 하면서, 그들을 순종과 미래의 완성으로 인도한다.

이러한 말씀의 '활용'(전용 혹은 적용 [appropriation])은 독자/신자들로 하여금 본문 앞에 펼쳐진 하나님의 나라를 따라가도록 하는 것이며, "성령 하나님이 새롭게 창조하시는 이상하고도 새로운 종말론적 세계"[62]가 실제 새로운 현실로 다가오는 것이다.

성경 말씀 앞에 모인 하나님의 백성들은 항상 이러한 정경적 잠재력과 가능성에 자신들의 삶을 재조정할 것을 명령받는다. 왜냐하면, 말씀의 적용은 본문 앞에 투영된 세계를 새롭게 발견하고 자신을 그 세계에 맞추어 재조정하는 것이기 때문이다. 독자/신자들이 자신의 삶을 그 세계에 맞춤으로 하나님과의 영원한 언약 관계가 올바로 회복된다. 이런 과정을 통해서 특정한 신학적 의도를 담은 특정 문단은 신자들을 향한 언약 갱신의 목

---

[62] Richard Briggs, *Reading the Bible Wisely* (London: SPCK, 2003), 111; Kevin J. Vanhoozer, *The Drama of Doctrine: A Canonical-Linguistic Approach to Christian Theology* (Louisville: Westminster John Knox, 2005), 111, 318, 420을 보라. Ricoeur도 종교적 언어의 이 종말론적 속성을 인정한다. "새로운 삶의 방식을 창조해 내고 내 눈이 새로운 현실과 새로운 가능성에 열리도록 하는 능력. 우리는 이 종말이 또 다른 세계의 지평, 새로운 삶의 약속이라는 의미에서 종말이라고 부를 수 있다"(Paul Ricoeur, "Poetry and Possibility," in *A Ricoeur Reader: Reflection and Imagination* [ed. Mario J. Valdés; Hertfordshire, U.K.: Harvest Wheatsheaf, 1991], 455).

적을 완수하는 데 기여한다.

 이런 의미로 필자는 전체 성경을 기록한 하나님의 계획은 그분의 백성들이 성경 **텍스트 앞에 펼쳐진 세계**에 매혹되어, 그 세계 안으로 들어와 사는 거주자가 되어 자신들을 그 세계의 교훈과 우선순위와 실천에 따라 재조정하는 것임을 주장한다. 이것이야말로 성경 독자들을 향한 하나님의 은혜롭고도 거룩한 요청이다.

 그래서 설교에서 우선적 관심의 초점은 텍스트 배후에 있는 과거 역사적 사건의 실체가 아니라 **텍스트 앞에 펼쳐진 세계**이다. 달리 말하면, 해석자가 본문 해석 과정에서 가장 정성을 기울여야 하는 것은 본문의 특권을 살려 내는 것이다.

 좀 더 실제적 목적으로 설교자들이 자신의 설교 준비에 도움을 얻고자 한다면 설교 준비 과정에서 설교자가 확보한 특정 문단의 신학적 초점(다음 단계에서는 '종합적인 신학의 초점'으로 제시할 것이다)이 유용할 것이다. 그 신학적 초점은 설교에서 다루는 본문 문단의 화용론적 의미를 간단명료하게 요약한 것이다.

 그렇다고 '문단신학'을 간단명료한 문장으로 바꿀 수 있다는 것도 아니고, 또 그 모든 진술문을 전부 설교 메시지로 전달해야 한다는 것도 아니다. 특정 문단에 담긴 신학적 목표는 정확한 문장 몇 개로나 표현 가능한 진술문으로 쉽게 줄일 수 있는 것이 아니다.

> 성경 해석을 통해서 본문의 의미와 사상이 해석자에게 분명히 드러나겠지만, 그렇다고 본문의 독특한 분위기와 움직임, 갈등, 직관, 그리고 경험을 획일적 사상의 틀에 우격다짐으로 다 쑤셔 담을 수는 없다. 올바른 설교라면 본문에 담긴 수사적 설득력과 신학적 목적 전반에 충실해야 할 것이다. 단지 주해의 중심 사상을 전달하는 설교라면, 그러한 해석학적 이동은

너무나 가벼운 움직임에 불과하다.[63]

'문단신학'은 저자가 본문 안에서 수행하는 모든 것을 아우른 해석 작업으로 그다음에 이어지는 적실한 적용의 정당한 기초를 마련하는 과정이다. 이와 달리 '문단신학'에 관한 진술(종합적인 신학의 초점)은 설교를 듣는 청중을 염두에 두고서 특정 문단 안에 담긴 신학적 목적과 수사적 전략을 좀 더 간단하고 편리하게 표현한 문장이다. 특정 본문에 관한 보다 철저한 '문단신학'과 이를 기능적으로 진술한 신학적 초점을 서로 구분하는 이유는, 후자의 기능적 진술이 보다 더 광범위하고 다면적인 '문단신학'을 좀 더 간결하면서도 효과적으로 설명하기 위함이다.

특정 본문의 '문단신학'을 발견하는 해석적 과정은 특정 본문의 본문성(textuality)과 문학 세계를 구성하는 세부적 문학 요소들과 수사적 사항들과 전략에 집중하는 것이다. 이런 과정을 통해서 독자에게 드러나는 **텍스트 앞에 펼쳐진 세계**는 그 본문 고유의 세계로서 그 본문 안에 내재되어 있다가 해석자의 해석 과정을 통해서 비로소 드러나는 것이다.

모든 독특한 텍스트에는 그 텍스트 고유의 말이 있다.[64]

문단에서 적용으로 이어지는 중간의 연결 고리인 '문단신학'의 중요한 해석학적 움직임을 설명하기 위하여 사무엘하 11-12장을 좀 더 자세히 살펴보고자 한다.

---

63   Thomas G. Long, *The Witness of Preaching* (2nd ed.; Louisville: Westminster John Knox, 2005), 101.
64   Paul Ricoeur, "Philosophical Hermeneutics and Theological Hermeneutics: Ideology, Utopia, and Faith," in *Protocol of the Seventeenth Colloquy, 4 November 1975* (ed. W. Wuellner; Berkeley: The Center for Hermeneutical Studies in Hellenistic and Modern Culture, 1976), 11-12.

3) 본문에서 문단신학으로 – 사례 연구: 사무엘하 11-12장[65]

사무엘하 11-12장의 '문단신학'에 대한 다음의 해설은 이 단락이 포함된 사무엘서 전체 신학의 맥락 속에서 다뤄질 것이다.

해석자는 설교할 성경 본문의 기본 단위인 문단의 중요성을 인정하고 또 그 문단이 앞으로 전달된 설교 메시지를 통하여 하나님과 신자 사이의 언약이 갱신되는 수단으로 기능할 것을 기대하더라도, 그와 동시에 해당 문단이 일부분으로 포함된 더 넓은 정경의 맥락과 통일성을 무시해서는 안 된다.

사실 특정 '문단신학'(적 의미와 목적)은 그 문단이 속한 더 넓은 문맥의 신학에 비추어서만 제대로 파악될 수 있다. 특정 문단이 독자에게 투영한 세계의 일부분은 보다 더 커다란 문맥이 투영하는 더 광범위한 세계와 일관성을 이루며 그 작은 문단을 구성하는 중요한 구성 요소다. 이런 배경에서 사무엘하 11-12장의 신학을 사무엘서 전체의 맥락 속에서 고찰해 본다면, '여호와 하나님을 향한 신실함'의 주제가 크게 부각되고 있음을 볼 수 있다.

예를 들어, 사무엘상, 하 전체를 일종의 괄호처럼 묶는 두 개의 찬송(삼상 2:1-10의 한나의 노래와 삼하 22:1-23:7의 다윗의 결론적 찬송)은 사무엘서가 독자들에게 투영하는 **텍스트 앞에 펼쳐진 세계**를 구성하는 핵심 요소를 강조한다. 두 찬송에서 여호와 하나님은 그분의 광대한 경륜과 탁월한 은혜로 찬양받으신다. 두 찬송에서 신실한 이들의 행복한 운명이 아름답게 묘사되지만, 이와 동시에 신실하지 못한 불신자들에게는 끔직한 심판을 선고한다.

---

65 이 단락(section)의 내용들은 다음에 실려 있다. Abraham Kuruvilla, "Pericopal Theology: An Intermediary between Text and Application," *TrinJ* 31 NS (2010): 265-83.

하나님에 대한 이런 묘사는 신실한 이들에게는 반드시 복으로 보상하는 분을 신뢰해야 함을 단언한다. 또한, 신실하지 않은 자들에게 강력한 응징으로 보응하시는 이를 두려워해야 함을 확인한다. 사무엘하 11-12장을 강해하면서, 하나님이 누구이신지 그리고 그분이 그분의 백성에게 무엇(신실함)을 기대하시는지에 대한 이러한 기초적 주장이 또한 설교 메시지의 근간을 형성하는 것이 바람직하다.

사무엘하 10-12장은 대칭구조(inclusio[인클루지오])의 중심부에 자리한 암몬과의 전쟁이라는 틀에 의해 구조화되어 있다(아래를 보라). 다윗의 충격적 범죄 이야기가 자리 잡은 곳은 바로 이 플롯의 구조 안이다.

사무엘하 10-12장 전체는 "그 후에"(כִּי וַיְהִי[바예히 아쎄르 켄])라는 구절(삼하 10:1과 13:1)로 시작하고 마침으로 전체 10-12장을 하나의 의미 있는 문단으로 구분한다. 이 문단이 "다윗과 모든 백성이 예루살렘으로 돌아가니라"(삼하 12:31)라는 분명한 종결과 함께 끝남으로 삼하 10-12장의 전체 문단 내러티브의 막이 내려진다. 승리자와 그의 군대가 의기양양한 모습으로 수도로 돌아가면서 적대행위가 종결된 것을 보여 준다.

삼하 10-12장이 9-20장의 더 커다란 전체의 상위 내러티브를 구성하는 필수적 하위 내러티브 일부분이지만, 우리의 관심사에 해당하는 삼하 10-12장을 분석하기 위하여 다윗의 간통과 살인, 그리고 그 후의 비난(삼하 11-12장)을 다루는 특정한 문단에 집중할 것이다. 다윗왕의 범죄를 서술하는 이 문단을 분석해 보면, 이 문단의 독특한 신학(**텍스트 앞에 펼쳐진 세계**)을 가리키는 담화(discourse)와 관련된 다음 네 개의 특정한 양상(또는 '단서')을 발견할 수 있다.

(1) 보냄(sending)의 모티프

이 내러티브의 첫 에피소드 단락(11:1-5)에서 발견되는 두드러진 수사적 특징은 '보내다'(שָׁלַח[샬라흐])라는 동사가 반복적으로 등장한다는 것이다. 이 단어는 사무엘하 10-12장 전체에 걸쳐서 모두 23회 등장한다. 또 사무엘하 9-20장의 더 큰 문맥에서는 모두 40회 사용된다. 사무엘하 나머지 부분에서는 오직 13회만 사용된다.

누군가를 '보내는'(파송하는) 주체는 모두 다윗왕이 맡는다. 다윗왕은 밧세바에 대해 알아보도록 사람을 보내고, 다시 밧세바를 불러오도록 사람을 보낸다. 또 그는 우리아를 불러오도록 사람을 보내고, 다시 자신의 사망 영장을 들려서 죽음의 전선으로 다시 돌려보낸다(11:1, 3, 4, 6[x3], 12, 14, 27).[66]

최고 권력자 다윗왕이 자신의 왕국에서 사람들을 이곳저곳으로 보낼 때, 이 '보내다'라는 동사가 반복적으로 등장하는 수사적 전략은 다윗왕이 전국에 행사하는 그의 강력한 권력과 권위를 나타내는 모티프로 기능하는 것이다. 명령을 받은 그들은 모두 다윗의 명령을 즉각적으로 시행한다.[67]

---

[66] שָׁלַח(샬라흐)의 라이트모티프(leitmotif[주제 형성에 직접적으로 참여하는 모티프-역자주])는 삼하 13장에서 다시 나타난다. 다말을 암논에게 보내는 것은 다윗이다(삼하 13:7, 그녀는 불법적 성교의 희생자이다). 그리고 압살롬과 더불어 사람들을 보내는 이는 다윗이다(삼하 13:27, 암논은 살해된다). 다윗이 자신의 약탈적 행위의 희생자들을 데리러 사람을 보낸 삼하 11장과는 대조적으로, 삼하 13장에서 그는 자신도 모르는 채 자신의 자녀들을 희생자로서 보내는데, 그가 밧세바와 우리아에게 행한 악행들이 그들을 찾아간다(James S. Ackerman, "Knowing Good and Evil: A Literary Analysis of the Court History in 2 Samuel 9-20 and 1 Kings 1-2," *JBL* 109 [1990]: 48-49).

[67] John I. Lawlor, "Theology and Art in the Narrative of the Ammonite War (2 Samuel 10-12)," *GTJ* 3 (1982): 195-96; Uriel Simon, "The Poor Man's Ewe-Lamb: An Example of a Judicial Parable," *Bib* 48 (1967): 209. Bailey는 동사 שָׁלַח(샬라흐)를 밧세바에게 부여하는 것(삼하 11:5)이 중요하다고 생각한다. 분명히 그녀도 어떤 권위를 가졌다. 그는 이 동사의 주체였던 신명기적 역사(Deuteronomic history) 내에서 유일한 다른 여성들은 모두 어떤 종류의 영향력을 행사했다는 점에 주목한다(라합은 이스라엘의 정탐꾼들이 탈출하는 것을 돕는다[수 2:21]; 드보라는 바락을 전쟁에 소환한다[삿 4:6]; 들릴라는 삼손을 잡으라고 블레셋인들을 불러들인다[삿 16:18]; 이세벨은 엘리야와 나봇을 적대시하는 음모를 꾸민다[왕상 19:2; 21:8]). 게다가 삼하 11:2와 11:3에서 다윗 행동의 삼중의 동사 패턴은 11:5b에서 밧세바를 행위의 주체로 하는 세 개의 병행하는 동사와 흡사하다(11:5a에서 그녀의 임신이 공포된 후에). 비슷하게 다윗과 밧세바에게 11:4에서 세 개의 동사와 11:27에서 두 개의 동사가 각각 할당된다. 밧세바 편에서 어떤 공모를 진행하고 있다는 것이 다윗의 행동에 일치되게 그녀의 행동을 묘사하는 것에 의해 암시된다(Randall C. Bailey, *David in Love and War: The Pursuit of Power in 2 Samuel 10-12* [Sheffield: JSOT, 1990], 85-88, 99).

이 문단 안에서 '보냄'의 모티프는 다윗왕이 우리아(그리고 우리아에게 속한 밧세바)에게 행사하는 극단의 이기적 행위를 강조한다. 다윗의 행위가 하나님의 이름을 더럽히는 것이 자명함에도 불구하고 그는 아주 냉혹하고 그로 말미암아 이어질 결과를 완전히 무시한 채로 실행했다(12:9-14). 이것은 분명 하나님이 직접 기름부터 선택한 사람에게 기대하는 것이 결코 아니었다.

텍스트 앞에 펼쳐진 세계 역시 그런 끔찍한 행동과 파렴치한 권력의 과시, 그리고 희생자에 대한 끔찍한 권력 남용을 결코 용납지 않는다. **텍스트 앞에 펼쳐진 세계**는 자신의 비도덕적 욕구를 채우기 위해 권력을 남용한 최고 통치자의 실상을 적나라하게 보여 준다. 사실 다윗이 행사한 권력은 그 어느 일부분이라도 자신의 것은 하나 없고 모두다 위로부터 그에게 주어진 것이고 부여된 것이었다.

여호와 하나님은 절대 주권으로 '아무것도 아닌' 다윗을 일방적으로 선택하여 하나님의 절대 주권을 자신의 권력에 대한 집착과 환상으로 망가뜨렸던 선임자 사울왕을 교체하셨다. 그럼에도 불구하고 다윗은 자신에게 주어진 '주권'(sovereignty)을 하나님의 방식이 아니라 자신의 독단적 방식대로 행사하는 쪽을 선택했다.

이런 맥락에서 '보냄'의 모티프는 이 '문단신학'의 중요한 측면(문단이 투영하는 세계의 일부분)을 가리킨다.

> **신학적 초점**[68]
> 신자들이 따라 순종하도록 부름받은 우선순위는 진정한 주권자이신 하나님께 신실하게 충성하는 것이다. 이것은 주권을 절제된 방식으로 행사하는 과정을 통해서 드러난다.

---

[68] '신학적 초점'은 이전의 분석을 요약하는 역할을 한다. 삼하 11-12장 전체 문단의 분석의 끝에 이 모든 개별적 요소가 하나의 '종합적인 신학적 초점'으로 합쳐질 것이다. 이 초점들은 일반적으로 다윗의 삶의 부정적 예에 대한 긍정적 재진술이 될 것이다.

(2) 힛타이트 모델

다윗의 범죄 이야기가 미묘한 반전을 보이면서 유대 왕 다윗과 히타이트 전사 우리아 사이에는 현저한 대비가 나타난다.

우리아 장수는 다윗의 군대와 함께 전선에서 사람이 죽고 사는 전투를 치르고 있다. 반면에 다윗은 자신의 궁전에서 다른 남자의 아내와 '눕는'(שָׁכַב[샤카브], 삼하 11:4) 불법적 쾌락의 늪에 빠져 있다. 우리아는 다윗의 명으로 전쟁에서 소환되었을 때조차 그의 동료들(과 하나님의 언약궤)이 전투가 벌어지는 들판에서 야영 중인 상황에서 자기 가정에서 안락하게 휴식을 보내는 즐거움에 굴복하기를 거절한다.

이 충성스러운 용사는 다윗이 음모를 꾸미는 대로 자신의 아내와 '눕기'(삼하 11:11) 위해 자기 집으로 가는 대신에 왕의 궁전의 문에서 '눕기'(삼하 11:9)로 한다. 우리아는 심지어 술에 취했음에도 집으로 가지 않고 왕의 신하들과 '눕기'(삼하 11:13)로 선택한다.

그렇게 충성스런 모습을 보였음에도 불구하고 우리아는 죽음의 자리로 '보냄'(또다시 שָׁלַח[샬라흐], 삼하 11:4)을 받는다. 전체 구도에서 볼 때, 어둠이 덮인 가운데 시작된(저녁, 삼하 11:2) 다윗의 간음은 이제 대낮에(아침, 삼하 11:14) 벌어지는 냉혹한 살인으로 뒤바뀌고 말았다.

다윗왕의 책략을 좌절시킨 우리아의 일관된 충성심이 결국 이토록 충성스런 용사를 죽음으로 내모는 살인의 동기가 되고 말았다. 그런 음모를 전혀 알 수 없었던 우리아는 자신의 사형 통지서를 지닌 채로 전장으로 나가서, 결국 다윗왕과 그의 군대 그리고 이스라엘 나라를 향한 충성심으로 인하여 죽임을 당하고 말았다.[69]

그런데 다윗의 범죄 이야기를 이끌어 가는 스토리텔러는 우리아가 사망한 이후에도 그의 정체가 이야기 속에서 완전히 사라지는 것을 용납하지

---

[69] J. P. Fokkelman, *King David (II Sam. 9-20 & I Kings 1-2)* (vol. 1 of *Narrative and Poetry in the Books of Samuel*; Assen, Netherlands: Van Gorcum, 1981), 60.

않는다. 사무엘하 11:26의 "우리아의 아내"와 "그 남편 우리아"라는 표현에서 이 용사의 이름이 어색하게 반복적으로 사용되는 점과 밧세바의 결혼 상태를 나타내는 반복된 표현(אִשָּׁה[이샤]와 בַּעְלָהּ[발라흐, "그녀의 남편"])은 다윗왕의 사악한 행위가 무죄하고 억울한 희생자에게 분명한 초점을 맞추고 있음을 잘 보여 준다.[70]

다윗왕은 지상에 있는 여호와의 대리자로서 그 백성들의 권리를 지켜 주는 보호자이며 하나님의 정의를 지탱하는 지지자의 모습을 보여 주어야만 했다. 그럼에도 자신의 충성스러운 신하를 살해하고 일부 다른 충실한 병사들의 죽음까지 초래하는 범죄를 저질렀다. 다윗의 범죄에 대한 정죄는 모든 독자의 손에 실감날 정도로 만져질 정도다. 여호와께 대한 불충이 이보다 더 완벽하게 묘사될 수는 없을 것이다. 이 문단에 수반되는 신학적 의미도 이보다 더 분명할 수는 없을 것이다.

한편에는 전혀 신실하지 못하고 오히려 불충한 이스라엘의 왕이 서 있다. 그는 의도적으로 그리고 고의적으로 그의 전사 중 한 사람의 아내와 간음을 저질렀다.

다른 한편에는 이런 상황을 전혀 이해하지 못하는 그의 충성스런 전사 우리아가 여호와 하나님과 그의 왕, 그리고 동료들을 대상으로 온전한 정신으로 책략을 꾸미는 다윗보다 더 충성스런 모습으로 등장한다. 이 충성스럽고 절제력 있고 자기희생적 용사가 불충하고 자기 욕구만을 충족시키려는 이기적인 왕의 범죄를 더욱 두드러지게 부각시키는 존재로 동원되고 있다.

---

[70] 이 불법적 결합으로 태어난 아이도 또한 "우리아의 아내"(삼하 12:15)가 낳은 것으로 언급된다. 우리아는 또한 이 책의 끝(삼하 23:39)에 다시 등장한다. 내레이터는 독자가 이 수치스러운 사건을 잊지 않기를 의도하고 있으며, 끝까지 이 뻔뻔스러운 행위가 다윗을 블랙리스트에 올린다.

이렇게 '문단신학'은 본문 앞에 투영된 세계에 등장하는 각 인물들의 실제를 생생하게 묘사한다.

> **신학적 초점**
> 여호와 하나님을 향한 충성은 자신의 욕구를 채우려는 욕망을 절제함으로 드러난다.

(3) 눈의 질환

사무엘상, 하 전체를 아우르는 포괄적 신학에 비추어 볼 때, 독자들은 다윗이 행한 범죄가 여호와 하나님의 진노를 초래할 것으로 충분히 예상할 수 있다. 그러나 상당히 놀랍게도 사무엘하 11장 내러티브는 11:27에 도달할 때까지 여호와 하나님에 대하여 아무런 언급이 없다. 비로소 이 구절(11:27, "다윗이 행한 그 일이 여호와 보시기에 악하였더라")에 이르러 이 드라마의 주인공인 여호와 하나님의 평가가 비로소 언급된다.

자기 욕망에 집착하여 성적 쾌락에 빠진 성도덕의 문제가 피해자와 제3자에 대한 독단적 폭압에서 절정에 도달한다. 충신 우리아가 잔혹하게 살해당했다. 그의 죽음은 끊임없이 고조되는 악의 절정이다. 그런데 이 마지막 범죄는 단지 한 사람만 살인한 것이 아니라 이스라엘의 최고 전사들(용사들, 삼하 11:16-17)을 포함하여 많은 이를 죽게 만들었다. 이에 대한 다윗의 반응은 전령을 통해 요압에게 전했던 다음의 무심한 발언이다.

이 일이 네 눈에 악이 되지 않게 하라(בְּעֵינֶיךָ[브에네카], 삼하 11:25).

그러나 곧 이어서 다윗의 범죄에 대한 하나님의 책망이 분명한 어조로 이어진다(사실 이 책망은 동일한 시각적 메타포를 사용한다).

> 다윗이 행한 그 일이 여호와 보시기에(בְּעֵינֵי יְהוָה,[브에네이 아도나이]) 악하였더라 (삼하 11:27b).

다윗과 여호와 하나님 사이에는 상황을 바라보는 시각의 불일치가 있었던 것으로 보인다. 다윗왕과 하나님은 의견이 서로 맞지 않았다.[71] 다윗은 악으로 바라보지 않았다고 생각한 그것을 하나님은 죄악으로 바라보시고 정죄하신다. 다윗왕과 하나님 사이의 갈등은 이 지점에서 최고조에 이른다.

과연 누가 선과 악을 평가하는가?

다윗인가 하나님인가?

아마도 다윗은 하나님이 어느 곳에나 임재하시는 분으로 생각하지 않았을는지 모른다. 그렇다면 그는 단지 자신만을 속였을 뿐이다. 그러나 하나님은 대본에 기록되면 임재하시고 대본에 기록되지 않으면 부재하시는 그런 분이 결코 아니다.

다윗이 사악한 범죄를 저지르는 동안에 여호와 하나님은 암암리에 임재하실 뿐만 아니라 불꽃같은 눈으로 그를 지켜보고 계셨다!

하나님이 작가의 손에 묘사되는 대로 드라마 무대에 존재하는 분으로 생각하는 오해를 바로잡기라도 하려는 듯이, 이전 장면에 '부재했던' 하나님은 이제 계속 임재하여 쉽게 감지할 수 있는 분으로 등장한다. 여호와 하나님을 언급하는 '4자음 문자'(Tetragrammaton)가 사무엘하 12장에서 다윗왕을 심판하고 죄악과 그에 따른 징벌을 선고하는(저자의 문학적 수행의 또 다른 예) 부분에서 13번이나 등장한다.

---

71 이미 더 커다란 플롯은 다윗의 안과 질환 증상들을 제시했다. 전쟁의 (불)운을 직접 보았던 암몬 자손(삼하 10:6, 14, 15, 19)과는 대조되게, 다윗은 보지 못한다. 그는 전선으로부터의 소식을 이차적으로 들을 뿐이다(삼하 10:5, 7, 17). Uriel Simon, *Reading Prophetic Narratives* (trans. Lenn J. Schramm; Bloomington, Ind.: Indiana University Press, 1997), 95를 보라.

하나님은 내내 지켜보고 계셨고 이제 정의를 세우고 이 불행한 에피소드를 종결하기 위하여 필요한 조치를 취하신다. 처벌이 불가피해졌다. '하나님이 지켜보고 계셨음'을 가리키는 사무엘하 11:27이 사무엘하 10-12장 전체 교차 대구 구조의 중심 초점임이 드러난다. 이 구절은 내러티브의 핵심, 즉 다윗의 행위가 '하나님이 보시기에 악한 것'을 강조한다.

10:1-19	A	전쟁-암몬에 대한 부분적 승리
11:1-5	B	죄; 밧세바가 임신하다
11:6-13	C	다윗의 죄를 숨김
11:14-27a	D	죄 없는 우리아를 살해함
11:27b	E	여호와 보시기에 악함
12:1-6	D'	양의 도살
12:7-15a	C'	다윗의 죄를 드러냄
12:15b-25	B'	죽음; 밧세바가 임신하다
12:26-31	A'	전쟁-암몬에 대한 완전한 승리

흥미롭게도 열왕기상 15:5의 부록은 다윗이 "헷 사람 우리아의 일 외에는" 평생에 옳게 행했다고 단언하면서 다윗의 시각으로 이 악행을 다시 지적한다. 해석자가 특정 '문단신학'을 올바로 파악하려면, 내러티브가 묘사하는 사건을 하나님의 시각으로 인식하는 것이 매우 중요하며 그렇게 해석한 내용이 본문의 문단이 독자에게 투영하는 세계의 중요한 실제다. 그러나 다윗은 하나님의 말씀을 멸시하고 하나님의 이름을 폄하했다 (삼하 12:9, 14).

(4) (죄악에) 상응하는 징벌

다윗의 범죄 이야기는 사무엘하 11:26b(교차 대구법의 가장 중요한 부분)에서 이 내러티브의 절정에 도달한다. 이 점은 그다음 구절에서 나단 선지자가 일종의 검사 역할을 하도록 하나님으로부터 보냄을 받는 장면을 통해서 거듭 확인된다. 이전에는 파송의 주체는 다윗이었다면 이번에는 여호와 하나님이 파송의 주제로 묘사된다("여호와께서 나단을 다윗에게 보내시니 [שָׁלַח]…", 삼하 12:1).

파송하는 형세가 역전되었다!

하나님의 해결책이 곧 등장할 것이다. 범죄가 있다면 그에 적합한 형벌이 선고될 것이다. 형벌로 여호와 하나님은 다윗의 아내들을 '빼앗을'(לָקַח[라카흐], 삼하 12:11) 것이다. 나단 선지자의 비유에서 부자가 가난한 사람의 암양을 '빼앗은'(삼하 12:4)것처럼 다윗이 어떻게 우리아에게서 밧세바를 '빼앗았는지를'(삼하 11:4; 12:9, 10) 암울하게 생각나게 할 것이다.[72]

여호와가 다윗에게서 아내를 빼앗는 비극이 "그(다윗)의 눈 앞에서" 일어날 것이다. 그의 아내들은 "백주"에 (다른 남자들과) 동침하게 될 것이다(삼하 12:11, 다윗이 마땅히 경멸받을 만한 음모를 시작했던 동일한 지붕 밑에서 압살롬에 의해 이 저주가 성취되는 과정을 자세히 보려면 삼하 16:22를 보라).

여호와의 경멸하심과 그분의 말씀 성취(삼하 12:9, 10)는 실로 끔찍하다. 다윗의 범죄는 자연인 한 사람 개인의 범죄가 아니라 여호와의 기름 부은 자, 하나님의 선택받은 이스라엘의 왕이 저지른 것이었다(이스라엘/유다가 삼하 12:7-15에서 5회 언급된다).

다윗왕의 범죄가 여호와의 원수에게 하나님의 공의를 모독하고 조롱할 만한 기회를 주었다는 사실(12:14) 또한 잊지 말아야 한다. 나단 선지자가 예고한 네 배의 처벌(12:6)은 정확히 시행되어서 다윗의 자녀 넷(밧세바의

---

[72] 나단의 비난하는 이야기 속(삼하 12:3)에서 가난한 사람의 양은 그가 먹는 것을 '먹고'(אָכַל[아칼]) 그의 잔으로 '마시며'(שָׁתָה[샤타]) 그의 품에 '누웠다'(שָׁכַב[샤카브]). 이전에 집으로 가라는 다윗의 재촉에 반응하여(이것은 왕이 밧세바의 불법의 아이의 아버지임을 숨기기 위한 시도였다) 이 용사는 분개하여 대답했다. "내가 어찌 내 집으로 가서 '먹고'(אָכַל) '마시고'(שָׁתָה) 내 처와 같이 '자리이까'(שָׁכַב)"(삼하 11:11). 다윗은 가난한 사람이 가장 사랑했던 양을 죽인 부자처럼 냉혹했다고 나단 선지자는 암시했던 것이다.

신생아, 암논, 압살롬, 그리고 아도니아)의 생명을 취할 것이다. 결국, 본 단락의 '문단신학'에서 우리는 하나님에 대한 신실함은 반드시 그에 상응하는 결과를 가져온다는 교훈을 확인할 수 있다.[73]

> **신학적 초점**
> 하나님에 대한 불충은 그분의 말씀을 무시하고 공개적으로 그분의 이름을 모욕함으로 드러나며 반드시 그에 상응하는 대가를 지불한다..

충성이라는 유사한 주제가 사무엘 상,하의 보다 큰 맥락 속에 중요한 신학적 주제로 자리하고 있다. 하나님이 인간 대리인을 선택하여 권한을 위임할 때, 그 대리인은 자신을 임명하신 주권자 하나님께 충성해야 할 책임을 진다.

이 원리는 사무엘상 13장-사무엘하 24장에 펼쳐진 사울왕과 다윗왕의 삶을 통하여 구체석으로 드러난다. 첫째 왕 사울은 이 원칙에 불충한 대리인으로 밝혀졌고, 그 결과로 성령 하나님이 그로부터 떠나 충실한 다윗에게 임하고 다윗은 이스라엘의 기름 부은 왕으로 세움을 받았다(삼상 16:13-14). 언약궤는 후에 이스라엘로 되돌아오고 그 땅에 임한 축복은 지속된다(삼하 6-8장).

이러한 모습으로 독자들에게 투영된 세계는 충성에 대한 하나님의 보상을 그 중심 원리로 보여 준다. 그러나 평화로운 시절은 오래 지속되지 않았다. 사울이 하나님의 주권에 순종하는 왕으로서의 역할을 제대로 보여 주지 못하고 실패했던 선례가 다윗에게 제대로 경고의 기능을 하지 못했

---

[73] 치유 조치도 이 내러티브의 한 부분으로 회개하는 죄인에 대한 하나님의 은혜를 묘사한다(삼하 12:13). 다윗의 죄는 비극적이고 충격적인 타격을 주었으나, 다윗을 고발하는 장면은 긍정적으로 끝난다. 다시 한번 여호와는 (사람을) '보내시는데'(שׁלח[살라흐]) 이번에도 하나님이 보내신 사람은 나단이었다. 그리고 이번에는 다정함의 메시지를 갖고 보내셨다. 다윗과 밧세바의 두 번째 아이는 "여호와께서 사랑"(삼하 12:24)하실 것이었다. 죄의 결과는 여전히 남아 있지만 용서가 이루어진 것이다.

다. 그래서 다윗 역시 범죄로 이어지는 심판의 결과가 자신의 불충에 대한 하나님의 보응임을 또다시 입증하게 되었다.

사무엘상 16장부터 사무엘하 8장의 내러티브는 기본적으로 다윗의 모범적 인품과 통치를 긍정적으로 묘사하지만 사무엘하 9-20장의 내러티브는 그의 한계로 인한 타락과 몰락의 과정을 애통스럽게 묘사한다. 지상의 왕이라도 진정한 왕이신 여호와 하나님께 충성하지 않고 반역의 길을 걷는다면, 이는 충분히 예상할 만한 결과였다.[74]

우리가 살펴보는 문단의 내러티브는 하나님이 선택하신 대리인들의 충성과 반역에 대한 하나님의 보응의 세계가 독자들에게 투영됨으로 그분의 백성들은 어떤 상황에서든 그의 통치자이신 하나님께 충성을 다해야 한다는 우선순위를 선명하게 강조한다. 이 세계는 여호와 하나님을 악을 있는 그대로 보시고 그대로 판단하시는 분으로 묘사함으로 그 백성들의 불충과 반역에는 당연한 처벌이 뒤따를 것을 경고한다.

이 문단의 내러티브 플롯은 특별히 하나님이 주권적으로 선택하신 한 사람 다윗을 지목하여 보여 준다. 그는 성적 욕망을 절제하지 못함으로 그의 근간을 뒤흔들 파국적 심판을 자초했다. 이 욕망은 악 위에 더한 악을 쌓는 고삐 풀린 재앙을 가져왔고, 하나님의 말씀을 무시하고 그분의 이름이 비방받는 결과를 초래했다(삼하 12:9-14에서 나단의 고소에서 언급된 것처럼).

당시 다윗에게는 하나님의 명예는 더 이상 최고 우선순위가 아니었다. 그 대신 절제하지 못하는 욕정과 이를 위한 권력의 남용이 최고 우선순위가 되어 다윗을 집어 삼켰다. 그는 계속해서 일말의 뉘우침도 없이 자신의 범죄를 숨기고 명예를 보호하려는 후속 조치를 취하지만 개선될 기미

---

[74] 다윗의 불충의 결과는 가정과 국가에 대한 그의 권위의 소실과 그에 수반된 가정과 그 땅에서의 혼란이었다. 다윗의 간통과 살인은 중요한 텍스트 공간(textual space)을 차지하는데(삼하 10-12장), 이는 이 범죄가 이후 문제들(근친상간, 형제 살해, 반역, 그리고 내란)의 원천으로서 갖는 중요한 위치를 나타낸다(삼하 13-20장).

는 전혀 나타나지 않고 급속도로 타락의 구렁텅이로 떨어졌으며, 무자비한 살인에서 그 절정에 이르렀다.

하나님과 다윗의 부하들, 그리고 나라를 향한 충성심은 뒷배경으로 희미하게 사라지고 모두에게 불충한 지도자가 전면에 드러났다. 그 결과는 심각했다. 반역과 불충은 처벌되지 않은 채로 남아 있을 수 없었다. 만일 그렇게 되면 불충의 결과는 세대를 넘어 계속 남아 있을 것이고, 축복의 시기는 사라지고 악이 기승을 부리는 가혹한 시대가 시작될 것이다.[75]

결국 이 내러티브를 좀 더 넓은 맥락에서 살펴보면 이 '문단신학'(텍스트 앞에 펼쳐진 세계의 일부분)은 다음 세 가지 측면을 중심으로 요약될 수 있을 것이다.

> **종합적인 신학적 초점**
> 하나님에 대한 경외와 그분의 말씀에 대한 존경(텍스트 앞에 펼쳐진 세계의 우선순위)은 자신에게 주어진 권력을 절제하여 행사하고, 자기 욕구를 충족하려는 욕망을 억제하고, 하나님이 보시기에 악한 대로 악을 인식하는 삶(텍스트 앞에 펼쳐진 세계의 실제)을 통하여 드러난다. 진정한 주권자이신 하나님의 권위와 통치에 대한 이러한 존중과 순종이 축복을 가져온다(텍스트 앞에 펼쳐진 세계의 교훈).

사무엘 상, 하의 넓은 맥락에서 하나님께 불충한 존재로 드러나는 인물은 나라의 왕뿐만이 아니라는 사실을 기억할 필요가 있다. 하나님의 대리인 다윗이 자신의 불충을 드러내기 전에 국민들 역시 왕정을 요구하며 여호와 하나님의 주권을 무시했다. 그래서 하나님은 "나를 버려 자기들의 왕이 되지 못하게 함이니라"(삼상 8:7)라고 선언하셨다. 이것은 하나님이 그들의 통치자가 되신다는 모세의 율법을 일방적으로 파기한 언약 파기의

---

[75] 용서는 구할 수 있지만 하나님이 제시하시고 죄인이 받아들인 용서가 죄의 결과와 정의의 선포를 완전히 지우는 것은 아니다. 그러나 참회하고 회개하는 자에게 하나님은 회복을 제공하신다(삼하 12장이 입증하듯이).

행위였다(출 15:18; 19:5-6). 그러므로 이 '문단신학'은 통치자와 그 통치를 받는 백성들, 왕족과 평민 모두를 위한 교훈을 담고 있다.

사무엘하 11-12장의 분석과 요약에서 분명히 드러나듯이, '문단신학'은 본문의 문학적 세부 요소들을 통하여 성경 본문을 처음 작성할 때의 역사적 상황을 초월한 보편적 의미를 독자들에게 제시한다. 문학 작품 중에 특별히 고전 작품에 담긴 의미론적 잠재력(semantic potency)은 독자들이 해석의 과정에서 과거 기록 당시의 독특성으로부터 시대를 초월한 보편성으로의 전환을 경험하도록 하여 본문의 의미가 영원한 가치를 확보하도록 한다.[76]

그래서 우리가 살펴보는 이 문단(과 사무엘 상, 하에 나오는 다윗의 전체 이야기)은 과거에 실존했던 역사적 인물에 대한 내러티브 이상의 것으로, "이 내러티브에 등장한 다윗 개인에게 (그가 추구했거나 위반했던) 최고의 가치에 관한 것만이 아니라 모든 인간 존재에게도 동일한 최고 가치에 관한 것이다."

본 연구의 분석을 통해서 필자가 강조하려는 것은 **텍스트 앞에 펼쳐진 세계**로서의 '문단신학'은 이러한 '최고의 가치'를 독자들에게 제시하며, 현대 독자들/해석자/설교자들이 본문의 의미를 각자의 삶에 가져와 전용(혹은 적용)하도록 본문이 투영하는 세계 안에서 작용하는 교훈과 우선순위 그리고 실천 방안을 제시한다는 것이다.[77]

이러한 결과는 과거의 역사가 문학 작품의 형식으로 기록되었다는 이유만으로 가능한 것이 아니다. 저자는 이러한 결과를 염두에 두고서 과거의 자료를 나름의 의도로 편집하여 보편적 가치가 부각되는 방식으로 텍

---

[76] Fokkelman, *King David*, 421. 물론, 이것은 텍스트의 세부사항(원래 텍스트의 의미)으로부터 본서 1장에서 묘사한 **텍스트 앞에 펼쳐진 세계**/'문단신학'(초역사적 의도)으로의 움직임이다.

[77] '보편적인 인간적 의미'에 자리를 내어줌에 따라 특정한 지역적 의미가 줄어들으나 소실되지는 않는다. Fokkelman은 이러한 텍스트의 저자들이 자신들의 작품에 내장된 초시간적 가치, 즉 미래의 독자들에 의해 적용되기를 기다리는 초역사적 의도/텍스트의 신학을 인식하고 있었다고 믿는다(Fokkelman, *King David*, 423-25).

스트를 기록했고, 그런 과정을 거쳐 과거의 역사적 자료가 현재 독자의 독서 안으로 들어옴으로 기록의 소격화(distanciation)가 극복되도록 했다. 그러므로 고대 텍스트의 현대적 적용을 중간에서 매개하는 것은 본문의 '문단신학'이며, 텍스트가 그것을 읽는 사람의 삶 속에서 새로운 삶으로 펼쳐질 수 있는 것은 바로 이러한 전용(appropriation)을 통해서이다.[78]

4) 원리화, 일반화, 그리고 문단신학의 차원

앞서 사무엘하 11-12장의 사례 연구에서 살펴보았듯이 설교 목적으로 성경의 문단을 해석하는 해석자는 본문의 세부적인 문학적/수사적 요소들로부터 그 문단의 보편적 신학적 의미를 확보하는 '문단신학'의 차원으로 이동해야 한다. 이러한 해석학적 움직임은 본문의 특정한 구체적 요소들로부터 일반적 요소들로 전환하는 과정을 포함한다.

그 과정은 구체적으로 어떻게 진행되는가?

(1) 원리화의 문제

'문단신학'이 하나님 나라에 관한 거룩한 교훈과 우선순위, 그리고 실천 사항을 담고 있지만, 이러한 사항들은 기존의 설교학 교과서에 자주 등장하는 '원리'(principles, 또는 중심 사상, 즉 보편적으로 적용할 수 있고 다소 자의적으로 해석한 진리)와는 어느 정도 구분해야 한다.[79] 왜냐하면, 그러한 원리는

---

[78] 이 문단의 적용을 위한 제안이 제4장에서 논의될 것이다.
[79] Waldermar Janzen, *Old Testament Ethics: A Paradigmatic Approach* (Louisville: Westminster John Knox, 1994), 29, 55. 이 원리를 발견하기 위한 과정은 종종 '원리화'(principlization)라 불린다. Walter C. Kaiser, "A Principlizing Model," in *Four Views on Moving Beyond the Bible to Theology* (ed. Gary T. Meadors; Grand Rapids: Zondervan, 2009), 22를 보라. "'원리화'한다는 것은 진리를 교회의 현재의 필요에 적용하는 데 특별한 초점을 맞춘 영원히 지속되는 진리의 형태로 저자의 제안, 주장, 이야기의 진행(narration), 설명을 (재)진술하는 것이다."; Bernard L. Ramm, *Protestant Biblical Interpretation* (rev. ed.; Grand Rapids: Baker, 1970), 199-200. "원리화한다는 것은 (원리를) 표면으로 가져

저자가 의도한 것이라거나 저자가 말하는 것으로 수행하는 것이라는 점을 분명하게 확증할 만한 성실한 주해 과정 없이 해석자가 상당히 자의적으로 도출한 것이기 때문이다.

이러한 '원리화'의 과정 배후에는 해석자가 먼저 성경 본문에서 과거 시간이나 문화에 얽매이지 않은 보편적 요소들을 식별할 수 있다면, 그러한 초문화적 요소들은 문단 전체의 문학적 맥락을 통해서 독자들에게 펼쳐내는 세계보다 더 중요하다는 암묵적 합의가 깔려 있다.

예를 들어, 월터 카이저(Walter Kaiser)는 과거의 특정한 시대 문화를 언급하는 요소들이 텍스트 안으로 '침투해 들어와서' 겉보기에 독자가 텍스트의 원리를 파악하려는 데 방해 요소로 작용한다고 생각한다. 그래서 "문화적 요소들을 수용하는 것보다 원리에 우선순위가 주어져야 한다"라고 주장했다.[80] 이렇게 본다면 기록 과정에서 저자가 채택한 문학 장르는 본질적으로 하나님 편에서의 실수였다는 뜻이다.

그렇다면 성령 하나님이 성경을 기록하는 과정에서 성경의 대부분을 명제적 원리의 형태가 아니라 이야기 형식으로 기록한 의도에 대해서 질문을 던지지 않을 수 없다. 만일 하나님이 단지 근본 원리를 감싸는 겉껍질에 불과한 골치 아픈 이야기와 쉽게 납득할 수 없는 예언, 그리고 감성적 시문학 대신에 오직 영원한 명제(알맹이) 목록을 고집하셨더라면 그분 자신과 그분의 백성들의 사역을 훨씬 잘 처리하셨을 것이 아닌가.

그래서 케빈 밴후저(Kevin Vanhoozer)는 다음과 같이 올바로 평가했다.

오는 추론의 과정"이다; Charles H. Cosgrove, *Appealing to Scripture in Moral Debate: Five Hermeneutical Rules* (Grand Rapids: Eerdmans, 2002), 61-62는 이 과정을 '원리화'라고 부른다.

80 Kaiser, "A Principlizing Model," 21.

월터 카이저는 거룩한 본문의 페이지 앞으로 나아가지 못할는지 모르겠지만 그는 분명 본문 뒤로 들어갔다.[81]

이렇게 성경 본문에서 초월적 원리를 찾아보려는 사람은 그것이 무엇이든 그 텍스트를 작성하도록 자극한 과거의 동기를 찾아 텍스트 배후를 탐색한다. 이러한 해석 전략은 특히 성경 내러티브를 해석하려는 경우에 심각한 문제로 작용한다.

성경 저자가 (텍스트 뒤에 있음직한) 보편적 원리를 염두에 두고서 그의 마음속에 있는 서술 데이터베이스에서 그 원리를 감싸서 표현할 만한 적절한 이야기를 겉포장지 수단으로 마련한 것처럼 오해하기 때문이다. 이런 과정을 거쳐 확보한 원리는 결국 텍스트의 특정한 모든 문학적/수사적 요소들을 깡그리 무시하고 얻은 것으로 그 실체가 없다.

그래서 설교학자 크래독(Craddock)은 다음과 같이 정확하게 지적했다.

> 명제와 주제와 개요를 목적으로 하는 많은 설교가 바로 그렇다. 이런 경우 목사/설교자는 차를 마시려고 물(본문)을 끓인(해석) 후 결국 컵 밑바닥에 남은 얼룩(추출된 원리)을 먹으려는(설교하는) 셈이다.[82]

그러나 성경은 원리들의 개요서가 아니라 다양한 시대와 다양한 장소에 살았던 다양한 사람의 "다소 깔끔하지 않고 믿을 수 없을 정도로 복잡한 인생에 관한" 작품들의 모음집이다.

81　Kevin J. Vanhoozer, "A Response to Walter C. Kaiser Jr.," in *Four Views on Moving Beyond the Bible to Theology*, 59. Vanhoozer는 '알맹이/겉껍질'(혹은 '캔디/포장지'라고 할 수 있을까?) 진영이 성경을 텍스트와 원리로 나누는 이분화의 경향은 거의 가현설적(docetic)이라고 비난한다(ibid., 60-61).

82　Fred B. Craddock, *Preaching* (Nashville: Abingdon, 1985), 123.

이 위대한 성경 작품들의 모음집을 그저 간단한 몇 가지 독립적이며 보편적인 원리들의 목록으로 추출될 수 있는 소모성의 문학 작품 수단으로 취급하는 것은, 하나님이 우리에게 주신 성경의 문학적 독특성을 부정하는 것이며 성경 읽기를 시간 낭비로 오해하게 하는 것이다.[83]

따라서 해석자는 텍스트 배후에 있는 보편적 원리와 같은 가공의 실체를 추구하기보다는 '문단신학', 즉 저자가 말하는 것으로 수행하고 있는 것, 또는 본문 문단을 통해서 **텍스트 앞에 펼쳐진 세계**를 추구해야 한다. 내러티브 문단의 '깔끔하지 못한' 세부적 내용들 안에서 그리고 그것과 더불어, 저자는 자신이 말하는 것으로 무언가를 독자들에게 수행한다.

성경의 문단은 인물과 상황에 대한 구체적 묘사와 여러 방식의 특정한 수사적 구조와 스타일을 통해서 독자들로 하여금 이야기의 내용뿐만 아니라 그 말하는 방식에도 해석적 특권을 발휘하도록 유도함으로 해석자 앞에 독특하고도 구체적인 세계를 투영하고 그 본문만 성취할 수 있는 독특한 수사적 결과를 성취한다.

두 접근법의 차이를 다음과 같이 요약할 수 있다. '원리화를 추구하는' 해석에서는 원리는 텍스트보다 우선한다(이 경우에 텍스트는 종종 텍스트 배후에 있는 보편적 원리로 축소된다). 반면에 본 연구에서 주장하는 신학적 해석에서는 텍스트가 세계/신학을 독자들에게 투영한다(이 경우에 텍스는 **텍스트 앞에 펼쳐진 세계/'문단신학'**으로 축소될 수 없이 그대로 남아 있다).

---

83 Christopher J. H. Wright, *Old Testament Ethics for the People of God* (Downers Grove: InterVarsity, 2004), 71. 그러나 필자는 제3장에서 적용을 위해 율법을 해석하는 데 있어 '논리적 근거'(원리)를 조사하는 것이 생산적이라고 제안할 것이다. 성경 자체도 구약의 율법을 '원리화'하는 것처럼 보인다. 스 9:1-2는 이스라엘과 가나안의 결혼을 금하는 신 7:1-5를 인용하여 유대인들이 비(非) 가나안 족속들과 혼인 관계를 맺는 것을 비난한다. 다른 예들은 다음을 포함한다. 고전 9:9-14와 딤전 5:18(신 25:4를 사용함); 고후 13:1(신 17:6-7; 19:15를 사용함); 고후 6:14(신 22:10을 사용함); 고전 5:1-3(레 18:8, 29를 사용함); 고전 5:13(신 17:7을 사용함); 히 9:22(레 17:11을 사용함) 등.

(아래 도표의 화살표는 텍스트에서 시작하여 적용으로 끝나는 해석학적 이동 과정을 나타낸다.)

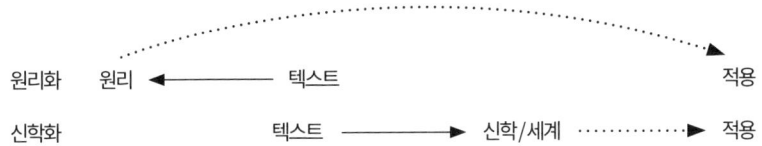

(2) 일반화의 필요성

성경 해석 과정에서는 어느 정도의 일반화가 뒤따르기 마련이다. 일반화 과정은 실제로 생리적일 수 있다.

> 일반화는 생명의 발현 과정에 참여하는 것이다. 우리가 매일 직면하는 것은 주로 세부적 사실들(이 사람이나 저 건물, 혹은 이 바위나 저런 언행들)이지만, 이러한 세부적 내용을 자신의 인식 세계 안에 있는 커다란 분류 체계 안으로 범주화하고 조직화함으로 바깥 세계를 안에 붙잡아 둔다. 그래서 우리가 인식하는 세부 사실들은 단순한 세부 사실일 뿐만 아니라 우리 인식 세계의 보편적 범주 안에 포함된 특정한 x로 연결되어 파악된다.[84]

최근 신경과학자들과 인지심리학자들의 연구에 의하면, 인지 과정의 실용적 효율성이 일반화를 요구한다.

> 일반적 인지 경제성(효율성)과 관련하여 가장 기본적으로 작용하는 차원은 생명체가 최소의 인지 노력으로 최대의 정보를 처리하는 추상화의 차원이다.[85]

---

[84] Frederick Schauer, *Playing by the Rules: A Philosophical Examination of Rule-Based Decision-Making in Law and in Life* (Oxford: Clarendon, 1991), 18.
[85] Eleanor Rosch, "Human Categorization," in *Studies in Cross-cultural Psychology* (vol. 1; ed.

레이코프(Lakoff)와 존슨(Johnson)은 일반화의 사례로 인간의 눈을 제시한다. 인간의 눈에는 1억 개의 광각 세포가 있으나, 그중에 단지 백만 개의 신경 섬유만이 눈에서 뇌의 시신경 피질로 유도된다. 1억 개의 광각 세포가 포착한 각각의 이미지는 100분의 1로 줄여야 한다.

각각의 신경 섬유가 외부에서 받아들인 정보는 약 100개의 세포로부터 온 정보의 '범주화' 과정을 거쳐 확보된 정보다. 이런 방식의 신경의 범주화 과정은 우리가 인식할 수 있는 최고 수준의 범주화에 도달하기까지 뇌 전체에 걸쳐 진행된다.

그러므로 레이코프와 존슨은 범주화 과정(본질적으로 일반화 혹은 축소화 과정)은 "우리가 세계를 이해하고 세계를 살아가는 기본적 방식"이라고 주장한다. 다른 말로 해서 생명체는 일반화한다.[86]

일반화는 주변 현실에 관한 생리적 반응일 뿐만 아니라 생명체가 살아가는 실행적 반응(a pragmatic response)이기도 하다. "인생은 짧고 정신 공간은 한정되어 있다." 그래서 인간은 일반화한다.[87] 그러므로 텍스트 해석 과정에서도 어느 정도의 축소는 반드시 필요하다. 왜냐하면, 축소 과정 없이는 고대 텍스트의 구체적 세부 내용들이 현대의 청중에게 결코 제대로 전달될 수 없기 때문이다.

설교자는 (텍스트에 있는) 세부 내용의 불투명성을 뛰어넘어 보편적 명료함으로 이동해야 한다.[88]

Neil Warren; New York: Academic, 1977), 29.
[86] George Lakoff and Mark Johnson, *Philosophy in the Flesh: The Embodied Mind and Its Challenge to Western Thought* (New York: Basic Books, 1999), 18.
[87] Schauer, *Playing by the Rules*, 18-19. "Rules as Generalizations"(ibid., 17-37)을 보라.
[88] David M. Greenhaw, "As One *with* Authority: Rehabilitating Concepts for Preaching," in *Intersections: Post-Critical Studies in Preaching* (ed. Richard L. Eslinger; Grand Rapids: Ee-

모든 세부 내용의 배후에는 일반적이거나 보편적인 것이 깔려 있다. 뉴턴이 깨달은 보편적 만유인력의 원리 배후에는 나무에서 떨어지는 사과라는 구체적 사실이 있었다.

앨러스터 매킨타이어(Alasdair MacIntyre)는 뉴턴이 제안한 보편적 만유인력의 법칙이나 또 다른 보편적 법칙과 관련하여 이렇게 설명한다.

> 보편적 원리를 찾으려면 현재나 과거에 실제로 관찰한 세부사항들을 뛰어넘어 과거의 관찰에서 누락된 것과 앞으로 관찰하지 않은 것까지 모두 포함해야 한다.[89]

이러한 일반화 과정을 거칠 때 비로소 미래의 특정 상황에서 잠재적이고 구체적 실례화(적용 사례)를 정확하게 예측하거나 제안할 수 있다. **텍스트 앞에 펼쳐진 세계**(즉, '문단신학')가 전달하는 초역사적 의도에 의해 달성되는 일반화 과정 없이는, 한 번 작성된 텍스트의 미래성은 결코 존재할 수 없으며 텍스트가 기록된 상황의 특정한 시간과 장소를 뛰어넘는 타당한 적용도 뒤따를 수 없다는 것이다.

과거 텍스트로부터 현재의 실천으로 진행되는 모든 해석학적 움직임은 투영된 세계에 내재한 초월성이 해석 과정에서 펼쳐짐을 의미한다. 특히, 해석자의 도덕적 판단은 텍스트가 펼쳐낸 세계 안에 초월성이나 보편성이 선행하고 있음을 전제한다. 그것들의 본성에 의해 이 윤리적 공리들은 "일반화되고, 추상화되고, 확대되고, 이상적 의사소통 공동체에까지 확장됨

---

rdmans, 2004), 105. 물론, 어떤 일반화에 도달하는 것으로는 충분하지 않다. 설교자의 책임은 그것을 실제의 삶, 즉 청중의 삶으로 가져오는 것이다. 이것은 구체적인 것으로의 돌아오는 움직임으로 설교를 위한 '2단계'(two-step) 해석의 두 번째 단계(second step)이다(텍스트→신학→적용; 아래를 보라).

89 Alasdair MacIntyre, *After Virtue*, 2nd ed. (Notre Dame: University of Notre Dame Press, 1984), 82-83.

에 따라 구체적 세부 내용 너머를 가리키게 된다."⁹⁰

예를 들어, "혼다 시빅이 기름이 떨어져 중간에 멈추었다"라는 구체적 진술은 "모든 차는 기름이 떨어지면 멈출 것이다"라는 일반적 진리를 내포한다. 마찬가지로 "빌은 절도죄로 처벌 받아야 한다"라는 진술은 "도둑질을 범한 사람은 반드시 처벌 받아야 한다"라는 보편적 진리를 암시한다.

이러한 일반화의 원칙은 윤리학 분야의 근간을 형성한다. "보편성이 없는 윤리는 더 이상 윤리가 아니라 일련의 파편적이고 자의적인 규정에 불과하다."⁹¹ 예수님이 과거 내러티브 본문(삼상 21:1-7)에서 초역사적 의도를 확보하여 바리새인들의 논쟁을 반박했던 사례가 마가복음 2:25-26에서 발견된다.⁹²

일반화 과정 없이는 온전한 교육은 불가능할 것이다. 왜냐하면, 학생들에게 교육적 목적으로 제시하는 가르침은, 운전 교습소에서 (어떤 차종에 관계없이) 기어를 바꾸는 방법이나, 요리 학교에서 (어떤 종류의) 파이를 굽는 방법, 혹은 의과 대학에서 (어떤 환자에게든) 흑색종을 치료하는 방법이거나 모든 상황에 적용 가능한 일반적 가르침이다.

이렇게 일반화 과정은 교육을 받는 학생이 그 학습 과정에서 멀찍이 떨어진 미래의 전혀 다른 시공간의 상황에 직면하여 일반적 가르침을 자신

---

90 Jürgen Habermas, *Justification and Application: Remarks on Discourse Ethics* (trans. Ciaran Cronin; Cambridge: Polity, 1993), 50, 52.
91 Oliver M. T. O'Donovan, "The Possibility of a Biblical Ethics," *TSF Bull.* 67 (1973): 18. 또한 Marcus George Singer, *Generalization in Ethics* (London: Eyre & Sottiswoode, 1963), 13-33, 34-46을 보라; R. M. Hare, *Freedom and Reason* (Oxford Claredon, 1963), 4-5, 10-13. "일반화의 가치는 그것이 개별적이거나 순간적인 특정한 모습을 배제하면서도, 한 범주(class)에 일반적 특색을 표현하는 것이다." 구체성의 상실은 적용 가능성에 득이 된다(Richard M. Weaver, *Language Is Sermonic: Richard M. Weaver on the Nature of Rhetoric* [eds. Richard L. Johnnesen, Rennard Strickland, and Ralph T. Eubanks; Baton Rouge, La.: Louisiana State University Press, 1970], 125-26).
92 그리고 그분은 필수적으로 그것을 다시 구체적인 것, 즉 1세기 그분의 제자들이 행한 것(그들이 지나가던 들판에서 곡식의 이삭을 자른 일)을 정당화하는 일에 적용시키신다.

의 구체적 상황에 올바로 적용하여 특정 상황에 제대로 반응하도록 돕는 것이다. 그래서 일반화 과정이 없다면 "모든 세대는 각자 자신의 상황에서 새롭게 시작하여 각자가 자신을 직접 가르쳐야 할 것이다."[93]

지난 세기 초반부의 미국 법철학자인 즈가리야 채피(Zechariah Chafee)는 풍자적으로 다음과 같이 말했다.

> 추상화(abstraction)를 조심스럽게 사용해야 한다고 주장하는 것과 자연과학의 방법을 통하여 추상화를 검증할 수 없다면 추상화를 그대로 따라 사용해서는 안 된다고 말하는 것은 전혀 별개의 사안이다. 언어의 위계 구조에서는 더 높은 차원의 언어가 더 강력하다. 고층 건물이나 높은 전압에서도 마찬가지다. 추상화의 과정이 없다면 현대의 삶은 크나큰 난관에 직면할 것이다. 만일 많은 분량의 사건/사실을 서술하고 전달하는 과정에서 속기 표현 방법을 사용하지 않는다면, 법률 활동을 포함하여 인류 문명을 위한 지성적 활동의 대부분은 정지 상태로까지 둔화될 것이다.[94]

이와 같이 일반화는 정당한 성경 해석 방법이다. 그러나 다음의 경고와 더불어 사용되어야 한다. 어떤 일반화 과정이라도 텍스트와 그 세부 내용에서 타당하게 이끌어 나온 결과임을 확증할 수 있어야 한다.[95] 달리 말하면, 철저한 주해, 즉 텍스트의 고유한 특권을 되살려 내는 것이 이러한 확증을 위하여 매우 중요하다.

필자가 본서에서 제안하는 이러한 해석 방법은 특정 성경 본문에서 가져올 보편적인 신학적 진리는 그 본문이 독특한 수사적 전략으로 표현하는 것보다 더 나은 방법으로는 표현될 수 없음을 강조한다. 성경의 어떤

---

93 R. M. Hare, *The Language of Morals* (Oxford: Claredon, 1961), 60-61.
94 Zechariah Chafee, "The Disorderly Conduct of Words," *Columbia L. Rev.* 41 (1941): 391.
95 다시 적용의 목적을 위해 이와 같은 일반화의 움직임은 청중의 구체적 상황과 적절하게 관련을 맺는 세부 사실로 되돌아가야 한다.

단락에서 끌어낸 어떤 신학적 메시지든, 텍스트에 나타난 성경 본문의 문학적 형태가 그 진리를 표현하는 최선의 방법이다. 물론, 해석자는 특정 본문에 담긴 신학적 가치, 즉 '문단신학'을 분별하는 실용적 추론 작업도 밝아야 한다.

그러나 언어학자들의 연구에 의하면, 언어는 대개 그와 같은 추론 능력에 의한 의사소통을 극대화하는 방식으로 기능한다.[96] 어떤 사실이나 사건을 여러 페이지에 걸쳐서 문자적으로 서술하는 방식보다는 은유와 속담, 아이러니, 혹은 내러티브를 통해서 미묘하고 함축적 의미를 추론하는 방식으로 의사소통이 이뤄진다는 것이다.

달리 말하면, 실제 사람들 사이에 진행되는 의사소통의 균형은 학술적으로 문서를 해석하는 방식보다는 발화자가 수신자에게 수사적 목적을 성취하는 화용론에 치중된 방식으로 진행된다는 것이다. 성경 문단에 담긴 신학적 의미의 의도가 실현되는 효과적 방식도 그것이 시편의 노래든 내러티브 이야기나 편지의 서신서든 율법이든 성경 텍스트에 기록된 그 방법 그대로라는 것이다.

성령 하나님이 사람들을 향한 하나님의 말씀을 계시하는 수단으로 사용하신 성경의 다양한 문학 장르도 결코 부주의한 방법이나 실수로 그렇게 기록된 것이 아니다. 성경 본문의 문학 장르와 수사적 추동력('문단신학')을 독자들에게 더 이상 효과적으로 전달하여 실현할 다른 수단이 없기 때문에, 성령 하나님은 최선의 전략으로 성경 본문을 오늘날 독자들의 손에 들린 방식으로 기록하도록 개입하셨다.

따라서 해석을 통해서 본문에 담긴 고유한 특권을 재현해야 할 그 해석의 대상은 최종 본문 그 자체이며, 설교자가 강단에서 집중적으로 설교 메시지로 전달해야 할 의미는 하나님의 말씀(divine discourse)에서 축약한 대

---

[96] "추론은 싸고, 명확한 표현은 비싸다. 그러므로 설계 요건은 추론을 극대화하는 체계이다." Stephen C. Levinson, *Presumptive Meanings: The Theory of Generalized Conversational Implicature* (Cambridge, Mass.: The MIT Press, 2000), 29.

용품의 자의적 의미가 아니라 인지적이고 정서적인 잠재력을 지닌 ('문단신학'을 담고 있는) 텍스트이다.

다시 반복하여 강조하고자 한다. 텍스트 자체에 해석학적 특권이 집중되어야 하고 텍스트의 고유한 특권이 청중에게 그대로 재현되도록 텍스트가 (그 '문단신학'과 함께) 그대로 선포되어야 한다.

(3) 신학의 수준

필자가 성경 해석 과정에서 중요한 해석 단계로 제시하는 '문단신학'은, 성경 본문의 세부적 사항들로부터 일반적인 신학적 원리로 발전하는 과정에서 어느 정도의 차원(혹은 수준)에 자리하고 있을까?

물론, 성경에서 '가장 높은' 수준의 하나님의 명령에 관한 일반적인 신학적 원리는 두 가지 가장 큰 계명인 하나님 사랑과 이웃 사랑이다. 성경에서 발견할 수 있는 모든 하나님의 요구는 이 두 계명의 하위 범주에 속한다. '가장 낮은' 수준의 '문단신학'은 직접 설교를 듣는 청중의 실존 상황에 매우 특화된 문자 그대로의 말씀과 적용사항이다.

하나님의 명령을 어느 시기에 어느 곳에 살던 모든 하나님의 백성들에게 신학적으로 적용 가능한 말씀으로 받아들이려면(적용성의 원칙, 제1장을 보라) 해석자는 가장 높은 수준의 신학과 가장 낮은 수준의 신학 사이에 자리한 중간 수준의 신학을 선택해야 한다. 달리 말하면, 해석의 정당성을 위해서 필요한 만큼 최대한 높이 올라가되, 해석의 타당성을 위해서는 할 수 있는 만큼 가장 낮게 머물러야 한다.[97]

예를 들어, 잠언 11:1 "속이는 저울은 여호와께서 미워하시나 공평한 추는 그가 기뻐하시느니라"라는 구절을 살펴보자.

---

97 필자는 이것을 1800년대 후반에 플림졸 선(the Plimsol Line)을 발명한 사무엘 플림졸(Samuel Plimsoll)을 따라 '플림졸 전제'(the Plimsoll premise)라고 부른다. 플림졸 선은 적절한 부력을 유지하기 위해 화물을 실을 수 있는 법적 한계를 나타내기 위해 배에 그렸던 선이다. 이것 없이는 배가 전복되기 쉬웠다.

한편으로 해석자는 이 본문을 신학적으로 가장 높은 수준의 차원으로 해석하려고 하나님을 기쁘시게 하는 인격의 특징으로 '정직/진실성' 같은 요지를 도출할 수 있다. 이러한 신학적 요지는 정직/진실성과 관계 있는 거의 모든 성품과 행동을 포함하도록 미래의 적용 범위를 확장한다. 예를 들어, '배우자를 부정하게 속이지 말라', '탈세를 목적으로 장부를 조작하지 말라', '학교 과제와 시험에서 더 나은 성적을 얻을 목적으로 부정 행위를 하지 말라', '직원들의 급여는 정한 날짜에 지불하라' 등이다.

게다가 이처럼 '매우 높은' 수준의 신학적 원리는 얼마든지 다른 성경 본문에서도 이끌어 올 수 있어서, 해당 텍스트의 독특성에 충분한 해석의 노력을 기울이지 않았다고 의심하거나 심지어 그럴 필요조차 없다고 생각할 수 있다. 그 결과 '정직'의 개념과 이러한 신학적 '원리화' 과정은 나름 성경 본문의 근거가 있다고 하겠지만, 그만큼 잠언 11:1의 독특한 추동력('문단신학')은 희석되고 만다.

	의미의 다면체		
	원래 텍스트의 의미	문단신학	구체적 실례화
높음(HIGH)	공평한 추와 저울	정직	결혼, 세금 신고, 학업, 임금 등에서의 진실성

반면에 잠언 11:1의 세부 내용이 '공평한 추와 저울'을 언급하기 때문에, 해석자는 신학적 '원리화'의 과정에서 '매우 낮은' 수준, 즉 글자 그대로 상업이나 시장의 가게에서 공정한 추와 계량기를 정확하게 사용하는 원칙에 집중할 수도 있다. 그러나 만일 이러한 실제적 원칙이 텍스트의 실제 신학의 수준이라면, 고대 근동의 상인들처럼 무역과 상거래에서 추와 저울을 사용하지 않는 대부분의 현대 서구 사회의 사람에게 제공할 수 있거나 그

들과 직접 연관되는 적용점은 그리 많지 않을 것이다.⁹⁸

	의미의 다면체		
	원래 텍스트의 의미	문단신학	구체적 실례화
낮음(LOW)	공평한 추와 저울	정직	?

그래서 더 나은 해석 방법 또는 '문단신학'을 확보하는 방법은 '비즈니스 관행/상업에서의 정직'과 같은 '중간' 수준의 신학과 초역사적 의도를 찾는 것이다. 이 접근법은 가능한 구체적 적용 사례들(위의 '매우 높음'의 범주에서 열거된 것들)을 정한 기한에 직원들에게 급여를 지불하고 정직한 세금을 액면 그대로 신고하는 것과 같은 상업적인 것들로 그 범위를 조정했다.⁹⁹

	의미의 다면체		
	원래 텍스트의 의미	문단신학	구체적 실례화
낮음(LOW)	공평한 추와 저울	비즈니스 관행에서의 정직	급여를 지급함에 있어서의 진실성

설교자에게는 다음의 추가 책임이 있다. 이 '절충안'('문단신학')을 청중의 삶에 구체적으로 연결시키는 일, 즉 특정 본문의 '문단신학'이 적절한 방법으로 특정한 청중에게 정당하고도 효과적으로 적용되도록 안내하는 책임이다.¹⁰⁰

---

98 이런 추와 저울을 취급하는 사회에서는, 소격화의 갭을 뛰어넘을 수 있는 '가장 낮은' 수준에 머무는 것이 전적으로 정당하다.
99 분명히 수준을 선택하는 데에는 약간의 융통성과 자유가 있다. 여기서 "선악을 분별하도록 연단을 받아 지각"(히 5:14)을 지닌 설교자의 목회적 민감성, 영적 성숙, 그리고 경건한 지혜가 발휘된다. 말할 필요도 없이, 이러한 인격적 특질들은 좋은 설교에 필수 불가결하다.
100 본 연구에서 제안된 방식은 해석이 끌어낸 '문단신학'이 그 특정한 설교 본문에 한정

5) 단락 요약: 문단신학

필자가 본서에서 제시하려는 연구의 핵심은, 해석자/설교자가 성경 본문 해석을 시작하여 본문의 정당한 근거도 확보하면서 동시에 효과적 적용이라는 목적지에 도달함으로 하나님의 말씀 선포를 통한 언약 갱신을 달성하는 방법에 관한 것이다. 성경의 '문단신학'(초역사적 의도를 담고 있는 **텍스트 앞에 펼쳐진 세계**)은, 고대의 기록과 현대의 적용 사이를 연결하는 연결 고리와 같은 것으로 현대의 독자가 과거에 기록된 텍스트에 올바로 반응하도록 하는 중간의 매개체를 형성한다.

하나님과 그분의 백성 사이의 언약 관계를 묘사하고 실행하는 '문단신학'은 현대의 청중을 성경 본문에 관한 타당한 적용으로 안내한다. '문단신학'은 적용을 향하여 투영하는 본문의 궤적을 따라가면서 성경 문단의 매개를 통하여 하나님과 그 백성들 사이에 언약 갱신 사건이 일어나도록 한다. 필자는 앞에서 사무엘하 11-12장에 관한 사례 연구를 통하여 현대 독자들이 성경 본문에서 '문단신학'을 식별하는 방법을 소개했다.

요컨대, '문단신학'은 일정 수준의 일반화를 수반한다. 일반화 과정 없이는 성경 텍스트의 미래성, 또는 성경 텍스트의 미래 적용의 가능성이 성립되지 못한다. 그러나 일반화의 과정은 조심스럽게 수행되어야 한다. 해석자는 해석하려는 텍스트에 고유한 특권을 재현해야 하고, 신중한 주해로 결론을 확증하고, 해석의 정당성을 위해서 필요한 만큼 최대한 높이 올라가되, 해석의 타당성을 위해서는 할 수 있는 만큼 가장 낮게 머물러야 한다.

된다는 점에서 독특하게 세밀하며(granular) 텍스트에 특정적이다(이것은 앞에서 살펴보았던 더 일반적 성경신학과 조직신학에 대조된다). 보통은 설교자가 아닌 학자와 신학자에게는 정경, 신약/구약성경, 그리고 광범위하고 일반적 범주와 씨름하는 것이 더 편하다. 즉, 그들의 접근법은 설교자의 관점에서 본 연구에서 지지하고 있는 특정 텍스트에 훨씬 덜 집중한다.

이 모든 해석 과정은 한 가지 궁극적 목적, 즉 타당한 적용에 도달하는 것을 지원하려는 것이다. 어떤 의미에서 이 과정은 구체적 특수성으로의 회귀를 의미한다. 해석 과정은 성경 텍스트의 특수성으로부터 시작하여 '문단신학'을 통해 중간의 연결 고리를 확정하고 다시 특정한 청중을 위한 적용의 특수성으로 회귀하는 것이다.

3. 적용

성경은 교회 역사의 초기 시대부터 단일하고 보편적이지만, 아직도 완성되지 않은 내러티브로 간주되었고, 설교자에 의하여 계속 이어지는 시대 속에서 새로운 연관성을 나타내야 하는 끝나지 않은 이야기로 여겨졌다. 성경을 자세히 정독해 보면 그 안에서 이전에 먼저 작성된 고대 텍스트가 새로운 연관성을 발휘하고 있는 동시대성(적용성의 원칙, 제1장을 보라)을 찾아볼 수 있을 것이다.

해석자의 관심은 옛날이나 지금이나 한결같이 성경 본문이 작성된 그 시기의 삶의 정황(Sitz im Leben)을 재구성하는 것뿐만 아니라, 현재 독자들과 청중의 상황 속에서 텍스트가 실행하려는 현대 삶의 정황(Sitz in unserem Leben)을 명확히 확정하는 것이다.[101]

그래서 현대적 적용은 설교에서 필수적 요소다. 사실 적용은 설교의 종착점이다. 적용 없이는 설교가 완성되었다고 할 수 없다. 적용이 없다면, 설교학 분야는 휴면 상태에 빠지고 설교는 비생산적이고 텍스트는 사산(死産)한 셈이다.

---

[101] Brian E. Daley, "Is Patristic Exegesis Still Unable?," *Communio* 29 (2002): 200.

> [적용은] 설교의 생명이자 영혼이다. 적용을 통해서 신성한 진리가 사람의 특정한 양심과 상황 속에서 새롭게 깨달아지고, 어떤 진리나 의무에 대한 애정이 만들어진다.[102]

달리 말하면, 적용은 하나님의 백성을 하나님의 요구에 맞추도록 하는 사건이며, **텍스트 앞에 펼쳐진 세계의 교훈과 우선순위, 그리고 실천을 채택**함으로써 그 세계 안에 거주하는 것이다.

1) 2단계 설교 과정

신학이 실천을 포함한다는 것은 부인할 수 없는 사실이다. 야고보서 1장 22-25절은 적용의 중요성을 강조한다.

> 너희는 말씀을 행하는 자가 되고 듣기만 하여 자신을 속이는 자가 되지 말라 … 자유롭게 하는 온전한 율법을 들여다보고 있는 자는 듣고 잊어버리는 자가 아니요 실천하는 자니 이 사람은 그 행하는 일에 복을 받으리라(약 1:22-25).

텍스트를 적용하는 자는 '선행을 행하는 자'이고 '그는 자신이 행하는 일에 복을 받는다.'

아는 것만으로는 충분하지 않다. 아는 그대로 생활하는 사람이 되어야 한다. 오직 인격적 적용을 통해서만 비로소 텍스트는 그 의미를 완성한다. 그러므로 가다머(Gadamer)는 적용은 해석 과정의 필수 부분이라고 주장했다.[103]

---

[102] John Wilkins, *Ecclesiastes or A Discourse concerning the Gift of Preaching, as it falls under the Rules of Art* (7th ed.; London A. J. Churchill, 1693), 29.

[103] Hans-Georg Gadamer, *Truth and Method* (2nd rev. ed.; trans. Joel Weinsheimer and Donald G. Marshall; London: Continuum, 2004), 307. Ricoeur도 같은 입장이다. 소격화

그러므로 텍스트에 대하여 독자로부터의 반응은 필수적이다. 왜냐하면, 문단이 독자 앞에 투영하는 세계는 독자가 대답하라고 손짓하고 그 대답을 기다리기 때문이다. 사실 텍스트는 이런 방식으로 전용될 것을 독자들에게 요구한다. 왜냐하면, 성경 본문이 투영하는 세계는 '배타적 국가가 될 운명'이기 때문이며, 매혹하거나 아첨하는 다른 말들과는 달리, 이 세계는 독자들의 철저한 복종을 추구한다.[104]

이와 같이 독자들에게 적용의 가능성을 투영하는 텍스트는 단순한 정보를 전달하는 것 이상이다. 그것은 독자/청중을 변화시킬 잠재력을 지니고 있다. '문단신학'의 적용은 삶을 하나님의 뜻에 맞추어 주며, 성도들의 공동체 내에서 언약 갱신을 이끌어 내기 때문이다.

그러므로 해석자는 성경 해석 과정에서 텍스트의 신학(적 의미)만을 자세히 해설하는 것만으로는 충분하지 않다. 설교자는 각각의 설교에서 그 신학과 하나님의 백성의 신앙과 실제와의 교차 지점을 제대로 파악할 필요가 있다. 즉, '문단신학'이 얼마나 정확히 청중의 삶을 형성하고 변화시키는지, 그리고 '문단신학'이 얼마나 정확히 그들에게 적용되어야 하는지를 제대로 서술해야 한다.

이러한 적용 작업의 중요성 때문에 설교자는 '문단신학'으로부터 타당한 적용을, 즉 해석되는 문단에 대하여 청중이 취할 구체적 반응을 이끌어 낼 책임을 진다. 그러므로 전반적 설교 작업은 두 가지 과정, 즉 단위 텍스트의 신학에 대한 강해(신학적 움직임: 성경 문단 → '문단신학')와 본문의 신학적 의미가 실제 삶에서 어떻게 적용될 수 있는지에 대한 서술(설교학적 움직임: 문단신학 → 타당한 적용)로 구성된다.

(distanciation)를 극복하는 목표는 "해석이 현재의 독자를 위한 텍스트의 의미를 실행하는 경우에만 달성된다"(Paul Ricoeur, *Hermeneutics and the Human Science: Essays on Language, Action, and Interpretation* [ed. and trans. John B. Thompson; Cambridge University Press, 1981], 85, 159).

104 Erich Auerbach, *Mimesis: The Representation of Reality in Western Literature* (trans. Willard R. Trask; Princeton: Princeton University Press, 1953), 14-15.

| 성경의 문단 | ▶ | 문단신학 | ▶ | 타당한 적용 |

문단으로부터 신학으로의 첫 번째 움직임은 성경 텍스트(그 권위)로부터 신학적 의미를 이끌어 내는 과정으로 진행된다. 신학으로부터 적용으로의 두 번째 움직임은 의미가 청중의 상황(그것의 연관성)에 적실하게 적용되도록 진행된다.

> 그러므로 정직한 수사학자는 두 가지를 염두에 둔다. 그것은 어떻게 내용이 이상적이고 윤리적으로 실현되어야 하는지에 대한 이상적 전망과 청중의 특별한 상황에 대한 배려다. 그는 이 두 가지 과정에 책임을 진다.[105]

우리는 설교자에게도 동일한 책무를 기대할 수 있다. 설교자는 성경 텍스트("어떻게 본문의 말씀이 이상적이고 윤리적으로 매우 탁월한 수준에서 실현되어야 하는가")와 청중의 세계(청중의 특정한 상황) 양쪽에 책임을 진다.

사실 성경 텍스트로부터 하나님의 지침을 청중의 상황으로 가져와 적용하는 것, 즉 하나님의 공동체가 그분의 영광을 위해 그분의 뜻에 맞추어 살도록 하는 것이 설교적 노력의 핵심이다. 달리 말하면, 이 고대의 텍스트는 신학을 통하여 현대의 청중에게 적용되어야 한다. 만일 이 고대의 텍스트가 적절한 방식으로 현대 청자들의 삶과 관련을 맺으려면 의사소통의 두 가지 단계의 속성은 필수적이다.

이처럼 '문단신학'은 두 단계의 해석과 적용 과정에서 텍스트의 과거 세계와 그 본문을 읽는 현대 신앙 공동체의 세계 사이를 연결하는 다리로서 기능하며, '그때'로부터 '지금'으로, 영감된 정경의 기록으로부터 타당한 설교의 적용으로 움직이는 연결 고리로 작용한다. 이 두 번째 움직임을 통하여 신학적 의미를 신자들의 개별적이고 구체적인 상황에 적용함으로써

---

[105] Weaver, *Language Is Sermonic*, 211.

청중의 삶에 영향력을 행사하려는 세계적 가치관은 전복되고 약화되고 하나님 나라의 가치관이 점점 신앙 공동체의 삶 속에 중요한 근간과 울타리로 확립된다.

이런 과정에서 하나님과 그 백성들 사이에 언약 갱신이 발생하는 것이다. 이 모습이 바로 주기도문에서 "나라이 임하옵시며"를 올바로 고백하고 실천하는 일부분이다.

(1) 두 번째 단계: 문단신학에서 타당한 적용으로

'보편화 가능성'(universalizability)은 도덕성의 충분조건이 아니라 필요조건이라는 경고는 타당하다.[106] 성경 텍스트를 일반성의 수준과 추상화, 그리고 보편성의 수준에서만 제시하면, 하나님의 백성들이 그분의 말씀에 구체적으로 반응하는 데 요구되는 특수성이 사라진다. 이런 이유 때문에 '문단신학'으로부터 구체적 적용으로 진행하는 두 번째 단계가 필요하다.

설교사는 과거에 기록된 텍스트의 (삶의 정황과 관련된) 구체성으로부터 '문단신학'으로 움직일 필요가 있을 뿐만 아니라, 그와 동시에 '문단신학'으로부터 현대 청중의 삶의 구체적 상황으로 이동하여 '문단신학'을 실제 사람들의 삶과 생활 속에 적용해야 한다. 만일 매 주일 목사가 그의 청중에게 '사랑하라'거나 '정직하라'는 추상적 명령(혹은 이와 같은 '매우 높은 수준'의 추상화)만을 제시한다면, 그는 그의 양 떼에게 막연한 진통제 한 가지만 처방하는 의사와 같은 셈이다.

17세기 체스터(Chester)의 주교인 존 윌킨스(John Wilkins)가 다음과 같이 말했다,

---

[106] Stanley Hauerwas, "The Self as Story: Religion and Morality from the Agent's Perspective," *JRE* 1 (1973): 81.

웅변가의 주된 목적은 설득하는 것[이라고 철학자들이 말했다]. 그러므로 자신의 설교에서 일반적 견해를 화려하게 말하기만 하고 특정한 적용점을 전혀 의도하지 않은 채 자신의 청중들에게 믿음 혹은 어떤 진리와 의무의 실천을 강요하는 설교자는 마치 투망의 성공적 결과를 전혀 기대할 수 없는 허공에 자신의 그물을 펼치는 어리석은 어부와 같다.[107]

반면에 에밀 브루너(Emil Brunner)는 하나님은 그분의 백성에게 오직 하나님과 이웃을 향한 사랑만을 요구하신다고 주장한다.

우리는 결코 다른 것을 실행하라는 계명을 받지 않았다.[108]

그러나 이 주장은 반박의 여지가 있다. '사랑하라'는 추상적인 명령이 두드러지게 나타나는 신명기 6장에서도(6:4-5), 묻기를 좋아하는 아들이 이 모든 규례와 법도의 의미에 대해서 질문할 때 그에게 쉐마(Shema)만을 설명하는 것이 아니라 '이 모든 규례'와 '이 모든 명령'도 함께 설명하도록 언급했다(신 6:24-25).
이러한 사항들은 결코 추상적이고 보편적 원리를 말하는 것이 아니다.[109] 마찬가지로 누가복음 10:25-37에서 예수님은 누가 이웃이냐는 질

---

[107] Wilkins, *Ecclesiastes*, 36-37. "일반 원리를 가치 있게 만들기 위해서는 형태를 부여해야 한다. 어떤 식으로 그리고 어디까지 그 원리가 실제 상황에 적용될 수 있는지를 보여 주어야 한다"(Oliver Wendell Holms, "The Use of Law Schools," in *Speeches by Oliver Wendell Holmes* [Boston: Little, Brown, and Company, 1934], 34-35; 이 연설은 1886년 11월 5일에 행해졌다). 혹은 유명한 비즈니스 작가인 Chip Heath와 Dan Heath가 말했듯이 "어떤 성공적 변화도 모호한 목표를 구체적 행동으로 바꾸는 일을 요구한다. 요컨대, 변화하기 위해서는 중요한 움직임을 대본으로 적는 일이 필요하다"(Chip Heath and Dan Heath, *Switch: How to Change Things When Change Is Hard* [New York: Broadway, 2010], 53-54).

[108] Emil Brunner, *The Divine Imperative: A Study in Christian Ethics* (trans. Olive Wyon; Philadelphia: Westminster, 1947), 133.

[109] Janzen, *Old Testament Ethics*, 70.

문에 대해 선한 사마리아인의 비유로 대답하시며, 사랑의 구체적 행위를 자세히 묘사하셨다. 달리 말하면, 구체성은 적용의 본질이다. 만일 삶의 변화를 추구한다면 더 크고 더 넓고 더 웅장한 보편적 진리는 추상화의 다리 아래로 끌어내려져야 하고, 설교자는 구체적 적용사항을 청중에게 제시해야 한다.

> 우리 신앙이 진짜라면 그것은 우리 삶에 침투해 들어와야 한다. … 예를 들면, 신문의 언어 수준으로 전환되어야 한다.

청중의 말과 관용어로, 그들의 일상의 삶과 존재로 전환되어야 한다.[110] 설교는 설득력 있는 담론으로 선포되도록 의도되었다.

> 설교는 청중이 특별한 방식으로 생각하도록 촉구할 뿐만 아니라 특별한 방식으로 행동하도록 촉구한다.[111]

만일 설교자가 설교를 통하여 타당하고 구체적 적용에 대한 지침을 제시하여 이러한 영적 변화와 성장이 일어나도록 하지 못한다면, 하나님의 백성으로 하여금 하나님의 요구에 순종하도록 하는 일은 달리 그 무엇으로도 결코 성취할 수 없을 것이다. 그러므로 해석에 있어서 이 두 번째 (신학으로부터 적용으로) 움직임은 설교에서 매우 중요한 움직임이며, 하나님의 말씀의 선포로부터 자양분을 공급받는 교회의 신앙과 실행에 꼭 필요한 것이다.

이 두 번째 단계의 타당성이 어떻게 유지될 수 있을까?

이전부터 지속되어 온 전통에 대한 충성스런 자세는 매우 중요하다. 왜냐하면, 교회는 과거 믿음의 선조로부터 물려 받은 성경 텍스트의 권위 아래

---

110 Karl Barth, *Dogmatics in Outline* (London: SCM, 1966), 32-33.
111 David S. Cunningham, *Faithful Persuasion: In Aid of a Rhetoric of Christian Theology* (South Bend, Ind., University of Notre Dame Press, 1991), 76.

존재하고, 그 말씀을 적용하고 순종함에 충실하기를 추구하기 때문이다. 충성은 텍스트에 근거한 것이며 텍스트에 확고히 근거를 두고 있는 '문단신학'을 통하여 지탱된다(문단으로부터 신학으로의 첫 번째 움직임).

반면, 교회가 고대의 텍스트를 자신의 현대적 상황에 적용하면서도 현재 청중의 새로운 맥락 때문에 이전의 적용과 구분되는 새로운 방식의 적용이 요청된다. 적용은 텍스트에 신세를 지고 있지만, 그렇다고 텍스트에 있는 것을 맹목적으로 반복하거나 텍스트 뒤에 있는 역사적 사건을 그대로 되풀이하려는 막연한 시도가 아니다. 오히려 "해석자가 텍스트의 의미, 즉 텍스트 앞에 있는 의미를 자신의 지평으로 전달하고, 전환하고, 또 그 의미를 해석하는 과정에 해석자의 독특한 창의성이 개입되어야 한다.[112]

이러한 과정은 고대의 텍스트를 새로운 상황과 새로운 청중에게 적용하는 새로움에 대한 요구를 동반한다.

복음서의 마지막 끝부분과 사도행전의 시작 부분에서 알 수 있듯이(마 28:18-20; 행 1:8), 하나님은 각 세대에 새로운 구성원들이 구속 역사의 무대에 진입함에 따라 그분의 백성이 계속 이어지는 창조와 구속의 드라마에 새롭게 개입하여 주역으로 참여하기를 바라신다.[113] 신자들은 과거 본문에 대한(즉, '문단신학'에서 비롯된) 충성과 미래를 향한 새로움(즉, 새로운 청중에 대한 적실한 적용)을 보여 줄 그들 자신의 고유한 즉흥 연기(improvisation)를 수행해야 한다.

이와 같이 새로운 상황에서 실행하는 적용은 과거 행위를 반복하여 흉내 내는 것도 아니고 과거에 발화한 말을 반복하여 되풀이하는 것이 아니

---

[112] David Tracy, "Creativity in the Interpretation of Religion: The Question of Radical Pluralism," *NLH* 15 (1984): 298.
[113] 성경 대본을 하나님의 드라마를 공연하는 것으로 보는 Vanhoozer의 개념에서, 성부는 연극의 극작가이자 제작자이시고, 성자는 주연 배우이시고, 성령은 감독이시다. 목사들은 설교자이고, 장로들과 교회 지도자들은 조감독이며, 신학자는 극 전문가로 드라마 회사인 교회, 즉 공연단에게 기술적 조언을 하는 역할을 한다(Vanhoozer, *The Drama of Doctrine*, 106, 244, 247).

라, 새로운 상황에서 계속 이어지는 이야기를 다시 표현하고 다시 실행하는 것이다. 이전의 드라마에서 실행한 메시지를 글자 그대로 창의성 없이 모방하는 것은 현 공연단에게는 아주 불충분하며 부적절하다.

대신에 규범적 텍스트에 대한 충성을 유지하기 위해 변하지 않는(변할 수 없는) 성경 본문을 새로운 상황에서 새롭게 읽고 새롭게 적용해야 한다. 이것은 "분명 일종의 상대주의이지만 성경의 권위를 약화시키기보다는 오히려 확고하게 세우는 상대주의다."[114]

예를 들어, 과거 영국에서 기록되었다가 나중에 미국에서 다시 읽히는 어떤 텍스트가 '2/12/1991'라면 기록된 맥락을 무시하고 읽는 독자라면 그 의미를 오해할 것이다. 이 연속된 숫자는 장소에 따라 1991년 12월 2일이나 1991년 2월 12일을 의미할 것이다. 나중에 미국에서 읽어 보는 '2/12/1991'라는 영국의 텍스트가 원래의 초역사적 의도('1991년 12번째 달의 둘째 날')에 충실하도록 읽으려면 이 텍스트를 바꾸어 '12/2/1991'로 읽어야 한다.

한 번 과거에 기록된 규범적 텍스트를 후대에 바꿀 수는 없겠지만, 최초 발언/기록의 요지에 대한 충실함을 따르려면 읽는 방식은 바뀔 수 있고 또 바뀌어야 한다.

이러한 읽기 전략은 선택이 아니라 필수다. 후대의 해석 작업이 원래의 텍스트에 충실함을 유지하면서도 새로운 맥락 속에서 텍스트를 읽는 독자들에게 적실한 이해를 얻도록 하려면 이러한 변화/조정은 필수적이다.[115] 그래서 한 가지 역설이 나타난다. 충실하려면 새로움이 필요하다는 것이다.

---

114 Ibid., 260-61.
115 Lawrence Lessig, "The Limits of Leiber," *Cardozo L. Rev.* 16 (1995): 2258, 2260, 2262를 보라; idem, "Fidelity in Translation," *Texas L. Rev.* 71 (1992-1993); and idem, "Fidelity and Constraint," *Fordham L. Rev.* 65 (1996-1997): 1370.

의미의 다면체		
원래 텍스트의 의미	문단신학 (텍스트 앞에 펼쳐진 세계 – 초역사적 의도)	구체적 적용 사례
2/12/1991 (영국)	1991년의 열두 번째 달의 둘째 날	12/2/1991 (미국)

해석학적 전환 과정에서 충실함은 원래 텍스트의 의미와 구체적 실례화의 동질성을 유지하는 것이다. 물론, 맹목적 모방(2/12/1991 [영국] → (2/12/1991 [미국])으로 나름의 의미의 동질성을 추구할 수 있으나, 이것은 완전히 저자의 의도에 벗어난 것이다. 혹은 솜씨 있는 즉흥적 수정 작업으로(2/12/1991[영국] → 12/2/1991 [미국]) 저자의 본래 의도에 충실성을 추구할 수도 있다. 후자의 해석 전략을 위해서는 나름의 상당한 훈련과 주어진 상황에서 무엇이 적절한가에 대한 탁월한 분별력이 필요하다.

그러나 성경 강해에서 이러한 해석학적 전환 과정은 "바른 교훈에 합당한 것을 말하는"(딛 2:1) 해석자/설교자를 통해서 가장 효과적으로 진행될 수 있다. 설교자는 이러한 전환 과정을 효과적으로 진행하기 위하여 새롭게 등장하는 맥락에 대한 예민함과 아울러 해석 과정에서 연속되는 일관성에 대한 민감함, 그리고 공동 연기자이며 즉흥 연기자(improviser)인 특정한 청중 공동체에 대한 책임감을 갖추어야 한다.

그러므로 설교자의 책무는 최종 단계에서 즉흥적으로 연기를 실행하는 것인데, 과거 본문 속으로 파고들어 본문의 신학을 확보한 다음에 과거 저자가 의도한 목적이 미래에 어떻게 창의적으로 적용될 수 있는지를 현재 청중에서 제시하는 것이다.

키스 존슨(Keith Johnson)의 다음과 같은 유비는 적절하다.

> 즉흥 연기자는 뒤로 걷는 사람과 같아야 한다.¹¹⁶

그는 과거를 바라보는 눈으로 과거에 기록된 정경의 인도를 받아야 한다. 그러나 즉흥 연기자는 또한 과거를 떠나 미래를 향해야 하며, 과거를 미래의 청중에게로 이동시켜야 한다. 그러므로 청중의 상황도 해석자의 활동을 지배하는 중요한 매개 변수가 되어야 한다.

해석자가 과거의 동일한 저자의 목적이 담긴 동일한 본문을 이전과 전혀 다른 맥락에 위치한 새로운 청중에게 실현하려고 할 때, 과거 본문에 신실한 적용을 실현하려면 동일한 '문단신학'에 근거하되 전혀 다른 적용 상황을 고려해야 한다. 그러한 새로운 적용은 비록 동일한 '문단신학'으로부터 추동력을 얻지만 이전 적용과 전혀 달라 보일 수 있고 또 그렇게 달라야만 한다. 왜냐하면, 각각의 독자와, 청자, 청중, 그리고 연관되는 맥락이 전혀 다르기 때문이다.

> 화법 성격의 유사성이란 범주로 묶지 않는 한 동일한 권면(exhortation)이란 존재하지 않는다. … 그러므로 잘 가르치는 교사가 되려면 자신의 권면이 다양한 필요를 가진 각각의 모든 학생에게 적합하도록 듣는 학생들의 특성을 고려해야 한다. 그렇더라도 공동의 교화(教化)라는 화법에서 벗어나서는 안 된다.¹¹⁷

이렇게 구체적 적용은 각각의 개별 맥락에 적실하도록 설계되어야 한다. 그러나 이 다양한 적용들이 동일한 '문단신학'의 범위 안에 들어오는 한,

---

116 *Impro: Improvisation and the Theatre* (London: Methuen, 1981), 116.
117 Gregory the Great, *Pastoral Rule*, "Part Thee: How the Ruler, While Living Well, Ought to Teach and admonish Those That Are Put Under Him: Prologue." 이것은 적용의 복수성(plurality of applications)의 잠재성을 전달하는 '고전'의 특질을 반영한다(제1장을 보라).

이것들은 모두가 하나의 초역사적 의도를 구체적으로 실례화한 사례들이기 때문에 모든 즉흥적 실행은 텍스트에 충실하다고 할 수 있다.[118]

텍스트에 충실하고 청자들에게 적실한 실천에 도달하는 것이 설교 작업의 목표다. 그러므로 설교자의 책무는 타당하고도 적실하게 성경으로부터 설교로 이동하여, 하나님의 공동체가 언약 갱신을 성취하도록 **텍스트 앞에 펼쳐진 세계**('문단신학')에 올바로 정렬하도록 안내하는 것이다. 이렇게 성경 말씀을 청중의 상황에 적용하는 일은 텍스트로부터 실천으로 진행하는 해석학적 이동의 절정에 해당한다.

결국, 과거의 텍스트로부터 '문단신학'으로, 그리고 '문단신학'에서 현대적 적용으로 진행하는 설교의 두 단계 작업은 모든 시대 교회의 필수적 의무다. 이 중간 단계에 위치한 '문단신학'은 현대 회중이 전례 없는 새로운 상황 속에서 과거 성경 본문에 충실하면서도 새로운 방식으로 말씀을 실행하도록 안내하는 권위 있는 안내자이다. 이렇게 만들어진 적용은 무로부터의(ex nihilo) 창조 행위가 아니라, 오히려 재창조 과정이며 고대 텍스트

---

[118] 다른 방식으로, 이 요점은 1장에서 Hirsch의 세 차원으로 제시되었다. 현재의 논의와 분명히 상응하는 재즈에서의 즉흥 연주에 대한 통찰력 있는 분석을 위해서는 다음을 보라. James O. Young and Carl Matheson, "The Metaphysics of Jazz," *J. Aes. Art Crit.* 58 (2000): 125-33. 이 장르를 연주하는 음악가들은 '재즈의 표준'을 즉석 연주를 위한 지시 사항을 제공하는 것으로 인식한다. 이와 같은 연주는 완전히 즉흥적인 것만은 아니다. 왜냐하면, 재즈 표준의 예가 되기 위해서는 연주가 표준이 구체적으로 제시하는 일련의 지침과 일치해야 하기 때문이다.
Young과 Matheson은 표준을 구성하는 이와 같은 암묵적 규칙들을 '표준 모델'(canonical rule)이라고 불렀는데, 그들은 이에 대해 논의한다. 표준 모델은 도입, 서주(멜로디의 제시), 즉흥 연주, 서주의 반복, 그리고 종결로 구성된다. 이 모델에 따르면, 두 재즈 연주는 그것들이 서로 매우 분명하게 달라도, 만일 그들의 서주가 같은 멜로디를 활용하고 있고 그들의 즉흥 연주가 서주의 코드 패턴(신학과 그것이 담고 있는 '초역사적 의도?')에 근거하고 있다면 같은 표준의 예이다. 사실 이러한 많은 연주가 인가되지 않았지만 어디서나 볼 수 있는 책들인 *The Real Book*에 기초하고 있다(최근의 합법적 책이 나왔다[3 vols.; Milwauke.: Hall Leonard, 2006]). 이 책은 재즈 표준에 대한 철저한 목록들의 멜로디와 코드 변환을 기록해 놓았다. 모두가 같은 페이지로 매겨져 있고, B♭, E♭, C 악기에 맞는 판들로 나오는 이 책은 재즈의 '기준'(canon)이라 할 수 있다 (Young and Matheson, "The Metaphysics of Jazz," 126, 128-29).

의 의미를 새로운 청중을 위해 새로운 배경에서 즉흥적으로 연기하는 행위다. 성경은 이를 위한 절대 원천이며 권위 있는 연기 대본이다.

각 문단은 그 본문이 투영하는 정경적 세계의 한 부분을 현대 독자들이 새롭게 '연기'하도록 구체적 실천사항을 제시한다. 타당한 적용은 과거 본문에 충실함과 동시에 현대 독자의 상황에 대한 새로움을 특징으로 하는 성경 독법에 의하여 텍스트로부터 산출되는 결과다. 이 과정에서 해석자가 충실함과 새로움을 온전히 유지하려면 중간의 연결 고리를 제공하는 '문단신학'이 매우 중요하다.

청중이 이 신학을 그들의 삶에 온전히 적용하는 한, 그들은 그 문단이 제시하는 하나님의 요구에 온전히 순정할 것이며, '문단신학'은 교화(indoctrination)의 문제라기보다는 '신학의 표출'(exodoctrination, 저자가 만든 용어로 교리를 주입하는 것과 반대로 교리를 청중의 삶에 표현하고 실행하는 것을 의미-역자 주), 즉 실제 청중의 삶으로 구현되도록 하는 신학적 추동력이다.[119]

이와 같은 적용에 대한 견해는 종교 문헌뿐만 아니라 법률 문헌에서도 발견된다. 즉, 법학자가 과거에 제정된 법률이라도 그들이 살고 있는 현시대에 적용하려고 노력하는 과정에서 발견된다. 신학 해석학과 법률 해석학을 비교함으로써 배울 수 있는 것이 많다. 이 두 분야에 종사하는 이들의 기본 책무는 개념적으로 아주 유사하다.

(2) 법률 해석학에서의 구체적 실례화 과정

미국의 헌법과 같은 법률 텍스트들의 해석은 '과거의 텍스트를 현재로 가져오는 것', 즉 동시에 두 세계에 발을 걸치는 해석학적 작업임이 관찰되었다.[120] 구속력이 있는 법률 혹은 종교 고전의 계속되는 생명력은 새로

---

[119] Vanhoozer, *The Drama of Doctrine*, 400. 또한, N. T. Wright, "How Can the Bible Be Authoritative?" *VE* 21 (1991): 26-28을 보라.

[120] James Boyd White, "Judicial Criticism," in *Interpreting Law and Literature: A Hermeneutic Reader* (eds. Sanford Levinson and Steven Mailloux; Evanson: Northwestern University

운 환경에서 지속적 재맥락화(ongoint recontextualization)에 의존한다. 성경처럼 시민 헌법도 "다가오는 시대에 지속되고, 결과적으로 인간사의 다양한 위기에 적용되도록 하려는 의도로 제정되었다."[121]

법률 해석과 성경 해석 사이의 유사성은 상당하다. 재판관과 설교자는 고전 텍스트를 다루는 해석자이다. 둘 다 자신의 독자들과 청중을 위하여 과거의 텍스트를 해석하고 중재한다. 두 분야의 문헌은 처음 기록되고 제정된 이후 시대의 특정한 상황에 새롭게 적용되기 위하여 존재한다. 법률 문서는 재판관이 판결을 선언하는 일을 통하여 사회에 정의를 시행하도록 돕기 위한 것이고, 성경 문서는 설교자들이 설교 메시지를 선포함으로써 신자들이 성경적 믿음을 행사하도록 돕기 위한 것이다.

법학자에게는 18세기의 미국의 헌법과 같은 고대의 텍스트로부터 현대의 탄원인을 위한 적실한 적용점을 찾아내야 할 임무가 주어진다. 마찬가지로 설교자에게는 자신의 시대의 실생활의 문제로 씨름하는 현대 청중을 위해 고대의 성경 텍스트로부터 적용점을 가져와야 하는 임무가 주어진다.

현대 사회에 법률적 규범을 공정하게 적용하는 것이, 법률 텍스트로부터 법철학을 거쳐서 현재 법정에서 다루는 사건에 대한 공정한 판결로 진행되는 재판관의 해석학적 책무다. 이와 마찬가지로 성경 본문에서 '문단 신학'을 거쳐서 현재 청중석에 앉아 있는 청중에게 적실한 적용점을 제시하는 것이 설교자의 임무이며 본 연구의 주된 관심사다.

Press, 1988), 403.

121 U.S. Supreme Court Chief Justice John Marshall, *McCulloch* v. *Maryland*, U.S. Reports 17 (4 Wheat.) (1819): 415. "그것들은 지나가는 사건들을 충족시키려고 고안된 일시적 법률이 아니다. 대법원장 Marshall의 말을 사용하자면 그것들은 '인간 제도가 접근할 수 있는 불멸에 가깝도록 고안된 것이다.' … 그러므로 법의 적용에 있어 우리는 무슨 일이 있었는가에 대해서뿐만 아니라 무엇이 될 것인가에 대해서도 숙고해야 한다"(U.S. Supreme Court Justice Joseph MxKenna, *Weems v. United States*, U.S. Reports 217 [1910]: 373; 대법원장 Marshall의 인용문은 다음에서 발췌했다. *Cohens* v. *Virginia*, U. S. Reports 19 [1821]: 387).

법률 문헌은 원래 텍스트의 의미로부터 초역사적 의도를 거쳐 미래의 실례화로 진행하는 사례들로 가득 차 있다. 유능한 법률가라면 최초에 기록되고 제정될 당시로부터 멀리 떨어졌고 처음에는 전혀 예상하지 못했던 새로운 상황에서 법률 텍스트에 근거하여 정당한 적용점을 이끌어 내야 한다.

예를 들면, 미국 헌법은 연방의회에게 "육군을 모집 편성하고 해군을 창설하여 유지하며 정부를 위해 법률을 제정하고 육군과 해군에 관한 규정을 만들 수 있는" 권한을 부여한다(1조, 8절, 12항과 13항).

문자적 기록에 의하면 이 법령은 공군의 지원에 대해서는 침묵한다. 그러나 명시적 헌법에서는 공군의 창설이나 지원에 관하여 명확한 언급이 없음에도 불구하고, 미국 정부는 공군을 계속 육성하고 지원하고 유지 관리한다. 아마도 19세기 후반의 정부 관련 문서상에서는 미국 헌법이 명시적으로 언급한 '육군'과 '해군'이라는 특정 용어가 보다 더 넓은 범주, 즉 '모든 종류의 국방 사업'을 투영한(project) 것 같다.

처음 제정될 당시 미국 헌법의 초역사적이고 실행적인 추동력은 분명 연방 의회가 설립하고 유지할 가치가 있는 모든 가능한 군대를 가리켰기 때문이다. 이런 의도는 미국 역사가 발전함에 따라 필연적으로 공군력을 포함하는 것이고, 잠재적으로는 미래의 구체적 실례화(future exemplification)로서 우주군 혹은 로봇 군대도 포함할 것이다.[122]

또 다른 예를 들어보면, 미국 헌법의 제4차 개정안(1791)은 "불합리한 압수와 수색으로부터 신체, 주거지, 서류, 소유물의 안전을 확보할 국민의 권리는 결코 침해되어서는 안 된다"라고 선언한다. 이 개정안에서도 처음 제정될 당시 '서류'(원래 텍스트의 의미)의 적용 대상에는 21세기에 이르러 개인이 소지한 DVD, CD, 플래시 드라이브, 그리고 심지어는 클라우드 저장 매체(구체적 실례화)를 포함하는 모든 종류의 정보 저장 매체(초역사적 의도)가 해당되는 것이 틀림없다.

---

[122] Lessig, "Fidelity and Constraint," 1376-77을 보라.

의미의 다면체		
원래 텍스트의 의미	초역사적 의도 (텍스트 앞에 펼쳐진 세계) 혹은 저자의 실행(발화의 화용론)	구체적 적용 사례(실례화)
육군, 해군	모든 종류의 국방 사업	공군/우주군/로봇 군대...
서류	모든 종류의 저장 매체	DVD, CD, 플래시 드라이브

물론, 그 어떤 정경의 의미 단위라도 모든 가능한 미래의 시기에 모든 가능한 사람들을 위한 모든 가능한 실례화를 전부 명확하게 표현해야 할 것으로 기대할 수는 없다. 성경 해석 과정에 동반되는 일반화의 단계가 개별적 문장이나 문단의 차이를 고려하여 모든 가능한 선택지를 포함하고 무엇이 타당하고 타당하지 않은지, 무엇이 원래의 것에 충실하고 충실하지 않은지를 규정하는 것은 '문단신학'(초역사적 의도)이다.

미국 대법원 판사인 안토닌 스칼리아(Antonin Scalia)는 아무리 변화하는 시대라도 미 연방법원은 최초에 미국 헌법이 제정될 당시 의회가 추구했던 법률적 '궤적'을 존중해야 할 것을 주장했다. 그에 의하면 "그러한 분별 작업은 완전히 틀에 박힌 기계적 과정이 아니라 고도의 분별력이 동원되어야 한다." 이를 위해서는 분명 법률적 분별력이 필요하다는 것이다.[123]

올바른 법률 해석과 적용을 위해서는 법률적 해석학이 필요하다. 마찬가지로 설교를 위한 성경 본문에 대한 신학적 해석을 위해서는 목회적 분별력이 발휘되어야 한다. 미국 헌법이나 성경과 같은 규범적 고전 텍스트에 처음 기록된 메시지는 그 안에 담긴 의미의 폭(즉, 초역사적 의도/'문단신학')을 결정하며, '문단신학'의 매개체는 이후에 적용으로 진행하는 해석 작업의 정당성을 평가할 기준으로 기능한다. 그래서 성경 해석에서 특정

---

[123] Antonin Scalia, *A Matter of Interpretation: Federal Courts and the Law* (Princeton: Princeton University Press, 1997), 38, 45.

문단의 초역사적 의도의 추동력은 이후에 선포되는 적용의 정당성을 결정하는 '문단신학'을 통하여 올바로 확보된다.

(3) 성경 해석에서의 구체적 적용의 실례화

두 번째 해석 과정이자 설교의 마지막 움직임인 '문단신학'에서 적용으로의 움직임은, 교회의 맥락 속에서 성경 문단과의 만남으로 시작된 설교자의 성경 해석 작업의 절정이다. 이 두 번째 단계에서 본문의 초역사적 의도는 청중의 시기적절한 맥락 속에 적실성 있게 표현되어야 하기 때문에, 설교자는 당대 청중의 특별한 관심사를 부지런히 숙고해야 한다.

자기 시대의 말로 적절하게 표현된 신학, 즉 실제 사람들의 실제 삶 속에서 사용되는 공통어로 표현된 신학보다 더 이상 좋은 설교는 없기 때문이다. 이와 같은 적절하고도 구체적 적용이 제시되지 않는다면, 고대 문서에 대한 '골동품 수준의 관심'은 '죽은 사람을 위로하는' 무익한 노력에 불과할 뿐이다.[124] 구체적 적용이 없다면 하나님의 말씀을 실행하려는 본문의 추동력은 부정되고, 하나님의 목표는 성취되지 못하고, 하나님의 백성은 실제적 지침이 제공되지 못한채로 남겨질 것이다.

그러므로 설교자는 하나님의 말씀인 정경과 인류의 관심사 양쪽과 씨름해야 하며, 이 두 세계를 매개하는 '문단신학'을 적절히 활용해야 하며, 말씀에 대한 충실함과 동시에 청중의 상황에 대한 새로움으로 효과적 적용의 단계에 도달해야 한다. 이전의 '문단신학'의 연결 고리가 최종 단계의 적용으로 완성된다는 점에서, 그러한 적용은 본문에 충실하면서 동시에 타당한 권위를 확보할 수 있다.

---

[124] Holmer, *The Grammar of Faith*, 14, 16. Hays의 말에 의하면, 오직 역사적 무지나 문화적 국수주의만이 고대의 성경 텍스트가 교회의 현대적 맥락 속으로 전해지도록 하는 데에 이런 해석학적 작업이 불필요하다고 생각하도록 이끌 것이다(Richard B. Hays, *The Moral Vision of the New Testament* [San Francisco: Harper Sanfrancisco, 1996], 6).

최종적 적용이 설교를 듣는 공동체의 구체적 상황에 연관성을 맺고 적절하게 제시된다는 점에서, 이러한 적용은 적실한 것이며 메시지가 전달되는 청중에게 효과적으로 맞추어진 것이다.[125] 이렇게 성경 본문의 '문단신학'을 특정한 청중에게 적합한 구체적 적용으로 '구현'하는 것이 설교 작업의 궁극적 목표이며, 이러한 적용은 하나님의 뜻에 따라 삶이 변화되면서 하나님과 그분의 백성 사이의 언약 갱신 사건으로 작용한다.

그러나 이 모든 해석과 적용 과정에서 최종적으로 하나님의 백성의 공동체에게 규범으로 작용하는 것은 무엇보다도 성경 본문이라는 점을 명심해야 한다. 그러므로 효과적 적용의 배후에 자리한 권위는 최종 적용에 도달하는 전체 해석 과정의 타당성에 절대적으로 의존하며, 이러한 타당성은 결국 본문에서 '문단신학'을 세심하게 끌어냄으로 확보된다.

텍스트에 대한 이러한 해석 작업이 어느 정도 세심하게 수행되는가 하는 해석학적 세심함의 정도에 따라, 텍스트가 실행하는 화행적 삼요소(텍스트 의미와 '문단신학' 그리고 타당한 적용)는 텍스트 자신의 규범성과 영원성, 그리고 복수성 안에서 그 텍스트 자체의 활력을 독자들에게 온전히 발휘할 것이다.[126]

---

[125] 적용(applications)은 다른 목적들을 가지고 가동될 수 있다. 고전 수사학은 웅변가가 추구해야 할 청중의 반응 세 가지 방향에 대해 알고 있었다. 그것은 과거 사건에 대한 신중한 평가(예를 들어, 고린도후서에서 고린도에서의 바울의 초기 사역에 대한 그의 변증의 목표), 미래의 행위에 대한 깊은 생각에서 나온 청중의 결의(예를 들어, 분명한 반응을 요구하는 비유의 가르침), 혹은 현재의 특정한 신앙 혹은 가치에 대한 과시적(epideictic) 인정(요 14-16장의 고별 강화에서 예수님이 제시하신 것처럼)이다. Quintilian, *Inst.* 3.7-9; Anaximenes, *Rhet. Alex.* 1421b; C. Clifoton Black, "Rhetorical Criticism," in *Hearing the New Testament: Strategies for Interpretation* (ed. Joel B. Green; Grand Rapids: Eerdmans, 1995), 261을 보라. 이 삼중의 수사학적 목적의 형태와 유사하게, 적용도 다음과 같이 이 폭넓은 목적들의 하나 혹은 그 이상의 것을 가질 수 있다. 즉, 마음의 변화(인식의 반응), 행위의 변화(의지의 반응), 혹은 감정의 변화(정서적 반응)이다.

[126] 의미의 세 요소를 포함한 정경의 발화 행위의 완전성은 하나님이 저자라는 사실에 기인하며 따라서 권위를 지닌다는 점을 영감의 개념이 내포한다는 것을 주목해야 한다 (Gregg R. Allison, "Speech Act Theory and Its Implications for the Doctrine of the Inerra-

2) 사무엘하 11-12장에 대한 실례화

이번 장의 전반부에서 필자는 성경 문단의 세부 내용에서 '문단신학'을 도출하여 해명하는 사례를 사무엘하 11-12장으로 소개했다. 하나님에 대한 경외와 그분의 말씀에 대한 존경은 자신에게 주어진 권력을 절제하여 행사하고, 자기 욕구를 충족하려는 욕망을 억제하고, 하나님이 보시기에 악한 대로 악을 인식하는 삶을 통하여 드러난다.

진정한 주권자이신 하나님의 권위와 통치에 대한 이러한 존중과 순종이 축복을 가져온다. 이 텍스트 단위의 신학('문단신학')은 잔혹한 권력의 남용과 결합된 억제되지 않은 욕망과 성폭행으로 드러난 하나님을 향한 불충을 경고한다.

억제하지 못하는 욕망으로 하나님의 명성과 그분의 말씀을 무시하면 사람은 더 깊은 악행의 소용돌이 속으로 빠진다. 하나님의 명예보다 자신의 명성을 지키고 보존하는 데 더 큰 관심을 가진 사람의 눈에는 심지어 인간의 생명도 지푸라기처럼 보일 뿐이다. 하나님을 향한 충성과 헌신은 분명 하나님의 명예를 위하여 주의 깊고, 끈질기며, 비타협적 태도로 그분의 가치에 헌신하는 일을 포함한다.

물론, 이러한 '문단신학'의 메시지를 청중의 삶에 구체적으로 적용하는 실례화의 모습은 실제 설교를 듣는 특정 청중의 상황과 성격에 의하여 대부분 결정된다. 그럼에도 불구하고, 다윗왕의 사례에 관한 연구는 맹렬하

---

cy/Infallibility of Scripture," *Phil. Christ* 8 [1995]: 1-23). Poythress도 권위는 텍스트로부터 나온 타당한 적용에 부여된다는 점에 동의한다(Vern S. Poythress, "Divine Meaning of Scripture," *WTJ* 48 [1986]: 251). 그러나 해석자는 다소 겸허한 태도로 이 모든 해석의 결과들을 파악해야 한다. 왜냐하면, 이 결과들은 규범적 텍스트로부터 파생된 것이며 어떤 해석자도 완전할 수는 없기 때문이다. "우리의 은유적 해석은, 믿음의 공동체 내에서 기도 가운데, 우리와 더불어 하나님의 뜻을 추구하는 다른 사람들의 면밀한 텍스트 읽기를 통해 검토되어야 한다"(Hays, *The Moral Vision of the New Testament*, 304). 이것은 또한 교회성의 원칙(the Rule of Ecclesiality)이 요구하는 것이기도 하다(제1장을 보라).

게 날뛰는 권력에 의해 조장되고 하나님의 말씀 혹은 이름에 대한 존중으로도 결코 억제되지 않은 불만족과 욕정이 사람을 어떻게 죄의 심연으로 끌어가는지 잘 보여 주는 극적 사례다(나단 선지자를 통한 맹렬한 비난, 삼하 12:9, 14).

다윗의 드라마(와 그 파국적 결과)는 이 단락에 관한 '문단신학'을 통하여 하나님의 말씀에 불충하려는 유혹에 직면한 사람들에게 효과적 억제의 기능을 한다. 상당한 권력을 막무가내로 휘둘렀던 다윗왕의 지위를 고려한다면, 이 내러티브의 수사적 추동력은 또한 지도자의 권위와 막강한 지위를 가진 사람들에게도 절실하게 다가갈 것이다.

만일 이와 유사한 상황에서라도 하나님의 통치를 겸손히 따르려는 마음이 있거나 특별히 육체의 욕정에 의해 파멸과 방탕으로 떨어질 수 있는 유혹에 직면했을 때, 지도자는 최대한의 책임을 지고서 매우 주의하며 자신의 부하들까지라도 가족처럼 염려하는 가운데 자신에게 주어진 권력을 정당하게 행사하도록 노력해야 할 것이다.

물론, 오늘날 이 본문에 관한 설교를 듣는 청중 모두가 한 나라의 수반이거나 다윗처럼 엄청난 정치적 권력을 제멋대로 남용하려는 사람은 아닐 것이다. 그럼에도 불구하고, 직장에서든 혹은 가정에서든, 급우들 혹은 동료들 사이에서, 들판에서 혹은 시장에서, 대부분의 개인은 공식적 지위, 사회적 지위, 혹은 조직 구성원으로 주어진 자격의 한도 안에서 다른 사람에게 약간의 권위를 행사할 수 있다.

심지어 그러한 위계질서와는 전혀 무관한 사람이라도, 하나님의 이름과 그분의 말씀에 순종하라는 하나님의 도덕적 요구 앞에서 자신의 상태를 돌이켜 봄으로 비슷한 파멸에 떨어지지 않도록 조심해야 한다는 교훈을 받아야 한다. 적지 않은 그리스도인들이 이런 부도덕함의 희생자가 되어 왔고, 슬프게도 많은 이가 계속하여 그런 희생자의 처지에 떨어지고 있기 때문이다.

사무엘 상,하가 두 명의 이스라엘 왕의 정치적 권력의 타락과 성적 부정의 문제를 주로 다루고 있는 것처럼 보이지만, 일반 이스라엘 백성들(그리고 이후의 텍스트의 독자들과 청자들)의 문제도 똑같이 염두에 두고서 의도된 교훈들에 소홀해서는 안 된다.

예를 들어, 이스라엘 백성은 신정 대신 왕정을 선택함으로 하나님의 직접적 통치를 거부했다(삼상 8:7). 이렇게 보면 이스라엘 지도자들의 악행은 하나님에 대한 일반 백성들의 불충과 별반 다르지 않다. 이러한 문제 상황의 유사성이 이 정경 텍스트에 (왕족과 평민 모두를 위한) 보편적 적용 가능성을 부여한다. 그리하여 사무엘하 11-12장은 모든 독자에 의한 보편적 적용 가능성을 내포하고 있으며 설교(address)의 상황과 청중(addressee)의 처지에 따라 세부적으로 결정되는 구체적 실례화를 지향한다.[127]

본문의 '문단신학'이 제시하는 것처럼 고삐 풀린 욕정과 이기적 권력 남용의 문제를 하나님과 그분의 말씀에 대한 올바른 순종으로 제어하라는 교훈을 실천하려면, 하나님과 그분의 말씀에 대한 온전한 순종의 책임이 수반되는 일이다. 그 책임은 하나님이 보시는 대로 보려고 노력하고, 홀로 최고의 권능을 가지신 하나님 아래에서 겸허하고 만족스럽게 살고, 부도덕한 행위는 하나님의 눈에 보시기에 악한 것으로 그대로 공감하여 인식하는 것이다.

설교자는 현대 청중에게 본문의 의의(significance, 의미의 범주가 본문에서 청중의 상황에 적실하도록 이동하여 적용된 것; 제1장을 보라)를 제시함에 있어서,

---

[127] 이 문단에서 다윗왕의 실패는 궁극적인 다윗 가문의 왕인 예수 그리스도의 완전함을 가리킬 뿐이라고 주장하는 사람들에게 필자는 진심으로 동의한다. 그러나 이 텍스트의 요지는 우리가 하늘의 왕의 날을 소망하도록 하는 것만은 아니다. 오히려 이 텍스트는 지상의 왕의 저 실패를 그리스도인답지 않은 것으로 나타내고, 하나님의 백성인 독자들이 완전한 왕을 향하게 한다. 그리하여 완전한 인성을 지닌 그분과 같이 되고, 그분의 형상을 따르도록 격려한다. 그것이 삼하 11-12장의 '문단신학'(pericopal theology)에 표현되고 나타난 그 형상의 한 측면이다. 그러나 필자는 너무 앞서 나가고 있다. 그리스도의 형상을 지닌다는 개념에 대해서는 제4장을 보라.

집단적으로 성경 본문에 등장하는 나단 선지자의 역할을 그대로 재현하는 일을 책임지며, 필요하면 교정뿐만 아니라 상담을 개별 그리스도인들에게 제공하여 개인 신자들을 더욱 거룩한 사람들으로 변화시키는 책임을 감당해야 한다.

이러한 실제적이고 구체적 적용은 교회 현장에서 그대로 실천으로 옮겨졌을 때, 모두가 더욱 하나님께 충실하며 하나님의 권위 아래에서 살아가라는 본문의 '문단신학'의 명령을 그대로 실현하는 효과적 수단이다. 특정한 설교자 앞에 모인 특정한 청중의 특별한 성격이 설교자가 제안하는 적용의 구체적 속성을 올바로 결정한다는 점을 다시 한번 주목해야 한다(적용의 연관성의 요소). 동시에, 이런 적용의 기본 윤곽은 '문단신학'에 의해 통제되어야 한다(적용의 권위의 요소). 이런 요소들이 성경 본문에 보편적 적용 가능성을 부여한다.

3) 단락 요약: 적용

요컨대, 과거 성경 본문의 의미로부터 현대 청중을 향한 구체적 실례화로의 해석학적 이동은 본문에서 확보한 '문단신학'에 담긴 초역사적 의도를 통해서 이루어진다. 이러한 적용 과정에서는 본문에 충실하면서도 현장에 적실한 실행 작업이 마치 즉흥 연기(improvision)처럼 이루어진다. 즉, '문단신학'으로 다시 역방향으로 수렴될 수 있는 적용은 숙고 중인 성경 텍스트에 대한 충실함을 확보함과 동시에, 청중이 직면한 상황과 처지의 특수성을 겨냥한 새로움을 추구해야 한다. 그러므로 설교자는 하나님의 공동체에 효과적 적용을 위하여 이중의 공명판 역할을 감당해야 한다.

설교자는 한편으로 하나님이 말씀하신 것을 올바로 이해함과 동시에 또 다른 한편으로 본문의 '문단신학'이 지향하는 하나님의 백성들이 하나님과 맺은 언약 관계에 합당한 삶을 살도록 그들에게 타당한 적용점을 효과적으로 제시하여 그들의 삶의 실제적 변화와 갱신을 이끌어 내야 한다.

그래서 설교자의 이중적 책무는 하나님의 백성 공동체를 위해 매우 중요하다. 설교자는 성경 텍스트와 현실 교회 사이에, 또는 대본과 배우들 사이의 중재자이다. 설교자의 중요한 책무는 신앙 공동체를 위하여 성경 텍스트를 해석하고 그 본문의 '문단신학'이 신자들의 타당한 실제 속에 어떻게 적용되어야 하는지를 효과적으로 제안함으로 하나님과 맺은 신자들의 언약을 새롭게 갱신하는 것이다.

설교 작업은 정경 대본을 분석하고 청중의 상황을 분석하여 서로 결합하는 것이고, 본문의 '문단신학'으로 텍스트와 적용을 연결하는 것이다. 그럴 때 비로소 그 적용은 성경적 권위가 확보된 것이며 청중의 상황에도 적실하다. 영향력 있는 설교자는 "진리와 시의적절함, 즉 텍스트(진리)에 대한 충실함과 청중을 향한 새로움(시의적절함)"을 통해서 형성된다."[128]

교회는 이런 타당한 적용을 통하여 하나님과의 언약을 갱신한다. 이렇게 성경 본문의 '문단신학'은 교회의 맥락에서 언약 갱신의 도구로 기능을 감당해 왔으며, 설교자는 하나님의 백성을 위하여 이토록 중요한 임무를 감당하라는 위임 명령을 수행해 왔다.

제2장 요약: 문단, 신학 그리고 적용

제2장에서 필자는 설교자가 성경 본문 해석으로부터 실제 현장에 적합한 적용으로 진행되는 해석학적 움직임, 성경 본문으로부터 '문단신학'을 거쳐서 적용으로 진행하는 움직임을 집중적으로 설명했다. 성경 문단의 역할은 교회적 배경에서 언약 갱신을 촉진하고, 하나님과 그분의 백성 간 올바른 관계를 회복하는 것이다. 거대한 하나님 나라의 일부분으로 흡수될만한 특정 문단은 성경 전체가 독자들에게 재현하는 하나님의 세계 일

---

[128] Phillips Brooks, *Lecture on Preaching, Delivered before the Divinity School of Yale College in January and February, 1877* (New York: E. P. Dutton, 1877), 220-21.

부분을 투영한다.

각각의 특정한 성경 구절 일부분의 문단은 다른 문단과 대체 불가할 정도로 고유한 그 문단만의 독특한 '문단신학'을 구성한다. 이 '문단신학'은 텍스트로부터 적용으로의 이어지는 설교적 움직임의 중간 매개 역할을 하며 최종 독자들에게 그렇게 묘사되고 투영된 하나님의 세계에 들어와 거주할 것을 명령한다. 달리 말하면, 하나님의 백성은 그분이 거주하시는 세계에 함께 거하고 그 세계의 교훈과 우선순위 그리고 실천을 그대로 따르도록 부름받았다.

본 연구의 목적은 설교 작업에서 '문단신학'의 역할을 올바로 이해하도록 안내하려는 것이다. 필자는 '문단신학'(pericopal theology)이라는 신학적 개념의 정의를 제시했고, 설교자가 효과적 적용에 도달하도록 추진력을 제시하는 '문단신학'의 역할과 그 가능성을 설명했다. 물론, 성경 해석 작업은 본문에서 '문단신학'을 발견하는 단계만으로, 즉 텍스트로부터 신학으로의 움직임만으로 완결되지는 않는다. 설교자는 또한 신학으로부터 적용으로 더 진행함으로 설교 작업을 완성해야 한다.

첫 단계(텍스트에서 신학으로)는 설교 메시지에 정경적 권위를 제공한다. 둘째 단계(신학에서 적용으로)는 설교 메시지에 효과적 적실성(연관성)을 부여한다. 이처럼 '문단신학'의 보호 아래 타당한 적용이 만들어짐으로 설교 메시지에 정당한 권위와 효과적 적실성의 균형이 확보된다. 이러한 설교를 통하여 하나님의 백성은 성경 말씀에 온전히 복종할 수 있으며 언약 갱신이 효력 있는 사건으로 발생하며, 신자 개인과 신앙 공동체가 다 함께 하나님의 영광을 위하여 그분의 뜻에 맞추어 순종하는 삶을 살 수 있다.

이번 장의 논의에서 필자는 정경의 전체 세계의 한 부분을 투영하는 성경의 개별 문단은 하나님의 백성을 위한 하나님의 요구를 제시한다는 점을 강조했다.

그렇다면 구약 율법 장르에 속한 문단도 오늘날의 그리스도인에게 효과적 적용점을 제시하도록 할 수 있을까?

만약 그렇다면 어떻게 그것이 가능할까?

다음 제3장에서 필자는 이러한 질문들에 대한 해답을 모색할 것이다. 그리고 이 질문들에 답하면서 우리는 모든 시대에 하나님이 성경의 모든 부분과 성경의 모든 문단에서 그분의 자녀들에게 무엇을 요구하시는지를 찾아보고자 한다.

제3장

하나님의 계명과 신실한 순종

> 우리는 먼저 하나님 나라 멍에를 받아들여야 하고, 그다음 계명의 멍에를 짊어져야 한다.
> R. 조슈아 카라(R. JOSHUA B. KARAH)[1]

앞서 제1장과 제2장에서 필자는 일반 해석학 및 특수 해석학, 신학, 그리고 '문단'(pericope[하나의 일관성 있는 의미 단위를 형성하는 절들의 묶음-역자 주])의 적용 과정을 설명했다. 제1장에서는 저자들이 말하는 것을 가지고 행하는 것(텍스트의 화용론)을 의미하는 **텍스트 앞에 펼쳐진 세계**(the world in front of the text)라는 개념을 설명했다.

텍스트(특별히 고전 문학 작품)는 그 안에 잠재한 소격화(distanciation[텍스트가 기록된 이후에는 저자와 기록된 역사적 상황, 최초 수신자의 상황으로부터 점차 분리되는 현상-역자 주])를 극복하기 위해 초역사적 의도를 가지고서 후대 독자들에게 텍스트의 세계들을 투영한다. 텍스트는 이런 방식으로 후대에 지속적 영향력을 행사하고, 다원적 적용의 잠재력을 발휘하며, 삶의 방식을 규범적으로 제시할 수 있다.

성경도 나름 '특별한' 종류의 고전이긴 하지만 수천 년 동안 하나님의 백성들이 관행적으로 지켜 온 일반적 독서 규칙을 따라 읽고 해석해야 하는 고전에 해당한다.

---

1 *m. Ber.* 2:2를 보라.

제2장에서 필자는 문단의 신학적 역할을 설명했다. 기독교 설교의 근간을 제공하는 성경 텍스트의 문학적 기본 단위인 문단은 신자들의 신앙과 행위를 그들의 왕이신 하나님께 맞추어 순종하도록 하려는 문학적 수단이다. 각 문단은 표준적이고 완전한 하나님 나라의 일부분을 텍스트 앞에 투영한다. **텍스트 앞에 펼쳐진 세계의 한 부분이 '문단신학'이고**, 이 신학으로부터 하나님의 영광을 위하여 변화된 삶을 가져오는 설교의 정점, 즉 적용이 산출된다.

그래서 전체 설교 과정은 텍스트로부터 '문단신학'으로 이동하는 해석 과정과 '문단신학'으로부터 청중에 적실한 적용으로의 두 단계 과정으로 잘 실행될 수 있다. 이 말은 모든 성경 문단은 하나님의 백성에게 하나님의 특정한 요구를 효과적으로 제시할 수 있어야 함을 의미한다.

설교자의 중요한 책무는 특정 문단의 요구를 파악함과 동시에 이 요구에 대한 합당한 반응을 위하여 현대 청중에게 효과적 적용점을 제시하는 것이다.

> 설교자가 텍스트로부터 설교로 연결되는 다리를 가로질러 가져오는 것은 … 청중에 대한 본문의 요구다. 텍스트의 요구는 메시지와 아울러 그 메시지를 구체적으로 실행하는 텍스트 자체의 수사적 방식과 긴밀히 연결된 수사적 의도 두 가지를 모두 포함한다. 즉, 텍스트의 요구는 텍스트가 말하고자 하는 것과 텍스트가 말하는 것을 통하여 실행하려는 것 두 가지를 포함한다. … 설교자가 텍스트로부터 설교 메시지로 가져와야 하는 것은 텍스트의 요구와 아울러 청중에게 그리고 청중과 더불어 무언가를 실행하려는 텍스트의 의도(intention of the text)이다.[2]

---

[2] Thomas G. Long, *The Witness of Preaching* (2nd ed.; Louisville: Westminster John Know, 2005), 107-8.

폭넓게 생각해 보면, 하나님의 계명은 하나님이 그 백성들에게 기대하는 모든 관계와 행위, 그리고 책임을 포함한다. 실로 하나님의 계명은 그들을 사랑하는 아버지가 그들의 삶을 하나님의 이상적 세계의 규율과 우선순위와 실제 실천에 맞추라고 자녀들에게 요구하는 은혜로운 부르심이다.

만일 모든 성경 문단이 하나님의 계명을 담고 있다고 주장한다면, 구약의 율법서 장르의 문단도 오늘날 그리스도인에게 그대로 적용될 만한 의미를 담고 있다는 뜻인가?

이번 장의 연구에서 필자는 그렇다고 주장할 것이다. 구약의 율법은 오늘날 적용 가능하다. 이번 장에서 필자는 이런 주장이 얼마나 올바른 것인지, 그리고 해석자가 성경의 율법에서 하나님의 계명을 어떻게 분별할 수 있는지를 설명할 것이다. 그렇게 하여 하나님의 백성을 위한 순종의 신학을 확립할 것이다.

미리보기: 하나님의 계명과 신실한 순종

하나님의 계명(divine demand)은 성경 전체의 여러 장르에서도 발견되지만, 여기서 필자는 논리적 명료함을 위하여 성경에 명확한 명령문의 형태로 제시된 구약의 율법을 주로 다룰 것이다.[3] 이러한 범주로 볼 때, 모세오경에서 상당한 비중을 차지하는 모세의 율법이 우리 눈에 들어온다.

고대 이스라엘의 율법을 현대 그리스도인에게 그대로 적용할 수 있느냐의 문제는 항상 당혹스러운 질문이다. 필자는 이 질문에 대한 전통적 접근법(개혁주의, 루터교 및 세대주의)을 간략히 살펴본 후, 바울에 대한 새 관점

---

[3] 제2장에서 삼하 11-12장에 대해 살펴본 바와 같이(또한, 제4장에서 창 22장에 대해서도 동일하게 작동되는 것을 보라), 내러티브도 텍스트 앞에 펼쳐진 세계(the world in front of the text)라는 수단에 의해 하나님의 계명을 함축적으로 투영한다.

(NPP)⁴의 지지자들의 견해에 대하여 세심하게 검토할 것이다. 전통적 접근법과 NPP의 입장 차이는 적지 않지만, 양자 모두 (시민법과 의례법과 대조되는) 도덕법의 범주를 제외하고는 고대의 성경 율법(즉, 모세의 율법)은 오늘날 그리스도인들에게 그대로 적용할 수 없다는 점에 동의하는 것처럼 보인다.

그러나 필자는 이들과 달리 이번 장에서 하나님의 모든 요구는 모든 곳의 모든 사람에게 항상 적용될 수 있으며 그래야 한다고 주장할 것이다. 물론, 모세 율법이 처음 계시된 고대의 상황과 오늘날 그것을 읽는 현대적 상황의 급격한 변화와 차이 때문에 성경의 율법을 보편적으로 적용하는 문제는 그리 간단하지 않다.

하지만 필자는 모세 율법의 저변에 깔린 논리적 근거('문단신학' 속에 내포된 초역사적 의도)를 후대 하나님의 백성에게 여전히 구속력이 있는 말씀으로 인정하는 신학적 해석의 논리를 동원하여 성경의 율법 관련 문단이 오늘날에도 여전히 적용되어야 할 하나님의 말씀임을 논증할 것이다.

이러한 구약의 율법은 구원의 기준이 아니라 성화를 위한 지침이라는 점에 유의해야 한다. 즉, 하나님의 계명을 지키는 것은 주권자이신 하나님과 하나님의 백성 사이에 언약 관계가 선행하고 있음을 전제한다. 하나님의 자녀는 이미 그리스도에 대한 믿음으로 하나님의 자녀가 되었기 때문에 그다음에 자녀로서 합당한 순종의 책임을 다해야 한다.⁵

---

4   이들을 대표로 선택한 것은 필자의 논증을 위해 비교를 가능하게 하고 대조를 확립하기 위한 것이다. 기독교 내에는 다른 견해들과 미묘한 차이들이 존재해 왔고 존재하는 것이 틀림없는 사실이다.

5   이 장(chapter)이 진행되면서 분명해지겠지만, '하나님의 계명'은 그분의 백성에 대한 하나님의 권위를 보여 주지만, 이와 같은 '요구'는 결코 독단적이거나 변덕스럽거나 전제적이지 않다. 여기에서 '요구'는 하나님의 백성이 그분의 뜻에 반응하기를 하나님이 기대하시는 것을 폭넓게 나타내기 위해 사용되고 있다(관계가 선행되지만 책임을 배제하지는 않는다).

이번 장에서 필자는 계속해서 하나님의 계명에 순종하는 자녀로서의 책임이 '믿음의 순종'(롬 1:5; 16:26)임을 논증할 것이다. 우리가 배척하는 율법주의는 자신의 영광을 위해 자신의 의지로 노력하여 공적을 추구하는 것이다.

하지만 모세 율법이 말씀하고 필자가 논증하려는 믿음의 순종은 하나님의 은혜에 의존한다. 왜냐하면, 믿음의 순종은 오직 성령 하나님의 권능에 의해서만 하나님의 계명에 순종할 수 있고 그럴 때 비로소 그 순종이 하나님께도 기쁨이 된다는 것을 잘 인식하기 때문이다.

> 은혜는 율법을 지키도록 하려고 주어졌다(Augustine, De Spir. et litt. 19.34).

그러한 믿음의 순종이라도 완벽하지 않고 때로는 실수로 넘어질 수 있음을 인정하여 예수 그리스도를 통해 제공된 용서를 기쁘게 받아들인다. 요약하면, 성경의 율법(그리고 사실은 성경 모든 곳에서 발견되는 하나님의 계명)에 대한 신학적 해석은, 성부 하나님이 성자 그리스도를 통해 그 신자들에게 제공하시는 은혜와 동등하게 은혜로운 성령 하나님의 활동에 의존하면서도, 신자들에게 하나님의 계명에 부응하기 위해 그리스도인의 책임을 다하고 그렇게 함으로써 하나님이 거룩하신 것처럼 거룩할 것을 촉구한다.

1. 하나님의 계명

이스라엘의 정체성을 결정하는 이야기의 중심에 위치한 율법은 이스라엘 민족의 가장 중요한 내러티브의 시작점에서부터 등장한다. 내러티브의 결(texture)을 통하여 독자들에게 펼쳐지는 율법이 선포되는 시점은 내러티브 전후 문맥을 고려하여 파악할 수 있다. 모세 율법을 모세오경 속에 깊이 뿌리내리도록 하는 시점은 이스라엘 민족의 건국 시점과 긴밀한 연관

성 속에서 파악된다.[6]

그러나 하나님의 언약 백성들에게 주어진 이 고대의 요구들은 그러한 시점으로부터 멀리 떨어진 오늘날 신자의 삶에도 동일한 긴급성으로 적용되도록 의도된 것일까?

바울은 겉보기에 율법은 더 이상 구속력이 없다고 선언하는 것처럼 보인다(롬 6:14). 율법은 하나님의 진노를 초래하고 사람들의 범죄를 더하게 하며 죄의 정욕을 자극한다(롬 4:15; 5:20; 7:5). 게다가 예수님은 그분의 육체의 고난과 죽음을 통하여 율법을 직접 폐하셨고(엡 2:15), 첫 언약의 의무는 '낡아졌다'(히 8:13).

또한, 신명기 4:15와 시편 147:19-20은 하나님이 이스라엘에게 규례와 법도를 주신 목적과 관련하여 다른 어떤 민족도 이스라엘 백성들처럼 율법을 부과하지 않았음을 시사하면서, 모세 율법의 독특성과 다른 민족들에게 그 율법을 그대로 적용할 수 없음을 시사한다.[7]

그러나 역설적이게도 율법은 모든 신자를 위해 기록되었고(고전 9:8-10), 신약성경에 빈번하게 등장하는 그리스도인에 대한 요구들은 동일한 구약성경의 율법적 요구에 그 뿌리를 내리고 있다고 말한다(롬 13:9; 갈 5:14; 엡 6:2; 딤전 5:18; 약 2:8-11; 벧전 1:15-16 등).[8]

결국, 모든 성경 말씀은 모든 신자에 유익하다(딤후 3:16). 사실 구약성경의 율법은 영원한 하나님의 법(롬 7:22, 25; 8:7; 고전 7:19)이고, 하나님의 율법은 누구에게나 선하고, 거룩하고, 의롭고, 영적 권위를 가진 말씀이라고 선언한다(롬 7:12-14, 16; 딤전 1:8). 참으로 그리하기 때문에 바울은 이 하나님의 법을 "즐거워하고"(롬 7:22) 그것을 굳게 따를 수 있었다(롬 3:31).

---

6   Paul Ricoeur, "Toward a Hermeneutic of the Idea of Revolution," in *Essay on Biblical Interperetation, by Paul Ricoeur* (ed. Lewis S. Mudge; Philadelphia: Fortress, 1980), 82.

7   또한, 시 89:34; 119:160; 전 12:13; 말 3:6을 보라. 동일한 감성을 전달하는 것처럼 보이는 신약성경의 텍스트는 다음을 포함한다: 막 7:19; 행 11:8-9; 롬 6:14; 10:4; 14:14; 고전 7:19; 갈 5:18; 히 7:11-19, 28; 9:23-25; 10:1-9 등.

8   또한, 마 5:17-20; 요 7:19; 롬 3:31; 고전 14:34; 딤후 3:16-17을 보라.

그렇다면 성경 해석자는 모순처럼 보이는 문제를 어떻게 해결할 수 있을까?

〈율법의 기원과 본질, 특성 그리고 활용〉(The Original, Nature, Property, and Use of the Law)이라는 제목의 1750년 설교에서 존 웨슬리(John Wesley)는 "종교 전체에서 이 주제처럼 쉽사리 해결되지 못한 주제는 없다"[9]라고 인정했다.

특별히 설교학의 경우, 설교자는 오늘날의 설교 메시지에서 율법의 말씀에 관한 구체적 적용을 청중에게 제시하려면 율법 장르 본문을 어떻게 해석해야 하는가?

근본적 질문은 다음과 같다.

모세의 율법 현대 그리스도인에게도 여전히 적용 가능한가?

1) 율법에 대한 여러 접근법

오늘날 교회와 관련된 모세의 율법에 대한 여러 해석 방법은, 크게는 전통적 접근법(루터교, 개혁주의, 세대주의 - 이것은 이 주요 주제에 대한 각 진영 간의 세부적 차이점을 부정하는 것은 아니다)과 바울에 대한 새 관점(NPP) 입장의 두 가지로 나눌 수 있다.

물론, 이러한 구분은 아주 광범위한 범주를 사용한 것이다. 이 문제를 이렇게 광범위하게 분류하는 목적은, 성경에서 중요한 두 가지 하나님의 경륜인 옛 언약의 경륜과 새 언약의 경륜 안에서 율법과 은혜, 그리고 인간의 선행(works)과 믿음 사이에 작용하는 것으로 각 진영에서 생각하는 연속성과 불연속성의 구분을 쉽게 설명하기 위함이다.[10]

---

9 "Sermon 34," in *The Works of John Wesley: Vol. 2: Sermons II* (ed. Albert C. Outler; Nashville: Abingdon, 1985), 4.
10 전통적 진영에 포함된 세 그룹 사이에는 차이점이 존재한다(그 일부는 중요하다). 필자의 논증에 관련될 때에는 이 차이를 기술할 것이다. 그러나 일반적으로, 성화의 목적

전통적 접근법	바울에 대한 새 관점
불연속성이 큼: 율법 vs. 은혜 / 선행 vs. 믿음	연속성이 큼: 율법-은혜 / 선행-믿음
수직축에 초점을 맞춤: 인간과 하나님의 관계	수평축에 초점을 맞춤: 유대인과 이방인의 관계
모세 율법은 그리스도인에게 적용할 수 없음	모세 율법은 그리스도인에게 적용할 수 없음

먼저 율법과 은혜, 또는 선행과 믿음 사이에서 상당한 불연속성을 두는 전통적 접근법의 문제점은, 왜 하나님은 처음에 유대인에게 율법을 주실 때 매우 정교하고 상세한 명령법의 목록을 주셔서 성경에 그토록 상당한 비중을 차지하도록 하셨는데, 어찌하여 나중에는 그 모든 율법을 갑자기 다른 경륜(은혜/믿음)으로 바꾸셨는지에 대해 쉽게 대답하기 어렵다는 것이다.[11] 전자는 불연속성을 강조하면서 연속성이 훼손된다.

다른 한편, NPP 접근법은 율법/선행과 은혜/믿음 사이의 구원론적 구별 없이 주로 이방인과 유대인의 언약 관계에 초점을 두면서도 그리스도로 말미암아 하나님의 백성 공동체에 이방인을 포함시킬 수 있도록 사회인류학적 경계가 확장되었음을 확인하는 것 이외에 구약에서 신약으로 넘어오면서 그리스도의 속죄 사역과 그에 따른 하나님과 인간 사이의 언약 관계에 실제로 어떤 부분이 극적으로 바뀌었는지에 대하여 쉽게 대답하기 어렵다는 점에 직면한다.[12] 후자는 연속성을 강조하느라 불연속성이 훼손된다.

을 위한 율법/행위와 은혜/믿음 사이의 (불)연속성에 대한 논의에 있어서 루터파, 개혁주의, 세대주의의 사고방식은 서로 간에 완전히 낯설기만 한 것은 아니다. 또한, 필자의 NPP 진영에 대한 서술에는 틀림없이 간과된 음영과 뉘앙스가 있을 것이다. 대부분의 경우, 필자는 NPP에 대한 논의를 흔히 'Sanders-Dunn-Wright' 사고 노선으로 여겨지는 것에 한정했다. 그리고 이들을 주요 대담자로 삼았다.

11 혹은 우리는 "만일 구약의 율법이 폐기되었다면 왜 그리스도인들이 그것에 주의해야만 하는가"라고 질문할 수 있다.
12 NPP 진영은 율법과 은혜의 차이를 구원론적이거나 신학적이라기보다는, 사회학적으로 그리고 문화인류학적으로 바라본다. 아래를 보라.

전통주의와 NPP, 이 둘의 양극성에 대한 필자의 해답은 그 중간 지점에 위치한다. 필자는 전통적 접근법과 달리 율법 안에도 하나님의 은혜가 작용하며 선행도 믿음과 대비되는 것이 아니고 선행 안에 믿음이 작용하고 있는 것으로 이해한다.

그런 의미에서 필자는 율법과 은혜, 선행과 믿음 사이에 불연속성보다 연속성을 더 많이 주장한다. 그러나 필자는 NPP 진영의 입장과 달리 핵심 쟁점이 (인종 간의 관계에 관한) 수평적 차원의 (구약의) 배제와 (신약의) 포함의 문제가 아니라 오히려 하나님과 그의 백성 사이의 수직적 관계에 관한 문제로 이해한다.[13]

(1) 전통적 접근 1: 루터교의 접근 방식

루터에 의하면 모세 율법은 자연법, 즉 인간 본성에 자명하도록 납득될 때라야 비로소 이방인들에게도 구속력을 발휘할 수 있다. 그의 입장을 들어보자.

> 나는 모세가 준 계명을 지킨다. 모세가 계명을 주어서가 아니라 계명이 먼저 본성적으로 내 안에 심겼기 때문에 모세의 율법은 자연법과 정확하게 일치한다. 본성에 부합하지 않은 모세의 다른 계명은 이방인들이 지키지 않아도 된다.[14]

---

13 칭의(justification)와 관련되는 한, 필자는 전통적 진영과 입장을 같이한다. 필자가 다른 것은 거의 전적으로 무엇이 성화(sanctification)를 구성하느냐는 것인데, 필자는 설교적/목회적 관점으로 이것을 바라본다.

14 Martin Luther, "How Christians Should Regard Moses," in *Luther's Works*, vol. 35 (ed. E. Theodore Bachmann; Philadelphia: Muhlenberg, 1960), 168. 그리고 "우리는 모세를 교사로 여길 것이다. 그러나 만일 그가 신약성경과 자연법에 동의하지 않는다면, 우리는 그를 우리의 입법자로 여기지 않을 것이다"(ibid., 165). 또한, 다음을 보라. Martin Luther, "Against the Heavenly Prophets in the Matter of Images and Sacraments, Part I," in *Luther's Works*, vol. 40 (trans. Bernhard Erling; Philadelphia: Muhlenberg, 1958), 97.

루터는 구약성경의 율법은 우리가 "자유롭게 그것을 지킬 수도 있고 지키지 않을 수도 있다는 의미에서 본성의 속박에서 풀려나 더 이상 강제적 구속력을 발휘할 수 없는 것"[15]으로 보았다.

그러나 루터는 구약성경에서 어떻게 우리가 '자연스러운' 율법과 그렇지 않은 율법을 객관적으로 구분할 수 있는지의 질문에 대해서는 침묵한다. 모세 율법에 한정하여 루터의 입장은 오늘날의 그리스도인들은 모세 율법의 규정이 자신에게 '자연스러운' 규범으로 다가오는 경우에만 복종해야 한다는 것이다.[16]

자신의 접근법을 '수정된 루터교' 해석 방법이라고 부르는 더글라스 무(Douglas Moo)도 이와 비슷한 입장을 취한다.

> [모세 율법은] 더 이상 신약 시대 하나님의 백성을 위한 궁극적이고 직접적인 행동 기준으로 기능하지 않고 오히려 예수님의 가르침을 통해 굴절된다.[17]

그럼에도 불구하고, 그는 현대 그리스도인의 실천을 위한 율법의 간접적 효용성을 인정한다. 모세 율법의 몇몇 계명은 신약성경에서 다시 등장

---

15 Martin Luther, "Temporal Athority: to What Extent it Should Be Obeyed," in *Luther's Works*, vol. 45. (trans. J. J. Schindel; rev. Walther I. Brandt; Philadelphia: Muhlenberg, 1963), 97.
16 일반적으로 Luther는 모세의 율법에 대해 상당히 부정적이었다. 예를 들어, "왜냐하면, 이 법이 적용되는 그리스도께서 그분의 고난과 부활을 통해 이 법을 완전히 폐기하셨고, 죽이셨고, 영원히 매장하셨기 때문이다. 그분은 성전의 휘장을 찢으셨고 그 결과로써 제사장 제도와 권력과 율법과 모든 것의 중심지인 예루살렘을 부수셨다"("On the Councils and the Church," in *Luther's Works*, vol. 41 [trans. Charles M. Jacobs; rev. and ed. Eric W. Gritch; Philadelphia: Fortress, 1966], 63-64).
17 Douglas J. Moo, "The Law of Christ as the Fulfillment of the Law of Moses: A Modified Lutheran View," in *Five Views and Gospel*, by Greg L. Bahnsen, Walter C. Kaiser, Douglas. J. Moo, Wayne G. Strickland, and Willem A. VanGemeren (ed. Stanley N. Gundry; Grand Rapids: Zondervan, 1996), 343, 357.

하기(갈 5:14; 엡 6:2; 약 2:8-12 등) 때문이다.

그에 의하면 모세 율법은 하나님의 계명 중 일부를 현대의 상황으로 가져와 적용하는 과정에서 누락된 일부분의 말씀을 '보충하는' 역할을 한다(예를 들면, 출애굽기 21:22는 태아를 죽이는 것이 곧 인간의 생명을 빼앗는 것이라는 의미를 유추하는 데 보조적 도움을 준다)고 본다.

또 모세 율법은 하나님의 계획이 그리스도의 십자가 죽음으로 온전히 성취될 미래 사실에 관한 예언의 역할을 한다고 본다. 그리하여 무(Moo)의 '수정된 루터교' 접근법에 의하면, 모세 율법이 만일 구약성경에 보존되지 않았더라면 기독교가 정확히 무엇을 상실했을지 불분명하지만 과거 이스라엘 공동체 안에서 권위 있는 말씀으로 기능했다는 점에서 모세 율법의 권위는 유지될 수 있다는 것이다.

이 접근법에 의하면 오늘날 그리스도인에게 여전한 구속력을 발휘하는 명령법은 그리스도 이후 신약성경에 등장하는 요구 사항들뿐이다. 기껏해야, 구약성경의 율법은 신약성경에 나타난 하나님의 계명의 근거를 암시적으로 지지하고 '보충하는' 기반 역할을 한다.[18]

이렇게 루터교 안에서 일부분이 '수정'되었든 그렇지 않았든 간에 모세의 율법에 대한 루터교의 해석 방법은 율법을 아주 무효화하지는 않더라도 오늘날 신자들에게 직접 적용하는 것을 최소화하는 경향이 있다.

(2) 전통적 접근 2: 개혁주의 접근 방식

칼빈(Calvin)은 모세 율법의 적용적 가치를 분명하게 이해했다. 그는 하나님의 신성한 요구는 입법자의 완전함을 반영하므로, 이 법들에는 '완전한 의의 패턴'이 포함되어 있으며, 모든 인류는 '하나님의 뜻에 대한 더 순결한 지식으로 나아갈 수 있도록' 이러한 매일의 가르침이 필요하다(『기독교 강요』 II.7.6-13)고 보았다. 그는 이 가르침을 무시하는 것은 불경건함을

---

[18] Ibid., 375-76.

드러내는 '신성모독적 생각'이라고 비난했다.

그런데 당시 칼빈은 모세 율법의 '도덕적' 측면에 가장 관심이 많았던 것으로 보인다. 왜냐하면, 그는 계속해서 십계명에 대하여 상세하게 설명했기 때문이다(『기독교 강요』 II.8.12-15).[19]

칼빈은 모세 율법이 도덕법, 의식법, 시민법 세 가지로 존재한다고 보는 개혁주의의 접근법과 공통된 이해를 가졌다. 십계명은 도덕법(혹은 도덕법의 매우 적절한 예)을 가장 탁월하게 표현한다(또는 가장 탁월한 표현의 사례다). 모세오경에서 십계명을 제외한 다른 법적 의무들은 오늘날의 그리스도인에게 그대로 적용할 수 없는 제사 규례 의식(儀式)의 문제들과 시민법의 문제들을 규정한다.[20]

근본적으로 개혁주의적 접근법에서는, 오직 도덕법만이 신약 시대 이후 그리스도인에게 적용되며, 도덕법은 주로 신자들과 불신자들 모두를 죄악으로부터 멀어지게 하는 역할을 한다(웨스트민스터 신앙고백서 19.5-6). 의식법과 시민법은, 비록 이 법들(특별히 의식법)이 장차 오실 예수 그리스도를 미리 암시하고 가리키기 때문에 교육적 중요성을 가질 수 있지만, 오늘'날

---

19 마찬가지로 Calvin의 제네바 교리문답서(Catechism of the Church of Geneva)는 131문에서 이렇게 질문한다. "하나님이 우리를 통치하실 목적으로 우리에게 주신 규칙이 무엇입니까?" 대답은 다음과 같다. "하나님의 율법입니다." 그러고 나서 Calvin은 계속하여 십계명을 기술한다.

20 이 견해에서 의식법(ceremonial law)은 의식과 희생 제사와 절기와 절기의 의무를 다룬다. 이것들은 구속자의 전조로서 모형론적 중요성을 지니며, 그런 의미에서 그리스도의 오심과 더불어 중요성을 잃게 되었다("모든 … 의식법은 신약성경 아래에서 폐기되었다," Westminster Confession 19.3). 그러므로 시민법(civil law)은 이스라엘의 독특한 신정정치를 규정하는 데 오늘날의 신자에게는 적절하지 않다(Westminster Confession 19.4). 다음을 보라. Willem A. Van Gemeren, "The Law is the Perfection of Righteousness in Jesus Christ: A Reformed Perspective of Righteousness in Jesus Christ: A Reformed Perspective," in *Five Views on Law and Gospel*, by Bahnsen et al., 30. 다음도 마찬가지이다. Walter C. Kaiser, *Toward an Old Testament Theology* (Grand Rapids: Zondervan, 1978), 114-18. 이와 같은 세 가지 분류는 실제로 '고대의(모세의) 법'을 그렇게 분류한 Aquinas에게까지 거슬러 올라간다(*Summa* 2.99.4; 또한, Calvin, *Commentary on Galatians and Ephesians*, Gal 4:1을 보라).

신자들에게 직접 적용할 수는 없다고 본다.[21]

성경 자체는 분명 율법의 수직적 논리 체계를 보여 주고 있는 것으로 보인다(마 23:23; 삼상 15:22-23; 사 1:11-15; 암 5:21-24; 호 6:6 등). 그럼에도 불구하고, 도덕법, 시민법, 의식법을 이러한 수직적 논리 체계로 명확하게 구분하기에는 그 안에 너무 다양한 범주가 서로 중복된다.

도덕적 측면은 이 세 가지 범주의 율법 안에서 공통적으로 발견된다. 예를 들어, 레위기 20:22-26은 하나님의 거룩하심과 하나님의 백성들이 하나님과 같이 거룩하게 되기를 바라는 하나님의 소망을 선언하면서 그 밖에 다른 법규와 규례에 신학적 토대를 제공한다.

십계명도 단순한 10가지 도덕법 그 이상이다. 십계명의 10가지 목록 안에도 의식법과 가족법, 그리고 시민법의 범주가 모두 들어와 있다. 십계명에는 문화적 특이점들도 존재한다(우상들, 성문 안에 거주하는 이방인들, 특정한 종류의 소와 나귀 등).[22]

따라서 모세 율법 안에서 도덕법과 시민법, 그리고 의식법의 범주를 선명하게 구분하는 일은 비현실적일 뿐만 아니라, 신약성경의 저자들은 구약의 모세 율법 중에서 오직 도덕법만을 인용하여 가져오고 있다는 주장

---

21 다음을 보라. Calvin, *Institute* 2.7.16. Augustine도 율법의 '도덕적인' 면과 '상징적인' 면을 구분했던 것으로 보인다(*Faust*. 6.2, 7, 9). 그는 후자는 의식법과 동등하고 "그리스도 안에서 그것이 완성되었기 때문에" 그리스도인들에게 그에 대한 순종이 의무적으로 지워지지 않았다고 했다(*Faust*. 19.18). 그럼에도 불구하고 이 법들은 "신앙에 유효하고 상징적 해석이 가능하며"(*Ver. rel* 17.33), "이교의 악마적 불경건처럼 혐오하여 즉각적으로 피해서는 안 된다"(*Ep*. 138 [to Jerome], 20).

22 Joe M. Sprinkle, *Biblical Law and Its Relevance: A Christian Understanding and Ethical Application for Today of the Mosaic Regulations* (Lanham, Md.: University Press of America, 2006), 4-5. Sprinkle은 뿔로 들이받은 소를 다루는 시민법(출 21:28)도, 돌에 맞은 동물의 고기는 아마도 정결 예식적 부정함 때문에 먹을 수 없다는 점에서, 분명히 의식적인 면을 지니고 있다는 점에 주목한다. 예로 하나의 법을 들면, 안식일법은 다양한 측면을 지니고 있는 것으로 보인다. 도덕적 측면(출 20:8-11; 레 26:2); 시민법적 측면(23:12; 신 5:13-15); 의식적인 면(출 31:13-16; 34:21; 35:2-3; 레 23:3). 고전 9:9와 딤전 5:18에서 바울이 '도덕적' 이슈인 것처럼 보이는 것에 대해 '시민법'(신 25:4)을 채용한 것(그리스도인 일군에 대한 보상)도 이 점을 입증한다.

도 설득력이 없다. 오히려 신약성경은 구약의 모세 율법 전체를 하나의 의미 단위로 구성된 단일체로 간주한다(마 5:19; 갈 5:3; 약 2:10).[23]

(3) 전통적 접근 3: 세대주의

세대주의자들은 종종 현재 교회 시대를 '율법의 종말' 시대로 여겨 왔다. 예를 들어, 찰스 라일리(Charels Ryrie)는 모세 율법이 교회 시대에 이르러는 '법률 규정'(code)으로서는 완전히 폐지되었다고 본다.[24] 교회 시대는 구약 시대와 달리 새로운 '법 규정', 즉 그리스도의 법(고전 9:21; 갈 6:2)에 의해 통치된다는 것이다. 물론, 이 새로운 법 규정은 이전 구약 규정의 일부 율법을 재해석하는 과정을 포함한다.

그러나 구약 시대에 완전한 단일체를 형성했던 모세 율법(더 오래된 법으로서의 옛 법)은 신약 시대 그리스도인과 더 이상 아무런 관련이 없고, 오늘날에는 그리스도의 새로운 계명 안에서 다시 새롭게 언급된 예전의 개별적 계명들만 여전히 유효할 뿐이다.[25]

'법률 규정'(code)에 대한 이러한 설명이 언뜻 타당해 보이기는 하시만 신약성경 저자들도 교회가 실천해야 할 것(ecclesial praxis)으로 선언하기 위하여 구약성경의 율법을 그대로 인용한 사례를 살펴보면, 이러한 관점은

---

23 다음을 보라. David A. Dorsey, "The Law of Moses and the Christian:A. Compromise," *Jets* 34 (1991): 322, 330-31; Christopher J. H. Wright, *Living as the People of God: The Relevance of Old Testament Ethics* (Leicester, U. K.: InterVarsity, 1983), 158; Gordon J. Wenham, *The Book of Leviticus* (NICOT; Grand Rapids: Eerdmans, 1979), 32. 유대인들 사이에서 율법의 통일성은 R. Hillel의 다음의 진술이 나타내듯이 수용된 개념인 것으로 보인다. "너에게 혐오스러운 것을 네 이웃에게 하지 마라. 이것이 토라의 전부이며 나머지는 이에 대한 해설이다. 가서 그것을 배워라"(*m. Šabb.* 31a). 우리는 이러한 취지로 예수님이 하신 유사한 말씀을 기억한다(마 7:12; 또한, 22:37-40을 보라). 게다가 모세오경에서 율법(Torah)은 언제나 단수로 사용되고 있는데, 이는 율법에 대한 통합되고 분리되지 않은 견해를 나타낸다.
24 Charles C. Ryrie의 동일한 제목의 글을 보라. *BSac* 124 (1967): 239-47.
25 Ryrie, "The End of the Law," 246-47. 1950년대 Eric Sauer는 하나님과의 관계에 있어 '새 시대'에는 어떤 규정은 계속되고, 어떤 규정은 폐기되며, 새로운 규정이 도입된다는 점에 주목했다(*The Dawn of Word Redemption* [Grand Rapids: Eerdmans, 1951], 194).

설득력을 잃어버린다(예를 들어, 야고보서가 레 19장에 강하게 의존하는 경우, 레 19:12와 약 5:12; 레 19:13과 약 5:4; 레 19:15와 약 2:1, 9; 레 19:16과 약 4:11; 레 19:17b와 약 5:20; 레 19:18a와 약 5:9; 레 19:18b와 약 2:8).[26]

이러한 성경 구절들을 비교하여 살펴보면, 구약의 율법 규정들 중에 일부를 선별하여 신약성경의 새로운 법률 규정에 포함시켰다기보다, 구약에 중요한 율법 규정을 신약성경의 교회 시대로 일괄적으로 전환했음을 알 수 있다. 이렇게 본다면 세대주의의 '법률 규정' 개념은 오늘날 적실한 설교의 목적으로 구약성경과 모세 율법이 감당하는 중요한 가치를 희석시킨다.

만일 세대주의 입장처럼 신약의 저자들이 구약의 율법을 새 시대에 맞게 법률 규정을 다시 작성한 것으로 이해한다면, 이는 구약 율법의 영속적 가치를 무시하고 신약성경에 기록된 최종의 결과물에만 초점을 맞추는 셈이다.

일반적으로 세대주의자들은 전체 성경의 역사적 맥락의 변화를 아주 중요한 성경 해석의 변수로 간주해 왔다. 그들은 구약 시대 이스라엘이 신정(theocracy) 체제하에 부여받은 율법의 적용은 그러한 역사적 맥락과 깊은 연관을 맺고 있다고 보고, 현대적 상황에 그대로 적용될 수 없다(아래를 보라)고 본다. 또 가장 확실하게는 그리스도의 오심과 인류를 위한 그리스도의 속죄 사역이 옛 언약의 시대와 새 언약의 시대 사이에 분명한 차별성을 가져왔다고 주장한다.

이러한 해석의 프레임은 특별히 설교학의 입장에서 볼 때 구약의 율법과 신약의 은혜 사이의 이분법을 과도하게 강조하는 경향이 있다.[27]

---

26 Sprinkle, *Biblical Law and Its Relevance*, 9.
27 '점진적 세대주의'(progressive dispensationalism)라고 불리는 보다 최근의 세대주의의 한 분파는 역사의 시간을 따라 흐르는 하나님의 일하심에 대해 좀 더 미묘한 견해를 추구한다. 점진적 세대주의는 율법에 대한 자신의 견해와 그리스도인에게 지니는 율법의 타당성에 대해 중요한 발표를 하지 않았다. 그러나 이 견해의 지지자들은 '모세의 언약의 법은 세대적으로 종결되었고 새 언약법에 의해 대치되었다'는 세대주의의 이전의 주장들에 동의하는 것처럼 보인다(Craig A. Blaising and Darrel L. Bock, *Progressive Dispen-*

그렇다면 아주 오래된 모세의 율법 시대가 오늘날 더 이상 지속되지 않고 있는데, 어떻게 현 시대에 구약성경의 율법을 그대로 설교해야 하는가? 필자는 다음과 같은 스프링클(Sprinkle)의 견해에 전적으로 동의한다.

> 율법은 하나님의 백성들을 인도하고 그들이 언약을 준행하는지의 여부를 확인할 목적으로 그들에게 주어진 하나님의 은혜로운 선물이었다.

즉, 모세 율법은 칭의의 수단이 아니라 성화의 기본 원리였다는 것이다.[28] 하나님과 아브라함을 대표한 이스라엘과의 언약 관계(창 12:1-3; 출 20:2; 신 7:7-9)는 모세를 통하여 율법이 주어지기 전에 먼저 체결되었다. 구원(하나님과의 언약 관계가 체결되는 것)은 아브라함이나 이스라엘 자손 혹은 그리스도인이건 간에 언제나 율법에 대한 순종에 뒤따르는 것이 아니라 오직 믿음을 통한 은혜로 확인되는 것이다. 이는 다음에서 보듯이 세대주의자들도 새빠르게 동의하는 사실이다.

> 어느 시대나 구원의 기초는 항상 그리스도의 죽음이다. 어느 시대나 구원을 위하여 필요한 요구 사항은 믿음이다.[29]

(하나님의 모든 법이 그렇듯이) 모세의 율법은 단지 유전이나 혈통에 의해서가 아니라 아브라함처럼 믿음에 의해(창 15:6; 롬 4:3-16) 이미 구원을 받

---

sationalism: *An Up-to-Date Handbook of Contemporary Dispensational Thought* [Wheaton: Victor, 1993], 199). 마찬가지로 Lowry는 점진적 세대주의에 대한 에세이 모음집에서 성령 하나님의 인도하심이 율법을 구식으로 만들기 때문에 모세의 율법을 '더 이상 적용할 수 없는 것으로' 본다. 다음을 보라. David K. Lowery, "Christ, the End of the Law in Roman 10:4," in *Dispensationalism, Israel and the Church: The Search for Definition* (eds. Craig A. Blasing and Darrel L. Bock; Grand Rapids: Zondervan, 1992), 246.

28 Sprinkle, *Biblical Law and Its Relevance*, 7.
29 Charles C. Ryrie, *Dispensationalism* (rev.; Chicago: Moody, 1995), 115.

은, 선택된 사람들의 성화를 결정했다.[30] 따라서 '만약 이 계명들이 하나님의 의도로 선택된 백성의 구원이 아니라 그들의 성화를 다루는 것이라면, 확실히 그 계명들은 모든 시대에 걸쳐 하나님 백성들의 성화에 중요한 역할을 감당할 것이다.

(4) 바울에 대한 새 관점

1977년 E. P. 샌더스(E. P. Sanders)는 제2차 성전 유대주의(바벨론 포로기 이후 예루살렘에 성전이 재건되면서 본격적으로 발전한 유대주의)에 대한 전통적 묘사가 잘못된 것이라고 비난했다.

그는 기원전 200년부터 기원후 200년까지의 유대 문헌을 자세히 분석한 후, (이 시기에 대한 개신교의 표준적 판단에서는 그러한 종교 철학의 관점으로 이해하고 있듯이) 유대인의 주된 관심사는 어떻게 언약 안으로 들어갈 수 있는지(구원의 방법)가 아니라 어떻게 언약 안에 머물 수 있는지(언약 관계를 유지하는 수단)에 집중했다고 주장했다. 그가 보기에 율법의 준수는 언약 안으로 들어가려는 구원의 수단이 아니라 오히려 언약 안에 머무는 수단이었다.

샌더스는 이러한 율법 체계(도식, schema)를 '언약적 율법주의'(covenantal nomism)라고 명명했다. 샌더스에 의하면, 이 율법 체계에 대한 바울의 유일한 불만은 이것이 그리스도의 모범을 따르는 기독교와 다르다는 것이다. 그리스도 이후의 율법 준수 체계는 하나님이 지정하신 구원 얻는 방법이 아니며 그런 의미에서 유대교는 기독교가 아니라는 것이다.[31]

---

30   오늘날 교회에서도 그러하듯이, 유전적 그리고 지리적 이스라엘 사람들 중에 믿음이 없는 사람들이 존재한다는 점은 분명하다.
31   E. P. Sanders, *Paul and Palestinian Judaism: A Comparison of Patterns of Religion* (London: SCM, 1977), 180. 말할 것도 없이 대부분의 운동처럼 NPP도 다양한 측면을 지닌다. NPP 진영 내의 서로 다른 면들의 미묘한 점들을 강조하는 글들이 논문의 많은 부분을 차지해 왔다. 여기서는 이 운동의 모세의 율법에 대한 이해와 오늘날의 그리스도인에 대한 적용에 주로 초점을 맞출 목적으로 단지 간단한 요약만을 제시했다.

제임스 D. G. 던(James D. G. Dunn)은 바울에 관한 전통적 개신교의 입장에 대한 샌더스의 비판을 그대로 수용하면서, 초대 교회 안에서 유대교와 기독교를 분리시킨 것은 '율법의 행위'(갈 2:16)라는 사도 바울의 비판은 '율법의 행위'가 하나님의 언약 백성인 이스라엘을 언약 밖에 있는 이방인들과의 분리를 초래하는 요구 사항들로 가득 차 있기 때문으로 해석했다.

이 '율법의 행위'는 모든 율법을 포함하지만 제임스 던은 특히 두 백성 사이의 분리는 할례, 음식의 제한, 그리고 안식일과 같은 유대인의 독특한 율법 준수에 기초한다고 강조했다.

던의 해석에 따르면 (그리고 NPP에 의해 개진된 견해에 따르면), 사도 바울은 이러한 '율법의 행위'를 비난함으로써 행위에 의한 구원을 공격한 것이 아니라, 단지 유대인과 이방인을 분리시키는 장벽을 허물고 있었을 뿐이라는 것이다. 사도 바울은 '유대교의 배타주의', 즉 '외관과 육체적인 것에 대한 유대인의 잘못된 강조와 유대인만 의롭다는 그들의 주장'에 대응하고 있었다는 것이다.

제임스 던에 의하면, 사도 바울은 특별히 모세 율법의 요구 사항을 이처럼 분리의 도구로 '경직되고 왜곡되게 이해'하는 것에 반대했다는 것이다.[32] 그러므로 그리스도의 등장과 함께 사도 바울이 드러낸 근본적 반대는 율법/선행 대(對) 은혜/믿음(하나님-인간의 수직축에 초점)이 아니라 유대교의 배타주의 대(對) 기독교의 포괄주의(인간-인간의 수평축에 초점)였다는 것이다.

다시 말해서, 율법의 의식적이며 제의적 측면('율법의 행위')은 그리스도의 날에는 더 이상 유효하지도 않고 구속력도 없다. 구약 시대 이스라엘에

---

[32] James D. G. Dunn, *The New Perspective on Paul* (rev. ed.; Grand Rapids: Eerdmans, 2005), 114, 139-40, 384, 417. N. T. Wright도 이러한 방향으로 기울어져 있다. 그는 바울이 반대한 것은 유대교의 율법주의나 행위-의(works-righteousness)가 아니라 그리스도 이후의 그리고 지금은 없어져 버린 '육체적 유대인 후손이 하나님의 진정한 언약 백성의 자격을 보증한다'는 개념이었다고 주장한다("The Paul of History and the Apostle of Faith," *TynBul* 29 [1978]: 65).

게 적용된 배타적 계명들은 '무관심하게 간주되는 반면, 하나님의 나머지 계명들은' 인류를 향한 하나님의 뜻을 여전히 표현한다.³³ 그래서 구약의 제사법과 여타의 다른 계명들을 구분하는 NPP 진영의 학자들의 해석은 전통적 접근법과 같은 입장을 취하고 있음을 알 수 있다.

즉, NPP 진영의 학자들이 보기에 모세 율법 중에 비(非)제의적 계명들은 신약 시대에도 여전히 유효하고 비록 다른 방식이긴 하지만 그리스도인의 '삶의 방향에 긍정적 기능'을 한다는 것이다. 모세 율법은 선행으로가 아니라 사랑하라는 그리스도의 명령, 즉 하나님의 명령을 통하여 그 의미를 온전히 성취한다는 것이다.³⁴

NPP 입장에서는 제의법을 다른 종류의 율법과 얼마나 정확히 구분할 수 있는지는 불분명하다. 또한, 사랑하라는 다소 일반적이고 막연한 명령을 끌어내 농업과 주택 건설에서부터 성적 관행과 의복에 이르기까지 모든 것을 다루는 구약 율법의 세밀한 특수성에 적용할 수 있는지에 대해 어떤 도움도 주어지지 않는다.

(비[非]제의적 계명의 범주 안에 있는) 모든 율법 관련 문단은 신약 시대 그리스도인들에게 어떤 종류의 사랑을 촉구하는 것일까?

NPP의 관점이 어떻게 '염소 새끼를 어미 젖으로 삶는 것을 금지'하는 출애굽기 23:19(또는 34:26 또는 신 14:21)와 씨름하는 설교자에게 도움을 줄 수 있을까?

모든 자료를 충분히 살펴보면, 1세기 유대교의 일부 분파들은 모세 율법의 준수가 구원을 가져다 줄 수 있다고 믿었음이 분명해 보인다. 이 시대 문헌들을 살펴보면, 모세 율법을 가리켜서 '생명의 법'(시락서 17:11; 45:5)이나 '생명의 계명들'(바룩서 3:9) 등으로 강조했음을 알 수 있다. "그것(율법)을 붙드는 자는 모두 살 것이며, 그것을 저버리는 자는 죽을 것이

---

33 Dunn, *The New Perspective on Paul*, 457.
34 "그리스도 이전의 시기에도 '모든 율법'은 '율법의 행위'에 의해 완성되지 않고, '네 이웃을 네 몸과 같이 사랑하라'는 잘 알려진 한 말씀 속에서 완성된다"(ibid., 275).

다"**35**(바룩서 4:1; 에스라 4서 14:30; 7:129; 솔로몬의 시편 14:2)라는 언급도 있다.

최소한 일부 유대인들만이라도 모세 율법의 준수가 하나님의 구원을 위한 필요 조건으로 간주했었다면, 사도 바울은 이러한 인간의 선행에 대한 강조와 하나님의 절대 주권에 따른 은혜의 구원을 강조하는 그의 복음을 분명 대비시켰을 것이라는 사실은 더 이상 부인할 이유가 없다.**36**

하나님의 계명이 주어진 다음 점차 시간이 흐르면서, 하나님이 그 백성들의 성화를 위한 지침으로 의도했던 계명이 구원을 위한 수단으로 잘못 해석되었을 가능성이 매우 높다. 이는 사도 바울이 선행을 강조하여 은혜에 대한 믿음을 최소화함으로 하나님 대신 자신을 영화롭게 하려는 율법주의라고 맹렬히 비난했던 것이다.

NPP 진영의 학자들은 사도 바울이 정확히 무엇을 반대했고 왜 반대했는지에 대한 지지한 학문적 탐구와 토론을 불러일으켰지만, 사도 바울의 복음과 율법에 대한 대비에 관한 전통적 쟁점은 전혀 개선되지 못했다. 그러나 사도 바울은 유대교와 초기 기독교에 남아 있는 율법주의와 싸우고 있었다.**37**

---

35 행위를 칭의에 필수적인 것으로 보는 1세기 문헌의 다른 사례들에 대해서는 다음을 보라. Simon J. Gathercole, *Where is Boasting? Early Jewish Soteriology and Paul's Response in Romans 1-5* (Grand Rapids: Eerdmans, 2002), 37-160. 전통적 바울에 대한 지속적 변호 자료에 대해서는 다음에 나타난 다양한 에세이를 보라. *Justification and Variegated Nomism* (2 vols.; eds. D. A. Carson, Peter T. O'Brien, and Mark A. Seifrid; Tübingen: Mohr Siebeck, 2001). 다음의 것도 도움이 된다. Andrew A. Das, *Paul, the Law, and the Covenant* (Peabody, Mass.: Hendrickson, 2001).
36 Francis B. Watson, "Not the New Perspective" (unpublished paper delivered at the British New Testament Conference, Manchester, U. K., September 2001), n.p. (cited June 3, 2012). Online: http://www.abdn.ac.uk/divinity/staff/watsonart.shtml.
37 다음을 보라. Stephen Westerholm, *Perspectives Old and New on Paul: The "Lutheran" Paul and His Critics* (Grand Rapids: Eerdmans, 2004), 351.

모세 율법에 대한 NPP의 견해는 이런 면에서 전통적 접근법과 멀지 않다. 양측 모두 어떤 이유에서든 모세 율법은(이런 구분이 가능한지는 의심스럽지만 모세 율법의 '도덕적' 부분을 제외하고는) 신약 시대를 살아가는 그리스도인에게 더 이상 유효하지 않다고 주장한다.[38] 다음 단락에서, 필자는 다른 의미, 즉 신학적 의미에서, 모세 율법의 모든 부분이 오늘날 신자에게도 계속 유효함을 주장할 것이다.

2) 율법은 계속 유효하다

율법의 '종말'을 나타내기 위해 일반적으로 제시되는 구절 중 몇 가지를 아래에서 논의할 것이다. 이 텍스트들은 우리 시대에 율법이 유효한 것으로 보는 해석에 열려 있고 그 해석과 모순되지 않는다고 주장될 것이다.

(1) 로마서 9:30-32a

> 그런즉 우리가 무슨 말을 하리요 의를 따르지 아니한 이방인들이 의를 얻었으니 곧 믿음에서 난 의요 의의 법을 따라간 이스라엘은 율법에 이르지 못하였으니 어찌 그러하냐 이는 그들이 믿음을 의지하지 않고 행위를 의지함이라 부딪칠 돌에 부딪쳤느니라(롬 9:30-32).

로마서 9-11장 전체는 '율법'(νόμος[노모스])을 긍정적으로 묘사한다. 이러한 긍정적 장면은 9:4-5부터 시작되는데, 여기서 '율법의 제정/율법의 부여'(νομοθεσία[노모테시아])는 하나님의 이스라엘 백성에 소속하는 일부 근거로 등장한다.

---

[38] 또다시 여기에서 필자는 특별히 이 진영들의 견해가 구약 율법의 설교와 적용에 끼친 영향을 비교하고 있다는 점을 지적할 필요가 있다. 이러한 점에서, 전통적 접근법과 NPP의 접근법 사이의 유사성은 차이를 능가한다.

이스라엘에게는 또한 "양자 됨과 영광과 언약들"과 "예배와 약속들"이 주어졌고, "조상들도 그들의 것이요 … 그들에게서 그리스도가 나셨다." 그러나 이스라엘은 이 율법과 관련하여 실패한 것처럼 보인다. 유대인들은 실패했고 오히려 이방인들이 의를 얻음으로 명확한 대비가 나타난다.

로마서 9:30	로마서 9:31-32a
… 이방인들,	… 이스라엘,
의를 따르지 아니함	의의 법을 따름
의를 얻음	(의의) 율법에 이르지 못함
즉, 의를 얻음	왜인가? 왜냐하면 (그들은 의의 율법을 추구했기 때문임)
믿음에 의한	믿음에 의하지 않고, 행위를 의지함으로

사도 바울이 이스라엘의 실패를 묘사하려고 사용한 동사 '이르다'(arrive, φθάνω[프타노], 롬 9:31)는 이스라엘이 경주에서 패배한 모습을 묘사한다. 이 은유는 신참자이자 후발주자인 이방인이 유대인들을 제치고 결승선에 먼저 도착했음을 암시한다. 유대인들이 실패한 이유는 믿음에 의하지 않고 '의가 행위에 의한 것처럼'(ἀλλ' ὡς ἐρλων[알 호스 엑스 에르곤]-경주에서 잘못된 방향 전환) 의의 법을 추구했기 때문이다.

반면에 이방인들은 올바른 길, 즉 '믿음의 길'(ἐκ πίστεως[엑 피스테오스])을 택했기 때문에, 의의 결승선에 제대로 도달했다('의를 얻었다'[κατέλαβεν δικαιοσύνην⟨카텔라벤 디카이오쉬넨⟩], 또한 '따라잡다'[καταλαμβάνω⟨카탈람바노⟩] 라는 의미를 지님).[39]

---

[39] Robert Badenas, *Christ The End of the Law: Romans 10.4 in Pauline Perspective* (JSNTSup 10; Sheffield: JSOT Press, 1985), 104.

여기서 중요한 것은 (믿음에 의한) 의의 올바른 추구(와 그 결과로 생기는 성화의 성취)와 (믿음이 없는) 의의 법의 잘못된 추구(와 그 결과로 생기는 구원의 실패)를 나란히 대조한 것이다.

바울이 구약 시대 이스라엘 백성들이 잘못 추구했던 대상으로 단순한 '의'가 아닌 '의의 법'(9:31)이라는 표현을 사용한 이유가 있다. 그것은 이스라엘은 의를 향해 전진하도록 돕는 실제적 율법을 충분히 제공받았음을 강조하려는 것이다. 이스라엘은 이 법에 복종하면, 그 법에 의하여 하나님이 원하는 것을 얻을 수 있다.

> 이들은 회피하거나 불평하지 않고 자신의 삶에 대한 율법의 비판을 겸허하게 수용하고, 우리는 결코 율법의 의로운 요구들을 온전히 이행할 수 없어서 결국 하나님께 빚을 질 수밖에 없음을 인정하여 자비를 구하고 그분의 용서를 받아들이고, 그렇게 얻은 구원의 대가로 사랑과 감사로 하나님께 자신을 바쳐서 자기중심성으로부터 자유롭게 되기 시작하여, 자기의 의가 없는 겸손한 순종의 방향으로 나아가야 한다.[40]

분명히 유대인들이 '약속되고, 목격되고, 율법을 통해 알 수 있거나 지향할 수 있는'(롬 10:4) 하나님의 의, 즉 '의의 법'(νόμον δικαιοσύνης[노몬 디카이오쉬네스])을 정확하게 믿음으로 추구했다면 반드시 그 하나님의 의에 도달할 수 있었다.[41]

사실 사도 바울의 비난은 추구한 목표가 틀렸다는 것이 아니라 그 추구 방법과 과정 혹은 그 추구의 수단이 '믿음으로'(ἐκ πίστεως[엑 피스테오스])가 아닌 '행위로'(ἐξ ἔργων[엑스 에르곤])라는 것이다. "그들 안에서 일하시는 분이 하나님이라는 것을 믿지 않고 마치 스스로가 행하는 것처럼 행하는

---

[40] C. E. B. Cranfield, *The Epistle to the Romans* (International Critical Commentary, 2 vols.; Edinburgh: T. & T. Clark, 1979), 2: 508, 510.

[41] Badenas, *Christ The End of the Law*, 104.

것"(Augustine, *Spir. et. litt.* 50. 29)을 책망한 것이다.

다시 말해서, 로마서 9장에서는 율법의 가치가 폄하되고 있는 것이 아니다(또한, 롬 3:21-22, 27; 3:31-4:25; 10:2-10을 보라). 오히려 율법은 사람이 자랑할 수 있는 행위가 아니라, (순종의 실패에 대해 용서를 베푸실 뿐만 아니라) 순종(하나님은 이 순종으로 홀로 영광을 받으신다)을 가능케 하시는 하나님의 은혜에 의해 의로운 지위를 성취할 수 있도록 항상 믿음으로 '추구'하도록 주어진 것이었다.

(2) 로마서 10:4

> 그리스도는 모든 믿는 자에게 의를 이루기 위하여 율법의 마침(τέλος)이 되시니라(롬 10:4).

'마침'(τέλος[텔로스])의 의미는 잠정적(혹은 '시간 제약적', temporal)일 수 있고(즉, "그리스도는 율법을 폐지시켰다/종결시켰다": 율법과 그리스도, 구약의 유대교와 신약의 기독교 사이의 불연속성을 증명함), 목적론석일 수 있고(즉, "율법은 그리스도를 가리켰고 그리스도를 목표/결과로 삼았다": 율법과 그리스도, 구약의 유대교와 신약의 기독교 사이의 연속성을 증명함), 혹은 완료적일 수 있다(즉, "그리스도는 율법을 성취했다/완수했다": 율법의 지속적 유효성 혹은 유효성의 결여에 대해 진술하지 않고 예언하는 방식).[42]

신약성경에는 다음과 같이 로마서 10:4를 포함하여 다섯 개의 '서술격'(predicative) '텔로스'(τέλος) + 속격(genitive, 그 뒤에 주어가 뒤따름)의 용례가 등장한다.

---

[42] τέλος(텔로스)에는 목적론적('목표/결과') 의미와 완성의('성취') 의미가 동시에 발생한다는 면이 분명히 있다. 이 연구의 목적을 위해, 목적론적 의미와 완성의 의미 사이에 어떤 특별한 구분을 하지 않을 것이다. 여기에서 요점은 τέλος의 의미가 시간 제약적이지 않다는 것이다(즉, 율법이 폐지되지 않았다는 것이다).

롬 10:4	텔로스 … 노무 크리스토스(τέλος … νόμου Χριστὸς)
롬 6:21	텔로스 에케이논 타나토스(τέλος ἐκείνων θάνατος) = 그것들의 결과는 죽음이다
롬 6:22	텔로스 [에케이논] 조엔 아이오니온(τέλος (ἐκείνων) ζωὴν αἰώνιον) = (그것들의) 결과는 영생이다
딤전 1:5	텔로스 테스 파랑겔리아스 에스틴 아가페(τέλος τῆς παραγγελίας ἐστὶν ἀγάπη) = 교훈의 목적/결과는 사랑이다
벧전 1:9	텔로스 테스 파랑겔리아스 에스틴 아가페(τέλος τῆς πίστεως σωτηρίαν)= 믿음의 결과는 구원이다

위에서 보듯이 로마서 10:4를 제외한 네 가지 용도는 일반적으로 '목표/결과'라는 목적론적 의미를 담고 있다. 그렇다면 로마서 10:4에도 동일한 해석의 의미를 적용하는 것이 합리적일 것이다.

로마서 9:30-32에서 사도 바울은 믿음으로 접근할 때 비로소 의의 법이 추구하는 목표(하나님의 의)에 도달할 수 있음을 강조한 이후에, 갑자기 분위기를 바꾸어서 10:4에서는 그 동일한 법의 '종결'(τέλος[텔로스]의 잠정적 의미)을 주장하려 한 것으로는 보이지 않는다.[43]

바데나스(Badenas)는 교회의 전 역사에서 그리스도 사건(the Christ-event) 이후에는 모세 율법의 잠정적 성격 때문에 폐지되었다는 의미에서 '텔로스'(τέλος, 혹은 같은 의미의 라틴어 *finis*)를 그렇게 시간 제약적(또는 잠정적) 의미로 해석하지는 않았음을 설득력 있게 논증했다.[44]

대부분의 초기 해석자들은 (τέλος의 의미를) 목적론적으로 보았든 완료적으로 보았든, 그리스도 이전과 이후 시대에 대해 좀 더 연속적 관점을 고수했고, 따라서 그리스도에 의해 모세의 율법이 완전히 무효화하는 것을 방지했다. 특히, 오리게네스(Origen)와, 유세비우스(Eusebius), 그리고 알렉산드리아의 클레멘트(Clement of Alexandria)는 로마서 10:4를 예언적 성취(완

43　Badenas, *Christ The End of the Law*, 78, 113-14.
44　Ibid., 4(and all of 7-37).

료적 의미)로 해석하는 입장을 견지했다.[45]

어거스틴(Augustine)은 '끝'(end)은 먹는 음식의 '끝'에서처럼 '소비'(consumption)가 아니라, 의복에서 직물의 '끝'처럼, '완성'(perfection) 혹은 '마무리'(consummation)를 나타낸다고 시각적으로 설명했다(Augustine, Enarrat. Ps. 55.1).[46]

또한, 아퀴나스(Aquinas)도 "'끝'은 반드시 파괴를 의미하는 것이 아니라, '그리스도는 율법의 종결'이라는 표현에서처럼 때로는 '완성'을 의미함에 주목하라"(Catena Aurea, Matthew 10)라고 주장했다.

칼빈도 "왜냐하면, 그가 율법의 종결인 것처럼(롬 10:4) 모든 영적 교리의 머리이며 총합(결국 완성)이다"(Commentary on Corinthians, on 2 Cor 5:19)고 주장했다.[47]

바데나스는 초대 교회 시기부터 중세 시대까지 '텔로스'(τέλος)에 대한 '종결'(termination)의 의미(시간 제약적 관점)가 좀처럼 발견되지 않는다고 결론짓는다.[48]

현대에 이르러 칼 바르트(Karl Barth)도 율법이 '시대에 뒤쳐졌고, 대체되었고, 파괴되었고, 폐기되었다'라고 이해하지 않았다.

> 이 모든 장(롬 9-10장, 또한 바울 신학의 나머지 모든 부분도) 어디에서 이 사도가 이스라엘의 율법을 그리스도에 의해 취소되고 무효화된 하나님의 선물로

---

45 Origen, *Comm. Rom.* 8.2; Eusebius, *Dem. ev.* 8.2.387; Clement of Alexandria, *Strom.* 2.9; 4.21.
46 또한, 다음을 보라. Augustine, *Tract. Ev. Jo.* 55.13.2; *Enarrat. Ps.* 46.1; 57.2; 68.1 등.
47 결국, 그리스도는 완전한 사람으로서 하나님의 모든 요구를 충족시키신 분이시다.
48 Badenas, *Christ The End of the Law*, 18. "그리하여 마침(finis)이라는 용어는 예언적이고 완성적이고 완료적이고 최종적이고, 혹은 시간 제약의 함축적 의미를 지니는 것으로 일관성 있게 해석되지만, 결코 '폐지'(abrogation)의 의미로 그리고 좀처럼 '대체'(supersession)의 의미로 해석되지 않는다. 소위 율법과 그리스도 사이의 대조라는 입장의 신학적 문제는 이 저자들에게서는 결코 발견할 수 없다."

간주했다는 최소한의 증거라도 발견할 수 있는가?

사도 바울은 믿음의 법을 율법이 아니라 율법에 무지한 채택과 적용, 불신을 통한 율법의 모독과 오용과 대조했다. (마태복음 5:17과 조화를 이루는) 로마서 3:31의 분명한 진술에 따르면, 사도 바울은 그의 설교로 율법을 폐지하려는 것이 아니라 율법을 더욱 확고히 하려고 했다.⁴⁹

그리스도가 (율법을 폐기한 것이 아니라) 얼마나 정확히 율법의 '목표'/'완성'인지는 이번 장의 뒷부분에서 고찰할 것이다. 그리고 그리스도가 율법의 완성이라는 말씀이 신자의 성화(와 기독교 설교)에 제공하는 함축적 의미는 제4장에서 살펴볼 것이다.

그러나 간단히 말하면, 율법의 '마침'(τέλος[텔로스])이신 예수 그리스도는 "죄를 범하지 아니한 분"(벧전 2:22; 고후 5:21; 히 4:15)이시며, 율법의 완전한 구현이라고 진술할 수 있다.

그리스도는 절대적 순종으로 인류가 범한 율법 위반의 대가를 온전히 치룰 수 있는 유일한 분이셨다(히 9:28; 벧전 2:24 등). 그리스도는 그렇게 함으로 하나님의 자녀들이 율법을 지킬 수 있는 힘을 주시는 성령 하나님의 내주(indwelling)를 위한 토대를 마련하셨다(롬 8:1-17).⁵⁰

---

49 Karl Barth, *Church Dogmatics*, II/2: *The Doctrine of God* (trans. G. W. Bromiley; eds. Thomas F. Torrance and G. W. Bromiley; Edinburgh: T. & T. Clark, 2004), 244-45.
50 율법의 '목표'(goal)는 그리스도였다. 왜냐하면, 율법은 완전한 사람(Man)이 어떤 모습인지를 묘사했기 때문이다. 율법의 '성취'(fulfillment)는 그리스도였다. 왜냐하면, 율법에 이 분(Man)이 완전히 순종했기 때문이다. 이처럼 읽는 것은 롬 10:4에 나오는 τέλος(텔로스)의 목적론적(목표) 의미와 완성(성취)의 의미를 통합한다.

(3) 로마서 10:5-8

> 모세가 기록하되 율법으로 말미암는 의를 행하는 사람은 그 의로 살리라 하였거니와 믿음으로 말미암는 의는 이같이 말하되 네 마음에 누가 하늘에 올라가겠느냐 하지 말라 하니 올라가겠느냐 함은 그리스도를 모셔 내리려는 것이요 혹은 누가 무저갱에 내려가겠느냐 하지 말라 하니 내려가겠느냐 함은 그리스도를 죽은 자 가운데서 모셔 올리려는 것이라 그러면 무엇을 말하느냐 말씀이 네게 가까워 네 입에 있으며 네 마음에 있다 하였으니 곧 우리가 전파하는 믿음의 말씀이라(롬 10:5-8).

대부분의 성경 번역본들은 로마서 10:6a의 후치사(post-positive) '데'(δὲ)를 역접어(adversative)로 간주한다('그러나' 믿음으로 말미암는 의는). 이러한 해석은 10:5에서 인용한 레위기 18:5는 '행위에 의한 구원'을 의미하나, 로마서 10:6에서 사도 바울은 그러한 입장을 '믿음에 의한 구원'과 대조하고 있는 것으로 해석한다.

그래서 본 문단은 "율법으로 말미암는 의(레 18:5의 인용이 뒤따름) …, '그러나'(δὲ) 믿음으로 말미암는 의(이어서 신 30:12-14의 인용 구절이 뒤따름)"(롬 10:5-6a)의 구조를 취한다는 것이다.

그러나 사도 바울이 본 문단에서 구약성경의 인용구들을 서로 대항시켜 인용하는 것으로 해석할 이유는 없다. 왜냐하면, 로마서 10:6은 앞서 5절에서 사도 바울이 주장했던 의미를 더욱 보완하고 확장하려는 것으로 보고, 연결사 데(δὲ)를 '그리고'로 수월하게 읽을 수 있기 때문이다.[51]

이 단락에서는 사도 바울이 인용하는 구약 인용문의 출처인 레위기 18장의 전후 문맥을 고려해야 한다. 레위기 18장은 이스라엘 백성들 주변 이집트인들과 가나안인들의 이교적 풍속과 대항하여 하나님의 백성이 따라

---

51 역접으로 사용되지 않는 연결사 δὲ(데)가 뒤따르는 γὰρ(가르) 절 구문은 바울의 다른 문서에서 발견된다. 예를 들면, 롬 10:10; 11:15-16; 13:1; 고전 4:7; 10:4.

야 할 생활양식을 소개한다.

하나님의 1차 관심은 이스라엘 백성들이 하나님의 규례와 법도를 온전히 순종함으로 그들의 생활양식이 그들 주변의 이교도들과 분명하게 구분하려는 것이다(레 18:3-5). 만일 이스라엘 백성들이 이방인의 가증스러운 풍습을 채택하면 더럽혀져(레 18:20, 23, 24, 25, 27, 29, 30) 그 땅에서 추방당함으로써(레 18:25, 28-30) 처벌을 받을 것이지만, 반대로 여호와의 계명을 지키는 것은 생명에 이르게 하고(레 18:5), 그 땅에 머물게(레 20:22; 25:18-19; 26:5 등) 할 것이었다.

그래서 레위기 18:4와 5의 병렬구조는 이 구절들의 수사적 추진력, 즉 하나님은 그의 백성들이 하나님의 계명에 부응하여 이 땅에서 이방과 구별되는 성결한 삶을 살아가는 것을 원하심을 분명히 보여 준다.

18:4	A 너희는 내 법도를 따르며 내 규례를 지켜	
18:4	B 그대로 행하라	
18:4		C 나는 너희의 하나님 여호와이니라
18:5	A' 너희는 내 규례와 법도를 지키라	
18:5	B' 사람이 이를 행하면 그로 말미암아 살리라	
18:5		C' 나는 여호와이니라

위 구절에서 사용된 평행법(parallelism)은 B와 B'가 동등하다는 것을 보여 주며, 처소격(處所格)적 이해(a locative understanding), 즉 하나님의 백성이 살아가야 할 영역으로 하나님의 명령의 지평(하나님의 계명) 안에서 살아야 한다는 것을 논리적으로 뒷받침한다. 이 영역 안에서 살아가는 삶은 하나님의 손 아래에서, 그분과 친밀한 관계 속에서 사는 축복의 삶이다(신 8:1; 30:15-18).

그러므로 레위기 18:5는 영생(eternal life)을 지시하는 것이 아니라 하나님의 계명에 순종하는 삶을 보여 주며 순종은 하나님의 복을 낳는다는 것을 강조한다. 레위기 18:5는 행위에 의한 구원을 다루는 것이 아니라 '풍성한 삶'(성화의 삶과 그 결과로 주어지는 축복, 요 10:10)을 다루고 있는 것이다.[52]

레위기 18:5에 대한 이러한 이해(하나님의 백성에게 순종의 생활양식을 촉구하는 것으로 해석하는 것)에 비추어 볼 때, 로마서 10:5에 나타난 레위기 18:5의 인용은 결코 행위(선행의 공로)와 믿음(은혜로운 구원)을 대립시키는 것 같지 않다.

바데나스(Badenas)는 사도 바울이 로마서 10:5-8에서 구약성경의 두 군데의 증거 구절(레 18:5와 신 30:12-14)을 인용한 배경에는 설득력 있는 증언을 위해서는 두 명의 추가 증인을 요청하는 유대인 관습의 흔적일 수 있다는 흥미로운 제안을 했다(또한, 롬 9:25-26, 27-28, 30; 10:11-13, 20-21; 11:8-9, 26-27 등을 보라).[53]

실제로 로마서 10:6-8에는 신명기 30:15-16과 레위기 18:5가 연이어(parallel) 등장하고 있다. 이 구절에서 실제로 '법도'(חֻקָּה[후카])와 '규례'(מִשְׁפָּט[미쉬파트])가 두 군데 등장하며 두 군데 모두 다 생명을 약속한다. 따라서 로마서 10:5-8의 두 구약 인용문은 서로 모순되지 않고 서로를 보완한다.

또한, 신명기 30:12-13에서 하늘과 바다 끝까지 달려가서 하나님의 계명을 찾는 어리석은 장면은 로마서 10:6-7에서 하늘과 무저갱에까지 달려가서 그리스도를 추구하는 어리석은 일로 다시 묘사되고 있다.

그리고 신명기 30:14(70인경)의 마음속에 있는 명령의 '말씀'(ῥῆμα[레마])은 로마서 10:8에서 믿음의 '말씀'(ῥῆμα[레마])으로 반복된다.

---

[52] Anne Lawton, "Christ: The End of the Law-A Study of Romans 10:4-8," *TrinJ* 3 (1974): 18-20.

[53] Badenas, *Christ The End of the Law*, 123.

신명기 30:12-14	로마서 10:6-8
하늘과 바다 끝까지 찾는 계명	하늘과 무저갱에서 찾는 그리스도
입과 마음속에 있는 계명의 말씀(ῥῆμα)	입과 마음속에 있는 믿음의 말씀(ῥῆμα)

사도 바울은 의도적으로 (그리스도에 대한) 믿음과 (계명에 대한) 순종의 개념을 결합한 것으로 보인다. 사실 어떤 시도이든 하나님의 계명에 순종하는 것은 하나님에 대한 믿음으로/믿음 안에서/믿음에 의해 순종하는 것과 마찬가지다. 구약성경에서도 이스라엘 백성들의 성화를 위해서는 이러한 믿음의 요소가 아주 분명하게 강조되었다. 예를 들어, 이스라엘 백성들의 마음속에는 율법을 '준행'(doing)하더라도 완벽한 율법 준수(keeping)가 불가능하다는 인식이 깔려 있었다.

그래서 모세 율법은 그러한 한계와 실패에 대한 속죄를 위한 희생 제사를 규정했다(바울이 인용한 장 앞에 있는 레 17장을 보라). 그래서 믿음에 의한 의의 개념은 사도 바울에게나 신약성경에 새로운 개념이 아니었다. 물론, (특히, 신앙의 대상[그리스도와 그의 사역]과 관련하여) 구약 개념으로부터 상당한 확장과 완성이 있었지만, 하나님의 은혜와 희생 제사에 관한 개념 자체는 신약성경에서 새롭게 등장한 것은 아니었다. '믿음이 충만한'(faith-full) 순종의 방식은 항상 신약 이전을 살았던 하나님의 백성에 대한 하나님의 기본 계명이었다.

사도 바울은 로마서 10:5-8에서 모세오경을 인용함으로써 믿음의 순종이 일관된 하나님의 의도였음을 논증했다. 이어서 사도 바울은 단언하기를, 그와 같은 믿음의 순종은 쉽게 추측할 수 있듯이(롬 10:6-8은 신 30:12-14의 "누가 올라가겠느냐… 누가 내려가겠느냐…"라는 표현을 인용하고 있음), 결코 불가능한 계명이 아니었다. 오히려 신명기 30:11은 "이 명령은 네게 어려운 것도 아니요 먼 것도 아니라"라고 단정한다.

구약이나 신약이나 의로운 지위는 믿음으로 작동되는 순종을 통해 얻을 수 있다. 하나님은 믿음에 의한 순종을 가능하게 하시고 그 백성들에게서 아주 가깝게(proximal) 제시하셨다(롬 10:8에서는 '말씀'이 가깝다(ἐγγύς[엥구스])라는 선언이 매우 강조된다). 이는 복을 받을 수 있도록 하나님의 계명을 지키라는, 그분의 백성을 향한 하나님의 은혜로운 초대장이다.

신명기 30:6(사도 바울이 롬 10장에서 인용한 신 30:12-14에 인접한 구절)은 독자들에게 그들의 온 '마음과 영혼'으로 여호와를 사랑하고, 그들의 온 '마음과 영혼'으로 여호와를 의지하라고 촉구한다(신 30:2, 10). 분명히 믿음 없이는 온 '마음과 영혼'을 다해 하나님을 사랑할 수 없고 하나님께 의지할 수 없다. 사실 신명기 30:6은 이렇게 마음과 영혼으로 여호와를 사랑하는 것을 '삶'(living), 즉 복을 받는 조건으로 설정한다.

반면에 30:16은 사랑과 순종을 '복 있는 삶'의 선행 조건으로 설정한다 ("네 하나님 여호와를 사랑하고 그 모든 길로 행하며 그의 명령과 규례와 법도를 지키라 … 그리하면 살리라").

결국, 믿음과 순종의 상호보완적 병치(倂置) 구조에서 요구되는 것은 '믿음의 순종'이다!

구약 시대에 율법의 중계 역할은 도덕법을 온전히 실행하지 못하는 한계에 대하여 하나님의 자비에 대한 기대와 믿음과 함께 통합됨으로 율법의 요구를 완수하시려는 하나님의 의도를 실행하는 것이었다. 그런데 인간의 믿음과 하나님의 은혜로 시행될 것으로 기대했던 것과 다르게, 구약 시대 이스라엘 백성들은 믿음에 대한 요구를 무시하고 하나님의 자비를 거부하며 자기 자신의 공로로 자기 자신의 능력으로 하나님의 계명을 지키려고 노력했다.

그러나 이는 악하고 헛된 것이다. 이스라엘은 토라(Torah)를 하나님께 일종의 의의 공로를 얻기 위한 인간의 성과와 의무의 규범으로 오해함으로써, 믿음으로 순종하도록 의도되고 성화를 위한 하나님의 지침으로서의 토라의 취지를 잃어버렸다.[54]

---

[54] 반면, Westerholm은 "모세의 규정이 행위가 아닌 믿음에 기초하고 있다고 말하는 것은

(4) 고린도후서 3:6 / 고린도후서 3:11

> 그(하나님)가 또한 우리를 새 언약의 일꾼 되기에 만족하게 하셨으니 율법 조문으로 하지 아니하고 오직 영으로 함이니 율법 조문은 죽이는 것이요 영은 살리는 것이니라(고후 3:6).
>
> 없어질 것도 영광으로 말미암았은즉 길이 있을 것은 더욱 영광 가운데 있느니라(고후 3:11).

고린도후서 3장은 죽이는 '율법 조문'(letter)과 살리는 영 사이에 극적 대조를 묘사하는 것처럼 보인다. 옛 언약과 새 언약이 고린도후서 3:3에서 대조된다('돌판'[출 24:12] 대 '육의 마음판'[렘 31:33; 겔 11:19-20; 36:26]). 그러나 그리스도로 말미암은 새 언약의 도래가 모세 율법을 대체하는 새로운 계명의 등장을 의미하는 것은 아니다.

사실 예레미야 31:33에서 '나의 법'은 새 언약에서 작동하는 하나님의 동일한 법을 암시한다.[55] 에스겔에서는 이러한 의도가 더 명확하게 나타

다른 곳에서 바울이 말하는 것과 조화를 이루지 못한다고 주장한다"(Stephen Westerholm, *Israel's Law and the Church's Faith: Paul and His Recent Interpreters* [Grand Rapids: Eerdmans, 1988], 127). 사실 모세의 규정은 믿음에 기초하고 있지 않다. 오히려 그것은 믿음에 의해 작동했다. 죄악된 인간에게는 불가능한 하나님의 계명을 지키는 일은 하나님이 가능하게 하시는 믿음과 불가피한 실패에 대한 하나님의 자비와 용서를 수용하는 일을 요구한다. 신실함(faithfulness)은 롬 9:30-32가 분명히 하는 것처럼 율법에 대해 가능한 유일한 접근법이다. 그 밖에 모든 것은 정당하지 않고, 실제로 죄가 된다. "율법 그 자체는 오직 믿음으로만 지켜질 수 있고 완성될 수 있다. 그러나 바로 이것이 이스라엘에게 부족한 점이었다. … 이스라엘에게는 모든 행위 중에서 한 가지 행위, 즉 율법에서 요구하는 모든 행위에서 그리고 모든 행위에 근본적으로 그리고 결정적으로 요구되는 한 가지 행위가 부족했다. … 이스라엘에게 요구되는 이 믿음이라는 한 가지 행위의 결핍 때문에 이스라엘은 율법을 위반하게 되었다"(Barth, *Church Dogmatics*, II/2: 241).

55 이러한 연결 속에서 골 2:14는 "법조문으로 쓴 증서"(τὸ … χειρόγραφον τοῖς δόγμασιν [토 케이로그라폰 토이스 도그마신])를 지우게 하신 것에 대해 기술한다. 이것은 모든 율법을 가리키는 것이 아니라, 오히려 죄인들에 대한 율법의 정죄(그들이 빚진 것)가 취소된 것을 나타내는 것 같다. 엡 2:15는 육체이신 그리스도가 적대감, 즉 '법조문으로 된 계명의 율법'(τὸν νόμον τῶν ἐντολῶν ἐν δόγμασιν[톤 노몬 톤 엔톨론 엔 도그마신])을

난다. 하나님의 백성은 "그들이 내(하나님의) 율례를 따르며 내(하나님의) 규례를 지켜 행하"(겔 11:19-20; 36:26-27; 37:14, 23-24)도록 새 마음과 새 영을 받기로 약속받았다. 이 예언의 구절에서 예상하는 것은 율법의 폐기가 아니라 성령 하나님의 활동과 도움으로 '율법을 참되고 효과적으로 순종'하는 것이었다.

이러한 모습은 하나님의 계명을 잘 지켜보려고 인간의 연약하고 결함 있는 힘(육신, flesh)을 의지했던 율법적 시도와는 분명 대조되는 것이다.[56] 그러므로 옛 언약과 새 언약의 근본적 변화는 율법이나 하나님의 계명의 변화가 아니다. 이것들은 언제나 변함없이 남아 있다. 오히려, 새로운 것은 하나님의 계명을 성령님의 도움으로 지킬 수 있는 방법, 즉 그리스도의 사역의 결과로 이 시대에 모든 신자에게 새로운 권능이 부여되었다는 것이다.

하나님의 계명에 순응하고 그것을 준수하는 일은 언제나 자신의 힘이 아니라 믿음을 매개로 한 하나님의 은혜와 성령님의 권능 부여를 통해 이루어진다. 그러므로 고린도후서 3:6에서 '율법 조문'과 '성령' 사이의 대조는 옛 법과 새 법 사이의 대조가 아니라, 하나님의 계명에 순응하려는 율법적 시도와, 신자들에게 율법을 지킬 권능을 부여하는 능력으로서의 성령 하나님을 매개로 하는 믿음의 영적 시도 사이의 대조이다.

> 성령의 부재 속에서 율법은 오용되며, 율법을 오용하는 사람에게 율법은 단지 '율법 조문'일 뿐이다. … 그리고 성령이 함께하시지 않는 율법은 그

무효화하셨다고 진술한다. 이것도 율법을 소멸하신 것이 아니라 오히려 하나님의 공동체(엡 2:12)와 그 공동체 밖에 있는 사람들 사이의 적대감(하나님의 백성을 '구별시킬 것'을 요구하는 하나님의 명령에서 생겨남)을 소멸하신 것을 가리킨다. 이와 같이 이것이 율법의 폐지를 의미하지 않는다는 것이 엡 6:2에서 십계명을 뒤이어 인용하는 데서 분명해진다.

56 Cranfield, *The Epistle to the Romans*, 2:855.

사람을 '죽인다.' 즉, 율법의 위반에 대해 정죄할 뿐이다.[57]

(법 조문과 성령 하나님의 대조는) 계명의 말씀은 소유했으나 그리스도에 비추어 율법을 이해할 수 있도록 하는 성령 하나님의 권능이 아직 부여되지 않은 사람들의 삶과 그리스도에 비추어 율법을 옳게 이해할 수 있도록 성령 하나님의 권능을 받아 자유롭고 기쁨으로 율법에 순종하려고 노력하기 시작하는 사람들의 삶 사이의 대조다.[58]

그러므로 모세의 사역은, '없어질 것'(고후 3:11)이었는데, '죽음의(즉, 죽음을 초래한) 사역'(3:7)이라 칭할 수 있다. 율법의 본래 의도에 실패한 사람들에게는 이들에게 율법을 수여한 결과가 결국은 믿음 없이 헛되이 순종하려 한 자들을 정죄한 셈(정죄를 초래한 사역)이었기 때문이다(고후 3:9).

반면, 사도 바울의 사역은 (그리고 고후 3:11의 요점은 사실 두 언약 사이의 대조가 아니라 두 사역 사이의 대조이다) 믿음 안에서 하나님의 계명을 충족시키도록 하는 성령 하나님의 권능을 부여하는 것으로 특징지을 수 있는 새 언약을 섬기는 사역이다(계속 효과가 남는 사역, 고후 3:11).

---

57 Ibid., 2:854. 롬 7:6도 그러하다. '율법 조문의 묵은 것'은 율법에 대한 비판적 입장이다. 그리고 성령 하나님과 별개로 한, 율법에 대한 이런 사고는 율법을 '변성된'(denatured) 율법으로 만든다. 왜냐하면, 하나님의 율법은 본래 '신령하여'(spiritual), 그 자신의 신적 기원과 지속적 권위와 그것을 순종하도록 성령 하나님이 힘을 부여하신다는 것을 확인하기 때문이다(롬 7:14; ibid., 2:851; 또한, ibid., 1:339-40을 보라).

58 C. E. B. Cranfield, "Has the Old Testament Law a Place in the Christian Life? A Response to Professor Westerholm," in *On Romans and Other New Testament Essays* by C. E. B. Cranfield (London: T. & T. Clark, 1998), 122.

(5) 갈라디아서 3:10 / 갈라디아서 3:25 / 갈라디아서 5:18

무릇 율법 행위에 속한 자들은 저주 아래에 있나니(갈 3:10).

믿음이 온 후로는 우리가 초등교사 아래에 있지 아니하도다(갈 3:25).

너희가 만일 성령의 인도하시는 바가 되면 율법 아래에 있지 아니하리라(갈 5:18).

칼빈 이후로 갈라디아서를 해석하는 신학자들은, 갈라디아서 3:25에서 사도 바울이 모세 율법의 한 가지 특정한 역할, 즉 '초등교사'(παιδαγωγός [파이다고고스])로서의 역할에 논의의 범위를 한정하고 있다는 점에 주목해 왔다. 이 제한적이고 특정한 역할에 관한 유비를 통해서 잘 알 수 있듯이, (그리스도께로 인도하는) 율법의 '가정교사' 혹은 '초등교사'로서의 역할은 그리스도의 시대인 현재 신자들에게는 더 이상 불필요하다는 것이 분명하다. 이 구절은 모세 율법 전반의 비효용성에 대해 언급하는 것이 결코 아니다.[59]

갈라디아서 5:18도 마찬가지다. (갈 5:17부터) 이 구절까지 계속 대조되고 있는 것은 육체의 행위와 성령의 행위이다. 육체의 행위는 율법의 준수에 있어 "율법에 의해 의롭다 함을 얻으려 하는 것"(갈 5:1), 율법주의적(legalistic) 시도, 즉 "율법 아래에"(갈 5:18) 있는 것을 나타낸다. 이러한 율법주의는 자신의 타락하고 무능한 힘을 동원하여 하나님의 계명을 지켜보려는 것이며, 그 저변의 동기는 자신의 영광을 위한 것이다.

그러나 사도 바울은 이미 중요한 것은 믿음의 순종, 즉 "사랑으로써 역사하는 믿음"(갈 5:6)의 순종이라는 점을 선언했다. 율법주의자들은 "율법 행위에 속한 자들"(갈 3:10)로, 하나님의 계명에 독단적으로 순종하여 헛되

---

[59] Calvin, *Commentary on Galatians and Ephesians*, on Gal 3:19; Cranfield, *The Epistle to the Romans*, 2:859를 보라.

이 자신의 칭의와 성화를 얻으려고 하는 자들이다. 이들은 '저주 아래' 있다. 왜냐하면, 하나님의 계명에 대한 순종은 믿음을 매개로 하는 성령 하나님의 권능 부여 없이는 불가능하기 때문이다.⁶⁰

그 결과로 생긴 율법의 위반은 믿음이 없는 자들에 대한 율법의 정죄(저주)를 불러올 뿐이다. 이처럼 자신의 힘으로 시도하며 의에 대한 믿음이 없는 계명 순종은 하나님의 자비와 은혜를 저버리는 것이다. 이러한 접근 방식은 율법 준수에 대한 자신의 능력을 잘못 오해할 뿐만 아니라, 자신의 방책과 책략을 사용하는 죄인인 인간이 하나님의 완전한 기준을 쉽게 달성할 수 있다고 착각한다는 점에서 하나님의 공의를 위반한다.

그러므로 율법주의는 무익할 뿐만 아니라 '확실히 죄가 된다.' 왜냐하면, 율법주의는 성화의 삶(의로움)을 위하여 하나님과 그분의 은혜가 필요하고 하나님과 그분의 은혜에 의존해야 한다는 입장에 대적하며 이를 거부하는 것이기 때문이다.⁶¹

R. 사독(R. Zadok)은 "그것들(토라의 계명들)을 당신을 높이기 위한 왕관으로 삼지 말라"(*m. 'Abot* 4:5)고 말했다. 그 대신에 하나님의 자녀는 겸손하게 믿음으로 하나님의 요구를 충족시킬 수 있다. 이것은 율법이냐 아니면 믿음이냐의 양자택일의 문제가 아니다. 율법과 믿음 둘 다 믿음의 순종의 문제이다(이번 장 뒷부분을 보라).⁶²

---

60 C. F. D. Moule, "Obligation in the Ethic of Paul," in *Christian History and Interpretation: Studies Presented to John Knox* (eds. W. R. Farmer, C. F. D. Moule, and R. R. Niebuhr; Cambridge University Press, 1967), 393을 보라.
61 Ibid., 394.
62 Cranfield는 율법을 '현대판 마르시온주의'로서 폐지된 것으로 이해하는 입장에 대해 서술한다. 이 입장에서는 성경 역사가 인간의 불행한 상태를 하나님이 다루는 데 실패한 첫 번째 시도였고, 나중에 두 번째 시도가 뒤따라야만 했다고 본다. 첫 번째 시도에서 실패한 하나님은 진지하게 받아들일 수 있는 하나님이 아니기 때문에 이 견해는 신학적으로 터무니없다고 할 수 있다(*The Epistle to the Romans*, 2:862).

(6) 요약: 율법은 계속해서 유효하다

모세 율법은 하나님의 법이다(롬 3:2; 7:22, 25; 8:7). 이는 하나님이 제정하신 법이기 때문에 거룩하고 의로우며 선하고 영적이어서(롬 7:12, 14, 16), 죄에 대한 지식을 제공하고(롬 3:20; 5:20; 7:8, 11) 하나님과 그분의 인격에 반하는 모든 것을 정죄한다(롬 7:10; 갈 3:10; 고후 3:9).

그것은 또한 자기 의를 기반으로 하는 율법주의로 발전할 가능성(실은 유혹), 즉 믿음 없는 순종과 멍에(갈 2:4; 5:1)를 초래한다. 타락한 인간은 결코 하나님의 계명에 완전히 순종하거나 하나님의 의의 기준에 도달할 수 없음에도 불구하고(롬 3:21), 사람의 마음 중심의 죄성에는 그와 같은 인본주의 순종을 시도하며 자신를 높이려는 경향은 항상 존재하고 또한 강력하다.

그러나 하나님이 선물로 주시는 의로운 지위는 공로로 얻을 수 없다. 그것을 공로로 얻을 수 있다고 생각하는 것은 율법주의이며, 이러한 율법주의는 순종의 실패에 대한 하나님의 은혜로운 용서와 순종할 수 있는 능력을 하나님이 성령을 통하여 은혜롭게 공급하심을 충만한 믿음으로 받아들이지 않아서 결국 실패할 운명에 처해 있다.

여기서 핵심적 구분은 '율법에 대한 서로 다른 두 가지 태도와 입장, 즉 한편으로는 율법을 (믿음으로 복종해야 하는) 하나님의 뜻과 목적을 계시한 것으로 인식하는 것'과 다른 한편으로는 '자신의 의로움을 확립하기 위해 율법을 율법적으로 사용하려는 시도', 즉 무분별하게 자기를 자랑하여 결국 하나님의 은혜로부터 멀어지려는 시도 사이의 구분이다.

신약성경이 율법의 오용(misuse)을 거부하더라도 이것이 곧 계명의 필요성 자체를 희석시키는 것이 아님을 명심해야 한다.[63] 율법의 오용은 성경 전체에서 비난 받는다. 그러나 그 오용의 치유책은 율법의 폐기가 아니다.

---

[63] Moule, "Obligation in the Ethic of Paul," 393-403.

그렇다면 사도 바울이 모세 율법을 서술하는 그의 일부 진술에는 왜 부정적 뉘앙스가 발견될까?

크랜필드(Cranfield)에 의하면, 사도 바울의 신학적 인식의 지평 속에는 '율법주의'에 해당하는 그리스어 단어집(單語群)이 들어 있지 않았다고 한다.

> 언뜻 볼 때 율법을 비난하는 것처럼 보이는 바울의 진술이 실제로는 율법 자체에 대한 것이 아니라, 오늘날 우리가 ('율법주의'라는) 편리한 용어로 이해하는 율법에 대한 오해와 오용에 따른 실패를 가리킬 것이라는 가능성을 받아들일 준비가 되어 있어야 한다.[64]

실제로 율법은 인간의 실패와 불순종에 대한 치유책에서조차 하나님의 계명과 그분의 은혜 모두를 계시하기 때문에, 바울에게 있어서 은혜의 반대는 율법이 아니라, 오히려 "오만하고 자의적으로 선택된 인간의 야망의 대상으로서 그리고 인간의 성취 체계로서의 율법, 즉 율법주의이다."[65]

사도 바울의 어떤 논의에서도 하나님의 요구가 무효화되었다는 암시는 없다. 예수 그리스도께서 마태복음 5:17에서 자신이 율법이나 선지자들을 폐하러 온 것이 아니라 그것들을 완성하려고 오셨다는 말씀을, 예수께서 율법을 대체하는 의미로 완성하셨고 그래서 율법을 폐기하셨다는 뜻으로 오해해서는 안 된다. 예수님의 명시적 진술은 마태복음 5:19에서 분명히

---

[64] Cranfield, *The Epistle to the Romans*, 2:853.
[65] Moule, "Obligation in the Ethic of Paul," 397. 만약, 롬 10:4의 τέλος(텔로스)를 율법의 '종결'(termination)을 가리키는 것으로 읽는다면 그것은 '율법적 의(legal righteousness)에 기초하여 공로 구원을 시도하는 바리새적 이단(바리새인의 공로 신학)에 대한 끝(end)'을 가리킬 수 있다. 이러한 견해를 주장하는 Sprinkle, *Biblical Law and Its Relevance*, 10. Thomas R. Schreiner, "Paul's View of the Law in Romans 10:4-5," *WTJ* 55 (1993): 121을 보라. 이러한 해석의 타당성을 인정한다고 할지라도 율법 그 자체가 폐지된 것이 아니라 오용되었다는 사실은 남는다.

천명하듯이 그러한 잘못된 가정에 들어맞지 않는다.

마태복음 5:19에서 예수께서는 심지어 "이 계명 중의 지극히 작은 것 하나"라도 폐기하는 것은 "천국에서 지극히 작다" 일컬음을 받게 될 것이라고 엄중히 선언한다. 오히려 하나님의 자녀는 계명을 지키고 가르쳐야 하며, 천국에서 얼마나 큰지는 바로 율법을 온전히 순종함에 근거한다.

그렇다면 모세 율법을 포함한 전체 계명이 신약 시대에도 종결되지 않았다고 주장하는 것이 타당할 것이다(롬 3:31; 8:4; 13:8-10). "법 아래에 있지 않다"(롬 6:14)는 말씀과 "율법에 대해 죽었다"(롬 7:14)는 말씀은, 로마서 8:1이 거듭 확인하듯이, 율법의 정죄적 역할을 언급한다.

모세의 율법을 믿음 없이 지킴으로써 귀결되는 것은 사망의 열매뿐이다(롬 7:15). "율법에 대해 죽었다"라는 의미는 하나님의 법, 곧 하나님의 신성한 요구 아래 더 이상 속하지 않다는 의미가 아니라, 율법을 온전히 지키지 못한다고 예수 그리스도를 구주로 신뢰하는 하나님의 자녀를 정죄의 자리로 끌어낼 수 없음을 의미한다.

바울이 로마서 7:1-6에서 신자가 그리스도 안에서 율법에 대해 죽음으로써 축소되었다고 묘사한 율법의 권한은 율법이 지녔던 징벌적 권세, 즉 죄에 대한 정죄의 권세가 사라졌음을 의미한다. 이러한 이해가 타당한 이유는 로마서 7장의 논의가 그 전에 로마서 6:23에서 "죄의 삯은 사망"이라고 선언한 직후에 진전되기 때문이다. 이러한 해석은 그리스도 안에서 죽는 것에 대한 인접 구절들의 내용(롬 6:1-11; 5:6-11, 18-19)에도 잘 들어맞는다.[66] 이 모든 논의에 비추어 볼 때, 하나님의 계명(하나님의 요구)은 신약 시대 이후에도 계속 작동되고 있다고 주장할 수 있다.

---

66 Cranfield, "Has the Old Testament Law a Place?," 115. 마찬가지로 자신이 "율법 아래 있지 아니하다"라는 고전 9:20에서의 바울의 진술은 그가 믿음으로 나오기 전에 율법의 정죄에 굴복했던 과거의 방식으로 율법 아래 있지 않다는 것을 의미한다(ibid., 114). 어느 경우든 신자는 여전히 하나님의 계명을 충족시킬 의무 아래 있다.

그렇다면 고대에 율법이 수여된 상황과 현재 율법을 읽는 상황 사이의 엄청난 시대적 변화에 비추어 볼 때, 율법은 오늘날 신자의 삶에서 어떻게 기능하는가?

다시 말해서, 설교자는 설교의 목적으로 성경의 율법을 어떻게 해석해야 하는가?

3) 율법은 신학적으로 기능한다

법률 규정은 반복적으로 발생하는 현상과 모든 행동에 대한 예측 가능한 반응, 즉 불순종에 대한 제재와 순종에 대한 보상의 규범적 체계를 확립한다. 법률은 법 조문이 처음 기록된 상황과 그 내용을 초월하여 다른 모든 시간과 공간에서 특정한 행실을 이끌어 내도록 의도된 것이다.

하나님은 시간과 공간의 변화에도 변하지 않으시며 그분의 거룩한 성격이나 기준도 바뀌지 않는다. 하나님의 계명도 시대에 따라 변함이 없다. 그러나 텍스트를 처음 기록한 시점과 나중에 그것을 읽는 시점 사이의 맥락이 바뀌면, 우리는 텍스트의 소격화(distanciation)라는 난관에 직면한다.

두 시대 사이에 언어, 문화, 제도, 형식 등에 지대한 변화가 일어났는데, 어떻게 한 시대에 제정된 고대의 율법이 어떻게 전혀 다른 시대에도 그대로 적용될 수 있을까?

바로 이 지점에서 신학적 해석의 논리가 작용해야 한다. 하나님의 모든 계명은 그 계명의 수여자인 하나님의 인격과 하나님이 그분의 백성과 맺은 언약 관계의 한 측면을 묘사한다. 즉, 모든 율법 속에는 하나님에 관한 신학적 의미가 들어 있다. 이 신학적 덩어리(nugget)는 반드시 확인되어야 한다.

그러나 해석자는 어떻게 성경 율법 문단의 신학적 요지를 파악할 수 있을까?

다시 말해, 저자는 그 특정한 법을 가지고 말한 것으로 무엇을 독자들에게 실행하고 있는가?

이 단락에서는 구약 율법의 맥락적 변화를 먼저 다룰 것이며, 이어서 성경 율법을 해석하기 위한 신학적 해석을 제안할 것이다. 이는 앞의 제2장에서 이미 논의된 것과 유사하다. 간단히 말하면, 율법 텍스트의 신학적 해석은 그 텍스트로부터 투영된 세계를 산출하는 율법 적용의 근거, 즉 해당 문단의 신학이다.

해석자는 모세 율법에 대한 이러한 신학적 해석에 근거하여 모든 시대의 신자들에게 성경의 율법 관련 부분을 충실히 설교하여 그 의미를 적용할 수 있다(성경의 다른 모든 장르에도 적합한 해석 방법). 앞의 제2장에서 상세히 설명했듯이, 문자적 소격화(distanciation)를 극복하고 오늘날 신자들의 삶에 문단의 타당성을 유효하게 적용하기 위해서는, **텍스트 앞에 펼쳐진 세계의 교훈과 우선순위 그리고 실천, 즉 본문의 '문단신학'에 대한 분별은 필수적이다.**

(1) 구약 율법의 맥락적 변화

데이비드 도시(David Dorsey)는 다음과 같이 주장한다.

> 법적으로는 소위 도덕법을 포함한 시내산 언약의 613개 조항 중에 그 어떤 계명도 신약의 그리스도인들에게 직접 문자적으로 구속력을 갖는 것은 아니지만, 계시적 의미와 교육적 의미에서 의식법과 시민법을 포함한 모든 613개 조항은 여전히 우리에게 구속력을 갖는다.[67]

그의 주장의 기본적 요점은 구약 언약의 규정들은 독특하고 정교한 방식으로 특정 맥락(context)과 관련을 맺고 있다는 것이다. 이 맥락은 특정한

---

67 Dorsey, "The Law of Moses," 325.

지리적 장소에 거주하며, 특정 시대에 머물러 거주하며, 특정한 문화적 제의 구조를 따르고, 특정한 정치 형태를 지지했던 특정한 한 민족과 여호와 하나님이 맺은 종주(宗主)-봉신 사이 조약의 구성 요소들을 포함한다.

오늘날 교회는 고대 조약의 세부사항에 의한 규제를 더 이상 받지는 않는다. 왜냐하면, 오늘날 율법을 읽는 맥락적 상황이 고대에 율법이 기록될 때의 상황과는 확연히 다르기 때문이다. 고대 율법이 기록되던 독특한 지리적, 기후적 상황이 이 율법들을 다른 곳에서 그대로 되풀이하여 적용하는 것을 힘들게 만들었다(특정 식물의 재배와 특정 동물의 사육에 적용되는 규정들).

문화적 환경은 너무나도 구체적이고 특정 맥락과 관계를 맺고 있어서, 이러한 고대의 관행과 제도 및 관습을 다른 시대에는 완전히 다른 것으로 만든다(형사취수제, 성벽에 둘러싸인 도시들에 대한 포위 공격, 맏아들에 대한 두 배의 상속권 등). 또한, 제의 구조는 유대의 종교현상을 독특하게 만들었다(에봇, 제단, 희생 제물 등에 대한 법들).

통치구조는 다른 민족이 아닌 이 특정한 민족 이스라엘 백성들을 위하여 규정되었다(왕의 거동, 부족의 유지, 도피성의 수립 등을 규정하는 규칙들).[68]

> 율법 법전에 등장하는 거의 모든 규정(95퍼센트 이상)은 문화적으로 매우 구체적이고 지리적으로 제한되어 있어서, 오늘날 전 세계에 살고 있는 모든 그리스도인에게 그대로는 전혀 적용할 수 없고, 실제로도 이행할 수 없다. 이 사실만으로도 율법 법전이 그리스도인들에게는 더 이상 법적 구속력이 없으며 교회가 실천할 만한 규정들을 제시할 수 없음을 보여 준다.[69]

---

[68] Dorsey는 이러한 몇몇 율법의 특수성과 그것들의 맥락과 고대 이스라엘에 대해 이 율법들이 법적 구속력을 지니는 면을 상세하게 숙고한다(ibid., 325-29).

[69] David A. Dorsey, "The Use of the OT Law in Christian Life: A Theocentric Approach," EvJ 17 (1998): 5.

그러므로 구약 율법의 일부를 제의법 및 시민법과 관련된 기능과 제도를 다루는 것으로 치부해 버리고 구약 율법의 도덕적 측면만을 신약 시대 이후 그대로 존속시켜 오늘날 신자들에게 적용하도록 하는 것은 부적절하다. 앞서 지적했듯이, 철저할 정도로 맥락에 의존하는 대부분의 제의법과 시민법 속에도 도덕적 요소가 포함되어 있을 뿐만 아니라, 많은 도덕법에도 특정한 시간이나 상황과 깊은 관련을 맺고 있다.

십계명 자체는 고대 근동의 우상과 노예 제도, 동물, 독특하게 정의된 민족, 이스라엘에 대한 특별한 동기와 약속(예를 들면, 신 5:15의 안식일의 근거, 5:16의 토지의 상속)과 같은 근동의 제의적 요소를 포함하며 문화적으로 독특한 용어에 담겨 선포되고 있다. 여호와 자신의 거룩함을 닮으라는 명백한 도덕적 명령(레 19:1)은 안식일을 규정하는 명령(19:2)과 희생 제물의 집행(19:4-8), 수확의 실행(19:9-10)과 같은 제의법(또는 의식법)과 시민법 계명에서도 분명히 함께 존중해야 한다.

그래서 현대 교회의 실천에서 어떤 법들은 '도덕적' 계명으로 간주되는 반면, 다른 법들은 그렇지 않고, 또 어떤 법들은 시간에 얽매이므로 불필요하다고 간주되는 반면, 다른 법들은 그렇지 않은 방식으로 해석하는 입장에는 논리적 모순이 많다.

데이비드 도시는 레위기 20:13에 언급된 동성애에 대한 정죄가 오늘날 교회 안에서는 여전히 규범적 계명으로 간주하지만 부정한 동물을 먹지 말라는 제한과 부모를 저주하는 사람들에 대한 극단적 처벌과 같은 동일한 장에 나오는 다른 법들은 여전히 규범적 계명으로 간주하지 않는 모순에 주목한다.

레위기 19:18에 등장하는 '이웃을 사랑하라'는 계명은 의심할 바 없이 오늘날에도 여전히 규범적이지만, 가축을 다른 종류와 교미시키지 말라는 계명이나 두 종류의 곡물을 밭에 함께 파종하는 파종법, 그리고 두 종류의 다른 재료로 제작한 의복을 입는 풍습을 비난하는 레위기 19:19는 어떻게 해석해야 할까?[70]

　예수께서도 "이웃을 사랑하라"고 말씀하실 때 레위기 19:18 일부를 그대로 인용하여 말씀하셨지만 그 앞에 레위기 19:19에 대해서는 침묵하셨다는 것에 항의해본들 별 도움이 되지 않을 것이다. 율법폐기론의 공식을 그대로 적용하면 예수께서 직접 인용하지 않은 수많은 구약의 율법은 613개의 나열된 법의 대부분을 포함하여 신약 시대에 편리하게 폐기될 수 있다. 신약 저자들의 구약 율법에 대한 한결같은 입장(마 5:19; 갈 5:3; 약 2:10 등)은 앞에서 언급했다.

　모든 구약 율법이 신약 시대에 결코 폐기된 것이 아니라면, 어떤 하나의 율법도 신약 시대에 폐기된 것이 아니다. 요컨대, 율법을 제의법과 시민법 그리고 도덕법으로 자의적으로 분류하는 것은 특히 회중석에 앉아 있는 동시대 그리스도인들에게 구약 율법에 관한 문단을 설교하고 적용하는 데 큰 도움이 되지 않는다.

　오히려 해석자는 모든 구약의 율법을 오늘날에도 여전히 적용 가능한 계명의 말씀으로 간주해야 한다. 왜냐하면, 이미 지적한 바와 같이 하나님은 변하지 않으시고 그분의 거룩한 기준과 요구도 상황이 달라졌다고 변하는 것이 아니기 때문이다.

　모든 율법이 그 세밀하고 맥락적 특수성의 제약에도 불구하고 하나님의 백성들에게 하나님에 관해 어떤 의미를 전달한다면, 각각의 법들은 면밀히 조사되고, 해석되고, 적용되어야 하는 신학의 보석이다. 물론, 문제는 고대에 율법이 기록될 때와 현대에 율법이 해석될 때의 맥락의 변화에 비추어 어떻게 그렇게 해석하고 적용할 것인가 하는 것이다.

---

[70] Dorsey, "The Law of Moses," 321-22, 330-31.

(2) 하나님을 닮아 가기(*Imitatio Dei*) 위한 방편으로서의 율법

고대 율법의 한 가지 분명한 목적은 입법자가 인간이든 신이든 입법자의 성격을 묘사하는 것이었다.

예를 들어, 함무라비 법전(The Code of Hammurabi)은 도입부와 종결부에서 이 군주의 미덕을 찬양한다. 함무라비 법전은 그 도입부에서 함무라비 왕은 '땅에서 정의가 승리하게 하고, 부도덕한 자들과 악한 자들을 파괴하고, 강자들이 약자들을 억압하는 것을 막고, 국민의 복지를 증진시키도록' 신들로부터 부름을 받았다고 주장한다. 또한, 그는 자신이 '정의가 승리하게 하고 민족을 바르게 통치한 현명하고 완벽한 사람'이라고 주장한다. 종결부는 다시 이러한 정서를 그대로 반영한다.

다른 선언들도 계속해서 그의 지혜를 찬양하고, 그가 고아와 과부에 대해 정의롭게 행하고 잘못을 바로잡은 것과 그가 선언한 판결들을 칭송한다. 그는 '나의 말은 귀하고, 나의 지혜는 타의 추종을 불허'한다고 스스로를 칭찬한다.[71]

그런데 여호와 하나님은 모세오경의 내러티브뿐만 아니라 율법과 규례에서도 이와 유사한 방식으로 묘사된다.

예를 들어, 출애굽기 20-23장은 여호와 하나님을 그분의 백성을 축복하기 위해 그들과 거룩한 관계를 추구하는 언약을 지키는 하나님으로 소개한다. 그는 강하고, 거룩하고, 질투심이 많고, 도덕적이며 정의롭다. 그러나 그는 또한 사랑이 많고 자신의 백성뿐만 아니라 억압받는 자들, 빈곤한 자들, 외국인, 심지어 인간이 아닌 다른 생명체에 대해서도 자비와 동정으로 가득 차 있는 분이다.

웨스트브룩(Westbrook)은 고대 근동의 법률이 종종 "왕(그의 이름으로 법률이 공포됨)이 그의 왕국 전역에 올바른 정의를 제대로 확립했는지를 보여

---

[71] *The Code of Hammurabi* (trans. Percy Handcock; New York: SPCK, 1920), 6-9, 41-43.

주기 위한 것"⁷²이라고 말한다.

성경에 기록된 계명의 경우, 주권자이신 하나님의 위대함만을 드러내려는 것이 유일한 동기는 아니다. 성경의 율법은 여호와의 백성들이 그분처럼 거룩할 것을 요구하는데, 여호와의 인격에 대한 묘사가 "하나님의 백성들을 위한 거룩함의 기준을 제시"⁷³하기 때문이다.

데이비드 도시(David Dorsey)는 이 점을 다음과 같이 잘 요약했다.

> 하나님이 고대 이스라엘에게 계시하신 각각의 법률 계명은 하나님의 마음과 방식을 반영하며 따라서 하나님의 성품을 발견할 수 있는 신학적 보물이다. 게다가 우리가 특정한 구약 율법에서 얻는 신학적 통찰은, 만약 우리가 하늘에 계신 아버지를 따라 그분의 마음과 방식을 본받고 그분과 그분의 방식에 대한 지식으로 우리의 행동과 생각을 수정한다면, 하나님에 대한 우리의 지식과 이해를 증진시킬 뿐만 아니라 우리 자신의 삶에 중요한 실질적 영향을 끼칠 것이다.⁷⁴

이와 같이 하나님을 닮아 가는 것은 구약 윤리의 지속적 관심사다.⁷⁵ '하나님 닮기'는 특별히 설교자가 유념해야 할 설교 메시지를 위한 중요한 해석학적 개념이다. 이 문제는 다음 제4장에서 더 숙고할 것이다.⁷⁶

---

72 Raymond Westbrook and Bruce Wells, *Everyday Law in Biblical Israel: An Introduction* (Louisville: Westminster John Knox, 2009), 130.
73 Allen P. Ross, *Holiness to the LORD: A Guide to the Exposition of the Book of Leviticus* (Grand Rapids: Baker, 2002), 62.
74 Dorsey, "The Law of Moses," 332.
75 창 2:1-3; 출 20:8-11; 22:27; 레 11:44-45; 19:2; 20:7, 26; 21:8; 신 10:17-19; 15:14-15; 시 25:8-10 등을 보라.
76 필자는 제4장에서 성경의 모든 문단은 장르에 상관없이 단지 '하나님'만이 아니라, 율법의 '목표'이자 '성취'(τέλος)이신 '그리스도 안에 있는 하나님'(God-in-Christ), 즉 삼위에서 제2위를 나타내고 있다고 주장할 것이다. 하나님은 궁극적으로 하나님의 자녀들이 이 분의 모습과 같아지기를 원하신다(롬 8:29). 설교와 적용에서 *imitatio Dei/Christi*(이미타티오 데이/크리스티)의 중요성도 제4장에서 다룰 것이다.

어쨌든 율법에서도 하나님과 그분의 인격이 계시된다는 점은 성경 율법에 관한 모든 문단에서 주의하여 해석해야 할 지침이며 그것을 설교해야 할 것을 요구한다.

(3) 법률 규정이 아닌 윤리 체계로서의 율법

고든 웬함(Gorden Wenham)은 성경의 율법은 하나님의 백성들의 삶의 모든 측면을 규정하는 철저한 도덕 규범이 아니라, 오히려 율법 부여자의 모든 측면을 자세히 묘사하는 윤리 체계로 작용하도록 의도된 것이라고 주장한다. 그러므로 율법에는 단순히 규칙에 복종하는 의무 사항들보다 더 많은 내용이 들어 있다.[77]

하나님의 계명은 율법에 의해 명시적으로 규정된 삶의 몇 가지 제한된 영역에서의 기계적 행동의 제약 이상의 의미를 담고 있다. 물론, 세속법과 민법도 복잡하고 예측 불허한 삶의 몇 가지 선택된 면만을 집중적으로 규정한다.[78] 핵심은 이것이다.

> 일반적으로 율법은 마음의 상태와 의도보다는 **외적** 행동을 규정한다.[79]

달리 말하면, '율법은 만일 그것이 범해질 경우 제재를 가져오는 최소한의 행동 기준을 규정한다.' 이 행동의 최소 기준(한계선)만이 주된 관심사로 촉구되고 시행된다. 최고 이상(최대치)은 최소 기준이 비하여 지루할 정

---

[77] Gordon J. Wenham, *Story as Torah: Reading Old Testament Narrative Ethically* (Grand Rapids: Baker, 2000), 79.

[78] Hunter는 이 제한적 역할을 인지하고 있다 "기껏해야 인간의 문제들을 다루는 국가의 역할은 부분적이고 제한되어 있다. … 법은 가치를 만들어 내거나 가치를 주입하거나 가치에 대한 갈등을 해결할 수 없다"(James Davison Hunter, *To Change the World: The Irony, Tragedy, and Possibility of Christianity in the Late Modern World* [New York: Oxford University Press, 2010], 171).

[79] Ze'ev W. Falk, *Religious Law and Ethics: Studies in Biblical and Rabbinical Theonomy* (Jerusalem: Mesharim, 1991), 79-80(강조는 첨가한 것이다).

도로 구체적으로 그리고 맥락적 세부사항을 모두 동원하여 표명되지는 않는다. 달리 말하면, 특정 율법의 계명을 어기는 것을 삼간다고 해서 하나님의 눈으로 볼 때 완전한 인간이 되는 것은 아니다.

> 윤리는 율법을 지키는 것 그 이상이다.[80]

하나님의 율법이 선하지만(느 9:13; 시 119:39), 모세 율법에 오직 선한 최고 수준이 명시적으로 나열되거나 상세히 기술되어 있는 것은 아니다. 그 반대도 명백하게 사실이다. 하나님의 명시적 율법에 불순종하는 것보다 훨씬 더 많은 죄를 짓는 방법이 존재한다. 즉, 우리는 절도와 거짓 증언을 금지하는 모든 구체적 계명(이 계명은 이웃을 사랑하는 데 필수적이다)을 모조리 지키면서도 이웃을 자기 자신처럼 사랑하지 않는('최고치'에 도달하지 못함) 죄를 지을 수 있다.

칼빈도 다음과 같이 선언한다.

> 그러므로 대부분의 사람은 '살인하지 말라'라는 계명을 모든 상해(傷害)와 상해(傷害)를 가하려는 모든 소원을 삼가라는 명령(최소 기준[floor])으로 여긴다. 나는 이 계명이 우리의 힘으로 가능한 모든 수단을 동원하여 우리 이웃의 삶을 도와야 한다(최고 기준[ceiling])는 의미로 이해한다. 내가 하는 말이 무리가 아님을 다음과 같이 증명하고자 한다.
> 하나님은 형제에게 상해를 입히거나 부상을 입히는 것을 금지하신다(최소 기준). 하나님은 우리가 형제의 생명을 귀하고 소중하게 여기기를 바라시기 때문이다. 하나님이 이렇게 금하실 때, 그분은 동시에 형제를 보존하는 데 도움이 되는 모든 자선의 의무들을 최대한으로 기대하시는 것(최고 기준)은 당연하다(*Institutes* 2.8.9).

---

[80] Wenham, *Story as Torah*, 80.

따라서 구약성경에서 '최소 기준의 바닥'과 '최고 기준의 천장' 사이, 즉 계율적 규범과 이상적인 하나님의 성품 사이에는 깊은 간격(gap)이 존재한다.

다른 예를 들어보면, 단지 우상숭배를 자제하는 것(출 20:3; '바닥')만으로는 여호와를 온 마음과 뜻과 힘을 다해 사랑하라('천장')는 하나님의 이상적 요구를 온전히 충족하지 못한다. 거짓 숭배를 피한 것으로 우상 숭배에 대한 문책과 응징을 예방했을지 모르지만, 윤리적 목표는 훨씬 더 포괄적이고 사람의 근본 마음의 문제를 포함하고 있어서 유용한 수준의 구체적 법으로 완벽하게 규정하는 것이 불가능했다.

> 이러한 의미에서 윤리는 (율법에 대한) 의무의 체계라기보다는 하나님과의 영적 교감의 방법이었다.[81]

하나님 한 분만을 예배하는 일 속에는 하나님에 대한 유형의 외적 충성심(최소한의 바닥 기준)뿐만 아니라 자신의 온 존재로 드리는 그분에 대한 무형의 사랑(최대한의 천장 같은 하나님의 뜻)이 들어 있다. 명시적 율법에 복종하는 것은 분명히 여호와 하나님을 향한 사랑과 충성의 필수적 표현이지만, 그 사랑과 충성을 결코 외부적인 몇 가지 규범 준수의 차원으로 축소할 수는 없다.

하나님을 사랑하는 것에는 단순히 율법을 지키는 것 이상의 차원이 존재한다. 시편 42:1-2, 63:1-2, 84:1-2 등에 나타난 시편 기자의 기쁨이 이를 아주 분명하게 보여 준다.[82]

---

[81] John Barton, "Approaches to Ethics in the Old Testament," in *Beginning Old Testament Study*, by John Rogerson, John Barton, David J. A. Clines, and Paul Joyce (London: SPCK, 1998), 130.

[82] Wenham, *Story as Torah*, 81. 말할 필요도 없지만, 하나님을 사랑하는 것이 무엇을 의미하는가에 대한 모든 면을 법 규정에서 분명히 표현하는 것은 전적으로 불가능한 일이다. "바다를 잉크로 가득 채우고 하늘을 양피지로 만들었다 해도, 땅 위의 모든 나무줄기가 펜이라

율법에는 살인에 관한 많은 계명이 등장하지만 형제자매를 향한 분노(마 5:21-22)에 대한 경고는 그만큼 많지 않다. 간음에 관한 계명은 많지만 정욕(마 5:27-30)에 관한 계명은 많지 않다. 산상수훈에서 예수님은 구약성경 '바닥'의 계명 위에 '천장'의 이상을 분명히 세우셨다.

> 너희가 들었으나('바닥') …, 나는 너희에게 이르노니 … ('천장').

다시 말하지만 하나님의 계명을 충족시키는 데에는 단순히 율법의 조문에 복종하는 것 이상의 차원이 존재한다. 그렇다고 해서 '천장'의 이상이 독자의 상상력에 임의로 내맡겨졌다는 뜻은 아니다.

'천장'은 모세의 율법에도 분명 표현되어 있다. 예를 들어, 신명기 6:5, 13, 10:12-13, 20, 11:1, 13, 13:4는 일반적 '천장'의 관점에서 하나님을 따르고 사랑하고 경외하고 섬기는 계명을 제시한다.

그러므로 모세오경과 정경에 특정한 '바닥'의 계명을 포함하는 것은 법적 조치의 원천이라기보다는 법 정책으로서, 법률 규정이라기보다는 윤리에 대한 제유법(synecdoche, 한 부분으로서 전체를 묘사하는 수사법)으로서, 공동체의 통치에 대한 정보의 원천이라기보다는 텍스트가 비추는 세계를 묘사하기 위한 수사적 도구로 의도된 것이었다.[83]

해도, 세계 모든 사람이 필경사라 해도, 하나님의 사랑을 기록하려면 바다를 다 마르게 하겠네. 하늘 가득 양피지 두루마리를 펼쳐도 이 두루마리가 하나님의 모든 사랑을 담을 수 없네"("The Love of God"[1917]의 작사자인 Frederick M. Lehman에게 양해를 구하며).

[83] Calcum Caramichael, *The Spirit of Biblical Law* (Athens, Ga.: University of Georgia Press, 1996), 27. 율법이 선택적으로 사용되었다는 점은 매우 두드러진다. 예를 들어, 엘르아살이 언급한 "여호와께서 모세에게 명령하신 율법"(민 31:21)은 모세오경의 다른 곳에서는 발견되지 않는다. 그러므로 아마도 모세에게 주어진 모든 법이 법전에 포함되지는 않았을 것이다. 이 점은 또한 율법의 개수인 611이 תרה(소리를 낼 때 토라를 나타내는 히브리 자음들)의 수적(數的) 등가물(numerical equivalent)이라는 관찰에 의해서도 암시된다. 전통적 613개의 목록에는 여기에 쉐마(신 6:4)와 출 20:2의 "나는 네 하나님 여호와니라"가 추가된다. 그러므로 철저한 모음집이 아니라 '인위적' 모음집이 의도였던 것으로 보인다. 구약성경이 법적 분쟁 동안에 성문법을 사법적으로 사용하거

도브(Daube)는 신명기의 율법이 순수한 법률 용어로서가 아닌 지혜로서 기능하는 방식을 설득력 있게 보여 주었다. 신명기의 계명은 여러 민족으로 하여금 "이 큰 나라 사람은 과연 지혜(חָכָם[하캄])와 지식이 있는 백성이로다"(חָכְמָה[호크마], 신 4:6-8)라고 외치게 만들 지혜로 스스로를 표현한다. '듣다'(שָׁמַע[쉐마])는 동사의 단어는 신명기에 50번 이상 등장하며, 지혜로운 교사가 채택해야 할 표준 자세를 표현한다(예를 들면, 신 4:1, 6, 10, 12, 30, 33, 36). 또한, '지혜'의 또 다른 특징인 '길'(דֶּרֶךְ[데레크])을 윤리적으로 사용한 용례가 같은 책 신명기에 15번 등장한다(예를 들면, 신 8:6; 10:12; 11:28; 26:17; 30:16; 32:4).

데이비드 도브(David Daube)가 주목했듯이, 이스라엘에게는 다음에서 보는 것처럼 그들이 갈 수 있는 길에 대한 선택권이 주어졌다.

> 곧 내가 오늘 네게 명령하여 네 하나님 여호와를 사랑하고 그 모든 길로 행하며 그의 명령과 규례와 법도를 지키라 하는 것이라 그리하면 네가 생존하며 번성할 것이요 또 네 하나님 여호와께서 네가 가서 차지할 땅에서 네게 복을 주실 것임이니라 그러나 네가 만일 마음을 돌이켜 듣지 아니하고 유혹을 받아 다른 신들에게 절하고 그를 섬기면 … (신 30:16-17).

일반적으로 이 세계의 법률은 그 법률이 적용되는 사람들에게 그 어떤 선택권도 제공하지 않으며 법률을 지켜야 할 동기는 더더구나 제공하지 않는다. 그런데 "성경적 지혜의 탁월성은 그 청중들에게 다양한 행동의 결과를 자세히 설명하며 얼마나 엄청난 결과가 올바른 진로를 선택함에 달

나 성문법에 직접 호소하는 것에 대한 언급이 부족하다는 점은 상당히 놀랄 만하다. 반면, 함무라비는 원고에게 "그가 내 귀한 선언을 듣고 내 석비(石碑)가 그를 위한 소송을 드러내도록 내 새겨진 석비가 그에게 크게 들려지게 하라"라고 요구한다(Martha T. Roth, *Law Collections from Mesopotamia and Asia Minor* [Atlanta: Scholars, 1995], 134; 또한, James W. Watts, *Reading Law: The Rhetorical Shaping of the Pentateuch* [Sheffield: Sheffield Academic Press, 1999], 21-22를 보라).

렸는지를 열정적으로 설명하고 있다는 것이다."[84] 이 모든 것은 모세의 법에는 단순한 법 이상의 것이 포함되어 있음을 말해 준다.

데일 패트릭(Dale Patrick)도 모세오경의 율법이 그의 백성을 위한 하나님의 뜻을 철저히 완벽하고도 포괄적 차원으로 제시하고 있지 않다고 주장한다. 즉, 토라의 계율과 판결은 '특정 사건들에 대한 구체적 판결을 내리는 것이 아니라, 이스라엘의 법 전통의 가치와 원리, 그리고 개념과 절차를 심어주기 위해' 만들어졌다는 것이다.

모세오경의 법률 서적은 세계적 법전을 닮기보다는 연설의 형태로 체계적으로 정리된 '도덕적 교훈'에 가깝다는 것이다. 도덕적 설득의 언어가 (동기를 제시하는 많은 구절과 함께, 다음을 보라) 율법을 제시하는 모세오경 전면 곳곳에 스며들어 있고, 명백한 계명은 법률적 처방보다는 오히려 도덕적 가르침을 더 닮았다.[85]

이제 다음과 같은 해석학적 실천의 결론을 제시하는 것이 좋겠다. 성경의 율법은 행동을 규제하는 규정이라기보다는 이 본문의 현대 독자들과 본문에 대한 설교의 청취자들이 모세 율법의 소격화(distanciation)를 극복하고 당대의 삶에 적용할 수 있도록 의도된 세계를 투영하는(world-projecting) 신학 체계이다.

(4) 율법의 논리적 근거

현대 독자들에게 더 이상 직접적으로 적용되기 어려운 구약성경 율법의 논리적 근거를 모색하는 일은 현대의 설교자가 이러한 율법의 말씀을 하

---

84 David Daube, *Law and Wisdom in the Bible: David Daube's Gifford Lectures,* Volume 2 (ed. Calum Carmichael; West Conshohocken, Penn.: Templeton, 2010), 27-28. 동기에 대해서 하는 말인데, 필자는 필자가 속도 제한을 어겼을 때 받은 소환장보다는 필자가 했던 모든 훌륭한 운전에 대해 '표창장'을 받고 싶다. 그러나 안타깝게도 이 땅의 법은 이런 식으로 작동하지 않는다.
85 Dale Patrick, *Old Testament Law* (Atlanta: John Knox, 1985), 188-89, 198.

나님의 백성들에게 적용하려는 시도라는 점에서 분명 정당한 시도이다.[86] 결국, 해석자의 목표는 율법의 초역사적 의도를 분별하는 것이다. 명령의 실제적 효력은 그 법의 논리적 근거에 반영되어 있을 것이다.

19세기의 유명한 소송인 릭스(Riggs) 대(對) 파머(Palmer)의 소송에서, 뉴욕 상소 법원은 삼촌을 독살하고 살해된 삼촌으로부터 유산 상속을 받으려고 상속 절차를 밟은 조카에게 상속 자격이 없다고 판결했다. 상속법의 분명한 취지는 직계가 없이 사망한 상속권자가 가장 가까운 후손의 피상속권자에게 남은 재산을 물려주는 것이다.

그러나 상소 법원의 법률 전문가들은 그러한 상속법의 기본 취지를 조카에게 그대로 적용하는 것에 동의하지 않고 오히려 상속권을 박탈했다. 그 이유는 주 의회가 재산 상속에 관한 법령을 공포했을 당시의 취지 속에는 존속 살인과 같은 패륜 범죄를 결코 인정한 것이 아니었으리라는 판단 때문이다. 살인죄와 같은 불법으로 이득을 취할 수 없다는 법원칙 때문에 상속권에 관한 법률 시행이 뒤집어진 것이다.

> 법령 제정자의 의도 안에 들어 있는 세부적 시행 취지는 법으로 기록된 조항만큼이나 분명히 그 법령 안에 들어 있을 것이고, 만일 그 법령 안에 문자적으로 들어 있지 않다면 법령 제정자의 의도 안에도 들어 있지 않다는 것이 그동안의 익숙한 법률 해석 체계(canon of construction)이다.
>
> 법령 제정자가 언제나 자신의 의도를 완전히 표현할 수 있는 것은 아니기 때문에 자신의 의도를 넘어서거나 자신의 의도에 미치지 못하거나 할 수 있다. 그래서 판사들은 주어진 법령 전체를 고려하여 개연성 있거나 합리적 추측

---

86 시민법 해석에 있어서도 또한 그러하다. 다음을 보라. Frederick Schauer, *Playing by the Rules: A Philosophical Examination of Rule-Based Decision-Making in Law and in Life* (Oxford: Clarendon, 1991), 25-28, 74-75(그는 논리적 근거[rationale]를 율법의 칭의[justification]로 본다).

만을 취합해야 하는데, 이를 합리적 해석(rational interpretation)이라고 한다.[87]

이런 사례가 입법자들이 법률을 제정할 때 무엇을 실행했는지, 그 법률로 어떤 세계를 투영하려고 했는지, 그리고 그 법의 논리적 근거가 무엇이었는지를 잘 보여 주는 법률 해석의 좋은 사례이다. 여기서 '법의 논리적 근거'가 '법의 원리'라는 표현으로 대체될 수 있다는 것은 명백하다. '원리화'의 문제는 본서 제2장에서도 논의되었지만, 법률 장르의 영역에서도 법률가들은 유사한 방식으로 '법의 원리'를 모색해야 할 경우가 많을 것이다.

웨스트브룩(Westbrook)은 다음과 같이 말한다.

> (고대 근동의 법 체계)는 정확하고 기계적 선례가 아니라 법이 모범 사례들을 통하여 간접적으로 유추한 법의 원리에 의지했다.[88]

그는 그러한 원리는 법률 전문가들에 의하여 '추출'될 수 있으며 이것이 고대의 법정이 추구했던 정의라고 주장한다.

스프링클(Sprinkle)도 이 견해에 동의한다. 현 시대에 성경 율법의 해석과 적용을 위해서는 "각각의 법을 살펴보고 도덕적이든 종교적이든 어떤 원리가 이 규정의 저변에 근간을 형성하고 있는지 살펴볼 필요가 있다."[89]

---

87 *Riggs v. Palmer*, N. Y. 115 (1889): 509.
88 Raymond Westbrook, *Studies in Biblical and Cuneiform Law* (Paris: Gabalda, 1988), 77, 77 n 156.
89 Sprinkle, *Biblical Law and Its Relevance*, 20. 텍스트 뒤(behind the text)에 있는 '원리'(principle)를 이처럼 특별히 사용함에도 불구하고, 성경의 저자들이 행하고 있는 것은 **텍스트 앞에 펼쳐진 세계**(*the world in front of the text*), 즉 특정 율법의 요구에 따라 기능하는 세계, 다시 말해, '문단신학'을 투영하는 일이다. 예를 들어, *Riggs v. Palmer* 소송에서 투영된 세계는 살인자들이 그들의 사악한 활동을 통해 이익을 보지 못한 세계이다. 틀림없이 이것은 하나의 원리로서 재표현될 수 있다. 그럼에도 차이점들은 남아 있다. 제2장에서 주목한 바와 같이, 텍스트는 이 연구에서 제안한 신학적 해석에 의해 **텍스트 앞에 펼쳐진 세계**, 즉 '문단신학'을 발생시킨다(그리고 텍스트는 그 세계/신학으로 축소될 수 없다). 그리고 '원리화'(principlizing)를 추구하는 해석에서, 원리는 텍스트를 발

칼빈은 '도덕법'의 해석 방법론을 설명하면서 다음과 같이 분명히 설명한다.

> 율법의 요구 사항과 금지 사항에는 언제나 말로 표현된 것 이상의 것이 있다. … 율법에 대한 분별력 있는 해석은 율법의 문자적 조문을 넘어서는 것이 분명하지만 어떤 해석 규칙을 따르지 않는 한 얼마나 넘어서는지의 한도를 정하지 않으면 안 된다. 내 생각에 가장 좋은 규칙은 계명의 원리(*perceptum*[프라에켑툼], rationale)의 인도함을 받는 것이다. 즉, 각각의 경우에 그 계명의 원리(*praecepto*[프라에켑토])가 무슨 의도로 우리에게 주어졌는지의 목적을 살펴보는 것이다.
>
> 예를 들어, 모든 계명은 요구하든지 금지하든지 둘 중의 하나이다. 그리고 각 계명의 본질은 우리가 그 계명의 논리(*rationem*[라티오넴])를 계명의 목적(*finem*[피넴])으로 볼 때 즉시 파악된다. … 따라서 각각의 계명에서 우리는 먼저 그 계명이 다루는 문제를 살펴본 다음에 그 목적(*finis*[피니쉬])을 탐구하여, 입법자이신 하나님이 기뻐하시고 혐오하신다고 계시하신 의미가 무엇인지를 발견해야 한다(*Institutes* 2.8.8).

바람직한 율법 해석을 위한 논리적 근거는 율법 텍스트에 의해 투영된 세계의 일부, 그 문단의 신학을 확보하는 것이다. 물론, 모든 성경의 율법 속에 후대 해석자가 발견할 논리적 근거가 모두 들어 있는 것은 아니다. 또 특정한 율법 조항 속에는 하나 이상의 여러 가지 논리적 근거가 담겨 있을 수도 있다.

생시킨다(그리고 텍스트는 종종 그 뒤에 있는 원리로 축소될 수 있다고 생각된다). 그러나 법률 문헌에서는, 성경의 것이든 다른 것이든, 법의 논리적 근거(**텍스트 앞에 펼쳐진 세계**)와 '원리' 사이의 구별이 (예를 들어, 내러티브나 성가에서처럼) 분명하지 않다는 점은 확실하다. 그러므로 이 단락의 기술(記述)에서는 여기에 인용된 저자들에 의해 사용될 때 '원리'라는 용어의 사용을 인정할 것이다.

예를 들어, 안식일 준수에 관한 계명은 하나님을 닮아 가기에 관한 신학적 논리의 근거에 기초한다(출 20:8-11). 이 계명은 또한 하나님과 이스라엘 백성 사이의 영원한 언약의 징표(출 31:12-17)이며, 곤경에 처한 노예들에 대한 하나님의 인도적 배려(신 5:14)였으며, 또한 출애굽을 기념하는 예식(신 5:15)이었다.

이토록 다양한 논리적 근거들이 성경 율법이 제정되는 데 작용했을 가능성이 높다. 대부분 이 논리적 근거들은 이스라엘 민족의 역사적 전통과 연결되어 있었고, 그들의 삶의 영역과 다음 세대의 삶의 영역에서 발생하는 문제들에 대응하는 차원의 해결책으로 선포되었다.

흥미롭게도, 구약성경의 율법을 이스라엘의 주변 환경(Umwelt)인 고대 근동의 법률 모음집과 비교해 보면, 설득적 권고를 포함한 동기(動機) 조항(motive clauses)이 이스라엘 율법의 특이점이었던 것으로 보인다(동기 조항은 예를 들어, 출 20:5; 23:32-33; 레 17:10-11; 26:1; 신 1:30-31에서도 발견된다).[90]

이 동기 조항이 존재한다는 점이 하나님의 율법이 주로 성화를 돕는 도구로서 의도된 것이라는 결론을 더욱 강화한다.

---

[90] B. Gemser는 비유대 법률 모음집에 대해 "이 법률 책들 혹은 법전들 혹은 법률 소장품의 그 어떤 것에서도 단 하나의 동기 조항(motive clauses)을 발견할 수 없다"라고 강력하게 주장한다. 그의 계산에 따르면, 신명기와 레위기 나오는 율법의 60-65퍼센트가 동기 조항(motive clauses)을 포함하고 있다("The Importance of the Motive Clause in Old Testament Law," in *Congress Volume: Copenhagen* [VTSup 1; Leiden: Brill, 1953], 52). 다른 연구들은 일반적으로 Gemser의 발견을 지지한다. 대조적으로 동기 조항은 함무라비 법전에서는 6퍼센트, 중세 앗시리아 법전의 명령에서는 5퍼센트가 발견된다. '법적 동기 부여가 설형문자로 된 법의 특성이 아니라는 점'은 분명해 보인다(Rifat Sonsino, *Motive Clauses in Hebrew Law: Biblical Forms and Near Eastern Parallels* [Chicage, Calif: Scholar, 1980], 86-93, 155-73).

함무라비 법전에서 동기 조항처럼 보이는 것도 그 자체로 그 민족의 역사의 다른 곳에 근거를 둔 동기 부여라기보다는 단지 법적으로 더 명확히 설명하는 것으로 보인다. 이것들은 구약성경의 율법에서 이스라엘의 애굽으로부터의 해방에 대한 빈번한 언급과 같은 동기 부여와는 결코 비교할 수 없다. 사실 성경의 동기 조항은 구약 율법의 명령에 '애원과 설교와 설득의 어조'를 덧붙이는데, 이는 법전에서는 상당히 흔치 않은 일이다(Waldmar Janzen, *Old Testament Ethics: A Paradigmatic Approach* [Louisville: Westminster John Knox, 1994], 61, 81 n 12).

동기 부여의 목적은 주로 (특별히 약속과 축복을 다루는) 성화에서 율법의 위치를 명확히 제시하려는 것이다. … 동기 부여는 우리를 하나님의 인격의 수준으로 거룩하게 만들려는 그분의 계획을 드러낸다.

우리의 모습은 궁극적으로는 그리스도의 형상을 본받게 될 것이다 (롬 8:29; 제4장을 보라).[91]

라이트(Wright)는 다음과 같이 올바르게 관찰했다.

어떤 사회에서든 법률은 중요한 목적을 갖고 제정된다. 법률은 법률상의 권익(權益)을 보호하고, 권력을 제한한다. 법은 사회에서 서로 다른 경쟁 집단들 간의 권리의 균형을 유지하려고 노력한다. 법은 입법자들이 어떤 이상적 사회를 기대하는 그들의 비전에 따라 현재 사회가 그 목적을 향해 나아가도록 안내한다. 그래서 이스라엘 사회에 대한 우리의 이해에 비추어 볼 때, 우리는 가능한 한 정확하게 어떤 특정한 법의 목적을 명확히 파악할 필요가 있다. 다시 말해, 우리는 '왜 이 법이 거기에 있었는가'를 이해하려고 노력할 필요가 있다.

달리 질문하면, 저자는 모세 율법이 말하는 계명으로 독자들에게 무엇을 실행하는가?

라이트는 율법 해석자가 모세 율법에서 오늘날의 삶에 제공할 타당한 적용점을 가져오기 위해 그 율법 조항 안에서 "목적(논리적 근거)은 보존하고 맥락은 바꾸라"[92]라고 권면한다. 이러한 해석 전략은 모세 율법이 주어지기 이전에도 아브라함이 어떻게 '계명과 율례와 법도'를 지켰는지를 설명한다(창 26:5). 아브라함이 지켰던 것은 나중에 문자적으로 주어진 외형

---

91 Greg Chirichigno, "A Theological Investigation of Motivation in Old Testament Law," *JETS* 24 (1981): 312.
92 Wright, *Old Testament Ethics*, 322-23.

적 계명 자체가 아니라 그 밑에 작용하는 신학적 논리의 토대였다.

다시 말하면, 텍스트의 신학, 즉 저자가 그 율법 텍스트를 통하여 말하고 있는 것으로 실행하는 것을 따랐던 것이었다. 본질적으로 이 족장은 율법이 그의 시대에 문자적으로 주어졌다면 그가 실행했어야 할 일을 그대로 순종했다. 모세 율법에 대하여 아브라함이 처한 상황은 현대 독자가 처한 상황과 상당히 유사하지만 현대 독자가 처한 상황은 (모세 율법과 관련하여 과거에 위치했던 아브라함과는 달리) 그보다 미래에 위치하고 있다.

그리스도인은 율법 본문의 저변에 들어 있는 신학에 주의하면서 그 법이 그가 살고 있는 현대에 주어진다면 그가 해야만 할 일을 함으로써 올바로 순종할 수 있다.

율법 해석 과정에서 해석자가 이러한 방식으로 신학적 이동을 주도하지 못하면, 현 시대를 향한 율법의 정당성을 부정하거나(보통 현대의 감성에 적합하도록 텍스트를 변경하는 일을 수반함), 율법 조문이 문자적 차원에서는 현대의 청중에게 여전히 시대착오적이고 부조리한 것임에도 이를 있는 그대로 적용하려는 무모하게 시도할 수 있다.

데이비드 클라크(David Clark)는 '변혁자'(transformers)인 해석자들이 단순히 현대의 문화 풍경에 맞게 텍스트를 변경(아니면 완전히 그러한 텍스트를 포기)함으로 텍스트에 대한 충성심이 부족하기 때문에 실패한다고 지적한다. '변혁자'인 해석자가 새로운 상황에서도 독창성 없이 텍스트를 그저 문자적으로 읽어서 적용하려 한다면, 시간과 맥락이 변했다는 것을 깨닫지 못하는 문화적 순진함 때문에 실패한다.

그래서 클라크는 온전한 해석자만이 고대의 텍스트에 충실하면서도 동시에 현재 청중에 민감할 수 있다고 본다. 혹은 탈무드(Talmud)가 말하듯이, "만일 해석자가 한 구절을 문자 그대로 해석하면 그는 거짓말쟁이다. 만일 그 구절에 (무언가를) 덧붙인다면 그는 신성 모독자이고 명예 훼손자다"(b. Qidd. 49a).

우리는 여기에 다음의 말을 덧붙일 수 있다.

> 그러나 만일 우리가 신학적으로 해석한다면 우리는 진실을 말할 수 있다.

> 만약 우리가 청중에게 연관성을 가질 뿐 아니라 텍스트에 충실하려면 신학적 해석(문단의 신학을 파악하는 해석)이 필수적이다.[93]

이것이 필자가 강조하려는 입장이다.

예를 들어, 성경의 증언은 돈을 빌려 줄 때 이자까지 받는 고리대금을 반대한다. 정의롭고 의로운 삶을 대표했던 에스겔 선지자는 이자를 받을 목적으로 돈을 가난한 사람에게 꾸어주는 것을 정죄했다(겔 18:8, 13, 17; 또한, 22:12). 이러한 계명은 그 이전에 궁핍한 사람에게 빌려줄 때 고리대금업을 금지했던 모세오경의 법령에 근거한 것이다(출 22:55; 레 25:36-37; 신 23:19-20; 시 15:5도 보라). 그러므로 교회 초창기부터 중세 시대까지, 이자를 받고 빌려주는 것은 언제나 비성경적인 것으로 간주되었다.[94]

그러다 성경 시대의 초기 농경 상황과 현저하게 다른 새로운 경제적 상황을 반영하는 중세 이후에 활동한 신학자들은 이자를 받는 대출의 절대적 금지에 예외 규정을 적용하기 시작했다. 결국, 파산한 사람들에 대한 착취를 차단하고 그들이 경제적으로 회복되며 대출에 대한 상환 능력을 지원하기 위하여(율법의 논리적 근거, 혹은 **텍스트 앞에 펼쳐진 세계**, '문단신학') 고리대금업에 대한 성경적 처방이 공포되었다.

93　다음을 보라. David K. Clark, *To know and Love God* (Wheaton: Crossway, 2003), 56. 또한, Abraham Kuruvilla, "Preaching as Translation via Theology," *JEHS* 9 (2009):85-97을 보라. 이와 같은 해석은 제1장에서 묘사된 날짜를 읽는 방법과 유사하다. 우리는 영국에서 미국으로 이동하며 영국의 텍스트인 '2/12/1991'(영국의 날짜 표기법-역자주)을 계속 간직하여 그것을 '2/12/1991'('이동')으로 읽거나, 미국적 맥락에서 이 영국의 텍스트를 '12/2/1991'('해석', 미국의 날짜 표기법-역자주)로 읽을 수 있다.

94　아리우스 이단(Arian heresy)을 파문하는 것과 더불어서, 니케아 공의회(325년)는 또한 이자를 받고 대출해 주는 성직자는 "성직으로부터 물러나야 하며 그의 이름은 명부에서 삭제되어야 한다"라고 주장했다(Canon 17). 약 천 년 뒤(1139년), '라테란 2차 공의회'(Second Lateran Council)는 '고리대금업자들의 지독한 탐욕'을 비열한 것으로 정죄했다. "우리는 그들을 교회의 모든 위로로부터 단절한다"(Canon 13).

그리하여 오늘날 교회는 이자가 부과되는 대출을 금지하는 율법의 말씀을 심각한 재정난에 처한 사람들에게 재정 부담을 가중하지 않으려는 율법의 논리적 근거에 비추어 읽고 해석한다. 이러한 논리적 근거는 그 저변에 충분한 도덕적 추동력을 확보한 것으로 간주되며 가난하고 무기력한 사람들에 대한 충분한 경제적 배려를 요구한다.[95]

이렇게 해석한다면 필자가 제안하는 신학적 해석에 근거하여 율법 본문에 충실하면서도 동시에 현재의 변화된 상황을 존중하는 해석과 적용이 가능하다.

이스라엘 사람들의 겉옷 네 귀퉁이에 술을 달 것을 요구하는 신명기 22:12의 계명에 대한 데이비드 도시(David Dorsey)의 해석 사례는 신학적 해석이 제대로 작동하는 것을 논증하는 좋은 사례다.[96]

겉옷에 달린 술은 보통 고대 근동 의복의 가장 화려한 부분인 의복 단을 더 확장한 것으로, 중요한 사회적 진술, 다시 말해 왕이나 귀족으로서의 특별한 사회적 지위를 나타내는 '귀족의 신분증명서'처럼 여겨졌다. 게다가 이 술을 치장하는 데 드는 값비싼 염료 때문에 이렇게 치장된 청색은

---

[95] 논리적 근거들은 틀림없이 계층적이며(hierarchical), 텍스트와 관련하여 여러 수준의 특정한 모습으로 존재한다. 따라서 텍스트의 신학도 제2장에서 논의된 것처럼 여러 수준으로 고려될 수 있다. 여신업무(credit business)에서 가난한 사람들을 예속시키는 것을 막으려는 직접적 목적 뒤에는 무력한 사람들을 전반적으로 보호하려는 성경의 관심이 존재한다. 이것은 결국 하나님이 자신을 방어 능력 없는 사람들의 보호자로 여기시는 것(시 35:10; 잠 22:23; 23:10-11 등)과 자비롭고 은혜로운(시 86:15) 하나님 자신의 인격을 본보기로 취해야 하는 하나님의 백성의 의무에 근거한다. 그들은 궁핍한 사람들에게 민감하고 자비로워야 하며, 그 과정에서 금전적으로 이익을 볼 수 없는 경우에도 그들을 기꺼이 도와야 한다. 다양한 적용을 취할 수 있는 신학의 수준을 선택하는 데는 어느 정도의 유연성이 존재하지만 필자는 할 수 있는 한 높이 가고 할 수 있는 한 낮은 상태에 머물라는 '플림솔 전제'(the Plimsoll premise; 제2장을 보라)를 지킬 것을 강력히 권고한다. 다음을 보라. Charles H. Cosgrove, *Appealing to Scripture in Moral Debate: Five Hermeneutic Rules* (Grand Rapids: Eerdmans, 2002), 34-37. 또한, Albert R. Jonsen and Stephen Toulmin, *The Abuse of Casuistry: A History of Moral Reasoning* (Berkeley, Calif: University of California Press, 1988), 181-94를 보라.

[96] Dorsey, "The Use of the OT Law," 13-15.

이들이 더욱 상당히 높은 지위를 누리는 특권층임을 나타내는 표시로 받아들여졌다.[97]

그러나 가난한 이스라엘 사람이라도 율법 규정에서 요구한 대로 술에 청색 끈 네 가닥을 매달 수 있었다. 그래서 하나님의 공동체에 있는 모든 사람이 자기 나름의 명예의 표식을 자기 의복에 부착하는 것이 가능했다.

그러므로 이 의복의 부가물은 문자적으로 왕이나 귀족 신분임을 나타내는 것이 아니라 모두 다 히브리 민족의 자녀들로 구속받아 하나님 앞에 모여 서있는 그들의 독특한 지위와 그에 따라 하나님께 복종해야 하는 의무를 상기시키는 역할을 했다. 이것이 신명기 22:12에서 '겉옷의 네 귀에 술을 만들라'는 계명에 내포된 신학의 논리적 근거였다.

민수기 15:37-41에도 발견되는 술에 대한 명령은 여호와에 의해 애굽에서 구원받은 민족으로서 이스라엘이 지니는 독특한 지위와 여호와에 대한 순종의 요구를 분명하게 연결시킨다("나는 너희의 하나님이 되려고 너희를 애굽 땅에서 인도해 낸 여호와 너희 하나님이라").[98]

이와 같이 이스라엘 백성들의 의복에 부착하는 술에 관한 계명의 텍스트가 투영하는 세계는 하나님의 공동체에 속한 사람들, 즉 하나님에 의해 구속받은 사람들이 하나님 앞에서 그들의 탁월한 지위와 그 특권에 상응하는 생활방식의 우선순위를 끊임없이 상기시켜 준다. 하나님의 자녀들은 이렇게 투영되는 이상적 하나님의 세계에서 하나님의 계명을 따라야 하는 자식의 의무를 일깨워 주는 소명의 징표가 옷에 부착되어 있어서 눈에 띄는 방식으로 구별된 삶을 살 수 있을 것이다.

97　Jacob Milgrom, "Of Hems and Tassles," *BAR* 9 (1983): 61-65. 그는 또한 파란색 술(blue tassel)은 이스라엘이 제사장 나라(출 19:6)라는 하나님의 선언에 따라 제사장직의 여러 요소를 나타냈다고 제안한다.

98　Stephen Bertman, "Tasseled Garments in the Ancient East Mediterranean," *BA* 24 (1961): 128. 사실 여호와의 모든 계명에 대한 순종은 애굽 땅에서 구속받은 하나님의 소유로서 이스라엘 자신이 지니는 특별한 지위와 밀접하게 연관되어 있다. 출 19:4-6; 신 4:20; 7:6-8; 26:16-18 등을 보라.

결과적으로 텍스트가 투영하는 세계에 기초한 현대적 적용의 경우 신자의 거룩한 신분과 의무를 상기시킬 수 있는 것은 모세 율법의 특정한 계명처럼 겉옷의 술에 있는 청색 끈으로 제한되는 것이 아니라 각자가 처한 문화적 상황에 따라 얼마든지 라펠 핀이나 스카프 등의 다른 장식으로 대체될 수 있다.

(5) 요약: 율법은 신학적으로 기능한다

엄격한 법정적 의미에서 보면 명시적으로 제시된 율법에 대한 순종을 가로 막는 그때와 지금 사이의 급격한 상황 변화와 의미의 소격화를 고려하여 신약 신자들은 모세 율법의 세부 규정을 문자 그대로 따라야 할 의무에서 자유로운 것처럼 보인다.

그러나 이 연구에서 제안한 신학적 의미를 통하여 필자가 거듭 강조하듯이 구약의 모든 율법과 계명은 (사실 법 장르가 아닌 모든 텍스트도) 모든 시대의 신자들에게 적용 가능하다(딤후 3:16-17). 왜냐하면, 모든 율법은 입법자이신 하나님과 그분의 창조물에 대한 그분의 언약 관계의 한 측면을 가리키기 때문이다.

성경의 율법, 즉 하나님의 계명은 하나님의 백성을 하나님 자신의 형상으로 빚어내려는 의도로 주어진 것이다. 다시 말해서, 율법에는 문자적 계명 자체보다 더 많은 하나님의 의미와 목적이 들어 있다.

율법은 특정한 행동 패턴이나 방식을 지시하는 법령집이라기보다는 하나님의 세계를 신자들에게 투영하는 신학적 시스템이다. 율법은 율법 **텍스트 앞에 펼쳐진 세계**를 신자들에게 투영하고, 인류가 이 세계의 교훈과 우선 순위, 그리고 실천을 준수하도록 안내한다. 해석자가 율법의 이러한 논리적 근거를 제대로 파악하면 이 투영된 세계와 텍스트의 신학을 분별하고 다시 재현하는 데 많은 도움이 된다.

요컨대, 율법은 율법의 집필과 현대의 해석 사이에 발생한 거대한 맥락의 변화에 비추어 신학적으로 해석되어야 한다는 경고와 더불어 현대에도 계속 하나님의 계명으로 그 역할을 수행한다. 예나 지금이나 하나님의 백성들은 자신들의 삶에 율법을 적용할 목적으로 율법을 신학적 관점으로 해석하면서, 하나님과 그분의 창조물에 대한 언약 관계를 묘사하는 율법 **텍스트 앞에 펼쳐진 세계**와 그 세계에 거주할 방법, 즉 하나님의 계명을 지킬 수 있는 방법에 대해 학습한다.

이처럼 율법이 여전히 동일한 권위를 지닌 하나님의 계명으로 작용하는 기초는, 하나님과 신자의 관계가 외형적 책임보다 우선한다는 강력한 진실이다. 하나님이 그 백성들에게 (아래에서 논의되는 것처럼 성령 하나님의 능력으로) 달성해야 할 책임을 요구하시는 이유는 우선적으로 그분의 백성이 하나님과 거룩한 언약 관계를 맺고 있기 때문이다.

4) 관계가 책임보다 우선한다

율법은 이스라엘 백성들이 애굽에서 구원받은 이후에 주어졌고, 그 백성들은 율법 안에서 이미 하나님과의 언약(berith)의 축복을 누리기 시작했다.

그러므로 보스(Vos)는 구약을 율법과 동일시하고 신약을 복음과 동일시하는 것은 "왜곡되고 오해의 소지가 있다"라고 지적했다.

그 당시 하나님의 사람들은 하나님과의 영적 접촉을 제공하지 않는 실행 불가능하고 구속과 무관한 율법적 종교 체계 아래서 살다가 죽은 것이 아니다. … 우리가 (구약에서) '율법 체계'라고 부르는 것에는 복음과 은혜와 믿음의 가닥들이 함께 섞여 있었다. 특히, 제의법에는 이러한 가닥들이 풍성하게 발견된다. 구약 시대 모든 희생과 정화(淨化)에 관한 제의는 은혜의 원리를 선포했다.[99]

---

99 Geerhardus Vos, *Biblical Theology: Old and New Testament* (Grand Rapids: Eerdmans,

이미 언급한 바와 같이 율법의 기능에 관하여 율법주의적이고 구원 지향적 오해(이에 대해 바울은 그의 서신에서 반박했다)가 적어도 제2 성전 유대교의 일부에서 우세했다는 것은 의심의 여지가 없는 사실이다. 하지만 하나님의 계획은 이미 그의 자녀로 선택받은 사람들의 행실을 그분의 거룩한 계명의 수준으로 성화하려는 것이었다. 그래서 하나님과의 관계는 언제나 하나님의 계명을 이행하고 또 하나님이 거룩하신 것처럼 거룩해야 하는 이스라엘 백성들의 윤리적 책임보다 앞선다.

그래서 라이트(Wright)도 다음과 같이 주장했다.

> 율법은 구원의 수단이 아니라 하나님이 이미 구원하신 사람들에게 은혜의 선물로 주어졌다.[100]

다시 말해서, 순종은 하나님이 먼저 그 백성들에게 베푸신 은혜에 올바로 반응하는 방법이다.

하나님과의 관계가 사람들의 윤리적 책임보다 선행하지만 그렇다고 관계가 그 책임을 완전히 배제하는 것은 아니다!

월터 카이저는 일찍이 하나님과 그분의 백성인 이스라엘 사이의 언약 관계가 시내산 언약 체결 사건에 선행했음을 다음과 같이 올바로 지적했다.

> 시내산에서의 율법 수여는 이스라엘을 구속하려고 발생한 애굽에서의 열 가지 재앙과 이후 출애굽에서 이미 증명된 하나님과의 영원한 언약 관계를 외적으로 확고히 확증했을 뿐이다.

1948; repr. 1975), 127-29.
100 Wright, *Old Testament Ethics*, 316.

나중에 예레미야 선지자는 주권자이신 하나님과 그의 백성 사이에 언약을 맺는 순간을 가리켜서 "내가(여호와) 그들의 손을 잡고 애굽 땅에서 인도하여 내던 날"(렘 31:32; 또한, 출 6:2-8을 보라)이라고 정확하게 지적한다.

하나님과 그의 백성 사이의 언약 관계를 확증하는 것은, 이스라엘 백성들의 순종이나 자발적으로 순종하려는 충성심 이전에 먼저 하나님의 일방적 사랑이었다(신 4:37; 7:7-9; 10:15 등). 이스라엘 편에서 순종이나 순종하려는 마음은 어떤 것도 하나님과의 언약 관계의 기준이 되지 못한다.

관계의 기준은 전적으로 인간의 입장에서는 믿음으로만 이해할 수 있는 일방적 하나님의 은혜의 행위였다. 그리고 일단 언약 관계가 확립되면, 그 어떤 것도 심지어는 율법의 위반도 이 관계를 끊을 수 없었다. 왜냐하면, 나중에 주어진 율법의 계명 그 자체가 이스라엘 편에서 결코 완벽하지 않은 순종에 대한 속죄의 절차를 개략적으로 제시함으로써, 그와 같은 만일의 사태를 치유할 수 있는 하나님의 해결책을 제시하기 때문이다.

다시 말하지만 이 모든 것은 "자비롭고 은혜롭고 노하기를 더디하고 인자와 진실이 많은 하나님"(출 34:6-7)이신 여호와의 은혜의 산물이었다.[101]

예외가 없지 않지만 이스라엘의 랍비들도 율법을 이런 방식으로, 즉 이스라엘이 하나님과의 새로운 언약 관계 안으로 들어가는 수단이 아니라 하나님과의 관계의 유지를 위한 기준으로서 이해했다.

예를 들어, R. 조슈아 b. 카라(R. Joshua b. Karah, A.D. 140-165)는 이렇게 말했다.

---

[101] 분명히 불순종에 대한 훈육이 있었지만, 용서를 위한 조항이 있었다. 왜냐하면, 이것이 하나님의 본성이기 때문이다. Walter C. Kaiser, "Leviticus 18:5 and Paul: Do This and You Shall Live (Eternally?)," *JETS* 14 (1971): 21-22를 보라. "나로서는, 만일 내가 잘못한다면 하나님의 자비가 나의 영원한 구원이 될 것이다. 육신의 죄 때문에 내가 잘못한다면, 나는 영원히 참으시는 하나님의 의에 의해 의롭다 칭함을 받을 것이다. … 그분은 그분의 진리의 의로 나를 판단할 것이고, 그분의 크신 선함으로 나의 모든 죄를 사하실 것이다. 그분의 의로 나에게서 인간의 더러움과 인간의 자녀의 죄를 깨끗하게 하실 것이다"(1QS 11.11-15; 또한, 1QM 1.3-4; 1QH 4.30-32를 보라).

> 왜 '이스라엘아 들으라'(신 6:4-9)라는 '쉐마 이스라엘'의 단락이 '그러면 복을 받으리라'(신 11:13)라는 단락 앞에 위치하는가?
> 이는 하나님 나라의 멍에(면류관)를 먼저 받아들이고 그다음 계명의 멍에(족쇄)를 나중에 받아들이도록 하기 위해서이다(*m. Ber.* 2.2.).

레위기 18:1-4("나는 여호와 너희의 하나님이니라 … 너희는 내 법도를 따라야 한다")에 관한 시프라(*Sipra* 13.3) 주석에서도 주석가(R. Simeon ben Yohai, 2세기 중엽)는 같은 신학적 취지를 다른 말로 바꾸어 설명한다.

> 너희는 나의 왕권을 받아들였다. (이제) 나의 법을 받아들여라.

메킬타(Mekhilta)도 출애굽기 20:3에 관한 주석에서 마찬가지로 설명한다.

> 여호와께서 이스라엘에게 말씀하셨다.
> "나는 너희 하나님 여호와이니 너희는 다른 신들을 갖지 말라. 나는 너희가 애굽에서 통치를 받아들인 바로 그(He)이다."
> 그리고 그들이 그분에게 "예"라고 대답했다. 그러자 그는 계속해서 다음과 같이 말씀하셨다.
> "너희는 내 앞에서 다른 신들을 섬기지 말라."

이렇게 하나님과의 관계는 언제나 사람들의 책임에 선행한다. 하나님의 의도는 처음부터 그의 백성이 하나님의 계명대로 살도록 인도하는 것이었다고 말해도 될 것 같다. 이와 같은 주제는 모세오경 전체에서 울려 퍼지고 있다. 하나님은 한 민족을 선택하셨다. 이어서 그들에게 하나님의 계명에 순종할 것을 명령하셨다.

먼저 하나님은 이스라엘을 애굽에서 구원하셨다. 그러고 나서 하나님은 율법을 주셨다. 그러므로 율법에 대한 순종은 선행으로 하나님이 의롭다고 인정하는 평가를 얻기 위한 시도가 아니라 하나님의 은혜에 대한 당연한 반응이다(출 19-20장을 보라).[102]

창세기 1:27-28에서 하나님은 인류를 위한 첫 번째 명령을 내리시기 전에 먼저 아담과 하와에게 복을 주신다. 마찬가지로 노아와 그의 아들들에게 주는 계명도 축복 이후에 주어진다(창 9:1).

출애굽기 19:4에서 여호와 하나님은 애굽에서 이스라엘 민족을 구원한 것과 그들을 독수리 날개에 실어 자신에게로 인도하신 사건을 다시 말씀하신다. 이어서 그들에게 순종 여하에 따른 특별한 지위를 약속하신다. 그들은 그분 '자신의 소유' 및 '제사장 나라와 거룩한 백성'이 될 것이다(출 19:5-6).

구원이 먼저 왔다. 그다음의 순종은 그들을 특별한 민족(순종의 축복/보상)으로 만들어 주겠지만, 그들의 구원에 기초한 토대인 언약 관계는 하나님이 그들에게 어떤 선행을 요구하시기 훨씬 전에 이미 확립되었다. 하나님은 이와 같은 관계와 순종의 구도를 출애굽기 20장(십계명)에서 계속 확증하셨다.

> 나는 너를 애굽 땅, 종 되었던 집에서 인도하여 낸 네 하나님 여호와니라(출 20:2).

이렇게 하나님의 계명 목록은 나중에 주어졌다. 하나님과 인간의 언약 관계는 순종의 결정적 동기로 작용한다.[103]

---

[102] Thomas E. Schreiner, *Paul, Apostle of God's Glory in Christ: A Pauline Theology* (Downers Grove: InterVarsity, 2001), 117-18.
[103] 성경에서 보도 순종에 대한 강력한 동기이다. 하나님의 계명에 대한 순종의 보상으로서의 축복은 구약성경과 다른 곳에서 충분히 입증된다.

출애굽기 31:13에서는 안식일 명령(과 이후의 책임)은 이스라엘이 그들을 거룩하게 하시는 분이 여호와 하나님이심을 주변에 증거하는 '표지'로 주어졌다.

레위기 11장에 음식물 제한 규정의 끝에서 여호와 하나님은 그러한 계명들을 제시하는 근본 이유를 말씀하신다.

> 나는 너희의 하나님이라 … 나는 너희를 애굽 땅에서 인도하여 낸 여호와라 내가 거룩하니 너희도 거룩하라(레 11:44-45).

모세 율법의 맥락에서는 '하나님이 이스라엘의 하나님이심'(모세의 율법을 부여하기 이전에 시작된 관계)이 그들이 거룩해야 한다는 이후의 하나님 백성의 책임의 신학적 토대로 작용한다.

이와 마찬가지로 레위기 18:1-5("나는 여호와 너희의 하나님이라 너는 행하지 말라 … 나는 너희의 하나님 여호이니라 너희는 내 규례와 법도를 지키라 사람이 이를 행하면 그로 말미암아 살리라 나는 여호와이니라")는 이렇게 말씀하시는 하나님이 여호와, 즉 이스라엘의 언약의 하나님이기 때문에, 그러므로 이스라엘 민족은 특정한 방식으로 계명에 순종해야 한다는 신학적 논리의 토대를 제시한다.[104]

하나님이 자신의 백성을 거룩하게 구별하신 것(하나님과 이스라엘의 특별한 언약 관계)이 나중에 '거룩하라'는 그들의 책임과 이를 위한 하나님의 계명 이전에 확정되었다는 사실이 레위기 20:26에도 거듭 확언된다.

> 그러므로(20:1-5에서 상술된 세부사항들에 따라, 한글 개역개정판에는 번역되어 있지 않음-역자 주) 너희는 나에게 거룩할지어다 이는 나 여호와가 거룩하고 내가 또 너희를 나의 소유로 삼

---

[104] 레 19:1-3("너희는 거룩하라 이는 나 여호와 너희 하나님이 거룩함이니라 … 나는 너희의 하나님 여호와니라")과 레위기 전체에 나오는 "나는 여호와니라"(레 19:3, 4, 10, 12, 14, 16, 18, 25, 28, 29, 30, 31, 32, 34, 36, 37 등)의 수많은 울림도 그렇다.

으려고 너희를 만민 중에서 구별했음이니라(또한, 레 22:32-33; 23:41-43을 보라).

(하나님의 특별한 사랑을 받는 민족인) 이스라엘의 특별한 언약 관계에 대한 재확인 뒤에 '거룩하라'는 계명의 촉구가 뒤따른다(신 4:32-40). 순종은 변치 않는 언약 관계의 표지였다. 하나님이 이스라엘의 하나님이 되시고 그들은 하나님의 백성이 될 것이라는 하나님의 확언(출 6:7; 19:5-6; 20:2; 레 26:12; 신 7:6; 14:2; 28:9; 29:13 등)으로 양자 사이의 긴밀한 언약 관계가 거듭 확인되고, 그 후에 순종의 책임을 온전히 이행하라는 요구가 뒤따른다.

신명기의 쉐마(Shema) 말씀은 마음과 뜻과 힘을 다하여 여호와를 사랑하라는 촉구로 시작한다(하나님과 인간 사이의 관계의 핵심; 신 6:5). 쉐마 단락은 이어서 하나님의 계명에 대한 이스라엘의 책임을 자세히 서술한다. 그 책임을 알리는 계명의 말씀은 이스라엘의 마음에 새겨져야 하고, 그들의 손목에 매여야 하고, 이마의 미간에 붙여져야 하고, 문설주와 대문에 새겨져야 했다(신 6:6-9).

이스라엘 민족은 여호와를 잊지 않아야 했고, 그분을 경외하고 섬기며, 그분의 이름으로 맹세하고, 다른 어떤 신들을 따르지 않고 여호와 하나님을 시험하지 말아야 했다(신 6:10-16).

달리 말하면, 하나님과의 이전 언약 관계에 비추어볼 때 이스라엘에게는 독특한 책임이 주어졌고, 그 책임의 형태는 언약과 규례와 법도에 자세히 상술되어 있었다.[105]

신명기 6:20-25도 동일한 취지를 보여 주는데, 이는 자녀로부터 하나님의 규례와 법도에 대해 질문을 받을 때 연장자 부모가 자녀에게 들려줘야 하는 응답의 형식으로 묘사되어 있다. 여기서는 과거 출애굽의 구원을 통하여 드러난 하나님과의 영원한 언약 관계가 그분의 계명에 순종해야 할 이유로 언급된다. 통치자이신 하나님과 백성들 사이의 언약 관계(신 6:20-

---

[105] Sprinkle, *Bible and Its Relevance*, 50.

23)가 확언된 후에야 비로소 순종의 요청이 주어지고 있다.

> 여호와께서 우리에게 이 모든 규례를 지키라 명령하셨으니…(신 6:24).

관계가 순종, 즉 하나님의 계명을 이행해야 하는 하나님 자녀로서의 책임보다 앞섰고, 관계가 그에 상응하는 책임을 요구했다. 사실 새 언약의 본질은 "나는 그들의 하나님이 되고 그들은 내 백성이"(렘 31:33) 되도록 하나님 백성의 마음에 율법을 심는 것이었다. 새 언약의 시대에 선포된 것은 이전과 전혀 다르게 새로운 율법이 아니라 이전부터 계속 존재했던 동일한 하나님의 계명이었다.

에스겔 36:26-28의 말씀은 이 새 언약의 핵심, 즉 신자들이 하나님의 계명에 순종할 수 있도록 능력을 공급하는 성령 하나님의 존재를 가리킨다. 그리고 장차 하나님과 그의 백성 사이의 영원한 언약 관계가 궁극적으로 최고 극치로 드러날 것이다.

> 하나님의 장막이 사람들과 함께 있으매 하나님이 그들과 함께 계시리니 그들은 하나님의 백성이 되고 하나님은 친히 그들과 함께 계셔서(계 21:3).

이때 하나님의 백성들 편에서 완전한 순종과, 하나님의 계명과의 완전한 일치가 실현되고 **텍스트 앞에 펼쳐진 세계** 안에서의 완전한 거주가 완성될 것이다.

5) 단락 요약: 하나님의 계명

성경의 각 문단에 나타나는 '하나님의 계명'(divine demand)이라는 아이디어는 그리스도인을 위한 구약 율법의 현대적 역할을 새롭게 검토할 것을 요구한다.

필자는 본서에서 전통적 접근법(루터교, 개혁주의, 세대주의)을 NPP 지지자들의 접근법과 비교해 보았다. 비록 두 진영 사이의 주장이 약간 다르지만, 이 모든 접근법은 모세 율법에서 도덕법을 제외한 나머지 제의법과 시민법은 현 시대에 더 이상 적용할 수 없다는 입장을 취한다. 그러나 본 연구에서 필자는 모세 율법을 도덕법과 다른 두 범주로 구분하는 것은 신학적으로 정당한 근거가 없다고 주장했다.

모든 하나님의 계명은 본질적으로 항구적으로 작용하는 도덕적 취지를 담고 있으며 그 배후에 하나님의 거룩한 뜻과 의도를 실현하도록 신학적으로 기능하며, 따라서 모든 하나님의 백성에게 필연적으로 유효하다.

그러므로 본 연구는 모든 구약의 율법은 신학적 방식을 통하여 현대 독자들에게도 여전히 동일한 하나님의 계명으로 기능한다는 입장을 취한다. 해석자가 이 장르(그리고 사실 다른 모든 장르)를 신학적으로 해석해서 논의가 되는 문단이 투영하는 **텍스트 앞에 펼쳐진 세계**를 제대로 분별하고, 저자가 자신이 말하는 것으로 무엇을 실행하는지를 올바로 이해하는 일이 필요하다.

다른 말로 해서, 율법에 대한 신학적 해석은 그 장르의 모든 문단이 모든 장소와 시대의 하나님의 백성들에게 (신학적으로) 적용 가능하다는 것을 주장한다(적용의 법칙; 제1장을 보라).

> 하나님의 은혜는 언제나 하나님의 율법에 선행한다는 점을 항상 기억하라. 여호와 하나님이 베푼 은혜가 그분의 요구가 담긴 계명보다 선행한다. 그분은 요구 사항을 부과하기 전에 먼저 구원을 베푸신다. 그분은 자기 백성을 먼저 자유롭게 해방해 주시고 나서야 비로소 자유를 얻은 백성이 어떻게 살아야 하는지를 보여 주신다. 적절한 명령은 중요하다.[106]

---

[106] Dale Ralph Davis, *The Word Became Flesh: How to Preach from Old Testament Narrative Texts* (Ross-Shire, U.K.: Mentor, 2006), 81.

이것이 바로 하나님의 백성들이 그분과의 관계 안으로 새롭게 들어가기 위한 조건이 아니라 그 관계에 대한 후속 반응으로 하나님의 계명에 순종해야 하는 이유다. 순종은 모든 시대의 하나님의 백성들에게 동일한 방식으로 요청되고 있다. 하나님의 계명은 나중에 영원한 상태에서도 반드시 충족되어야 할 것이다.

물론, 사람들이 각자 하나님의 계명에 순종할 수 있는 능력과 그 정도는 그들이 처한 상황과 지위, 나이 그리고 세대에 따라 조금씩 다를 것이다. 예를 들면, 타락 이전의 '죄 짓지 않는 것이 가능한 상태'(*posse non peccare*[포세 논 페까레]), 타락 이후에 '죄를 짓지 않는 것이 불가능한 상태'(*non posse non peccare*[논 포세 논 페까레]), 그리고 종말의 '죄를 짓는 것이 불가능한 상태'(*non posse peccare*[논 포세 페까레])가 서로 다르다.[107]

그러나 하나님의 계명은 어느 때든 변하지 않는다. 왜냐하면, 하나님이 자신이 변하지 않으시기 때문에 그분의 의의 기준도 변할 수 없다.

본 연구에서 필자는 하나님의 계명은 성경의 율법 장르에만 국한되지 않는다고 제안했다. 하나님의 계명은 함축적으로든 명시적이든 모든 성경 문단에 들어 있다.

디모데후서 3:16-19는 모든 성경의 유익성과 아울러 하나님의 자녀를 점진적으로 하나님의 계명에 맞추어 나가도록 성숙하게 하는 성경의 효력에 초점을 맞춘다. 신약성경과 구약성경에 있는 모든 장르의 모든 문단은 특정 시대의 한계를 초월하는 하나님의 의도를 담고 있으며, 하나님의 백성들이 거주하기를 간절히 바라시는 이상적 세계의 교훈과 우선순위와 실행을 묘사한다. 이것은 함축적으로든 명시적으로든 모든 문단은 하나님 앞에서의 윤리적 행위에 관한 지침을 제공하여 하나님과 인간 사이의 언약 관계의 한, 두 가지 측면을 다룬다는 것을 의미한다.

---

[107] Peter Lombard, *The Four Books of Sentences*, 2.25.5와 Augustine, *Corrept.* 33을 보라(둘 다 여기서 제시된 것과는 다소 다른 표현을 사용한다).

이런 명령들은 지키고 안 지키고의 여부에 따라 구원을 결정하려는 의도가 있는 것도 아니고 이행을 함으로 하나님 앞에서 큰 공로가 되는 것도 아니다. 이것들은 단지 하나님의 자녀들이 그분과 같이 거룩한 삶을 살라는 계명의 말씀에 순종하기를 기대하는 거룩한 요구이다.

> 내가 거룩하니 너희도 거룩하라(레 19:2; 벧전 1:16).

관계가 책임에 선행한다. 사실 하나님을 사랑한다면 그분의 계명을 지킬 것이다(요 14:21; 15:10; 요일 2:3-5; 3:21-24; 5:3). 성경을 설교하는 설교자의 주된 임무는, 하나님의 계명을 지키고 거룩하게 되어 하나님의 계명을 충족시키는 이 일과 관련된 자세한 사항들을 상세하게 설명하는 것이다. 이러한 임무는 설교자와 신자들 안에 내주하시는 성령 하나님의 능력으로 달성된다(아래를 보라).

성경의 '문단신학'은 시대를 초월하는 하나님의 거룩함의 방향을 제시한다. 설교자의 책무는 설교의 두 번째 단계에서 이 신학을 구체적이고 특별한 청중의 삶에 구체적으로 적용하는 것이다. 청중의 순종은 그들이 이미 하나님께 속한 말씀에 대한 반응, 즉 그들이 창조주 하나님과 이미 형성하고 있는 언약적 관계를 바깥으로 표현하는 방식일 것이다. 하나님은 그들이 거룩함을 드러내고 세계에서 그분을 증거할 때 높이 영광을 받으신다.

2. 신실한 순종

로마서 9:30-10:8의 말씀은 모세 율법이라도 올바른 방식으로 따른다면, 즉 행위가 아니라 믿음으로 (앞의 논의를 보라) 따른다면 율법은 전적으로 정당한 목표임을 강조한다.

이스라엘의 잘못은 그들이 율법을 따르려고 했다는 것이 아니라 그 배후의 동기나 목적이 선행의 관점에서 도달할 수 있다고 착각한 것이다. 그러나 이 목표는 '오직 믿음으로만' 달성할 수 있다.[108]

이와 같이, 올바른 방식으로 따르는 율법은 '믿음의 법', 즉 믿음으로 따르는 순종(모든 하나님의 계명이 요구하는 순종)으로 가능하다. 그리하여 믿음은 사도 바울이 로마서 1:5에서 '믿음의 순종'(ὑπακοὴν πίστεως[휘파코넨 피스테오스])이라고 표현한 것처럼 순종의 서술어(敍述語)가 된다.

그렇다면 이 순종은 정확히 무엇일까?

1) 믿음의 순종

갈링톤(Garlington)은 '믿음의 순종'(ὑπακοὴν πίστεως)에 대한 다양한 의미의 선택지를 제시한다. 논의의 대상인 '순종의' 속격(genitive)을 목적격으로나(믿음을 순종함, 즉 일단의 교리적 가르침을 순종함), 주격이거나(믿음에 의해 작동하는 순종/믿음에서 생겨나는 순종), 정성적(定性的)이거나(믿음을 가진/'믿음으로 가득 찬'[faith-full] 순종 혹은 믿음을 특징으로 하는 순종), 혹은 동격일 수 있다(믿음과 같은 순종).[109]

먼저 '믿음의 순종'(ὑπακοὴν πίστεως)의 속격(genitive) 구조가 일단의 교리적 가르침을 순종하는 것으로 이해하는 것은 부적절하다. 이 쟁점을 다루는 구절들(행 6:7; 롬 10:16; 살후 1:8; 3:14)은 매우 다른 통사론적 구조(syntax)

---

[108] James D. G. Dunn, "'The Laws of Faith,' 'the Law of Spirit' and 'the Law of Christ,'" in *Theology and Ethics in Paul and His Interpreters: Essay in Honor of Victor Paul Furnish* (eds. Eugene H. Lovering and Jerry L. Sumney; Nashville: Abingdon, 1996), 67.

[109] Don B. Garlington, *Faith, Obedience and Perseverance* (WUNT 79; Tübingen: J. C. B. Mohr[Paul Siebeck], 1994), 14. 또한, James C. Miller, *The Obedience of Faith, the Eschatological People of God, and the Purpose of Romans* (SBLDS 177; Atlanta: SBL, 2000), 42를 보라.

를 보여 주기 때문이다. 이 구절들에서 순종의 대상은 여격('…에 대한 순종')이다. 그러므로 목적격-속격(objective genitive)의 의미는 아닐 것 같다.[110]

필자는 갈링톤(Garlington)의 입장처럼 믿음과 순종을 동일한 것으로 이해하는 동격의 속격은 '믿음의 순종'의 의미를 충분히 드러내지 못한다고 생각한다.[111] 다른 말로 해서, 순종은 단지 믿음을 행사하는 것, 즉 믿음으로 인지한 것을 행사하는 차원이 아니다. 사실 바울에게 순종은 대개는 신자들의 행위를 가리킨다(롬 6:12, 16, 17; 고전 14:34; 고후 2:9; 7:15; 10:5, 6; 엡 6:1, 5; 빌 2:12; 골 3:18, 20, 22; 딛 2:5, 9; 3:1; 몬 1).

바울 서신의 1차 수신자인 로마 그리스도인 독자들은 사도 바울이 '믿음의 순종'(롬 1:5)을 일으키려고 하는 이방인들 중에 포함되는 것처럼 보이는데, 이는 이 순종이 이미 그리스도 안에 있는 신자들도 드러낼 필요가 있는 신자의 특징임을 시사한다. 사실 바울 사도가 "로마에 있는 너희에게도 복음을 전하려고"(롬 1:15, 신자들을 포함) 이 도시에 가기를 원했던 사실은 이 '믿음의 순종'이 회심과 더불어 시작되어 그리스도인의 삶의 전체 과정, 즉 그리스도인 성숙의 전체 영역(넓은 의미의 복음)으로 확대되는 것을 암시한다.

이 모든 과정이 처음부터 끝까지, 즉 칭의에서 성화와 영화에 이르기까지('믿음으로 믿음에', 1:16-17), 믿음을 도구로 하여 작동된다.[112] 우리는 또한

---

110 벧전 1:22는 속격(genitive)으로 되어 있는데(ὑπακοῇ τῆς ἀληθείας[휘파코에 테스 알레데이아스]) 예외인 것 같다. 그러나 이 구절은 위에서 제시한 여격(dative)의 사례들처럼 순종의 대상에 롬 1:5와는 달리 정관사를 지니고 있다. Garlington, *Faith, Obedience and Perseverance*, 14-15를 보라.
111 Ibid., 17. 이것은 "순종을 믿음 속으로 사라지게 한다"(Douglas J. Moo, *The Epistle to the Romans* [NICNT; Grand Rapids: Eerdmans, 1996], 52).
112 그리스도에 대한 '불신'이 의심할 바 없이 불순종인 반면(롬 10:16a와 10:16b, 11:23과 11:30-31을 비교하라. 또한, 요 3:36; 살후 1:8, 10; 히 3:18-19를 보라), 순종은 단지 불신자들이 최초에 그리스도를 믿는 것에만 초점을 맞추지는 않는다(물론, 이 초기의 움직임이 바울이 바라보는 보다 커다란 연속된 순종의 한 부분이긴 하지만). 구원을 얻게 하는 그리스도에 대한 믿음을 갖는 것은 분명히 순종이라는 의미의 한 부분이다. 이것은 의롭게 하는 믿음으로 순종의 첫 번째 단계이다. 그러나 의롭게 하는 믿음만이 그리스도인의 순종 전체를 구성하는 것은 아니다. 여기에 덧붙여 실행되는(worked-out) 믿음, 거룩하게 하는 믿음, '믿음의 순종'이 있어야 한다.

로마서 6:17의 '마음으로 순종하는'의 표현이 우리의 관심사인 '믿음의 순종'과 동일한 의미를 함축한다는 점을 주목해야 한다.

이것은 마음에서 우러나오는/믿음으로 가득찬 순종(정성적 의미)이나 혹은 마음에서 생겨나는/믿음에서 발생하는 순종(주격의 의미)을 나타낼 수 있다. 어느 경우든, 믿음과 순종을 말하는 구절들은 단순히 순종을 믿음과 동일하게 여기는 것(동격의 속격)보다는 더 포괄적 차원을 담은 것으로 해석할 수 있다.

요컨대, 이러한 증거는 '믿음의 순종'의 통사론적 구조는 주격-속격이거나(믿음에 의해 작동되는/믿음에서 생겨나는 순종), 정성적인 것(믿음을 가진/믿음으로 가득찬 순종)이거나, 이 둘 다에 해당된다는 것을 나타낸다.

필자는 본 연구의 주제에 집중하고자 '믿음의 순종'(ὑπακοὴν πίστεως)의 주격 해석과 정성적 해석 사이의 구분에 대해서는 더 이상 많이 다루지 않을 것이다. 각각의 경우에 하나님의 계명에 대한 모든 순종의 행위는 믿음에서 생겨나고, 믿음을 특징으로 하며, 그 믿음 안에서 수행된다. 다시 말해 이 속격의 주격의 의미(subjective sense)와 정성적 의미(qualitative senses)는 이와 같은 이해 안에서 작용하고 있다.

로마서 1:5(이방인들 중에서의 믿음의 순종)과 15:18(이방인들의 순종), 1:8(로마 성도들의 믿음이 널리 전파됨), 그리고 16:19(로마 성도들의 순종이 널리 알려짐)의 특별한 절들의 두 쌍에 대해서는 아래에서 좀 더 자세히 살펴보고자 한다.

(1) 로마서 1:5/15:18과 1:8/16:19

로마서 1:5/15:18의 이슈는 15:18의 '이방인들의 순종'이 1:5의 '이방인들 중에서의 믿음의 순종'과 동등한가의 여부이다.

특히, '이방인들의 순종'이 단지 회심 때에 그들이 행사한 믿음(ὑπακοὴν πίστεως의 동격 의미 [appositional sense])을 가리키는가?

15:18은 12:1에서 시작되는 이 서신의 도덕적 교훈 단락에 속해 있(고 이 단락을 마무리 짓는)다는 점을 기억해야 한다. 특별히 15:1부터 그 이후 단락은 그리스도를 본받는 것(롬 15:3, 5, 7-8)에 초점을 맞춘다.

로마서 15:13은 하나님이 로마 성도들을 '믿음 안에서(ἐν τῷ πιστεύειν[엔 토 피스튜에인])[113] 모든 기쁨과 평강'으로 가득 채우기를 바라는 바울의 소원을 기록하고 있다. 구절에서 '믿음'은 한 번으로 '모든 기쁨과 평강'이라는 영원한 결과를 가져오는, 과거에 발생한 단회적 사건으로 보이지는 않는다. 오히려 바울은 그들이 계속해서 믿음을 행사함에 따라 계속해서 기쁨과 평강으로 가득 차기를 바라고 있다.

또한, 바울은 15:13에서 그들이 '믿음 안에서 (누리는) 기쁨과 평강'이 소망을 만들어 내기를 기도하는 반면, 15:4에서 소망을 만들어 내는 것은 '인내와 성경의 위로'다. 그러므로 '믿음'은 하나님의 말씀을 통해 로마 성도들이 누리는 '인내와 위로'와 연관되어 계속되는 과정, 즉 성숙을 위한 지속적 성장 과정과 관련된 것으로 보인다.

이것은 또한 1:6-7(너희도 그들 중에)에서와 마찬가지로 '이방인들'(15:7-12와 15:15-17)의 범위 안에 로마의 성도들이 분명히 포함된다는 것을 서술한다.

> 그러므로 사도 바울이 로마 그리스도인들의 순종을 장려한 것은 (순종이) 회심의 경험보다 더 넓은 의미를 담고 있음을 보여 준다. 그러므로 15:18이 이방인들에게서 순종을 얻어 내려는 바울의 목표에 대해 말할 때, 이 순종은 사건의 성격상 바울이 전한 복음에 대한 그들의 최초 반응 이후의

---

[113] 이것은 수단, 즉 제어동사(controlling verb; πληρῶσαι[플레오사이], '충만하게 하사')의 동작이 달성되는 방식(즉, ἐν τῷ πιστεύειν, '믿음에 의해')을 나타내는 부정사이다 (Daniel B. Wallace, *Greek Grammar beyond the Basics: An Exegetical Syntax of the New Testament* [Grand Rapids: Zondervan, 1996], 597-98을 보라).

것, 즉 1:5의 '믿음의 순종'과 동등한 것임에 틀림없다.[114]

그리고 사도 바울이 자랑하고 싶었던 것은(15:17) 그의 자격 조건들(15:15-16)이 아니라 이 계속되는 신실한 '이방인들의 순종'이었다. 달리 말하면, 바울 사도가 이루기 위해 계속하여 수고한 '순종'은 그의 사명의 절정이었고 그가 자랑할 유일한 이유였다.

그래서 그는 자랑스럽게 '나는 그리스도의 복음을 전하는 일을 완수했다'(롬 15:18-19)고 주장할 수 있었다. 평생의 모든 사역을 온전히 완수하고 내려놓을 수 있게 되었다는 것이다.

그렇다면 로마서 15:18의 순종은 로마 성도들이 의에게 종이 된 것(6:18)과 그들이 그리스도 안에서 계속하여 자라고 성숙해 가는 것, 즉 그들의 '믿음의 순종'(롬 1:5)이다. 요컨대, 믿음의 순종은 모든 곳에서 그리스도를 위해 바울이 노력했던 모든 것을 포함하는 목표를 집약적으로 나타낸다.[115]

따라서 로마서 1:5의 '믿음의 순종'과 15:18의 '이방인들의 순종'이라는 표현은 같은 뜻이며 '믿음이-가득한'(faith-full) 순종을 나타낸다.

로마서 1:8/16:19의 문제는 "온 세상에 전파"(1:8)되고 있는 로마 성도들의 믿음이 "모든 사람들에게 들리는"(16:19) 로마 성도들의 순종과 동등한가 하는 문제이다.

---

[114] Garlington, *Faith, Obedience, and Perseverance*, 26-27. Garlington은 또한 15:15b-16에 나타난 롬 12:1-2의 울림에 주목한다(예전적 드림[liturgical offering], 받을 만함, 거룩함). "우리는 그의 사역의 결과에 대해 법적(칭의의) 의미 이상의 어떤 것을 보지 않을 수 없다"(ibid., 27). 이처럼 바울이 전한 "복음"(롬 15:16)은 의롭게 하는 그리스도에 대한 믿음의 메시지 이상의 것에 자리 잡고 있었던 것 같다.

[115] Ibid., 11. '믿음의 순종'이란 표현이 롬 16:26에서 반복된다. 롬 16:25-27의 원문 여부의 문제는 여기서 다루지는 않을 것이다. 이 이슈에 관한 간결한 요약을 위해서는 다음을 보라. Moo, *The Epistle to the Romans*, 936-37 n 2. 그는 이 구절의 원본성을 받아들이는 쪽으로 '다소 기울어진' 것 같다. 이 구절의 원본성이 여기서의 주장을 강화시키겠지만, 어느 경우든 그 결과는 여기서의 주장에 영향을 끼치지 않는다.

1:8의 이 '믿음'은 순종을 뒷받침하고 순종을 가능하게 하고 순종을 특징짓는 1:5의 '믿음'과 상당히 연관된 것처럼 보인다. 그리고 16:19에서 바울이 칭찬하는 '순종'은 로마 성도들이 받은 '교훈에 대조되는' 분열을 일으키는 '자신의 욕구의 종'이 된 사람들, 즉 16:18에 언급된 아첨하는 사람들과 미혹하는 사람들의 행위와 대조된다.

그렇다면 로마서 16장에서 '순종'은 성경에 기반하여 바울이 추천하고 가치 있게 여기는 삶의 패턴인 것으로 보인다. 갈링톤(Garlington)은 또한 뒤에 나오는 구절(16:19-20)과 창세기 3장의 타락 기사 사이의 흥미로운 연관성을 지적한다.[116]

로마서 16:19에서 바울은 그의 독자들에게 '선한 데 지혜롭고 악한 데 미련'함으로써 그들의 순종을 더 향상시키라고 촉구한다. '선함'과 '악함'은 고대 이스라엘에게 제시되었던 "생명과 복과 사망과 화"(신 30:15)의 선택뿐만 아니라 금단의 열매(창 2:17; 3:5, 22) 경고를 떠올린다.

사도 바울은 실패한 아담과 하와 그리고 과거 이스라엘 백성들의 경우와 달리 미혹하는 사람들의 책략이 좌절되도록 하기 위해 로마 성도들이 선에 대해 지혜롭고 악에 대해 미련하기를 기대했다(롬 16:17-19). 사실 이 기만하는 자들은 로마서 16:20에서 에덴동산의 뱀에 비유되고 있다.

> 평강의 하나님께서 속히 사탄을 너희 발 아래에서 상하게 하시리라(롬 16:20).

또다시 말하지만 로마 성도들의 순종은 단순히 의롭게 하는 믿음 이상의 것으로 보인다. 이것은 로마서 16:19에서 칭찬받고 있는 로마 성도들의 계속되는 믿음(널리 전파된, 1:8)의 윤리적 결과 혹은 그 믿음에 윤리적으로 수반되는 것으로, 휘파코엔 피스테오스(ὑπακοὴν πίστεως)의 속격의 주격 의미(믿음에 의해 작동되는/믿음에서 생겨나는 순종) 혹은 정성적 의미(믿음

---

[116] Garlington, *Faith, Obedience and Perseverance*, 23.

을 가진/믿음으로 가득 찬 순종)를 표현한다.

두 의미가 다 작동되는 것 같으며 바울은 바로 이 '믿음으로 가득 찬'(faith-full) 이방인들의 순종을 칭찬했던 것이다(롬 16:19와 더불어 1:8). 그리고 모든 인류를 이와 같은 믿음의 순종으로 이끄는 것이 본질적으로 하나님이 사도 바울에게 맡기신 임무였다(롬 15:18과 더불어 1:5).

(2) '믿음으로 가득 찬' 순종과 그리스도의 법

시편 78:7-8에서 '신자의 신실함'은 하나님께 '마음이 정직하지 못한'(οὐκ ἐπιστώθη[욱 에피스토테], '그들은 믿지 않았다'[LXX], πιστόω[피스토오, '믿다']에서 파생된 단어) 이스라엘의 '완고하고 패역한' 조상들과는 달리, 하나님께 신뢰를 두고 그분께서 행하신 일을 잊지 않고 그의 계명을 지키는 모습으로 묘사된다.

반면에 '불신실함'(불순종과 동등)은 이스라엘이 하나님의 기이한 일을 잊고(시 78:11), 계속해서 죄를 짓고, 하나님께 반항하고, 하나님을 시험하고, 하나님을 반대하는 말을 하고(시 78:17-19, 32), 하나님을 속이려 하고 그분께 거짓말을 하는(시 78:36) 모습으로 묘사된다.

사실 그들의 마음은 그분을 향하여 견고하지 못했고, 그분의 언약에 충실하지 못했다(οὐδὲ ἐπιστώθησαν[우데 에피스토테산], 78:37[LXX]). 그들은 그분의 능력과 그분의 구속을 기억하지 않고, 그분의 명령을 지키지 않고, 반항적으로 행동하고, 하나님으로부터 돌아서고, 그분을 자극하며, 그분의 시기심을 불러일으키는 모습으로 묘사된다.[117]

---

[117] 하나님의 백성 편에서 이와 같은 총체적 실패에도 불구하고, "긍휼이 많으신 하나님은 그들의 부정함을 용서하시고 그들을 파멸시키지 않으셨다. 그리고 자주 그분은 자신의 화를 억제하셨고, 그분의 모든 분노를 다 발동시키지 않으셨다. 이와 같이 그분은 그들이 육체라는 점을 (그분의 백성은 잊었지만[LXX 78:11,42]) 기억하셨다"(LXX 78:38-39).

이것은 '믿음으로 가득 찬' 순종과 그 반대의 믿음이 없는 불순종의 본질이다.[118] 사실 '믿음을 따라 하지 아니하는 것은 다 죄'다(롬 14:23). 이 믿음은 분명히 의롭게 하는 믿음 이상의 것을 포함한다. 이 믿음에는 신자의 순종하는 삶의 일부분인 '거룩하게 하는 믿음'도 포함된다.

본질적으로, 율법에는 두 종류의 접근법, 즉 (롬 9:30-32가 묘사하듯이, 위를 보라) 믿음으로 율법을 따르거나 믿음 없이 율법을 따를 수 있다.

후자는 로마서 8:2의 "죄와 사망의 법"으로 육체적이고 믿음 없는 사람 속에서 작동하여 그 결과 정죄에 이르는 법이다. 이것은 여전히 '하나님의 선한 법이나' 죄의 힘과 육체, 즉 충족되지 못한 법(불순종/믿음 없음)의 결함에 의해 파멸된다.

전자, 즉 믿음에 의한 율법으로의 접근법은 "생명의 성령의 법"(롬 8:2), 즉 단 하나뿐인 동일한 하나님의 율법이지만 하나님의 성령에 의해 권능을 받아(이것은 결국 '신령한' 법이다, 7:14) 그 율법이 충족된다(믿음의 순종).

이후 로마서 8:3-4는 계속해서 하나님이 그분의 아들을 보내신 목적을 서술한다. 성부 하나님이 그 독생자 아들을 메시아로 보내신 것은 신자들에게 주어진 성령님의 권능으로 율법의 요구가 이루어지고, 하나님의 거룩한 명령이 충족되고, 그분의 뜻이 이루어지도록 하기 위함이다. 그렇다면 '성령의 법'은 성령님을 따라 걷는 신자들에 의해 율법의 요구가 충족되는 것을 말하는 간명한 서술 방식일 뿐이다. 이것이 바로 믿음을 방편으로 하여 성령님에 의해 그 능력을 공급 받음으로 가능한 순종, 즉 믿음의 순종이다.[119]

> "성령의 법"과 "믿음의 법"(롬 3:27)이 밀접한 관계가 있다는 점은 분명하다. 이 두 경우에 바울은 '법'이라는 용어를 사용한다. 하나님의 뜻을 행하고 그것에 순종하는 일이 매우 중요하다는 점을 강조하기를 원했기 때문이다. 그

---

118 70인경 시 78:8과 78:37은 시편에 나오는 πιστόω(피스토오)의 세 가지 사례 중 두 가지를 포함하고 있다. 70인경에서는 이 단어가 단지 11번의 경우에만 사용되고 있다.
119 Dunn, "The Law of Faith," 72-73.

리고 두 경우에 수식어인 "믿음의"와 "성령의"는 어떻게 그 순종이 가능해질 수 있는지를 요약적으로 나타낸다.

인간의 연약함과 죄의 권세라는 문제에 대한 사도 바울의 해결책에서, 믿음과 성령은 한 동전의 양면이다. 인간의 믿음은 성령 하나님의 권능으로 충족된다. 하나님이 찾으시고 가능하게 하시는 순종은, 한마디로 말하면, 권능을 부여하는 성령 하나님에 대한 인간의 수용성(믿음)이다.[120]

갈라디아서 6:2는 신자들에게 서로의 짐을 지라고 촉구하는데, 이것이 "그리스도의 법"을 성취한다. 이러한 촉구는 "온 율법"을 성취하는 이웃 사랑에 관하여 레위기 19:18을 인용하는 갈라디아서 5:13-14에 뒤이어 등장한다. 서로의 짐을 짐(갈 6:2)으로써 '그리스도의 법'을 성취하는 것은 이웃을 사랑함으로써 '온 율법'을 성취하는 것과 같다고 할 수 있다.

갈라디아서 5:13-14	갈라디아서 6:2
율법을 성취함, 이웃을 사랑함(레 19:18)	그리스도의 법을 성취함, 서로의 짐을 짐

이것은 '그리스도의 법'이 새 시대에 새롭게 확립된 전혀 새로운 율법 혹은 새 규범이 아님을 의미한다. 물론, 새로운 세대에서 변화가 발생했지만(그리스도가 성취한 것, 특별히 권능을 부여하는 성령 하나님의 보내심에 대해서는 아래를 보라), 이 법은 항상 인류에게 구속력을 가져 온 단 하나의 율법(폭넓게는 '하나님의 계명')이다.[121]

---

[120] Ibid., 74. 갈 5:6("그리스도 예수 안에서는 할례나 무할례나 효력이 없으되 사랑으로써 역사하는 믿음뿐이니라")과 갈 6:15("할례나 무할례가 아무것도 아니로되 오직 새로 지으심을 받는 것만이 중요하니라")의 나란한 진술들은 "사랑으로써 역사하는 믿음"이 자유롭게 되어 하나님의 계명에 순종할 수 있는 "새로운 피조물"의 특성이라는 점을 인정한다. Cranfield, "Has the Old Testament Law a Place," 119를 보라.

[121] Dunn, "The Law of Faith," 76, 76 n 37.

로마서 13:8-10과 15:1-3에서도 동일한 수사적 패턴이 작용한다. 두 본문 다 신자의 이웃을 다루는데, 로마서 13:8-10은 자신의 이웃을 사랑하는 것이 율법을 완성하는 것(또한, 레 19:18을 인용)이라고 진술한다. 자신의 기쁨을 추구하지 않았던 그리스도의 선례를 제시하는 15:1-3은 로마 성도들도 영적 유익을 위하여 그리스도처럼 먼저 이웃을 기쁘게 할 것을 촉구한다.

갈라디아서 본문들과 마찬가지로 이 한 쌍의 구절은 그리스도의 자기희생의 모범(어떤 의미에서는 "그리스도의 법", 갈 6:2)을 율법을 완성하는 것과 동일시한다.

로마서 13:8-10	로마서 15:1-3
율법을 완성함, 이웃을 사랑함(레 19:18)	그리스도의 본을 따름, 이웃을 기쁘게 함

그래서 우리는 이상의 모든 논의를 고려하여 '그리스도의 법'은 성경의 모든 시대와 장소에 관계 없이 예수님의 교훈에서 확고하게 천명되고 그분의 삶에서 모범(예수 그리스도의 모범은 특히 롬 15:1-3에서 강조되고 있음)으로 제시된 하나님의 거룩한 명령과 동등하다고 결론 내릴 수 있다. 던(Donn)의 입장은 자세히 인용할 가치가 있다.

> 로마서 13:8-10과 갈라디아서 5:13-14는 사도 바울이 율법을 폐기하지도 포기하지도 않았고 율법과 결별하지도 않았음을 분명히 함축한다. 두 구절에서 그는 율법을 '완성하는 것'을 그리스도의 편에서 명백히 바람직한 것으로 인정한다. … 십계명 안에 있는 계명만 고려되는 것이 아니라 그 외에 다른 계명도 충분히 고려되고 있다(롬 13:9).
> 그의 관심은 다른 계명들에서 추출되거나 분리된 것으로 이해될 수 있는 '이웃 사랑'의 특별한 계명에만 있었던 것이 아니다. 그는 '온 율법'을 어느 시대나 가치 있고 성취할 필요가 있는 하나님의 계명으로 간주하고

있다(갈 5:14). 그리스도의 법을 완성하는 것이 율법을 완성하는 것이다. …
바울은 그리스도인의 행위에 있어 율법에 여전히 긍정적 역할이 있음을 주
목했다.[122]

하나님의 거룩한 계명은 모든 시대에 변함없이 견고하게 지속된다. 예수님은 그것을 교훈하시고 그 교훈대로 실천하셨다. 그러므로 신자들도 신실한 순종으로 하나님의 계명에 반응해야 한다.

위에서 살펴본 갈라디아서와 로마서의 본문은 그리스도의 법이 예전 구약 시대에 주어진 율법과 다르지 않음을 증거한다(둘 다 레위기 19:18의 인용을 포함함). 이와 같이 그리스도의 법(그리고 이와 병행하는 '하나님의 율법', 고전 9:21)과 모세 율법은 모두 인류에게 주어진 하나님의 계명을 담고 있다. 이것은 단일한 법이다.

하나님의 인격과 기준은 언제나 동일하므로 그분의 백성에 대한 하나님의 계명 역시 언제나 동일한 권위를 유지한다. 중요한 것은 어떻게 그 법을 지킬 수 있는가 하는 것이다. 이 질문과 관련하여 그리스도의 법은 영적이고/성령 하나님이 이끄는(롬 8:2-4) 법을 준수하는 방법으로 '믿음의 순종'을 제시한다.[123]

이 법은 또한 "우리 조상 아브라함이 무할례시에 가졌던 믿음의 자취"(롬 4:12)를 그대로 따름을 보여 준다. 물론, 히브리서 11장은 믿음이 순종과 뗄 수 없게 긴밀하게 연결된 수많은 사람의 선례를 제공한다. 이 모든 순종은 구원 이후에 발생한 일로 여기는 것이 정당하고, 이것은 또한 이미 하나님의 가족으로 중생한 사람에게 뒤따르는 당연한 반응이다. 이 점은 구약성경 자체에서 분명하게 드러났다(신 4:6, 8; 시 1:2; 19:7-11; 119:97 등).[124]

---

[122] Ibid., 76, 77.
[123] 이 믿음의 순종은 또한 바울이 살전 1:3과 살후 1:11에서 언급한 "믿음의 행위"(ἔργου τῆς πίστεως[에르곤 테스 피스테오스])와 동등할 것이다.
[124] '믿음의 순종'은 이와 같이 그리스도 안에 자리를 잡게 하는 의롭게 하는 믿음의 행사

요컨대, 그리스도의 법은 하나님이 그분의 자녀들에게 당연히 기대하시는 것이며 성령 하나님의 권능 안에서(그리하여 "성령의 법", 롬 8:2) 믿음으로 (그리하여 "믿음의 법", 롬 8:2) 순종하는 법이다.

갈라디아 서신이 밝히 천명하듯이, "그리스도의 법"(갈 6:1)은 "신령한"(갈 6:1) 사람들, 즉 "성령으로 행하고"(갈 5:16, 25), "성령의 인도함을 받고"(갈 5:18), "성령으로 살고"(갈 5:25), "성령을 위하여 심고"(갈 6:8), "성령의 열매"(갈 5:22-23)를 맺는 사람들에 의해서만 완성될 수 있다. 이 점은 율법 준수가 율법주의적이고 자기를 의롭게 하는 선행과 분명 구분된다는 점을 잘 보여 준다.[125]

2) 단락 요약: 신실한 순종

던(Dunn)의 말은 상당히 옳으면서도 아쉽게도 정확한 지적이다.

> 이 주제를 다루는 수천 쪽에 달하는 연구에도 불구하고, 바울이 신자의 삶에서 율법이 계속하여 감당하는 역할에 대해 분명히 밝히고 있는 긍정적 진술을 통합하려는 시도는 거의 없었다.[126]

필자가 이 책에서 제안한 것은 율법은 사도 바울이 보기에 완전히 긍정적이라는 것이다. 부정적 지적은 좁은 범위에서 율법을 준수하려는 노력을 (하나님의 의를 얻으려는) 잘못된 수단으로 오해하는 수단(그리고 틀림없이

와 믿음 안에서 계속하여 하나님의 계명에 순종하는 거룩하게 하는 믿음의 행사 둘 다를 포함한다. 이 연구에서 우리의 초점은 주로 이 순종의 후자의 면에 있다. 말할 필요도 없지만, 최초에 하는 회심의 '순종'도 하나님의 은혜와 성령 하나님의 활동에 대한 반응이자 하나님의 은혜와 성령 하나님의 활동에 의해 가능하게 된다(엡 2:10).

125 Thomas R. Schreiner, *The Law and Its Fulfillment: A Pauline Theology of Law* (Grand Rapids: Baker, 1993), 159.
126 Dunn, "The Law of Faith," 80-81.

율법에 대한 태도)의 측면과 그래서 그 안에 그리스도가 없는 사람들에게서 율법이 결국 초래하는 부정적 결과 즉 믿음 없이 율법주의적 동기로 율법을 지키려고 시도하는 사람들의 실패라는 부정적 결과에 한정하고 있다.

하나님의 기준을 완전히 만족시킬 수 있다는 잘못된 가정 아래, 자기 자신의 힘으로 그리고 자기 자신의 영광을 위해 하나님의 계명을 지키려는 잘못된 노력이 율법주의의 뿌리에 깊숙이 자리 잡고 있다.

바울의 비난은 죄의 권세와 육체의 산물로서, 자신의 의를 위해 믿음 없이 의를 추구하는 이러한 죄악된 태도와 활동을 지적하는 것이다. 자신을 높이려는 목적으로 하나님의 도움 없이 하나님의 계명이 인간적으로 충족될 수 있다는 그와 같은 율법에 대한 오해는 바울의(그리고 하나님의) 극단적 비난에 직면할 뿐이다.

> 그러므로 자기 자신의 영의 인도함을 받고 자신의 덕을 신뢰하고 단지 율법의 도움만을 받은 채 은혜의 도움이 없는 사람은 누구든지 하나님의 아들이 아니다(Augustine, Grat. 24.12).

반면에 성령 하나님이 공급하시는 권능으로 하나님의 율법에 순종하는 비결은, 자신이 하나님의 계명을 충족할 수 없다는 것을 인정하고 순종에 실패할 때 그리스도 안에서 그분의 용서와 자비를 겸손히 구하는 신자들의 반응이며 그분의 거룩한 요구에 대한 하나님의 백성의 신실한 반응이다. 이것은 더 이상 놀랄 것도 없이 "성령의 열매"(갈 5:22)를 산출하는 '믿음의 순종'(ὑπακοὴν πίστεως)의 핵심이다.

이 순종이 그리스도인의 삶의 다른 모든 것에서처럼 하나님의 행위, 즉 은혜 안에서 신자의 믿음을 통하여 그분이 주권적으로 시행하는 것이라는 점은 로마서 5:15-16, 6:23, 에베소서 2:8-10, 빌립보서 2:13 등에서 명백히 드러난다.

바울은 순종과 결코 분리할 수 없는 믿음으로 하나님의 자녀들을 불러들였다. 그들이 믿는 구세주는 우리 주님이시기 때문이다. 그는 우리를 믿음의 순종으로 불러들였다. 우리는 믿음 안에서 우리 자신을 예수께 드리게 될 때에만 그분을 주님으로 순종할 수 있기 때문이다. 이런 면에서 볼 때, '믿음의 순종'이라는 표현은 바울이 사도로서 주께로부터 위탁받은 임무의 전 영역을 정확하게 포착하고 있다. 이 임무는 최초의 복음 전도에 제한되지 않고 교회를 세우고 확고하게 자리잡게 하는 모든 사역도 포함한다.[127]

이 시점에서 다음과 같은 질문을 제기할 수 있겠다.

만일 모든 시대의 하나님의 백성들이 모든 하나님의 율법(하나님의 계명)에 순종해야 한다면, 그리스도와 그분의 구원 사역과 더불어 새롭게 바뀌는 것은 무엇일까?

이 질문에 대한 대답은 앞 단락들에서 간략하게 언급했으나, 여기서는 좀 더 자세히 앞의 대답들을 통합해 보고자 한다.

3) 여록(餘錄): 그리스도께서 일으키신 변화

객관적으로 말하면, 하나님의 의, 곧 그분 자신의 거룩함의 기준은 하나님의 기준에 걸맞게 살아야 한다고 하나님이 인간에게 요구하는 말씀들의 총합이다. 물론, 하나님의 의는 궁극적으로 예수 그리스도의 인격과 공생애 삶을 통해서 완벽한 전형으로 계시되었다. 그분의 삶에는 죄가 전혀 없었으며(고전 1:30; 고후 5:21; 벧전 2:22-24; 벧후 1:1; 요 3:7), 그분의 구속 사역은 사람들의 죄를 완전히 보상했다(롬 1:17; 5:18).

예수 그리스도는 그분의 삶과 사역으로 모든 믿는 사람들이 하나님의 의에 도달할 수 있는 길을 열어 주셨고(신분적 성화), 신자들이 하나님의 계

---

127 Moo, *The Epistle to the Romans*, 52-53.

명에 순종할 수 있도록 그들 안에 내주하시는 성령 하나님을 의지할 수 있는 길을 열어 주셨다(실제적 성화).

앞에서 우리는 웬함(Wehham)의 '바닥'(floor, 바닥의 최소 도덕적 실천)과 '천장'(ceiling, 천장의 최고 하나님의 성품) 개념을 고찰하면서, 하나님의 기준대로 사는 삶의 모든 국면이 성경의 율법에 하나도 빠짐 없이 완벽하게 서술되어 있는 것은 아니라는 점을 살펴보았다.[128]

또 하나님이 자신의 백성이 행하지 않기를 원하시는 모든 범죄의 가능한 위반 사항들이 율법의 말씀에 완벽하게 상술되어 있는 것도 아니다. 앞서 살펴본 바와 같이 예를 들어, 태도와 관련된 죄는 모세 율법에서 아주 드물게 등장한다(탐심[출 20:17], 증오[레 19:17-18]).

이처럼 태도와 관련된 죄에 대한 속죄에 대해서도, 의도적이든 그렇지 않든, 개인적이든 집단적이든 '하지 말아야 할 여호와의 계명'에 대한 위반에 대한 전반적인 속죄 제물(레 4:2-3; 5:17-19; 또한, 민 15:22-31을 보라)을 제외하고는, 구체적으로 완벽하게 진술되어 있지 않다.[129]

달리 말하면, 대개의 경우 모세 율법에서 제시하는 희생 제물을 드려서 속죄받아야 할 범죄 목록은 '바닥'의 요구들을 위반한 것에 적용될 뿐, 그 '바닥' 위부터 '천장'까지를 포함한 모든 가능한 죄악과 실패에까지 적용되는 것은 아니다. 이런 이유로 히브리서 저자는 "황소와 염소의 피가 능히

---

[128] 하나님이 그분의 백성에게 요구하시는 모든 것은 성경에 있다. 그러나 반드시 분명하게 드러나는 것은 아니다. 일반적 진술은 많지만, 이 일반적 원리를 특정한 상황과 특정한 사람에게 적용하는 방식에 대해서는 상세한 세부 내용이 다 제공되는 것은 아니다. 물론, 신성한 것이든 그렇지 않든 어떤 법률 체계에 대해 그렇게 하는 것은 불가능하다. 성경의 법 장르의 이러한 '얼룩 상태'(모든 것을 다루지는 않는 성질)는 분명하다 (Patrick, *Old Testament Law*, 199).

[129] 아마도 '감사제'와 '화목제'는 희생 제물을 드리는 사람의 태도에 기초를 둔 제의에 가장 가까울 것이다(레 7장). 이와 관련하여, 여호와가 마음의 태도를 바로잡는 것을 선호하여 희생 제물과 제사를 빈번히 책망하는 것을 주목하는 것은 흥미로운 일이다(시 40:6; 시 50:7-15; 사 1:11; 56:7; 66:2-3; 렘 14:10-12; 호 6:6; 암 5:21-24; 미 6:6-8 등). 이러한 '최고 기준'(ceiling)의 요구들이 '최소 기준'(floor)의 요구들보다 더 중요한 것은 분명하다. 예수께서도 이런 취지로 서기관의 말을 인정해 주셨다(막 12:32-34).

죄를 없이 하지 못하고"(히 10:4), 단지 "그 육체를 정결하게 하여 거룩하게 한다"(히 9:13)고 구약 제사의 한계점을 지적했다.

'바닥'의 범죄 이외에 '천장'까지를 포함한 불성실의 문제로부터 "양심을 깨끗하게 하기"(히 9:14) 위해서는 더 위대한 희생 제사, 즉 반복될 필요가 있는 구약의 희생 제사들과는 전혀 차원이 다른 단번에 드리는 희생 제사(히 9:25-29; 10:10-15)가 필요했다. 왜냐하면, 구약의 제사들은 죄의 결과를 일시적으로 피하도록 해 줄 뿐이기 때문이다.

이것이 구약의 제사와 다르게 그리스도의 사역으로 뒤따른 중요한 변화이다. 그리스도가 없었다면, 율법은 그 모든 무능한 한계를 드러낼 뿐이다. 율법은 죄인을 의롭게 하기 위해 아무것도 할 수 없고, 속죄를 제공하지도 못하고, 용서하는 은혜를 베풀지도 못하고, 그 율법의 요구에 순종할 능력도 부여할 수 없다. 율법이 할 수 있는 전부는 죄인에게 선고를 내리는 것뿐이다.

그러나 그리스도와 더불어 모든 것이 새롭게 되었다. 이제 용서는 완전하고 최종적이고, 영원히 완성되었으며, 그리스도의 십자가 속죄 사역을 믿는 모든 사람은 용서에 자유롭게 접근할 수 있다. 율법이 선고한 정죄는 더 이상 유효하지 않다. 하나님의 거룩한 요구('의로운 요구'[δικαίωμα<디카이오마>], 롬 8:4)가 그분의 성령 하나님의 내주하시고 성령 하나님이 권능을 부여하는 자녀들 안에서 충족되도록 그리스도께서 그 모든 것을 지불하시고(롬 8:1), 죄악의 권세를 정죄하셨기 때문이다(롬 8:3-4).

이러한 그리스도 이후에 발생한 피조계의 새로움이, 모세 율법이든 다른 율법이든 다양한 율법 문서와 성경의 모든 문단에 나타난 하나님의 계명을 무효화하는 것이 아님이 분명하다. 성화는 지속적 과정이고 이 과정에서 중요한 것은 신자들의 순종이다. 관계는 책임을 요구한다.

이 과정에서도 그리스도의 사역은 이 세대 하나님의 백성들에게 상당한 유익을 가져왔다. 이제 성령 하나님이 신자 안에 내주하여 육신의 한계를 극복하게 해 주신다(롬 8장). 그리스도의 속죄 사역과 신자의 칭의의 결과로 성령 하나님의 권능에 접근할 수 있게 되었다. 이것도 성령 하나님을 파송하신 아들의 사역의 한 부분이다(요 14:16; 15:26; 16:7).

그리하여 하나님은 그분이 의도하시는 것(하나님의 계명)을 명령하시고 그분이 명령하신 것(하나님의 계명을 충족시키도록 힘을 부여하는 것)을 실행할 능력을 공급하신다.[130] 성령 하나님의 내주와 더불어 새로운 삶이 시작되고, 신자는 더 이상 육신이 아니라 성령 하나님을 따라 행할 수 있게 되어 율법과 모든 성경에 나타난 하나님의 계명을 충족시킬 수 있게 되었다(롬 8:4, 12-16).[131]

하나님의 자녀는 결코 믿음 없이 스스로 의롭게 되려고, 자신의 힘으로 자기 영광을 위해 순종을 시도해서는 안 된다. 오히려, 믿음으로 가득 찬 성령 하나님의 의존 속에서 육신을 이길 수 있다. 이것이 믿음의 순종이다. 다른 말로 해서, 신자들이 율법을 지킬 수 있도록 힘을 부여하는 것은 예수 그리스도를 통해 그리고 성령 하나님에 의해 주어지는 하나님의 은혜다.

> 따라서 행위의 법에 따라 하나님은 "내가 너희들에게 명령한 것을 행하라"라고 말씀하시나, 믿음의 법에 따라 우리는 하나님께 "하나님이 명령한 것을 저에게 베푸소서"라고 간청한다. 이것이 바로 율법이 명령의 말씀을 우

---

[130] 이것은 Augustine의 기도이다. *Domine, da quod iubes, et iube quod vis*(도미네, 다 쿠오드 이우베스, 에트 이우베 쿠오드 비스, "주님, 당신이 명령하신 것을 주시옵고, 당신이 의도하시는 것을 명하시옵소서"[*Conf.* 10. 29. 40]). 요 4:15, 21; 15:10, 12; 요일 2:3, 4; 3:22-24; 4:21; 5:2-3; 요이 6절은 모두 하나님의 명령을 지킬 것을 촉구하며, 특별히 제자들이 서로를 향해 가져야 할 사랑에 초점을 맞추고 있다. 예수께서는 이것을 "새 계명"(요 13:34)이라고 부르신 반면, 요일 2:7-11은 이것을 "옛 계명"이라고 부르는데, 아마도 "이웃을 사랑하라"는 구약성경의 명령(레 19:18)을 언급하는 것 같다. 이 계명의 새로움은 예수 그리스도가 성취하신 것의 결과뿐만 아니라 하나님의 계명에 순종할 수 있도록 성령 하나님이 주시는 권능을 반영한다. 물론, 그리스도께서 성부 앞에서 신자를 위해 계속하시는 중보는 말할 필요도 없다(롬 8:34; 히 7:25; 9:24; 요일 2:1).

[131] "그리스도인은 여전히 하나님의 율법을 지켜야 하는 엄숙한 의무를 지니고 있다. 그러나 이제 그것을 지킬 수 있는 힘, 성령 하나님에 의해 그 자신 안에 그리스도의 권능을 갖고 있다는 점에서 중요한 차이가 있다"(Philip Edgcumbe Hughes, *Paul's Second Epistle to the Corinthians* [NICNT; Grand Rapids: Eerdmans, 1962], 90).

리에게 말씀하는 이유다. 믿음이 무엇을 실천해야 하는지 깨닫도록 하려고, 즉 만일 명령을 받은 자가 자신의 힘으로 그것을 행할 수 없다면 무엇을 주님께 간구해야 하는지 알게 하려고 율법이 명령을 준 것이다. 그러나 명령을 받은 자가 지체 없이 그 능력으로 명령에 순응할 수 있다면, 그는 또한 그 능력이 누구의 선물로 주어진 것인지 인식할 수 있어야 한다 (Augustine, *Spir. et litt.* 22. 13).

육신을 이기고 계명에 순종할 능력을 주시는 이는 성령 하나님이시라는 진리가 로마서 8장에서 분명히 드러난다. 이러한 진리는 구약성경(신 30:6; 렘 31:31-34; 겔 36:26-28; 37:1-28 등)에서도 성립된다. 다음의 구절들을 통하여 신자의 행위는 사실상 하나님의 행위임을 확인하는 것은 결코 놀랄 만한 일이 아니다.

> 우리는 그가 만드신 바라 그리스도 안에서 선한 일을 위하여 지으심을 받은 자니 이 일은 하나님이 전에 예비하사 우리로 그 가운데서 행하게 하려 하심이니라(엡 2.10).

> 너희 안에서 착한 일을 시작하신 이가 그리스도 예수의 날까지 이루실 줄을 우리는 확신하노라(빌 1:6).

> 너희 안에서 행하시는 이는 하나님이시니 자기의 기쁘신 뜻을 위하여 너희에게 소원을 두고 행하게 하시나니(빌 2:13).

물론, 예수님도 이 점에 관하여 직접 선언하신 구절도 있다.

> 나를 떠나서는 너희가 아무것도 할 수 없음이라(요 15:5).[132]

---

[132] 또한, 갈 6:3; 고전 4:7; 고후 3:5; 4:7; 8:1과 함께 8:7(하나님의 은혜가 마게도냐인들의

성경은 하나님의 능력이 신자 안에서 작용하고 있다고 거듭 말한다(엡 3:16; 빌 4:13; 골 1:9-11). 하나님의 자녀들에게 순종을 위한 힘을 주지 못해 '결함이 있는'(faulty) 옛 언약이 이제 새 언약으로 대치되었다. 새 언약의 하나님은 다음 구절에서 보듯이 또한 그분의 백성들의 공급자이시다.

> 양들의 큰 목자이신 우리 주 예수를 영원한 언약의 피로 죽은 자 가운데서 이끌어 내신 평강의 하나님이 모든 선한 일에 너희를 온전하게 하사 자기 뜻을 행하게 하시고 그 앞에 즐거운 것을 예수 그리스도로 말미암아 우리 가운데서 이루시기를 원하노라 영광이 그에게 세세무궁토록 있을지어다. 아멘(히 13:20-21).

결론적으로, 이 믿음의 순종을 감당하고 성취함에 있어서 십자가 위에서 그리스도가 이루신 속죄 사역이 축소되지 않는다는 점을 이해해야만 한다. 이 '믿음으로 가득 찬'(faith-full) 순종은 그리스도 안에 있는 자들(새로운 피조물) 안에 내주하시는 성령님의 일이므로, 십자가는 그리스도인이 하나님의 계명을 충족시킬 수 있게 해 주는 성령님의 강력한 사역의 토대로 남는다. 관계는 언제나 책임에 선행한다(그러나 관계가 책임을 배제하지는 않는다).

그리스도인의 율법에 대한 이해와 아울러 율법에 대한 관계의 새로움을 과소평가하지 않는 것이 가장 중요하다. 그리스도인은 이 새로움을 그리스도에 비추어 이해하며, 그리스도가 그분의 율법에 대한 완전한 순종과 그분의 삶과 사역과 가르침으로 율법의 의도를 분명하게 완성하시고 계시하신 것에 비추어 이해한다. 그리스도인은 하나님을 빚지게 할 만큼 오직 자신만의 능력으로 율법을 온전히 지킬 수 있다는 환상에서 자유로워졌다. 그는 율법이 자신의 죄성이 참으로 뿌리 깊다는 점을 폭로하는 반면에 그리스도께서 하나님의 정죄를 스스로 짊어지셨기 때문에 더 이상 율법이 자신을 정죄할

은혜의 사역이 된다); 12:9-10; 엡 4:7; 살전 5:24; 벧전 4:10-11 등.

수 없다는 것을 깨닫는다.

그는 그리스도로 말미암아 더 이상 율법의 명령을 외부로부터 그에게 부과된 의무로 느끼지 않는다. 그는 성령님에 의해 해방되어 전심으로 율법의 명령에 순종하기를 갈망하고 그렇게 함으로써 하나님의 자비와 너그러움에 대한 감사를 표현하고자 한다. 그래서 그는 율법의 명령을 하나님의 자녀를 위한 하나님의 아버지께로 나아가는 길, 즉 부담이나 그의 자유에 대한 침해가 아니라 진정한 자유로 나아가는 길을 가리키는 것으로 받아들인다.[133]

칼빈은 다음과 같이 말한다.

> 율법의 교리는 그리스도에 의해 폐지된(inviolabilis) 것이 아니다. 율법의 교리는 가르치고 권면하고 책망하고 교정함으로써 모든 선행을 위하여 우리를 적합하게 준비시키는 수단으로 남아 있다(*Institutes* 2.7.14).

제3장 요약: 하나님의 계명과 신실한 순종

이번 장에서 우리는 앞서 제1장과 제2장에서 제기된 '하나님의 계명'이라는 쟁점을 다루었다. 물론, 성경에서 하나님의 분명한 요구(계명)는 율법 장르를 통해서 분명히 제시되었다.

성경의 법, 특별히 구약성경의 법은 오늘날 그리스도인에게 여전히 유효한가?

이 질문이 해답을 위하여 전통적 접근법(루터교, 개혁주의, 세대주의)을 검토했고 NPP 지지자들의 접근법과 비교해 보았다. 대체로 이 모든 접근법에서 모세의 율법은 율법의 도덕적인 면을 제외하고는(그다지 지지받을 수 없는 율법의 장을 구분함) 나머지 법률 조항들은 현대의 그리스도인에게 더

---

[133] Cranfield, "Has the Old Testament Law a Place?," 122-23.

이상 적용할 수 없는 것으로 여겨진다.

 필자는 이러한 접근법에 반대하면서 구약의 율법은 오늘날 신학적으로 계속 효력 있게 작용해야 한다는 점을 주장했다. 성경의 모든 법률 문단은 그 계명의 입법자이신 하나님과 그분의 창조물과의 관계에 관하여 증언한다. 혹은 제1장과 제2장에서 고찰한 용어로 설명하자, 성경의 모든 문단은 **텍스트 앞에 펼쳐진 정경적 세계**(저자가 자신이 말하는 것으로 실행하고 있는 것)의 일부분을 투영한다.

 이와 같은 세계, 즉 성경 본문의 '문단신학'은 하나님과 그분의 창조물과의 관계의 한 측면을 묘사한다. 그러므로 '문단신학'에 내포된 것은 하나님의 계명이다. 성경의 율법과 관련하여 우리가 명심할 점은 율법/행위 대(對) 믿음/은혜의 이분법은 적어도 설교를 위해서는 불필요하다.

 하나님의 계명, 즉 율법은 이미 하나님의 공동체 안에 들어온 사람들을 대상으로 의도된 것이다. 율법은 구원의 조건이 아니다. 대신에 율법은 하나님의 자녀들이 하나님처럼 거룩하게 되도록 성화의 방향을 제시해 준다. 말할 필요도 없이, 성경의 역사 속에서와 그 후 2천 년 동안, 이 점은 너무나도 자주 오해되었고 율법주의, 즉 자신의 힘으로 그리고 자신의 영광을 위해 순종하려고 노력함으로써 하나님을 기쁘게 하고 그분 앞에서 공로를 얻으려는 시도가 그 시대의 기본 풍조였다.

 필자는 앞에서 구약의 율법, 즉 하나님의 계명이 신약 시대 이후에도 계속 권위 있게 작동된다는 것을 보여 주는 성경의 몇몇 중요한 텍스트를 검토했다. 하나님의 거룩하심과 그분의 요구는 변하지 않는다. 그러나 최초에 구약 율법이 계시되었던 당시의 역사적 맥락과 환경이 (그것도 상당할 정도로) 바뀌었다. 그렇다면 구약 율법에 나타난 하나님의 계명을 신실하게 충족시키는 유일한 방법은, 율법 문단을 해석하고 적용하는 과정에서 이러한 맥락적 변화를 충분히 설명하고 고려함으로써 마련할 수 있다.

 필자는 또 본서에서 하나님의 백성에게 동일한 구속력을 갖는 구약 율법에 대한 신학적 접근법을 권고했고, 그러한 논리적 근거가 이후 '문단신학'을 위하여 필수적임을 강조했다. 그래서 모세 율법의 교훈대로 오늘날 신자들이 하나님의 계명을 순종하는 것은 하나님과 그 자녀들 간에 미리 형성된 언약 관계의 결과라는 '문단신학'의 논리를 확보했다. 따라서 순종은 자녀로서의 책임이다.

필자는 앞에서 구약의 율법, 즉 하나님의 계명이 신약 시대 이후에도 계속 권위 있게 작동된다는 것을 보여 주는 성경의 몇몇 중요한 텍스트를 검토했다. 하나님의 거룩하심과 그분의 요구는 변하지 않는다. 그러나 최초에 구약 율법이 계시되었던 당시의 역사적 맥락과 환경이 (그것도 상당할 정도로) 바뀌었다.

그렇다면 구약 율법에 나타난 하나님의 계명을 신실하게 충족시키는 유일한 방법은, 율법 문단을 해석하고 적용하는 과정에서 이러한 맥락적 변화를 충분히 설명하고 고려함으로써 마련할 수 있다. 필자는 또 본서에서 하나님의 백성에게 동일한 구속력을 갖는 구약 율법에 대한 신학적 접근법을 권고했고, 그러한 논리적 근거가 이후 '문단신학'을 위하여 필수적임을 강조했다.

그래서 모세 율법의 교훈대로 오늘날 신자들이 하나님의 계명을 순종하는 것은 하나님과 그 자녀들 간에 미리 형성된 언약 관계의 결과라는 '문단신학'의 논리를 확보했다. 따라서 순종은 자녀로서의 책임이다. 순종이 하나님의 자녀가 되도록 자격을 새롭게 부여하지 않지만, 자녀들이 하나님의 계명에 따라 순종하는 것은 마땅한 일이다. 왜냐하면, 자녀는 이미 믿음을 통한 은혜로 하나님의 자녀로 선택되고 입양되었기 때문이다.

관계는 책임을 요구한다. 이번 제3장에서 보여 주었듯이, 이 책임은 신자의 '믿음의 순종'(ὑπακοὴν πίστεως[휘파코엔 피스테오스], '믿음이 가득 찬' 순종 혹은 믿음을 특징으로 하는 순종)이다. 이것은 율법주의와는 전혀 다르다.

이와 같은 순종은 믿음에서 생겨나고, 믿음을 특징으로 하고, 믿음으로 행해진다. 이와 같은 순종을 위한 권능은 먼저 내주하시는 성령 하나님의 사역으로 공급된다. 하나님께 공로를 얻고 자신을 위한 영광을 얻으려는 시도인 율법주의와는 달리, 믿음의 순종은 하나님의 은혜에 의한 일이다. 신실하게 순종하는 신자는 또한 하나님의 영광에 도달하지 못했다는 영원한 정죄가 더 이상 없고 죄의 대가가 그리스도의 속죄 사역을 통해 지불되었음을 인식한다.

하나님의 자녀에게는 더 이상 실패가 뒤따르지 않으며, 그리스도 안에 있는 하나님의 은혜를 통하여 하나님의 용서가 가능하다는 것을 인정한다. 이 모든 것으로 볼 때, 신실한 순종은 하나님의 은혜와 그리스도와 그분의 성령님을 통해 하나님이 제공하시는 것이고, "내가(하나님이) 거룩하니 너희도 거룩하라"라는 하나님의 계명을 충족시키는 책임을 결코 소홀히 하지 않는다.

율법 문단에 관한 설교를 위하여 이렇게 해석하는 신학적 접근법의 한 가지 특징은, 문단 배후의 역사를 뒤지거나 문단 앞에 있는 독자의 입장에 집중하는 것이 아니라 그 설교를 위해 숙고하고 있는 특정한 텍스트의 문학 세계에 집중하는 것이다. 구약 문단에 대한 그러한 해석 방법은 다음과 같은 질문을 낳는다.

오늘날 해석자는 구약 본문에서 어떻게 그리스도를 발견할 수 있을까?

만일 해석자가 최종 텍스트에 세밀한 주의를 기울이고 텍스트와 그 '문단신학'에 온전한 특권을 부여할 수 있다면, 이런 해석 방법은 구약성경에서 그리스도를 찾으려는 성경신학적 관점을 방해하지 않을까?

앞서 제1장에서 확인했던 독서의 원칙 중의 하나인 중심성의 원칙(the Rule of Centrality)을 명심할 필요가 있다. 중심성의 원칙에 의하면, 해석자가 정경 텍스트를 해석하여 현대적 적용을 위하여 그리스도의 탁월한 인격과 성령 하나님의 권능 안에서 성부의 뜻을 성취한 그리스도의 구속 사역에 초점을 맞추어야 한다는 것이다.

그렇다면 이러한 중심성의 원칙은 해석자가 구약 본문에서 '문단신학'을 분별하는 데 어떻게 긍정적으로나 부정적으로 작용하는가?

이 문제는 다음 제4장에서 다룰 것이다. 제4장은 역사적으로 그리스도 중심적 방식으로 해석되어 온 내러티브 본문인 창세기 22장(*Aqedah*[아케다])에 대한 검토로부터 시작할 것이다. 그리고 이 연구에서 집중하는 신학적 해석의 목표로서 그리스도 형상적(christiconic) 해석이라는 새로운 해석 전략을 제안할 것이다.

제4장

아케다와 그리스도 형상적 해석

> … συμμόρφους τῆς εἰκόνος τοῦ υἱοῦ αὐτου.
>
> (… 쉼모르푸스 테스 에이코노스 투 휘우 아우투)
>
> … 그 아들의 형상을 본받게 하기 위하여(롬 8:29).

필자는 앞서 제1장과 제2장에서 성경 본문은 **텍스트 앞에 펼쳐진 세계**, 즉 저자는 자신들이 말하는 것으로 실행하는 세계(텍스트의 화용론)를 투영하고 있다는 점을 확정한 다음, 정경적 세계의 일부분이 특정 본문의 '문단신학'이며 하나님의 계명, 즉 투영된 세계의 교훈과 우선순위와 실천에 의해 하나님의 백성이 어떻게 살기를 원하시는지에 관한 말씀을 담고 있다는 점을 논증했다.

또 제3장에서는 성경의 율법 장르를 검토했고 이 장르의 문단도 신약 시대 이후 그스도인들에게 그대로 적용 가능한 하나님의 계명을 담고 있음을 논증했다. 각각의 성경 문단은 **텍스트 앞에 펼쳐진 정경적 세계의 한 부분**, 즉 하나님의 한 측면과 하나님과 그분의 창조물과의 언약 관계를 나타내는 '문단신학'을 펼쳐보인다. 그리하여 각각의 텍스트는 구원의 선결 조건이 아니라 성화로의 부르심으로 순종하도록 의도된 하나님의 계명을 담고 있다. 그래서 신자는 하나님과의 사전 언약 관계에 근거하여 그분의 자녀에 합당한 순종의 의무를 가진다.

필자는 앞에서 구약 율법 해석을 위한 신학적 해석 전략을 제안했는데, 이 해석은 율법에 관한 '문단신학'에 내포된 성경적 논리의 안내를 받는다.

미리보기: 아케다와 그리스도 형상적(christiconic) 해석

필자가 앞서 논증했듯이 성경의 모든 문단과 심지어 잠재적으로는 구약 율법 장르마저도 신약 시대 이후에 적용 가능하다는 점은 다음과 같은 중요한 질문을 제기한다.

이 텍스트에서 그리스도는 어디에 있는가?

특별히 구약의 문단을 다룰 때, 모든 해석이 그리스도에게 초점을 맞출 것을 요구하는 중심성의 원칙(the Rule of Centrality, 제1장을 보라)을 해석자가 어떻게 정당히 다룰 것인가?

이번 제4장에서는 이러한 질문들을 다룰 것이다. 이번 제4장은 지난 2천 년 동안 해석의 역사에서 줄기차게 그리스도와 관련된 요소들을 찾아 폭넓게 탐구했던 창세기 22장의 내러티브에 대한 연구로 시작한다. 여기에서는 그리스도 중심적 독법을 먼저 비판적으로 검토하면서 이 독법에 찬성하고 반대하는 상반된 주장들을 분석할 것이다.

그런 후에 이 내러티브에 대한 검토를 수행하여 본서에서 필자가 제안한 해석법에 따라 이 단락의 '문단신학'을 도출할 것이다. 마지막으로 성경의 그리스도 중심적 독법에 대한 새로운 모델인 그리스도 형상적(christiconic, 또는 그리스도 형성적) 해석을 제안할 것이다. 그리스도 형상적 해석은 구약이든 신약이든 성경의 모든 문단에서 그리스도를 '발견하는'(see) 해석으로 앞서 확인한 '중심성의 원칙'을 따르는 해석이다.

간단히 말해서, 성경의 모든 텍스트는 그리스도의 이미지(형상, εἰκών)를 투영하며, 각각의 문단은 그리스도와 같다는 것이 무슨 뜻인지를 보여 주는 그리스도에 관한 이미지의 한 면을 묘사한다.

1. 아케다(창 22장)

수천 년 동안, 유대교와 기독교의 성경 학자들은 창세기 22장(*Aqedah*, 아케다)을 해석하는 일에 집중해 왔다.[1] 이번 제4장의 첫 부분은 이러한 해석들을 재논의하고 텍스트에 특권을 부여하는 집중된 주해를 통해 이 문단의 신학적 논리를 발견할 것이다.[2]

1) 전통적 견해들

이 내러티브 안에는 당황스러운 점들이 많이 발견된다. 홀로코스트의 생존자이자 노벨상 수상 작가인 엘리 비젤(Elie Wiesel)은 이 이야기에 대해 "그 내용이 참으로 끔찍하다"[3]라고 평가했다.

하나님은 어떻게 겉으로 볼 때 자신의 기존 약속과 충돌되도록 그토록 끔찍한 방식으로 누군가를 시험할 수 있단 말인가?

하나님의 시험에 관하여 사라는 혹은 이 문제의 당사자인 이삭은 어떻게 생각했을까?

그리고 어떻게 그리스도가 이 시험 과정과 잘 들어맞는가 하는 것도 기독교 해석자들을 힘들게 만들었다.

---

1 아케다(*Aqedah*)는 עקד(아카드, '결박하다'[창 22:9])에서 온 말이다. 성경 전체에서 이 구절에서만 사용된(hapax legomenon) 어구이다.
2 이 단락의 부분들은 캘리포니아 샌프란시스코(California San Francisco)에서 2011년 11월 16-18일에 개최된 '복음주의신학회'(Evangelical Theological Society)의 연례 미팅에서 발표되었고, 다음과 같이 출판되었다. Abraham Kuruvilla, "The *Aqedah*: What Is the Author Doing with What He Is Saying?,"*JETS* 55 (2012): 489-508.
3 Elie Wiesel, *Messengers of God* (New York: Random House, 1976), 69.

(1) 하나님의 농담?

현 상태로 볼 때 이 이야기는 너무나 상상도 할 수 없는 내용이어서 어떤 이들은 하나님이 농담하시는 것이라고 생각했다.

우디 앨런(Woody Allen)은 이 이야기가 다음과 같은 과정에서 생겨난 것이라고 생각한다.

> 아브라함이 한밤중에 깨어나 그의 외아들인 이삭에게 말했다.
> "내가 방금 꿈을 꾸었는데 꿈에 여호와께서 내 외아들을 희생 제물로 바쳐야 한다고 말씀하셨다. 그러니 너는 바지를 입고 일어나라."
> 그러자 이삭은 두려워 떨면서 말했다.
> "그분이 뭐라고 말씀하셨지요?
> 무슨 말씀인가 하면, 여호와께서 이 모든 일을 언제 말씀하셨지요?"
> 그러자 아브라함이 주저했다.
> "뭐라고 말해야 할까?"
> "나는 새벽 두 시에 속옷 차림으로 우주의 창조주와 함께 저기에 서 있었어. 그런데 지금 내가 너와 말다툼을 해야겠니?" …
> 옆에서 아브라함의 계획을 듣던 사라가 화를 내며 참견했다.
> "당신은 그 목소리의 주인이 농담하기 좋아하는 당신의 친구가 아니라 여호와 하나님이시라는 것을 어떻게 알 수 있나요…?"
> 그러나 아브라함이 대답했다.
> "왜냐하면, … 그 목소리는 울림이 깊고 잘 절제된 소리였어. 이 사막에 있는 어느 누구도 그처럼 낮고 굵직한 목소리로 말할 수는 없단 말이야." …
> 그리하여 아브라함은 이삭을 어떤 장소로 끌고 가서 그를 희생 제물로 드릴 준비를 했다. 그러나 마지막 순간에 여호와께서 아브라함의 손을 멈추게 하고는 말씀하셨다.
> "너는 어떻게 이런 일을 할 수 있느냐?"
> 아브라함이 말했다.

"당신께서 나에게 말씀하셔서…."

여호와께서 다시 말씀하셨다.

"내가 말한 것은 염두에 두지 말거라."

"너는 이런 식으로 들려오는 정신 나간 말에 귀를 기울이느냐?"

아브라함은 부끄러워졌다.

"저-사실 그렇지 않습니다.… 아닙니다."

"나는 농담 삼아 이삭을 희생 제물로 바치라고 너에게 말해 보았는데 너는 즉시 그 일을 하려고 서두르는구나."

아브라함이 무릎을 꿇었다.

"저, 저는 언제 당신께서 농담을 하시는지 전혀 모르겠습니다."

그러자 여호와께서 호통을 치셨다.

"유머 감각이 없다니. 믿을 수가 없어."

"그러나 이 일이 제가 당신을 사랑한다는 것을 입증하지 않나요? 제가 기꺼이 저의 하나뿐인 아들을 당신의 변덕에 따라 바치려고 했으니까요."

여호와께서 말씀하셨다.

"이번 일은 어떤 명령이라도 그저 웅장하고 근엄한 소리로 들리기만 하면 어떤 사람은 아무리 어리석은 명령이라도 그대로 따르려 하는 어리석음을 보여 주는 것이다."

그리고 그 말과 더불어, 여호와께서는 아브라함에게 휴식을 취하고 다음날 자신의 마음을 점검해 보라고 명령하셨다.[4]

그렇다면 하나님은 과연 아브라함에게 농담하셨던 것인가?

---

[4] Woody Allen, "The Scrolls," in *The Insanity Defense: The Complete Prose* (New York: Random House, 2007), 137-38.

그런 것 같지는 않다. 하나님이 아브라함에게 명령하신 '데리고 가라'(창 22:2, קַח־נָא[카나])는 명령과 연결된 불변화사(particle) '나'(נָא, '제발', '자', 혹은 '그러니까' 등으로 흔히 번역되는 간청의 감탄사)는 창세기에서 60회 정도 등장한다. 그런데 이 단어가 하나님의 말씀과 관련하여 사용되는 용례는 단지 5회 뿐이다. 창세기 13:14, 15:5, 출애굽기 11:2, 이사야 7:3, 그리고 이 경우에 하나님은 개인에게 믿을 수 없는 무언가, 즉 "합리적으로 설명하거나 이해하는 것이 불가능한 무언가"[5]를 요구하신다.

창세기 22장에서 하나님이 아브라함에게 요구하신 것이 엄청난 과제였다는 점을 하나님도 잘 알고 계셨다는 데에는 의문의 여지가 없다. 그분은 농담을 하신 것이 아니었다. 창세기 22:2의 "번제"라는 언급으로 보았을 때, 하나님이 실제로 희생 제사를 의미하셨음은 분명하다.

과거에 유대의 랍비들은 이와 비슷한 맥락에서 전능자를 짓궂은 분으로 평가하는 대신, 아브라함이 하나님의 말씀을 잘못 오해했다고 결론 내렸다.

랍비 아하(Aha)가 말했다.

(아브라함이 하나님께 항변했다.)
"하나님도 농담을 하십니까?
어제는 하나님이 저에게 '이삭에게서 나는 씨라야 네 씨라 부를 것임이라'라고 말씀하셨습니다. 그런데 갑자기 그 약속을 어기시고 '네 아들을 데리고 가라'고 말씀하셨습니다. 그리고 이제는 다시 '그 아이에게 네 손을 대지 말라'고 하십니다. (그다음은 무슨 말씀을 하시려나요?)…"

---

[5] Victor P. Hamilton, *The Book of Genesis, Chapters 18-50* (NICOT; Grand Rapids: Eerdmans), 101.

(하나님이 아브라함에게)

"맞다. 내가 '네 아들을 데리고 가라'고 명령했다. 나는 내 입에서 나간 말을 바꾸지 않을 것이다.

내가 너에게 그를 죽이라고 말했겠느냐?

결코 아니다. 나는 '그를 데리고 와라'라고 말했을 뿐이다. 잘 했다. 너는 진짜로 그릴 데리고 왔구나. 이제 다시 그를 데리고 가라"(Gen. Rab. 56:8).[6]

이런 해석을 통해서 하나님은 과거 약속을 마음대로 바꾸는 나쁜 분으로 오해될 궁지에서 벗어나셨다. 이 모든 것은 하나님이 아니라 아브라함의 실수였다. 그가 하나님의 말씀을 오해했던 것이다.

그런데 칸트(Kant)는 이에서 한 걸음 더 나아가 하나님이 아브라함과 대화하셨다는 생각 자체를 비판한다. 그에 따르면, 희생 제사를 명령한 목소리는 하나님의 것일 수가 없고, 아브라함은 마땅히 이 하나님의 명령으로 여겨지려는 생각을 거부해야만 했다는 것이다.

내가(아브라함) 내 아들(이삭)을 죽이지 말아야 한다는 것은 아주 확실하다. 그렇다면 저 유령 같은 분이 정녕 여호와 하나님이시라는 것을 나는 확신할 수 없고 이는 결코 하나님의 명령일 수 없다. 이 목소리도 과연 (눈에 보이는) 하늘로부터 울려 나온 것인지도 확신할 수 없다.[7]

---

[6] 창 22:2에서 "드리라"로 번역된 동사는 עָלָה(올라, '오르다')에서 온 것으로, 아마도 '데리고 와라'(명사로서 עֹלָה는 '번제'를 의미한다)를 의미할 수 있다. Laurence H. Kant, "Restorative Thoughts on an Agonizing Text: Abraham's Binding of Issac and the Horror on Mt. Moriah (Genesis 22): Part 2," *LTQ* 38 (2003): 173-174. 번제는 드리는 사람을 완전히 하나님께 바친다는 것을 표현했으며, 이때 동물은 그 사람의 자리를 대신한다. 성경의 법은 모든 장자를 하나님께 바쳐진 것으로 여겼다. 그러나 이 '제물'은 실제 제사에서는 동물에 의해 대치되었다(출 22:29; 34:20). 후에 이스라엘의 장자를 대신하여 레위인들이 전적으로 하나님께만 성별된 대치물의 역할을 갖게 되었다. Wehham, *Genesis 16-50*, 105를 보라.

[7] Immanuel Kant, "The Conflict of the Faculties," in *Immanuel Kant, Religion and Rational Theology* (trans. Mary J. Gregor and Robert Anchor; Cambridge: Cambridge University

달리 말하면, 아브라함은 '웅장하게 들려오고 근엄한 목소리'에 속지 말았어야 했던 것이다. 필자는 이런 주장을 여기서 즉시 반박하지는 않을 것이다. 필자는 다만 이 성경 기사의 진실성을 논의의 기본 전제로 받아들이고, 이 내러티브를 정경의 일부분으로 인정한다. 이것은 하나님이 말씀하신 것이다. 다만 해석자의 목표는 저자의 언어 행위를 제대로 파악하여 풀어내는 것이다.

필자는 이 목적을 위해 이 내러티브를 약화시키지 않고 있는 그대로 다룰 것이다.[8]

(2) 아브라함의 시험에서 사탄의 영향이 있었는가?

유대교의 랍비들은 아케다(창 22장) 배후에 등장하는 악한 천사들의 역할에 대해 다양한 방식으로 설명을 시도했다. 이 악한 천사들은 욥이 경험했던 시련의 방식대로 이 족장을 시험하도록 하나님을 부추겼다고 본다.

희년서 17:16과 4Q225(pseudo-Jubilees)는 아브라함을 시험하라고 하나님을 자극하는 악마적 천사인 마스테마(Mastema)를 소개한다. 또 미쉬나 신헤드린(m. Sanh.) 89b는 이 모든 일의 배후에 사탄이 있었다고 추정한다.[9]

Press, 1996), 283(7:63) 그리고 동일한 페이지에 숫자가 없는 각주를 보라.

8   이 에피소드를 농담이라고 생각하지는 않지만, 이 사건에 대한 Elie Wiesel의 다음의 설명은 독특하다. 아브라함은 실제로 하나님의 팔을 비틀어서 이 시험을 하나님께 강요했다. 아브라함은 마치 이렇게 말하는 것 같다. "저는 하나님에 반대합니다. 저는 하나님의 뜻에 순종할 것이지만, 하나님이 끝까지 가실지, 하나님의 아들이기도 한 제 아들의 생명이 위험에 처했을 때 하나님이 수동적으로 침묵하실지 보고 싶습니다!" 물론, 하나님은 눈을 깜박거리셨다. 아브라함이 이긴 것이다. Wiesel은 바로 이것이 이 의지의 대결의 결론에서 하나님이 명령을 철회하려고 천사를 보내고 아브라함을 축하한 이유라고 생각한다. 하나님은 너무 당황스러워서 개인적으로 그렇게 하실 수 없었다. 그분은 이 허세의 싸움에서 지셨다(*Messengers of God*, 91).

9   마스테마(Mastema)는 쿰란(Qumran) 문헌에서 흔히 발견되는 신비롭고 이해하기 힘든 악마이다(4Q225뿐만 아니라, 1QS, 1QM, CD, 4Q286, 4Q387과 4Q390). משטמה(마스테마)는 여성 추상명사로 שטן(사탄)과 유사한 어원인 '반대'를 의미한다. Moshe J. Bernstein, "Angels at the *Aqedah*: A Study in the Development of a Midrashic Motif," *Dead Sea Discoveries* 7 (2000): 263-91.

또 다른 설명은 시기심 많은 악마가 이 무시무시한 시험과 관련이 있다고 생각한다(Pseudo-Philo, *L.A.B.* 32:1-4).[10] 그러나 이러한 설명들 중에 그 어느 것도 성경에 근거하고 있지 않다.

(3) 이삭은 무지한 희생자였나 아니면 자원한 협력자였나?

아브라함의 시험 내러티브가 하나님의 농담이나 아브라함이 잘못 오해했던 명령 혹은 악마가 자극한 시련이었다기보다는 하나님이 아브라함을 시험했다는 점을 고려해 볼 때, 아브라함이 이삭을 희생 제물로 죽이려했다는 점을 어떻게 설명할 수 있을까?

유대교 랍비들은 이삭이 이 일에 아버지와 공모하고 자원하여 협력했던 참여자였다고 추정함으로써 이 끔찍한 내러티브의 살벌한 분위기를 애써 누그러뜨리려 노력했다. 창세기에서 다소 수동적인 이미지로 묘사되는 이삭은 이후의 유대 학자들에 의해 '성숙하고 적극적이고 덕스러운 자원자로 완벽한 제물'[11]을 묘사하는 것으로 재해석되었다.

창세기 22:10에 관한 일부 랍비들의 주석(*Tg. Ps.-J.*)에서 이삭은 아버지 아브람에게 다음과 같이 촉구한다.

> 영혼의 고통 속에서 제가 몸부림치다가 파멸의 구덩이로 내던져져 아버지가 드리는 제물에 흠이 발견되지 않도록 저를 잘 묶어 주세요(*Tg. Neof.*와 *Gen. Rab.* 56:8도).

---

10 천사들에 관한 다른 화려한 이야기들도 있다. 지켜보고 우는 천사들(*Gen. Rab.* 56:7은 천사들의 눈물이 아브라함의 칼을 녹였다고 추측한다. *Gen. Rab.* 65:10에서는 그들의 눈물이 이삭의 눈에 떨어져서 이삭을 눈 멀게 만들었다고 한다) 그리고 노래하는 천사들이다(이삭이 결국에는 생명이 보전되었을 때, 그들은 분명히 노래했다[*t. Sot* 6:5]).

11 Kenneth A. Mathews, *Genesis 11:27-50:26* (NAC 1B; Nashville: Broadman & Holman, 2005), 301.

요세푸스(Josephus)는 심지어 이삭이 그의 운명에 대한 소식에 너무 기뻐서 "희생 제물로 드려지기 위해 즉각적으로 제단으로 달려갔다"(*Ant.* 1.13.4)라고 해석했다. 이후의 해석 역사에서, 이삭은 스스로를 결박하여 묶은 것으로 해석되기도 했다(*Sipre* Deut 32).

이삭이 희생 제물로 자원했다는 입장에 대해서 우리는 성경이 이 부분을 서술하는 한계선을 그대로 따르는 것이 최선이다. 창세기 22:7-8에 납득하기 어려운 아버지와 아들 간의 대화 이외에 다른 어떤 더 분명한 대화에 관한 기록이 없다.

그러나 루터(Luther)는 아버지와 아들 사이에 더 많은 대화가 있었을 것이라고 추측하여 자신의 사색적 해석의 관점을 다음과 같이 소개했다.

> 아버지가 말했다.
> "하나님이 주신 사랑하는 내 아들아, 너는 번제에 드려져야 할 운명이란다."
> 그러자 아들은 깜짝 놀라서 아버지에게 과거 약속을 일깨워 주었다.
> "아버지, 제가 후손들과 왕들과 민족들이 약속된 그 자손이라는 것을 생각하세요. 하나님이 큰 기적을 통해 제 어머니 사라를 통하여 제가 태어나게 하셨습니다.
> 그런데 이제와서 제가 죽임을 당하면 어떻게 그 약속이 성취될 수 있습니까?
> 그래서 먼저 이 문제에 대해 함께 의논하고 충분한 이야기를 나누면 좋겠습니다."
> 이 모든 내용이 창세기 22장에 포함되어야만 했다. 나는 왜 모세가 이것을 생략했는지 모르겠다.[12]

---

[12] Martin Luther, *Lectures on Genesis Chapters 21-25: Luther's Works*, vol. 4 (trans. George V. Schick; ed. Jaroslav Pelikan; St. Louis: Concordia, 1964), 112-13.

그러나 이 모든 영웅적 해석을 시도했음에도 불구하고 이 내러티브는 불가해한 상태로 남아 있다. 루터와 다른 해석자들이 끈질기게 파헤친 세부 내용에 대한 관심은 이후로 거의 반복되지 못했다.

하지만 앞으로 필자가 논증하겠지만 필자의 관심은 이 내러티브를 신학적 관점으로 분석하는 것이다. 본문의 저자는 그 마음속에 나름의 신학적 의제를 품고 있었고 그 의제의 기준에 맞게 텍스트를 서술하는 과정에서 선별적 전략에 맞게 서술했을 것이다. 따라서 해석자가 주의를 기울여 찾아내야 하는 것은 바로 이러한 저자의 의제와 의도에 관한 세부사항들이다. 해석의 특권이 집중되어야 하는 것은 텍스트 자체이지 텍스트 배후의 과거 역사적 사건이 아니다.

(4) 유월절의 모형인가?

수천 년 동안 아케다 해석의 보편적 전략 중의 하나는 이 내러티브의 모형론(typology)을 확인하는 것이었다. 이삭이 자발적으로 희생 제물을 자처하여 제단으로 나아가려고 했다는 유대교 해석자들의 입장 덕분에 이삭은 이스라엘의 미래 세대를 위한 모범적 희생 제물의 원형이 될 수 있었다.

예를 들어, 멕 R. 이스마엘(Mek. R. Ishmael)은 출애굽기 12:13("내가 피를 볼 때에 너희를 넘어가리니", *Pisha* 7 on Ex 12:13)의 말씀을 다소 시대착오적이긴 하지만 이삭의 희생의 피와 관련된 것으로 해석했다.

유사한 방식으로, 희년서(Jubilees)에 재해석된 아케다 이야기에 의하면, 이 사건이 유월절의 (예비) 기념일과 동시에 발생한 것으로 이해하고 있다. 희년서(18:3)에 소개된 바와 같이, 하나님이 이삭에 관하여 아브라함에 말씀하신 명령은 니산월 12일에 주어졌다. 그렇다면 희생을 드리려고 여정을 출발한 이들 부자는 3일간 여행했고, '시온산' 위에서의 희생 제사는 유월절 의식을 치르는 정확한 날짜인 니산월 15일에 발생했다.

결과적으로 브엘세바로 돌아가면서 아브라함은 7일간의 금식을 지키는데(희년서 18:18-19), 이것은 성경에 나오는 7일의 축제인 유월절 축제(레

23:6과 민 28:17)와 정확하게 일치한다. 이렇게 하여 아케다 이야기는 '유월절의 기원'(etiology of Passover)[13]이 되었다. 그러나 이러한 논리 전개를 거친 모형론적 사고가 어떻게 정경 전체로부터 확증을 얻을 수 있는지는 의문의 여지가 남는다.

(5) 속죄의 모형인가?

하나님의 아들이신 예수 그리스도의 대속적 희생이 종종 아케다와 결부되어 이해하는 것은 상당한 설득력이 있다. 창세기 22장에 나타나는 희생 제물과 아들, 그리고 대속물이라는 개념은 분명 성경의 나머지 부분에서 거듭 확인되는 속죄 신학과 유사하다.

그 결과 창세기 22장에서 모형론적 요소를 찾는 일은 성경 해석의 역사에서 비할 데가 없을 정도로 풍부하게 나타났다. 아브라함과 하나님 아버지, 그리고 이삭과 하나님의 아들 그리스도의 동일시가 수많은 교부 해석자와 중세의 해석자의 해석학적 관심을 사로잡았다.[14]

바나바스(Barnabas, 2세기)는 아마도 이러한 길을 가장 개척한 선구자 중의 한 사람이었다.

> 예수 그리스도께서 직접 전에 한 번 제단에서 바쳐진 이삭을 통하여 확립된 모형(ὁ τύπος,[호 튀포스])을 성취하시고자(τελεσθῇ,[텔레스테]) 우리 죄를 위한 희생 제물로 영혼의 그릇을 드릴 것이다(*Barn.* 7.3).

---

13 Leroy Andrew Huizenga, "Obedience unto Death: The Matthean and Arrest Sequence and the *Aqedah*," *CBQ* 71 (2009): 510-11. 희년서에 나오는 또 다른 평행으로 아케다와 유월절 축제 둘 다 기쁨을 포함했다. 그리고 마스테마(Mastema, 불가사의한 악한 천상의 존재)가 두 이야기에 모두 등장한다(희년서 17:16; 18:9; 48:2, 9). 그리고 마스테마는 결국 수치를 당한다(희년서 18:9-12; 48:13; 49:12).

14 광범위한 목록과 참고문헌은 다음을 보라. Jon Balserak, "Luther, Calvin and Musculus on Abraham's Trial: Exegetical History and the Transformation of Genesis 22," *RRR* 6 (2004): 364-65.

알렉산드리아의 클레멘트(Clement of Alexandria, ca. 160-220)도 이삭을 그리스도의 모형이라고 불렀다. 둘 다 아들이었고, 둘 다 희생자였으며, 둘 다 나무를 짊어졌다(*Christ the Educator* 1.5.23).[15]

터툴리안(Tertullian, ca. 160-220)도 이러한 해석학적 노선에 기여했다.

> 이삭은 한편으로는 '나무'에 묶였다가 구원받았고, 수풀에 뿔이 걸려 있던 양이 그 대신 제물로 드려졌다. 반면, 그리스도는 그분의 시간에 자신의 어깨에 '나무'를 짊어지시고, 가시 왕관을 머리에 쓰신 채 십자가의 뿔에 매달리셨다(*Adv. Jud.* 13).

오리겐(Origen, ca. 185-254)도 동일한 결론에 도달했다.

> 우리는 이삭이 그리스도를 나타낸다고 말했다. 그러나 이 이삭 대신 제물이 된 어린양도 마찬가지로 그리스도를 예표하는 것으로 보인다(*Homilies on Genesis* 8.9).[16]

이레니우스(Irenaeus, 2세기)는 다음과 같이 단언했다.

> 왜냐하면, 아브라함은 그의 믿음을 좇아 하나님의 말씀의 명령을 따랐다. 하나님이 아브라함의 모든 씨를 위해 그분의 사랑하는 독생자를 우리의

---

15 Thomas C. Oden and Mark Sheridan, eds., *Genesis 12-50* (Ancient Commentary on Scripture: Old Testament, vol. 2; Downers Grove: InterVarsity, 2002), 105에서 인용함.

16 Oden and Sheridan, *Genesis 12-50*, 109에서 인용함. Chrysostom(ca, 349-407)은 다음과 같이 단언했다. "그러나 이 모든 것은 십자가의 한 형태로 발생한 것이다. … 그 경우에도 독생자가, 이 경우에도 독생자가, 그리고 그 경우에도 끔찍이 사랑하는 자가, 이 경우에도 끔찍이 사랑하는 자가"(*Homilies on Genesis* 47:14에서 인용함; Oden and Sheridan, *Genesis 12-50*, 110). Jerome(ca. 347-420)은 "기꺼이 죽으려 함으로써 복음이 오기 전에 복음의 십자가를 진 이삭"(*Ep. ad. Pammachium*, 7)이라고 기술했다.

구속을 위한 희생 제물로서 기쁘게 내어 주시도록 하기 위해, 아브라함은 자원하는 마음으로 하나뿐인 사랑하는 아들 이삭을 하나님께 희생물로 드렸다(*Haer* 4.5.4).

아를르의 캐사리우스(Caesarius of Arles, ca. 470-542)는 다음과 같이 말했다.

아브라함이 그의 아들 이삭을 바쳤을 때, 그는 성부 하나님의 예표 역할을 감당했고, 이삭은 우리의 구세주를 예표했다(*Sermon* 84.2).

그는 더 나아가 산 밑에 남겨진 두 종은 그리스도에 대한 불신 때문에 희생의 자리로 오르거나 도달할 수 없는 유대인을 예표하며, 안장을 지우도 뒤따른 나귀는 논리적으로 쉽게 설명할 수 없겠지만 예수님을 심문한 공회(synagogue)를 예표한다고 보았다.[17]

이렇게 아브라함은 신자와 신자의 믿음을 예표하고 이삭은 그리스도를 뒤따르는 신자의 자기 부인과 심지어 예수 그리스도를 예표하고 더 나아가 가시 덤불과 양 그리고 나귀의 모형까지 유추함으로 적지 않은 혼란이 뒤따랐다.

현대 해석자들 중에 구약의 모형론에 초점을 맞추는 대표적 인물은 클라우니(Clowney)이다.[18]

---

[17] Oden and Sheridan, *Genesis 12-50*, 102에서 인용함. 또한, Melito of Sardis(Fragments 1 and 3, translated in Robert L. Wilken, "Melito, the Jewish Community at Sardis, and the Sacrifice of Issac," *TS* 37 [1976]: 64, 66, 67)와 Theodoret (*Dialogues* [III: "The Impassable"]). 이후의 주석가들도 이러한 노선을 따라 모형인 이삭과 양을 원형인 그리스도와 융합시켰는데, Augustine도 그 중에 속한다(*City of God* 16.32; *De Trinitate* 6.11).

[18] Edmund P. Clowney, *Preaching Christ in All of Scripture* (Wheaton: Crossway, 2002), 76-77.

하나님이 아브라함에게 어린양을 대안으로 제시하셨을 때, 그분은 이삭을 (그리고 아브라함도!) 구하셨을 뿐만 아니라 아브라함에게 구속의 대가는 그가 지불할 수 있는 것보다 더 크다는 것을 계시하셨다. 구원을 가져올 제물은 여호와 하나님이 직접 마련하셔야만 한다. … 아브라함의 자손인 그분(the One)이 오셔야만 하고 그분 안에서 지상의 모든 가족이 복을 받게 될 것이다. '여호와께서 준비하실 것이다'라는 말은 그리스도가 오실 것을 약속한다. … 하나님 아버지가 준비하실 희생 제물은 이삭이 아니라 하나님이 직접 준비하시는 하나님의 어린양이었다.

그런데 나중에 아브라함이 칭찬을 받았던 이유인 '하나님을 경외함'에 대한 충분한 해설은 부족하다(아래를 보라).

구약성경에 대한 구속사적 접근의 지지자인 시드니 그레이다누스(Sydney Greidanus)는 다음과 같이 말했다.

> 분명히 어린양을 공급하시는 하나님에 관한 주제는, 직접적으로 예수 그리스도와 그분의 백성들을 살리려고 그분이 직접 감당하신 희생에 연결된다.[19]

그 결과 이 본문에 대한 그의 설교의 중심 사상은 "하나님의 백성들은 그들의 신실하신 언약의 하나님이 그들에게 구속의 방편을 제공하실 것을 신뢰해야 한다"[20]라는 것을 목표로 삼는다.

---

[19] Sydney Greidanus, *Preaching Christ from the Old Testament: A Contemporary Hermeneutical Method* (Grand Rapids: Eerdmans, 1999), 311. 그는 이 이야기의 어떤 인물(아브라함, 이삭 혹은 양)이 그리스도의 모형인지에 대해서는 "합의가 존재하지 않는다"라고 인정한다(Greidanus, *Preaching Christ from Genesis* [Grand Rapids: Eerdmans, 2007], 202, 203).

[20] Ibid., 205. 창세기에 대한 Greidanus의 연구에 대한 리뷰를 위해서는 다음을 보라. Abraham Kuruvilla, "Book Review: Preaching Christ through Genesis, Sydney Greidanus," *JEHS* 8 (2008): 137-40.

고대와 현대의 이러한 그리스도 중심적 해석에도 불구하고, 모벌리(Moberly)는 창세기 22:7에서 '어린양'으로 번역된 '쉐'(שֶׂה)는 '가축 떼로부터 선택한 한 마리의 동물을 의미하는 일반적 용어'라는 점을 지적했다.

사실 창세기 22:7의 70인경 번역은 '프로바토'(πρόβατο; 일반적으로 예측하는 것과 같이 요 1:29에 사용된 그리스도론적 용어인 '어린양'[ἀμνός<암노스>]이 아니라)를 사용한다. 어린양에 대한 정확한 히브리어 단어는 '케베스'(כֶּבֶשׂ, 매일 드릴 제물로서의 "어린양"[출 29:38]처럼)이지, '쉐'(שֶׂה)가 아니다. 그러므로 창세기 22장에서 양과 관련된 모형론을 찾을 근거가 별로 없어 보인다.[21]

칼빈(Calvin)은 이러한 추측이 본문의 근거가 빈약함을 솔직히 인정했다.

> 나는 해석자가 본문에서 다소 미묘한 알레고리를 끄집어낼 수 있다는 점을 결코 모르지는 않다. 그러나 이러한 알레고리가 어디에 근거를 두고 있는지 잘 모르겠다(*Commentary on Genesis* on 22:13).

이 모든 모형론적 탐구는 이 내러티브를 특별히 설교자들에게 시대착오적 언급들로 뒤엉킨 실타래처럼 복잡한 해석학적 문제를 가져다 준다.

필자는 아케다 본문을 그리스도 중심적으로 해석하려고 즉각적으로 신약성경에 생명줄을 내던지는 대신에 해석자가 텍스트와 인접한 문맥에 특권을 부여하여 저자(A/author, 신적 저자와 인간 저자 모두)가 말하는 것('문단신학')으로 무엇을 실행하고 있는지를 우선 찾아볼 것을 제안한다. 왜냐하면, 과거에 기록된 텍스트가 먼저 저자의 의도와 의제를 스스로 밝혀서 그 자신의 주요 메시지를 분명하게 표현할 기회를 주지 않는다면, '최고의 피상적 의미의 오류가 발생할 심각한 위험'이 존재하기 때문이다.

---

21 R. W. L. Moberly, *The Bible, Theology, and Faith: A Study of Abraham and Jesus* (Cambridge: Cambridge University Press, 2000), 107 n 52.

만일 구약성경 본문이 그 자체로 현대의 그리스도인이 여전히 주의를 기울이고 기독교 신앙에서 필연적으로 확보해야 할 무언가를 본문 자체적으로 밝히지 않는다면, 해석자가 신자들에게 구약성경의 중요성을 촉구하기 위해 어떤 감동적인 수사적 표현을 사용하더라도 결국 기독교 신앙에서 구약성경의 실제적 역할은 아주 지엽적이고 선택사항으로 전락할 것이다.[22]

참으로 타당한 경고다. 이삭과 어린양이 성자 하나님을 예표하고 아브라함이 성부 하나님을 예표한다는 해석은 분명 보편적 해석은 아니다. 로마의 클레멘트(Clement of Rome)가 한 1세기 후반의 해석(*1 Clem*. 10:7)에서조차도, 모형론에 대한 암시는 전혀 나타나지 않는다.

> 그(아브라함)는 철저한 순종으로 하나님이 그에게 보여 주신 어떤 산에서 하나님께 이삭을 희생 제물로 드렸다.[23]

클레멘트는 모형론을 발전시킨 대신 후대 그리스도인들에게 모범으로 다가올 교훈으로 아브라함의 의와 믿음을 강조했다. 사실 신약성경은 아케다에 대해 특별하게 언급하지 않는다.[24]

---

[22] Ibid., 140.
[23] 이 족장이 그의 번제를 드리라고 명령을 받은 곳은 분명히 아브라함의 자손들이 그렇게 하라고 명령을 받은 곳과 같은 장소인 성전산(the Temple Mount)이었다(창 22:2와 대하 3:1에서 '모리아'[Moriah]의 용례를 보라. 또한, 창 22:14와 시 24:3 및 사 2:3 등에서 **הר יהוה**[하르 아도나이, '여호와의 산']의 용례에 주목하라). 이것이 속죄와의 연관을 필연적으로 요구하는 것은 아니다. 오히려 이러한 연관은 믿음과 관계가 있다. 아케다(*Aqedah*)에서 아브라함의 믿음(혹은 '하나님을 경외함')은 하나님의 백성이 성전뿐만 아니라 다른 곳에서도 하나님께 다가갈 때 가져야만 하는 태도였다. 하나님께 나아가는 것과 하나님과의 관계는 그것이 어떠한 것이라도 믿음으로 뒷받침되어야 한다. 그러므로 성전(하나님을 만나는 장소)과 아케다(성경에서 믿음을 전형적으로 보여 주는 것) 사이에는 미묘한 연관성이 존재한다.
[24] P. R. Davies and B. D. Chilton, "The *Aqedah*: A Revised Taradition History," *CBQ* 40 (1978): 532.

케슬러(Kessler)는 신약성경에 아케다에 대한 언급이 이상할 정도로 빈약한 것을 지적했는데, 이는 "아케다 이야기가 예수님과 그의 첫 신봉자들에게는 특별한 중요성을 갖지 않았거나 중요하지 않았다"라는 점을 시사한다고 했다. 이러한 사실은 일반적으로 신약성경에서 구약의 여러 중요한 구절들을 빈번하여 인용하고 있음에 비추어 볼 때 매우 인상적이다.

초대 교회 그리스도인들이 창세기 22장을 기독론적으로 매우 중요한 사건으로 이해했다는 뚜렷한 증거는 없는 것으로 보인다.

바울이 로마서 8:32(τοῦ ἰδίου υἱοῦ οὐκ ἐφείσατο[투 이디우 휘우 욱 에페이사토], "자기 아들을 아끼지 아니하시고")에서 창세기 22:12와 22:16(οὐκ ἐφείσω τοῦ υἱοῦ σου τοῦ ἀγαπητοῦ[욱 에페이소 투 휘우 수 투 아가페투], "네 독자도 아끼지 아니하였으니")을 암시하는 구절을 사용하지만 '그는 이것을 신학적으로 이용하지도 않았고' 바울의 다른 문서에서도 이삭을 그리스도의 모형으로 분명하게 묘사하는 곳은 나타나지 않는다.[25]

로마서 8:32에서 "모형론은 순전히 간접적으로 암시되어 있으며, 그마저도 헬라어 성경 해석의 전통에서 아브라함과 관련된 구절을 주로 성부 하나님께 상상적으로 적용한 독법의 부산물일 뿐이다."[26] 이 점은 신약성경에서 구약의 인용을 충분히 검토하려는 해석자들이 종종 놓치는 중요한 관찰이다. 구약에 대한 신약의 모든 인용 혹은 암시나 간접적 언급이, 문학적, 역사적, 문법적 해석의 조건을 제대로 준수하는 강해(exposition) 작업인 것은 아니다.

---

25 만일 창 22장을 언급하는 것이었다면, 바울은 분명히 70인경의 ἀγαπητοῦ(아가페투)를 사용했을 것이다. 히 11:17도 이 강력한 형용사를 사용하기를 거부하고, 대신 μονογενής(모노게네스, '유일한')를 선호한다. Edward Kessler, *Bound by the Bible: Jews, Christians and Sacrifice of Issac* (Cambridge: Cambridge University Press, 2004), 60-61, 121. 히 11:19의 '모형론'은 이삭을 죽은 자 가운데서 상징적/비유적으로 받는 것을 언급한다(παραβολή[파라볼레], '상징/비유').

26 Davies and Chilton, "The *Aqedah*," 533.

오히려 이것들은 종종 간결하고 함축적인 구절을 상상 속에서 재적용하거나 창의적으로 재사용하는 결과로, 쉽게 알아 볼 수 있는 평범한 슬로건 혹은 진부할 말을 공중 납치(hijacking)하듯이 재빠르게 포착하여 인용하는 방식이다. 일종의 상호본문에 관한(intertextual) 언어유희라 할 수 있다.27

2) 창세기 22장과 저자가 수행한 것들

그렇다면 저자는 자신이 말하고 있는 것으로 무엇을 수행하고 있는가? 그리고 특별히 기독론과 관련하여, 나중의 그리스도는 이 이야기의 어디에 부합하는가?

---

27 최근에 측정 가능하고 셀 수 있는 모든 것을 측정하고 세는 관리 진영(administration circles)의 추세를 비판하면서, 필자는 필자가 일하는 기관의 동료 위원회 회원에게 우리 위원회의 모토는 '메네 메네 데겔 우바르신'이어야 한다고 권고했다. 그렇다. 필자는 이 성경의 언급이 이해되기를 원했다. 그리고 필자는 이 이해하기 어려운 용어의 문자적 의미(literal meaning)가 이해되기를 원했다. 그러나 필자는 또한 필자가 창의적이고 기발하면서도 우리를 계량학의 헌신자로 만드는 숫자의 우상을 향해 달려가는 우리의 경향을 웃음거리로 삼으려고 (또한, 정죄하려고) 했다는 것이 알려지기를 원했다. 다른 말로 해서, 필자는 본문 간(intertextual) 언어유희를 부리고 있었던 것이다.
필자의 의도는 존경할 만한 선지자의 의도와는 거의 일치하지 않았다. 벨사살 왕의 벽에 새겨진 글자에 대해 다니엘이 아람어로 한 보고를 '공중납치'한 것은 단 5:25-28을 강해하려는 의도가 아니었다. 필자의 언급과 다니엘의 언급 사이에는 관련성(실제로 인식되기를 원하는 연관성)이 존재하지만 필자의 재치 있는 말이 문학적-역사적-문법적 해석의 보배로 통하기를 바라는 의도는 없었다.
우리는 신약에 나타난 구약은 획일적으로 처리해야 할 것이 아니라는 점을 기억해야만 한다. 신약에서 구약 텍스트를 사용한 데에는 예언적, 모형론적, 풍유적 용례뿐만 아니라, 실례(illustration)와 유추와 본문 간의 언어유희 등 분명히 광범위하고 다양한 목적이 존재한다. 이러한 구약 텍스트에 대한 신약의 용례의 해석학적(hermeneutical) 토대를 추구하기보다, 필자는 이들 용례의 수사학적(rhetorical) 토대를 추구해야만 한다는 점을 제안한다.
신약의 저자들은 그들의 텍스트의 기록(구약의 인용과 모든 것)을 가지고 그리고 그 안에서 무엇을 행하려고 했는가?
적어도 설교라는 목적을 위해서 해석자는 저자가 텍스트가 존재하게 하기 위해 사용한 해석 방법이 아니라 텍스트 자체에 특권을 부여해야 한다(이 점에 대한 추가적 논의를 위해서는 아래를 보라).

(1) 필요했던 믿음의 시험

이 이야기는 하나님의 시점을 보여 주는 타임-스탬프(time-stamp)로 시작한다.

> **그 일** 후에 하나님이 아브라함을 시험하시려고(창 22:1, 강조는 추가).

정확히 '그 일'은 무엇일까?

아브라함의 일련의 사건에 대한 검토가 화자의 발화 행위에 도달하는 데 도움이 된다.

베르겐(Bergen)은 다음과 같이 관찰한다.

> 창세기의 아브라함 내러티브에서 아브라함이 자신에게 약속된 적절한 상속자를 찾아간다는 주제는 아브라함 전체의 다양한 이야기들을 다른 어떤 것보다도 더 단단히 결속하는 구속력을 발휘한다.[28]

정말로 그렇다!

창세기 12장에서 우리는 하나님이 아브라함에게 미래 상속자를 통해서 주어질 복을 확보하기 위하여 먼저 그의 친척과 아버지의 집을 떠나도록 명령하는 것을 본다(창 12:1-3).[29] 그리고 아브라함은 명령받은 대로 떠남으로써 순종하는 믿음을 보였다. 그러나 하나님의 말씀은 친척 및 아버지의 집에 대한 철저한 분리를 요구했음에도 불구하고, 아브라함이 그의 조카 롯을 데리고 떠나는 모습을 발견한다.

---

28 Robert D. Bergen, "The role of Genesis 22:1-19 in the Abraham Cycle: A Complete-Assisted Textual Interpretation," *CTR* 4 (1990): 323.
29 '아브라함'은 물론 창 12장에서는 '아브람'이지만, 표현의 편리함을 위해 시간의 차이가 있지만 '아브라함'(그의 아내도 '사래'가 아닌 '사라')을 계속 사용할 것이다.

아브라함은 자신은 이미 75살이고 그의 아내 사라는 65살이라는 것을 생각해서 롯을 현실적으로 가망 있는 상속자로 생각했던 것일까?

이것은 분명히 하나님의 약속을 신뢰하는 태도가 아니다. 나중에 아브라함은 조카 롯이 선택된 상속자라는 한 가닥 희망을 여전히 붙들고서 그에게 땅의 가장 좋은 부분을 양보하는 모습을 발견한다.

롯은 동쪽으로 나아가고 아브라함은 서쪽으로 나아간다(창 13:10-11). 하나님은 그 후에 즉시 나타나셔서, 마치 아브라함이 롯을 현실적 상속자로 생각했던 것이 잘못임을 질책하기라도 하시듯이 다급하게 아브라함의 후손에 대한 약속을 갱신하신다(창 13:16). 이 족장은 잘못 생각했다. 왜냐하면, 나중에 롯의 후손들은 아브람함의 후손들과 불구대천의 원수가 될 것이기 때문이다(창 19:38).

아브라함이 그의 아버지의 집과 고향을 떠난 지 얼마 되지 않아, 네게브 지역으로 들어갔을 때, 그의 대상(隊商)들은 기근에 직면한다(창 12:9-10). 여호와께서 방금 아브라함에게 나타나 "내가 이 땅을 네 자손에게 주리라"라고 약속하셨고 아브라함은 그 땅에 제단을 쌓았음에도 불구하고, 그는 제대로 '거류하려고' 신속히 애굽으로 떠난다. 기근 동안에 애굽으로 피난 한 과정에는 불신의 요소가 동반했던 것 같다.

그는 하나님이 약속을 지키시라는 것을 확실히 알고 있었을까?

물론, 우리는 피난 간 그 땅에서 나중에 무슨 문제가 발생했는지 안다. 아브라함은 '심히 아리따운' 아내 때문에 파라오가 자신을 죽이지 않도록 하려고 기꺼이 자신의 아내인 사라를 여동생으로 위장했다(창 12:12-14).

이런 상황에서라도 하나님은 씨에 대한 그분의 약속을 견고하게 지켜주셔야 하지 않을까?

그렇다면 아브라함이 자신의 아내에 대해 염려하고 심지어는 그녀의 행복을 위험에 빠뜨릴 지경까지 갈 필요가 있었을까?

창세기 15장에서 아브라함에 대한 하나님의 약속은 다시 갱신된다(창 15:1). 그러나 아브라함은 여전히 아이가 없다. 그래서 그는 상속자가 청지

기인 엘리에셀이어야만 한다고 판단한다(창 15:2-3). 하나님은 이 제안을 완전히 무효화하신다. 아브라함의 상속자는 '네 몸에서 날 자'(창 15:4)일 것이며, 이 약속은 언약의 형태로 거듭 제시된다(창 15:5-21).

그러나 사라는 계속 불임인 채로 남아 있었다(창 16:1). 그래서 아브라함은 일종의 타협안을 붙잡았다. 아마도 선택된 '네 몸에서' 날 상속자는 모계 쪽의 첩을 통해서 주어질지도 모르는 일이었다(창 16:2). 아브라함은 이런 오해에 의지하여 애굽 여인인 하갈을 통해 이스마엘을 낳는다.

그러나 하나님은 창세기 17장에서 다시 나타나셔서 이 족장에게 자신의 약속을 다시 한번 설명하신다. 하나님의 말씀은 아주 분명했다. 하녀인 하갈이 아니라 사라가 상속자의 어머니가 될 것이라는 것이었다(이것은 세 번 반복된다. 창 17:16, 19, 21). 그리고 롯의 경우에서처럼, 이스마엘의 후손들(창 25:12-18)은 아브라함의 후손들의 원수의 모습으로 드러나게 될 것이었다. 여기에서도 믿음의 결핍이 하나님에 대한 아브라함의 반응의 특징적 모습으로 나타난다.

이어서 창세기 20장에서 아브라함은 자신의 아내를 여동생으로 위장하여 주변 사람들을 속인다.

또다시 말이다!

이번에는 자기 아내를 아비멜렉에게 넘겼다(창 20:2). 그러나 그가 창 12장에서 그가 행했던 속임수와 동일한 이유, 즉 자신의 생명을 잃을 것에 대한 두려움 때문에(창 20:11) 그렇게 했다. 여호와 하나님이 아브라함과 그의 아내에게 거듭 나타나서 상속자가 그들에게 태어날 것이라고 반복하여 약속하셨음에도 불구하고 말이다(창 19장). 그러자 창세기 12장에서처럼 하나님은 이 모든 상황을 바로잡기 위하여 다시 개입하셔야 했다(창 20:6-7).

이와 같이 아브라함은 줄곧 다소 어설프고 계속 흔들리는 믿음을 따라가고 있었다. 상속자를 생산하여 하나님을 도우려던 그의 어리석은 시도는 모두 헛수고가 되었다. 그의 계획 중 어느 것도 제대로 효력을 발휘하지 못했다. 사실 그의 계획은 그에게 그리고 미래에 그의 후손들에게 더 많은 문제를 만들어 냈을 뿐이다. 이렇다면 창세기 12-20장은 이 족장 편에서 아주 순전하고 온전한 믿음에 관한 이야기가 아니다.

그러다 창세기 21장에서 마침내 상속자(이삭)가 태어나고, 이 내러티브 단계에 이르러 하나님이 줄곧 행하겠다고 약속하는 것을 그대로 행하시는 분이심을 분명히 증명한다. 다음에서 보듯이 두 절에서 세 번이나, 여호와의 신실하심이 반복적으로 확인되고 있다.

> 여호와께서 말씀하신 대로 사라를 돌보셨고(창 21:1a).

> 여호와께서 말씀하신 대로 사라에게 행하셨으므로(창 21:1b).

> 사라가 임신하고 하나님이 말씀하신 시기가 되어 아브라함에게 아들을 낳으니(창 21:2).

이 세 번의 반복되는 서술문은 지금까지 거듭 나타나는 아브라함의 불신앙에 대한 꾸짖음으로 읽을 수 있다.

아브라함은 그분을 확실히 신뢰해도 좋았다!

아브라함이 스스로 해결하려고 애를 썼던 골치 아픈 '씨'의 문제가 이제 하나님이 약속하신 대로 해결된 것이다.

그리고 나서 다음 창세기 22장에서 아브라함은 우리가 주목하는 하나님의 시험에 직면한다.[30] 이 시험은 거의 필요했던 것처럼 보인다.

---

[30] 하나님의 백성의 유익을 위한 하나님의 행위로서 '시험'(נסה[나싸])은 신 8:2, 16; 출 15:25; 16:4; 삿 2:22; 대하 32:31; 시 26:2에서 발견된다. '하나님에 대한 경외'와 '시험'이 출 20:20에 나타나는데, 여기에서 모세는 그의 백성을 안심시킨다. "두려워하지 말라 하나님이 임하심은 너희를 시험하고 너희로 경외하여 범죄하지 않게 하려 하심이니라."

아브라함은 이전의 경험으로부터 어떤 교훈을 얻었을까? 그는 마침내 하나님이 참으로 신실하시다고 자신의 불신앙적 생각을 온전히 바꾸었을까?

그는 이제 모든 어려움과 모든 불리한 상황에도 불구하고 하나님의 약속은 실현될 수밖에 없음을 온전히 인정할 것인가?

시험이 필요했다. 물론, 하나님의 유익을 위해서가 아니라, 아브라함과 이 텍스트를 읽는 모든 후세대의 유익을 위해서, 하나님을 신뢰한다는 것과 하나님을 말씀을 그대로 받아들인다는 것이 무엇을 의미하는지 보여주는 일이 필요했다.[31]

카스(Kass)는 이 시험에 대해 다음과 같이 추측한다.

> 아브라함아, 너는 경건하게 그리고 전심으로 하나님 앞에서 순종하겠느냐? 비록 그렇게 하는 것이 먼저 약속된 모든 유익을 깡그리 포기하고 희생한다는 것을 의미한다 할지라도 말이다.
>
> 아브라함아, 너는 너의 위대한 민족과 위대한 이름, 그리고 위대한 번영의 통로가 될 네 아들을 사랑하는 것보다, 그리고 하나님과의 언약을 소망하는 것보다 더 하나님을 더 경외하느냐?[32]

---

[31] 구조와 개념상, 창 22장의 이 시험은 창 12:1-7에서의 시험과 놀라울 정도로 유사하다. 후자는 하나님이 이 족장에게 처음으로 말씀하신 때였다. 전자는 하나님이 마지막으로 말씀하신 때였다. 둘 다 성경의 다른 곳에서는 발견할 수 없는 동일한 최초의 명령(לֶךְ-לְךָ[레크 레카], '가라')을 포함하고 있다. 첫 번째 명령은 아브라함의 과거와의 단절을 요구했고, 두 번째 명령은 아브라함의 미래와의 단절을 요구했다. 둘 다 여정, 제단, 약속된 복을 강조한다. 그래서 창 12장과 22장은 각각 아브라함의 전체 사건의 적절한 시작과 결론을 형성한다.

[32] Leon R. Kass, *The Beginning of Wisdom: Reading Genesis* (New York: Free Press, 2003), 337.

앞으로 살펴볼 것이지만, 아브라함은 창세기 22장의 시험을 아주 탁월한 수준으로 성공적으로 통과했다. 그는 어떻게 성공했는지, 그리고 저자가 그 성공적 시험을 이야기하는 것 속에서 무엇을 행하고 있는지는 다음에 다룰 것이다.

> **신학적 초점**[33]
> 하나님의 자녀에게는 하나님의 약속과 그분의 말씀에 대한 온전한 믿음이 요구되는데, 이 믿음은 종종 시험받을 수 있다.

(2) 하나님을 향한 아브라함의 경외

창세기 22:12에서 여호와의 사자가 아브라함을 칭찬하는 핵심 표현을 주목하라.

내가 이제야 네가 **하나님을 경외**하는 줄을 아노라(창 22:12, 강조는 추가한 것임).

이 시험을 통해 아브라함이 하나님을 경외한다는 것이 충분히 입증되었다. 이 '하나님을 향한 경외'가 이 이야기에서 핵심 요소다. 아브라함 전체 이야기에서 하나님에 대한 경외가 이보다 앞서 언급된 마지막 시점은 창세기 20:11에서였다(사실 다음의 두 구절이 성경에서 '하나님에 대한 경외'를 언급하는 최초의 두 사례. 창 20:11의 יִרְאַת אֱלֹהִים[이르아트 에로힘]과 창 22:12의 יְרֵא אֱלֹהִים[예레 엘로힘]).

아비멜렉이 아내/여동생 속임수 문제에 대해 아브라함에게 항의했을 때, 아브라함은 이렇게 변명했다.

---

33 신학적 초점에서는 각 단락에서 진전시킨 신학적 요지를 요약할 것이다. 문단(pericope)에 대한 탐구는 그 문단의 신학에 대한 통합적 진술로 결론낼 것이다(포괄적인 신학적 초점).

> 이곳에서는 하나님을 두려워함이 없으니 내 아내로 말미암아 사람들이 나를 죽일까 생각하였음이요 또 그는 정말로 나의 이복 누이로서 내 아내가 되었음이라(창 20:11).

"이곳에서는 하나님을 두려워함이 없으니"에서 현대 독자는 즉각적으로 아이러니를 찾아낼 수 있다. 아비멜렉은 자신이 혹시 거룩하신 하나님께 대항했을 가능성에 두려움에 떨고 있었다. 이 텍스트는 분명히 그곳 사람들이 하나님을 두려워했다고 말한다.

> 그들이 심히 두려워하였더라(וַיִּירְאוּ...מְאֹד[바이르우...메오드], 창 20:8).

반면에 아브라함은 하나님이 후손을 약속하신 이후로 하나님이 그 약속의 당사자인 자신을 지켜 주실 것으로 충분히 신뢰하지 않은 대조적 인물로 등장한다. 분명히 아브라함의 아내는 자손을 낳기 전에 불필요한 위험에 빠질 이유가 전혀 없었다.

그러나 창세기 22장에서 아브라함은 이삭에 대한 그의 즉각적 순종의 반응에서 분명히 드러난 그대로 하나님을 전적으로 신뢰하는 교훈을 충분히 배웠던 것으로 보인다.

> 하나님이 준비하시리라(창 22:8).

사실 창세기 22장 전체 이야기는 이 중요한 선언을 중심으로 다음과 같이 세심하게 구성되었다.[34]

---

34 Kass, *The Beginning of Wisdom*, 341-42 n 48; Stanley D. Walters, "Wood, Sand and Stars: Structure and Theology in Gn 22:1-19," *TJT* 3 (1987): 314. 창 22:7의 아버지와 아들 간의 대화에서 네 번의 "그가 이르되"(וַיֹּאמֶר[바요메르])를 본 후에, 우리는 갑자기 창 22:8에서 "아브라함이 이르되"(וַיֹּאמֶר אַבְרָהָם[바요메르 아브라함])라는 강조된 표현을 보게 되는데, 이는 그가 말하려는 것(그의 믿음을 확언해 주고 하나님에 대한 그의 경외심을 드러냄)이 매우 중요하다는 것을 나타낸다.

```
A 하나님이 아브라함을 부르심(22:1a)
    B 아브라함의 반응: "내가 여기 있나이다"(הִנֵּנִי[힌네니], 22:1b)
        C 하나님의 명령(22:2)
            D 아브라함의 반응(22:3-4);
              눈을 들어 바라 봄(וַיִּשָּׂא אַבְרָהָם אֶת־עֵינָיו וַיַּרְא[바이싸 아브라함 에트-에이나
              이브 바야레, 22:4)
                E 예배
희생을 위한 준비(22:6)
아브라함의 이삭에 대한 반응(22:7): "하나님이 준비하시리라"(22:8)
희생을 위한 준비(22:9-10)
A' 하나님이 아브라함을 부르심(22:11a)
    B' 아브라함의 반응: "내가 여기 있나이다"(הִנֵּנִי[힌네니], 22:11b)
        C' 하나님의 명령(22:12)
            D' 아브라함의 반응(22:13-14)
              눈을 들어 바라 봄(וַיִּשָּׂא אַבְרָהָם אֶת־עֵינָיו וַיַּרְא[바이싸 아브라함 에트-에이나
              이브 바야레, 22:13)
                E' 예배(경배)가 암시됨(22:14)
```

이야기가 서술되는 방식으로 볼 때, 이삭의 출생과 여호와의 신실하심에 대한 삼중의 확언(창 21:1-2)을 담고 있는 창세기 21장의 전체 구조가 마음의 변화와 밀접한 관계가 있다는 것은 분명해 보인다. 많은 실수 후에 아브라함은 마침내 하나님을 신뢰하게 된 것이다.

창세기 22장의 중심에서 "내가 이제야 네가 하나님을 경외하는 줄을 아노라"(창 22:12)라는 하나님의 선언은, 아브라함이 이제 하나님을 경외하고 의심 없이 하나님께 순종할 정도로 하나님을 온전히 신뢰하는 단계에 도달했음을 입증한다. 분명히 닫혔던 태를 통해서 약속의 상속자를 허락하셨던 하나님은 설령 제단에서 검게 탄 숯덩이가 되더라도 그 아이를 다시 되살릴 수 있을 것이었다.

이 중요한 시험이 있은 후에, 하나님은 분명 아브라함의 하나님을 향한 불변의 경외심을 확인할 수 있으셨던 것은 전혀 놀라운 일이 아니다. 창세기 22:12에서 하나님의 메시지가 시작되는 단어인 "내가 이제야 아노라"라는 선언은, 구약성경에서 하나님의 엄숙한 선언을 나타내는 데 종종 사용되는 표현이다(출 18:11; 삿 17:13; 삼상 24:20; 왕상 17:24; 시 20:6). 이 구절에 대한 탈굼(Talgum)의 해석은 하나님의 입을 통해 다음과 같은 메시지가 전달된 것으로 이해하고 있다.

> "너 자신을 나에게 바쳐라"라고 말한 것이나 마찬가지인데 너는 주저하지 않았다. 나는 이런 행동에 대한 너의 공로를 인정한다(*Gen. Rab.* 56:7).[35]

사실 이 제사는 이삭을 희생한 것이 아니라 아브라함 자신을 희생한 것이다. 그가 소망했던 모든 것, 그의 미래와 그의 생명, 그리고 그의 씨를 희생한 것이었다.[36]

이 문단에서 계속 이어지는 여섯 개의 미완료 동사는 이 내러티브의 시작 단계에서부터 아브라함의 결연한 순종을 나타내준다. 그는 일어나, 안장을 지우고, 데리고, 쪼개어 가지고, 떠나, 갔다(창 22:3). 제사드릴 장소에 다가가면서, 또 다른 여섯 개의 미완료 동사가 다시 그의 순종을 생생하게 묘사한다. 그는 쌓고, 벌여 놓고, 결박하고, 놓고, 내밀고, 잡았다(창 22:9-10).

---

35 희년서 18:16도 다음과 같이 하나님의 말을 인용한다. "나는(하나님) 네가(아브라함) 내가 네게 말하는 모든 것에 신실하였다는 점을 모두에게 알렸다."

36 Ross도 마찬가지이다. "이 막(幕)의 실제 요점은 아브라함의 자기 희생이었다. 즉, 그의 아들 이삭에 대하여 자신의 의지와 자신의 지혜의 포기였다"(Allen P. Ross, *Creation and Blessing: A Guide to the Study and Exposition of Genesis* [Grand Rapids: Baker, 1997], 393). 매우 적절하게도, Gerhard von Rad의 창 22장에 대한 소책자는 이삭의 희생이 아니라 '아브라함의 희생'(*Das Opfer des Abraham*)이라는 제목이 붙여졌다(Kaiser Traktate 6; Munich: Kaiser, 1971).

이전에 그는 하나님의 제안에 반대하여 이삭 대신에 롯(창 12-13)과 엘리에셀, 그리고 이스마엘로 하나님이 약속하신 상속자를 대신하려 했다. 그러다 창세기 22장에 이르러 그는 완전히 침묵한다. 귀청이 터질 것 같은 침묵이다.

그의 유일한 말은 절대적 순종과 하나님의 최종적 공급에 대한 확신이다.[37]

아이러니컬하게도, 아브라함이 '하나님은 보이신다/공급하신다'(יִרְאֶה אֱלֹהִים[엘로힘 이르에], 창 22:12)는 진리를 이해했을 때, 하나님도 아브라함이 '하나님을 경외한다'(יְרֵא אֱלֹהִים[예레 에로힘], 창 22:12)는 것을 인정해 주셨다. 언어유희(paronomasia)가 분명하다.[38] '하나님에 대한 경외'는 아브라함이

---

[37] Mathews, *Genesis 11:27-50:26*, 291.

[38] רָאָה(라아, '보(이)다/공급하다')라는 동사는 이 이야기 전체에 울려 퍼진다. 창 22:8, 13, 14(x2). 사실 מֹרִיָּה(모리아, 22:2)는 이 어근과 꽤 관련이 있을 수 있다. 그래서 '보이는 곳'(the place of seeing)이다. 게다가 בְּהַר יְהוָה יֵרָאֶה(베하르 아도나이 예라에, 22:14b)를 '그 산에서, 여호와가 보일 것이다'(혹은 '여호와의 산에서, 그가 보일 것이다')로 읽을 수도 있으며, 그리하여 성전의 장소일 수도 있는 곳에 원인(etiology)을 제공해 준다. 이 이야기에서 רָאָה의 다양한 용법이 교차 대구법 구조(chiastic structure)를 형성하여, 자신의 아들을 대신하여 하나님이 공급하실 것에 대한 아브라함의 믿음과 그 공급하신 것을 그가 발견한 것에 초점을 맞춘다.

> A 하나님이 산(הַר[하르])의 이름을 알리심: '보이는 곳'의 땅(מֹרִיָּה[모리아], 22:2)
>   B 아브라함이 희생 드릴 곳(מָקוֹם[마콤])을 봄(רָאָה[라아])(22:4)
>   C 아브라함이 하나님이 보이실/공급하실 것이라 주장함(רָאָה[라아], 22:8)
>   C' 아브라함이 하나님의 공급하심을 봄(רָאָה[라아], 22:12)
>   B' 아브라함이 그 곳(מָקוֹם[마콤])에 이름을 붙임: '하나님이 보이시다/공급하시다'(רָאָה[라아], 22:14a)
> A' 화자가 산(הַר[하르])에 대한 격언을 말함: '하나님이 보이시는 곳'(רָאָה[라아], 22:14b)

이러한 언어유희(word play)와 구조는 속죄에 대한 유비보다는 신실하신 하나님에 대한 아브라함의 믿음을 강조한다. 그는 믿음의 눈으로 바라보고 하나님은 (그

보여 준 강력한 믿음과 동등하다.

창세기 22장 12절에서 동사 '경외하다'(יָרֵא)는 사실상 아브라함을 가리켜서 '하나님을 경외하는 사람'으로 나타내는 데 사용되고 있는데, 이 단어는 이 족장의 (이제는 완전히 입증된) 특징이다. '하나님에 대한 경외'는 하나님에 대한 인간의 적절한 반응을 묘사하는 기본적인 구약성경의 용어로 그리스도인의 '믿음'과 동등한 히브리 표현이다(시 103:11, 13, 17; 112:1; 128:1; 잠 31:30; 눅 1:15에 추가하여 신 10:12; 전 12:13을 보라).

모벌리(Moberly)는 창세기 22장은 거의 틀림없이 하나님에 대한 신뢰에 기반을 둔 '가장 힘든 종류의 순종'을 포함하는 '하나님을 경외하는 사람'의 의미에 대한 주요한 성경적 주해로 적절히 읽을 수 있다고 주장한다.[39]

달리 말하면, 아케다(창 22장 내러티브)는 '하나님 경외'(יְרֵא אֱלֹהִים[예레 엘로힘])의 온전한 의미를 규정한다. 그것은 "하나님이 요구하신다면 가장 소중한 것도 아끼지 않는 순종이며 하나님 자신이 약속한 미래라도 하나님께 맡기는 것이다."[40] 아브라함의 희생은 그의 순종에서 표현된 '하나님에 대한 온 맘을 다한 헌신' 속에서 그의 믿음의 계승자들에게 진형이 되었다.[41] 마이모니데스(Maimonides)도 이러한 평가에 동의했을 것이다.

것을) 준비하신다.
39 Moberly, *The Bible, Theology, and Faith*, 79, 96. 또한, 다음을 보라. R. W. L. Moberly, "What is Theological Interpretation of Scripture?" *JTI* 3 (2009): 176.
40 Hans Walter Wolff, "The Elohistic Fragments in the Pentateuch" (trans. Keith R. Crim), *Int* 26 (1972): 163-64. Chisholm이 말했듯이, "하나님을 경외하는 것은 순종을 낳는 경외의 환유(metonymy)이다"(Robert B. Chisholm, "Anatomy of an Anthropomorphism: Does God Discover Facts?" *BSac* 164 [2007]: 13).
41 Gordon J. Wenham, "The *Aqedah*: A Paradigm of Sacrifice," in *Pomegranates and Golden Bells: Studies in Biblical, Jewish, and Near Eastern Ritual, Law, and Literature in Honor of Jacob Milgrom* (eds. David P. Wright, David Noel Freedman, and Avi Hurvitz; Winona Lake, Ind.: Eisenbrauns, 1995), 102. 이스라엘이 하나님을 "경외"(창 22:12에서처럼)하도록 하기 위해 시험을 받는다고 하는 출 20:20을 또한 주목하라.

람밤(Rambam)에 따르면, 아케다에서 배우는 유대교 신앙의 위대한 원리 중 하나는 다음과 같다.

> 아케다에서 배우는 유대교 신앙의 위대한 원리는 하나님을 경외하는 범위와 한계다. … 그러므로 여호와의 천사는 (아브라함에게) "내가 이제야 아노라"(창 22:12)라고 말씀하셨다. 다시 말해, 모든 사람은 진정 하나님을 경외하는 사람이라고 불릴 만한 모범적 행동으로부터 하나님 경외의 최고 범위와 한계를 분명히 배울 수 있다. 이러한 생각은 성경에서 거듭 확증된다. 한 가지 유일한 계명 즉, 하나님에 대한 경외는 긍정적이고 부정적인 교훈과 약속과 역사적 사례를 담고 있는 모든 율법의 최종 목적이다(Guide for the Perplexed 24).

믿음은 '경외'의 필수적 요소다. 하나님에 대한 아브라함의 믿음은 창세기 22:5에서 거듭 강조되고 있는데, 이 구절에 나타난 일련의 1인칭 복수 동사들 속에 아브라함이 이 사건의 최종적 결과로서 기대했던 결과가 함축되어 있다.

> 나와 아이가, 우리가 갈 것이다. … 그리고 우리가 경배할 것이고, 우리가 돌아올 것이다(창 22:5).

히브리서 11:17-19에서 강조하는 교훈은, 이 족장이 결코 극복할 수 없을 것처럼 보이는 역경에도 불구하고 하나님을 향한 일편단심의 믿음이었다.
야고보서 2:21은 아브라함이 이삭을 바치는 특정한 '행위'에 의하여 '의롭다 하심'을 받고 (혹은 입증되고) 믿음이 온전하게 되었음을 강조한다. 야고보서는 이러한 이유로 아브라함이 '하나님의 벗'으로 불렸다고 주장한다.[42]

---

[42] 대하 20:7과 사 41:8은 이 족장을 하나님이 "사랑하시는 자"(אהב의 분사; 70인경

이와 같이 아케다(창 22장 이야기)는 하나님의 백성에게 하나님 경외에 관한 모든 것, 즉 전부를 기꺼이 희생할 수 있는 모범을 교훈하는 이야기이다.[43]

> **신학적 초점**
> 하나님에 대한 경외는 하나님의 자녀가 보여야 할 믿음의 속성으로, 하나님의 약속에 대한 자기 희생적 신뢰와 그분의 말씀에 대하여 온 마음을 다한 순종을 포함한다.

(3) 이삭에 대한 아브라함의 사랑

하나님의 말씀 앞에 '모든 것'을 기꺼이 희생하려는 아브라함의 마음의 크기와 그의 전심을 다한 순종의 깊이는 창세기 22장에서 아버지-아들의 관계를 강조함으로써 더욱 부각된다. '아버지' 그리고/혹은 '아들'이 창세기 22:1-20에서 15번 언급된다(창 22:2[2번], 2, 6, 7[3번], 8, 9, 10, 12[2번], 13, 16[2번]). 독자는 이 긴밀한 관계를 결코 잊을 수 없다.

성경에 기록된 아브라함과 이삭 사이의 유일한 대화에서, 이삭의 말은 '내 아버지여'로 시작하고 아브라함의 말은 '내 아들아'로 끝난다(22:7-8). 이 말은 또한 아브라함이 이삭을 죽이려고 준비하기 전에 뱉었던 마지막 말이기도 하다(בְּנִי[브니, '내 아들아']는 히브리어에서 단수로 표기됨).

이 문단의 내레이터는 이 이야기 안에서 분명 감정적 긴장감을 이끌어 내고 있다. 이 이야기를 바라보는 모형론적 렌즈가 어떠하든 관계 없이, 한 가지는 분명하다. 아버지는 사랑하는 아들을 죽이라는 하나님의 계명을 받았

의 사 51:2에서는 ἀγαπάω[아가파오]를 추가하여 아브라함에 대한 하나님의 사랑을 나타낸다. 또한, 약 2:23을 보라)라고 부른다. 아브라함의 '믿음'(אמן, 70인경에서는 πιστός[피스토스])은 느 9:7-8에서 특별히 주목하고 있다.

43 반면에 모형론(typology)으로의 회귀와 아케다(Aqedah)와 기독론 사이의 유사점에 초점을 맞추는 일은 하나님이 그분의 백성에게 바라시는 '하나님을 경외'할 것을 촉구하는 이 이야기의 가치를 감소시킨다.

다는 것이다.

니사의 그레고리(Gregory of Nyssa)는 다음과 같이 외쳤다.

> 이 막대기와 같은 계명을 들어보라. 이 계명의 말씀이 얼마나 아버지의 창자를 혹독하게 찌르는지. 이 계명이 부친의 본성에 얼마나 강렬한 불꽃을 일으키는지. 아들을 "사랑하는 자," 그리고 "독자"라고 부름으로써 이 말들이 얼마나 그 사랑을 일깨워 주는지. 이러한 명칭을 들어보면 그(이삭)를 향한 아버지의 애정이 하늘을 찌르고 있음을 느낄 수 있다.[44]

어떤 의미에서 마스테마(Mastema, 희년서에서 아브라함을 시험하라고 하나님을 자극하는 악마적 천사)의 생각은 적중했다.

> 프린스 마스테마가 하나님 앞으로 다가와서 외쳤다, "보세요, 대주재님! 아브라함이 그의 아들 이삭을 사랑하여 다른 모든 것보다 심지어 하나님보다 더 그를 기뻐합니다. 그에게 그의 아들을 제단에 번제로 바치라고 명령하세요. 그러면 그가 이 명령을 따를지의 여부를 지켜볼 수 있을 것이고, 하나님이 그에게 시험하는 모든 것에 충실할지 알 수 있습니다. 그를 시험해 보십시오"(희년서 17:16).

그러므로 '사랑'(אהב[아하브])이라는 단어가 성경에서 처음으로 등장하는 곳이 창세기 22:2라는 것은 매우 특별한 의미가 있다. 이 새로운 단어가 성경에 들어오는 것과 더불어 다음과 같은 암시적 질문이 제기된다.

아브라함에게는 이삭을 향한 사랑이 너무 강렬하다 보니 결국 하나님에 대한 충성심이 줄어든 것일까?

---

[44] Deit., translation from Kessler, *Bound by the Bible*, 49.

만일 그렇다면 이삭을 향한 아브라함의 사랑은 하나님이 그를 시험하게 된 중요한 원인처럼 보인다. 시험대에 올려진 것은 바로 이 사랑이다.

아브라함은 하나님께 충성스러울 것인가?

아니면 인간(이삭)을 향한 사랑이 하나님에 대한 믿음을 능가할 것인가?

아브라함에 대한 시험의 세부 내용을 자세히 살피지 않더라도, 창세기 22장에서 이삭에게 사용한 독특한 서술어(敍述語)를 비교해 보면 아브라함의 충성에 대한 의혹스런 질문의 해답을 찾을 수 있다. 아브라함에게 주어진 세 가지 천상의 선언문이 연이어 등장하는데(22:1-2, 11-12, 14-16), 이는 (잠정적 또는 그렇게 제시된) 희생 제물 이삭을 묘사하는 세 가지 서술어에 각각 상응하는 방식으로 대비를 이룬다.

이 세 개의 서술어는 이 이야기에 등장하는 열 개의 '아들'(בֵּן[벤]) 호칭 중에서 세 호칭이 이에 해당된다. 그런데 이 세 개의 호칭에서 2인칭 단수 소유격 대명사 '네 아들'(בִּנְךָ[비느카])로 변형되어 있으면서도 내러티브의 수사적 흐름에 꼭 들어맞는다. 그러나 하나님/여호와의 사자가 이삭을 묘사하는 방식에는 시험 전과 시험 후에 의미심장한 변화가 발생한다.

> **시험 전:**
> 22:2 "네 아들, 네 독자, 네가 사랑하는 자"
>
> **시험 후:**
> 22:12 "네 아들, 네 독자"
> 22:16 "네 아들, 네 독자"

창세기 22:12와 16 내러티브에서 누락된 표현(네가 사랑하는 자)은 하나님이 아브라함을 시험할 이유를 밝히는 데 도움이 된다. 창세기 22:2에서 이삭에 대한 삼중의 묘사는 이 아들, 이 특별한 아들이 아브라함이 걸어야 할 하나님에 대한 충성과 믿음의 길에 잠재적으로 방해가 될 수도 있는 인간적 사랑으로 사랑하는 아들이라는 것을 강조하기 위한 것이다.

그러나 시험 후에 '네가 사랑하는 자'라는 표현이 삭제된 것은 아브라함이 이 시험을 통과했다는 것을 분명하게 보여 준다. 시험 전에 이삭에 대한 세 부분으로 된 묘사(아들/독자/네가 사랑하는 자)는 시험 후에 두 부분의 묘사(아들/독자)로 바뀐다.

사실 아케다의 초점은 하나님의 사랑과 경쟁하려는 것들에 대항하여 하나님을 향한 참사랑을 보여 주려는 것이다.

> 이 이야기는 우상, 즉 아들이라는 우상과 관련이 있다. 하나님이 아브라함에게 이삭이라는 선물을 주셨다.
> 그렇다면 아브라함은 이삭에게 초점을 맞추고 그 선물을 주신 분을 영영 잊어버릴 것인가?
> 아케다에서 절정을 이루는 대사는 "내가 이제야 네가 하나님을 경외하는 줄을 아노라"이다. 이 말에는 '그리고 네가 네 아들을 숭배하지 않았음을 이제 인정한다'라는 의미가 들어 있다.[45]

마카비 4서 13:12는 아브라함의 충성심이 이삭에게서 하나님으로 이동했다는 이러한 해석에 동의한다.

> 네가 어디에서 왔는지 기억하라. 그리고 하나님께 헌신하려고(εὐσέβειαν[유세베이안]) 자신의 손으로 자기 아들 이삭을 죽도록 내어 준 아버지를 기억하라.[46]

---

45 Phyllis Trible, *Genesis: A Living Conversation* (ed. Bill Moyers: New York: Doubleday, 1996), 227.
46 시락서 44:20과 마카비1서 2:52는 아브라함이 "그의 시험에서 신실함이 발견되었다"고 선언한다. 기독교 이전의 유대교 전통이 여기에 반영되어 있으므로, 아브라함의 의로움의 기초는 그의 '믿음'이 아니라 그의 신실한 충성이었다(또한, 약 2:21, 23을 보라). Joseph A. Fitzmeyer, "The Interpretation of Genesis 15:6: Abraham's Faith and Righteousness in a Qumran Text," in *Emmanuel: Studies in Hebrew Bible, Septuagint, and Dead*

필로(Philo)도 다음과 같은 해설을 통해서 그가 아케다에 대한 올바른 해석의 궤적에 속해 있음을 보여 주었다.

> 아브라함이 말로 표현할 수 없을 정도로 자기 아들을 좋아하고 사랑했지만, 이보다 더 강렬한 하나님을 향한 사랑에 온전히 영향받고 있었기 때문에, 자연스러운 관계의 모든 이름과 매력을 있는 힘을 다해 억제함으로써 모든 의지와 마음을 기울여 하나님에 대한 그의 헌신을 증명했다(*On Abraham*, 32.117; 35.195).[47]

비록 아브라함은 아들을 '아주 사랑했지만, 하나님의 계명을 더 많이 사랑했다.'

그러므로 암브로스(Ambrose)는 이렇게 촉구한다.

> 하나님을 우리가 사랑하는 모든 것, 즉 아버지와 형제와 어머니 앞에 두자. … 그리고 아브라함의 헌신을 본받자(*On the Decease of His Brother Satyrus*, 2.97, 99).[48]

Sea Scrolls in Honor of Emanuel Tov (Supplements to Vetus Testamentum 94; eds. Shalom M. Paul, Robert A. Kraft, Lawrence H. Schiffman, and Weston W. Fields; Leiden: Brill, 2003), 259.

47 Josephus도 같은 입장이다. 아브라함은 "자신의 아들을 보존하는 것보다 하나님을 기쁘게 하는 것을 우선하여 그의 '경건'(θρήσκεια[트레스케이아])을 입증했다"(*Ant.* 1.13.1).

48 Ambrose도 또한 아브라함이 "그의 창조주의 명령보다 자신의 아들에 대한 사랑을 우선치" 않았고, 그리하여 "하나님에 대한 (그의) 헌신"을 입증했다고 분명히 말한다 (*On the Duties of the Clergy*, 1.25.119). Calvin은 아브라함의 고뇌에 동의하면서도, 이 고뇌가 주로 아버지로서의 고뇌가 아니라 다른 곳을 향하고 있었다고 생각했다. "그에게 커다란 슬픔의 근원은 그 자신의 아들의 상실이 아니라 … 그의 아들 안에서 온 세계의 구원이 소멸되고 사라지는 것이었다"(Calvin, *Commentary on Genesis*, 22:1). 자신이 사랑하는 아들을 칠 태세를 갖추고 칼을 들고 있는 아버지가 밧줄에 묶여 자신의 앞에 무력한 상태로 제단 위에 누워있는 아들에 대해서 보다 그의 후손에 대해 더 염려했다는 것은 다소 상상하기 힘들다. Kierkegaard는 이 비애감을 잘 묘사했다. "자신의 아이를 잃은 많은 사람이 있다. 그러나 그 아이를 취하신 분은 하나님 … 그것은 하나님의 손이었다. 아브라함에게는 그렇지 않았다. 그에게는 더 어려운 시련이 준비되어 있었

오리겐은 이렇게 표현했다.

> 본문은 아브라함이 그의 아들을 사랑했다고 말하지만 그는 육체에 대한 사랑보다 하나님에 대한 사랑을 우선했다.[49]

요컨대, 아케다의 시험은 이 족장의 하나님을 향한 절대적 충성, 즉 하나님에 대한 완전한 사랑과 충성을 온전히 입증했다. 어떤 것도 아브라함과 하나님 사이에 끼어들 수 없었고, 본문은 신중한 방식으로 이것을 보여주였다(아래를 보라).

> **신학적 초점**
> 하나님을 향한 그 백성들의 사랑은 그 대상이 무엇이든 그분을 향한 사랑과 겨루는 경쟁자를 둘 수 없다

(4) 이삭이 사라지다

오랜 세월 동안 해석자들을 당혹스럽게 만들었던 이 이야기의 한 요소는, 창세기 22:16에서 '아들'이라는 언급이 나온 후 이삭의 존재감이 아브라함의 이야기에서 겉보기에 사라졌다는 점이다. 사실 이 이야기 이후에 아들과 아버지는 서로 더 이상 대화를 나누지 않고 있다. 이삭은 사라

는데, 이삭의 운명은 아브라함의 손에 들려 있는 칼에 놓여 있었다"(Søren Kierkegaard, *Fear and Trembling* [trans. H. Hoig and E. Honig; Princeton: Princeton University Press, 1983], 36).

49 Oregen, *Homilies on Genesis 8.7* (cited in Oden and Sheridan, Genesis 12-50, 106-7). 다음도 같은 입장의 말이다. "만일 당신이 모든 명령, 더 어려운 명령에 순종하지 않는다면, 만일 희생 제물을 드려 하나님보다 당신의 아버지나 어머니나 아들을 우선하지 않는다는 것을 보이지 않는다면(마 10:37), 당신은 당신이 하나님을 경외한다는 것을 알지 못할 것이다. '이제 내가 네가 하나님을 경외하는 줄 알겠다'라는 말을 당신에게 할 수 없을 것이다"(Origen, *Homilies on Genesis 8.8* (cited in Oden and Sheridan, Genesis 12-50, 107).

의 죽음과 매장(창 23장) 이야기에서도 등장하지 않는다. 아케다의 충격적인 에피소드 후에 아버지와 아들 사이에 언급된 유일한 접촉은 아브라함의 장례식 때이다(창 25:9).[50]

사실 창세기 22장 이야기 자체에서 이삭은 희생 제사가 무산된 후에 사라졌다. 독자들은 이야기의 흐름상으로 아브라함이 이삭을 동행하지 않고 혼자 시험 사건에서 돌아왔다고 읽는다.

> 이에 아브라함이 그의 종들에게로 돌아가서 함께 떠나 브엘세바에 이르러 거기 거주하였더라(창 22:19).

아버지와 아들의 여행을 묘사하는 데 사용된 '함께 갔다'라는 동일한 표현이 이제 주인과 종들이 집으로 돌아오는 여행을 묘사하는 데 사용되고 있어서(22:19), 죽다 살아난 이삭이 어디에도 등장하지 않는다는 점이 더 이상하게 느껴진다.

랍비들은 창세기 22:19 이후에 이삭이 등장하지 않음을 이상하게 여기고 다음과 같은 더 이상한 대안을 끌어왔다.

"그렇다면 이삭은 어디에 있었는가?"

R. 베레키아(R. Berekhia)는 다음과 같이 주장했다.

> 아브라함은 이삭이 토라를 공부하도록 셈(Shem)에게로 보냈다.

---

[50] 게다가 "아케다(*Aqedah*) 이후 더 이상 하나님은 아브라함에게 직접 계시하지 않으시며 그 반대도 또한 같아서, 창세기에 나오는 아브라함의 나머지 이야기에서 아브라함은 하나님을 접촉하지 않는다"(Isaac Kalimi, "'Go, I Beg You, Take Your Beloved Son and Slay Him!' The Binding of Isaac in Rabbinic Literature and Thought," *Review of Rabbinic Judaism 13* [2010]: 16). 아브라함이 이삭을 위해 신부를 찾아주려고 애썼고(창 24:1-9, 62-67) 그의 모든 것을 이삭에게 주었음에도(창 25:6) 불구하고, 이 텍스트들에서는 분명하게 언급된 아버지와 아들 사이의 상호 간의 접촉 혹은 대화가 나타나지 않는다.

R. 요세 바르 하니나(R. Yose bar Haninah)는 다음과 같이 말했다.

그는 악마의 시기 질투 때문에 이삭을 밤에 몰래 보내 버렸다.

마찬가지로 당혹스럽게 R. 레비(R. Levi)는 다음과 같이 설명했다.

아브라함은 자신을 유혹하려 하는 자(사탄)가 이삭에게 돌을 던져 상해를 가함으로 제물로 드리기에 부적절하게 방해하지 못하도록 하려고 이삭을 은밀한 곳으로 데려다 숨겨 놓았다(Gen. Rab 56:5).[51]

모세오경을 J, E, D와 P 문서로 나눈 문서설(과 문서설을 개선한 많은 주장)이 인기를 끌 때, 창세기 22장은 1, 3, 8, 9, 12절에서 사용된 엘로힘(אֱלֹהִים)에 근거하여 E문서에 속하는 것으로 여겨졌다. 그리고 창세기 22:11과 14절의 야웨(יהוה)의 등장은 후대에 잘못된 편집 때문으로 여겨졌다. 이와 함께 아브라함이 이삭 없이 홀로 귀가한 것도 잘못된 편집 때문으로 여겨졌다.[52]

---

[51] 사라진 아들의 운명에 대한 다른 창의적인 추측들은 다음에 수집되어 있다. Shalom Spiegel, *The Last Trial: On the Legends and Lore of the Command to Offer Isaac as a Sacrifice: The Aqedah* (trans. Judah Goldin; Philadelphia: Jewish Publication Society of America, 1967, 3-8). 이 추측들은 다음을 포함한다. 이삭이 이 모든 일의 충격에 지쳐서 걸어가는 길에 뒤쳐졌다. 아브라함이 사라에게 기쁜 소식을 전하기 위해 다른 경로로 그를 집으로 돌려보냈다. 하나님이 이삭을 에덴동산으로 데리고 가서 그곳에서 치유를 위해 (그의 아버지가 가한 상처를?) 3년 동안 머물도록 하셨다. Spiegel은 이 모든 것이 자기 모순적인 하가다의 민담(haggadic lore)이라고 일컫는다. '성경의 명백한 의미에서 벗어난 것'이라는 것이다. 그는 수사적으로 질문한다. "아케다(Aqedah) 이야기, 이 경건한 세대들이 이 성경 말씀의 분명한 의미에 영향을 받지 못하는 일이 가능할까?"(ibid., 8). 좋은 질문이다!

[52] Robert Crotty, "The Literary Structure of the Binding of Issac in Genesis 22," *ABR* 53 (2005): 32를 보라.

이들의 추측은 이렇다. 이삭의 희생은 실제로 일어나서 이삭은 사망했지만, 후대 편집자(들)가 아브라함이 이삭을 희생하지 않은 선행을 모범으로 부각시키려고 의도적으로 좌절된 희생 이야기를 만들어 내면서 편집상의 실수로 희생된 아들 없이 이 족장이 홀로 귀가하는 장면을 수정하는 일을 소홀히 했다는 것이다.[53]

이 추측에 따르면, 이러한 부주의 때문에 좌절된 희생 제물의 이야기와 이 이야기의 끝에 이삭이 부재하는 것을 어설프게 짜맞추는 결과로 나타났다는 것이다. 그러나 텍스트의 최종 형태를 있는 그대로의 역사적 사건으로 받아들이고 이를 설교하려는 사람들에게는 이러한 설명들은 그 어느 것도 만족스러운 구석이 없다(제1장의 최종성[finality]의 법칙을 보라).

창세기 22:15-18에서 이삭의 존재/부재에 관한 외관상의 불일치 때문에, 이 내러티브의 결론은 주요 이야기에 덧붙인 후기처럼 여겨져 왔다. 이 두 부분 사이에는 어휘적 차이뿐만 아니라(창 22:15-18에서 "내가 나를 가리켜 맹세하노니"와 "여호와께서 이르시기를"[창 22:16]이라는 두 개의 표현이 창세기에는 사례가 없지만 선지서에는 보편적으로 사용된다), 문체적 차이도 발견된다(주요 내러티브 흐름에서는 말이 간결하고 분위기가 무겁지만 결론에서는 어휘 반복과 동의어와 직유법이 등장한다).

그러나 아케다 내러티브가 창세기 22:1에서 시작하여 22:18에서 말끔하게 종결되면서, '독자'(창 22:2, 12, 16)라는 반복되는 모티프가 전체 이야기의 통일성을 더 강화시켜 준다. 모벌리(Moberly)는 창세기 22:15-18 단락을 이 내러티브에서 필수적 부분으로 간주하면서, "이 이야기에 대한 최초의, 그리고 정경에서 인정되는 주석(하나님 자신으로부터의 주석)으로 중요

---

[53] Coats에 따르면, "야웨스트(문서설에서 구약성경에서 하나님을 야웨라고 기록한 부분의 저자-역자 주)는 고대의 아이 희생 이야기를 전용하여서, 그것을 아브라함의 믿음의 본과 커다란 후손들, 땅의 소유, 그리고 땅의 모든 족속에게 열려 있는 복에 대한 하나님의 약속의 갱신에 적합하도록 바꾸었다"(George W. Coats, *Genesis: With an Introduction to Narrative Literature* [FOTL 1; Grand Rapids: Eerdmans, 1983], 161).

시되어야 한다"[54]라고 옳게 제안했다.

그러나 우리에게는 여전히 이삭이 사라진 부분을 설명해야 하는 과제가 남아 있다.

어린양을 희생 제물로 바치고 하나님의 약속을 다시 받은 후, 이 소년에게는 무슨 일이 일어난 것일까?

이전에 주목한 바와 같이, 시험 이전과 시험 이후의 이야기에서 이삭을 묘사하는 한 가지 중요한 변화가 있다(창 22:2 VS 창 22:12, 16). '사랑'이라는 모티프가 희생이 포기된 후 사라졌다는 것이다(위를 보라).

아주 흥미롭게도, 아브라함이 한 명 혹은 그 이상의 일행과 '함께 갔다'(וַיֵּלְכוּ...יַחְדָּו, [바엘르쿠…야흐다부] '그들은 함께 갔다'[창 22:6, 8, 19])라는 표현이 세 번 등장하는 반면에 (시험 후의) 마지막 진술은 시험 전의 두 진술(창 22:6, 8)과는 그 어감이 상당히 다르다. 창세기 22:6과 8절에서 '그들'은 아브라함과 이삭을 가리키는 반면에 창세기 22:19에서 이삭은 사라지고 '그들'은 아브라함과 그의 두 종을 가리킨다.

> **시험 전:**
>
> 22:6 "그들(아브라함과 이삭) 두 사람이 동행하더니"
>
> 22:8 "그들(아브라함과 이삭) 두 사람이 함께 나아가서"
>
> **시험 후:**
>
> 22:19 "그들(아브라함과 그의 종들)이 …함께 떠나"

이렇게 시험 후에 이삭은 내러티브에서 완전히 사라진 것처럼 보인다. 내레이터는 '희생' 후에 지우개를 꺼내어 이삭에 대한 모든 언급을

---

[54] R. W. L. Moberly, "The Earliest Commentary on the *Aqedah*," *VT* 37 (1988): 307-8, 314.

지워 버린 것처럼 보인다. 그러나 내레이터가 아케다를 이런 방식으로 서술한 데에는 나름의 목적이 있다.

저자는 자신이 말하고 있는 것으로 무언가 독특한 것을 수행하고 있다(이 경우에는 명시적으로 '말하지 않은' 표현으로 내러티브 흐름에 놀라운 행간의 여백을 만들어 냈다. 이러한 행간의 여백과 침묵도 무언가를 '말하는' 것이다).

이 시험의 초점이 하나님과 아들 사이의 양자택일의 문제, 즉 '네가 진정 사랑하는 자'에 대한 충성을 시험하는 것이었음을 기억한다면, 저자가 창세기 22:19에서 무엇을 실행하고 있었는지를 눈치챌 수 있다. 저자는 또 다른 간접적 방식으로 아브라함이 이 중요한 시험에서 확실하게 성공했음을 묘사하고 있다. 저자는 그림을 그리고 있다. 아버지와 아들의 관계가 명확해졌고, 하나님을 경외하는 것과 아들에 대한 인간적 사랑 사이의 긴장이 해소되었다.

이렇게 말할 수도 있겠다.

> 아브라함이 하나님을 이처럼 사랑하사 독생자를 내어 주었으니 … 이 시험은 아브라함이 다른 어떤 것보다도 하나님을 우선하여 사랑한다는 것을 증명했다.[55]

내레이터는 이토록 심오한 장면을 독자들에게 일깨우려고, 즉 내레이터의 신학적 의제를 독자들에게 달성할 목적으로, 아버지와 아들은 그들의 남은 날들 동안에 분리시켰던 것이다(문학적으로 분리시켰다).[56] 내레이터는 그가 말하고 있는 수사적 방식과 화법으로 독자들에게 독특한 장면을

---

[55] '하나님에 대한 경외'와 '하나님에 대한 사랑'을 동일시하는 것은 불합리한 것이 아니다. 쉐마(Shema)가 사랑을 요구하는(6:5) 반면, 신 6:2, 13은 경외를 명령한다. 신 10:12와 13:3-4는 각각 두 요소를 다 가지고 있다. 또한, 신 10:20을 11:1과 함께 보라. 마찬가지로 시 31:19, 23; 145:19-20을 보라. 아케다(Aqedah)에서 분명하게 나타나는 것처럼, 이 두 개념 사이에는 상당한 중첩이 존재한다.

[56] 그들이 실제로 헤어졌는지의 문제는 텍스트 뒤에 있는 문제로 해석자가 관여할 필요가 없다.

구현한 것이다.

> **신학적 초점**
> 하나님에 대한 사랑/하나님에 대한 경외는 다른 모든 충성에 우선한다.

(5) 아브라함의 성공 결과

창세기 22장의 내러티브에서 묘사된 아브라함의 행동의 결과로 독자들은 하나님을 경외하는 최고 수준에 관한 분명한 교훈을 얻을 수 있다. 이 내러티브에서는 아브라함이 성공적으로 이 시험을 제대로 통과했다는 것이 분명하게 묘사되었을 뿐만 아니라 강력하게 함축되어 있다. 이 내러티브는 아브라함의 일대기에서 절정이었을 뿐만 아니라 아브라함의 하나님에 대한 경배의 최고봉을 이룬다.

창세기에서 아브라함 내러티브와 관련하여 등장하는 세 개의 제단 중에서(창 12:8; 13:18; 22:9), 22장의 제단이 희생 제물과 관련하여 등장하는 유일한 제단이다. 다른 제단에서 아브라함은 여호와의 이름을 불렀을 뿐이다(창 12:8; 13:4). 어쨌든 시험을 성공적으로 통과한 것이 아브라함에 대한 하나님의 약속을 확증했다. 사실 시험의 성공은 하나님의 약속을 더욱 분명하게 강화했다.

학자들은 일반적으로 하나님이 아브라함에게 말씀하신 약속(창 12, 15, 17, 18, 22장에서)은 무조건적 약속이라고 이해해 왔다.[57] 그러나 창세기 22장의 중요한 사건들의 결론까지 포함하여 아브라함에게 주어진 하나님의

---

[57] 그러나 이러한 가정에 대한 최근의 의심에 대해서는 다음을 보라. Gary Knoppers, "Ancient Near Eastern Royal Grants and the Davidic Covenant: A Parallel?," *JAOS* 116 (1996): 670-97; Richard S. Hess, "The Book of Joshua as a Land Grant," *Bib* 83 (2002): 493-506; Steven McKenzie, "The Typology of the Davidic Covenant," in *The Land that I Will Show You: Essays on the History and Archaeology of the Ancient Near East in Honor of J. Maxwell Miller* (eds. J. Andrew Dearman and M. Patrick Graham; London: Continuum, 2001), 152-78.

약속을 살펴보면, 조건적 부대 조항을 발견할 수 있다. "네가 이같이 행하여 네 아들 네 독자도 아끼지 아니하였은즉"과 "네가 나의 말을 준행하였음이니라"라는 선언은, 하나님의 약속을 조건과 성취의 양 끝에서 균형 있게 지탱하는 구조임을 보여 준다(창 22:16c-18).

> A 네가 이같이 행하여 네 아들 네 독자도 아끼지 아니하였은즉
>   B 내가 네게 큰 복을 주고(בָרֵךְ אֲבָרֶכְךָ[바레크 아바레크카])
>   C 네 씨(זַרְעֲ[쩨라])가 크게 번성하여
>   D 하늘의 별과 같고 바닷가의 모래와 같게 하리니
>   C' 네 씨(זַרְעֲ[쩨라])가 그 대적의 성문을 차지하리라
>   B' 네 씨로 말미암아 천하 만민이 복을 받으리니(הִתְבָּרֲכוּ[히트바라쿠])
> A' 네가 나의 말을 준행하였음이니라

이렇게 거듭 반복된 약속은 몇 가지 면에서 (확실한 충성의 순종에 근거하여 다시 확증된다는 점에서) 이전의 약속들과는 상당히 다르다. 창세기 22:17a의 "큰 복을 주고"(위에서는 B[בָרֵךְ אֲבָרֶכְךָ])라는 표현은 창세기에서는 독특하게 강조형이며 부정사의 절대형이 사용되고 있다.[58]

마찬가지로 "크게 번성하여"(C: וְהַרְבָּה אַרְבֶּה[베하르바 아르베])라는 표현은 창세기 16:10에서도 발견되나, 창세기 22:17b의 표현은 아브라함-이삭-야곱 가계에 주어진 이 약속의 유일한 사례다.

게다가 창세기 22:17c는 "하늘의 별과 바닷가의 모래"(D)라는 두 개의 직유적 표현을 사용한다. 이 표현은 창세기의 다른 곳에서는 독립적으로 나뉘어 사용될 뿐 결코 함께 사용되지는 않는다(창 15:5; 26:4; 32:12; 또한, 출 32:13). 그리고 아브라함의 씨가 '그 대적의 성문"(C'; 창 22:17d)을 차지한다는 약속은 창세기 안에서는 다소 특이한 약속으

---

58 이러한 구조는 또한 민 23:11; 수 24:10; 신 15:4; 시 132:15; 대상 4:10에서 발견된다.

로 등장한다.⁵⁹

"네 씨로 말미암아"(B; 창 22:18a와 26:4; 28:14) 복을 받는 천하 만민에 관한 약속도 새로운 것이다. 지금까지 천하 만민이 복을 받는 것은 분명히 "아브라함 안에서"(창 12:3; 18:18)였다. 후손에 대한 이러한 관심은 아케다(창 22장) 내러티브가 후손을 '구원'하는 약속을 다룬다는 점을 고려할 때 매우 적절하다.⁶⁰

그리하여 창세기 12, 15, 17, 18장에서 아브라함에게 이미 주어진 약속과는 중요한 차이(부대 조항의 충성에 따른 향상)가 있다. 축복이 여러 가지로 반복되는 가운데 복의 핵심은 동일한 채로 남아 있지만, 아브라함의 최고 순종에 따른 복의 향상과 더불어 순종의 부대 조건(독자까지 아끼지 않았다는 상호 신뢰 관계의 확인)이 추가된 것은 분명히 눈에 띤다.⁶¹

오리겐은 이러한 차이가 나타난다는 입장에 반대한다.

> 나는 추가적인 것을 찾지 못하겠다. 이전에 약속된 것과 동일한 약속의 축복이 반복되고 있다(*Homilies on Genesis* 9.1).

그는 아브라함의 할례시에 주어진 처음 약속들은 '할례의 백성'(육체적 백성)에게 주어진 것이었고, '이삭의 수난' 때 주어진 두 번째 약속은 믿음의 백성, 즉 '그리스도의 수난을 통해 상속을 받게 된 백성'에게 주어진 것이라고 모형론적으로 설명한다.⁶² 그리하여 오리겐은 이 이야기를 이스라엘과 교회 사이를 구분하는 근거 구절로 사용한다.

이와 마찬가지로 칼빈도 다음과 같이 주장한다.

---

59 이 표현은 창 24:60에서 리브가가 그녀의 가족들에게 축복을 받을 때 나타난다.
60 Moberly, "The Earliest Commentary on the *Aqedah*," 316-17.
61 이 약속의 '향상'은 기대치 않았던 보너스와 같은데, 물론, 이것이 은혜에 관한 전부이다.
62 Oden and Sheridan, *Genesis 12-50*, 112-13에서 인용함.

분명히 이삭이 태어나기 전에 동일한 약속이 이미 주어졌다. 그리고 이제 그 약속은 단지 확인을 받을 뿐이다(Commentary on Genesis, on 22:15).

그러나 이러한 주장은 이 이야기(창 22:16-18)에 나타난 하나님의 약속으로부터 발전적으로 추론된 것이 아니다. 최초의 약속의 모든 요소가 아브라함의 순종에 근거하여 더욱 강화되고 또 한 단계 상승한다. 이 약속은 특별히 하나님이 스스로를 가리켜 맹세하심으로써('내가 나를 가리켜 맹세하노니', 22:16) 더욱 강화된 것으로 이전의 약속이 향상된 것이다. 이 맹세는 비록 모세오경의 다른 성경 구절에서도 종종 나타나기는 하지만(창 24:7; 26:3; 50:24; 출 13:5; 민 14:16; 신 1:8 등), 이 족장의 이야기에서 첫 번째이자 유일한 하나님의 맹세로 등장한다.[63]

이 맹세는 "여호와께서 이르시기를"(נְאֻם־יְהוָה[네움 아도나이])이라는 표현이 부가됨으로써 그 권위적 유효성을 더욱 강화한다. 이 표현은 또 나중에 선지서에서 자주 반향되지만(사 45:23; 렘 22:5; 49:13), 모세오경에서는 창세기 22:16과 민수기 14:28에서만 발견된다.

이와 같이 창세기 22장의 약속은 이전의 모든 약속보다 더 발전한 형태로 제시되었고, 추가된 엄숙함과 중대성까지 부가되었다. 아브라함이 땅을 소유할 예언의 약속은 이전에 창세기 12:7, 13:14-17, 15:7-21과 17:8에서 주어졌으나, 22:17에서는 이 약속이 가장 전투적이고 장엄한 형태로 주어지고 있다("네 씨가 그 대적의 성문을 차지하리라" = 그 대적의 도시들을 정복할 것이다).

또 이 복은 그 초점이 창세기 12:3에서처럼 이스라엘 가문만이 아니라 땅의 모든 민족을 지향하고 있다. 아브라함의 순종에 따라서 이전에 그에게 주어졌던 약속들의 모든 측면이 "하나님에 의해 조금도 거리낌 없이 증

---

63 Wenham, *Genesis 16-50*, 111. "나를 가리켜"라는 문구는 창세기에서 독특하며, 렘 22:5; 49:13; 암 4:2; 6:8; 그리고 신약의 히 6:13-18에서 발견된다.

대되고 보장된 것이다."⁶⁴

모벌리는 창세기 22장에서 하나님의 약속이 발전한 측면을 이렇게 이해한다.

> 이전에는 여호와의 의지와 목적에만 근거를 두었던 약속이 이제 하나님의 의지와 함께 아브라함의 순종에 근거를 두도록 변화되었다. 말하자면, 하나님의 약속이 아브라함의 순종 여부에 조건적으로 동반되는 것이 아니라, 아브라함의 순종이 하나님의 약속 안으로 온전히 통합되었다는 것이다.⁶⁵

이러한 설명은 인간 순종의 신학적 가치에 대한 나름 합리적 설명이기는 하지만 본문 내러티브의 증거를 충분히 고려하지는 않았다. 약속된 복에는 실제적 변화가 존재한다. 약속의 성취의 정도에 중요한 변화가 생겼다. 그래서 필자의 판단으로는 인간(아브라함)의 순종은 단지 하나님의 계획에 통합되는 것 이상이며, 그 결과로 생기는 복은 하나님이 이미 약속했던 것을 확인하는 것 이상이다. 실제로 인간의 순종에 대한 하나님의 조건적 반응, 또는 어떤 의미에서는 인간의 순종에 따른 하나님의 보상이 존재한다.

그래서 웬함은 다음과 같이 결론짓는다.

> 하나님의 시험은 아브라함을 고통 가운데 처하게 했다. 그러나 아브라함은 자신의 아들(이삭)에 대한 사랑과 하나님(의 계명)에 대한 헌신 사이에 마음이 찢어지는 중에 계명에 대한 헌신을 선택함으로 그 아들은 온전한 채로 유지되고 그의 신실한 순종은 모든 기대를 넘는 보상을 이끌어 내는 승리자의 모습으로 나타났다.⁶⁶

---

64 Ibid., 116.
65 "The Earliest Commentary on the *Aqedah*," 320-21.
66 Wenham, *Genesis 16-50*, 116. 또한, idem, "The *Aqedah*," 101을 보라. 그러므로 이것은

나중에 창세기 26:2-5에서 이삭에게 주어진 약속에서 거듭 강조된 것이 바로 이러한 하나님의 보상이다. 이 구절에서 보상은 분명히 이전 아브라함의 순종에 기초를 두고 있다(이는 아브라함이 내 말을 순종하고 내 명령과 내 계명과 내 율례와 내 법도를 지켰음이라, 창 26:5).

신실한 순종이라는 부대 조건은 복의 정도를 증대시킨다. 복 그 자체의 성격이 바뀐다는 것이 아니라, 복의 양이 증대되고 그 질이 이전과 다른 수준으로 강화된다. 순종은 실제로 그에 상응하는 보상을 가져온다(보상을 가져오는 순종의 개념에 대해서는 이후에 다룰 것이다).

> **신학적 초점**
> 하나님에 대한 사랑/하나님에 대한 경외는 다른 모든 충성에 우선한다.

지금까지의 다양한 신학적 초점을 결합하면 창세기 22장의 '문단신학'에 대한 포괄적 초점에 도달할 수 있다.

> **포괄적인 신학적 초점**[67]
> 하나님의 자녀에게는 그분의 약속과 그 말씀에 대한 믿음이 요구되며, 이 믿음은 시험대에 오를 수도 있다(텍스트 앞에 펼쳐진 세계의 교훈). 이 믿음은 다른 모든 충성을 능가하는 하나님을 향한 최고의 사랑과 경외와 동등한 것으로, 하나님의 말

그분의 자녀의 '하나님 경외'(순종)를 보았을 때 주어진 하나님의 은혜로운 보상이다. 창 15:1에서 아브라함에게 주어진 하나님의 약속에서 שָׂכָר(싸카르, '보상')의 용례에 주목하라.

[67] 이전의 분석에서 발견된 '신학적 조점'의 요소들은 여기에서 무단의 '포괄적 신학적 초점'('문단신학'의 요약 진술)으로 하나로 합쳐졌다. 이 '포괄적 신학적 초점'이 언제나 **텍스트 앞에 펼쳐진 세계**의 교훈, 우선순위, 실제의 세 가지 요소 모두를 포함하는 것은 아니다. 사실 아주 빈번히 이 세 측면 사이에는 경계가 모호한 부분이 존재한다. 말할 필요도 없이, 중요한 것은 항목들이 아니다. 어떤 분류법이 채용되거나 범주가 만들어져도, 오히려 주의를 기울여야 할 것은 저자가 말하고 있는 것으로 행하고 있는 것이다.

> 씀에 대한 자기 희생적 순종으로 드러난다(텍스트 앞에 펼쳐진 세계의 실제). 하나님은 하나님을 향한 이 믿음(하나님에 대한 사랑/경외)을 상응하는 축복으로 보상하기에 적절한 것으로 받아 주신다(텍스트 앞에 펼쳐진 세계의 교훈).

그렇다면 아브라함은 우리에게 무엇을 교훈하는가?

간단히 말하면, 그는 하나님의 선물을 하나님보다 앞세우지 말라고 가르친다. … 그러므로 하나님이 주신 실제 선물을 그 선물을 주신 분보다 우선하지 말아야 한다(Augustine, *Serm.* 2).

그러므로 저자의 의도는 독자들이 이 이야기의 주인공, 즉 믿음의 모범인 아브라함과 자신들을 동일시하기를 요구한다. 하나님의 백성은 어느 곳에서나 아브라함이 보여 준 하나님에 대한 믿음과 하나님을 향한 사랑, 그리고 하나님 앞에서의 경외를 행사해야 한다. 하나님과 신자 사이에는 어떤 것도 끼어들 수 없다.

결코, 어떤 것도 끼어들 수 없다!

이것이 설교자가 선포해야 할 교훈이다. 이것이 독자들이 실행해야만 하는 것이다.

칼빈은 아브라함의 행위의 모범을 잘 이해했다.

> 이 모범은 우리도 그대로 따르며 닮아 가도록 제시된 것이다. … 우리는 하나님께 최고의 영광을 드리며, 당혹스러울 때에도 그분의 섭리에 전적으로 순종해야 한다(*Commentary on Genesis*, on 22:7).[68]

---

[68] "아브라함의 믿음을 고려하면 그는 홀로 수만의 사람과 동등하다. 그의 믿음이 최고의 믿음의 모델로 우리 앞에 놓여 있다. 우리가 하나님의 자녀가 되기 위해서는 이 믿음의 경주에 우리가 속해야 한다"(Calvin, *Institutes*, 2.10.11).

이러한 교훈은 다른 어떤 해석의 선택지만큼이나 기독론적 이해와도 부합한다. 왜냐하면, 아브라함이 모형론적으로 '그리스도와 같다'는 의미는 아브라함이 그랬던 것처럼 그리스도 역시 성부 하나님을 향한 온전한 믿음을 행사하고 사랑을 보이며 죽기까지 그 앞에서의 경외를 드러냈기 때문이다 (*imitatio Christi*[이미타티오 크리스트, '그리스도 닮기']의 발전에 대해서는 아래를 보라).

이 연구에서 필자가 제안하듯이 창세기 22장의 '문단신학'을 이끌어 내는 해석 방법은, 텍스트에서 제기된 하나님의 계명(저자가 말하는 것으로 수행하는 것, 즉 '문단신학')을 올바로 파악할 해석의 방향성을 제시해 준다. 그러나 이러한 '문단신학'이 제1장에서 제안한 중심성의 원칙(the Rule of Centrality)에 부합하는지의 질문에 대한 온전한 해답은 아직 미해결 상태로 남아 있다.

중심성의 원칙은 성경 본문을 현대적 적용 목적으로 해석하는 과정에서 그리스도의 탁월한 인격과 성령 하나님의 능력 안에서 성부 하나님의 뜻을 달성하는 그리스도의 구속 사역에 기초하여 적용을 이끌어 내도록 해석하는 원칙을 말한다.

구약 본문을 해석하는 과정에서 중심성의 원칙에 맞게 어떻게 그리스도를 발견할 수 있을까?

필자는 다음 단락에서 이 문제를 다룰 것이고 새로운 해석법, 즉 구약 문단의 특정한 신학과 중심성의 원칙 둘 다를 존중하는 해석 전략을 제안할 것이다.

2. 그리스도 형상적(Christconic) 해석

필자가 지금까지 설명한 방법이 아직 해결하지 못한 문제 중의 하나는 아케다 본문에 관한 그리스도 중심적 해석의 가능성이다.

본 연구에서 제안한 '문단신학' 체계에서, 그리고 다른 구약 텍스트를 설교할 때, 해석자는 어떻게 신약의 그리스도와 관련한 의미를 찾을 수 있을까?

본 연구의 결론 부분인 본 단락은 그리스도 중심적 해석과 설교의 일부 문제들을 다룰 것인데, 필자는 먼저 이 진영의 주요 지지자들의 주장을 평가할 것이다. 그 후에 해결책, 즉 구약성경 문단의 특수성과 성경 전체에 나타난 예수 그리스도에 대한 정경적 관점 둘 다를 존중하는 그리스도 형상적 해석 방법을 제안할 것이다.

1) 그리스도 중심적 해석

그리스도 중심적 해석(Christocentric interpretation)은 특히 설교를 위한 성경해석학을 다룰 때 성경 본문의 주요 주제가 삼위의 제2격이신 그리스도와 직접적이고 명백하게 연관되는 방식으로 본문을 해석하는 방법이다. 이 해석은 "구약성경을 신약의 그리스도까지를 포함한 하나님의 거대한 계획 안에서 계시된 정경으로 인정한다. 즉 구약성경을 삼위 하나님의 구원 사역이 나중에 성육신하실 예수 그리스도 안에서 온전히 성취될 구원을 미리 증언하고 예시하고(foreshadowing) 예기하고(anticipating) 약속하는 말씀으로 이해한다."[69]

이와 같은 해석은 분명 성경 역사에 대한 정경적이고 조감적인 관점에 확고한 기초를 두고 있다. 해석의 초점은 역사의 시간을 가로지르는 하나님의 일관된 구속 사역에 맞추어져 있으며, 그 중심에는 구원의 장본인(Author)인 그리스도에게 집중한다. 그리하여 '구속사'(RH, redemptive history)는 '그리스도 중심적' 해석의 대안적 서술어(敍述語)로 사용된다. 물론, 신약성경은 예수 그리스도에게 분명하게 집중한다. 하지만 그리스도 중심적 해석의 복잡성은 특별히 구약 문단의 설교와 깊은 관련이 있다.

---

[69] Vern S. Poythress, *The Shadow of Christ in the Law of Moses* (Phillisburg, N.J.: Presbyterian and Reformed, 1991), 285.

이 문제에 대한 그레이다누스(Greidanus)의 해결책은 설교자들이 "구약성경에 대한 신약성경의 성취에 비추어 구약성경을 해석하는 것이다."[70] 그러나 이 접근법의 잠재적 문제점은 구약을 성급하게 신약과 연관 지으려는 시도 속에서 개별적인 구약 본문의 특정한 요지가 소홀히 취급될 수 있어서, 결국 구약 본문을 온전히 설교해야 하는 해당 문단의 고유한 가치를 의심스럽게 만든다는 점이다.

예를 들어, 간음을 금지하는 십계명의 제7계명을 설교할 때, 클라우니(Clowney)는 '성경에 기반을 둔 설교자'가 이 명령을 간음에 대한 예수님의 말씀과 연결시키고 더 나아가 사랑에 대한 예수님의 명령과 연결시키기를 원한다.

> 이웃 사랑은 하나님 사랑에서 흘러나오고, 하나님 사랑은 우리를 향한 그분의 사랑에 대한 합당한 반응이다.

이렇게 그리스도 중심적 초점은 모든 구약 본문에서 클라우니를 항상 십자가로 이끌어 간다.

> 오직 십자가에서 우리는 참사랑, 즉 하나님의 구속적 사랑의 진정한 의미를 배울 수 있다.[71]

그러나 이렇게 신약의 십자가에 치우치는 방식으로 해석한다면 굳이 제7계명까지 언급할 필요가 없다.

---

70 Sydney Greidanus, *The Modern Preacher and the Ancient Text: Interpreting and Preaching Biblical Literature* (Grand Rapids: Eerdmans, 1989), 119.

71 Edmund P. Clowney, "Preaching Christ from All the Scriptures," in *The Preacher and Preaching: Reviving the Art in the Twentieth Century* (ed. Samuel T. Logan; Phillisburg, N.J.: Presbyterian and Reformed, 1986), 183-84. 이와 같은 접근법의 궁극적 산물은 간음 혹은 사랑에 대한 주제 설교이다.

클라우니의 해석 지침을 살인을 금지하는 계명에 대해 설교를 하다 보면, 설교자는 쉽게 미워하는 것을 반대하는 그리스도의 명령(사랑)의 결론으로 달려가기 쉽다. 이런 경우에 설교자는 또다시 사랑과 갈보리의 십자가라는 사랑의 절정으로 결론 내리기 쉽다.

하나님의 사랑에서 절정에 도달하는 이러한 해석은 구약이나 신약의 어떤 문단을 다루든 손쉬운 방식으로 도달할 수 있겠지만, 결국 특정한 문단의 특수성과 저자가 수사적 독특성을 동원하여 말하는 것으로 수행하는 특정한 화행 사건을 간과하거나 부정하는 결과가 될 것이다.

그러나 필자의 주장은 설교를 통하여 적용 단계까지 도달해야 할 하나님의 계명(demand, 말씀)은 정경 전체에서 다른 문단과 수사적 차별성을 보이는 특정 문단의 고유한 신학적 추동력은 본문에 대한 입체적 해석을 통하여 확보되어야 한다는 것이다. 모든 문단은 "교훈과 책망과 바르게 함과 의로 교육하기에 유익"(딤후 3:16)하다. 그리고 설교자는 성경적 설교를 위하여 각 문단의 특정한 목소리가 정경의 다른 텍스트의 소리에 의해 압도되거나 희석되지 않고 온전하게 존중받고 들려져야 한다.

카슨(Carson)에 의하면 그리스도 중심의 설교는 하나님의 나라, 제사장직, 성전 혹은 희생 제사와 같은 성경적 주제를 추적하면서 정경에 얽혀 있는 아이디어의 실타래를 조사하는 "강력한 성경신학"에 기초를 두고 있다. 그에 따르면, 설교자가 어떤 텍스트로부터 "지나치게 그리스도께로 도약하지 않고도" 그리스도를 제대로 추적할 수 있도록 안내하는 광범위한 주제가 대략 20개 정도 있다.[72]

---

[72] D. A. Carson, "Of First Importance (part 1): Eight Words that Help Us Preach the Gospel Correctly," n.p. (cited June 3, 2012). Online: http://www.preachingtoday.com/skills/themes/gettinggospelright/offirstimportance1.html. Goldsworthy도 또한 "그리스도 안에 있는 부요함은 끝이 없으며 성경신학은 그것을 발견하는 길이다"라고 주장한다 (Graeme Goldsworthy, *Preaching the Whole Bible as Christian Scripture: The Application of Biblical Theology to Expository Preaching* [GrandRapids: Eerdmans, 2000], 30). 그러나 구속사적 전통에 확고히 서 있는 Mohler에게는 조직신학이 우선한다. 그는 "설교는 성경

성경신학은 내러티브 본문에 묘사된 특정 사건을 구속 역사 속에서 펼쳐지는 하나님의 사역(경륜)이라는 배경막에 비추어 파악하도록 하는 데 큰 도움을 준다. 그리고 교회의 교육 프로그램과 그림 책자 속에도 성경신학을 위한 여지가 많다.

그러나 본 연구의 주장은 설교는 그런 그림을 보여 주는 수단이 아니라는 것이다. 오히려 설교는 특정 텍스트의 특정한 메시지(그 텍스트에 나타난 하나님의 계명)를 강해함으로, 하나님의 자녀들을 변화시켜서 하나님의 영광을 나타내도록 하나님의 메시지와 신자들의 삶을 서로 연결하는 언어적 사건이다.

만일 설교자가 매 주일 모든 성경 텍스트를 구속이나 십자가 또는 하나님의 영광이라는 광범위한 신학 주제와 연결한다면, 그 설교는 청중의 마음에 몇 가지 커다란 그림들을 반복적으로 그려 주는 것에 불과할 것이다. 이는 성경 전체 드라마 대본을 카슨이 추천한 20개의 동일하고 이상한 이미지 장면으로 축소하는 셈이다.

이런 방식의 성경신학적 해석 방법에서는 설교자가 설교하는 정경 문단의 고유한 특징(세밀화)은 천편일률적인 구속사적 해석의 넓은 화폭 속에서 희미하게 사라져 버릴 것이다.

> 사실 구속사 전통에 서 있는 설교는 오늘날 뜨거운 사막과 눈 덮인 산, 넓은 강, 울창한 숲, 넓은 초원, 험준한 바위로 이루어진 언덕, 그리고 깊은 호수를 감산 들판 위로 높이 날고 있는 보잉 747 비행기를 타는 것에 비견될 수 있다. 그 비행기 앞에 시원한 전경이 펼쳐 보이고 장엄하고 인상적이고 숨이 막힐 지경이지만, 비행기 안에 앉아 있는 승객으로서는 항상 편

에 대한 신학적 강해를 수행하는 것이다"라고 말하는데, 그에게 있어 '신학적'이라는 것은 삼위일체, 그리스도의 신성과 인성, 속죄, 교회론, 종말론 등을 의미한다(R. Albert Mohler, *He is Not Silent: Preaching in a Postmodern World* [Chicago: Moody, 2008], 111. 또한 109-10을 보라).

안하다. 그러나 한 가지 문제가 있다. 그리스도인은 세계 '위에서' 날아가는 존재가 아니다. 그리스도인은 세계 한가운데 속해 있다. 그리스도인은 그 모든 풍경의 현실 속을 실제로 헤쳐 가는 중이다.[73]

구약 텍스트의 세부사항을 무시하고 성경신학이 기대하는 대로 모든 정경 본문을 획일적으로 추상화하는 해석학적 이동은 설교자에게 역효과를 가져올 수 있다. 이처럼 성경신학으로의 축소(혹은 추상화)와 더불어 설교 주제가 지루하게 반복되는 불상사는 불가피한 일이며, 하나님의 백성의 믿음과 삶에도 큰 유익이 없다.

그래서 해돈 W. 로빈슨(Haddon W. Robinson)은 다음과 같이 경고했다.

> 우리가 성경 구절의 세부사항과 해석학적 상호 작용을 밟지 않고 광범위한 신학적 추상화 작업 속에 그 구절을 희석시킬 때, 우리는 벽지에 똑같이 반복된 이미지 패턴처럼 모든 설교가 똑같아지는 결과를 초래할 것이다.[74]

반면에 설교자가 텍스트의 세부적 내용을 깊이 파고들어 가면, 매주 설교할 문단에 고유하게 담긴 특정한 신학적 메시지를 따로따로 그리고 연속하여 다양한 추동력으로 설교할 수 있을 것이다. 설교자가 매주 구체적인 삶의 변화를 위해 설교할 수 있는 것은, 바로 이처럼 조금씩, 문단마다,

---

73 Hendrik Krabbendam, "Hermeneutics and Preaching," in *The Preacher and Preaching* (ed. Samuel T. Logan, Jr.; Phillisburg, N.J.: Presbyterian and Reformed, 1986), 235.

74 Haddon W. Robinson, "The Revelation of Expository Preaching," in *Preaching to a Shifting Culture: 12 Perspectives on Communicating that Connects* (ed. Scott M. Gibbson; Grand Rapids: Baker, 2004), 83. 이것은 Greidanus가 창세기를 다룬 것에서 인식할 수 있다. 그의 책에서 각 구절(passage)에 대한 '설교의 목적' 부분을 보면 이 목표들은 문단마다 놀라울 정도로 유사하다는 것이 즉석에서 분명해진다. Greidanus, *Preaching Christ from Genesis*, 288, 306, 347, 368, 386, 420-21, 441 등을 보라.

설교마다 텍스트와 텍스트의 특정한 신학에 고유한 특권을 부여함으로 가능하다.

필자가 제안하는 '문단신학'에 근거하여 선포되는 설교가 그리스도와는 별개로 신자의 경건함에 도달하는 수단처럼 오해하지 않도록 하기 위해, 앞서 제3장에서 진술했던 것을 잠깐 반복하려 한다. 우리는 신자의 구원을 가능하게 하신 그리스도 때문에 비로소 설교할 수 있다.

그리스도 때문에 성령 하나님의 내주가 가능해졌고, 내주하시는 성령 하나님은 하나님의 자녀들이 성경 어디에서든 언급되는 하나님의 계명에 순종할 능력을 공급하신다. 달리 말하면, 주어진 문단에서 늘 설교자가 확보해야 하는 메시지는 그리스도의 구속 사역으로 말미암아 가능해진 하나님의 은혜로 내주하시는 성령 하나님의 능력을 통해 믿음으로 순종하는 것, 즉 하나님의 계명을 충족하는 것이다.

설교는 신자들에게 각각의 성경 문단에서 확보한 하나님의 계명에 따라 하나님의 은혜에 의하여 성령 하나님의 능력 안에서 그리스도가 이미 성취한 사역에 비추어 인간의 책임의 일부분을 달성하라고 촉구하는 것이다.

2) 모든 문단에서 그리스도를?

구속사 관점의 성경 해석자들이 지지하는 것처럼 성경의 모든 문단에서 그리스도를 설교해야 한다는 주장은 그다지 근거가 있어 보이지 않는다. 대신에 다음에서 보듯이 성경의 증거는 이와 다른 입장을 제시한다.

구약성경의 모범적 사례는 신약성경의 저자들이 자유롭게 인용했다. 모든 성경 장르는 구속사적 논문이라기보다는 오히려 윤리적 교훈을 제시한다. 이러한 교회의 성경 해석 역사는 삶의 변화를 위한 설교의 풍요롭고 교훈적인 전통을 지지한다.

신약의 사도들은 그리스도 중심적 방식으로 설교했다고 막연하게 주장하는 것만으로는, 그 뒤를 따라야 할 충분한 성경적 근거가 되지 못한다.

그래서 필자는 이런 유형의 주장들을 다음에 좀 더 자세히 살펴볼 것이다. 그리고 뒤이어 그리스도 중심적 해석을 지지하기 위해 종종 인용하는 몇 개의 성경 구절들을 검토할 것이다.[75]

(1) 풍부한 모범

그리스도 중심적 해석자들의 주장과 다르게, 신약성경 안에도 신자들의 모범을 위한 다양한 구약의 인물(그리고 사건)이 동원되고 있다. 로마서 15:4와 고린도전서 10:6은 분명히 이런 사례를 확증한다.

또한, 다음의 사례들도 있다(눅 4:23-27[왕상 17:8-24]; 롬 4, 9장[창 15, 17, 18, 21, 25장 등]; 딤전 2:12-15[창 2-3장]; 히 3:7-4:11[민 14-21장]; 그리고 약 2:12-26; 5:10-28[엘리야가 '우리와 성정이 같은 사람'으로 주목을 끈다]).

히브리서 11장은 모든 시대의 그리스도인을 위한 모범으로 연속하여 구약의 등장인물들을 소개한다(또한, 히 13:7을 보라).

게다가 예수님은 빈번히 유대 청중들에게 그분의 이야기와 비유 속의 인물들을 닮으라고 교훈하셨다. 예를 들면, 지혜로운 건축자(마 7:24-27)와, 다윗(막 2:23-28), 그리고 선한 사마리아인(눅 10:25-37, 이 구절들은 "가서 너도 이와 같이 하라"라는 명확한 명령으로 끝난다)이 모범적 사례로 언급된다.

또 신약의 저자들은 예수님까지도 모범으로 제시한다(히 12:1-3; 또한, 롬 15:2-7; 엡 5:2; 빌 2:5-11; 고전 4:17; 11:1; 갈 4:12; 빌 4:9; 살전 1:6-7; 딤후 1:13; 2:2-3; 3:10-17).

이렇게 신약성경에서 이미 모범이 동원되고 있는 사례들은, '도덕화' 즉 성경의 인물들을 하나님의 자녀들을 위한 모범으로 사용하는 것을 반대하는 구속사적 해석자들의 편파적 주장을 정면으로 반박한다.

그레이다누스(Greidanus)는 다음과 같이 말한다.

---

75 그리스도 중심적 해석에 반대하는 이러한 주장들에 대한 추가적 세부 내용을 위해서는 다음을 보라. Jason Hodd, "Christ-Centered Interpretation Only? Moral Instruction from Scripture's Self-Interpretation as Caveat and Guide," *SBET* 27 (2009): 59-65.

[도덕화는] 성경 자체의 목적을 약화시키고 성경의 목적을 설교자가 추구하는 도덕적 모범에 관한 윤리적 교훈으로 대체한다.

골즈워디(Goldsworthy)도 같은 입장에서 다음과 같이 말한다.

[그와 같은 설교를] 최악의 경우에는 그리스도를 부인하는 율법주의라는 점에서 악마적이다.[76]

그러나 그레이다누스와 골즈워디에게는 미안한 말이지만, 앞서 창세기 22장에 대한 연구에서 거듭 확인했듯이, 필자는 많은 경우에 성경 자체는 (긍정적이든 부정적이든) 그 등장인물들을 후대의 독자들에게 모범으로 제시하고 있다고 주장하고 싶다.

물론, 그렇다고 성경 인물을 무분별하게 모방하는 일에 집착하여, 저자가 말하고 있는 것으로 실행하는 문단의 수행력을 전혀 고려하지 않고 ('문단신학'에 주의를 기울이지 않고) 언제나 텍스트로부터 천편일률적인 도덕적 적용점으로 곧장 달려가는 '도덕주의적' 설교자들이 적지 않은 사실을 부정하려는 것은 아니다.

본 연구는 'X를 닮으라'는 식의 모범적 해석으로 자의적으로 아무렇게나 모범적 인물을 활용하는 대신, 그 역사적 인물과 구분하여 본문의 문단에서 확보한 저자의 신학적 의도를 적용 단계로 가져올 것을 제안한다. 이와 달리 성경의 인물에 기초한 모든 설교를 막무가내로 '도덕화'라는 꼬리표를 붙이는 것은 해석학적으로 의심스러울 뿐만 아니라 설교학적으로 순진한 행위다.[77]

---

[76] Greidanus, *Preaching Christ fron the Old Testament*, 293; idem, *The Modern Preacher*, 117; Goldsworthy, *Preaching the Whole Bible*, 124.

[77] 필자의 생각으로는 구속사적 해석에서 일어나고 있는 일은 텍스트에 적절하게 근거하지 않은 'X와 같으라'는 해석에 대한 과민반응이다. 본 연구는 텍스트의 특수성과 텍

(2) 지속적인 도덕적 가르침

구약성경의 모든 장르는 근본적으로 도덕적, 및 윤리적 교훈에 관여한다. 구약의 장르들은 장차 도래할 메시아를 미리 전조로 보여 주는 역할만 하는 것이 아니며, 단지 구원의 진리만을 확정하는 것도 아니다.

앞서 제3장에서 이미 상세하게 설명했지만, 구약성경의 율법적 측면들은 신약 시대 이후라도 결코 폐기되어서는 안 된다. 바울은 율법이 거룩하고 의롭고 선하고, 신령하다고 평가하며 즐겁게 이에 동의한다(롬 3:31; 7:12, 14, 22). 그러므로 율법은 그러한 명령들에 대한 신약성경의 적용에서 알 수 있듯이(고전 9:9-10; 딤전 5:17-18) 여전히 모든 세대의 신자에게 신학적으로 유효한 하나님의 계명이다.

구약성경의 다른 장르들에 관해서도 마찬가지이다. 예를 들면, 시편은 앞으로 도래할 메시아적 목적을 위해 해석되는 것을 부인할 필요 없으면서 동시에 신자들에게도 적용되는 하나님의 말씀이다.

예를 들어, 시편 2편은 그리스도와 그리스도인들 모두에게 적용된다(행 4:25-27; 13:33; 히 1:5; 5:5; 계 2:26, 27; 12:5; 19:15). 시편 44:22(롬 8:36)와 시편 95:7-11(히 3:7-11, 15; 4:3, 5, 7) 등도 마찬가지이다. 과거 예언도 또한 현대 신자에게까지 적용된다(창 3:15; 롬 16:20).

예수님과 신자들 모두 '세계의 빛'이라고 불린다(마 5:14와 요 8:12; 9:5; 사 49:6; 60:3으로부터). 또 이사야 45:23은 신자들이 최후의 심판을 기억하고 서로를 예의 바르게 대하도록 동기를 부여하는 데 적용될 뿐만 아니라 예수님의 궁극적 승리(빌 2:10)를 예고하는 데도 적용될 수 있다.

지혜 문학도 신약에서 경건한 삶을 위한 교훈으로 적용된다. 예를 들면, 잠언이 그렇다(잠 3:7[고후 8:12]; 잠 3:11-12[히 12:5-6]; 잠 3:34[약 4:5; 벧전 5:5]; 잠 11:31[벧전 4:18]; 잠 25:21-22[롬 12:20] 등).

스트의 요구를 고려하면서 어느 한 쪽 극단으로 향하지 않는 보다 정당한 해석을 제안한다.

달리 말하면, 성경은 장차 메시아가 성취할 약속과 그 성취에 대한 증언 이상의 메시지를 담고 있다. 성경에는 하나님의 백성들의 실제적 삶과 깊은 연관을 맺어야만 할 윤리적 계명들도 들어 있다. 하지만 그리스도 중심적 설교는 개별 텍스트의 윤리적 강조점을 약화하는 경향이 있다.

놀랍게도, 골즈워디와 같은 구속사적 해석가들은 디모데전서 5:18과 같이 구약성경을 신자들에게 윤리적으로 적용하는 신약성경의 구절들에 대해 해명하느라 진땀을 흘린다.

> 일단 정경의 보다 넓은 텍스트 안에서 그리스도 중심의 해석 원리가 확립기만 하면 그리스도를 통한 연결은 굳이 구체적으로 드러낼 필요가 없다.[78]

그렇다면 왜 모든 설교가 그리스도와의 연결 고리를 확보해야만 하고 그 원리를 재확립해야만 하는가?

채플(Chapell)도 "십자가, 부활, 성령 혹은 하나님의 권능을 부여하는 은혜를 언급하지 않고 도덕적 행동을 칭찬하는" 신약 기자들에 대해 "포괄적인 성경 메시지의 맥락"을 근거로 하여 해명하려 한다.[79]

물론, 필자도 맥락이 핵심이라는 주장에 대해 진심으로 동의한다. 이 주장은 설교에도 그대로 해당된다. 이 맥락에는 설교자가 그의 청중에게 매주 수행하고 있는 사역(상담, 기도회, 소그룹 모임, 징계, 장례식, 결혼식 등에서 그리스도가 높여지고 있음)의 장기간의 맥락뿐만 아니라, 기도, 찬송, 성찬식, 성경 봉독 등으로 예수 그리스도를 언급하는 예배 시간에 전달되는 설교의 직접적 맥락이 포함된다.

---

[78] Goldsworthy, *Preaching the Whole Bible,* 117.
[79] Bryan Chapell, *Christ-Centered Preaching: Redeeming the Expository Sermon* (2nd ed; Grand Rapids: Baker, 2005), 275.

그러므로 문자적으로 모든 설교가 그리스도 중심적이어야 한다는 주장은 그렇게 절대적인 필수 요건은 아니다. 특별히 선택된 문단이 문자적으로 그리스도를 실제로 가리키지 않는다면 말이다.

(3) 역사적 증거

후드(Hood)도 역사적으로 강해자들은 '그리스도 중심의 접근법 이상의 것'을 사용했다고 주장한다.[80]

개신교 내에서 그리스도 중심적 설교를 강조하는 데 일차적 책임이 마틴 루터(Martin Luther)에게로 돌아간다. 루터는 로마서 10:4에 관하여 다음과 같이 선언했다.

> 성경에 나오는 한 마디 한 마디는 그리스도를 가리킨다. 마음속으로 생각해 보면 모든 성경은 어디서나 그리스도를 다룬다.[81]

루터의 경우에 구약 텍스트에서 그리스도가 분명하게 발견되면 설교에서도 그만큼 그리스도를 분명하게 설교해야 한다고 주장하는 과정에서 그가 중요시하는 기독론은 그만 그리스도 중심적 설교와 뒤섞여 버리고 말았다. 사실 그에게는 그리스도의 (신성과 인성에 관한) 이중적 본성이 성경의 유사한 이중성과 비슷하다고 여겨졌다.

80　Hood, "Christ-Centered Interpretation Only?," 65. 초기의 유대교는 분명히 도덕적 가르침의 목적으로 성경을 사용했다. "사실상 예외 없이 유대교는 성경은 우리에게 어떻게 살아야 할지를 가르치기 위해 쓰여졌다는 바울의 생각을 강력하게 입증해 준다. 그러므로 모든 유대인은 성경이 삶의 원리를 공급할 것을 기대했다는 데 학자들은 일반적으로 동의한다"(Brian S. Rosner, "'Written for Us': Paul's View of Scripture," in *A Pathway into the Holy Scripture* [eds. D. Wright and P. Satterthwaite; Grand Rapids: Eerdmans, 1994], 102).
81　Martin Luther, *Luther on Romans* (Library of Christian Classics 15; trans. Wilhelm Pauck; Philadelphia: Westminster, 1961), 288.

그리스도가 인성의 옷을 입은 영원한 하나님의 말씀인 것처럼 성경은 글자로 기록되어 문서의 형태를 가진 하나님의 말씀이다.[82]

이렇게 칼케돈 공회의 합의문(Chalcedonian formula)을 성경에 적용하자, 루터는 자연스럽게 성경의 모든 곳에서 그리스도를 보는 방향으로 기울어졌다.

(그리스도) 그분은 그것(성경) 안의 모든 것이 그대로 적용되는 분이시다.[83]

이와 달리 구약성경에 대한 칼빈의 설교는 그리스도 중심적이라기보다는 오히려 삼위 하나님 중심적이었다. 그는 주저하지 않고 구약의 인물들을 자기의 양 떼를 위한 모범으로 사용했다.

우리가 성경을 통하여 우리처럼 연약했던 다른 사람들(구약의 인물들)이 자신의 연약함에도 불구하고 온갖 유혹에 저항하고 하나님께 온전히 순종하며 충성했던 사례를 보고 배울 수 있는 것은 아주 유익한 일이다. … 그리하여 우리는 여기(욥기)에서 훌륭한 거울을 본다(*Sermons on Job*, on Job 1:1).

그러나 그레이다누스는 칼빈이 이처럼 기독론을 다소 소홀히 취급한 것처럼 보이는 부분을 변호한다. 그레이다누스의 말에 따르면, 이 개혁가 칼빈은 '하나님'이 언제나 삼위일체의 삼위를 포함하는 것으로 이해했기 때문에, 삼위 하나님의 이름이 구체적으로 서술되지 않더라도 성부 하나님과 마찬가지로 성자 하나님과 성령 하나님도 가리킨다는 것이다. 그러므로 칼빈의 하나

---

[82] Martin Luther, *D. Martin Luthers Werke: kritische Gesammtausgabe* (*weimarer Ausgabe*; 121 vols; Weimar: H. Böhlaus Nachfolger, 1883-2009), 48:31 (translation modified from A. Skevington Wood, *Captive to the Word: Martin Luther: Doctor of Sacred Scripture* [London: Paternoster, 1969], 178).

[83] Martin Luther, "Preface to the Old Testament," in *Luther's Works*, vol. 35 (trans. Charles M. Jacobs; rev. E. Theodore Bachmann; Philadelphia: Muhlenberg, 1960), 247.

님 중심적 설교는 '그리스도 중심적' 설교를 내포한다는 것이다.

그레이다누스는 계속하여 해명한다.

> 또 다른 이유는 아마도 칼빈이 강해설교를 그날의 텍스트에 한정했기 때문일 것이다.

그러나 가장 놀라운 것은 다음과 같은 마지막 면책 조항 같은 해명이다.

> 제네바에서 칼빈은 연속 독법식 설교(lectio continua)를 따랐음을 기억해야 한다. 그는 헌신적인 그리스도인들을 대상으로 주중에도 교훈적(homily) 스타일로 구약성경을 연속 독법으로 설교했다는 것을 기억해야만 한다. 그러므로 그는 매번 그리스도를 문자적으로 설교해야 할 필요를 느끼지 못했을 것이다.[84]

필자는 칼빈이 보여 준 이런 유익들이 현대의 설교자들에게까지 그대로 확장되기를 바란다. 비록 그들의 '하나님' 개념이 칼빈에 비하여 훨씬 덜 삼위일체적이고 또 주어진 성경 문단에 훨씬 덜 집중하고, 또 연속 독법(lectio continua[렉티오 콘티누아])의 설교 방식에도 훨씬 덜 헌신하더라도 말이다.

(4) 사도적 해석(Apostolic Hermeneutics)

몰러(Mohler)에 따르면, 텍스트가 무엇이든지 설교자는 모든 설교에서 십자가를 설교해야 한다.

---

[84] Greidanus, *Preaching Christ from the Old Testament*, 147-48. Greidanus는 Calvin을 변호하면서도 그의 교훈적 설교에 대해서는 만족하지 못한다. "우리의 관점으로는 칼빈은 성경 전체의 맥락에 기초하여 분명하게 그리스도 중심적 설교를 산출하는 데 충분히 초점을 맞추지 못했다"(ibid., 149).

찰스 스펄전(Charles Spurgeon)이 아주 웅변적으로 표현했듯이, 설교자들은 말씀이신 그리스도(the Word)를 정경적 맥락에 위치하여 "곧장 십자가로 직행해야 한다."[85]

일각에서는 사도들의 설교 패턴이 그리스도 중심적 해석과 설교에 대한 신학적 정당성을 부여한다고 주장한다. 사도들은 "일관성 있게 그리스도의 죽음과 매장과 부활을 설교했다"[86]는 것이다. 신약성경에서 우리가 접근 가능한 (비록 전부는 아니지만) 대부분의 기록된 설교 메시지를 분석해 보면 이것이 틀린 주장이 아님을 알 수 있지만, 그럼에도 불구하고, 빈약한 자료를 가지고 포괄적인 사도적 해석 방법론 원칙을 자의적으로 만들어 내지 않도록 주의해야 한다.[87]

신약성경에 기록된 설교 메시지는 그 수가 몇몇에 지나지 않는다. 그리고 이들 설교 모두는 예외 없이 복음 전도에 관한 것이어서 '예수 그리스도의 죽음과 매장과 부활'이라는 복음의 핵심을 제시할 수밖에 없다.[88]

---

85 Mohler, *He Is Not Silent*, 21. Spurgeon은 젊은 설교자에게 조언하는 '옛 성인'의 말을 인용한다. "성경의 모든 텍스트에는 성경의 대도시, 즉 그리스도께 도달하는 길이 있다. …나는 그 안에 그리스도께로 도달하는 길을 갖지 않은 텍스트를 발견한 적이 없다. 그리고 만일 내가 그리스도께로 이르는 길을 발견하지 못하면 내가 그것을 만들 것이다." Charles H. Spurgeon, "Christ Precious Believers," n.p. (cited June 3, 2012)를 보라. Online: http://spurgeon.org/sermons/0242.htm. 이 설교는 1859년 3월 13일에 행해졌다.
86 Mohler, *He Is Not Silent*, 21.
87 우리는 또한 신약성경에 있는 것들이 글자 그대로 옮긴 설교가 아니라는 것을 기억해야 한다. 틀림없이 각각의 저자들에 의해 그들의 글의 성령 하나님의 영감을 받은 의제(agenda)를 진작시키기 위해 편집되었다. 그러므로 우리는 완전한 설교가 아닌 설교의 부분을 조사하는 것이어서 우리의 분석을 왜곡할 잠재성을 높인다.
88 예수 그리스도 안에 있는 구원의 기쁜 소식을 제시하는 것은 분명히 설교자에게 필수적인 일이다. 그리스도의 구속 사역의 유익을 매주 열거하여야 하는지는 필자의 생각엔 실용적 이슈이지 해석학적 이슈가 아니다. 왜냐하면, 그러한 결정은 설교자의 청중이 이미 알고 있는 것과 모르는 것, 혹은 듣는 청중이 누구인지에 기초하여 결정되어야 하기 때문이다. 아마도 구원자이신 그리스도를 모르는 사람은 많지 않을 것이다. 매 설교마다 구속사와 그것의 영광스러운 유익을 나열하도록 설교자를 제약하는 각각의 문단(pericope)에서 나오는 해석학적 의무는 없다(그 특정한 '문단신학'이 그것을 실제로 요구하지 않는 한). 특정한 텍스트에서 해석학적으로 제한된 것은 특정한 삶의 영역에서 도덕적 삶을 위한 특정한 지침, 즉 하나님의 계명을 어떻게 충족시키느냐이다(믿음

어느 경우든 중요한 것은 텍스트 배후에 있는 사도들의 실제 메시지에 관한 해석이 아니라, 최종적으로 텍스트 문맥 안에 남아 있는 것과 저자가 그 문단을 통하여 독자들 앞에 투영하는 세계, 즉 저자들이 말하는 것(구약의 인용, 인유 등)과 그를 통하여 저자들이 실행하는 것이다.

텍스트 배후에 있는 요소들은 사도들의 해석학적 방법론으로부터 시작하여 계시의 역학(예언, 꿈, 우림과 둠밈, 나귀의 울음, 제비뽑기), 사용된 필사 재료(가죽, 파피루스, 깃펜과 잉크), 말뭉치(corpus)의 유형(고문서[codex]와 두루마리), 예증법(비유적 자료, 고대 그리스 예언가들의 말) 모두는 그 자체가 성경 하나님의 영감을 직접 받은 것이 아니기 때문에, 그것으로는 결코 교훈과 책망과 바르게 함과 의로 교육하기에 유익하지 않다(딤후 3:16-17).

그리고 이 문제와 관련하여 텍스트 배후에 있는 과거 역사적 사건들도 마찬가지이다. 과거 구속 역사적 사건들은 계시적 동기를 제공할 수 있겠지만 기록으로 이어지는 성령 하나님의 감동에서는 제외되고 말았다(제2장을 보라).[89]

그래서 해석자의 입장에서 집중해야 할 성령 하나님의 감동은 텍스트 배후에 발생했던 사건이 아니라, 이러한 사건들에 대한 성경의 문학적 서술이다. 즉, 텍스트 뒤에 존재하는 사도들의 해석 방법론과 계시의 역학, 실제의 사건, 그리고 저자들이 동원한 수사적 전략을 실제로 활용한 결과물인 본문의 문단이 성령 하나님의 감동을 받았다. 그래서 해석자는 본문 배후에 있는 과거 사건이 아니라 본문 그 자체에 해석의 특권을 부여해야 한다.

존슨(Johnson)은 이러한 점을 반영하여 현대의 성경 해석자들이 과거 사도들의 해석 방법을 따를 것을 요구하면서도 다소 모호한 태도를 취하는

의 순종을 통해).

[89] 물론, 이 말은 신약성경 저자들이 그들의 글에서 진지하지 않았다거나 기만적이었다는 말은 아니다. 그러나 다른 요소들처럼 그런 사건들도 텍스트 뒤에 존재한다. 즉, 이것들은 텍스트에 선행한다.

것처럼 보인다.

> 그러므로 우리가 예수 그리스도의 맥락에서 구약 본문을 해석하는 사도들의 해석의 선례를 따르자고 제안함에 있어, 나는 그들이 그랬던 것처럼(예를 들면, 사 59:20/롬 11:26; 시 95:7-11/히 3:7-11; 시 68:18/엡 4:8, 11; 창 2:7/고전 15:45 등에서 처럼) 우리가 자신의 해석학적 프레임대로 성경 구절을 마음대로 수정하고 확장하고 결합하자고 제안하는 것이 아니다.[90]

그와 같은 수정이나 확장 또는 결합이 사도들의 해석에서 필수적 부분처럼 보이는 입장에서는, 왜 그렇게 하면 안 되느냐고 질문할 수 있다.

이 부분에서 롱네커(Longenecker)는 구속사적 해석자들보다 더 좋은 입장에 있다. 그는 사도들이 구약을 인용하는 방식(텍스트 뒤에 있는 해석학적 요소)에 초점을 맞추기보다는 오히려 구약을 인용하면서(텍스트에 특권을 부여하는 행위) 그들이 해당 구절 안에서 독자들에게 교훈하는 '분단신학'을 강조하고 있기 때문이다.

> 그리스도인으로서 우리의 헌신은 사도들의 믿음과 교리를 오늘날 신자들의 삶 속에 재생산하는 데 집중되어야 한다. 특정한 사도들의 주해 관행에 집중할 필요는 없다.[91]

달리 말하면, 오늘날 해석자가 체득해야 할 성령 하나님의 영감은 성경 저자들의 해석 전략이 아니라 그들을 통하여 감동이 쏟아진 최종 텍스트

---

[90] Dennis E. Johnson, *Him We Proclaim: Preaching Christ from All the Scriptures* (Phillisburg, N.J.: Presbyterian & Reformed, 2007), 146 n 21.
[91] Richard N. Longenecker, *Biblical Exegesis in the Apostolic Period* (Grand Rapids: Eerdmans, 1975), 219.

의 문단이다. 이 문제와 관련하여서 '영감받지 않았다'는 말이 '잘못되었다'거나 '옳지 않다'는 의미가 아니라는 점을 주목해야 한다. 이 표현에는 긍정적이든 부정적이든 텍스트 뒤에 있는 요소들에 어떤 가치 판단도 부여하지 않는다.

다만 성령 하나님이 감동하신 특정 본문의 문단을 적용 단계까지 끌고 가려는 설교의 목적을 고려한다면, 텍스트의 영감받지 않은 요소들 즉 본문의 배후 기원과 저작의 세부사항, 또는 문체와 전략의 문제는 직접적 교훈에 '유익'하도록 의도된 목록(딤후 3:16-17)에 포함시킬 수 없다는 것이다. 성령 하나님의 감동이 집중되지 않은 것은 오늘날 강단에서도 그대로 재생되도록 의도된 것으로 존중할 필요가 없다.

3) 성경 구절들(passages)은 그리스도 중심적 설교를 지지하는가?

그리스도 중심적 설교를 지지하기 위해 흔히 논의되는 성경 구절들은 누가복음 24:23-27, 44-48, 고린도전서 1:22-23, 고린도후서 4:5이다.

(1) 누가복음 24:13-27, 44-48

몰러(Mohler)의 말은 구속사적 해석자들의 그리스도 중심적 경향을 전형적으로 보여 준다.

> 성경의 모든 텍스트는 그리스도를 가리킨다. 그분은 만유의 주님이시며, 성경의 주인이시기도 한다. 모세로부터 선지자에 이르기까지, 그분은 성경의 한 단어 한 단어의 초점이다. 성경의 모든 구절은 그분 안에서 성취를 발견하고, 성경의 모든 이야기는 그분과 더불어 끝난다.[92]

92　Mohler, *He Is Not Silent*, 96.

그러나 막상 해석자가 어떤 해석학적 곡예를 선보이지 않고서도 간단히 모든 단어, 절 그리고 이야기에서 그리스도를 찾아내려는 입장을 논리적으로 변호하는 일은 매우 어렵다.

몰러의 주장은 누가복음 24:13-27, 44-48에 대해 언급하는데, 이 구절들은 클라우니(Clowney)가 '신약에서의 구약 사용을 여는 열쇠'라고 부르는 구절들이다.[93] 이 누가복음의 텍스트가 그리스도 중심적 설교를 강화하려는 논리적 전개 과정에서 자주 인용된다.

이 본문을 조사할 때, 우리는 "모든 성경에"(ἐν πάσαις ταῖς γραφαῖς en pas[엔 파사이스 타이스 그라파이스], 눅 24:27)가 실제로 어디까지를 가리키는지 질문해야 한다.

문자적으로 성경의 모든 단어와 문장, 혹은 모든 책 혹은 모든 문단 혹은 모든 단락과 구절 또는 모든 획과 점까지인가?

예수님이 엠마오 도상의 제자들에게 "모든 성경에"라고 말씀하신 다음에 이어서 하신 말씀이 성경의 모든 부분이 구체적으로 무엇을 의도한 것인지를 암시한다. 그것은 성경의 다양한 부분, 주로 율법서, 선지서, 시편의 주요 부분들을 폭넓게 가리킨다.

누가복음 24:27과 44의 평행법(그리고 각 절에 들어 있는 병행 표현)이 이점을 분명히 보여 준다.

---

93 Clowney, "Preaching Christ," 164. 그래서 "메시아적이라고 인정되는 몇몇 구절뿐만 아니라 모든 구약성경은 우리를 그리스도께로 향하게 한다"(ibid., 166).

24:27	Μωϋσέως καὶ ἀπὸ πάντων τῶν προφητῶν (모위세오스 카이 아포 판톤 톤 프로페톤) "모세와 모든 선지자"	=	ἐν πάσαις ταῖς γραφαῖ (엔 파사이스 타이스 그라파이) "**모든** 성경에"	τὰ περὶ ἑαυτοῦ (타 페리 헤아우투) "자기에 관한 것들"
24:44	Μωσέως καὶ προφήταις καὶ ψαλμοῖς (모세오스 카이 프로페타이스 카이 프살모이스) "모세의 율법과 선지자의 글과 시편"	=	πάντα τὰ γεγραμμένα (판타 타 게그람메나) "기록된 **모든** 것"	περὶ ἐμοῦ (페리 에무) "나에 대해"

위에서 살펴보듯이 27절의 "모세와 모든 선지자"가 "모든 성경"과 동일시되고(눅 24:27), "모세의 율법과 선지자의 글과 시편"이 "기록된 모든 것"과 동일시된다(눅 24:44). 두 구절들은 서로 정확하게 균형을 맞추고 있다. 또 위의 도표에서 알 수 있듯이, "선지자들이 말한 모든 것"(눅 24:25)은 24:27과 24:44의 상응하는 요소들과 평행 관계를 보여 준다.

셋 모두가 '파스'(πᾶς, '모든'[위의 중간 세로단을 보라])의 연결 고리로 연결되어 있다.[94] 그러므로 누가복음 24:25의 "선지자들"(prophets, 즉 그들이 말한 것)은 모든 글로 기록된 성경을 의미하는 환유어의 역할을 한다.

결국, 전체로서의 이스라엘의 성경은 여호와의 뜻과 계명의 말씀에 대한 예언적 증언의 산물이다.[95] 그러므로 저자 누가가 '모세'와 '선지자', 그리고 '시편'이란 단어를 사용한 배경에는 성경의 주요 부분들이 기독론적으로 초점이 맞추어져 있다는 것이지 문자적으로 모든 단어와, 구절, 그리고 이야기가 기계적으로 기독론에 초점을 두고 있다는 뜻이 아니다.

---

94 우리는 또한 눅 24:45의 "성경"(τὰς γραφάς[타스 그라파스])을 다른 동등한 요소들에 추가할 수 있을 것이다.
95 '모세와 선지자'라는 유사한 표현이 눅 16:29-31의 나사로와 부자의 이야기에서 발견된다는 사실은 엠마오에서 예수님의 성경에 대한 강해가 눅 16장과 24장에서 발견되는 부활이라는 공유된 주제를 다루고 있다는 것을 암시한다. 또한, 행 26:22-23을 보라.

데일 랄프 데이비스(Dale Ralph Davis)는 이 본문에 대한 균형 있는 관점을 다음과 같이 제시한다.

> 물론, 구약성경 전체가 그리스도를 증거한다. 그렇다고 구약성경은 그리스도만을 증거하는 것은 아니다. … 나는 누가복음 24:27과 44에서 광범위한 (포괄적 extensive) 추론을 시도하는 것에 동의한다. 그러나 좁게 집중적(intensive) 추론을 시도하는 것은 정당하지 않다. … 나는 광범위한 추론을 따라서 예수님이 모든 구약성경을 통해서 장차 고난을 겪고 영광을 받으실 메시아를 증언한다고 생각한다.
>
> 그러나 나는 좁게 집중적 추론을 거부하여 예수님이 모든 구약의 단어와 구절, 문장이 자신에 관하여 미리 예언하는 것으로 말씀하시는 것은 아니라고 생각한다. 예수님은 모세의 율법과 선지자들과 시편 안에서 그분에 관해 쓰여진 것들에 대해 언급하셨다. 그분은 문자적으로 모든 구절이 자신에 대해 예언한다는 뜻으로 말씀하지는 않으셨다(24:44).
>
> 나는 그리스도 자신이 그리스도 편파적 해석을 요구한다고 생각하지 않기 때문에, 모든 구약성경(내러티브) 구절이 획일적 방식으로 그리스도를 가리킨다고 생각할 수 없을 것 같다.[96]

사실 누가복음 24:27에서 예수님은 실제로 자신과 관련 있는(τὰ περὶ ἑαυτοῦ[타 페리 헤아우투]; "모든 성경에 쓴 바 자기에 관한 것") 구약성경의 문제들만을 언급하셨다. 24:44(나를 가리켜 기록된 모든 것)도 그런 맥락에서 언급되었다. 이렇게 이 문단 안에서 화자이신 예수님이나 기록자인 누가가 자료를 특정 목적을 가지고 선별적으로 선택하고 있음이 분명하다.

---

[96] Dale Ralph Davis, *The Word Became Fresh: How to Preach from Old Testament Narrative Texts* (Ross-Shire, U. K.: Mentor, 2006), 134-35.

예수님은 성경의 모든 구절과 단락에서 자신의 모습을 발견하시는 것이 아니라 성경의 모든 주요 부분(모세오경과 선지서, 시편)들에서 자신에게 직접 관련된 텍스트에서만 자신을 발견하시는 것이다.

독자편에서 볼 때 놀라운 모습이 하나 있다. 엠마오 도상의 두 제자가 예수님을 주님으로 인식하게 된 계기가 예수님이 구약성경을 그리스도 자신과 연결시켜 해설한 강의 때문이 아니라, 함께 만찬을 나눈 것 때문이라는 점이다(24:30-31).[97]

어쨌든 구약성경에서 명시적으로 드러나는 메시아적 약속과 예시는 성경의 전체 구절에 비추어 볼 때 그 횟수가 비교적 많지 않다(창 3:15; 12:3; 민 21:9; 신 18:15[예수님이 요한복음 5:46에서 '그{모세}가 나에 대하여 썼다'고 주장한 것에 비하여, 그리고 시 2, 16, 22편; 사 53장 등과 같은 다양한 다른 텍스트).

결국, "성경이 나에 대해 증거한다"는 예수님의 단언을 구약성경의 모든 구절과 문단, 그리고 단락이 문자적으로 명백하게 그리스도를 언급하거나 예언하는 것으로 해석하기 어렵다.

---

[97] 참된 유월절 식사의 형태로 예수님은 무교병을 떼셨다(눅 24:30). 떼어진 조각은 ἀφικόμενος(아피코메노스, '오시는 이'[he who comes])였다. 이 특별한 의식의 전례는 불분명하지만 유대 전통에서 אפיקומן(아피코만)은 메시아 자신을 나타내는 것 같으며, 세파르딕(Sephardic, 스페인 또는 포르투갈계의 유대인-역자 주)과 아슈케나지(Ashkenazi, 중부와 동부 유럽 유대인 후손)의 유월절 의식에 여전히 적용된다. Arvid Nybroten, "Possible Vestiges of the Afikoman in the Elevation of Panagis," *GOTR* 43 (1998): 106, 126 n 6을 보라.
공관복음서에서 이 메시아의 상징적 요소를 나누어 주시면서, 그분은 또한 이것을 그분의 몸과 동일시하셨다. 사실상 그분 자신이 메시아라는 것이었다(마 26:26; 막 14:22; 눅 22:19). 마지막 만찬에서 예수님이 주장하신 것과 행하신 것을 이렇게 이해하는 것이 초대 교회에 널리 퍼져 있었다. 2세기의 대주교였던 멜리토의 사르디스(bishop of Sardis, Melito)는 그의 부활절 설교에서 특별히 예수님을 ἀφικόμενος라고 불렀다(*Peri Pascha* 66, 86). 그러므로 떡을 떼는 행위의 이러한 메시아적 의미는 그분이 엠마오의 제자들에게 부서진 떡을 주었다고 하는 바로 그 순간, 그들로 하여금 즉각적으로 예수님을 인식하도록 했을 수 있다(눅 24:30-31). 아마도 그분은 "이것은 내 몸이다"(="이것은 나다")라는 동일한 말을 하셨을 수도 있다. 또한, Deborah Bleicher Carmichael, "David Daube on the Eucharist and Passover Seder," *JSNT* 42 (1991): 59-60을 보라.

(2) 고린도전서 1:22-23, 2:2, 고린도후서 4:5

구속사적 진영에 있는 학자들은 "바울은 설교할 때마다 설교 메시지의 분명한 기준으로 십자가에 초점을 맞추었다"[98]라고 주장한다. 그러나 실상을 보면, 바울이 신약성경에 기록된 모든 설교에서 그리스도만을 설교한 것은 아니었다. 적어도 아레오바고에서 행해진 설교에서(행 17:22-31, 그리고 아마도 행 14:8-18의 자기 변호에서), 예수님과 십자가는 전혀 언급되지 않았다.[99]

그럼에도 불구하고, 고린도전서 1:22-23, 2:2 그리고 고린도후서 4:5는 흔히 그리스도 중심적/십자가 중심적 해석에 신뢰성을 제공하는 근거 구절로 사용되어 왔다. 그러나 이 구절을 좀 더 자세히 조사해 보면, 신뢰성을 두어야 할 자리에 오히려 신뢰성이 주어지지 않는다. 고린도전서 1:22-23의 맥락은 벗어나기가 어렵다.

바울은 분명히 복음 전도의 목적을 마음속으로 염두에 두고 있었다. 고린도전서 1:22-23(그리고 1:24)에서 유대인들과 헬라인들을 언급한 점이 이것을 암시한다.

	구한다(찾는다)	그러나 그리스도는 사실은 … 이어서	그들에게는 … 이 된다
유대인들	표적	하나님의 능력[100]	거리끼는 것
그리스인들	지혜	하나님의 지혜	미련한 것

바로 앞의 1:21에서 바울은 "하나님께서는 전도의 미련한 것으로 믿는(πιστεύω[피스튜오]) 자들을 구원하시기를 기뻐하셨다"라고 진술했는데, 이

98　Mohler, *He is Not Silent*, 43.
99　또다시 이전에 언급한 동일한 경고가 적용된다. 성경에 쓰여 있는 것은 설교의 편집된 토막들이어서 해석학적, 설교학적 방법론을 끌어내는 것은 기껏해야 근거가 희박하다.
100 '표적'은 흔히 능력과 연관된다. 행 6:8; 롬 15:19; 살후 2:9.

역시 명백히 복음 전도의 목적을 가진다.[101]

바울이 "예수 그리스도와 그가 십자가에 못 박히신 것 외에는 아무것도 알지 아니하기로 작정하였다"라고 단언하는 고린도전서 2:2도 마찬가지다. 여기에서 바울은 이전에 그가 고린도를 방문했던 일, 즉 그 지역 교회를 설립할 때의 일에 대해 회상하는 것으로 보인다(2:1).

그리고 고린도전서 3:10-11은 바울이 그 교회의 터를 닦은 것에 대해 언급한다.[102] 여기에서도 저자의 관심사는 불신앙적인 이방인 고린도인들의 회심을 위한 그의 전도 설교에 관한 것이다.

바울이 하나님의 능력을 사용하는 하나님의 지혜의 중요성을 선언한 배경에는 바로 이처럼 이방인 회심의 목표를 위하여 가장 효과적인 복음 전도 사역이 자리하고 있었다.

고린도전서 2:5-7에 언급된 "하나님의 능력"과 "하나님의 지혜"는 둘 다 그 앞에 1:22-24로부터 넘어온 것으로, 이 구절들과 이 구절들이 공유하는 복음 전도의 주제와 목적을 효과적으로 연결시킨다.[103]

고린도후서 4:5에 관해서도 마찬가지로 "우리는 우리를 전파하는 것이 아니라 오직 그리스도의 예수의 주 되신 것을 전파함이라"라는 바울의 선언도 복음 전도적이며, 고린도에 교회가 설립되던 날들을 상기시킨다.

고린도전서 4:6에서 빛/어두움의 주제를 반복하는 것뿐만 아니라, 망하는 자들에게는 가리어 있는 복음(4:3)과 믿지 않는 자들이 복음의 빛을 보지 못하도록 '이 세계의 신'에 의해 그들의 눈이 멀게 된 것에 대한 언급에 주목해 보라.

---

[101] "예수는 그리스도라고 가르치기와 전도하는" 제자들을 기술하는 행 5:42-6:1도 또한 분명히 복음 전도적이다. 이는 오순절의 맥락과 제자들의 수가 증가하는 것 등에 의해 입증된다.

[102] Raymond Pickett, *The Cross in Corinth: The Social Significance of the Death of Jesus* (JSNTSup 143; Sheffield: Sheffield Academic Press, 1997), 69, 74.

[103] 엡 3:8도 바울 사도의 복음 전도의 의무를 분명히 한다. 바울은 이방인을 구원의 믿음으로 나아가게 하기 위해 '그리스도의 풍성함'을 그들에게 전하고 있었다.

고린도전서 1:18-26의 유사한 모티프와 병행구를 이루는 고린도후서 4장의 '약함'의 주제도 있다(전파하는 자의 약함).

> 우리가 이 보배를 질그릇에 가졌으니 이는 심히 큰 능력은 하나님께 있고 우리에게 있지 아니함을 알게 하려 함이라(고후 4:7).

이 선언에 이어서 전도 사역과 관련된 근심스러운 고난의 주제들이 자세히 열거된다(4:8-18). 물론, 앞서 고린도후서 2장에서 일반적 논의의 요점은 사도의 복음 전도 사역에 대한 해명이다. 그러다 뒤에 이어지는 고린도후서 4장은 이전 논의의 한 부분으로, 독자들에게 그들 공동체 안에서의 신뢰와 다른 사람들에 대한 바울의 복음 전도 사역의 자격을 언급한다.[104]

간단히 말하면, 그리스도 중심적 설교의 근거로 구속사 설교론자들이 주장한 몇몇 성경 구절의 근거는 빈약하다. 성경에서 그리스도를 발견하려는 새로운 해석법을 주장하기 전에, 먼저 하나님의 계명과 이에 대한 인간의 순종의 책임의 우선순위가 분명하게 확립되어야 한다. 왜냐하면, 이 요구와 책임이 뒤에서 기술하게 될 그리스도 형상적(christiconic) 해석의 근

---

[104] 고전 1:22-23에 비추어 구속사적 해석자들은 종종 그리스도 중심적 설교는 기독교 설교를 '회당 설교'(synagogue sermons)와 구별하는 데 도움을 준다는 의견을 개진한다. "구약으로부터 그리스도를 설교하는 것은 회당 설교가 아니라 구속의 완전한 드라마와 그리스도 안에서 구속의 성취를 고려하는 설교이다"(Clowney, *Preaching Christ*, 11; 다음도 또한 그렇다. Greidanus, *The Modern Preacher*, 220). 이 조언을 받아들이려면 설교자는 이 설교를 성경에 대한 모든 잠재적 비기독교 강해와 주의 깊게 구별해야 한다. 그러나 설교는 매주 변증을 행하기 위한 자리가 아니다. 하나님의 백성이 하나님의 영광을 위해 특정한 방식으로 변화될 수 있도록 그들에게 설교될 필요가 있는(설교되어야 하는) 풍성한 '문단신학'(pericopal theology)이 존재하기에 더욱 그러하다. Ott는 이것을 약 반 세기 전에 잘 표현했다. "우리는, 마치 어떤 대가를 지불하고도 자신의 설교에 기독교 교리의 모든 항목을 집어넣는 것이 (설교자의) 의무인양, 어떤 특정한 설교에서 '십자가' 혹은 '부활'에 대한 언급을 놓쳤다고 선언하는 비평가들에 대해 불편한 마음을 가져야 한다"(Heinrich Ott, *Theology and Preaching* [trans. Harold Knight; Philadelphia: Westminster, 1965], 27).

간을 형성하기 때문이다.

4) 하나님의 계명과 인간의 순종

필자는 이 연구에서 성경의 모든 문단에는 하나님의 계명이 함축되어 있고, 하나님의 자녀들은 그 요구를 충족시킴으로써 하나님의 자녀로서의 책임을 다해야 한다고 주장한다. 확실히 이 순종은 하나님의 은혜와 그리스도의 용서 그리고 성령 하나님의 권능에 기초한다.

그러나 이 순종이 그분의 백성들이 거룩해야 하되 심지어 하나님의 거룩하심과 같이 거룩해야 한다는 성경적인 계명의 수행력을 결코 희석하지 못하고 오히려 그 수행력을 통하여 실현된다.

(1) 순종의 가치

존슨은 다음과 같이 말한다.

> 구약성경의 역사 이야기의 목표는 도덕적 교훈을 가르치려는 것이 아니라 하나님 백성의 구원자이신 하나님의 구원 사역을 추적하려는 것이다. 그분의 사역은 하나님이 그분의 백성들 가운데 임재하심을 보여 주는 그리스도의 성육신 사건에서 그 절정에 도달했다.[105]

그러나 만일 구약성경의 목적이 단지 과거 역사에 관한 정보를 제공하려는 것이라면, 즉 '하나님의 과거 일을 추적하는 것'이라면, 그 안에는 하나님이 우리에게 원하시는 것이 무엇인지, 하나님은 우리가 어떻게 살아가기를 원하시는지, 삶의 특정한 면에서 그리스도인답다는 것이 무엇을 의미하는지에 관한 교훈은 전혀 찾아볼 수 없단 말인가?

---

[105] Johnson, *Him We Proclaim*, 50-51.

구속사적 해석자들은 일반적으로 다음과 같이 생각한다.

> 순종에는 그만한 가치가 있다고 교훈하는 것은 불손하다. … 도덕적 행동은 그만한 가치가 있다고 암시하는 것은 불손하다.[106]

물론, 순종은 비록 구원으로 보상받을 가치는 아니지만 순종에서 끝나 버리는 그 이상의 가치가 있다. 분명 하나님은 그분의 자녀들의 순종을 기뻐하시고, 그 순종이 신자들 안에서 내주하시고 권능을 부여하시는 하나님 자신의 은혜로운 활동의 결과이지만, 그분의 기뻐하심으로부터 누적되는 유익이 뒤따르는 것도 사실이다.[107]

사실 골로새서 1:10은 신자들이 "주께 합당하게 행하여 범사에 기쁘시게 하고 모든 선한 일에 열매를 맺기"를 격려한다. 하나님의 은혜를 예를 들어 보자. 하나님은 그분의 모든 자녀를 항상 완전히 그리고 무조건적으로 사랑하시지만, 각 신자의 그 사랑에 대한 경험은 조건적이며 어떤 신자는 그 경험에서 벗어날 수도 있다. 이것은 유다서의 저자가 "하나님의 사랑 안에서 자신을 지키며"(유 21)라고 촉구할 때 잘 인식하고 있던 가능성이었다.[108]

예수님 자신도 이렇게 선언하셨다.

---

[106] Bryan Chapell, "Application without Moralism: How to Show the Relevance of the Text," 3, cited June 3, 2012. Online: http://www.preachingtoday.com/skills/themes/application/200203.25.html?start=3. 이 에세이는 총 7페이지로 되어 있는데, 이 서로 다른 페이지들은 하이퍼링크의 마지막 숫자를 바꿈으로써 접근할 수 있다. 여기에 제공된 것은 3페이지에 대한 링크이다.

[107] 성화(sanctification)에서는 하나님의 주권과 인간의 책임이 작동되며, 우리는 성경의 이러한 긴장을 받아들여야 한다.

[108] 유다서에서 경고한 하나님의 사랑의 경험으로부터 벗어나는 것은 구원의 상실이 아니라, 성화에서 하나님의 복을 받는 영역으로부터 벗어나는 것이다. Chapell은 "도덕적 행위에는 축복의 결과가 있다"라는 점과 "하나님의 자비에 반응하여 그리스도 안에서 드려지는 사랑의 봉사는 … 그분을 기쁘게 한다"라는 점을 인정한다(*Christ-Centered Preaching*, 315).

너희도 내 계명을 지키면 내 사랑 안에 거하리라(요 15:10; 또한, 요 12:5; 4:12를 보라).

아버지와의 사랑스런 친교 속에서 생활하는 것이 하나님의 자녀에게 촉구되고 있으며 그것 자체가 복을 가져온다. 그러므로 필자는 순종을 통하여 얻을 수 있는 것이 아주 많다고 주장하고자 한다. 순종으로 구원을 얻는 것은 아닐지라도 하나님과 자녀로서의 언약 관계(여기에는 수많은 복이 있다)와 이후에 영원한 보상의 축복이 뒤따를 것이다.

(2) 현재의 보상(incentives)

미쉬나(Mishnah)는 이렇게 선언한다.

"너희는 내 규례와 법도를 지키라 사람이 이를 행하면 그로 말미암아 살리라"(레 18:5)는 토라의 말씀은, 법도 위반을 멈춘 사람은 법도를 지키는 사람과 같은 수준의 보상을 얻는다는 것을 의미한다. 그런 사람은 자신과 오는 세대를 위한 공로를 얻는다(m. Mak. 3.15).

그러나 계명에 순종한 결과로 하나님의 손으로부터 현세적 축복이 뒤따른다는 교훈을 쉽게 받아들이기를 거부하는 입장도 있다. 그 이유는 순종에 따른 현세적 복을 인정하면, 예수님을 팔아 그들의 청중에게 충분한 경제적 보상(주로 금전적 이익)을 보장하는 일부 기복적 설교자들의 (이미 널리 퍼져 있는) 상업주의의 남용으로 이어질 것에 대한 두려움 때문일 것이다.

이러한 두려움은 비록 타당하지만 그렇다고 신자가 하나님의 약속을 올바로 배워서 그 삶 속에서 실천해야 할 당위성까지 부정해서는 안 된다. 축복과 보상(그리고 필연적 결과인 징벌과 훈육)은 모든 사람의 행동과 삶의 양식을 위한 타당한 동기 요인이다.

성경은 그 다양한 모든 부분에서 하나님과 동행하는 사람은 단지 영원에서만이 아니라 이 세계에서도 복 받은 사람이라는 것을 분명히 한다. 예를 들어, 평안의 약속(롬 8:6; 고후 13:11; 갈 6:16; 빌 4:6-7에서)은 이 땅에서 하나님의 자녀가 어떤 종류의 행동을 취할 때 그대로 실현된다. 하나님이 규정한 행위로부터의 긍정적 결과는 그것이 무엇이든 하나님이 베푸신 은혜의 행위이며 그러므로 '축복'이다.

하나님이 그의 독자들에게 은혜, 자비, 그리고 평안을 공급하시기를 바라는 사도 바울의 격려하는 인사와 축복의 수는 이 축복들이 자동적인 것이 아니라 신자의 거룩함의 여하에 달렸음을 시사한다.[109]

이와 같은 축복의 형식과 그 종류는 전적으로 하나님의 특권이다. 이 축복들이 물리적이거나 정서적이거나 혹은 영적일 수 있다. 순종에 대해 주어지는 축복의 종류에 대해서 우리는 무지함을 솔직하게 고백해야 한다. 그러나 순종에 반드시 축복이 뒤따른다는 사실 자체는 부정할 수 없다. 축복은 성경에 의해 보증되었다.[110]

칼빈은 이 시대에 하나님으로부터 주어지는 보상의 한 부분은, 신자들의 순종과 선행이 "그 인간적 행위의 가치만으로 평가되지 않고 오히려 하늘 아버지의 친절과 관용에 의해 그 행위에 지나친 은혜 안에서 보싱의 가치를 부여하실 정도로 그 행위를 인정해 주신다는 사실이다"라고 말한다.

게다가 하나님은 "그 행위들이 오염되어 있어 불완전한 것임을 간과"하시는데 이것은 다른 형태의 제공되는 그분의 은혜로운 보상이다(*Institutes*, 3.17.3). 하나님이 주신 복은 사실 여러 가지이며 하나님은 감사하게도 그분의 자녀들을 그들의 행위와 악행에 비례하여 다루지 않으시는데, 이것

---

109 롬 1:7; 고전 1:3; 고후 1:2; 갈 1:3; 엡 1:2; 빌 1:2; 골 1:2; 살전 1:1; 살후 3:16; 딤전 1:2; 딤후 1:2; 디 1:4; 몬 3; 벧전 1:2; 벧후 1:2; 요이 3; 요삼 15; 유 2; 계 1:4를 보라.
110 신 4:4, 29-31, 40; 5:16, 29, 33; 6:3, 10-12, 18, 24; 11:8-15, 18-25; 12:28; 16:19-20; 28:1-14; 30:1-10, 15-16, 20; 32:46-47 등을 보라. 시편과 지혜 문학에도 이러한 약속이 풍성하다. 시 1, 23, 37, 41, 91, 112, 128편; 잠 2:1-12; 3:1-12 등을 보라. 신약성경도 그러한 보증을 말하는 데 소홀히 하지 않는다. 마 6:31-33; 7:24-27; 11:28-30; 막 8:14-21; 10:29-30; 요 14:21; 15:5, 10; 고후 9:6-15; 엡 6:1-3; 딤전 5:17-18; 디 3:8; 약 5:13-18; 벧전 3:1-2; 요일 3:21-24 등.

자체도 하나님의 축복이다.

그러므로 하나님의 축복은 언약 관계에 따른 보상이라는 의미에서 결코 인간의 선행만으로 얻어낼 수 있는 것이 아니라, 순종할 수 있도록 성령 하나님에 의해 그분의 자녀들에게 능력을 주시는 것을 포함하여 언제나 그분의 은혜의 결과이다(제3장을 보라). 보상은 그분과 동행하는 사람들에게 반드시 주어진다.[111]

고난과 축복의 역설적 결합이 이 시대 신자들에게 약속된 것임을 기꺼이 인정해야만 한다. 마가복음 10:29-30에서 예수님은 분명히 그분을 따르는 이들에게 다음과 같이 약속하셨다.

> 나와 복음을 위하여 집이나 형제나 자매나 어머니나 아버지나 자식이나 전토를 버린 자는 현세에 있어 집과 형제와 자매와 어머니와 자식과 전토를 백 배나 받되 박해를 겸하여 받고 내세에 영생을 받지 못할 자가 없느니라(막 10:29-30).

고린도후서 12:10은 이 역설을 추가로 설명하는 것 같다. 어떤 상황이든 하나님의 은혜는 '일시적인 가벼운 고통'을 능가하며(고후 4:17), 이 은혜의 복은 그 상황이 아무리 심각하다 해도 모든 고난의 상황 속에서도 넉넉하다. 이것 또한 신실한 순종에 대한 보상이다.

요셉의 이야기는 훌륭한 사례를 제공한다. 창세기 39장의 내러티브는 그 양쪽 끝에서 여호와께서 그 젊은이와 함께하셔서 그와 그가 돌보던 가문과 그가 살고 있던 감옥이 하나님의 복을 누렸음을 서술한다(창 39:1-5, 21-23).

---

[111] 앞에서 보았듯이, 순종은 결국 하나님이 이미 그분의 백성을 위해 하신 것에 대한 반응이다. 관계가 책임에 선행한다. 신 11:1을 보라. "그런즉(즉, 그분의 백성을 하나님이 구속하셨기 때문에, 신 10:22) 네 하나님 여호와를 사랑하여 그가 주신 책무와 법도와 규례와 명령을 항상 지키라."

이처럼 요셉에게 주어진 복을 묘사하는 용어가 창세기 39장의 처음과 끝에서 교차대구 형식(parallel)으로 나타남으로, 그 상황이 아무리 위험하고 어둡고 가망이 없더라도 하나님의 자녀에게는 하나님의 축복이 어떤 형태로든 심지어는 고난이라는 절망적이고 고통스러운 상황 속에서, 그 상황과 함께, 그리고 그 상황에도 불구하고 반드시 찾아올 것임을 강조한다.

반면에 신자가 하나님께 얻을 수 있는 축복이 전혀 없다고 믿거나 그런 부분을 신자들에게 납득시킬 수 없다면, 매일의 그토록 풍성하고 풍부하고 무상으로 주어지는 자비/축복은 어떻게 설명할 수 있을까?

매 순간, 매시간, 매일 하나님의 수많은 축복 하나하나에 대한 감사의 근거나 이유가 사라지고 말 것이다.

채플은 순종에는 그에 상응하는 가치가 없음을 강조한 다음에 이어서 또 다른 충고를 제시한다.

> 하나님이 신자의 불순종을 이유로 그를 거절하신다고 가르치는 것은 온당치 못하다.[112]

확실히 그리스도와 그분의 속죄 사역을 신뢰하는 하나님의 자녀에게는 영원한 정죄의 거절은 결코 없을 것이다(롬 8:31). 그렇더라도 순종을 거부한다면 이 땅에서 어떤 종류의 '거절'이 귀결되는 것은 분명하다. 왜냐하면, 하나님의 자녀에게도, 특별히 하나님의 자녀에게는 선행에 따른 결과가 필연적으로 예고되어 있다. 그것은 바로 하나님의 훈육과 연단이다.[113]

---

112 Chapell, "Application without Moralism," 3.
113 하나님의 자녀가 그분과 동행하는 데 실패할 때 주어지는, 이 축복의 부정적 상대어인 하나님의 자녀에 대한 하나님의 훈육과 징계도 성경에 약속되었다. 구약성경에서, 신 1:31-36; 4:23-28; 5:11; 6:14-15; 7:9-10; 8:19-20; 11:16-17, 26-32; 27:12-26; 28:15-68; 30:17-18; 31:15-32:43 등; 신약성경에서, 고전 5:1-13; 갈 6:7; 딤전 6:9-10; 디 3:9; 히 12:5-11(잠 3:11-12를 인용함; 또한, 잠 15:5를 보라), 15-17; 13:17; 벧

하나님이 그분의 자녀들에게 무한한 자비를 일방적으로 베푸신다는 사실이, 반대로 훈육과 연단을 위한 섭리를 배제하지 않는다.[114] 그래서 성경은 불순종에 대한 경고로 가득 차 있다(그렇다고 구원을 상실하는 것은 아니다). 신자에 대한 이런 훈육은 질병 혹은 심지어 죽음의 형태를 띨 수도 있다(고전 3:17; 5:5; 11:27-30, 32; 요 15:16). 그래서 우리는 그것이 구원의 상실 수준은 아니더라도 이미 신자인 자들에게는 이 땅에서 어떤 종류나 분량의 보상이 박탈될 수 있음을 주목해야 한다(고전 3:15; 10:4-5).

요한1서 2:28은 의무를 이행하지 않는 신자들에게 그리스도가 강림하실 때에, 아마도 구주로부터의 보상과 칭찬의 상실 때문에, 그분 앞에서 부끄러움을 당하는 모습에 대하여 미리 경고한다.

(3) 나중의 보상

종교개혁주의자들이 신자의 순종에 대한 하나님의 영원한 보상이라는 개념을 혐오하고 두려워했다는 것은 그리 놀라운 일이 아니다.

어쨌든 그들의 업적은 인간의 선행에 의한 공로로 얻을 수 있는 구원에 대한 오해를 극복하느라 최선의 노력을 해 오지 않았는가!

그들은 인간의 선행으로 성취된 의(義)라는 함축 의미를 피하려고 노력해 왔다.

카이퍼(Kuyper)는 다음과 같이 현명하게 관찰했다.

> 종교개혁자들은 로마가톨릭이 내세운 선행의 획득 개념이 교회 뒷문으로 들어오지 못하도록 하려고 … 신자의 순종에 합당하게 약속된 보상들에 대

전 3:7; 4:17-19; 계 2:5; 3:19 등.
[114] 그러나 엄청난 불균형이 존재한다. 하나님은 내가 저지르는 모든 죄에 대해 나를 훈육하시지 않으신다. 혹은 적어도 내가 받아야 할 정도로 징계하시지 않으신다. 이것도 은혜이다!

하여 죽음 같은 고요 속에서 침묵했다. 그 결과 성경이 도처에서 풍성하고도 다양한 보상의 약속을 통하여 우리에게 주는 경건의 적지 않은 유익들이 상실되고 말았다.[115]

18세기 이후로 개혁주의자들의 가르침 때문에 기독교 안에서 정당한 보상의 개념이 점차 무시되었다. 문제는 개혁주의자들의 사고에서 성경적 '보상'은 현세적인 것은 하나도 없고 오직 내생의 '영생'과만 동일시되었다는 것이다. 이런 논리 구조 안에서는 '보상'(곧 영생)으로 이어지는 순종을 전혀 주장할 수 없게 되고 말았다.

물론, 영생이 믿음을 동반하는 은혜의 보상인 것은 분명하지만 성경의 증거는 현재와 내생에 주어질 수많은 하나님의 보상을 함께 강조한다. 그리고 이 모든 보상은 하나님과의 동행, 즉 '믿음의 순종'(제3장)에 의존한다.[116]

개혁주의자들은 또한 공로를 법정적 의미, 즉 신자의 공로에 대하여 하나님이 그에 상응하는 보상을 나누어 주어야 하는 의무를 불손히게

---

[115] Abraham Kuyper, *E voto dordraceno: Toelchting op den Heidelbergschen Catechismus* (4 vols.; Amsterdam: J. A. Wormser, 1892-1895), 2:377 (네델란드어로부터 필자가 직접 번역함). 보상에 대한 신자들의 다가오는 판결에 대해 성경은 분명히 입장을 밝힌다. 마 6:1-4; 롬 14:10-12; 고전 3:13; 4:5; 9:24; 고후 5:10; 골 3:22-25; 딤후 2:5; 약 5:7-11; 요일 2:28. 보상의 실제적 내용은, 그것이 그리스도와 함께 통치하는 특권을 포함한다는 것은 가능한 일이지만 분명하지 않다. 시 2:8-9와 계 2:26; 3:21; 고전 6:2; 골 3:23-24; 딤후 2:12. 하늘에 있는 '보물'은 다음 구절들에 언급되어 있다. 마 6:1-4, 16, 19-21; 19:21, 29; 25:21; 눅 12:32-33; 고전 4:5; 딤전 6:17-19; 벧전 1:6-7; 벧후 1:10-11. '면류관'은 다음 구절들에 언급되어 있다. 고전 9:25-27; 빌 4:1; 살전 2:19; 딤후 4:6-8; 약 1:12; 벧전 5:1-4; 계 2:10. 이 보상들의 정도가 하나님의 자녀가 보여 준 신실한 순종에 비례한다는 구절이 있는 것 같다. 마 25:20-25; 고전 3:12-15.

[116] 영원한 정죄로부터의 구원의 복과 관련하여서, 유일한 '순종/행위'는 그리스도를 구원자로 믿는 것이다(요 6:29; 엡 2:8-9는 행위와 믿음을 구분한다). 그러나 현재의 풍성한 삶과 영원에서의 보상의 축복과 관련하여서는, 그리스도를 닮기 위한 인내가 요구된다(고후 5:10). '상속'과 '보상'에 대한 훌륭한 설명을 위해서는 다음을 보라. Joseph C. Dillow, *The Reign of the Servant Kings: A Study of Eternal Security and the Final Significance of Man* (Haysville, N. C.: Schoettle, 1992), 43-110, 135-45.

하나님께 지울 수 있는 근거로 이해했던 것 같다. 그러나 신자가 마땅히 돌려 받아야 할 공로의 개념에 대해 성경은 전혀 아는 바가 없다.

마태복음 20:1-16은 포도원 품꾼의 비유를 통해서 하나님 편에서는 산술적이거나 계약적인 보상(혹은 악행에 대한 훈육)의 보상이 있을 수 없음을 분명히 지적한다. 오히려 보상은 전적으로 하나님의 사랑과 은혜의 문제(그리고 그분의 훈육은 그분의 정의와 자비의 문제)로 그분 자신의 주권적 목적에 완전히 달려 있으며, 그분의 신적 특권에 따라 어떤 사람에게 보상을 제공하는 것은 절대적으로 그분의 권리다.[117]

이러한 순종에 대한 축복의 말씀, 즉 현재와 영원에서의 하나님의 은혜로 공급되는 결과물은 결코 그 자녀들의 선행과 산술적으로 비례하지 않는다는 데에는 의심의 여지가 없다. 이 은혜는 하나님의 자녀들이 보여 주는 연약한 순종과 비교할 때, 압도적으로 크고 불공평할 정도로 과분하고 후하다. 이 불균등성이 하나님의 은혜를 더욱 은혜로 빛나게 한다. 그리고 그 안에 누가복음 17:10의 천재성이 자리하고 있다.

> 이와 같이 너희도 명령받은 것을 다 행한 후에 이르기를 우리는 무익한 종이라 우리가 하여야 할 일을 한 것 뿐이니라 할지니라(눅17:10).

순종의 결과로 풍부하게 돌려받는 것처럼 보이는 축복들은 분명히 하나님께 법적 책임을 지우듯이 마땅히 받아야 할 것처럼 주장할 것이 아니다. 무엇보다도 하나님의 자녀가 순종할 수 있도록 먼저 그 능력을 공급하는 것이 성령 하나님을 통한 하나님의 은혜라는 점을 고려할 때, 이 축복들은 응당히 받아야 할 권리가 아니다. 그러나 순종과 축복의 은총 사이의 불균형이 신실한 순종에 대한 하나님의 사랑과 기쁨이 그 축복들에 함께 깃들여 있다는 상호 연관성을 약화시켜서는 안 된다.

---

[117] Ibid., 529-30.

마찬가지로 불순종에 대한 하나님의 불쾌감은 그분의 징계와 훈육으로 연결된다. 성경은 신자의 신실함은 하나님의 백성이 하나님께 빚지고 있는 의무라는 점을 확실히 한다. 그렇다면 신자의 신실함은 하나님의 보상을 통하여 계약적으로 변제되어 사라지는 것이 아니라, 하나님은 그분의 주권적 은혜 속에서 이와 같은 신실함의 능력을 베푸시기로 선택하셔서 그렇게 그 신실함에 합당한 보상을 주시는 것이다.[118]

이런 맥락에서 베드로후서 1:5-11은 중요한 교훈을 제시한다. 베드로 사도는 성도들에게 더욱 힘써 덕, 지식, 절제, 인내, 경건, 형제 우애, 그리고 사랑, 즉 신실한 순종을 '공급하라'(ἐπιχορηγήσατε[에피코레게사테], 벧후 1:5)고 촉구한다. 그러면 그 보답으로 하나님은 그들에게 그리스도의 영원한 나라에 들어가는 것을 넉넉하게 '공급하실'(ἐπιχορηγέω[에피코레게오], 벧후 1:11) 것이라고 약속한다.

베드로 사도가 이런 교훈을 이미 신자로 부름받아 교회 안으로 들어온 사람들에게 교훈하고 있음에 비추어 볼 때, "이런 것(벧후 1:5-7에서 열거된 특질)이 너희에게 있어 흡족하다"(벧후 1:8), 즉 이것들이 신자에게 '공급되었다'는 표현은 틀림없이 신실하게 순종하는 이들에게 '공급되는' 보상을 언급할 것이다. 그러므로 신자 편에서 하나님께 향하는 순종의 공급은 하나님편에서 신자에게로 주어지는 보상의 공급으로 보상받는다.

이 부분에 선행하는 구절인 벧후 1:3-4는 신실한 순종은 하나님의 은혜로 먼저 그 능력을 공급받았다는다는 점을 분명히 한다.

> 그의 신기한 능력으로 생명과 경건에 속한 모든 것을 우리에게 주셨으니(벧후 1:3).

---

118 또한, 마 24:45; 25:23; 고전 4:2; 계 2:10을 보라. 이 구절들은 신자의 신실함을 보상에 대한 기준으로 인정한다.

또 이 구절에서는 순종과 경건의 능력을 은혜롭게 공급하시는 하나님의 목적도 소개된다. 그것은 "너희가 신성한 성품에 참여하는 자가 되게 하려"(벧후 1:4), 즉 그리스도의 형상을 닮도록 하려는 것이다. 사실 이것이 바로 사람이 창조된 목적이다(아래를 보라).

(4) 요약: 하나님의 계명과 인간의 순종

성경은 하나님이 신자의 순종에 대한 동기 요인을 말씀하고 있음에 분명한 입장을 취하는 것으로 보인다. 신자의 순종에 대한 긍정적 동기 요인은 보상/축복이고, 부정적 동기 요인은 훈육/축복의 상실이다. 그러므로 신자의 성화 과정에서 하나님의 주권적 사역에 기초하며 그것의 중요성을 충분히 인지하는 설교자라면 하나님의 계명에 대한 신실한 순종이라는 인간의 책임과 자녀로서의 의무를 소홀히 다뤄서는 안 된다.

오히려 이 부분을 충분히 설득하는 설교는 하나님의 자녀들로 하여금 설교 본문에 나타난 하나님의 계명에 자신의 삶과 인생을 정돈하도록 효과적으로 권면할 것이다. 그리고 자신을 하나님의 계명에 정렬시킬 때 그들은 하나님의 이상적 세계 안에 거주할 수 있고, 그 세계의 교훈과 우선순위와 실천에 따라 살 수 있다. 즉, 실제적(점진적) 성화의 과정에 포함될 수 있다.

그렇더라도 하나님의 축복이 전적으로 신자가 도달하는 신분적 성화에 달려 있다고 주장하는 것은 위험하다. 왜냐하면, 그렇게 되면 신자의 삶 속에서 죽기까지 남아 있는 죄악의 문제가 어느 정도 해결되었기 때문에 더 이상 하나님을 불쾌하게 만들지 않음을 암시할 수 있기 때문이다. 설교자들은 사도 바울의 다음과 같은 교훈을 명심해야 한다.

> 너희를 위하여 기도하기를 그치지 아니하고 구하노니 너희로 하여금 … 하나님의 뜻을 아는 것으로 채우게 하시고 주께 합당하게 행하여 범사에 기쁘시게 하고 모든 선한 일에 열매를 맺게 하시며 하나님을 아는 것에 자라게 하시고(골 1:9-10).

그러므로 설교자가 매 주일 성경 문단의 구체적 내용에 더 주의를 기울이고 그렇게 확보한 본문의 추동력을 온전히 설교하여 그 단락에 나타난 하나님의 계명을 청중들이 깨닫게 할 때, 청중의 삶은 성령 하나님의 은혜로운 활동과 능력 부여에 의해 변화되며, 열매를 맺게 되고 그들이 더 그리스도를 닮아 가는 삶을 통하여 하나님은 영광 받으실 것이다. 이제 '그리스도 닮기'에 관한 쟁점을 살펴봄으로 본 연구를 종결하고자 한다.

5) 그리스도 형상적(christiconic) 해석

채플은 성경의 모든 텍스트 안에서 '타락한 상태에 초점 맞추기'(Fallen Condition Focus)라는 해석 전략을 주장했다.

> [이 방법의 초점은] 현대의 신자들이 텍스트의 수신자들이나 또는 텍스트의 등장인물들과 그대로 공유하는 인간의 공통된 타락 상태는, 하나님의 백성들이 최종적으로 그분을 영화롭게 하고 기뻐하시는 삶으로 나아가기 위하여 먼저 해당 텍스트를 통해서 계시된 하나님의 은혜를 요구한다는 것이다.[119]

그는 성경 단락에 대한 이런 초점 맞추기가 그 텍스트에 대한 설교의 신학적 추동력이 되어야 한다고 제안한다. 그러므로 강해자의 책무는 모든 설교 본문에서 이 '타락한 상태의 초점'을 분별해 내는 것인데, 이는 본질적으로 타락한 인간에 대한 교정적(corrective) 접근법이다.

그렇다. 인간은 사실 타락한 상태에 있고 교정이 필요하다. 그러나 본서에서 살펴본 바와 같이 하나님의 계명은 인간의 타락한 상태를 훨씬 초월한다.

---

[119] *Christ-Centered Preaching*, 50.

예를 들어, 타락 전의 아담과 하와는 하나님의 계명에 순종해야 했다(창 1:16-17, 28-30). 또 시편에서 쉽게 발견되는 하나님에 대한 찬양의 요구는 회복된 인류가 언젠가 다 함께 순종해야 하는 계명처럼 타락하지 않은 존재들이라도 응당 따라야 하는 계명이다(시 148:2; 사 6:1-3). 마지막 날에는 천사들도 하나님을 섬기고 그분께 순종하고(시 103:20-21), 구속받은 인간들도 새 예루살렘에서 하나님을 찬양할 것이다(계 22:2).

그러므로 성경에 언급된 모든 하나님의 계명이 반드시 인간의 '타락한 상태'만을 반영하는 것은 아니다. 성경에서 하나님의 계명은 죄가 없는, 타락하지 않은 천국의 환경에서도 지켜져야 할 것이다. 왜냐하면, 하나님의 계명은 하나님의 백성이 자신들을 그분의 이상적 세계의 교훈과 우선순위와 실천에 따라 정돈하라는 하나님의 부르심이기 때문이다.

그래서 각 성경의 텍스트를 인간의 불완전함과 인간이 하나님의 영광에 이르지 못한 상태에 관한 서술로 여기는 것은 일부분 맞을는지 모르나, 본 연구는 해석자가 성경의 모든 문단이 실행하는 것을 더 제대로 해석할 나은 방법을 제안했다. 그것은 각 문단은 인간의 편에서 죄악의 영향을 받아 실패한 것을 단순히 묘사만 하는 것이 아니라 그 실패에 대한 하나님의 해결책을 독자들에게 실행하고 있다.

달리 말하면, 텍스트는 죄로 인한 인간의 타락과 은혜의 고갈을 서술하고 지적만 하는 것이 아니라, 그 문제가 다 해결된 하나님의 은혜로운 세계를 실행하고 있다는 것이다. 그래서 이 책의 이번 단락은 성경 본문은 인간의 타락과 실패를 묘사하는 것이 아니라 인간이 하나님의 은혜로 하나님의 계명을 실행할 수 있다는 주장을 펼쳤다.

(1) 예수 그리스도와 하나님의 계명

전혀 죄가 없으신(고후 5:21; 히 4:15; 7:26) 한 사람(Man) 주 예수 그리스도만이 완전하게 하나님의 모든 요구를 충족시켰고,[120] 모든 성경이 그리스도를 지향한다는 의미에서, 성경의 각 문단은 그리스도의 형상(the image of Christ)의 일부분인 그리스도 닮기(Christlikeness)의 한 국면을 묘사한다.

달리 말하면, 모든 성경 문단은 최종적으로 그리스도께서 성취하신 방식으로 그 문단에 들어 있는 특정한 하나님의 계명을 독자/청중에게 실행한다는 것이다.

그러므로 하나님의 계명을 충족시키는 것이 그리스도를 닮아 간다는 뜻이고, 성경은 모든 정경 문단의 문학적 총합으로서 하나님의 성육신인 예수 그리스도를 통하여 예시된 완벽한 인간성을 묘사한다. 너무도 그러하여서 성경 **텍스트 앞에 펼쳐진 세계**는 흠 없는 사람, 하나님의 계명을 완전히 충족시킨 유일한 분, 하나님의 이상적 세계의 교훈과 우선순위와 실천에 사신을 완전히 정렬시켜서 그 세계에 완전하게 거주하신 유일한 분이신 그리스도의 '형상'(εἰκών[에이콘])으로 여겨질 수도 있다.

이제 우리는 제1장에서 소개했고 2장에서 더 발전시킨 '의미의 다면체'의 삼중구조의 중간 요소(성경 문단의 초역사적 의도)에 개념적 보충을 추가할 수 있게 되었다. 성경 **텍스트 앞에 펼쳐진 전체 세계**를 통합하면(개별적 성경 문단들에 의해 투영된 세계의 모든 부분을 통합하면) 혹은 성경의 다양한 문단이 실행하는 신학적 메시지를 모두 통합하면 사실상 그리스도의 형상을 통합한 것과 같아질 것이다. 그렇다면 각 개별 문단은 그리스도의 형상의

---

[120] 사탄은 그리스도로 하여금 죄를 짓게 하는 일에 실패했고(마 4:1-11), 그리스도께서는 언제나 아버지께서 기뻐하시는 일을 행하신다고 주장하셨다(요 8:29; 15:10). "너희 중에 누가 나를 죄로 책잡겠느냐"라는 그리스도의 질문에 아무런 대답이 없었다(요 8:46). 빌라도 그리스도께서 무죄라고 판정했다(요 18:38). 행 2:27; 3:14 등을 보라. 이 구절들에서 그리스도는 "거룩한 자"라고 언급되신다. 또한, 롬 8:3; 벧전 1:19; 2:22; 요일 2:1; 3:5를 보라.

한 측면, 즉 그리스도를 닮은 모습의 한 측면을 묘사할 것이다.[121]

그러므로 하나님의 계명에 순종하는 신자들은 점진적 성화의 과정에서 각각의 성경 텍스트가 연속적으로 제시하는 하나님의 계명을 점차 실행함으로 점진적으로 더욱 그리스도와 같은 모습으로 변화할 것이다. 필자는 이렇게 성경의 각 문단이 그리스도와 같은 모습의 일부분을 투영하는 것으로 이해하는 텍스트 독법을 가리켜서 그리스도 형상적 해석(christiconic interpretation)이라고 부른다.

의미의 다면체		
원래 텍스트의 뜻	텍스트 앞에 펼쳐진 세계, 문단신학, 그리스도의 형상	실례화

하나님의 자녀를 위한 그분의 계획은 그들의 인간성이 그분의 아들이신 예수 그리스도와 같은 모습으로 변화하는 것이다(롬 8:29; 고후 3:18; 엡 3:19; 4:13-16; 골 1:28 등). 이것이 모든 인류를 위한 하나님의 궁극적 계획이다. 로마서 8:29는 하나님의 자녀로 예정된 이들의 최종 상태를 서술하는데, 그것은 "그 아들의 형상(εἰκών)을 본받는 것"이다.[122]

이 부분을 이해함에 있어서 필로(Philo)는 올바른 노선을 걸었다.

> 인간 존재의 적절한 목적(τέλος[텔로스])은 하나님을 닮는 것(θεὸν ἐξομοίωσιν[테온 엑소모이오신])이다(*Opif.* 144).

---

[121] 모든 문단에서 그리스도와 같은 모습에 대한 묘사는 그리스도 중심적 해석에 대한 은밀한 허가가 아니다. 왜냐하면, 문단에서 발견되는 것은 그리스도에 대한 명백한 묘사가 아니라 암시된 묘사, 즉 그리스도의 형상(εἰκών[에이콘])이기 때문이다.
[122] "흠이 하나 없는 형상을 하신 이는 바로 그(그리스도)이시다. 그러므로 우리는 우리가 할 수 있는 한 영으로 그분을 닮으려고 노력해야만 한다 … 우리가 할 수 있는 한 죄가 없도록 노력해야 한다. 먼저 우리에게서 죄와 연약함을 제거하고 그다음 습관적인 죄악된 성향을 근절하는 것보다 우리에게 중요한 것은 없다"(Clement of Alexandria, *Paed.* 1.2).

하나님 닮기는 회심과 더불어 시작하여서 종말까지 확장되는 연속적 과정일 것이다. 이 과정은 "신자들의 최종적 영화뿐 아니라 지금 여기 이 세계에서도 그리스도를 점차로 닮아 가는 단계를 포함한다".**123**

요한복음 14:9에서 함축하듯이, 그리스도 자신이 성부 하나님의 형상(εἰκών[에이콘])이다(고후 4:4).

> 이 형상에 의해 우리 주님은 빌립에게 성부 하나님을 보여 주셨다. … 그렇다. 아들을 보는 사람은 그분의 초상화로 아버지를 볼 수 있다(Ambros, *Exposition on the Christian Faith* 1.7.50; 또한, 골 1:15와 히 1:3을 보라).

아들이신 그리스도가 성부 하나님의 형상이므로, 로마서 8:29의 종착점은 신자들이 점진적으로 하나님을 닮는 것이다.

하나님의 목표는 창조 때에 인간의 것이었으나 타락으로 손상된 하나님의 형상(*imago Dei*[이마고 데이])을 회복하여 마침내 인간이 "그의 거룩하심에 참여하게"(히 12:10) 하는 것이다.

> 바울은 우리가 복음에 의해 하나님의 형상으로 변화한다고 말한다. 그리고 그에 따르면 영적 중생은 다름 아닌 이 동일한 형상의 회복이다(Calvin, *Commentary on Genesis* 1:26).**124**

---

123 C. E. B. Cranfield, *The Epistle to the Romans* (International Critical Commentary, 2 vols.; Edinburgh: T. & T. CLARK, 1979), 1:432. 다음도 또한 같은 입장이다. Joseph A. Fitzmyer, *Romans: A New Translation with Introduction and Commentary* (Anchor Bible 33; New York: Doubleday, 1993), 525(『앵커바이블: 로마서』 [서울: CLC, 2015], 844-45). Fitzmyer는 그리스도인들은 계속하여 그리스도의 형상으로 변화된다고 주장한다. Jewett가 언급했듯이, "그리스도의 운명은 타락한 인류에게 하나님의 형상을 회복시키는 것이다"(Robert Jewett, *Romans: A Commentary* [Minneapolis: Fortress, 2007], 529-30). 종말에 인간이 그리스도를 닮는 것은 빌 3:21; 요일 3:2 등에 분명하게 언급되어 있다.

124 사실 그리스도의 형상을 닮아 가는 것은 타락 이전의 상황을 능가하는 더 큰 결과이다. "죽지 않을 수 있는 상태"(*posse non mori*[포세 논 모리]; 아담의 형상을 따라)에서 "죽을 수 없는 상태"(*non posse mori*[논 포세 모리]; 그리스도의 형상을 따라)가 된 것이

휴스(Hughes)는 신자가 칭의를 부여 받을 때에 믿음에 의해 하나님의 형상이 신자에게 자유롭게 전가된다(imputed)고 설명한다. 그분의 형상은 성화의 과정에서 성령 하나님의 활동을 통하여 점차로 신자에게 이식된다(imparted)고 한다.

필자는 휴스의 두운법을 확장하여 이 형상은 최종적으로 영화(glorification) 시에 '영원토록 하나님의 영광을 위하여 뚜렷하고 완전하게' 그리스도인에게 새겨진다(impressed)는 말을 덧붙이고자 한다.[125]

그러므로 성화와 관련되는 한 신약성경은 주저하지 않고 예수님을 모델로 가리킨다(마 9:9; 10:38; 11:29; 20:26-28; 요 13:15; 롬 15:1-3; 살전 1:6; 엡 5:2; 빌 2:5; 벧전 2:21-3:7; 요일 2:6; 3:16 등).[126]

그래서 그리스도 형상적 해석의 핵심은, 성경의 특정 문단이 하나님의 백성으로 하여금 그리스도를 닮은 모습과 하나님의 아들의 형상에 더 가까이 다가가도록 권면하는 하나님의 계명을 제대로 분별하는 방식으로 성경의 문단들을 해석하는 것이다.

요약하면, 디모데후서 3:16-17은 모든 사람을 성숙하도록(그리스도와 같은 모습이 되도록) 할 만큼 "모든 성경은 유익하다"라고 주장한다. 그러므로 모든 설교의 텍스트(문단)는 그 크기에 상관없이 하나님의 자녀가 순종해야 할 하나님의 계명을 담고 있다.

오직 사람이신 예수 그리스도만이 완벽하게 "온전하며"(ἄρτιος[아르티오스], 딤후 3:17, 강조를 위해 이 절의 앞에 위치함), "모든 성경"(3:16)에 나오는 하

다. 이것은 또한 "죄를 짓지 않을 수 있는 상태"(*posse non peccare*[포세 논 페까레]; 아담의 형상의 특성)에서 "죄를 지을 수 없는 상태"(*non posse peccare*[논 포세 페까레]; 그리스도의 형상의 특성)가 된 것이다. Peter Lombard, *The Four Books of Sentences*, 2.19.1; Augustine, *Corrept*. 33을 보라.

125 Philip Edgcumbe Hughes, *Paul's Second Epistle to the Corinthians* (NICNT; Grand Rapids: Eerdmans, 1962), 120.
126 그러나 이것은 예수님이 유일한 모델, 즉 εἰκών(에이콘)이라고 주장하는 것은 아니다. 그분이 다른 무엇보다도 우리 인류에게 모델이 될 수 있는 것은 그분이 성육신한 하나님이시며, 인류의 구원자이시기 때문이다.

나님의 뜻을 완전히 순종하여 성취하셨다. 그분이 성부하나님의 뜻을 완전히 충족시키셨기 때문에, 그분은 이후에 그를 따르는 신자들을 위한 완전한 인간의 원형이며 맏아들이시다.

그리스도 형상적(christiconic) 해석의 핵심은 이것이다. 그리스도께서 하나님의 계명을 완전히 충족시키셨기 때문에 이에 관한 기록을 담은 성경의 모든 문단은 함축적으로 완벽한 인간이신 그리스도의 형상(εἰκών[에이콘])의 한 면을 모범적으로 묘사한다.

그러므로 성경의 모든 문단은 매 문단마다 매 측면마다 "우리가 다 하나님의 아들을 믿는 것과 아는 일에 하나가 되어 온전한 사람을 이루어 그리스도의 장성한 분량이 충만한 데까지 이를 때까지"(엡 3:16) 그리스도의 형상을 닮아 갈 것을 명령한다.[127]

(2) 고린도전서 15:49

고린도전서 15:49는 다음과 같이 훈계한다.

> 우리가 흙에 속한 자의 형상을 입은 것 같이 또한 하늘에 속한 이의 형상을 입으리라 (고전 15:49).

크리소스톰(Chrysostom)은 "흙에 속한 자의 형상을 입은 것"을 이 세계에서 악행을 행하는 것으로 이해했고, 이와 대조적으로 "하늘에 속한 이의 형상을 입는 것"은 '모든 선행'을 순종하는 것으로 이해했다. 또 그는 "하늘에 속한 이의 형상"을 미래 천국의 본질적 일부분이 아니라 현재 신자

---

[127] 설교자는 마땅히 매주 그리스도의 모습을 가리키는 '한 입 크기의' 성경 텍스트의 부분을 선택해야 한다. 크기에 상관없이 그 성경의 부분이 그 설교의 초점이 될 '문단'(pericope)이 된다. 다른 말로 해서 문단은 근본적으로 하나님의 계명을 담고 있는 성경의 모든 부분이다. 그리스도에 의해 충족된 이 요구가 그분의 완벽한 형상의 한 면을 묘사하고 그리스도와 같은 모습이 되는 것이 무엇인지를 가리킨다.

들의 행위의 문제라고 주장했다.

반면에 우리가 본질에 대해서 말한다면, 이 일은 권고나 조언을 필요로 하지 않는다. 그러므로 이 표현은 우리 신자들의 삶의 방식에 관한 것이 분명하다(*Hom. 1 Cor.* 42.2).

이와 같은 '삶의 방식'의 변화가 이 세계에서의 실제적 성화의 과정이다.

우리는 그리스도의 모습처럼 되어야 한다. … 이는 성화를 의미한다. 그분의 백성들이 그분의 아들과 같은 모습으로 거룩하게 변화하는 것이 하나님의 계획이다. 그들은 그럭저럭 존중받는 정도에 머무르거나 되는 대로 살아서는 안 된다.[128]

---

[128] Leon Morris, *The Epistle to the Romans* (Grand Rapids: Eerdmans, 1988), 333. 고전 15:49에서 '입다'(bear)라는 동사의 법(mood)이 토론의 이슈가 된다. 권고를 나타내는 부정 과거의 가정법인 φορέσωμεν(포레소멘, '우리가 입자!')은 P46 A C D F G Y 075 0243 33 1739 Û latt bo 그리고 Clement, Origen, Chrysostom, Epiphanius, Irenaeus, Clement of Alexandria, Gregory of Nyssa, Cyprian, Jerome에게서 발견된다. 지극히 중요한 증인들의 배열이다. Tertullian(*Marc.* 5.10)에서도 발견된다. "그(바울)는 교훈으로 '우리가 입자!'라고 말한다. 약속의 의미로서 '우리가 입게 될 것이다'가 아니다. 이 표현은 우리가 그 자신이 행하고 있는 것처럼 우리도 행하기를 바라고, 육신의 일에 속하는 흠에 속한 모습, 즉 옛사람의 모습을 벗기를 바라는 것이다." UBS GNT 4판은 미래 직설법인 φορέσομεν(포레소멘, '우리가 입게 될 것이다')을 선호한다(B I 6 63 9450 1881 *al* sa, 그리고 Gregory Nazianzus에게서 입증되는데, 지리적으로 더 좁게 분포되어 있다). Fee에 따르면 "UBS 위원회가 더 좋은 문서 비평적 의미인 여기서"의 의미를 포기했다. Gorden D. Fee, *The First Epistle to the Corinthians* (Grand Rapids: Eerdmans, 1987), 787 n 5. Collins는 수사학적 면에서 바울이 고전 15장에서 그의 증거들과 그 마무리 부분들을 권고로 결론짓고 있다고 언급한다(고전 15:34, 49, 58). 그러므로 그도 또한 가정법을 선호한다(Raymond E. Collins, *First Corinthians* [Sacra Pagina 7; Collegeville, Minn.; Liturgical, 1999], 572). 어느 경우든 미래 직설법이 고전 15:49에서 의도되었다 하더라도, 그것은 분명히 최후의 부활의 이쪽 면(이 땅에서의 삶을 가리킴-역자 주)을 시작하는 과정이다. "이생에서 시작한 과정이 우리의 몸이 완전한 변형을 경험하며 우리의 궁극적 변형의 남은 부분들이 또한 성취되는 부활의 순간에 마침내 완성된다"(Roy E. Ciampa and Brian S. Rosner, *The First Letter to the Corinthians* [Pillar NTC; Grand Rapids: Eerdmans, 2010], 825). 그리고 Schreiner도 이렇게 언급한다. "그러므로 그리스

또다시 이러한 성화는 자신의 몸을 자기 힘으로 들어 올리려는 것처럼 오해해서는 안 된다. 전혀 그렇지 않다. 이생에서 그리스도의 형상을 점진적으로 닮아 가는 일은 (그리고 영원한 생에서 궁극적으로 하나님의 형상을 닮아 가는 것은) 인간의 책임이라는 중요한 요소가 있음에도 불구하고 하나님의 은혜로운 사역이며, 신자들 안에 내주하시는 성령 하나님의 도움으로 가능한 일이다. 그리스도의 형상을 따라 새롭게 되는 새로운 자아(골 3:10)는 "신자의 삶에서 그리스도를 닮은 모습이 더욱 분명하게 재현된다"라는 것, 즉 그렇게 지상에서 천국까지 계속 진행되는 과정임을 의미한다.[129]

이렇게 그리스도의 삶의 방식이 이 새로운 삶의 패턴으로 변화하는 것 (골 2:6-15)은 마치 "그리스도로 옷 입는 것"(롬 13:14)과 유사하다.[130]

(3) 고린도후서 3:18

고린도후서 3:18은 다음과 같이 선언한다.

> 우리가 다 … 거울을 보는 것 같이 주의 영광을 보매 그와 같은 형상으로 변화하여 (μεταμορφούμεθα[메타모르푸메타], 현재시제 수동태 직설법) 영광에서 영광에 이르니 곧 주의 영으로 말미암음이니라(고후 3:18).[131]

도의 형상으로의 변형은 이 시대에 시작한다. 그러나 부활 때에 완성되어 완전하게 된다"(Thomas R, Schreiner, *Romans* [BECNT; Grand Rapids: Baker, 1998], 453).

[129] F. F. Bruce, *The Epistles to the Colossians, to Philemon, and to the Ephesians* (NICNT: Grand Rapids: Eerdmans, 1984), 146.

[130] James D. G. Dunn, *The Epistles to the Colossians and to Philemon: A Commentary on the Greek Text* (NIGTC; Grand Rapids: Eerdmans, 1996), 221.

[131] 신약에서 μεταμορφόω(메타모르포오, '변하다')의 유일한 또 다른 사용들은 예수 그리스도의 변형 이야기(마 17:2; 막 9:2)와 하나님의 도덕적 뜻에 순응하여 변화되라고 신자들에게 권고하는 데(롬 12:2)에서 나타난다. "그분이 그때 변화되었을 때 나타난 하늘의 영광은 이제는 그분의 것인 신자들이 지금 점진적으로 변화되면서 나타나는 하늘의 영광이다"(Hughes, *Paul's Second Epistle to the Corinthians*, 118 n 18). "ἀπὸ δόξης εἰς δόξαν(아포 독케스 에이스 독산)이라는 표현은 장차 종말에 드러나게 되는 무한하고 영원한 그 '영광'과의 관계 속에서, 이 세계와 역사 속에서, 그리고 복음 안에서와 복음을 통하여 처음 '목격되는' 영광에 대한 관용적 표현이다"(Paul Barnett, *The Second Epis-*

이 구절에는 신자가 그리스도의 형상으로 변화하는 것이 '주님과 성령 하나님'이 주도하시는 일임을 분명히 한다. 이것은 신자들 속에 "그리스도의 형상을 이룬다"(갈 4:19)는 진술의 또 다른 표현 방식이다.

브루스(Bruce)가 로마서 8:30에 관하여 다음과 같이 해설했다.

> 성화는 이미 시작된 영광이다. 영광은 완성된 성화이다.[132]

현재의 성화 국면은 분명히 완전한 변화는 아니며, 성령 하나님이 그 능력을 공급하고 성령 하나님에 의해 가능한 점진적 변화다(주님과 성령 하나님). 성령 하나님의 이 역할도 삼위의 제2위이신 그리스도의 구속 사역에 그 근거를 두고 있다. 그리스도께서 우리를 대신하여 성취하신 일부분은 우리 사람들의 죄를 단번에 영원히 용서하신 일이다.

> 그러므로 이제 그리스도 예수 안에 있는 자에게는 결코 정죄함이 없나니(롬 8:1).

즉, 그분을 자신의 유일한 하나님이자 구원자로 신뢰하는 사람들에게 영생의 문제는 더 이상 하나님의 계명을 순종하는 여부에 달려 있지 않다. 구원은 선행의 결과로 주어지는 것이 아니다(엡 2:8-9; 딛 3:5-7).

게다가 그리스도의 속죄 사역이 완성되었기 때문에, 성령 하나님이 이제 모든 신자 안에 내주하실 수 있게 되었다(예수님은 성령 하나님의 파송자

---

tle to the Corinthians [NIGTC; Grand Rapids: Eerdmans, 1997], 208 n 52). NAS, KJV, NKJV는 "영광에서 영광으로."로 번역하지만 NIV와 REB는 "점점 더 영광스럽게"로 그리고 NET, REV, NRSV는 "영광의 한 정도에서 다른 정도의 영광으로"로 번역하고 있다.

132 F. F. Bruce, *The Letter of Paul to the Romans: An Introduction and Commentary* (Tyndale NTC; Grand Rapids: Eerdmans, 1989), 168. 다음도 같은 입장이다. Margaret E. Thrall, *A Critical and Exegetical Commentary on the Second Epistle to the Corinthians* (2 vols.; Edinburgh: T. & T. Clark, 1994), 1:286: "하나님의 형상으로서의 그리스도 안에서 표현된 신적 본질은 동일한 형상으로 변화되는 신자들 안에서 점진적으로 표출된다."

이시다. 요 14:16; 15:26; 16:7). 성령 하나님은 신자가 계명에 순종하며 살 수 있도록 하시고, 하나님이 기뻐하시는 방식으로 그분과 동행하도록 능력을 공급하시고, 날마다(그리고 문단마다) 신자가 그리스도의 형상을 닮아 가도록 하신다(예를 들어, 롬 8:29).

혹은 다른 은유로 말하면, 은혜롭게도 매 문단에서 하나님은 그분의 요구에 따라 살아가라고(딤후 3:16-17), 즉 **텍스트 앞에 펼쳐진 세계**에서 살아가면서 자신을 하나님의 이상적 세계의 교훈과 우선순위와 실천에 맞추어 살아가라고 인류를 초대하신다.

(4) 설교와 그리스도의 형상

> 하나님께 위로를 받는 것이 모든 하나님의 자녀들의 최종 목적지다 (*Institutes* 3.8.1).

그리고 이 목적지에 도착할 수 있도록 하시는 분이 바로 성령 하나님이시다.

> 하나님의 영이 말씀을 읽는 것을, 특별히 말씀을 설교하는 것을 그 수단으로 하여 죄인들을 조명하시고 확신시키시고 겸손하게 하시며, 그들을 자기 자신들로부터 몰아내어 그리스도께로 가까이 이끄신다. 또한, 그분의 형상을 본받게 하시며 그분의 뜻에 순종하게 하신다(Westminster Catechism, 155).

적어도 이 땅에서 신자의 삶 속에 일어나는 이 영광스러운 변화는 성경 텍스트를 통해 그리고 성경의 저자(Author)의 신적 권능을 통해 일어나는데, 이 변화는 매 성경 문단을 통해 점진적으로 그리스도를 닮는 변화이다.

이 기념비적인 하나님의 아들의 형상으로의 변화 속에서, 하나님은 이러한 변화를 위하여 전적으로 무능한 인간 설교자를 세우셔서 하나님의 설교자들과 그 백성들 모두가 "힘과 능력이 아닌 오직 나의 영"(슥 4:6)에 의해 능력을 공급받도록 은혜를 베풀고 계시다. 이러한 관점에서 볼 때 모든 성경의 문단은 인간이 닮아야 할 그리스도의 형상(εἰκών[에이콘])의 한 면을 투영하고 있기 때문에, 필자는 이러한 성경 해석 모델을 가리켜서 그리스도 형상적(christiconic)이라고 명칭했다.

창세기 22장과 같은 문단(아케다)에 나타난 하나님의 계명은 하나님을 경외한다는 것이 무엇을 의미하는지를 보여 준다(아브라함의 긍정적 예). 그리스도 형상적 해석에서, 이 족장의 사례는 사실상 그리스도를 닮아 가는 삶의 한 면을 묘사한다.

마찬가지로 사무엘하 11-12장에서의 다윗과 같은 성경 인물의 부정적 사례(제2장을 보라)는 하나님을 경외함과 동시에 죄악은 하나님이 혐오하는 것임을 인식하는 것과 관련된 하나님의 계명을 투영한다. 그리스도 형상적 해석에서도 이 역시 그리스도를 닮는다는 의미의 일부분이다.

성경 텍스트에 대한 이러한 그리스도 형상적 해석 과정에서는 본문에 묘사된 그리스도의 형상은 어느 구절에서건 결코 도외시될 수 없다. 오히려 우리는 그리스도(하나님의 계명을 충족시키신 그 유일한 분)의 인격을 제대로 파악하기 위하여 정경 전체를 동원해야 한다.

우리 신자들이 그리스도를 닮아 가는 과정의 전체 의미를 온전히 배울 수 있는 최고 방법은 성경 66권 전체, 신구약성경의 모든 문단을 통해서 가능하다. 각 문단은, 성경에서 특정한 인물들을 다루고 있을 때도, 그리스도를 닮아 가는 신자의 이미지의 한 면을 묘사한다.[133]

---

[133] 텍스트에 대한 그리스도 형상적(christiconic) 이해에서, 각 문단은 완전한 인간이신 그리스도의 형상의 한 면 혹은 다른 면을 묘사한다. 이 말은 그분의 신성을 부인한다는 것이 아니다. 그러나 사람들은 그분의 신성이 아니라 그분의 인성을 본받으라고 부름을 받은 것이며, 이 일은 성령 하나님에 의해 가능해진다. 인류가 닮아야 하는 것은 그

달리 말하면, 구약성경의 내러티브 본문을 해석하더라도 최종적으로 신자들이 순종할 하나님의 계명에 관한 윤리적 목적을 염두에 두고서 구약성경의 내러티브와 인물을 사용한다면 그 메시지 속에 문자적으로 그리스도를 언급하는 여부와 관계 없이 그리스도를 설교하는 것이고 신자들에게 그리스도의 형상을 닮도록 안내하는 설교라는 것이다. 그러므로 그리스도 형상적 해석은 구약성경 문단의 완전한 형태를 존중하며 저자들이 본문의 문단에서 말하는 것으로 독자들에게 실행하는 것('문단신학')을 그대로 발견하는 데 집중한다.

해석자는 구약성경을 제대로 해설할 목적으로 꼭 그 구절에 상응하는 의미를 담은 신약성경의 구절을 가져와야 하는 엄격한 규칙을 따라야 하는 것이 아니다. 필자가 거듭 강조하듯이, 구약의 저자가 본문에서 말하는 것으로 독자들에게 실행하는 것은, 신약의 본문을 추가하지 않더라도 구약 내러티브에 등장하는 인물의 모범적 측면이나 경고적 측면을 통해서 전달될 수 있으며, 그렇게 그리스도를 닮는 것과 그렇지 못한 것을 교훈하는 방식으로 전달될 수 있다.

달리 말하면, 모든 성경 본문의 주인공은 사실상 예수 그리스도이다. 성경 인물과 관련하여 본받을 가치가 있는 모든 교훈(이것은 '문단신학'에 투영되어 있다)은 그 교훈을 받을 신자가 그리스도를 닮아 갈 모습의 한 단면이다. 반면에 그 교훈을 통하여 신자가 내려놓고 포기해야 할 모든 것은 그리스도를 닮아 갈 모습에서 이탈한 부정적 측면이다.

그러므로 각 문단의 역할은 신자가 그리스도를 닮아 갈 하나의 단면을 보여 주는 것이고, 주어진 성경 문단에 드러난 하나님의 계명에 온전히 순종하는 정도까지, 바로 그 정도까지 신자는 완전한 인간이신 예수 그리도를 닮아 갈 수 있다. 하나님의 백성을 향한 하나님의 뜻, 즉 "그 아들의 형상을 본

분의 완전한 인성의 형상이며, 인간이 언젠가 갖게 될 것도 바로 이 형상이다(요일 3:2). 그러므로 성경에서 모든 문단에 대한 설교의 요지는 매 문단마다 우리를 이 그리스도의 정경적 형상에 가깝게 가도록 해야 한다.

받는 것"(롬 8:29)이 성취되는 것은 바로 우리를 이 형상에 정렬시키는 것, 즉 각 문단에 나타난 하나님의 계명에 순종하는 일을 통해서 가능하다.[134]

(5) 본받음과 형상

신자들은 그리스도 안에서 이미 새 생명을 발견했고, 이제 성령 하나님의 능력 부으심을 받았고, 하나님의 자녀들이고, 그 말씀과 그분의 능력 안에서 하나님의 영광을 위해 살아야 할 결심을 했기 때문에, 이제 설교되는 각 문단을 통해서 전달되는 구체적인 하나님의 계명에 순종할 수 있다. 그리고 매 문단마다 그렇게 하면서, 그들은 점진적으로 더욱 그리스도를 닮아 갈 수 있다.

월터 옹(Walter Ong)에 의하면, 비록 수천 년의 기독교 역사 속에서는 '그리스도를 본받는 일'에 관하여 많은 토론이 있었지만, 복음서에서는 예수님이 직접 누군가에게 자신을 '본받으라'(imitate)고 요구하시는 모습을 찾아볼 수 없다고 한다. 오히려 예수님이 제자들이나 주변 사람들에게 사용하신 동사는 자신을 '따르라'(follow)는 것이다.

코이네 희랍어와 고전 희랍어에서, 동사 '미메오마이'(μιμέομαι, 본받다 [imitate])가 보편적으로 사용되었고 틀림없이 신약 기자들도 이용 가능했지만, "그들이 (이 동사를) 예수님의 명령문에 직접 사용하지 않은 것은 일종의 선택의 문제인 것처럼 보인다."[135]

---

[134] 그러므로 **텍스트 앞에 펼쳐진 세계**(the world in front of the text)는 성부의 뜻, 즉 투영된 세계(the projected world)의 요구를 충족시키신 예수 그리스도에 대한 신학적으로 두터운(thick) 묘사로 생각할 수 있다. 성경적 '문단신학'을 전용하고 투영된 세계에 거하는 것은 하나님의 경륜의 드라마에 참여하는 것이다. 이를 통해 성령 하나님은 독자들이 그리스도의 형상을 닮게 하신다. 다음을 보라. Kevin J. Vanhoozer, *The Drama of Doctrine: A Canonical-Linguistic Approach to Christian Theology* (Louisville: Westminster John Knox, 2005), 229.

[135] Walter J. Ong, "Mimesis and the Following of Christ," *Religion & Literature* 26 (1994): 73, 74. '본받음'(imitation)의 모티프는 바울에게서 더 분명히 드러난다(바울 자신을 본받음 혹은 그리스도를 본받는 바울을 본받음). 고전 4:16; 11:1; 빌 3:17; 4:9; 살전 1:6; 살후 3:7-9. 엡 4:32-5:1은 신자들에게 하나님 아버지를 본받으라고 촉구한다. 사실 하

이런 배경에서 월터 옹은 '본받음'과 '따름'의 대조를 더 깊이 탐구했다. 본받음(imitate)은 '순전히 기계적이고/이거나 수동적으로 파생되는 어떤 것'을 암시하는 반면, 따름(follow)은 '뒤따라가는 자가 앞서 인도하는 사람이 예전에 직면했던 것과는 아주 다른 상황이나 조건을 필연적으로 맞닥뜨리게 된다'는 사실을 강조한다. 이것은 앞의 인도자와 뒤따르는 사람 사이에 아마도 수 마일 혹은 여러 날 혹은 여러 해의 간격을 두고 따라가는 것을 의미하는 패턴을 강조한다.

옹은 계속해서 다음과 같이 설명한다.

> 그리스도를 '따름'으로써 신자는, '본받음'이라는 용어가 암시하는 것처럼 단지 예수님의 역사적 삶을 그대로 복제하는 것이 아니라, 자신의 삶의 모든 영역이 그리스도의 삶을 그대로 연장한 것처럼 만듦으로써 예수님의 전체 삶에 전인격적으로 참여하는 것이다. 이러한 고찰은 본받다(imitate) 혹은 본받음(imitation)이라는 용어가 ⋯ 예수님이 그분과 관계된 이들에게 요구했다고 보도되는 복음서나 혹은 그 밖의 다른 글에 직접 등장하지 않는다는 사실을 더욱 의미 있게 만든다.[136]

이것이 정확하게 그리스도 형상적 해석에 근거한 설교의 요지이다. 본받음과 관련하여 요청되는 것은 맹목적 복제가 아니라 성경 본문의 '문단 신학'(문단에서 묘사된 그리스도를 닮은 모습의 한 측면)을 전 세계와 다양한 시

하나님의 자녀들에게는 "하늘에 계신 너희 아버지의 온전하심 같이 너희도 온전하라"(마 5:48)는 명령이 주어졌다. 그리스도인들이 암시적으로 본받을 것을 요구받는 히 11장의 "구름 같이 둘러싼 허다한 증인들"의 장황한 나열은 말할 것도 없고, 하나님의 성도들을 본받으라는 촉구를 위해서는 히 6:12-15와 13:7을 보라. 그러나 궁극적 모델은 예수님이다(빌 2:5; 요일 2:6; 3:16; 벧전 2:21을 보라). 물론, 이것은 예수 그리스도가 모델 이상의 분이라는 점을 부인하는 것은 아니다. 그러나 설교와 관련한 성화의 목적을 위해, 초점은 인류가 본받도록 부름받은 그분의 완전한 인성, 즉 그리스도의 εἰκών(에이콘, '형상')에 있다(롬 8:29).

[136] Ibid., 74, 75.

대와 문화에 존재하는 하나님의 백성들의 천차만별의 상황에 전인격적으로 적용하는 것이다(제1장과 제2장을 보라). '문단신학'은 우리에게 그리스도를 뒤따르는 모습의 실상이 무엇인지를 생생하게 알려준다.

설교자가 설교 메시지로 감당해야 할 설교학적 책무(homiletical imperative)는 우리 신자들이 각자 삶의 특정한 상황에서 구체적으로 어떤 방식으로 어느 수준에서 그리스도와 닮아 가는 성품을 나타내 보일 수 있는지를 효과적으로 알려 주는 것이다. 이와 같은 '본받음'은 구원의 수단이 아니라 구원의 열매이며, 이는 오직 하나님이 공급하시는 은혜와 성령 하나님의 내주하시는 능력으로 가능하다.

어거스틴(Augustine)이 말한 바와 같다.

> 제대로 본받으려면 쉽게 볼 수 있는 사람을 따라야 하는 것이 아니라 쉽게 볼 수 없는 하나님을 따라야 했다. 그러므로 사람에게 목격될 수 있고 사람이 따를 수 있는 하나님이 사람에게 보일 수 있도록 하시려고 하나님이 직접 사람이 되셨다.[137]

그리스도 형상적 해석과 설교는 그 개념과 작용 방식이 삼위일체적이다. 성령 하나님에 의해 영감받은 텍스트는 성자이신 예수 그리스도를 묘사하고, 사람은 하나님의 형상을 닮아야 한다. 그렇게 사람이 하나님을 닮아 감으로 성부이신 하나님의 뜻이 이 땅에 실현되고 그분의 나라가 이루어진다.[138]

---

[137] Augustine, Serm. 371. ("De Nativitate Domini, III [c]"), PL 39:1660 (Aquinas, *Summa* 3.1.2에서도 인용됨). E. J. Tinsley, "Some Principles for Reconstructing a Doctrine of the Imitation of Christ," *SJT* 25 (1972): 47.

[138] 혹은 성경에서 성령 하나님의 의제(agenda)는 성자 하나님의 완전하고 하나님의 계명을 충족시키는 삶을 드러내는 것이다. 그래서 성령 하나님의 권능에 의해 신자에게 적용이 될 때, 그분의 "뜻이 하늘에서 이루어지듯이 땅에서도 이루어지면서", 성부 하나님이 소유하신 하나님의 나라가 "임한다." 물론, 이 나라가 충만한 상태와 영광 속에

다른 말로 해서 성령 하나님은 영감받은 텍스트를 사용하여 신자가 더욱 제대로 그리스도를 닮은 방식으로 살아가도록 능력을 공급하며, 그렇게 함으로써 그들을 하나님의 뜻에 정렬시킨다.

교회의 예배의 맥락 속에 자리한 성경 이야기는 바로 다음의 일을 수행한다. 즉, 하나님의 백성의 나라(τέλος[텔로스])가 어떤 모습인지 (빈 곳을) 채우고 구체적으로 보여 주며, 그리하여 하나님의 도성의 시민들을 위한 도덕적 덕목(virtue)의 목표(telos)를 분명히 표현한다. 성경 이야기는 우리가 그렇게 되라고 부름받은 부류의 사람들, 즉 우리가 닮아야 할 형상(εἰκών[에이콘])인 그리스도의 형상을 보여 준다.[139]

그러므로 성경을 설교하는 목적은 신자들에게 성경에 관한 정보를 주입하는 것이 아니라 성령 하나님의 능력으로 사람들을 변화시키는 것, 즉 하나님의 말씀을 방편으로 하여 그리스도의 형상을 닮도록 그들을 변화시키는 것이다. 매주, 매 설교마다, 매 문단마다 습관이 변화하여 기질이 만들어지고 인격이 세워지고 그 들 안에 그리스도의 형상이 형성된다.

> 우리는 그리스도 안에서 인간다움이 무엇인지를 이해할 수 있다. 구약성경에서 모든 사람은 하나님의 형상이다. 그리스도가 진정한 하나님의 형상으로 계시된 신약성경에서 사람은 그들이 그리스도를 닮는 한도 내에서 하나님의 형상이다. 이 형상은 그리스도에게 순종하는 일을 통해 온전히 실현된다. 이런 과정을 거침으로 사람은 온전한 사람, 즉 온전한 하나님의 형상이 될 수 있다.[140]

최종적으로 도래하는 일은 종말에야 일어날 것이다.

139 James K. A. Smith, *Desiring the Kingdom: Worship, Worldview, and Cultural Formation* (Grand Rapids: Baker, 2009), 197.

140 D. J. A. Clines, "The Image of God in Man," *TynBul* 19 (1968): 103.

이러한 결론에 도달하는 해석 과정이 곧 그리스도 형상적 해석이다.[141]

제4장 요약: 아케다와 그리스도 형상적 해석

그리스도의 탁월한 인격과 성령 하나님의 능력 안에서 성부의 뜻을 충족시키는 그분의 구속사역에 초점을 맞출 것을 요구하는 성경 해석에서의 '중심성의 원칙'에 부응할 수 있을까?

그 대답으로 필자는 이번 제4장에서는 먼저 시범 케이스, 즉 창세기 22장의 아케다(Aqedah) 내러티브를 담고 있는 문단에 관한 비평 작업을 시도했다. 전통적 견해들 중에 특별히 텍스트에서 분명하게 예수 그리스도를 발견하는 모형론적 해석과 구속사적 해석 방법을 검토했다. 이어서 본 연구에서 제안하는 신학적 해석을 이 내러티브 구절에 적용한 '문단신학'을 상세하게 제시했다(포괄적인 신학적 초점).

그다음으로 그리스도 형상적 해석을 탐구해 보았고 모든 문단에서 명시적, 문자적으로 그리스도를 발견하려는 입장을 반박하는 성경적 근거를 제시했다. 성경 텍스트 그 자체가 후대의 독자들을 향한 도덕적 명령을 제시하고 또 도덕적 교훈을 가르칠 목적으로 모범적 사례를 사용하고 있다. 그래서 모든 구약 본문을 획일적인 구속사적 관점으로 해석하는 것이 지난 2천 년 교회의 보편적 해석 관행은 아니었다. 또 사도들의 그리스도 중심적 해석에서 구속사적 해석의 근거를 가져오려 하는 것도 그리

---

[141] 만일 하나님의 백성이 그분의 아들의 형상을 닮아 가도록 하고자 하는 하나님의 목적을 청중이 인식한다면, (예를 들어, 삼하 11-12장을 설교할 때) 그리스도의 모습을 닮는다는 의미의 한 부분은 하나님을 존중하는 것이라고 진술하기만 하면 될 뿐, 설교자가 매 설교에서 이러한 개념적 세부사항들을 반복할 필요가 없다. 오히려 필자는 강단에서 텍스트의 '문단신학'(pericopal theology)을 끄집어내는 데 더 많은 시간을 사용하고 싶다. 교회의 삶에서, (예를 들어) 성인 성경 공부, 소그룹 모임, 혹은 주일학교 공과에서 그리스도 형상적(christiconic) 개념을 주기적으로 강해하는 것은 틀림없이 유용하다.

스도 중심적 설교를 위한 강력한 논리적 근거가 되지 못한다는 것을 보여 주었다.

또한, 그와 같은 해석을 지지하는 것으로 여겨지는 표준적 성경 구절들을 비판적으로 검토해 보았다(눅 24:13-27, 44-48; 고전 1:22-23; 2:2; 고후 4:5). 이 구절들 어느 것도 구속사적 설교법을 실질적으로 지지하지는 않는다.

대조적으로 본 연구는 각 문단에 나타난 하나님의 계명이 인간의 순종, 즉 율법주의가 아닌 믿음의 순종을 요구하는데, 믿음의 순종은 하나님의 은혜에 의하여 작용한다는 것을 논증했다(제3장을 보라). 그리고 현재 이 땅에서와 장래 천국에서 일관되게 하나님의 계명에 대한 순종의 가치와 그 순종에 필요한 동기 요인들을 논의했다.

마지막으로 중심성의 원칙과 일치하는 해석 방법인 그리스도 형상적 해석법을 제안했다. 궁극적으로 하나님의 자녀를 향한 하나님의 목표는 그들이 '믿음이 가득한'(faith-full) 순종을 완전하게 보여 주신 유일한 분이신 그분의 아들 주 예수 그리스도의 형상(εἰκών[에이콘], 롬 8:29)을 닮아 가도록 하는 것이다. 그분만이 하나님의 계명을 온전히 충족시키셨다. 성경 전체는 이 사실을 일관되게 증거한다. 그러므로 그런 내용을 담고 있는 성경의 모든 문단은 그리스도의 형상의 한 측면을 독자들에게 투영한다.

하나님의 백성은 문단이 제시하는 그 형상을 성령 하나님의 능력 안에서 닮아 가야 한다. 매 문단마다 예수 그리스도의 형상의 한 면 한 면이 그려지고 적용됨에 따라, 하나님의 백성은 그리스도를 닮은 모습으로 세워지는데, 이러한 성화의 과정은 마지막 날에 완성된다.

예수 그리스도를 묘사하는 성령 하나님에 의해 영감받아 기록된 성경 텍스트는 이러한 신학적 해석 전략을 따라서 신자들에게 하나님의 뜻이 담긴 하나님의 계명으로 선포되며, 이 말씀을 듣고 성령 하나님의 능력 안에서 순종하는 신자들의 삶 속에서는 그리스도의 형상이 회복되며 하나님의 뜻이 이루어지고 그분의 나라가 온전히 임할 것이다.

결론

> 우리 주 예수를 … 죽은 자 가운데서 이끌어 내신 평강의 하나님이
> 모든 선한 일에 너희를 온전하게 하사 자기 뜻을 행하게 하시고 그 앞에 즐거운 것을
> 예수 그리스도로 말미암아 우리 가운데서 이루시기를 원하노라
> 영광이 그에게 세세무궁토록 있을지어다 아멘
> (히 13:20-21).

본 연구에서 필자는 설교자에게 고대의 텍스트와 현대의 청중 사이에 놓여 있는 깊은 해석학적 간격(이 간격은 성경 텍스트의 본문성과 그 본문의 소격화의 결과임)을 극복하는 다리를 제공하려고 시도했다. 요컨대, 성경의 특정 문단의 신학이 성경과 설교 사이의 간격과 과거 텍스트와 현대 적용 사이의 간격을 극복하는 중간 매개 역할을 하는 신학적 해석을 시도했다.

필자는 본서에서 성경은 예수 그리스도를 완벽한 인간이자 하나님의 계명을 온전하고도 완전하게 충족시키신 유일한 분으로 묘사하고 있다는 점과 아울러, 성경 구절의 개별적 (문학적 및 신학적) 특수성 둘 다를 존중하는 그리스도 형상적 해석 방법을 제안했다.

그렇다면 그리스도인의 책임은 각 문단에 나오는 하나님의 계명에 자신을 맞추는 일을 통해 그 텍스트에 나오는 그리스도 형상의 특정한 한 측면을 닮아 감으로써 그리스도와 같은 모습을 향하여 움직여 나가는 것이다.

1. 각 장의 요약

제1장에서는 일반 해석학, 특별히 **텍스트 앞에 펼쳐지는 세계**, 즉 텍스트의 화용론적 기능에 대해 고찰했다. 성경 본문으로부터 독자 앞에 투영되는 세계가 그 본문이 처음 작성되던 시점으로부터 시간적으로나 공간적으로 멀리 떨어진 곳의 다른 독자/청중에게 그 본문에 담긴 저자의 의도를 실행하여 본문의 의미가 적용되도록 한다. 이런 방식으로 기능하는 텍스트는 '고전'(classics)이다. 이런 텍스트는 그 영향력을 지속하여 미래로 계속 확장한다.

이런 텍스트는 다원적이며 폭넓고 다양한 적용을 발생시킬 잠재력을 지니고 있다. 그리고 이런 텍스트는 서술적인(prescriptive) 동시에 규범적인(normative) 성격을 지닌다. 이렇게 보자면 성경도 고전의 일종이긴 하지만 기존 고전과는 전혀 다른 종류의 고전이다. 성경은 하나님의 말씀이기 때문이다. 그런 점에서 성경은 올바른 독법을 위한 특별한 해석을 요구한다. 이와 관련하여 성경 해석 원칙 여섯 가지가 제안되있다. 이 원칙들은 지난 2천 년 동안 교회의 성경 읽기를 주도해 왔다.

제2장에서는 자주 소홀히 다뤄지는 설교 텍스트의 단위인 문단에 초점을 맞추었다. 이 정경의 한 부분인 성경 문단은 정경이 투영하는 전체 세계의 한 부분, 즉 '문단신학'을 묘사한다. 하나님의 백성은 하나님의 이상적 세계의 일부분을 투영하는 교훈과 우선순위, 그리고 실제 실천에 자신의 삶을 맞추어 순종하도록 부름을 받았다. 그리하여 '문단신학'은 텍스트와 청중 사이의 매개체가 되어 유효한 적용을 가능하게 한다.

필자는 사무엘하 11-12장의 분석을 통하여 성경 본문에서 '문단신학'을 발견하는 해석 과정을 보여 주었다. 해석자는 텍스트를 통하여 텍스트 배후에 있음직한 어떤 것을 찾아가는 것이 아니라 텍스트 자체를 보아야 하고 텍스트에 해석의 특권을 부여해야 한다.

그러므로 이 개념에서 설교는 '두 단계'로 이루어진다. 텍스트로부터 '문단신학'으로, 그리고 '문단신학'에서 현대적 적용으로 진행되는 두 단계이다. 사실 이 두 단계는 성경 해석뿐만 아니라 미래의 효과적 적용을 의도하는 어떤 고전의 해석에서도 그대로 유효하다. 그래서 제2장에서는 일반 법률 해석의 영역에 적용 가능한 유사한 접근에 대해서도 논의했다.

제3장에서는 '문단신학'에서 하나님의 계명(하나님이 그분의 백성이 되고 실행하기를 원하는 말씀)의 쟁점을 검토했다. 달리 말하면, 성경의 특정한 문단으로부터 어떻게 해석자들은 신자들에게 적용할 하나님의 이상적 세계에 관한 교훈과 우선순위 그리고 그 실제적 실천에 순종하도록 할 것인가의 문제였다. 이를 위해 구약 율법 장르에 나타난 하나님의 계명을 검토했다.

율법은 모든 장소 모든 시대의 모든 그리스도인에게 신학적으로, 즉 '문단신학'과 이 신학적 실체에 필수적인 논리적 근거를 사용함으로 현대적 적용이 가능하다는 점을 입증했다. 하나님은 그분의 자녀들이 자녀다운 의무를 다하고 그분과 같이 거룩해지기를 기대하신다. 이 요구는 이미 선행하는 그분과의 언약 관계로 말미암은 결과다. 관계는 책임에 선행한다. 이 책임을 이행하는 것이 '믿음의 순종'이다.

제4장에서는 흔히 그리스도 중심적 관점으로 해석되는 창세기 22장, 즉 아케다 내러티브(the *Aqedah*)를 분석했다. 이 과정에서 그리스도 중심적 해석을 지지하는 데 동원되는 주장들을 평가해 보았고 (이 주장들의 근거가) 부족하다는 것을 확인했다.

이어서 좀 더 효과적 해석이 대안으로 제시되었는데, 이 해석은 텍스트의 '문단신학'과 그 문단이 제시하는 하나님의 계명을 찾아내기 위하여 텍스트의 세부적 (문학적이고 신학적인) 사항들을 존중하는 것이고, 신자들은 그렇게 찾아내서 설교자가 제시하는 하나님의 계명에 순종함으로 하나님께 기쁨을

드리고 그분의 축복도 뒤따르는 순종의 가치를 더욱 높일 수 있다.[1]

이러한 해석 전략을 통해서 도출된 것이 바로 텍스트에 대한 그리스도 형상적 해석이다. 하나님의 계명을 온전하게 충족시킨 유일한 분은 예수 그리스도이시다. 정경 전체는 이 완전한 인간이신 그리스도의 총체적 형상(εἰκών[에이콘])을 묘사하고 각각의 문단은 이 형상의 한 측면을 집중적으로 묘사한다.

사실 신자들을 향한 하나님의 최종 목표는 성경의 모든 문단이 연속적으로 강해되고 적용됨으로써 그 자녀들이 그분의 아들의 형상을 점차 닮아 가는 것이다(롬 8:29). 그러므로 설교는 삼위일체적 사역이다. 성령 하나님에 의해 영감받은 텍스트는 성자 하나님을 묘사하고, 또 하나님의 백성은 성자 하나님의 형상으로 변화된다. 이러한 신자의 성화를 통하여 최종적으로 성부 하나님의 뜻이 실현된다.

요컨대, 관계가 책임에 선행하고 성부 하나님은 그분의 은혜 속에서 예수 그리스도를 통해 그분의 자녀들과의 언약 관계를 시작하셨기 때문에, 신자들은 하나님의 계명에 순종하고 하나님처럼 거룩하게 생활해야 할 사녀로서의 의무를 가진다.

이것은 자신의 영광을 위한 것도 아니고 공로의 획득을 목적으로 자신의 능력에 의해 이루어지지 않고(율법주의를 반대), 하나님의 계명을 스스로 충족시키지 못하는 한계와 죄악에 대하여 예수 그리스도 안에서 은혜로 주어진 하나님의 용서를 받아들이는 일과 더불어 하나님이 그분의 자녀에게 은혜로서 주시는 성령 하나님의 능력 안에서 순종을 통하여 이루어진다(=믿음의 순종). 이와 같은 '믿음이 가득한'(faith-full) 순종이 실제 성화의 과정이며, 신자는 이 과정을 통해 점진적으로 그리스도를 닮아 간다(그리스도의 형상을 닮아 감).

---

[1] 물론, 오직 은혜에 의해서만, 믿음을 통해서만, 그리스도 안에서만 얻어지는 구원(칭의)의 복을 말하는 것은 아니다.

이 과정에서 성경 문단은 핵심적 역할을 수행한다. 왜냐하면, 문단은 그 텍스트에만 특정한 그리스도 형상의 한 면(즉, '문단신학'과 그 안에 들어 있는 하나님의 계명)을 언어적으로 묘사해 독자들을 대상으로 저자의 목적을 수행하기 때문이다. 그래서 설교자가 성경 텍스트로부터 정당한 적용을 이끌어 내려면 먼저 다루는 문단의 신학적 의미와 의도를 파악하고 그렇게 확보한 하나님의 계명을 청중의 삶에 연관되도록 적용시켜야 한다.

지금부터 1세기 이전에 벤자민 조웻(Benjamin Jowett)은 다음과 같이 말했다.

> 성경 해석 과정의 진정한 수단은 해석이란 중간 과정을 극복하고 우리가 홀로 저자와 직접 교감하는 것이다.[2]

하나님의 말씀은 하나님의 백성을 위한 것이다. 설교자는 말씀하시는 하나님과 그 말씀에 순종해야 할 그분의 백성 간의 필요한 중계자이나, 독자들/청자들과 저자가 그들만이 함께 남아서 온전한 교감을 나누도록 함이 필요하다.

그러므로 특정 문단에 대한 설교는 저자가 말하는 것으로 실행하고 있는 것('문단신학', 즉 그리스도의 형상의 한 측면)을 강해해야 한다. 설교자는 무엇보다도 이 '문단신학'을 강해하여 하나님 백성의 삶에 구체적으로 적용하는 지침을 제공한 후에, '(그들을) 저자와의 교감 속에 홀로 남겨 두는 것'이 좋겠다.

---

[2] "On the Interpretation of Scripture," in *Essays and Reviews* (7th ed.; London: Longman, Green, Longman, and Roberts, 1861), 384.

2. 역사적 후기

본 연구가 그리스도인의 영적 삶이라는 넓은 캔버스 위에 많은 이슈(실제적 성화, 성령 하나님에 의해 그 능력을 공급받는 믿음의 순종, 그리스도의 형상을 이룸, 하나님을 기쁘게 함, 보상을 얻음)을 다룬 반면, 여기에서 수용한 신학적 해석의 핵심은 설교에서 사용되는 성경 텍스트, 즉 성경의 특정 문단에 대한 해석 전략에 관한 것이다.[3]

본 연구에서 필자는 텍스트(텍스트=평범한 유리창)를 통하여 텍스트 뒤에 있는 과거 역사적 사건이나 요소들을 추적하는 대신에 해석자가 텍스트 앞에 펼쳐진 이상적 세계, 혹은 그리스도의 총체적 형상(텍스트=스테인드 글라스 창)을 가리키는 텍스트 안에 있는 요소들을 찾을 것을 강력히 권고했다.

해석자는 무엇보다도 텍스트 자체에 해석의 특권을 부여해야 한다!

불행히도 오랫동안 평범한 유리창 은유가 성경 해석의 영역에서 군림해 왔다. 그렌즈(Grenz)와 프랑크(Franke)는 다음과 같이 불평한다.

> 신학자들은 텍스트를 통하여 과거 역사적 사건의 장면을 찾아보려는 시도를 위해 텍스트 자체의 목소리를 전달해야 하는 필요성을 묵살했다. 때로는 성경을 경전으로 대접하려는 선의에서 비롯되거나 때로는 일부분 고상한 의도에도 불구하고, 그들의 접근법은 사실 교회에서 성경 본문이 침묵하는 데 기여했다.[4]

---

3   말할 필요도 없이 이 해석법은 설교 준비에 적용할 수 있을 뿐만 아니라, 그것이 성경 공부, 주일 학교 공과, 혹은 성경에 대한 개인 묵상 시간이든 적용에서 절정에 도달하도록 의도된 어떤 성경 관련 활동에도 적용할 수 있다.

4   Stanley J. Grenz and John R. Franke, *Beyond Foundationalism: Shaping Theology in a Postmodern Context* (Louisville: Westminster John Knox, 2001), 63.

텍스트를 단지 그 배후에 있는 과거 역사적 사건의 요소들을 바라보도록 열린 투명한 창문으로 사용하여 텍스트를 검토하면서, 텍스트 자체와 저자의 의제(그가 말하는 것으로 실행하고 있는 것)가 제대로 해석자의 관심을 끌지 못했다. 게다가 대부분의 학자와 신학자는 설교자의 눈과 마음으로 성경 본문에 접근하지 않았다.

그러다 보니 성경 본문의 문단은 신학적 가치가 있는 텍스트의 단위로서는 소홀히 취급되었고, 신자 삶의 변화라는 목표(주로 목회적 관심사)는 다른 학문적 관심사(실천신학)에 예속되는 경향이 발생했다. 결과적으로 설교자들은 곤경에 빠졌는데, 이런 상황은 바르트가 신학자들이 작성한 주석들에 대하여 토로했던 한탄이기도 하다.

> 나의 불평은 최근 주해서 저자들이 전혀 주해답지 않게 성경 본문에 대한 석의에만 몰두했다는 점이다. 그러나 석의는 단지 온전한 주해의 첫 단계에 불과하다. 최근 주해서들은 단지 본문의 문학적 재구성이나, 정확한 동의어를 활용한 헬라어 단어와 구절의 번역, 고고학과 문헌학의 자료를 한데 모은 많은 추가적 기록, 또는 순수한 실용주의의 관점에서 보면 역사적으로, 그리고 심리학적으로 이해 가능한 방식으로 이루어진 다소 그럴 듯한 주제들에 대한 정리만을 담고 있을 뿐이다.[5]

최근 주석서의 저자들은 이 모든 박식한 분석 활동 속에서 '문단신학'(하나님 백성의 교훈을 위하여 그 문단에서 저자가 말하는 것으로 실행하고 있는 신학적 추동력)은 일반적으로 무시된다.

필자는 단순화의 위험을 무릅쓰고서라도 이런 해석학적 문제점이 어떻게 발달해 왔는지 역사적 설명을 시도해 보려고 한다. 이해를 쉽게 하기

---

[5] Karl Barth, "Preface to the Second Edition," in Karl Barth, *The Epistle to the Romans* (6th ed. trans. Edwyn C. Hoskyns; London: Oxford University Press, 1933), 6.

위해, 필자는 현재의 세대를 고대(100-500 CE), 중세(500-1500 CE), 개혁 시대(1500-2000 CE), 현대(2000 이후)의 네 시대로 나누고자 한다. 이것이 매우 대담하고 대폭적인 축소판이긴 하지만 필자는 각 시대에 성경 해석의 초점이 대체로 어디에 집중했는지를 이해하는 데 도움이 되리라 믿는다.[6]

시대	접근법과 목표
고대(100-500)	전통 속에 전해 내려오는 진리: 변론(defense)
중세(500-1500)	교회가 제시한 진리: 신조(dogma)
개혁 시대(1500-2000)	정경을 통해 추적한 진리: 구원(deliverance)
현대(2000-현재)	문단 내에서 발견된 진리: 의무(duty)

1) 고대(100-500 CE)

교회의 초창기 시대(고대: 대략 이 시대의 처음 500년간), 예수 그리스도의 직접적 증인들과 그분의 사도들의 시대 동안과 그 직후, 신조(doctrine)의 기초는 '믿음의 원칙'(*regula fidei*[레굴라 피데이])이었는데, 이것은 교부들과 공의회의 권위에 의해 항구적으로 확정되었다(전통 속에서 전해 내려오는 진리). 믿음의 원칙은 정경이 최종적으로 결정되기 전에 어떤 책을 성경으로 존경하여 읽고 또 어떤 책을 정경에서 배제할 것인지(그리고 후에는 어떻게 성경 자체를 해석할 것인지)를 결정했다.[7]

이 규칙은 이교도에 대항하여 변론적 기능을 수행했으며 그 과정에서 정통의 기준으로 정착되었다는 점은 분명하다. 그러므로 이 원칙의 주된

6　이러한 일반화에 틀림없이 예외는 있을 수 있다. 그럼에도 신학자들과 설교자들이 그들 시대의 자녀들이란 점은 타당하다. 상황, 시대의 필요, 그리고 기술의 수준(state of the art)이 상당한 정도로 설교를 위한 해석학을 결정한다.

7　사실 '레굴라 피데이'(*regula fidei*)는 '니케아 공의회에서 신조의 형성을 위한 기초를 닦았다.' T. F. Torrance, *Divine Meaning: Studies in Patristic Hermeneutics* (Edinburgh: T. & T. Clark, 1995), 76을 보라.

역할은 변론이었다.[8]

터툴리안(Tertullian)은 이러한 변론의 원칙을 너무나도 중요시한 나머지 성경은 믿음의 원칙을 소유한 사람만 읽어야 한다고 권고했다. 터툴리안은 이 원칙을 공유하지 않은 사람들을 이교도로 정죄했다.

> 교회와 그리스도의 사도들과 하나님의 진리에 반대되는 흔적이라도 발견되는 모든 신조는 거짓으로 간주되어야 한다. 이 원칙을 부여한 이 신조가 사도들의 전통에 그 기원을 두고 있는지, 그리고 다른 모든 신조가 그 사실 때문에 거짓으로 진행되고 있지는 않은지의 여부를 증명하는 일이 우리에게 남아 있다. 우리의 신조가 어떤 점에서도 사도들의 신조와 다르지 않기 때문에 우리는 사도적 교회와 교감한다고 주장할 수 있다(*Praescr* 21).

이레니우스(Irenaeus)도 '믿음의 원칙'(*regula fidei*[레굴라 피데이])을 사용하여 영지주의자들을 논박했다. 왜냐하면, "교회는 전 세계에 흩어져 있지만 (심지어는 땅 끝까지라도) 사도들과 그 제자들로부터 이 믿음을 전수받았기 때문이다"(*Haer*. 1.10.1). 예를 들면, '믿음의 원칙'만이 올바른 해석의 문을 여는 유일한 열쇠였다.[9]

교회의 처음 5세기 대부분의 기간 동안, 성경 해석은 이러한 변증론적 기능에 초점을 맞추어서 진리와 허위를 구분했다. 이것이 바로 변론을 목적으로 한 전통 속에 전승된 진리였다.

---

8   Eric F. Osborn, "Reason and The Rule of Faith in the Second Century AD," in *The Making of Orthodoxy: Essays in Honour of Henry Chadwick* (ed. Rowan Williams; Cambridge: Cambridge University Press, 1989), 57-58; Lewis Ayres, *Nicaea and its Legacy: An Approach to Fourth-Century Trinitarian Theology* (Oxford: Oxford University Press, 2004), 39.
9   Kathryn Green-McCreght, "Rule of Faith," in *Dictionary for Theological Interpretation of the Bible* (eds. Kevin J. Vanhoozer, Craig G. Bartholomew, Daniel J. Treier, and N. T. Wright; Grand Rapids: Baker, 2005), 703.

2) 중세(500-1500 CE)

중세의 수사학은 단편화로 특징지어졌다. 수사학 분야의 중요한 고전 텍스트들이 사실상 사라졌거나(Cicero의 많은 텍스트) 겨우 파편적으로 그 일부만 살아남았다(Quintilian의 많은 텍스트). 이러한 상실로 인하여 고대의 지성적 전통이 인류 문명사에 자취를 감추었고 새로운 지식의 창조를 억제했다.**10** 이 모든 문제가 자연스럽게 교회의 설교에도 반영되어 있었다. 본질적으로, 중세의 해석자들은 '학문을 신비주의와 선전술(propaganda)에 종속시켰다.'**11**

이러한 중세의 성경 해석과 설교의 실상과 관련하여 역사학자 올드(Old)는 다음과 같이 썼다.

> 중세의 설교자들은 자신들의 주해를 심각하게 성찰하려고 열심히 노력했으나, 그들은 상당한 문제에 직면했다. 500년이 되었을 즈음에는 예수님과 그분의 제자들은 그로부터 너무나 멀리 떨어진 오래 전 먼 곳의 인물들이 되어 버렸다. … 로마 제국의 몰락과 야만인의 침략과 더불어, 신약성경(그리고 사실은 성경 전체)은 이해하기 매우 어려워졌다. 성경은 점점 신비로운 사색에 의해서만 풀릴 수 있는 신비의 책으로 변했다. …
> 또한, 언어의 장벽도 성경을 이해하는 어려움을 증대시켰다.
> 아드리아해 서쪽에 있는 거의 어느 누구도 히브리어는 말할 것도 없고 그리스어마저도 제대로 이해하지 못하는데 어떻게 문법적-역사적 주해를 할 수 있단 말인가?

---

10 Brian Vickers, *In Defence of Rhetoric* (Oxford: Clarendon, 1998), 214. 그의 장(chapter) 제목은 'Medieval Fragmentation'(중세의 파편화)이었다(ibid., 214-53).

11 Beryl Smalley, *The Study of the Bible in the Middle Ages* (Oxford: Basil Blackwell, 1952), 358.

진정한 강해설교는 거의 불가능했다. 그래서 아무리 양심적인 설교자라도 알레고리적 주해를 매력적으로 생각한 것은 그리 놀라운 일이 아니다.[12]

그래서 중세의 설교자들은 역사적/문자적, 비유적, 그리고 영적 의미 등 성경의 여러 가지 의미에 대해 설명해 보려고 애썼다. 이토록 '여러 의미의 층을 찾아내는' 해석은 리라(Lyra)의 니콜라스(Nicholas)가 명명한 것으로 널리 알려졌으며, 아마도 잘못 알려진 다음의 이행 연구로 구체화되었다.

Littera gesta docet[리테라 게스타 도케트]	글자는 사건을 보여 주네;
Quid credas allegoria[쿠이드 크레다스 알레고리아]	무엇을 믿을 것인가는 알레고리;
Moralia quid agas[모랄리아 쿠이드 아가스]	도덕, 무엇을 해야 하는가;
Quo tendas anagogia[쿠오 텐다스 아나고기아]	무엇을 위해 노력해야 하는가, 영적 해석[13]

중세의 설교에 대한 기록들은 이렇게 성경 본문의 의미의 네 층위를 따라서 성경 문단 밖을 배회했다. 심지어는 단어들도 그 단어 심층에 담긴 여러 의미대로 체계화되고 심지어 도표화되었다.

---

12 Hughes Oliphant Old, *The Reading and Preaching of the Scriptures in the Worship of the Christian Church* (7 vols.; Grand Rapids: Eerdmans, 1998-2010), 3: xv-xvi.

13 Guibert de Nogent(ca. 1053-1124)가 이것을 목소리로 표현한 첫 번째 사람이지만, 이것은 또한 다른 누구보다도 John Cassian이 지은 것으로 여겨져 왔다. 다음의 그의 책을 참고하라. *A Book About the Way a Sermon Ought to Be Given* (trans. Joseph M. Miller, "Guibert de Nogent's *Liber quo ordine sermo fieri debeat:* A Translation of the Earliest Modern Speech Textbook," *Today's Speech* 17 [1969]: 46). Hugh of St. Cher, *Postillae in Universa Biblia Secundum Quadruplicem Sensum* (thirteen century), taught: *Historia docet quid factum, tropologia quid faciendum, allegoria quid intellegendum, anagoge quid appetendum* ("역사는 행해진 것을, 비유적 해석은 해야 할 것을, 알레고리는 이해되어야 할 것을, 영적 해석은 바람직한 것을 가르친다"), Harry Caplan, "The Four Senses of Scriptural Interpretation and the Medieval Theory of Preaching," *Spec* 4 (1929): 287에서 인용.

예를 들어, 예루살렘은 도시와 교회, 영원을 갈망하는 영혼(soul), 그리고 하나님이 계시하실 천국을 상징했다.[14] 이러한 해석 풍조에 근거한 설교 메시지는 여러 의미 사이를 방황하여 매우 신비로운 경향을 띠었을 뿐만 아니라 평민들 입장에서도 상당히 이해하기 어려워졌다.

로버츠(Roberts)가 언급하듯이 "대부분의 중세 초기의 설교에서 구별되는 특징은 그것이 본질적으로 성직자 청중을 위한 성직자에 의한 설교였다는 점이다." 결국 중세의 수사학은 실제의 메시지 전달 관행과 효용성에서 완전히 분리된 이론적 기술에 불과했다. 그런 수사학으로는 청중을 전혀 볼 수 없었을 뿐만 아니라 일부 성경 '전문가들' 속에 완전히 고립되고 말았다.[15]

기존의 신비적 해석 스타일을 한층 더 복잡하게 만든 요인은, 몇몇 성경 구절이 단지 의식적이고 상징적인 예전의 맥락에서만 평민 청중들에게 들려지게 되었다는 점이다. 시간이 지남에 따라 성경을 읽고 설교하는 일이 화려한 예배에 부차적 순서로 평가절하되었고 결국 교회에서 설교는 거의 사라졌다.[16] 그러므로 중세에서는 본질적으로 교권(敎權)이 가장 강력한 권위를 행사하는 독단적 지위를 누렸다(교회가 제시한 진리).

---

14 Miller, "Guibert de Nogent's Liber," 46을 보라.
15 Phyllis Roberts, "*The Ars Praedicandi* and the Medieval Sermon," in *Preacher, Sermon and the Audience in the Middle Ages* (ed. Carolyn Muessig; Leiden: Brill, 2002), 44; Vickers, *In Defense of Rhetoric*, 225-27.
16 Old, *The Reading and Preaching of the Scriptures in the Worship of the Christian Church*, Volume 3, xvi. 문제의 한 부분은 또한 전례력(liturgical calendar)과 축일(feast days)의 계산이었다. 이것은 필연적으로 '렉티오 셀렉타'(*lectio selecta*)를 번성하게 하고(즉, 수많은 특별한 날들을 위해 읽히는 특정한 텍스트) '렉티오 콘티누아'(*lectio continua*)를 없애도 되는 것으로 만들었다. "교부의 설교가 성경의 한 책에서 다른 책으로 넘어가는 규칙적 강해설교로 특징지어지는 반면, 중세의 설교는 전례력을 따르는 지배적 축제설교로 특징지어진다"(ibid., xvii).

3) 개혁 시대(1500-2000 CE)

중세 이후 개혁 시대는, 글자 그대로 성경이 다시 빛을 발하기 시작했다. 성경이 자국어로 번역되기 시작했고 또 체계적이고 규칙적으로 설교 메시지로 해설되고, 인쇄술의 도래로 대량 생산되고 널리 배포된 성경은 마침내 평민들의 손에까지 들어올 수 있게 되었다.

오랫동안 중세 시대의 흑암 속에서 숨막힐 정도로 질식했던 성경의 구원론적 진리가 빛을 발하기 시작했다. 그래서 성경의 역사적 해석을 서술하는 어떤 참고서의 한 챕터는 "종교개혁 동안 성경의 구원하는 기능에 대한 초점"이라는 제목이 붙여졌다.[17]

존슨(Johnson)에 의하면 모든 기독교 설교가 그리스도와 그분의 구원 사역과 연관하여 텍스트를 강해해야 한다는 관심은 종교개혁과 개신교의 유산에 확고한 뿌리를 내리고 있다.[18] 이와 같이 1500-2000 CE의 시기 성경 해석은 구원론에 초점을 맞추었다. 이 시기에 성경 해석의 주된 초점은 성경을 통해 드러나는 중심 주제, 즉 구속사적 주제를 추적하는 성경신학자들의 주된 해석 활동이었다(정경을 통해 추적한 진리).

성경 해석에서 구속에 대한 이러한 집중성은 죄가 용서되고 구원을 얻기 위해 무엇이 필요한지에 대한 수 세기의 혼동 후에 뒤따르는 당연한 귀결일 뿐만 아니라 신자들에게도 획기적인 것이었다. 그러나 설교를 독점하고 구속사적 주제에 초점을 맞춘 이와 같은 성경신학에 대한 배타적 집중에도 두드러진 약점이 있었다. 하나님의 자녀로 하여금 "모든 선한 일"(딤후 3:17)을 구비시키는 데는 이렇게 구원론 중심의 해석만으로는 충분하지 않았다. 그러한 해석은 본질적으로 구원을 위한 것이었다.

---

[17] Jack B. Rogers and Donald K. McKim, *The Authority and Interpretation of the Bible: An Historical Approach* (San Francisco: Harper & Row, 1979).

[18] Dennis E. Johnson, *Him We Proclaim: Preaching Christ from All the Scriptures* (Phillisburg, N.J.: Presbyterian and Reformed, 2007), 49 n 49.

그러나 성화를 위해서는 불충분했다. 거의 모든 설교가 복음 전도적이거나 구원의 유익을 설명하는 것이었으며, 문단의 세부 내용과 특정 문단의 신학, 혹은 삶의 변화를 위한 문단의 요구에는 별 관심을 두지 않았다. 제4장에서 주목했듯이, 이 유산은 구속사적 해석에 대한 관심과 설교의 인기와 더불어 현대에도 계속하여 번성하고 있다.[19]

4) 현대(2000-현재)

2천 년 성경 해석의 역사를 고대와, 중세, 개혁 시대, 그리고 현대의 네 시대를 구분한다고 해서, 현대의 교회가 더 이상 과거 교회가 집중했던 변론이나 신조, 혹은 구원을 더 이상 필요로 하지 않는다는 뜻은 아니다. 그러나 지난 2천 년 동안 이것들 중의 하나 혹은 그 이상의 것에 대한 편협한 집중 현상이 교회의 학문과 목회적 선포, 특별히 성경의 각 문단에 나타난 하나님의 계명에 따라 그리스도인의 삶을 인도하는 것의 의미에 대한 이해가 올바로 발전하는 것을 방해했다.

오늘날 학자들은 성경 텍스트를 대대적으로 다루면서도 성경신학과 조직신학의 일부 영역에 그대로 남아서 언어와 역사와 지리와 '실제로 과거에 발생했던 것'(텍스트 배후에 있는 과거 역사적 사건들)을 파헤쳐 보려는 경향이 있다. 이 모든 것이 문단의 특정성과 하나님의 영광을 위해 삶을 변화시키는 성경 문단의 효용성으로부터 개념적으로 거리를 두고 있었다. 그래서 설교학자 롱의 날카로운 비판은 적절하다.

> 양심적 성경 설교자들은 오랫동안 고전적 텍스트에서 설교로 나아가는 주해 방법이 유익한 밀보다는 무익한 겨를 더 많이 산출한다는 작은 비밀을 은밀히 공유해 왔다. 만일 우리가 주해라는 따분한 작업에 집중할 충분한

---

[19] 개혁 시대를 20세기 끝까지로 필자가 제한한 것은 상당히 임의적인 것이다.

시간과 인내가 있다면, 이론적으로는 성경에 언급된 거의 모든 구절에 대한 방대한 분량 배경 정보를 확보할 수 있을 것이다. 그러나 이렇게 많은 정보의 대부분은 불행히도 실제 설교에서 기대할 적용적 용도와 전혀 무관하다. 설교자의 책상은 우가릿의 유사한 이야기들과 소아시아 브루기아 지역의 이교 사상에 대한 상세한 내용으로 재빨리 뒤덮일 수 있을 것이다. 여기서 잘못을 찾기는 어렵다. 모든 자료 파편은 잠재적으로 나름의 가치가 있고, 어느 정보가 소중히 여겨질지 미리 아는 것은 불가능하다. 그래서 우리는 약간의 금을 얻기 위해 많은 흙을 냄비에 넣어 오랜 시간 물에 이는 것이 필요하다고 말함으로써 다음 라운드의 주해에 대비해야 한다.

물론, 이 말은 사실이다. 그러나 설교자들은 전통적 주해 모델에는 지나치게 너무 많은 에너지가 낭비된다는 의심을 떨쳐버리지 못하고 있다. 혹은 더 나쁘게 말하면, 주해가 실제 하는 일은 땅을 파서 흙을 이동하는 것이고 그 과정에서 우연히 발견하는 설교학의 황금 부스러기는 대개 우연한 것이라는 지속적 의심을 떨치지 못하고 있다.[20]

신학자들이 대대로 설교자들을 계속 설득하는 논리는, 온전한 성경 본문의 해석을 위해서는 수많은 시간 동안 여러 톤의 흙과 파편, 바위, 자갈을 뒤엎는 발굴(excavation)의 노력 끝에 결실이 얻어진다는 것이다. 성경 본문의 수많은 정보를 무차별적으로 나열하는 '산탄총' 스타일의 주해는 설교자가 효과적 설교 메시지를 준비하여 전달하는 데 별로 쓸모가 없다.

설교 메시지를 준비하려는 설교자에게 꼭 필요한 것은, 논리적으로도 분명하고 정확한 해석 과정을 거쳐서 각 성경 본문의 독특한 장르와 수사적 특성을 통하여 전달되는 문단의 신학적 의미를 제시하는 주석서다. 왜냐하면, 설교자가 강단에서 권위가 있으면서도 적절하고 타당한 적용

---

[20] Thomas G. Long, "The Use of Scripture in Contemporary Preaching," *Interpretation* 44 (1990): 343-44.

을 만들어 내는 설교를 준비할 수 있는 방법은, 오직 해당 본문의 독특한 '문단신학'이라는 중간 지점에 도달하고 난 이후에 비로소 가능하기 때문이다.

요컨대, 주석들과 설교학적 보조 자료들에서 아직도 여전히 부족한 부분이 있다면 그것은 성경의 각 본문의 문단에 관한 신학적 이해다. 각 문단의 신학적 이해는 저자가 자신의 신학적 목적을 독자들에게 달성하고자 그 의도를 각 문단의 수사적 형식과 배치를 통해서 표면적으로나 심층의 구조를 통해서 제시했음을 논리적으로 알려 주고 있다.[21]

성경 해석자가 이러한 '문단신학'을 파악하려면 텍스트를 통하여 그 배후에서 찾으려 하기보다는 텍스트 자체의 문학적 구조와 배치 그리고 수사적 전략을 사용한 단어와 구절들을 더 세심하게 살펴야 할 것이다. 그러므로 본 연구의 목적은 설교자가 각 문단의 신학과 문단에 나타난 하나님의 계명에 도달할 목적으로 텍스트에 해석의 고유한 특권을 부여하도록 권고하는 것이다.

설교자가 그린 과정을 거쳐서 '문단신학'을 올바로 확보해야만 하나님의 계명에 관한 타당한 적용 단계에 도달할 수 있다. 그리고 신자들이 하나님의 계명에 순종함으로 성령 하나님의 능력 안에서 삶의 변화가 달성되고 그리스도의 형상을 닮아 갈 때 비로소 하나님의 영광이 실현될 것이다. 이 과정에서 핵심 인물은 목사와 설교자이다(혹은 목사와 설교자여야 한다). 이들은 하나님의 백성과 하나님의 말씀 사이의 상호 작용의 매개자이며, 매주 그리고 매 설교마다 양 떼들이 더욱 더 그리스도를 닮아 가도록

---

21   이 캠페인 계획을 지닌 주석이 필자에 의해 시도되었다. *Mark: A Theological Commentary for Preachers* (Eugene, Oreg.: Cascade, 2012). 이것은 정확히는 설명과 인용 등을 제공하는 일반적 의미에서의 설교용 주석은 아니다. 오히려 이것은 '설교를 위한 신학' 주석, 즉 마가복음 전체에 걸쳐 각 문단의 신학을 연속적으로 발전시키기 위해 텍스트에 극도로 집중하여 해석하려 한 연구이다. 이 신학을 사용하여 설교자는 그들의 특정한 청중을 위한 구체적 설교를 만드는 일로 나아갈 수 있다. 이런 의미에서, 이것은 본 연구에서 제안한 신학적 해석법에 기초를 둔 **신학적** 주석이다.

하는 (인간의) 책임을 어깨에 짊어진 청중의 리더들이다.

현대에 이르러 수사학이 만개하기 시작했고 언어철학은 더욱 성숙했다. 숙고해야 할 2천 년의 성경 연구는 말할 것도 없고 화용론과 연관성 이론 (또는 적실성, relevance theory)이 빠른 속도로 열매를 맺고 있다. 아마도 지난 수 세기의 쟁점들이 적어도 어느 정도는 이 시대에 충분히 해결되었다고 말할 수 있겠다.

이 모든 발전이 서로 결합된 결과, 설교와 성경 문단과 하나님의 영광을 위한 하나님의 백성의 삶의 변화에 새로운 초점을 맞추게 되었다. 교회는 언제나 변론하고, 진리(교리)를 선포하고, 구원을 설교하지만 현 새 시대에는 문단 내에서 발견된 진리에 '믿음이 가득한' 순종을 실천하는 하나님의 자녀의 의무에 더욱 많은 강조점이 주어져야 한다. 설교학자들이 이 전진의 선봉에 서 있으며 이는 참으로 옳은 일이다.

> 우리가 그를 전파하여 각 사람을 권하고 모든 지혜로 각 사람을 가르침은 각 사람을 그리스도 안에서 완전한 자로 세우려 함이니(골 1:28).

바울과 같은 이들이 더욱 많아져서 하나님의 영광을 위하여 더욱 헌신할 수 있기를!

참고 문헌

Ackerman, James S. "Knowing Good and Evil: A Literary Analysis of the Court History in 2 Samuel 9–20 and 1 Kings 1–2." *JBL* 109 (1990): 41–64.

Adam, A. K. M., Stephen E. Fowl, Kevin J. Vanhoozer, and Francis Watson. *Reading Scripture with the Church: Toward a Hermeneutic for Theological Interpretation*. Grand Rapids: Baker, 2006.

Aichele, George. *The Control of Biblical Meaning: Canon as Semiotic Mechanism*. Harrisburg, Penn.: Trinity, 2001.

Allen, Woody. "The Scrolls." Pages 135–40 in *The Insanity Defense: The Complete Prose*. New York: Random House, 2007.

Allison, Gregg R. "Speech Act Theory and Its Implications for the Doctrine of the Inerrancy/Infallibility of Scripture." *Philosophia Christi* 8 (1995): 1–23.

Altieri, Charles. "The Poem as Act: A Way to Reconcile Presentational and Mimetic Theories." *Iowa R.* 6.3–4 (1975): 103–24.

Andrews, James. "Why Theological Hermeneutics Needs Rhetoric: Augustine's *De doctrina Christiana*." *IJST* 12 (2010): 184–200.

Auerbach, Erich. *Mimesis: The Representation of Reality in Western Literature*. Translated by Willard R. Trask. Princeton: Princeton University Press, 1953.

Austen, Ben. "What Caricatures Can Teach Us About Facial Recognition." WIRED Magazine, July 2011. No pages. Cited June 3, 2012. Online: http://www.wired.com/magazine/2011/07/ff_caricature/all/1/.

Ayres, Lewis. *Nicaea and its Legacy: An Approach to Fourth-Century Trinitarian Theology*. Oxford: Oxford University Press, 2004.

Badenas, Robert. *Christ The End of the Law: Romans 10.4 in Pauline Perspective*. JSNTSup 10. Sheffield: JSOT Press, 1985.

Bailey, Randall C. *David in Love and War: The Pursuit of Power in 2 Samuel 10–12*. Sheffield: JSOT, 1990.

Balserak, Jon. "Luther, Calvin and Musculus on Abraham's Trial: Exegetical History and the Transformation of Genesis 22." *RRR* 6 (2004): 361–73.

Barker, William S., and W. Robert Godfrey. *Theonomy: A Reformed Critique*. Grand Rapids: Zondervan, 1990.

Barnett, Paul. *The Second Epistle to the Corinthians*. NIGTC. Grand Rapids: Eerdmans, 1997.

Barr, James. "A New Look at *Kethibh-Qere*." Pages 19–37 in *Remembering All the Way* . . . . Vol. 21 of Oudtestamentische Studien. Edited by B. Albrektson. Leiden: Brill, 1981.

Barth, Karl. *Church Dogmatics, II/2: The Doctrine of God*. Translated by G. W. Bromiley. Edited by Thomas F. Torrance and G. W. Bromiley. Edinburgh: T. & T. Clark, 2004.

_____. *Dogmatics in Outline*. London: SCM, 1966.

_____. "Preface to the Second Edition." Pages 2–15 in *The Epistle to the Romans*, by Karl Barth. Sixth edition. Translated by Edwyn C. Hoskyns. London: Oxford University Press, 1933.

_____. "The Strange New World within the Bible." Pages 28–50 in *The Word of God and the Word of Man*. Translated by Douglas Horton. London: Hodder and Stoughton, 1928.

Barton, John. "Approaches to Ethics in the Old Testament." Pages 114–31 in *Beginning Old Testament Study*, by John Rogerson, John Barton, David J. A. Clines, and Paul Joyce. London: SPCK, 1998.

_____. *The Spirit and the Letter: Studies in the Biblical Canon*. London: SPCK, 1997.

Basevorn, Robert de. *Forma praedicandi*. Pages 231–314 in *Artes Praedicandi: Contribution a L'histoire de la Rhétorique au Moyen Age*, by Th.-M. Charland. Paris: Libr. Philosophique J. Vrin, 1936.

Bauckham, Richard. "Reading Scripture as a Coherent Story." Pages 38–53 in *The Art of Reading Scripture*. Edited by Ellen F. Davis and Richard B. Hays. Grand Rapids: Eerdmans, 2003.

Beck, John A. *God as Storyteller: Seeking Meaning in Biblical Narrative*. St. Louis: Chalice, 2008.

Beckman, Gary. *Hittite Diplomatic Texts*. Atlanta: Scholars, 1996.

Bergen, Robert D. "The Role of Genesis 22:1–19 in the Abraham Cycle: A Computer-Assisted Textual Intepretation." *CTR* 4 (1990): 313–26.

Bernstein, Moshe J. "Angels at the Aqedah: A Study in the Development of a Midrashic Motif." *Dead Sea Discoveries* 7 (2000): 263–91.

Bertman, Stephen. "Tasseled Garments in the Ancient East Mediterranean." *Biblical Archaeologist* 24 (1961): 119–28.

Billings, J. Todd. *The Word of God for the People of God: An Entryway to the Theological Interpretation of Scripture*. Grand Rapids: Eerdmans, 2010.

Black, C. Clifton. "Rhetorical Criticism." Pages 256-77 in *Hearing the New Testament: Strategies for Interpretation*. Edited by Joel B. Green. Grand Rapids: Eerdmans, 1995.

Blaising, Craig A., and Darrell L. Bock. *Progressive Dispensationalism: An Upto-Date Handbook of Contemporary Dispensational Thought*. Wheaton: Victor, 1993.

Block, Daniel I. *Judges, Ruth*. NAC 6. Nashville: Broadman & Holman, 1999.

_____. "Tell Me the Old, Old Story: Preaching the Message of Old Testament Narrative." Pages 409-38 in *Giving the Sense: Understanding and Using Old Testament Historical Texts*. Edited by David M. Howard and Michael A. Grisanti. Grand Rapids: Kregel, 2003.

Bloomfield, Morton W. "Allegory as Interpretation." *NLH* 3 (1972): 301-17.

Booth, Wayne C. *The Company We Keep: An Ethics of Fiction*. Berkeley, Calif.: University of California Press, 1988.

Bowald, Mark Alan. *Rendering the Word in Theological Hermeneutics: Mapping Divine and Human Agency*. Aldershot, U.K.: Ashgate, 2007.

Brennan, Joseph P. "Psalms 1-8: Some Hidden Harmonies." *BTB* 10 (1980): 25-29.

Briggs, Richard. *Reading the Bible Wisely*. London: SPCK, 2003.

Bright, John. *The Authority of the Old Testament*. Nashville: Abingdon, 1967.

Brooks, Phillips. *Lectures on Preaching, Delivered before the Divinity School of Yale College in January and February, 1877*. New York: E. P. Dutton, 1877.

Bruce, F. F. *The Canon of Scripture*. Downers Grove: InterVarsity, 1988.

_____. *The Epistles to the Colossians, to Philemon, and to the Ephesians*. NICNT. Grand Rapids: Eerdmans, 1984.

_____. *The Letter of Paul to the Romans: An Introduction and Commentary*. Tyndale NTC. Grand Rapids: Eerdmans, 1989.

Brunner, Emil. *The Divine Imperative: A Study in Christian Ethics*. Translated by Olive Wyon. Philadelphia: Westminster, 1947.

Bucer, Martin. *Martin Bucers Deutsches Schriften*. 14 vols. Edited by R. Stupperich. Gutersloh, Germany: Mohn, 1960-1975.

Buttrick, David G. *Homiletic: Moves and Structures*. Philadelphia: Fortress, 1987.

_____. "Interpretation and Preaching." *Int* 35 (1981): 46-58.

Candler, Peter M. *Theology, Rhetoric, Manuduction, or Reading Scripture Together on the*

Path to God. London: SCM, 2006.

Caplan, Harry. "The Four Senses of Scriptural Interpretation and the Mediaeval Theory of Preaching." *Spec* 4 (1929): 282–90.

Carmichael, Calum. *The Spirit of Biblical Law*. Athens, Ga.: University of Georgia Press, 1996.

Carmichael, Deborah Bleicher. "David Daube on the Eucharist and the Passover Seder." *JSNT* 42 (1991): 45–67.

Carson, D. A. "Of First Importance (part 1): Eight Words That Help Us Preach the Gospel Correctly." No pages. Cited on August 8, 2011. Online: http://www.preachingtoday.com/skills/themes/gettinggospelright/offirstimpor tance1.html.

_____. "Unity and Diversity in the New Testament: The Possibility of Systematic Theology." Pages 65–95 in *Hermeneutics, Authority and Canon*. Edited by D. A. Carson and John D. Woodbridge. Grand Rapids: Baker, 1995.

The Catechism of the Catholic Church. Second edition. New York: Doubleday, 2003.

Chafee, Zechariah. "The Disorderly Conduct of Words." *Columbia L. Rev.* 41(1941): 381–404.

Chapell, Bryan. "Application without Moralism: How to Show the Relevance of the Text." No pages. Cited on May 1, 2002. Online: http://www.preachingtoday.com/skills/themes/application/200203.25.html?start=3.

_____. *Christ-Centered Preaching: Redeeming the Expository Sermon*. Second edition. Grand Rapids: Baker, 2005.

Childs, Brevard S. *Biblical Theology in Crisis*. Philadelphia: Westminster, 1970.

_____. *Introduction to the Old Testament as Scripture*. London: SCM, 1979.

_____. *Isaiah*. Old Testament Library. Louisville: Westminster John Knox, 2001.

Chirichigno, Greg. "A Theological Investigation of Motivation in Old Testament Law." *JETS* 24 (1981): 303–13.

Chisholm, Robert B. "Anatomy of an Anthropomorphism: Does God Discover Facts?" *BSac* 164 (2007): 3–20.

Ciampa, Roy E., and Brian S. Rosner. *The First Letter to the Corinthians*. Pillar NTC. Grand Rapids: Eerdmans, 2010.

Clark, David K. *To Know and Love God*. Wheaton: Crossway, 2003.

Claude, John. *An Essay on the Composition of a Sermon*. 2 vols. Third edition. Translated by Robert Robinson. London: T. Scollick, 1782–1788.

Clements, Ronald E. "History and Theology in Biblical Narrative." *HorBT* 4–5(1982–1983):

45-60.

Clines, D. J. A. "The Image of God in Man." *TynBul* 19 (1968): 53-103.

Clowney, Edmund P. *Preaching and Biblical Theology*. Nutley, N.J.: Presbyterian and Reformed, 1977.

_____. "Preaching Christ from All the Scriptures." Pages 163-91 in *The Preacher and Preaching: Reviving the Art in the Twentieth Century*. Edited by Samuel T. Logan. Phillipsburg, N.J.: Presbyterian and Reformed, 1986.

_____. *Preaching Christ in All of Scripture*. Wheaton: Crossway, 2002.

Coats, George W. *Genesis: With an Introduction to Narrative Literature*. FOTL 1. Grand Rapids: Eerdmans, 1983.

Coleridge, Samuel Taylor. "The Friend: Section the Second, Essay IV." Pages 448-57 in *The Collected Works of Samuel Taylor Coleridge*. Edited by Barbara E. Rooke. London: Routledge & Kegan Paul, 1969.

Collins, Raymond F. *First Corinthians*. Sacra Pagina 7. Collegeville, Minn.: Liturgical, 1999.

Cosgrove, Charles H. *Appealing to Scripture in Moral Debate: Five Hermeneutical Rules*. Grand Rapids: Eerdmans, 2002.

Cowley, A. E. *Aramaic Papyri of the Fifth Century B.C.* Oxford: Clarendon, 1923.

Craddock, Fred B. *As One Without Authority*. St. Louis: Chalice, 2001.

Cranfield, C. E. B. *The Epistle to the Romans*. International Critical Commentary. 2 vols. Edinburgh: T. & T. Clark, 1979.

_____. "Has the Old Testament Law a Place in the Christian Life? A Response to Professor Westerholm." Pages 109-24 in *On Romans and Other New Testament Essays* by C. E. B. Cranfield. London: T. & T. Clark, 1998.

Crotty, Robert. "The Literary Structure of the Binding of Isaac in Genesis 22." *ABR* 53 (2005): 31-41.

Crouzel, Henri. *Origen*. Translated by A. S. Worrall. Edinburgh: T. & T. Clark, 1989.

Cullman, Oscar. *The Early Church*. London: SCM, 1956.

Cunningham, David S. *Faithful Persuasion: In Aid of a Rhetoric of Christian Theology*. Notre Dame: University of Notre Dame Press, 1991.

Das, Andrew A. *Paul, the Law, and the Covenant*. Peabody, Mass.: Hendrickson, 2001.

Daley, Brian E. "Is Patristic Exegesis Still Usable?" *Communio* 29 (2002): 185-216.

Daube, David. *Law and Wisdom in the Bible: David Daube's Gifford Lectures, Volume 2*. Edited by Calum Carmichael. West Conshohocken, Penn.: Templeton, 2010.

_____. *The New Testament and Rabbinic Judaism.* London: Athlone, 1956.

Davies, P. R., and B. D. Chilton. "The Aqedah: A Revised Tradition History." *CBQ* 40 (1978): 514–46.

Davis, Dale Ralph. *The Word Became Fresh: How to Preach from Old Testament Narrative Texts.* Ross-Shire, U.K.: Mentor, 2006.

Dillow, Joseph C. *The Reign of the Servant Kings: A Study of Eternal Security and the Final Significance of Man.* Hayesville, N.C.: Schoettle, 1992.

Dorsey, David A. "The Law of Moses and the Christian: A Compromise." *JETS*

_____. "The Use of the OT Law in Christian Life: A Theocentric Approach." *EvJ* 17 (1998): 1–18.

Duggan, Michael W. *The Covenant Renewal in Ezra-Nehemiah (Neh 7:72b–10:40): An Exegetical, Literary, and Theological Study.* Atlanta: SBL, 1996.

Dumbrell, William J. "Genesis 2:1–17: A Foreshadowing of the New Creation." Pages 53–65 in *Biblical Theology: Retrospect and Prospect.* Edited by Scott J. Hafemann. Downers Grove: InterVarsity, 2002.

Dunn, James D. G. *The Epistles to the Colossians and to Philemon: A Commentary on the Greek Text.* NIGTC. Grand Rapids: Eerdmans, 1996.

_____. "'The Law of Faith,' 'the Law of the Spirit' and 'the Law of Christ.'" Pages 62–82 in *Theology and Ethics in Paul and His Interpreters: Essays in Honor of Victor Paul Furnish.* Edited by Eugene H. Lovering and Jerry L. Sumney. Nashville: Abingdon, 1996.

_____. *The New Perspective on Paul.* Revised edition. Grand Rapids: Eerdmans, 2005.

Eco, Umberto. *The Limits of Interpretation.* Bloomington, Ind.: Indiana University Press, 1990.

Eliot, T. S. *Four Quartets,* "East Coker." In *Four Quartets.* Public Domain.

Erickson, Millard J. *Christian Theology.* Grand Rapids: Baker, 1985.

Falk, Ze'ev W. *Religious Law and Ethics: Studies in Biblical and Rabbinical Theonomy.* Jerusalem: Mesharim, 1991.

Fee, Gordon D. *The First Epistle to the Corinthians.* Grand Rapids: Eerdmans, 1987.

Fitzmeyer, Joseph A. "The Interpretation of Genesis 15:6: Abraham's Faith and Righteousness in a Qumran Text." Pages 257–68 in *Emanuel: Studies in Hebrew Bible, Septuagint, and Dead Sea Scrolls in Honor of Emanuel Tov.* Supplements to Vetus Testamentum 94. Edited by Shalom M. Paul, Robert A. Kraft, Lawrence H. Schiffman, and Weston W. Fields. Leiden: Brill, 2003.

Fokkelman, J. P. *King David (II Sam. 9–20 & I Kings 1–2)*. Vol. 1 of *Narrative Art and Poetry in the Books of Samuel*. Assen, Netherlands: Van Gorcum, 1981.

Fowl, Stephen. *Engaging Scripture: A Model for Theological Interpretation*. Malden, Mass.: Blackwell, 1998.

_____. *Theological Interpretation of Scripture*. Eugene, Oreg.: Cascade, 2009.

Fowler, Robert M. *Let the Reader Understand: Reader-Response Criticism and the Gospel of Mark*. Minneapolis: Fortress, 1991.

Frei, Hans W. *The Eclipse of Biblical Narrative: A Study in Eighteenth and Nineteenth Century Hermeneutics*. New Haven: Yale University Press, 1974.

Frye, Northrop. *Anatomy of Criticism: Four Essays*. Princeton: Princeton University Press, 1957.

_____. *The Educated Imagination*. Bloomington, Ind.: Indiana University Press, 1964.

_____. *The Great Code: The Bible and Literature*. New York: Harcourt Brace, 1982.

Gadamer, Hans-Georg. *Truth and Method*. Second revised edition. Translated by Joel Weinsheimer and Donald G. Marshall. London: Continuum, 2004.

Gamble, Harry Y. *Books and Readers in the Early Church: A History of Early Christian Texts*. New Haven: Yale University Press, 1995.

_____. *The New Testament Canon: Its Making and Meaning*. Philadelphia: Fortress, 1985.

Garlington, Don B. *Faith, Obedience and Perseverance*. WUNT 79. Tubingen: J. C. B. Mohr (Paul Siebeck), 1994.

Gathercole, Simon J. *Where Is Boasting? Early Jewish Soteriology and Paul's Response in Romans 1–5*. Grand Rapids: Eerdmans, 2002.

Geertz, Clifford. *The Interpretation of Cultures*. London: Fontana, 1993.

Gemser, B. "The Importance of the Motive Clause in Old Testament Law." Pages 50–66 in *Congress Volume: Copenhagen*. Vol. 1 of Vetus Testamentum Supplements. Leiden: Brill, 1953.

Gibbs, Raymond W. "Nonliteral Speech Acts in Text and Discourse." Pages 357–93 in *The Handbook of Discourse Processes*. Edited by Arthur C. Graesser, Morton Ann Gernsbacher, and Susan R. Goldman. Mahwah, N.J.: Erlbaum, 2003.

Goethe, J. W. *Conversations with Eckermann (1823–1832)*. Translated by John Oxenford. San Francisco: North Point, 1984.

Goldingay, John. *Approaches to Old Testament Interpretation*. Leicester, U.K.: InterVarsity, 1981.

Goldsworthy, Graeme. *Gospel-Centred Hermeneutics: Biblical-Theological Foundations and*

Principles. Nottingham, U.K.: Apollos, 2006.

_____. *Preaching the Whole Bible as Christian Scripture: The Application of Biblical Theology to Expository Preaching*. Grand Rapids: Eerdmans, 2000.

Green, Gene L. "Lexical Pragmatics and Biblical Interpretation." *JETS* 50(2007): 799–812.

Greene-McCreight, Kathryn. "Rule of Faith." Pages 703–4 in *Dictionary for Theological Interpretation of the Bible*. Edited by Kevin J. Vanhoozer, Craig G. Bartholomew, Daniel J. Treier, and N. T. Wright. Grand Rapids: Baker, 2005.

Greenhaw, David M. "As One *with* Authority: Rehabilitating Concepts for Preaching." Pages 105–22 in *Intersections: Post-Critical Studies in Preaching*. Edited by Richard L. Eslinger. Grand Rapids: Eerdmans, 2004.

Greidanus, Sidney. *The Modern Preacher and the Ancient Text: Interpreting and Preaching Biblical Literature*. Grand Rapids: Eerdmans, 1989.

_____. *Preaching Christ from Genesis*. Grand Rapids: Eerdmans, 2007.

_____. *Preaching Christ from the Old Testament: A Contemporary Hermeneutical Method*. Grand Rapids: Eerdmans, 1999.

Grenz, Stanley J., and John R. Franke. *Beyond Foundationalism: Shaping Theology in a Postmodern Context*. Louisville: Westminster John Knox, 2001.

Grudem, Wayne. *Systematic Theology: An Introduction to Biblical Doctrine*. Grand Rapids: Zondervan, 1994.

Guest, Stephen. *Ronald Dworkin*. Stanford, Calif.: Stanford University Press, 1991.

Habermas, Jurgen. *Justification and Application: Remarks on Discourse Ethics*. Translated by Ciaran Cronin. Cambridge: Polity, 1993.

Hamilton, Alexander. "The Federalist No. 34: Concerning the General Power of Taxation (continued)." *Independent Journal* (January 5, 1788). No pages.

Hamilton, Victor P. *The Book of Genesis, Chapters 18–50*. NICOT. Grand Rapids: Eerdmans, 1995.

Hare, R. M. *Freedom and Reason*. Oxford: Clarendon, 1963.

_____. *The Language of Morals*. Oxford: Clarendon, 1961.

Hauerwas, Stanley. "The Self as Story: Religion and Morality from the Agent's Perspective." *JRE* 1 (1973): 73–85.

Hays, Richard B. *The Moral Vision of the New Testament: A Contemporary Introduction to New Testament Ethics*. New York: HarperCollins, 1996.

Heath, Chip, and Dan Heath. *Switch: How to Change Things When Change Is Hard*. New York: Broadway, 2010.

Hess, Richard S. "The Book of Joshua as a Land Grant." *Bib* 83 (2002):493–506.

Hirsch, E. D. *The Aims of Interpretation*. Chicago: The University of Chicago Press, 1976.

_____. "Meaning and Significance Reinterpreted." *CI* 11 (1984): 202–25.

_____. "Past Intentions and Present Meanings." *Ess. Crit.* 33 (1983): 79–98.

_____. "Transhistorical Intentions and the Persistence of Allegory." *NLH* 25 (1994): 549–67.

_____. *Validity in Interpretation*. New Haven: Yale University Press, 1967.

Holmer, Paul L. *The Grammar of Faith*. New York: Harper and Row, 1978.

Holmes, Oliver Wendell. "The Use of Law Schools." Pages 28–40 in *Speeches by Oliver Wendell Holmes*. Boston: Little, Brown, and Company, 1934.

Hood, Jason. "Christ-Centred Interpretation Only? Moral Instruction from Scripture's Self-Interpretation as Caveat and Guide." *SBET* 27 (2009):50–69.

Hubert, Friedrich. *Die Strassburger Liturgische Ordnungen im Zeitalter der Reformation*. Gottingen, Germany: Vandenhoeck and Ruprecht, 1900.

Hughes, Philip Edgcumbe. *Paul's Second Epistle to the Corinthians*. NICNT. Grand Rapids: Eerdmans, 1962.

Huizenga, Leroy Andrew. "Obedience unto Death: The Matthean Gethsemane and Arrest Sequence and the Aqedah." *CBQ* 71 (2009): 507–26.

Hunter, James Davison. *To Change the World: The Irony, Tragedy, and Possibility of Christianity in the Late Modern World*. New York: Oxford University Press, 2010.

Illyricus, Matthias Flaccius. "The Rule for Becoming Acquainted with the Sacred Scriptures." In *Clavis Scriptura Sacra*. Bibliopolæ Hafniensis, 1719.

Janzen, Waldemar. *Old Testament Ethics: A Paradigmatic Approach*. Louisville:Westminster John Knox, 1994.

Jeanrond, Werner. *Theological Hermeneutics: Development and Significance*. London: SCM, 1994.

Jensen, Alexander S. *Theological Hermeneutics*. London: SCM, 2007.

Jewett, Robert. *Romans: A Commentary*. Minneapolis: Fortress, 2007.

Johnson, Dennis E. *Him We Proclaim: Preaching Christ from All the Scriptures*. Phillipsburg, N.J.: Presbyterian and Reformed, 2007.

Johnson, Luke Timothy. "Imagining the World Scripture Imagines." *Modern Theology* 14 (1998): 165–77.

Johnstone, Keith. *Impro: Improvisation and the Theatre*. London: Methuen, 1981.

Jonsen, Albert R., and Stephen Toulmin. *The Abuse of Casuistry: A History of Moral Rea-*

soning. Berkeley, Calif.: University of California Press, 1988.
Jowett, Benjamin. "On the Interpretation of Scripture." Pages 330–433 in *Essays and Reviews*. Seventh edition. London: Longman, Green, Longman, and Roberts, 1861.
Kaiser, Walter C. "Leviticus 18:5 and Paul: Do This and You Shall Live (Eternally?)." *JETS* 14 (1971): 19–28.
———. "A Principlizing Model." Pages 19–50 in *Four Views on Moving Beyond the Bible to Theology*. Edited by Gary T. Meadors. Grand Rapids: Zondervan, 2009.
———. *Toward an Old Testament Theology*. Grand Rapids: Zondervan, 1978.
Kalimi, Isaac. "'Go, I Beg You, Take Your Beloved Son and Slay Him!' The Binding of Isaac in Rabbinic Literature and Thought." *Review of Rabbinic Judaism* 13 (2010): 1–29.
Kant, Immanuel. "The Conflict of the Faculties." Pages 233–328 in *Religion and Rational Theology*, by Immanuel Kant. Translated by Mary J. Gregor and Robert Anchor. Cambridge: Cambridge University Press, 1996.
Kant, Laurence H. "Restorative Thoughts on an Agonizing Text: Abraham's Binding of Isaac and the Horror on Mt. Moriah (Genesis 22): Part 2." *LTQ* 38 (2003): 162–94.
Kass, Leon R. *The Beginning of Wisdom: Reading Genesis*. New York: Free Press, 2003.
Kaufman, Gordon D. *An Essay on Theological Method*. Third edition. Atlanta: American Academy of Religion, 1995.
Kelhoffer, James A. "The Witness of Eusebius' *ad Marinum* and Other Christian Writings to Text-Critical Debates concerning the Original Conclusion to Mark's Gospel." *ZNW* 92 (2001): 78–112.
Kelly, J. N. D. *Golden Mouth: The Story of John Chrysostom—Ascetic, Preacher, Bishop*. London: Duckworth, 1995.
Kelsey, David H. "The Bible and Christian Theology." *JAAR* 48 (1980): 385–402.
———. *The Uses of Scripture in Recent Theology*. Philadelphia: Fortress, 1975.
Kessler, Edward. *Bound by the Bible: Jews, Christians and the Sacrifice of Isaac*. Cambridge: Cambridge University Press, 2004.
Kierkegaard, Søren. *Fear and Trembling*. Translated by H. Honig and E. Honig. Princeton: Princeton University Press, 1983.
Knapp, Steven, and Walter Benn Michaels. "Against Theory 2: Hermeneutics and Deconstruction." *CI* 14 (1987): 49–68.
Knoppers, Gary. "Ancient Near Eastern Royal Grants and the Davidic Covnenant: A Parallel?" *JAOS* 116 (1996): 670–97.
Krabbendam, Hendrik. "Hermeneutics and Preaching." Pages 212–45 in *The Preacher and

Preaching. Edited by Samuel T. Logan. Phillipsburg, N.J.: Presbyterian and Reformed, 1986.

Kuruvilla, Abraham. "The *Aqedah:* What Is the Author *Doing* with What He Is *Saying*?" *JETS* 55 (2012): 489–508.

_____. "Book Review: *Preaching Christ through Genesis,* Sidney Greidanus." *JEHS* 8 (2008): 137–40.

_____. *Mark: A Theological Commentary for Preachers*. Eugene, Oreg.: Cascade, 2012.

_____. "The Naked Runaway and the Enrobed Reporter of Mark 14 and 16: What Is the Author *Doing* with What He Is *Saying*?" *JETS* 54 (2011): 527–45.

_____. "Pericopal Theology: An Intermediary between Text and Application." *TrinJ* 31ns (2010): 265–83.

_____. "Preaching as Translation *via* Theology." *JEHS* 9 (2009): 85–97.

_____. *Text to Praxis: Hermeneutics and Homiletics in Dialogue*. LNTS 393. London: T. & T. Clark, 2009.

Kuyper, Abraham. *E voto dordraceno: Toelichting op den Heidelbergschen Catechismus*. 4 vols. Amsterdam: J. A. Wormser, 1892–1895.

Ladd, George Eldon. *I Believe in the Resurrection of Jesus*. Grand Rapids: Eerdmans, 1975.

Lakoff, George, and Mark Johnson. *Philosophy in the Flesh: The Embodied Mind and Its Challenge to Western Thought*. New York: Basic Books, 1999.

Lawlor, John I. "Theology and Art in the Narrative of the Ammonite War (2Samuel 10–12)." *GTJ* 3 (1982): 193–205.

Lawton, Anne. "Christ: The End of the Law—A Study of Romans 10:4–8." *TrinJ* 3 (1974): 14–30.

Lessig, Lawrence. "Fidelity and Constraint." *Fordham L. Rev.* 65 (1996–1997): 1365–434.

_____. "Fidelity in Translation." *Texas L. Rev.* 71 (1992–1993): 1165–268.

_____. "The Limits of Lieber." *Cardozo L. Rev.* 16 (1995): 2249–72.

Levin, Michael. "What Makes a Classic in Political Theory?" *Pol. Sci. Q.* 88 (1973): 462–76.

Levinson, Stephen C. *Pragmatics*. Cambridge: Cambridge University Press, 1983.

_____. *Presumptive Meanings: The Theory of Generalized Conversational Implicature*. Cambridge, Mass.: The MIT Press, 2000.

Levi-Strauss, Claude. *The Savage Mind*. Chicago: University of Chicago Press, 1966.

Locher, Gottfried. *Zwingli's Thought: New Perspectives*. Leiden: Brill, 1981.

Long, Thomas G. "The Preacher and the Beast: From Apocalyptic Text to Sermon." Pages 1–22 in *Intersections: Post-Critical Studies in Preaching*. Edited by Richard L. Eslinger. Grand Rapids: Eerdmans, 2004.

———. *Preaching from Memory to Hope*. Louisville: Westminster John Knox, 2009.

———. "The Use of Scripture in Contemporary Preaching." *Int* 44 (1990): 341–52.

———. *The Witness of Preaching*. Second edition. Louisville: Westminster John Knox, 200.

Longenecker, Richard N. *Biblical Exegesis in the Apostolic Period*. Grand Rapids: Eerdmans, 1975.

Lowery, David K. "Christ, the End of the Law in Romans 10:4." Pages 230–47 in *Dispensationalism, Israel and the Church: The Search for Definition*. Edited by Craig A. Blaising and Darrell L. Bock. Grand Rapids: Zondervan, 1992.

Lowry, Eugene L. *The Homiletical Plot: The Sermon as Narrative Art Form*. Revised edition. Louisville: Westminster John Knox, 2001.

Luther, Martin. "Against the Heavenly Prophets in the Matter of Images and Sacraments, Part I." Pages 75–143 in *Luther's Works*, vol. 40. Translated by Bernhard Erling. Philadelphia: Muhlenberg, 1958.

———. "Concerning the Order of Public Worship (1523)." Pages 7–14 in *Liturgy and Hymns*. *Luther's Works*, vol. 53. Translated by Paul Zeller Strodach. Revised by Ulrich S. Leupold. Philadelphia: Fortress, 1965.

———. *D. Martin Luthers Werke: kritische Gesammtausgabe. Weimarer Ausgabe*. 121 vols. Weimar: H. Bohlaus Nachfolger, 1883–2009.

———. "How Christians Should Regard Moses." Pages 157–74 in *Luther's Works*, vol. 35. Edited by E. Theodore Bachmann. Philadelphia: Muhlenberg, 1960.

———. *Lectures on Genesis Chapters 21–25: Luther's Works*, vol. 4. Translated by George V. Schick. Edited by Jaroslav Pelikan. St. Louis: Concordia, 1964.

———. *Luther: Lectures on Romans*. Library of Christian Classics 15. Translated by Wilhelm Pauck. Philadelphia: Westminster, 1961.

———. "On the Councils and the Church." Pages 3–178 in *Luther's Works*, vol. 41. Translated by Charles M. Jacobs. Revised and edited by Eric W. Gritsch. Philadelphia: Fortress, 1965.

———. "Prefaces to the Old Testament." Pages 233–333 in *Luther's Works*, vol. 35. Translated by Charles M. Jacobs. Revised by E. Theodore Bachmann. Philadelphia: Muhlenberg, 1960.

———. "Temporal Authority: to What Extent it Should Be Obeyed." Pages 77–129 in *Luther's Works*, vol. 45. Translated by J. J. Schindel. Revised by Walther I. Brandt.

Philadelphia: Muhlenberg, 1963.

MacIntyre, Alasdair. *After Virtue*. Second edition. Notre Dame: University of Notre Dame Press, 1984.

Marshall, U.S. Supreme Court Chief Justice John. *Cohens* v. *Virginia*. U.S. Reports 19 (1821): 264–448.

_____. *McCulloch* v. *The State of Maryland* et al. U.S. Reports 17 (4 Wheat.) (1819): 316–437.

Mathews, Kenneth A. *Genesis 11:27–50:26*. NAC 1B. Nashville: Broadman & Holman, 2005.

Mayer, Wendy, and Pauline Allen. *John Chrysostom*. London: Routledge, 2000.

McKenna, U.S. Supreme Court Justice Joseph. *Weems* v. *United States*. U.S. Reports 217 (1910): 349–413.

McKenzie, Steven. "The Typology of the Davidic Covenant." Pages 152–78 in *The Land that I Will Show You: Essays on the History and Archaeology of the Ancient Near East in Honor of J. Maxwell Miller*. Edited by J. Andrew Dearman and M. Patrick Graham. London: Continuum, 2001.

Metropolitan Police Act 1839. Chapter 47, statute 54, "Prohibition of Nuisances by Persons in the Thoroughfares."

Metzger, Bruce M *The Canon of the New Testament: Its Origin, Development, and Significance*. Oxford: Clarendon, 1987.

Milgrom, Jacob. "Of Hems and Tassels." *BAR* 9 (1983): 61–65.

Miller, James C. *The Obedience of Faith, the Eschatological People of God, and the Purpose of Romans*. SBLDS 177. Atlanta: SBL, 2000.

Miller, Joseph M. "Guibert de Nogent's *Liber quo ordine sermo fieri debeat:* A Translation of the Earliest Modern Speech Textbook." *Today's Speech* 17(1969): 45–56.

Moberly, R. W. L. *The Bible, Theology, and Faith: A Study of Abraham and Jesus*. Cambridge: Cambridge University Press, 2000.

_____. "The Earliest Commentary on the Akedah." *VT* 37 (1988): 302–23.

_____. "What Is Theological Interpretation of Scripture?" *JTI* 3 (2009):161–78.

Mohler, R. Albert. *He Is Not Silent: Preaching in a Postmodern World*. Chicago:Moody, 2008.

Moo, Douglas J. *The Epistle to the Romans*. NICNT. Grand Rapids: Eerdmans, 1996.

_____. "The Law of Christ as the Fulfillment of the Law of Moses: A Modified Lutheran View." Pages 319–76 in *Five Views on Law and Gospel,* by Greg L. Bahnsen, Walter C.

Kaiser, Douglas J. Moo, Wayne G. Strickland, and Willem A. VanGemeren. Edited by Stanley N. Gundry. Grand Rapids:Zondervan, 1996.

Morris, Leon. *The Epistle to the Romans*. Grand Rapids: Eerdmans, 1988.

Morson, Gary Saul. *The Boundaries of Genre: Dostoevsky's* Diary of a Writer *and the Tradition of Literary Utopia*. Austin, Tex.: University of Texas Press, 1981.

Moule, C. F. D. "Obligation in the Ethic of Paul." Pages 389–406 in *Christian History and Interpretation: Studies Presented to John Knox*. Edited by W. R. Farmer, C. F. D. Moule, and R. R. Niebuhr. Cambridge: Cambridge University Press, 1967.

Mudge, Lewis S. "Paul Ricoeur on Biblical Interpretation." Pages 1–37 in *Essays on Biblical Interpretation* by Paul Ricoeur. Edited by Lewis S. Mudge. Philadelphia: Fortress, 1980.

Nussbaum, Martha C. *Love's Knowledge: Essays on Philosophy and Literature*. New York: Oxford University Press, 1990.

_____. *Poetic Justice: The Literary Imagination and Public Life*. Boston: Beacon, 1995.

Nybroten, Arvid. "Possible Vestiges of the *Afikoman* in the Elevation of the *Panagia*." *GOTR* 43 (1998): 105–27.

O'Donovan, Oliver M. T. "The Possibility of a Biblical Ethic." *TSF Bull.* 67(1973): 15–23.

Oden, Thomas C., and Mark Sheridan, eds. *Genesis 12–50*. Ancient Christian Commentary on Scripture: Old Testament, vol. 2. Downers Grove: Inter-Varsity, 2002.

Old, Hughes Oliphant. *The Reading and Preaching of the Scriptures in the Worship of the Christian Church*. 7 vols. Grand Rapids: Eerdmans, 1998–2010.

Ong, Walter J. "Mimesis and the Following of Christ." *Religion & Literature* 26(1994): 73–77.

_____. *Orality and Literacy: The Technologizing of the Word*. London:Routledge, 1982.

Osborn, Eric F. "Reason and The Rule of Faith in the Second Century AD." Pages 40–61 in *The Making of Orthodoxy: Essays in Honour of Henry Chadwick*. Edited by Rowan Williams. Cambridge: Cambridge University Press, 1989.

Ott, Heinrich. *Theology and Preaching*. Philadelphia: Westminster, 1963.

Parker, T. H. L. *Calvin's Preaching*. Edinburgh: T. & T. Clark, 1992.

Patrick, Dale. *Old Testament Law*. Atlanta: John Knox, 1985.

Petrey, Sandy. *Speech Acts and Literary Theory*. New York: Routledge, 1990.

Pfeiffer, Robert H. *One Hundred New Selected Nuzi Texts*. Translated by E. A. Speiser. New Haven: American Schools of Oriental Research, 1936.

Pickett, Raymond. *The Cross in Corinth: The Social Significance of the Death of Jesus*.

JSNTSS 143. Sheffield: Sheffield Academic Press, 1997.

Porter, Stanley E. "Hermeneutics, Biblical Interpretation, and Theology:Hunch, Holy Spirit, or Hard Work?" Pages 97–127 in *Beyond the Bible:Moving from Scripture to Theology*, by I. Howard Marshall. Grand Rapids:Baker, 2004.

Poythress, Vern S. "Divine Meaning of Scripture." *WTJ* 48 (1986): 241–79.

_____. *The Shadow of Christ in the Law of Moses*. Phillipsburg, N.J.: Presbyterian and Reformed, 1991.

Pratt, Mary Louise. *Toward a Speech Act Theory of Literary Discourse*. Bloomington, Ind.: Indiana University Press, 1977.

Ramm, Bernard L. *Protestant Biblical Interpretation*. Revised edition. Grand Rapids: Baker, 1970.

Ratner, Sidney. "Presupposition and Objectivity in History." *Phil. Sci.* 7 (1940):499–505.

The Real Book. 3 vols. Milwaukee: Hal Leonard, 2006.

Recanati, Francois. *Meaning and Force: The Pragmatics of Performative Utterances*. Cambridge: Cambridge University Press, 1987.

Reumann, John. "A History of Lectionaries: From the Synagogue at Nazareth to Post-Vatican II." *Int* 31 (1977): 116–30.

Ricoeur, Paul. *Hermeneutics and the Human Sciences: Essays on Language, Action and Interpretation*. Edited and translated by John B. Thompson. Cambridge: Cambridge University Press, 1981.

_____. *Interpretation Theory: Discourse and the Surplus of Meaning*. Fort Worth, Tex.: Texas Christian University Press, 1976.

_____. "Naming God." *USQR* 34 (1979): 215–27.

_____. "Philosophical Hermeneutics and Theological Hermeneutics: Ideology, Utopia, and Faith." Pages 1–28 in *Protocol of the Seventeenth Colloquy, 4 November 1975*. Edited by W. Wuellner. Berkeley: The Center for Hermeneutical Studies in Hellenistic and Modern Culture, 1976.

_____. "Philosophy and Religious Language." *JR* 54 (1974): 71–85.

_____. "Poetry and Possibility." Pages 448–62 in *A Ricoeur Reader: Reflection and Imagination*. Edited by Mario J. Valdes. Hertfordshire, U.K.: Harvester Wheatsheaf, 1991.

_____. *The Rule of Metaphor: Multi-disciplinary Studies on the Creation of Meaning in Language*. Translated by Robert Czerny, with Kathleen McLaughlin and John Costello. London: Routledge & Kegan Paul, 1978.

_____. "Toward a Hermeneutic of the Idea of Revelation." Pages 73–118 in *Essays on Biblical Interpretation* by Paul Ricoeur. Edited by Lewis S. Mudge. Philadelphia: Fortress, 1980.

_____. "Word, Polysemy, Metaphor: Creativity in Language." Pages 97–128 in *A Ricoeur Reader: Reflection and Imagination*. Edited by Mario J. Valdes. Hertfordshire, U.K.: Harvester Wheatsheaf, 1991.

Riggs v. *Palmer*. N.Y. 115 (1889): 506–20.

Road Traffic Act 1972. Chapter 20, statute 195.

Roberts, Phyllis. "The *Ars Praedicandi* and the Medieval Sermon." Pages 41–60 in *Preacher, Sermon and the Audience in the Middle Ages*. Edited by Carolyn Muessig. Leiden: Brill, 2002.

Robinson, Haddon W. "The Relevance of Expository Preaching." Pages 79–94 in *Preaching to a Shifting Culture: 12 Perspectives on Communicating that Connects*. Edited by Scott M. Gibson. Grand Rapids: Baker, 2004.

Rogers, Jack B., and Donald K. McKim. *The Authority and Interpretation of the Bible: An Historical Approach*. San Francisco: Harper & Row, 1979.

Rosch, Eleanor. "Human Categorization." Pages 1–49 in *Studies in Cross-cultural Psychology*. Vol. 1. Edited by Neil Warren. New York: Academic, 1977.

Rosner, Brian S. "'Written for Us': Paul's View of Scripture." Pages 81–106 in *A Pathway into the Holy Scripture*. Edited by D. Wright and P. Satterthwaite. Grand Rapids: Eerdmans, 1994.

Ross, Allen P. *Creation and Blessing: A Guide to the Study and Exposition of Genesis*. Grand Rapids: Baker, 1997.

_____. *Holiness to the LORD: A Guide to the Exposition of the Book of Leviticus*. Grand Rapids: Baker, 2002.

Roth, Martha T. *Law Collections from Mesopotamia and Asia Minor*. Atlanta: Scholars, 1995.

Ryrie, Charles C. *Basic Theology: A Popular Systematic Guide to Understanding Biblical Truth*. Chicago: Moody, 1999.

_____. *Dispensationalism*. Revised edition. Chicago: Moody, 1995.

_____. "The End of the Law." *BSac* 124 (1967): 239–47.

Sailhamer, John H. *Introduction to Old Testament Theology: A Canonical Approach*. Grand Rapids: Zondervan, 1995.

Sanders, E. P. *Paul and Palestinian Judaism: A Comparison of Patterns of Religion*. London:

SCM, 1977.

Sauer, Erich. *The Dawn of Word Redemption*. Grand Rapids: Eerdmans, 1951.

Scalia, Antonin. *A Matter of Interpretation: Federal Courts and the Law*. Princeton: Princeton University Press, 1997.

Schauer, Frederick. *Playing by the Rules: A Philosophical Examination of Rule-Based Decision-Making in Law and Life*. Oxford: Clarendon, 1991.

Schneiders, Sandra M. "The Paschal Imagination: Objectivity and Subjectivity in New Testament Interpretation." *TS* 46 (1982): 52-68.

Schreiner, Thomas R. *The Law and Its Fulfillment: A Pauline Theology of Law*. Grand Rapids: Baker, 1993.

_____. *Paul, Apostle of God's Glory in Christ: A Pauline Theology*. Downers Grove: InterVarsity, 2001.

_____. "Paul's View of the Law in Romans 10:4-5." *WTJ* 55 (1993): 113-35.

_____. "Preaching and Biblical Theology." *SBJT* 10 (2006): 20-29.

_____. *Romans*. BECNT. Grand Rapids: Baker, 1998.

Schwöbel, Christoph. "The Preacher's Art: Preaching Theologically." Pages 1-20 in *Theology Through Preaching* by Colin Gunton. Edinburgh: T. & T. Clark, 2001.

Scott, M. Philip. "Chiastic Structure: A Key to the Interpretation of Mark's Gospel." *BTB* 15 (1985): 17 26.

Seitel, Peter. "Theorizing Genres – Interpreting Works." *NLH* 34 (2003): 275-97.

Sidney, Philip. "An Apology for Poetry." Pages 108-48 in *Criticism: The Major Statements*. Second edition. Edited by Charles Kaplan. New York: St. Martin's, 1986.

Simon, Uriel. "The Poor Man's Ewe-Lamb: An Example of a Juridical Parable." *Bib* 48 (1967): 207-42.

_____. *Reading Prophetic Narratives*. Translated by Lenn J. Schramm. Bloomington, Ind.: Indiana University Press, 1997.

Singer, Marcus George. *Generalization in Ethics*. London: Eyre & Spottiswoode, 1963.

Smalley, Beryl. *The Study of the Bible in the Middle Ages*. Oxford: Basil Blackwell, 1952.

Smart, James D. *The Strange Silence of the Bible in the Church: A Study in Hermeneutics*. London: SCM, 1970.

Smith, James K. A. *Desiring the Kingdom: Worship, Worldview, and Cultural Formation*. Grand Rapids: Baker, 2009.

Sonsino, Rifat. *Motive Clauses in Hebrew Law: Biblical Forms and Near Eastern Parallels*. Chico, Calif.: Scholars, 1980.

Spencer, Aida Besancon. "The Denial of the Good News and the Ending of Mark." *BBR* 17 (2007): 269–83.

Spiegel, Shalom. *The Last Trial: On the Legends and Lore of the Command to Offer Isaac as a Sacrifice: The Akedah*. Translated by Judah Goldin. Philadelphia: Jewish Publication Society of America, 1967.

Spinks, D. Christopher. *The Bible and the Crisis of Meaning: Debates on the Theological Interpretation of Scripture*. London: T. & T. Clark, 2007.

Sprinkle, Joe M. *Biblical Law and Its Relevance: A Christian Understanding and Ethical Application for Today of the Mosaic Regulations*. Lanham, Md.: University Press of America, 2006.

Spurgeon, Charles H. "Christ Precious to Believers." No pages. Cited on June 3, 2012. Online: http://spurgeon.org/sermons/0242.htm.

Stein, Robert H. "The Ending of Mark." *BBR* 18 (2008): 79–98.

Steiner, George. "'Critic'/'Reader.'" *NLH* 10 (1979): 423–52.

_____. *Real Presences*. Chicago: The University of Chicago Press, 1989.

Sternberg, Meir. *The Poetics of Biblical Narrative: Ideological Literature and the Drama of Reading*. Bloomington, Ind.: Indiana University Press, 1987.

Stott, John R. W. *Between Two Worlds*. Grand Rapids: Eerdmans, 1982.

Taycher, Leonid. "Books of the World, Stand up and Be Counted! All 129,864,880 of You." No pages. Cited June 3, 2012. Online: http://booksearch.blogspot.com/2010/08/books-of-world-stand-up-and-be-counted.html.

Thomas, W. H. Griffith. *The Principles of Theology: An Introduction to the Thirty-Nine Articles*. London: Longmans, 1930.

Thrall, Margaret E. *A Critical and Exegetical Commentary on the Second Epistle to the Corinthians*. 2 vols. Edinburgh: T. & T. Clark, 1994.

Tinsley, E. J. "Some Principles for Reconstructing a Doctrine of the Imitation of Christ." *SJOT* 25 (1972): 45–57.

Todorov, Tzvetan. "Primitive Narrative." Pages 53–65 in *The Poetics of Prose*. Translated by R. Howard. Oxford: Basil Blackwell, 1977.

Torrance, T. F. *Divine Meaning: Studies in Patristic Hermeneutics*. Edinburgh: T. & T. Clark, 1995.

Tracy, David. *The Analogical Imagination: Christian Theology and the Culture of Pluralism*. New York: Crossroad, 1981.

_____. "Creativity in the Interpretation of Religion: The Question of Radical Pluralism."

NLH 15 (1984): 289–309.

_____. *Plurality and Ambiguity: Hermeneutics, Religion, Hope*. San Francisco: Harper and Row, 1987.

Treier, Daniel J. *Introducing Theological Interpretation of Scripture: Recovering a Christian Practice*. Grand Rapids: Baker, 2008.

Trible, Phyllis. *Genesis: A Living Conversation*. Edited by Bill Moyers. New York: Doubleday, 1996.

Tyndale, William. "A Prologue by William Tyndale Shewing the Use of the Scripture, which He Wrote before the Five Books of Moses." Pages 1:6–11 in *The Works of the English Reformers*. 3 vols. Edited by Thomas Russell. London: Ebenezer Palmer, 1828–1831.

Vanderveken, Daniel. "Non-Literal Speech Acts and Conversational Maxims." Pages 371–84 in *John Searle and His Critics*. Edited by Ernest Lepore and Robert Van Gulick. Cambridge, Mass.: Basil Blackwell, 1991.

VanGemeren, Willem A. "The Law is the Perfection of Righteousness in Jesus Christ: A Reformed Perspective." Pages 13–58 in *Five Views on Law and Gospel*, by Greg L. Bahnsen, Walter C. Kaiser, Douglas J. Moo, Wayne G. Strickland, and Willem A. VanGemeren. Edited by Stanley N. Gundry. Grand Rapids: Zondervan, 1996.

Vanhoozer, Kevin J. *The Drama of Doctrine. A Canonical-Linguistic Approach to Christian Theology*. Louisville: Westminster John Knox, 2005.

_____. *First Theology: God, Scripture and Hermeneutics*. Downers Grove: InterVarsity, 2002.

_____. *Is There a Meaning in This Text? The Bible, the Reader, and the Morality of Literary Knowledge*. Grand Rapids: Zondervan, 1998.

_____. "A Response to Walter C. Kaiser Jr." Pages 57–63 in *Four Views on Moving Beyond the Bible to Theology*. Edited by Gary T. Meadors. Grand Rapids: Zondervan, 2009.

Vickers, Brian. *In Defence of Rhetoric*. Oxford: Clarendon, 1998.

Volf, Miroslav. *Captive to the Word of God: Engaging the Scriptures for Contemporary Theological Reflection*. Grand Rapids: Eerdmans, 2010.

von Lohmann, Fred. "Google Book Search Settlement: Updating the Numbers, Part 2." No pages. Cited June 3, 2012. Online: https://www.eff.org/deeplinks/2010/02/google-book-search-settlement-updating-numbers-0.

von Rad, Gerhard. *Das Opfer des Abraham*. Kaiser Traktate 6. Munich: Kaiser, 1971.

Vos, Geerhardus. *Biblical Theology: Old and New Testament*. Grand Rapids: Eerdmans,

1948; repr. 1975.

Wallace, Daniel B. *Greek Grammar beyond the Basics: An Exegetical Syntax of the New Testament*. Grand Rapids: Zondervan, 1996.

———. "Mark 16:8 as the Conclusion to the Second Gospel." Pages 1–39 in *Perspectives on the Ending of Mark: 4 Views*, by David Alan Black, Darrell Bock, Keith Elliott, Maurice Robinson, and Daniel B. Wallace. Nashville:Broadman & Holman, 2008.

Walters, Stanley D. "Wood, Sand and Stars: Structure and Theology in Gn 22:1–19." *TJT* 3 (1987): 301–30.

Warren, Timothy S. "A Paradigm for Preaching." *BSac* 148 (1991): 463–86.

Watson, Francis B. "Not the New Perspective." No pages. Cited July 11, 2010. Online: http://www.abdn.ac.uk/divinity/staff/watsonart.shtml.

———. *Text and Truth: Redefining Biblical Theology*. Grand Rapids: Eerdmans, 1997.

———. *Text, Church and World: Biblical Interpretation in Theological Perspective*. Grand Rapids: Eerdmans, 1994.

Watts, James W. *Reading Law: The Rhetorical Shaping of the Pentateuch*. Sheffield:Sheffield Academic Press, 1999.

Weaver, Richard M. *Language Is Sermonic: Richard M. Weaver on the Nature of Rhetoric*. Edited by Richard L. Johannesen, Rennard Strickland, and Ralph T. Eubanks. Baton Rouge, La.: Louisiana State University Press, 1970.

Webster, John. "Editorial," *IJST* 12 (2010): 116–17.

———. *Word and Church: Essays in Christian Dogmatics*. Edinburgh:T. & T. Clark, 2001.

Wenham, Gordon J. "The Akedah: A Paradigm of Sacrifice." Pages 93–102 in *Pomegranates and Golden Bells: Studies in Biblical, Jewish, and Near Eastern Ritual, Law, and Literature in Honor of Jacob Milgrom*. Edited by David P. Wright, David Noel Freedman, and Avi Hurvitz. Winona Lake, Ind.: Eisenbrauns, 1995.

———. *The Book of Leviticus*. NICOT. Grand Rapids: Eerdmans, 1979.

———. *Genesis 16–50*. WBC 2. Dallas: Word, 1994.

———. *Story as Torah: Reading Old Testament Narrative Ethically*. Grand Rapids:Baker, 2000.

Wesley, John. "Sermon 34." Pages 4–19 in *The Works of John Wesley: Vol. 2:Sermons II*. Edited by Albert C. Outler. Nashville: Abingdon, 1985.

Westbrook, Raymond. *Studies in Biblical and Cuneiform Law*. Paris: Gabalda, 1988.

Westbrook, Raymond, and Bruce Wells. *Everyday Law in Biblical Israel: An Introduction*. Louisville: Westminster John Knox, 2009.

Westerholm, Stephen. *Israel's Law and the Church's Faith: Paul and His Recent Interpreters*. Grand Rapids: Eerdmans, 1988.

_____. *Perspectives Old and New on Paul: The "Lutheran" Paul and His Critics*. Grand Rapids: Eerdmans, 2004.

Wheelwright, Philip. *The Burning Fountain: A Study in the Language of Symbolism*. Revised edition. Bloomington, Ind.: Indiana University Press, 1968.

White, Hayden. "The Narrativization of Real Events." Pages 249–54 in *On Narrative*. Edited by W. J. T. Mitchell. Chicago: The University of Chicago Press, 1981.

_____. "The Value of Narrativity in the Representation of Reality." Pages 1–23 in *On Narrative*. Edited by W. J. T. Mitchell. Chicago: The University of Chicago Press, 1981.

White, James Boyd. "Judicial Criticism." Pages 393–410 in *Interpreting Law and Literature: A Hermeneutic Reader*. Edited by Sanford Levinson and Steven Mailloux. Evanston: Northwestern University Press, 1988.

Wiesel, Elie. *Messengers of God*. New York: Random House, 1976.

Wilken, Robert L. "Melito, The Jewish Community at Sardis, and the Sacrifice of Isaac." *TS* 37 (1976): 53–69.

Wilkins, John. *Ecclesiastes or A Discourse concerning the Gift of Preaching, as it falls under the Rules of Art*. Seventh edition. London: A. J. Churchill, 1693.

Williamson, H. G. M. *Ezra, Nehemiah*. WBC 16. Dallas: Word, 1985.

Williamson, W. Paul, and Howard R. Pollio. "The Phenomenology of Religious Serpent Handling: A Rationale and Thematic Study of Extemporaneous Sermons." *JSSR* 38 (1999): 203–18.

Wittgenstein, Ludwig. "Notes for Lectures on 'Private Experience' and 'Sense Data.'" Edited by R. Rhees. *Phil. Rev.* 77 (1968): 275–320.

_____. *Philosophical Investigations*. Second edition. Translated by G. E. M. Anscombe. London: Basil Blackwell, 1958.

Wolff, Hans Walter. "The Elohistic Fragments in the Pentateuch." Translated by Keith R. Crim. *Int* 26 (1972): 158–73.

Wolterstorff, Nicholas. *Art in Action: Toward a Christian Aesthetic*. Grand Rapids: Eerdmans, 1980.

_____. *Divine Discourse: Philosophical Reflections on the Claim that God Speaks*. Cambridge: Cambridge University Press, 1995.

_____. "The Importance of Hermeneutics for a Christian Worldview." Pages 25–47 in

Disciplining Hermeneutics: Interpretation in Christian Perspective. Edited by Roger Lundin. Grand Rapids: Eerdmans, 1997.

_____. *Works and Worlds of Art*. Oxford: Clarendon, 1980.

Wood, A. Skevington. *Captive to the Word: Martin Luther: Doctor of Sacred Scripture*. London: Paternoster, 1969.

Wright, Christopher J. H. *Living as the People of God: The Relevance of Old Testament Ethics*. Leicester, U.K.: InterVarsity, 1983.

_____. *Old Testament Ethics for the People of God*. Downers Grove: InterVarsity, 2004.

Wright, N. T. "How Can the Bible Be Authoritative?" *VE* 21 (1991): 7–32.

_____. "The Paul of History and the Apostle of Faith." *TynBul* 29 (1978):61–88.

Yaguello, Marina. *Language through the Looking Glass: Exploring Language and Linguistics*. New York: Oxford University Press, 1998.

Young, Frances. "The 'Mind' of Scripture: Theological Readings of the Bible in the Fathers." *IJST* 7 (2005): 126–41.

Young, James O., and Carl Matheson. "The Metaphysics of Jazz." *J. Aes. Art Crit.* 58 (2000): 125–33.

Zimmermann, Jens. *Recovering Theological Hermeneutics: An Incarnational-Trinitarian Theory of Interpretation*. Grand Rapids: Baker, 2004.